Der Mucha

Ein Anfangsverdacht
An Initial Suspicion

Kunstsammlung
Nordrhein-Westfalen

HIRMER

Der Mucha

Ein Anfangsverdacht

An Initial Suspicion

Herausgegeben von / Edited by
Susanne Gaensheimer, Falk Wolf

Mit Beiträgen von /
With contributions by
Sebastian Egenhofer, Julian Heynen,
Stefanie Kreuzer, Kolja Reichert,
Falk Wolf

Die Gestaltung des Umschlags hat Reinhard Mucha an den im Mucha Verlag, Wien, erschienenen Restaurantführer *Der Mucha 1989* angelehnt. Reinhard Mucha und die Kunstsammlung Nordrhein-Westfalen danken Christian W. Mucha für die freundliche Genehmigung, das Design für diesen Katalog in angepasster Form nutzen zu dürfen.

Mucha's cover design is inspired by the restaurant guide *Der Mucha 1989* published by Mucha Verlag, Vienna. Reinhard Mucha and the Kunstsammlung Nordrhein-Westfalen thank Christian W. Mucha for his kind permission to use the original design in an adapted form for this catalogue.

Vorwort

Preface

Das Werk von Reinhard Mucha ist voller Gegensätze: Seine raumgreifenden Installationen und Wandstücke bewegen sich stets zwischen den Polen der handwerklichen Perfektion und des Eindrucks des Unfertigen, des Zeigens und des Verbergens, der Ironie und der Ernsthaftigkeit. Mucha feiert das Werk in seiner ganzen materiellen Präsenz und hinterfragt es zugleich in seiner Absolutheit. Was ist Bildhauerei? Was kann sie sein? Dieser Frage hat sich der Künstler schon als Studierender der Düsseldorfer Akademie gewidmet und dabei das Kunstwerk ganz grundsätzlich in seiner unmittelbaren Beziehung zum Kunstsystem reflektiert. Die in den 1980er-Jahren sehr präsente kritische Diskussion über die Mechanismen des Ausstellens und die Rolle der Institution hat auch den jungen Künstler Reinhard Mucha im Ansatz geprägt. Seine frühen Werke, wie etwa die In-situ-Installation **Flugzeug** von 1981 (S. 33), die er für den Akademie-Rundgang aus unmittelbar vor Ort greifbarem Mobiliar zusammengesetzt hat, waren wegweisend für eine junge Generation von Künstler*innen und Kunsthistoriker*innen, die nach neuen Wegen im Umgang mit überkommenen institutionellen Vorstellungen gesucht haben. Bis heute hat diese kritische und selbstkritische Haltung bei Mucha nicht an Konsequenz verloren. Der verschlüsselte Titel dieser Ausstellung *Der* Mucha – *Ein Anfangsverdacht*, für den sich Mucha den Namen eines in Österreich verbreiteten Restaurantführers aus den 1980er-Jahren ironisierend zu eigen gemacht hat, zeigt, dass der Künstler nicht nur das System Kunst, sondern auch sich selbst als Künstler in der traditionellen Rolle des unhinterfragten Autors zur Diskussion stellt und dadurch sein gesamtes Werk der letzten 40 Jahre in Bezug auf seine Gültigkeit befragt: Sind seine künstlerischen Entscheidungen immer noch zutreffend oder waren sie lediglich ein Anfangsverdacht?

Mit dieser ersten umfassenden Ausstellung der gesamten Werkspanne Muchas von den 1970er-Jahren bis heute, die im K20 und im K21 über 80 Werke und großformatige

Reinhard Mucha's work is full of contrasts: his expansive installations and wall-mounted pieces always oscillate between poles of perfect craftsmanship and the impression of being unfinished, of revealing and concealing, of irony and seriousness. Mucha celebrates the work in all its material presence and, at the same time, questions it in its absoluteness. What is sculpture? What can it be? The artist already addressed these questions as a student at the Düsseldorf Academy of Art, reflecting on the work of art quite fundamentally in its immediate relationship to the art system. The critical discussion about the mechanisms of exhibiting and the role of the institution, which was ubiquitous in the 1980s, also influenced Reinhard Mucha's approach as a young artist. His early works, such as the in situ installation **Flugzeug (Airplane)** from 1981 (p. 33) which he assembled for his presentation at the academy from furniture that was available at the moment on site, were groundbreaking for a young generation of artists and art historians who were looking for new ways of dealing with outdated institutional ideas. To this day, Mucha's critical and self-critical attitude has remained constant. The coded title of this exhibition, *Der* Mucha – *An Initial Suspicion*, for which Mucha ironically adopted the name of a restaurant guide from the 1980s that was widespread in Austria, "*The* Mucha," reveals that the artist not only puts the art system up for discussion but also himself as an artist in his traditional role of the unquestioned author, thereby questioning the validity of his entire oeuvre of the last forty years: Are his artistic solutions still applicable or were they merely an initial suspicion?

With this first comprehensive exhibition of Mucha's entire career spanning from the 1970s to the present day, featuring more than eighty works and large-scale installations from all phases of his output, in both K20 and K21, the Kunstsammlung ventures the hitherto unique undertaking of making the extensive and complex oeuvre of this important and influential sculptor accessible to a broad public. Mucha's work,

Rauminstallationen aus allen Werkphasen präsentiert, wagt die Kunstsammlung das bis jetzt einzigartige Unterfangen, das umfangreiche und komplexe Gesamtwerk dieses bedeutenden und einflussreichen Bildhauers einem breiten Publikum zugänglich zu machen. Muchas Werk markiert mit seiner Neubestimmung nicht nur von Skulptur, sondern auch von Fotografie und Installation zweifelsohne eine der bedeutendsten künstlerischen Positionen der Gegenwart. Seine grundlegenden Setzungen der 1980er- und 1990er-Jahre machen ihn zu einem historischen Künstler, seine neuen Werke und seine klugen Neubearbeitungen bereits existierender Werke hingegen zu einem der relevantesten zeitgenössischen Bildhauer.

1990 wurde Reinhard Mucha von Klaus Bußmann, dem damaligen Direktor des Westfälischen Landesmuseums für Kultur und Kulturgeschichte und Mitbegründer der Skulptur Projekte Münster, gemeinsam mit dem Düsseldorfer Fotografenpaar Bernd und Hilla Becher eingeladen, einen Beitrag für den deutschen Pavillon auf der 44. Biennale in Venedig zu entwickeln. Es entstand die monumentale Installation **Das Deutschlandgerät**, mit der Mucha den Boden seines eigenen Ateliers in den Innenraum des Pavillons transferierte. Das Atelier war damals schon in dem ehemaligen Verwaltungsgebäude eines großen metallverarbeitenden Betriebs in der Kölner Straße in Düsseldorf-Oberbilk untergebracht. Der Ort der Kunstproduktion selbst wurde zum Ausstellungsgegenstand und das System des Ausstellens an sich thematisiert. Den Titel der Installation entlieh Mucha einem speziellen von der Maschinenfabrik Deutschland entwickelten Gerät, dem sogenannten Deutschlandgerät, einem druckluft-hydraulischen Hebewerkzeug, mit dem entgleiste Züge wieder auf die Schienen gestemmt wurden. Mit dieser Referenz verknüpfte der Künstler die Industriegeschichte Deutschlands mit der symbolisch-repräsentativen Bedeutung des Pavillons. Der Titel „Das Deutschlandgerät" war dabei nicht nur ein Zitat des Maschinennamens, sondern auch eine Anspielung auf die politische Situation in Deutschland zur Zeit der Wiedervereinigung. Für diesen Beitrag erhielt Reinhard Mucha die „Menzione d'Onore" der Biennale in Venedig. Nach Ablauf der Biennale kam das formal und inhaltlich schwergewichtige Werk zunächst als Leihgabe der Sammler Simone und Heinz Ackermans in das gerade im ehemaligen Ständehaus neu eröffnete K21. Hier wurde es im ehemaligen Plenarsaal als Teilrekonstruktion fest eingebaut und um eine Sound- und Videoinstallation erweitert. 2004 wurde es schließlich vom Land Nordrhein-Westfalen erworben.

Im Besitz dieses bedeutenden Werks der jüngeren Kunstgeschichte zu sein sowie die enge biografische Verbindung Muchas zu Düsseldorf waren für mich der Anlass, ja geradezu eine Verpflichtung, diesem wegweisenden Künstler eine große Ausstellung in der Kunstsammlung zu widmen. Seit der Doppelausstellung in den Kunsthallen Bern und Basel 1987 hat es eine solche Ausstellung nicht gegeben und es war mir ein großes Anliegen, das vielschichtige, historisch bedeutende, inhaltsreiche und formal-ästhetisch einzigartige Werk von Reinhard Mucha in seinem ganzen Umfang einem breiten und auch jüngeren Publikum nahezubringen. Durchaus im Bewusstsein der großen Herausforderung, die dies bedeuten würde, hat sich das ganze Team der Kunstsammlung dieser Aufgabe angenommen, und ich bin überglücklich, dass es mit vereinten Kräften und der Unterstützung vieler gelungen ist, diese historische Ausstellung zu realisieren.

Mit der räumlichen Verteilung auf K20 und K21 ergeben sich zwei sehr unterschiedliche Raumsituationen für die beiden Teile der Ausstellung. Während sich in der Grabbehalle von K20 für Mucha die einmalige Gelegenheit ergibt, drei große Rauminstallationen und mehrere vielteilige Werke zu einer in sich geschlossenen räumlichen Installation zu kombinieren, präsentieren wir im 2. Obergeschoss des K21 einen Parcours aus zwölf Räumen mit mehr als 60 sorgfältig ausgewählten Werken aus über 40 Jahren. Das Schlüsselwerk **Das Deutschlandgerät,** *Kunstsammlung Nordrhein-Westfalen, K21 Ständehaus, Düsseldorf* **[2021], [2002],** *XLIV Biennale di Venezia, Deutscher Pavillon, Venedig* **1990**, so der genaue Titel heute, wird damit zum Ausgangspunkt des Rundgangs. Dem **Deutschlandgerät** gegenüber befindet sich das frühe Hauptwerk **Wartesaal**, [1997], [1986] 1979–1982, das in der jetzigen Form für die documenta X im Jahr 1997 entstanden ist und seitdem nicht mehr öffentlich gezeigt wurde. Diese beiden Installationen bilden gewissermaßen die energiegeladenen Pole der Ausstellung, um die die übrigen Räume rotieren. Darunter befinden sich aktuelle Werke wie **# Hashtag mit Lichtblick im Schmerz II–III**, [2022] 2001, aber auch wichtige Wegmarken aus den 1990er-Jahren wie etwa **Dokumente I–IV**, 1992, die Installation für die documenta IX, sowie frühe Werke wie **Baden-Baden / Standard II**, [2022] 1984 / 2022, die zum ersten Mal wieder auf neue Weise vereint sind.

Im Zentrum der Präsentation im K20 steht **Das Figur-Grund Problem in der Architektur des Barock (für dich allein bleibt nur das Grab)**, [2022] 1985. Hierbei handelt es sich um eine der wenigen erhaltenen Installationen aus Gebrauchsgegenständen und Museumsmobiliar. Erstmalig seit 1985 ist das Werk, dessen einer Teil sich in der Sammlung des Musée national d'art moderne – Centre Pompidou in Paris befindet, wieder in seiner vollständigen Form aufs Neue realisiert worden. Neben diesen spektakulären Schaustücken, in denen Büro- und Museumsmöbel zu Skulpturen erstarrte Jahrmarktattraktionen darstellen, stellen **Frankfurter Block**, [2016], [2014] 2012 und **Stockholmer Raum, Für Rafael Moneo**, [1998] 1998 Ausstellungen in

with its redefinition not only of sculpture but also of photography and installation, undoubtedly marks one of the most significant artistic positions of the present day. His pivotal compositions of the 1980s and 1990s make him a historical artist, while his new works, and clever reworkings of existing works, make him one of the most relevant contemporary sculptors.

In 1990, Reinhard Mucha was invited by Klaus Bußmann, then Director of the Westphalian State Museum of Art and Cultural History and cofounder of the Skulptur Projekte Münster, together with the Düsseldorf-based photographer couple Bernd and Hilla Becher, to create a work for the German Pavilion at the 44th Venice Biennale. The result was the monumental installation **Das Deutschlandgerät (The Germany Device)**, with which Mucha transferred the floor of his own studio to the interior of the Pavilion. Already at that time, the artist's studio was located in the former administrative building of a large metalwork manufacturer on Kölner Straße in Düsseldorf-Oberbilk. The site of art production itself thus became the object of the exhibition, and the system of exhibiting itself was thematized. Mucha appropriated the title for the installation from a specialized device developed by the Maschinenfabrik Deutschland, the so-called "Deutschlandgerät," a pneumatic-hydraulic lifting mechanism used to lift derailed trains back onto the tracks. With this reference, the artist linked Germany's industrial history with the symbolic, representative significance of the Pavilion. The title, **Das Deutschlandgerät**, was not only a quotation of the machine's name but also an allusion to the political situation in Germany at the time of its reunification. For this contribution, Reinhard Mucha received the Menzione d'Onore (honorable mention) of the Venice Biennale. After the end of the Biennale, the work, which is heavy in both form and content, was initially loaned by the collectors Simone and Heinz Ackermans to K21, which had just recently opened in the Ständehaus, the former parliament building of North Rhine-Westphalia. Here, it was permanently installed in the former plenary hall as a partial reconstruction and expanded with a sound and video installation. In 2004, it was finally acquired by the state of North Rhine-Westphalia.

The fact that we are in possession of this important piece of contemporary art history and Mucha's own close biographical connection to Düsseldorf were the reasons, indeed I felt it was an obligation for me to dedicate a major exhibition in the Kunstsammlung to this groundbreaking artist. Since the double exhibition in the Kunsthalle Bern and the Kunsthalle Basel in 1987, there has been no such exhibition. It was thus a great concern of mine to bring the multi-layered, historically significant, thematically substantial, and both formally and aesthetically unique work of Reinhard Mucha in its entire scope to a broad and also younger audience. Aware of the great challenge this would pose, the entire team of the Kunstsammlung has taken on this task, and I am overjoyed that, with the combined efforts and support of many, it has been possible to realize this historic exhibition.

The distribution between K20 and K21 results in two very different spatial settings for the two parts of the exhibition. While the Grabbe Hall of K20 offers the unique opportunity for Mucha to combine three expansive installations and several of his multipart works into one self-contained installation filling up the space, K21 offers a stroll on the first floor through twelve rooms with more than sixty carefully selected works spanning more than forty years. The key work, **Das Deutschlandgerät**, *Kunstsammlung Nordrhein-Westfalen, K21 Ständehaus, Düsseldorf* **[2021]**, **[2002]**, *XLIV Biennale di Venezia, German Pavilion, Venice* **1990** – the full title of the work as it stands today – thus becomes the starting point of the exhibition visit. Opposite **Das Deutschlandgerät** is the early major work **Wartesaal (Waiting Room)**, [1997], [1986] 1979–1982, which was created in its present form for documenta X in 1997 and has not been shown publicly since. In a sense, these two installations form the energetic poles of the exhibition, around which the other spaces rotate. Among them are his most recent works, such as **# Hashtag mit Lichtblick im Schmerz II–III (# Hashtag with Bright Spot in Pain II–III)**, [2022] 2001, but also important landmarks from the 1990s such as **Dokumente I–IV (Documents I–IV)**, 1992, the installation created for documenta IX, as well as early works such as **Baden-Baden / Standard II**, [2022] 1984 / 2022, which are reunited in a new way for the first time.

At the center of the exhibition in K20 is **Das Figur-Grund Problem in der Architektur des Barock (für dich allein bleibt nur das Grab) (The Figure-Ground Problem in Baroque Architecture (for you alone only the grave remains))**, [2022] 1985. This is one of the few surviving installations made up of utilitarian objects and museum furniture. For the first time since 1985, the work, one part of which is in the collection of the Musée national d'art moderne / Centre Pompidou in Paris, has been recreated in its entirety. In addition to these spectacular exhibits, in which office and museum furniture represent fairground attractions that have solidified into sculptures, the **Frankfurter Block**, [2016], [2014] 2012, and the **Stockholmer Raum**, Für Rafael Moneo (**Stockholm Room**, For Rafael Moneo), [1998] 1998, can be described as "exhibitions within the exhibition." Each brings its demountable gallery space along and contains several previously independently conceived autonomous works. This exhibition thus also becomes an exhibition about exhibiting. The museum space, the institutions of exhibiting and presenting, are repeatedly challenged and put to the test by Mucha's works.

The exhibition is accompanied by this comprehensive catalogue published by Hirmer Verlag. With this book, edited by Falk Wolf, the curator of the exhibition, and me,

der Ausstellung dar. Beide bringen jeweils ihren zerlegbaren Galerieraum mit und enthalten mehrere zuvor unabhängig voneinander konzipierte Werke. So wird die Ausstellung zugleich auch eine Ausstellung über das Ausstellen. Der Museumsraum, die Institutionen des Ausstellens und Zeigens werden immer wieder von Muchas Werken herausgefordert und auf die Probe gestellt.

Zur Ausstellung erscheint der hier vorliegende umfangreiche Katalog im Hirmer Verlag. Mit dem vom Kurator der Ausstellung Falk Wolf und mir herausgegebenen Buch legt die Kunstsammlung die lange erwartete Werkmonografie zu Reinhard Mucha vor. Nicht nur die ausgestellten Werke, sondern auch wichtige vorherige Zustände werden systematisch dokumentiert: Muchas Arbeitsweise ist geprägt durch ständige Überprüfung einmal gefundener Lösungen, sodass einige Werke aufgrund von Anpassungen an die jeweilige Ausstellungssituation und die Zeitumstände weiterentwickelt wurden. Weiterführende Essays von Sebastian Egenhofer, Julian Heynen, Stefanie Kreuzer, Kolja Reichert und Falk Wolf beleuchten zentrale Aspekte des Werks von Reinhard Mucha aus jeweils unterschiedlichen Blickwinkeln.

Allen Personen und Institutionen, die zum Gelingen dieses großen und großartigen Projekts beigetragen haben, möchte ich meinen tief empfundenen Dank aussprechen: allen voran Reinhard Mucha selbst, ohne dessen enormen Einsatz die Ausstellung nicht möglich gewesen wäre. Immer an seiner Seite war seine Ehefrau Monika Mucha, die ruhig und klug zum Gelingen des Projekts maßgeblich beigetragen hat. Mein besonderer Dank geht auch an den Kurator der Ausstellung Falk Wolf, der mit einer enormen Fachkenntnis und großer Empathie der Idee zu dieser Ausstellung Gestalt gegeben hat. Durch seine kuratorische Kompetenz und Ausdauer war es möglich, die Ausstellung und die begleitende Werkmonografie in dieser Qualität zu realisieren.

Zur Umsetzung der Ausstellung war eine profunde Kenntnis der Werke und ihrer Genese notwendig und wir danken hierfür dem Team des Studios von Reinhard Mucha, Lukas Brüggebusch und Jochen Arentzen, sowie Christian Lindenhahn und Christian Toelke, die den Künstler schon seit Jahrzehnten handwerklich begleiten. Mit ihrer großen Kompetenz hat die Firma Sansoni, insbesondere mit Matthias Roeser und Lorenzo Pompa, unser Aufbauteam bereichert und maßgeblich zum Gelingen der Ausstellung beigetragen. Ebenso sei an dieser Stelle Sascha Schniotalla von Flat Mountain Production sowie Johannes Lehnart für die Unterstützung beim Aufbau gedankt.

Eine so umfangreiche Ausstellung zu realisieren, erfordert vom ganzen Team einen besonderen Einsatz und eine große Leidenschaft für die Kunst. Ich danke daher allen Mitarbeiter*innen der Kunstsammlung für ihr Engagement und ganz besonders denen, die direkt an der Umsetzung der Ausstellung und des Katalogs beteiligt waren: neben Falk Wolf im kuratorischen Team Catherine Frèrejean und Florentine Muhry; in der Restaurierung Nina Quabeck, Rea Grammatikopoulou, Anne Skaliks, Daphne Kramer, Jessica Völkert-Lunk, Lennart Foppe und Sven Kamp; unseren Registrarinnen Katharina Nettekoven und Jennifer Buchholz; Dagmar Kurtz und Kristina Kreutzwald vom Ausstellungsmanagement; Bernd Schliephake, Bernd Strauchmann und Thomas Hoppe aus der technischen Abteilung; den Hausinspektoren Frank Mankel, Ingo Lanninger, Stefan Müller-Stapper und Daniel Vetter; aus der Abteilung Bildung Peter Schüller; unserer Pressesprecherin Susanne Fernandes Silva; vom Publishing Cordula Frevel und aus dem Bereich Marketing und Digitales Meike Lotz-Kowal und Aras San. Mein Dank gilt immer auch meiner Partnerin im Vorstand der Kunstsammlung, Bianca Knall und ihrem Team, insbesondere Isabella Wild.

Ein besonderes Engagement für die Unterstützung der Ausstellung kam von der Galerie Sprüth Magers, hier insbesondere von Dorothee Sorge und Berit Homburg. Dafür sind wir sehr dankbar. Wir danken auch den weiteren Galerien des Künstlers: der Galerie Bärbel Grässlin in Frankfurt am Main, Luhring Augustine in New York und der Galleria Lia Rumma in Neapel und Mailand.

Ein Projekt von solchem Ausmaß benötigt Förderer, die an die Kunst glauben und der Institution vertrauen, und mein Dank geht hier ganz besonders an die Art Mentor Foundation Lucerne, an die Kunststiftung NRW und an die Stiftung Kunst, Kultur und Soziales der Sparda-Bank West. Stets unterstützt fühlen wir uns auch vom Ministerium für Kultur und Wissenschaft des Landes Nordrhein-Westfalen.

Von Herzen danke ich auch allen Leihgeber*innen für die wunderbaren Werke, die sie uns zur Verfügung gestellt haben.

Dem Hirmer Verlag danken wir für die gute Zusammenarbeit am Katalog, ebenso der Agentur Sichtvermerk mit Kathrin Roussel und Stefan Claudius für die sorgfältige Gestaltung sowie Gérard Goodrow und Fiona Elliott für ihre Übersetzungen und Iris Seemann und José Enrique Macián für das sorgfältige Lektorat. Außerdem sei Achim Kukulies für die vielen aktuellen Installationsaufnahmen aus der Ausstellung gedankt. Und schließlich danke ich allen Autor*innen für die kenntnisreichen und klugen Texte: Sebastian Egenhofer, Julian Heynen, Stefanie Kreuzer, Kolja Reichert und Falk Wolf.

Susanne Gaensheimer
Direktorin der Kunstsammlung Nordrhein-Westfalen

the Kunstsammlung presents the long-awaited monograph on Reinhard Mucha. Not only the exhibited works but also important previous states of the works are systematically documented: Mucha's working method is characterized by a constant review of previously found solutions so that some works were further developed due to adjustments to the circumstances of each respective exhibition and the demands of the time. Further essays by Julian Heynen, Stefanie Kreuzer, Sebastian Egenhofer, Kolja Reichert, and Falk Wolf shed light on key aspects of Reinhard Mucha's oeuvre, each from a different perspective.

I would like to express my deepest thanks to all the individuals and institutions who have contributed to the success of this major and magnificent project: first and foremost, Reinhard Mucha himself, without whose enormous commitment the exhibition would not have been possible. Always by his side was his wife Monika Mucha, who with great serenity and wisdom contributed significantly to the success of the project. My special thanks also go to the curator of the exhibition, Falk Wolf, who gave shape to the idea of this exhibition with vast expertise and a great affinity. His curatorial skill and perseverance made it possible to realize the exhibition and this accompanying monograph in the high quality before you.

For the realization of the exhibition, a profound knowledge of the works and their genesis was necessary, and for this we would like to thank the team at Reinhard Mucha's studio, Lukas Brüggebusch and Jochen Arentzen, as well as Christian Lindenhahn and Christian Toelke, who have accompanied the artist with their craftsmanship for decades. With their extensive expertise, Sansoni Art Installation, in particular Matthias Roeser and Lorenzo Pompa, enriched our installation team and contributed significantly to the success of the exhibition. We would also like to thank Sascha Schniotalla from Flat Mountain Production as well as Johannes Lenhart for their support during the setup.

To realize such a comprehensive exhibition requires a special commitment and a great passion for the art from the whole team. I would therefore like to thank the entire staff of the Kunstsammlung for their commitment – especially those who were directly involved in the realization of the exhibition and the catalogue: in addition to Falk Wolf, Catherine Frèrejean and Florentine Muhry on the curatorial team; Nina Quabeck, Rea Grammatikopoulou, Anne Skaliks, Daphne Kramer, Jessica Völkert-Lunk, Lennart Foppe, and Sven Kamp in Conservation; our registrars Katharina Nettekoven and Jennifer Buchholz; Dagmar Kurtz and Kristina Kreutzwald from Exhibition Management; Bernd Schliephake, Bernd Strauchmann, and Thomas Hoppe from the Technical Department; the building managers Frank Mankel, Ingo Lanninger, Stefan Müller-Stapper, and Daniel Vetter; Peter Schüller from Education; our press officer Susanne Fernandes Silva; Cordula Frevel from Publishing; and Meike Lotz-Kowal and Aras San from Marketing and Digital Marketing. And, as always, I owe a debt of gratitude to my partner on the Kunstsammlung's Board, Bianca Knall, and her team, especially Isabella Wild.

The gallery Sprüth Magers, in particular Dorothee Sorge and Berit Homburg, was especially committed in supporting the exhibition. We are very grateful for this. We also thank the artist's other galleries: Galerie Bärbel Grässlin in Frankfurt am Main, Luhring Augustine in New York, and Galleria Lia Rumma in Naples and Milan.

A project of such magnitude needs sponsors who believe in the art shown and trust the institution, and my thanks here go especially to the Art Mentor Foundation Lucerne, the Kunststiftung NRW, and the Stiftung Kunst, Kultur und Soziales der Sparda-Bank West. We also always feel the support of the Ministry of Culture and Science of the State of North Rhine-Westphalia.

My heartfelt thanks also go to all the lenders of the wonderful works they have made available to us.

We would also like to thank Hirmer Verlag for the excellent collaboration on the catalogue, as well as the team at Sichtvermerk, Kathrin Roussel and Stefan Claudius, for their meticulous design. My thanks also go to Gérard Goodrow and Fiona Elliott for their careful translations, to Iris Seeman and José Enrique Macián for their meticulous copyediting, and to Achim Kukulies for the many wonderful installation views from the exhibition. And finally, I would like to thank all the authors for their knowledgeable and intelligent texts: Sebastian Egenhofer, Julian Heynen, Stefanie Kreuzer, Kolja Reichert, and Falk Wolf.

Susanne Gaensheimer
Director, Kunstsammlung Nordrhein-Westfalen

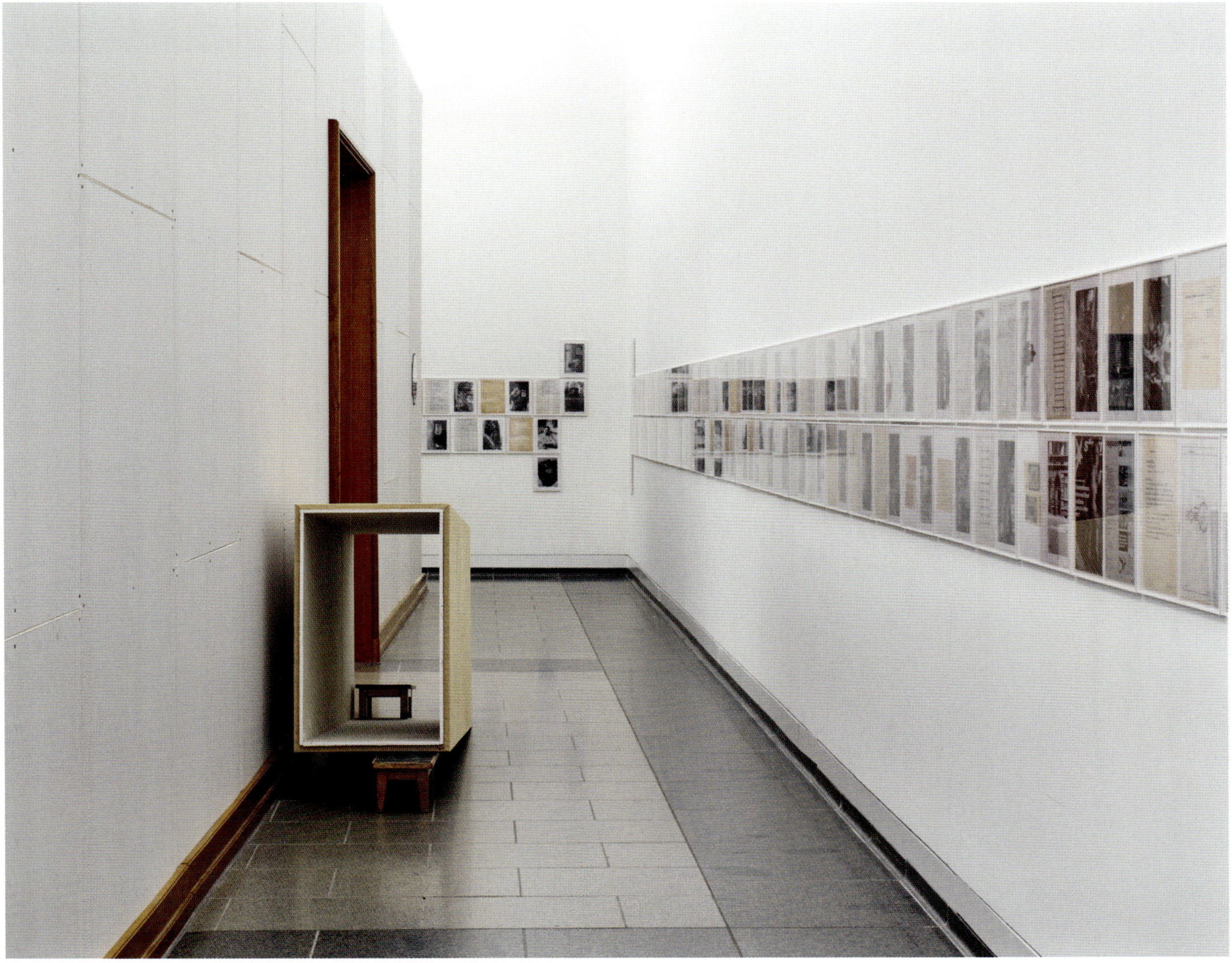

Frankfurter Block, [2016], [2014] 2012
Teilansicht / Partial view: **Galerie 4.1**, [2016] 2014, **Easton & Amos**, 2014
Schnee von gestern – Auszüge aus dem großen Kalender III, [2020] 1964–1975
Snows of Yesteryear – Excerpts from the Big Calendar III
Teilansicht / Partial view
Ausstellungsansicht / Installation view: Kunstsammlung Nordrhein-Westfalen, Düsseldorf, 2022

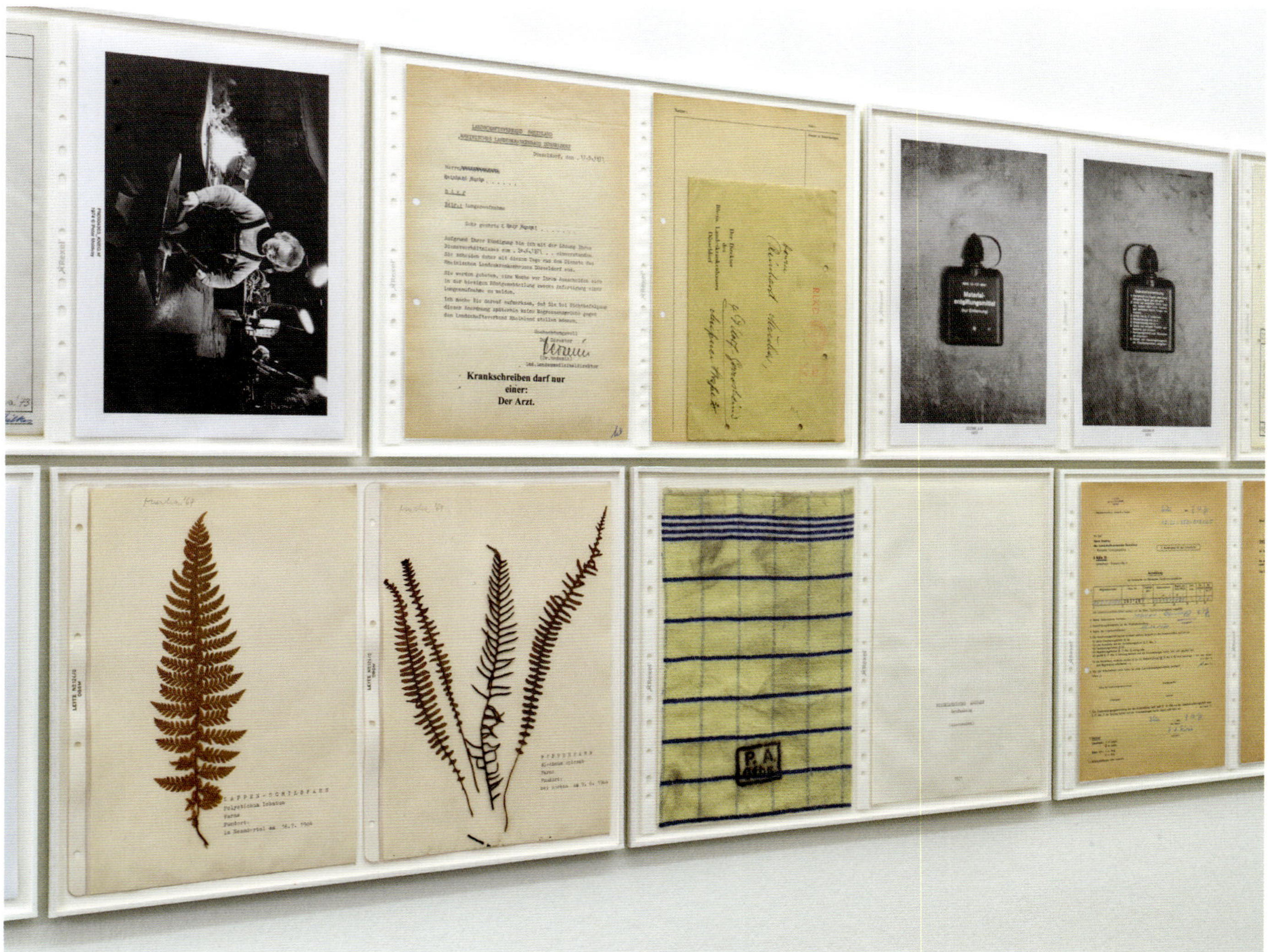
Krankschreiben darf nur
einer:
Der Arzt.

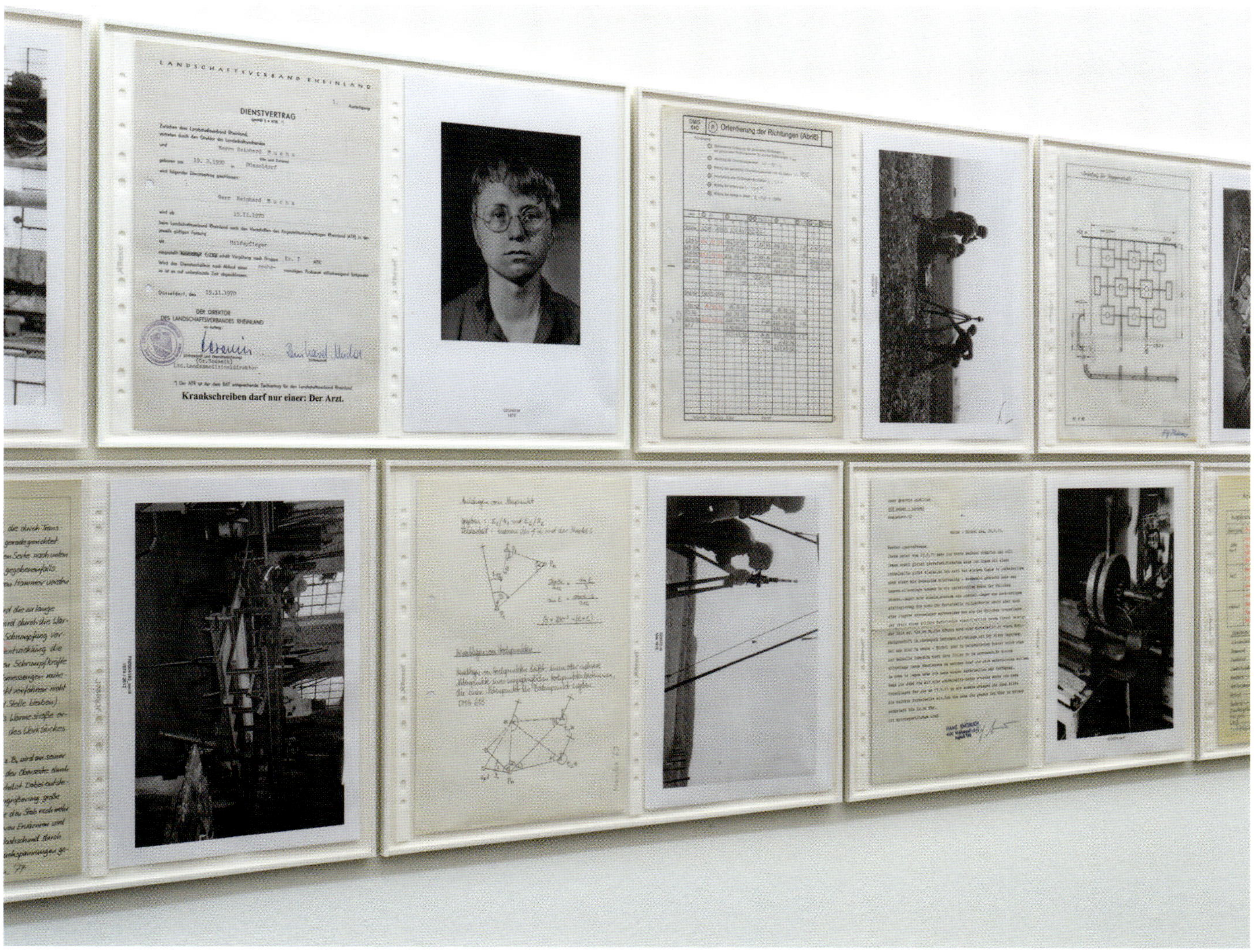

Schnee von gestern – Auszüge aus dem großen Kalender III, [2020] 1964–1975
Snows of Yesteryear – Excerpts from the Big Calendar III
Details

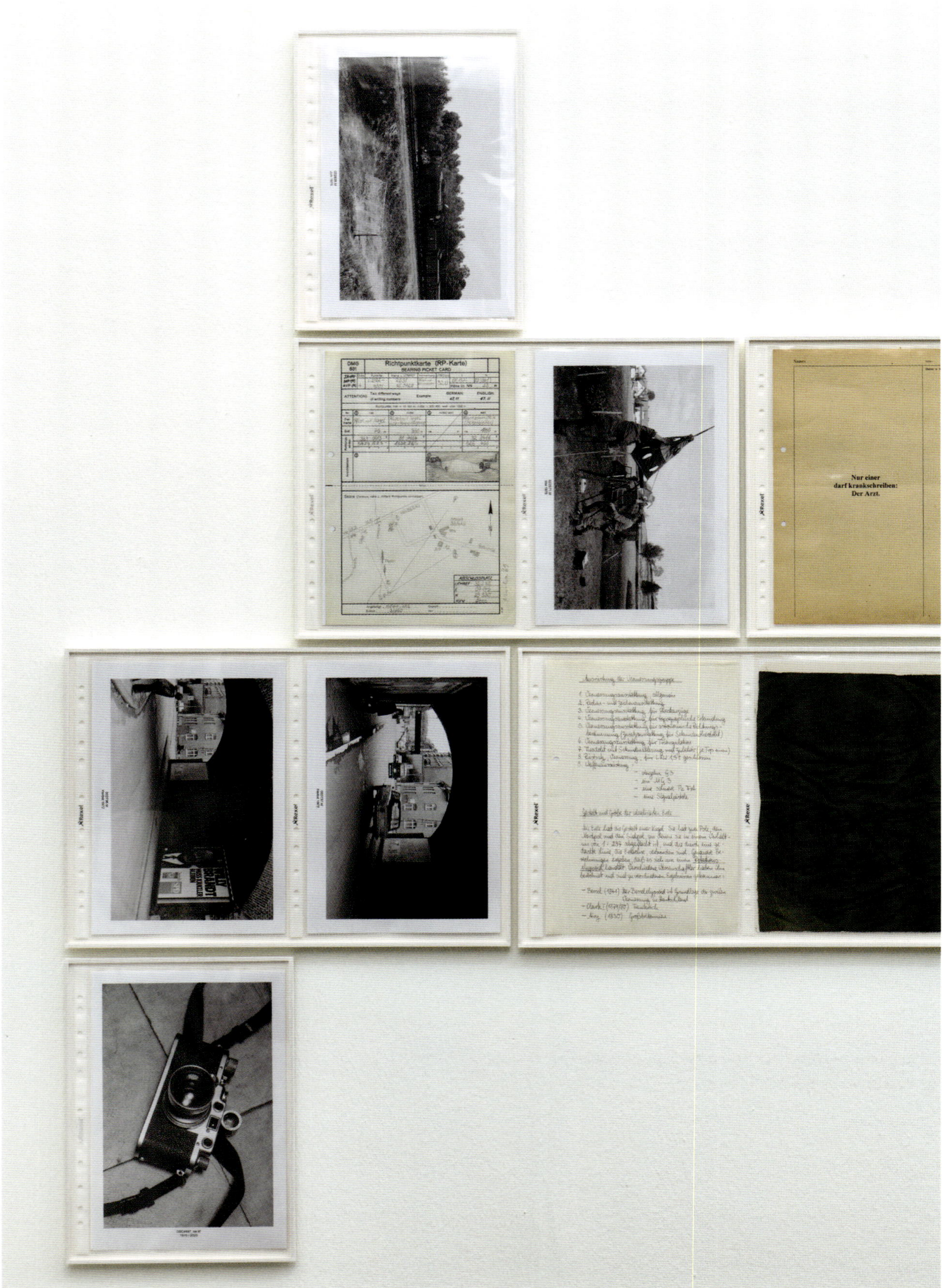
Richtpunktkarte (RP-Karte)
BEARING PICKET CARD
Nur einer
darf krankschreiben:
Der Arzt.

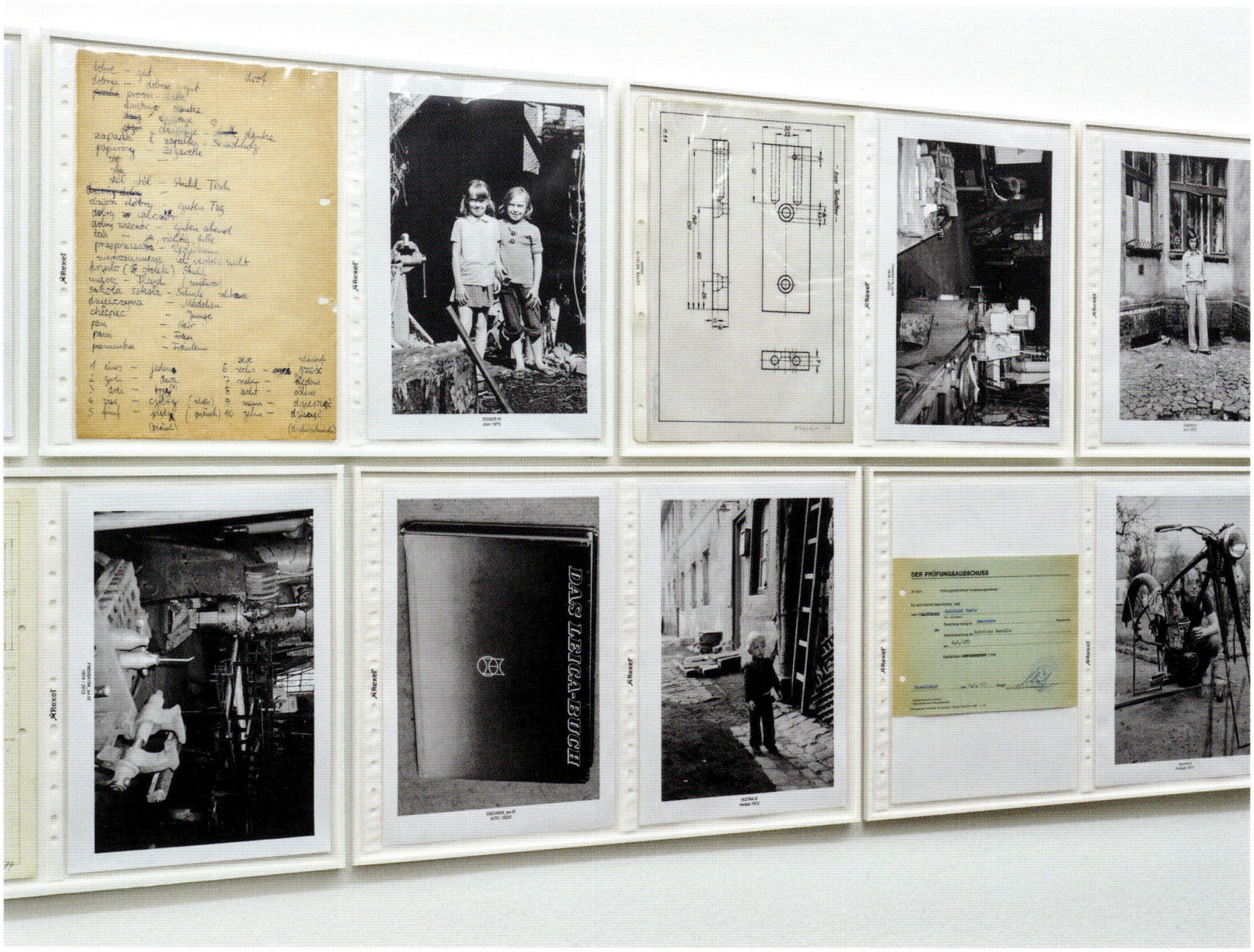

Schnee von gestern – Auszüge aus dem großen Kalender III, [2020] 1964–1975
Snows of Yesteryear – Excerpts from the Big Calendar III
Details

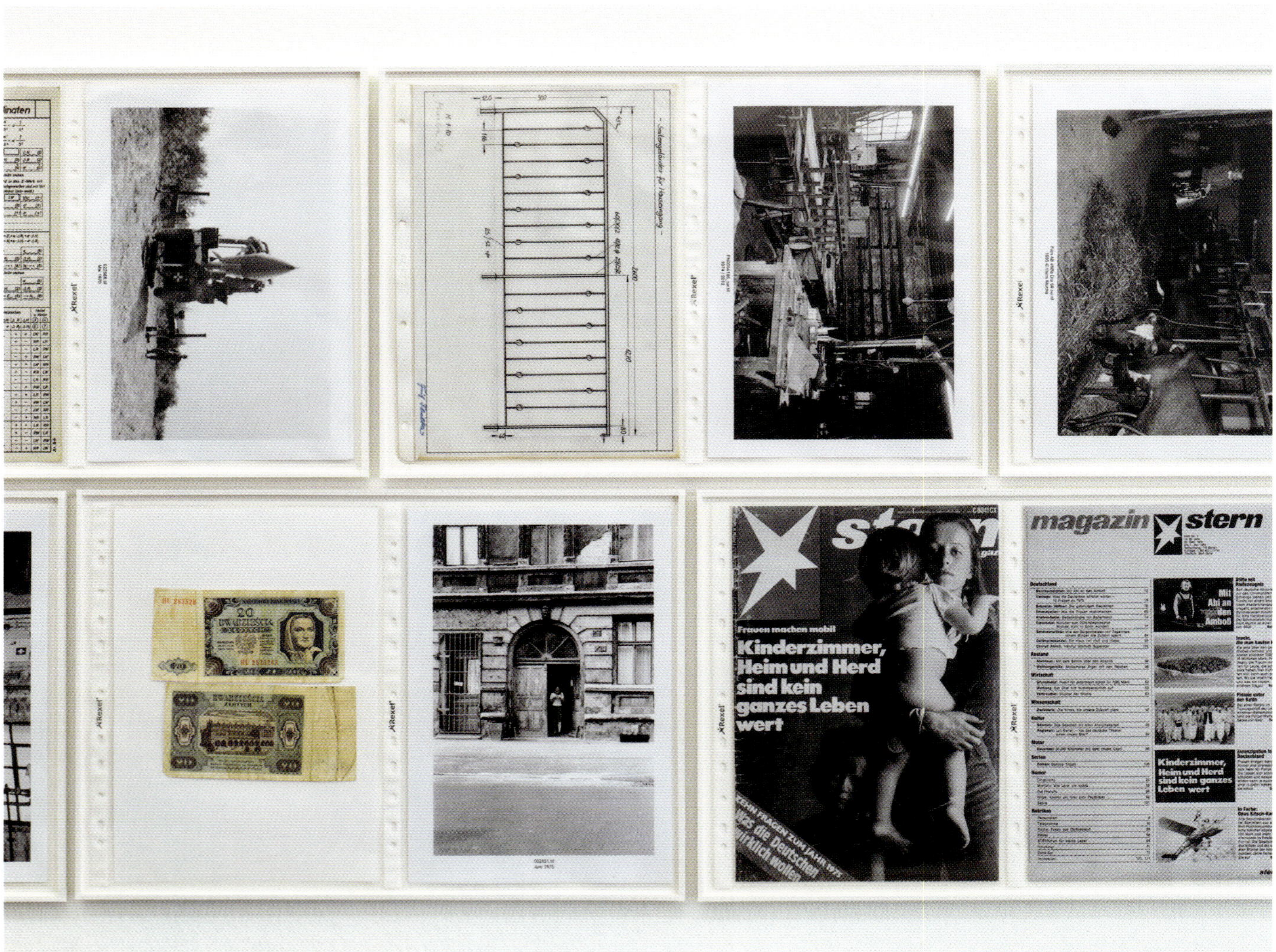
stern
Frauen machen mobil
Kinderzimmer, Heim und Herd sind kein ganzes Leben wert
ZEHN FRAGEN ZUM JAHR 1975
was die Deutschen wirklich wollen
magazin stern
Mit Abi an den Amboß

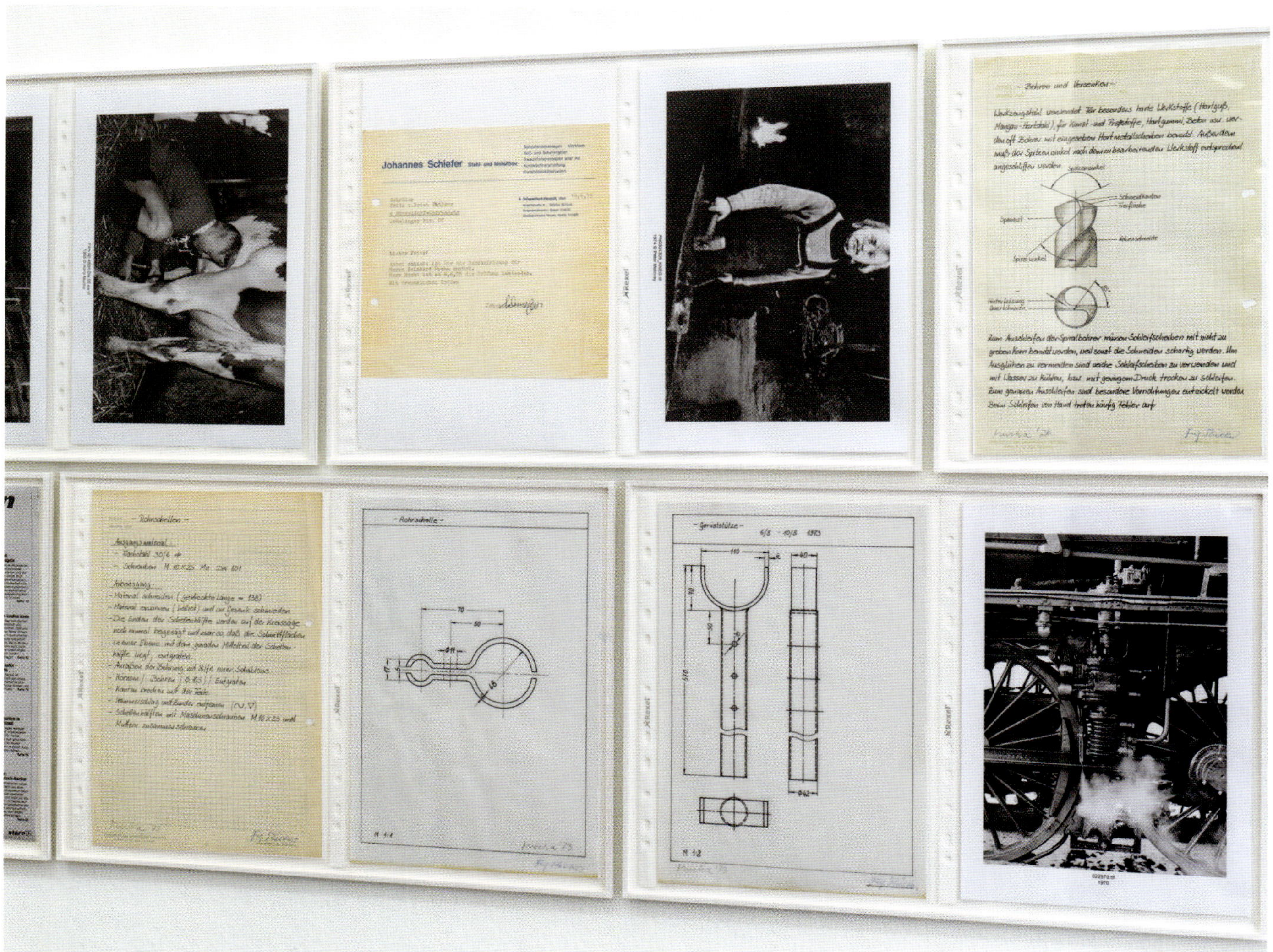

Schnee von gestern – Auszüge aus dem großen Kalender III, [2020] 1964–1975
Snows of Yesteryear – Excerpts from the Big Calendar III
Details

FALK WOLF

Latenz, Postminimalismus und Ironie

Latency, Postminimalism, and Irony

„Deutscher Eisenbahn-Güter- und Tiertarif Teil II. Heft D. Bahnhofstarif. Gültig vom 1. November 1943. 2. Auszugsweiser Nachdruck unter Berücksichtigung der durch die Besatzungszonen notwendig gewordenen Änderungen der Nachträge 1–4 zur Ausgabe vom 1. November 1943 und der durch TVA bis 10. August 1948 bekanntgegebenen Änderungen (Nicht enthalten sind alle Bahnhöfe usw außerhalb der Reichsgrenzen vom 1. März 1938.) Durch diesen Tarif werden aufgehoben: a) DEGT Teil II Heft B Entfernungstafel I Verzeichnis der Bahnhöfe und Anstoßentfernungen vom 1. Dezember 1942 mit den Nachträgen 1 bis 4, b) DEGT Teil II Heft D (Bahnhofstarif) vom 1. Oktober 1941 mit den Nachträgen 1 bis 7." – Das Titelblatt des *Deutschen Eisenbahn-Güter- und Tiertarifs*, das sich in Muchas Besitz befindet, ist ein paradigmatisches Dokument der direkten Nachkriegszeit. Es handelt sich dabei um ein großformatiges, seitenstarkes Verzeichnis aller Bahnhöfe, mit dem sich über ein ausgeklügeltes System die Entfernung und damit auch der Tarif von jedem beliebigen Bahnhof zum anderen berechnen lässt. Es macht die Schieneninfrastruktur benutzbar und ihre Benutzung berechenbar. Obwohl es kein Veröffentlichungsdatum trägt, wird ersichtlich, dass es unter der Berücksichtigung aller bis zum 10. August 1948 getroffenen Änderungen entstand. Das Bahnhofsverzeichnis dokumentiert, dass die Eisenbahn nicht nur als Infrastruktur kontinuierlich genutzt wurde, sondern dass auch die Logik ihrer Nutzung im Nachkrieg nicht revidiert wurde. Lag der 10. August 1948 noch vor der Gründung der Bundesrepublik Deutschland, so erweist der in Muchas Exemplar eingebundene „Nachtrag 3 v 1.1.51" endgültig,

"German Railway Freight and Animal Tariff Part II. Booklet D. Station Tariff. Valid as of November 1, 1943. 2nd excerpted reprint, taking into account the changes made necessary by the occupation zones to supplements 1–4 of the issue from November 1, 1943, and the changes announced by the TVA [Tariff and Traffic Gazette] by August 10, 1948 (not included are all stations, etc., outside the Reich boundaries of March 1, 1938.) The following are repealed by this tariff: a) DEGT [German Railway Freight Tariff] Part II Booklet B Distance Table I List of Stations and Abutting Distances from December 1, 1942, with supplements 1 to 4, b) DEGT Part II Booklet D (Station Tariff) from October 1, 1941, with supplements 1 to 7." – The title page of the *Deutscher Eisenbahn-Güter- und Tiertarif* (German Railway Freight and Animal Tariff), in Mucha's possession, is a paradigmatic document of the immediate postwar period. It is a weighty, large-format directory of all railroad stations, with which, with the help of a sophisticated system, the distance, and thus the fare, from any station to another can be calculated. It makes the rail infrastructure usable and its use calculable. Although it does not bear a publication date, it is evident that it was created taking into account all the changes made up to August 10, 1948. The station directory documents that the railroad was not only continuously used as infrastructure but that the logic of its use was not revised in the postwar period. While August 10, 1948, was before the founding of the Federal Republic of Germany and what would be West Germany, "Addendum 3 from 1.1.51" included in

dass die am 1. November 1943 eingeführte Logik der Tarifberechnung für den Transport von Gütern und Tieren per Eisenbahn auch in der frühen Bundesrepublik fortbestand, und zwar für diejenigen Bahnhöfe, die vor dem „Anschluss“ Österreichs in den Grenzen des „Deutschen Reiches“ lagen, also für Bahnhöfe in der Bundesrepublik, der DDR, aber auch in Polen und der Sowjetunion. Während also allerorten eine Stunde null propagiert wurde, schlug, wer Waren oder Tiere verschicken wollte, den aktualisierten Auszug des *Eisenbahn-Güter- und Tiertarifs* von 1943 auf.

Das Exemplar, das Mucha in den 1970er-Jahren in die Hände fiel, bildete den Ausgangspunkt für das Schlüsselwerk **Wartesaal**, [1997], [1986] 1979–1982 (S. 64–77). Mucha wählte 242 Bahnhofsnamen mit je sechs Buchstaben aus und malte annähernd normgerechte Schilder für diese Bahnhöfe. Sie lagern in Metallregalen und halten einen Speicher für imaginierte Reisen bereit.[1] Die Tatsache, dass viele Orte uns heutigen Betrachter*innen kaum mehr bekannt sind und dass sie sich auf aktuellen Landkarten auch nicht finden lassen, deutet darauf hin, dass es sich um einen nicht mehr aktuellen Speicher handelt. Zugleich existieren die Orte fraglos noch und die Bahnstationen tragen heute anderssprachige Namen. Der Wartesaal speichert somit Wegmarken einer Topografie, die die politischen Wendezeiten überdauert hat. Die Bahnstationen und damit die Verbindungen zwischen ihnen bestanden im Kaiserreich, während der Weimarer Republik, während des Nationalsozialismus und in der Nachkriegszeit – bis heute fort. Die Möglichkeit der schnellen Verbindungen, des schnellen Verschickens von Waren, war die Grundlage für einen wirtschaftlichen Aufschwung in Deutschland seit der Mitte des 19. Jahrhunderts. Und zugleich war diese Struktur auch ein maßgebliches Instrument des Holocaust. Neben der Jahreszahl 1943 bezieht sich Mucha hier ausgerechnet auf den Güter- und Tiertarif. Die Deportationen der europäischen Juden in Ghettos und Gaskammern lief insbesondere ab 1943 zumeist in Viehwaggons: Wenn die Reichsbahn für die Deportationszüge auch zunächst den regulären, später den halben Personenfahrpreis dritter Klasse berechnete, es blieben die gleichen Verbindungen, die gleichen Knotenpunkte, die gleichen Schienenstränge und die gleichen Verkehrsmittel, deren Wegstrecken nach der gleichen Berechnungsgrundlage ermittelt wurden.

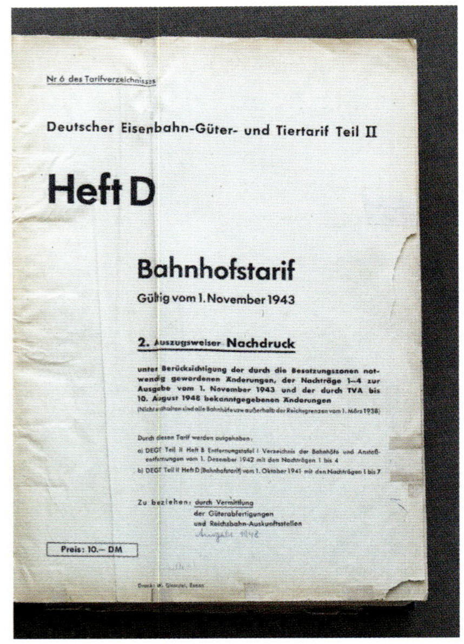

Nr 6 des Tarifverzeichnisses

Deutscher Eisenbahn-Güter- und Tiertarif Teil II

Heft D

Bahnhofstarif

Gültig vom 1. November 1943

2. Auszugsweiser Nachdruck

Preis: 10.– DM

Deutscher Eisenbahn-Güter und Tiertarif Heft D / German Railway Freight and Animal Tariff Booklet D, 1943–1948

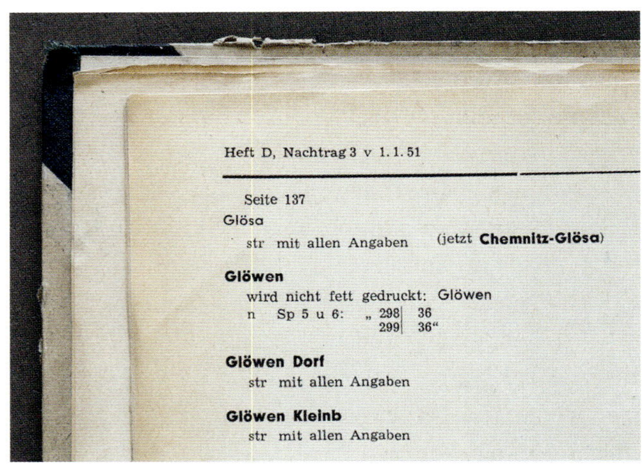

Heft D, Nachtrag 3 v 1.1.51

Seite 137
Glösa
str mit allen Angaben (jetzt Chemnitz-Glösa)

Glöwen
wird nicht fett gedruckt: Glöwen
n Sp 5 u 6: „ 298| 36
299| 36“

Glöwen Dorf
str mit allen Angaben

Glöwen Kleinb
str mit allen Angaben

Deutscher Eisenbahn-Güter und Tiertarif Heft D / German Railway Freight and Animal Tariff Booklet D, 1943–1948, Nachtrag / Addendum, 1951

LATENZ

Für das alltägliche Hantieren mit der Tariflogik der frühen Bundesbahn war es indes unerheblich, dass sich das dazugehörige Regelwerk qua Titelblatt auf den 1. November 1943 bezog. Man mag sich vorstellen, dass es Anfang der

1 Siehe die Texte von Stefanie Kreuzer und Kolja Reichert in diesem Band, die den **Wartesaal** unter unterschiedlichen Aspekten betrachten.

Mucha's copy, ultimately demonstrates that the logic of calculating tariffs for the transport of goods and animals by rail, introduced on November 1, 1943, continued to exist in the early Federal Republic, namely for those stations that were located within the borders of the "Deutsches Reich" before the annexation of Austria, that is to say, for stations in the Federal Republic as well as the German Democratic Republic, but also in Poland and the Soviet Union. Thus, while a "zero hour" was being propagated everywhere, anyone who wanted to transport goods or animals used the updated excerpt of the 1943 edition of the *Deutscher Eisenbahn-Güter- und Tiertarif.*

The copy that Mucha serendipitously acquired in the 1970s served as the starting point for the key work **Wartesaal (Waiting Room)**, [1997], [1986] 1979–1982 (pp. 64–77). Mucha selected 242 station names, each with six letters, and painted signs for these stations, approximately conforming to present standards. They are stored on metal shelves and contain a reservoir of imagined journeys.[1] The fact that many places are hardly known to us – today's observers – and that they cannot be found on current maps, indicates that this reservoir is no longer up to date. At the same time, the places unquestionably still exist but the stations today bear names in other languages. This *waiting room* thus stores landmarks of a topography that has survived political changes. The railroad stations, and therefore the connections between them, existed in Imperial Germany, during the Weimar Republic, during the era of National Socialism, and in the postwar period – up to the present day. The possibility of fast connections, the rapid transport of goods, was the basis for Germany's successful economic development beginning in the mid-nineteenth century. And at the same time, this infrastructure was also a significant instrument of the Holocaust. In addition to the year 1943, Mucha refers here – of all things – to the tariff for goods and animals. The deportations of European Jews to ghettos and gas chambers were mostly carried out in cattle cars, especially from 1943 onward. Even though the Deutsche Reichsbahn initially charged the standard third-class passenger fare for the deportation trains, and later half that fare, the same connections, the same junctions, the same rail lines, and the same means of transport remained, the routes of which were determined according to the same basis of calculation.

LATENCY

For the everyday use of the tariff system of the early Deutsche Bundesbahn, and unravelling its logic, however, it was irrelevant that the corresponding directory referred to November 1, 1943, on the title page. It may be imagined that, in the early 1950s, one was only too happy to quickly leaf through the publication in order to determine the tariff for the next transport operation. The continuity of this basis of calculation, like many continuities of the postwar period, remained hidden – it remained latent. In his book *Latenzzeit. Wissen im Nachkrieg* (Temporal latency: Knowledge in the postwar era),[2] Anselm Haverkamp describes latency (in conjunction with performance and the manifested) as *the* figure of literary scholarship in the postwar period. This was prompted in particular by the intellectual biographies of Hans Robert Jauss, Paul de Man, and Hans E. Schneider (alias Hans Schwerte), all of whom, in their official pronouncements, advocated a zero hour for literary studies, but whose (academic) biographies were more or less deeply rooted in National Socialism. Without now wanting to concretely connect postwar literary studies and the flagship of the reception-aesthetic Constance School of "Poetics and Hermeneutics" with railroad history and even more concretely with the *Deutscher Eisenbahn-Güter- und Tiertarif* of 1943/48/51, it can be stated that Mucha's **Wartesaal** not only builds on the latent postwar foundation of this tariff list in National Socialism but itself operates with strategies of latency.

In the file on **Wartesaal** in Mucha's archive, there is a note in which the artist maintains that he deliberately excluded all too obvious allusions to National Socialism: "—That's why there's SOLDIN and not SOBIBOR! Or STOTEL instead of STUTTHOF." Regardless of the fact that Sobibór and Stutthof (today Sztutowo), with seven and eight letters respectively, would not have fallen into the chosen rubric anyway, Mucha deliberately directs attention not to the central sites of the Holocaust but to the infrastructure that made these crimes possible. Sebastian Egenhofer has described this procedure as horizontal, as a procedure that juxtaposes and confronts things and the histories, discourses, economies, and meanings attached to them, but does not open itself to any solution or transcendence.[3] Thus, in **Wartesaal**, the reference to the railroad as an instrument of the crimes of National Socialism is not explicit. The theme is not named, and the viewer is not blatantly confronted with it. Rather, it remains latently present in **Wartesaal**, as in the postwar era, whereby with the title **Wartesaal** itself, the temporal latency that is to be abided in situ is made permanent.[4]

The place names noted in **Wartesaal** also serve as the titles of many wall-mounted works that have been created since 1982. They can all be described as assemblages of found objects and elaborately constructed sculptural glass cabinets.

1 See the texts by Stefanie Kreuzer and Kolja Reichert in this publication, which examine **Wartesaal** from different perspectives.

2 Anselm Haverkamp, *Latenzzeit. Wissen im Nachkrieg* (Berlin: Kulturverlag Kadmos, 2004).

3 See the text by Sebastian Egenhofer in this publication, p. 183.

4 I am grateful to Cécile Huber for this reflection on the title of **Wartesaal**.

1950er-Jahre nur allzu gerne schnell überblättert wurde, um den Tarif des nächsten Transportvorgangs zu ermitteln. Die Kontinuität dieser Berechnungsgrundlage blieb wie viele Kontinuitäten der Nachkriegszeit im Verborgenen – sie blieb latent. Anselm Haverkamp hat in seinem Buch *Latenzzeit. Wissen im Nachkrieg*[2] Latenz (im Zusammenspiel mit Performanz und Evidenz) als *die* Figur der Literaturwissenschaft in der Nachkriegszeit beschrieben. Anlass dazu waren insbesondere die intellektuellen Biografien von Hans Robert Jauß, Paul de Man und Hans Schwerte / Hans E. Schneider, die alle in ihren offiziellen Verlautbarungen für eine Stunde null der Literaturwissenschaft eintraten, deren (akademische) Biografien jedoch mehr oder weniger tief im Nationalsozialismus wurzelten. Ohne nun die Literaturwissenschaft der Nachkriegszeit und das Flaggschiff der rezeptionsästhetischen Konstanzer Schule „Poetik und Hermeneutik" konkret mit der Eisenbahngeschichte und noch konkreter mit dem *Deutschen Eisenbahn-Güter- und Tiertarif* von 1943/48/51 in Verbindung bringen zu wollen, so lässt sich doch konstatieren, dass Muchas **Wartesaal** nicht nur auf der im Nachkrieg latenten Gründung dieses Tarifverzeichnisses im Nationalsozialismus aufsetzt, sondern selbst mit Strategien der Latenz operiert.

Im Aktenordner zu **Wartesaal** in Muchas Archiv findet sich eine Notiz, in der Mucha festhält, dass er allzu offensichtliche Anspielungen auf den Nationalsozialismus bewusst ausgeklammert hat: „– Darum SOLDIN und nicht SOBIBOR! Oder STOTEL statt STUTTHOF." Unabhängig von der Tatsache, dass Sobibór und Stutthof mit sieben bzw. acht Buchstaben ohnehin nicht ins gewählte Raster gefallen wären, lenkt Mucha das Augenmerk bewusst nicht auf die zentralen Orte des Holocaust, sondern auf die Infrastruktur, die diese Verbrechen möglich gemacht hat. Sebastian Egenhofer hat dieses Verfahren als ein Verfahren des Horizontalen beschrieben, als ein Verfahren, das die Dinge und die ihnen anhaftenden Geschichten, Diskurse, Ökonomien, Bedeutungen nebeneinanderstellt, miteinander konfrontiert, sich jedoch keiner Lösung oder Transzendenz öffnet.[3] So ist in **Wartesaal** der Bezug zur Eisenbahn als einem Instrument der Verbrechen des Nationalsozialismus nicht explizit. Das Thema wird nicht benannt, der/die Betrachter*in nicht darauf gestoßen. Vielmehr bleibt es im Wartesaal wie im Nachkrieg latent vorhanden, wobei mit dem Titel **Wartesaal** selbst die Latenzzeit, die abzuwarten ist, installativ auf Dauer gestellt ist.[4]

Die Ortsnamen im **Wartesaal** bilden zugleich die Titel vieler Wandstücke, die seit 1982 entstanden sind. Sie alle können als Assemblagen aus Fundstücken und aufwendig konstruierten skulpturalen Vitrinenkästen beschrieben werden. **Bullay** (S. 229) zum Beispiel: Das 2016 entstandene Werk besteht aus einem horizontal in zwei Teile zersägten Poolbillardtisch sowie aus horizontalen, teils mit gefundenem Balatum[5] beklebten Stegen, einer neutralen Leinwandbespannung und einem circa 40 Zentimeter tiefen Kasten aus Holz, Filz, Aluminiumprofilen und Leinwandbespannung, in dessen Hohlräume man seitlich Einblick nehmen kann. Rückseitig mit feinen Lineamenten im Blau der Banden-Bespannung des Fundstücks bemalte Glasscheiben in Aluminiumführungen schirmen das Objekt von den Betrachter*innen ab. Auf den ersten Blick rein konstruktive Elemente verbinden sich mit dem Fundstück zu einem skulpturalen Objekt, das ein Spiel mit Fläche und Tiefe, mit Raum und Illusion entfaltet.[6] Der Billardtisch ist dabei zugleich als Billardtisch erkennbar und als eine skulpturale Form, die in ein präzise konstruiertes Gefüge eingepasst ist.

Eine Zerteilung größerer Fundstücke und die horizontale Verschiebung beider Teile gegeneinander ist häufig der Ausgangspunkt größerer Wandstücke. In **Wartha**, 2000 (S. 263) ist beispielsweise eine Regalkonstruktion eingebaut, deren ursprüngliche Nutzung nicht klar zu erschließen ist. Die schwarzen Holzbalken des Regals kontrastieren mit den hellgrauen, fast weißen, Filzelementen. Diese heben sich auch in ihrer Präzision und ihrer makellosen Erscheinung von dem offensichtlich lange Zeit gebrauchten Regal ab. Doch an den Rändern sind die Filzbahnen nicht immer ordentlich beschnitten, sondern stehen zum Teil über oder wurden etwas schräg abgetrennt.

Über die Titel sind diese Werke mit **Wartesaal** verbunden, als wären sie konkrete Lokalisierungen der dort enthaltenen Ortsnamen, als lösten sie ein Versprechen ein, die Latenzzeit des Wartesaals zu überwinden und etwas manifest werden zu lassen. Dabei stehen die Fundstücke und ihre Herkunft in keinerlei Zusammenhang mit den titelgebenden Orten. Die Verbindung besteht allein in der künstlerischen Werksystematik. Bei aller Konkretheit der in den Werken verbauten Fundstücke und ihrer Bearbeitung bleiben deren genauer Ursprung, ihre exakte Benutzung, die Personen, die sie verwendet haben, die Umstände ihres Entstehens, ihres Gebrauchs und ihrer Entsorgung im Verborgenen. Es bleibt eine Ebene, die nicht direkt adressiert ist, sondern die in der Präsenz der Fundstücke aufgehoben bleibt, ohne expliziert zu werden. Es ist offensichtlich,

2 Anselm Haverkamp, Latenzzeit. Wissen im Nachkrieg. Berlin 2004.

3 Siehe den Text von Sebastian Egenhofer in diesem Band, S. 182.

4 Dank an Cécile Huber für diese Überlegung zum Titel von **Wartesaal**.

5 In Muchas Materialbeschreibungen zumeist als „Bitumierte Filzpappe mit Ölfarbenaufdruck" angegeben, war dies ein preisgünstiger Fußbodenbelag, der Linoleum imitierte. Unter den Handelsmarken Balatum oder Stragula war dieser Belag seit den 1920er-Jahren bis in die Nachkriegszeit in einer großen Vielfalt an Mustern erhältlich.

6 Siehe die Texte von Julian Heynen und Sebastian Egenhofer zur Unterscheidung gefundener und konstruktiver Elemente in den Werken von Mucha in diesem Band, siehe S. 84 und S. 176.

Bullay, 2016 (p. 229), for example: The work consists of a pool table sawn horizontally into two parts, as well as horizontal planks partly covered with found Balatum,[5] a neutral canvas covering, and a wooden construction approximately 15.75 inches deep made of wood, felt, aluminum profiles, and canvas, the cavities of which can be glimpsed from the side. Glass panes along aluminum tracks painted on their reverse with fine lines in the blue of the found table's billiard cloth shield the object from the viewer. At first glance, purely constructive elements combine with the found object to form a sculptural object that slowly reveals a play with surface and depth, space and illusion.[6] The pool table is recognizable both as such and as a sculptural form that is fitted into a precisely constructed structure.

A dissection of larger found objects and the horizontal shift of both sections away from each other is often the starting point of large-format wall-mounted pieces. Built into **Wartha**, 2000 (p. 263), for example, is a construction of shelves, the original use of which is not clearly evident. The black wooden boards of the shelf contrast with the elements of light gray, almost white, felt. These also stand out from the obviously well-worn shelf due to their precision and immaculate appearance. At the edges, however, the felt panels are not always neatly trimmed and in some cases hang over or have been cut at awkward angles.

These works are connected to **Wartesaal** through their titles, as though they were concrete localizations of the place names contained therein, as though they fulfilled a promise to overcome the temporal latency of **Wartesaal** and make something manifest. Yet the found objects and their origins have no connection whatsoever with the titular towns. The connection exists solely in the artistic taxonomy of the respective work. For all the concreteness of the found objects used in the works and their reworking, their exact origin, their exact use, the people who used them, the circumstances of their creation, their utilization, and their disposal remain hidden. There is a level that is not directly addressed but remains suspended in the presence of the found objects without being made explicit. It is obvious that the sculptures were created using found everyday items, but this obviousness is contrasted with a level of what remains unsaid. – In the case of the personal objects,[7] this level can be traced through the documentary study of existing files[8] or the artist's own self-disclosure. The best example of this may be the floorboards lifted from Mucha's studio at Kölner Straße 170 and now part of **Das Deutschlandgerät (The Germany Device)**, [2021], [2002] 1990 (pp. 153–167). Here, the historical find of a floor, on which industrial administration had been carried out continuously since ca. 1908, overlaps with the biographical relic of the studio floor, on which Mucha worked between 1981 and 1990. Intrinsic to the work, however, both levels remain latent, perhaps especially the industrial-historical level; these pieces thus correspond with **Wartesaal** also and especially in this respect, precisely in that they do not fulfill the promise of closure of a temporal latency but rather address this latency on a new level of the seemingly concrete as structurally hidden. With this strategy, Mucha's works always refer anew to a historical level that is connected to the present (fatefully, obligatorily, constitutively) in concrete objects, names, and relationships, but which is, at the same time, characterized as something that cannot be overcome. Reference has often been made in Mucha's pieces to the ubiquitous mirroring characteristics of the simple, yet almost always painted, float glass, which confronts today's viewers, as well as all future viewers, not only with found objects fitted into sculptural assemblages, but at the same time with their own reflections and attitudes toward the past that extends into the present. A zero hour remains impossible.

MINIMALISM – POSTMINIMALISM

The latency described is contrasted by a constructive clarity that makes the sculptures describable and comprehensible as structures on a constructive, craftmanship level. Nothing is hidden: joints are clear, screws visible, and materials recognizable. Everything is exposed, especially when one looks at the sides of the wall-mounted pieces with the same attention given to the glazed fronts.[9] (With **Birken**, 2015 (p. 250), one can even see right through the entire object). To a large extent, these composite structures seem not only comprehensible but even reversible.[10] These objects are therefore tremendously clear and present in their structure. This is perhaps the most notable connection Mucha's works have to minimalism. The use of industrial materials, the reflective surfaces, and the presence of the works in space speak a minimalist language. A language of obviousness, in which the hidden, the unsaid does not come to bear, if only because every level of content is

5 This low-cost floor covering that imitated linoleum has mostly been described in Mucha's material descriptions as "oil paint print on bituminized felt base." Under the trademarks "Balatum" and "Stragula," this floor covering was available in a wide variety of patterns from the 1920s until the postwar period.

6 See the texts by Julian Heynen and Sebastian Egenhofer in this publication on the distinction between found and constructive elements in the works of Mucha, p. 85 and p. 179, respectively.

7 Examples include the children's shoes and scooter in **Kopfdiktate** (Head Dictations), [1990] 1980, the ballet shoes in « **Aglaia Louise** », 2018, and » **L'Étoile du Nord** », 2019, and the child's scooters in **Auto Reverse II / >>Kreuzstück<<**, [2009] 2009 / 1991.

8 See the text by Stefanie Kreuzer in this publication, pp. 129–138.

9 See the text by Julian Heynen in this publication, pp. 81–91.

10 See Uwe M. Schneede, "Büro, Atelier und Erinnerung. Reinhard Muchas *Flak* von 1981," in *Skulptur-Räume. Die jungen Deutschen der achtziger Jahre* (Regensburg: Lindinger & Schmid, 1997), 92–102, here 94.

dass die Skulpturen unter Verwendung gefundener Alltagsgegenstände entstanden, aber dieser Offensichtlichkeit steht eine Ebene des Ungesagten gegenüber. – Bei den persönlichen Gegenständen[7] lässt sich dieser Ebene durch Aktenstudium[8] oder Selbstauskunft des Künstlers auf die Spur kommen. Bestes Beispiel hierfür mag der im **Deutschlandgerät**, [2021], [2002] 1990 (S. 153–167) aufgehobene Fußboden aus Muchas Atelier in der Kölner Straße 170 sein. Hier überlagern sich das historische Fundstück eines Bodens, auf dem seit 1908 kontinuierlich Industrieverwaltung betrieben wurde, und das biografische Relikt des Atelierbodens, auf dem Mucha zwischen 1981 und 1990 gearbeitet hat. Werkimmanent bleiben aber latent beide Ebenen, vielleicht insbesondere die industriegeschichtliche, und somit korrespondieren diese Stücke auch und gerade in dieser Hinsicht mit dem **Wartesaal**, indem sie das Versprechen der Beendigung einer Latenzzeit eben nicht einlösen, sondern sie auf einer neuen Ebene des scheinbar Konkreten als strukturell Verborgenes adressieren. Muchas Werke verweisen mit dieser Strategie immer neu auf eine historische Ebene, die in konkreten Gegenständen, Namen und Beziehungen mit der Gegenwart (schicksalhaft, verpflichtend, bestimmend) verbunden ist, die jedoch zugleich als etwas Nicht-zu-Bewältigendes charakterisiert wird. Oft ist auf die in Muchas Stücken ubiquitäre Spiegelung des einfachen, jedoch fast immer bemalten Floatglases hingewiesen worden, die die heutigen und auch alle künftigen Betrachtenden nicht nur mit Fundstücken, die in skulpturale Gefüge eingepasst sind, sondern zugleich mit dem eigenen Spiegelbild und der eigenen Haltung gegenüber der in die Gegenwart reichenden Vergangenheit konfrontiert. Eine Stunde null bleibt ausgeschlossen.

MINIMALISMUS – POSTMINIMALISMUS

Der beschriebenen Latenz steht eine konstruktive Klarheit gegenüber, die die Skulpturen beschreibbar und auf der konstruktiven, handwerklichen Ebene als Gefüge begreifbar macht. Nichts wird versteckt: Verbindungen sind nachvollziehbar, Schrauben sichtbar, Materialien erkennbar. Alles liegt offen zutage, gerade wenn man die Seiten der Wandstücke mit der gleichen Aufmerksamkeit betrachtet wie die verglasten Fronten.[9] (Bei **Birken**, 2015 (S. 250) kann man sogar quer durch das gesamte Objekt hindurchschauen.) Zu einem großen Teil wirken diese Aufbauten nicht nur nachvollziehbar, sondern sogar reversibel.[10] Diese Objekte sind in ihrer Struktur daher ungeheuer klar und präsent. Darin zeigt sich vielleicht die deutlichste Verbindung der Werke Muchas zum Minimalismus. Die Verwendung industrieller Materialien, die spiegelnden Oberflächen, die Präsenz der Werke im Raum sprechen eine minimalistische Sprache. Eine Sprache der Offensichtlichkeit, in der Verborgenes, Ungesagtes schon deshalb nicht zum Tragen kommt, weil jede inhaltliche Ebene vermeintlich eliminiert ist; zugunsten einer reinen Präsenz, zu der die Betrachtenden sich im Raum verhalten müssen.[11]

Die additive Reihung identischer Grundelemente in Muchas Werken, aber auch ihre kalkulierte physische Präsenz zeigen, in welchem Maße er Prinzipien des Minimalismus verwendet, zitiert, sich aneignet und den vorangegangenen Künstlern eine Reverenz erweist. Dies betrifft vor allem die konstruktiven Elemente seiner Werke, beispielsweise die Filzvitrinen von **Wartesaal**, deren Kombination von Profilen und Schrauben an die Konstruktionsweise von Donald Judds farbigen Kastenskulpturen denken lassen. Auch Dan Flavins Einsatz von Leuchtstofflampen erscheint als Referenz, etwa bei **Wismar**, 2006 (S. 249), **Uelzen**, 2014 (S. 255), **Ebnath**, 2014 (S. 102) und vor allem bei **Ohne Titel** (Bonn) (S. 47), 1983. Die Räumlichkeit der geschlitzten Filzskulpturen von Robert Morris haben ihr Echo in Wandstücken wie **Nemitz**, 2016 und **Plauen**, 2019, auch wenn dort gänzlich andere Materialien verwendet werden. Das Interesse, das Mucha der Konstruktion seiner Werke widmet – die Auswahl der richtigen Schrauben (immer Schlitz, kaum einmal Kreuz), die Frage der Aufhängung an der Wand und des Schliffs der Gläser –, weist zurück auf den minimalistischen Zusammenfall von Konstruktion und Skulptur, von industriell gefertigtem Ausgangsmaterial und Kunst. Genau in diesem Zusammenfall sieht etwa Rosalind Krauss die auf eine öffentliche/gesellschaftliche Sphäre bezogene Grundhaltung der minimalistischen Künstler: die Verwendung von Gegenständen für die Kunstproduktion, die zu gänzlich anderen Zwecken innerhalb einer Gesellschaft hergestellt wurden, wie dem Bau von Häusern oder Möbeln. Noch in Muchas jüngsten Werken ist dieser Bezug über die Materialien greifbar: An den Seiten von **The German Leitz-Kultur**, 2021 (S. 46) wird eine Schicht gelben Dämmmaterials sichtbar. Es ist beispielsweise diese Schicht, die mit einem Begriff von Öffentlichkeit in der minimalistischen Skulptur korreliert, wie Krauss ihn entlang der Verwendung industrieller, vorgefertigter Materialien herausgearbeitet hat: eine Generierung von Bedeutung aus einer öffentlichen Sphäre heraus,

7 Als Beispiele wären hier die Kinderschuhe und der Roller aus **Kopfdiktate**, [1990] 1980, die Ballettschuhe aus « **Aglaia Louise** », 2018 oder » **L'Étoile du Nord** », 2019 oder die Kinderroller aus **Auto Reverse II** / >>**Kreuzstück**<<, [2009] 2009 / 1991 zu nennen.

8 Siehe den Text von Stefanie Kreuzer in diesem Band, S. 129–138.

9 Vgl. den Text von Julian Heynen in diesem Band, S. 81–92.

10 Vgl. Uwe M. Schneede, Büro, Atelier und Erinnerung. Reinhard Muchas Flak von 1981, in: Ders.: Skulptur-Räume. Die jungen Deutschen der achtziger Jahre. Regensburg 1997, S. 92–102, hier S. 94.

11 So etwa der von Michael Fried vorgebrachte Vorwurf der Theatralität des Minimalismus. – Michael Fried, Art and Objecthood, in: Artforum 5, 1967, S. 12–23.

ostensibly eliminated in favor of a pure presence to which the viewer must relate in space.[11]

The additive sequence of identical base elements in Mucha's works as well as their calculated physical presence reveal the extent to which he uses, quotes, and appropriates the principles of minimalism and pays homage to previous artists. This is especially true of the constructive elements of his works, such as the felt display cases of **Wartesaal**; the combination of profiles and screws are reminiscent of the construction methods used in Donald Judd's colorful box sculptures. Dan Flavin's use of fluorescent tubes also appears as a reference, for example in **Wismar**, 2006 (p. 249), **Uelzen**, 2014 (p. 255), **Ebnath**, 2014 (p. 102), and especially in the untitled **Ohne Titel** (Bonn), 1983 (p. 47). The spatial dimension of Robert Morris's slit felt sculptures have echoes in wall-mounted works such as **Nemitz**, 2016, and **Plauen**, 2019, despite the fact that entirely different materials are being used. The interest Mucha devotes to the construction of his works – the choice of the right screws (always slotted, hardly ever Phillips-headed), the question of how to hang them on the wall and how to cut the glass – points back to the minimalist concourse of construction and sculpture, of industrially produced source material and art. It is precisely in this coming together that Rosalind E. Krauss, for example, sees the basic attitude of minimalist artists in relation to a public/social sphere: the use of objects for art production that were made for entirely different purposes within a society, such as the construction of houses or furniture. Even in Mucha's most recent works, this connection is palpable through the materials: A layer of yellow thermal insulation is visible at the sides of **The German Leitz-Kultur**, 2021 (p. 46). It is this layer, for example, that correlates with a concept of the public sphere in minimalist sculpture, as Krauss has elaborated in connection with the use of industrial, prefabricated materials: the generating of meaning out of a public sphere that no longer proceeds from a psychologizing conception of interiority based on the artist's personality, as was still predominately seen in abstract expressionism.[12]

Early in his career, Mucha had come into contact with minimalist trends at the Düsseldorf Art Academy, especially through Benjamin H. D. Buchloh, who taught there in 1978. For his contribution to the 2nd International Bilk Art Fair in 1980, in which Klaus Rinke's entire class at the academy participated, Mucha covered the gate to the courtyard of the coal merchants Gebr. Rodler,[13] not far from the Bilk district train station, with green paint. In the passage leading to the courtyard itself, he stacked twenty-four lignite briquettes, which he had painted the same color, to form a sculpture: a minimalist gesture, *sui generis* with a throwback, perhaps, to Carl Andre's *Lever* of 1966. Already at this point, however – and this makes this early work, realized while still a student, during the development of **Wartesaal**, a key work – Mucha included narrative elements that brought into question the constructivist side of minimalism with its non-idealistic but formalist principle: Two toy trucks built by the artist himself were painted with the same green lacquer and placed in the courtyard entrance, on the wall of which read a sign, "Strictly prohibited for children to play in gateway or courtyard. The proprietor." He juxtaposed the toys with the humorless severity of the prohibition against play; at the same time, by newly painting the courtyard gate ("Keep the entrance clear"), he asserted the everyday suitability of art against the severity of the minimalist concept of sculpture invoked in the stack of brown coal painted green. Mucha realized this exhibited constellation in the passage through a gateway in September 1980, a few months after Konrad Fischer closed his first gallery space on Neubrückstraße with an exhibition by Tony Cragg. Fischer had been presenting exhibitions there since 1967 also in a covered gateway, introducing the public to artists such as Carl Andre and Sol LeWitt as well as to minimalist tendencies in art. Carl Andre's floor sculptures, with which Fischer had opened his gallery in 1967, took up the spatial dimensions of the elongated passageway. They are site-specific in the sense that their dimensions were based on this concrete spatial setting. However, unlike Fischer's gallery, which was closed on both sides and repurposed as an interior space, the Rodler brothers' coal yard was not blocked off during the length of Mucha's intervention. Mucha had positioned the stacks of briquettes and his toy trucks along the edge of the space so that real trucks could drive out unimpeded with coal, briquettes, and coke. The site-specificity of Mucha's work can therefore not be tied to space as a metric dimension alone. The social reference is also present not only through the materials, but rather, it exists in the interaction with the means of working themselves and inscribes itself in the economic and social conditions or draws attention to them. Similarly, Mucha would do this again only a year later with **Kopf im Sand** (Head in Sand),

11 This is reflected, for example, in Michael Fried's accusation of the theatricality of minimalism: Michael Fried, "Art and Objecthood," *Artforum* 5, no. 10 (Summer 1967): 12–23.

12 See Rosalind E. Krauss, *Passages in Modern Sculpture* (Cambridge, MA: MIT Press, 1981), 266. – At first glance, Mucha's autobiographical works seem to contradict this thesis. A closer look, however, reveals that they are less concerned with the artist's psychology than with being examples of a life lived in a particular time and under particular circumstances. – **Kopfdiktate**, [1990] 1980, arguably shows the artist in his development from infancy to adulthood and a wishful dream of escape from the narrow confines of an education and upbringing that emphasized discipline. However, this development can be understood as an example of a childhood and youth of someone born in the early 1950s. It aims at something Mucha himself described as "collective biography."

13 Färberstraße 148.

die nicht mehr von einer auf die Künstler*innenpersönlichkeit zurückgehenden psychologisierenden Konzeption von Innerlichkeit ausging, wie sie im abstrakten Expressionismus noch als vorherrschend gesehen wird.[12]

Mucha war bereits früh an der Düsseldorfer Kunstakademie mit den minimalistischen Strömungen in Kontakt gekommen, insbesondere über Benjamin H. D. Buchloh, der 1978 dort lehrte. Muchas Beitrag für die 2. Internationale Bilker Kunstmesse von 1980, an der sich die gesamte Akademieklasse von Klaus Rinke beteiligte, bestand darin, das Tor zum Hof der Kohlenhandlung Gebr. Rodler unweit des Bilker Bahnhofs[13] grün anzustreichen. In der Hofeinfahrt selbst stapelte er 24 Braunkohlebriketts, die er in der gleichen Farbe lackiert hatte, zu einer Skulptur. Eine minimalistische Geste sui generis mit einer Rückbesinnung vielleicht an Carl Andres *Lever* von 1966. Bereits hier jedoch – und das macht dieses frühe, noch zu Studienzeiten, während der Arbeit an **Wartesaal** realisierte Werk zu einem Schlüsselwerk – fügte Mucha erzählerische Elemente ein, die die konstruktivistische Seite des Minimalismus mit ihrem zwar nicht idealistischen, jedoch aber formalistischen Prinzip infrage stellten: Zwei vom Künstler selbst gebaute Spielzeug-Lastwagen waren mit dem gleichen grünen Lack angestrichen und standen in der Hofeinfahrt, auf deren Wand ein Schild mit der Aufschrift „Das Spielen der Kinder im Torweg und auf dem Hof ist verboten. Der Eigentümer" angebracht war. Die Spielzeuge stellte er gegen die humorlose Strenge des Spielverbots und zugleich behauptete er mit der Malerei des neu gestrichenen Hoftors („Einfahrt freihalten") die Alltagstauglichkeit von Kunst gegen die Strenge des in dem in Grün bemalten Kohlenstapel zitierten minimalistischen Skulpturbegriffs. Diese Ausstellungssituation in einer Tordurchfahrt realisierte Mucha im September 1980 einige Monate, nachdem Konrad Fischer seinen ersten Galerieraum in der Neubrückstraße mit einer Ausstellung von Tony Cragg geschlossen hatte. Fischer hatte dort seit 1967 just in einer Tordurchfahrt Ausstellungen gezeigt, die Künstler wie Carl Andre und Sol LeWitt vorstellten und das Publikum mit minimalistischen Tendenzen in der Kunst bekannt machten. Carl Andres Bodenskulpturen, mit denen Fischer seine Galerie 1967 eröffnet hatte, nahmen die Raumdimensionen der langgestreckten Durchfahrt auf. Sie sind ortsspezifisch in dem Sinne, dass sie auf diese konkrete Raumsituation dimensioniert sind. Anders als die zu beiden Seiten geschlossene und zu einem Innenraum umfunktionierte Galerie Fischers blieb die Kohlenhandlung der Gebrüder Rodler während Muchas Intervention jedoch nicht versperrt. Brikettstapel und Spielzeuglaster rückte Mucha an den Rand des Raums, sodass die realen Lastwagen Kohle, Briketts und Koks ungehindert hätten ausfahren können. Die Ortsspezifik des Werks von Mucha lässt sich daher nicht nur am Raum als metrischer Dimension festmachen. Deshalb ist auch der gesellschaftliche Bezug nicht nur über die Materialien präsent, sondern besteht in der Interaktion mit den Arbeitsabläufen selbst und schreibt sich in die ökonomischen und sozialen Gegebenheiten ein bzw. lenkt den Blick auf sie. In ähnlicher Weise wird Mucha dies nur ein Jahr später bei **Kopf im Sand**, [2012] 1981 (S. 101) tun, indem er über Werbesendungen und Preisausschreiben sich selbst als künstlerische Persona zum Medium wirtschaftlicher Prozesse der Bundesrepublik machte.[14] Und in diesem Sinne geht er über die formale/materielle Konfiguration und auch über den von Krauss beschriebenen, vom Material bestimmten gesellschaftlichen Anspruch des Minimalismus hinaus.[15] Wenn Mucha später, etwa ab der Mitte der 1980er-Jahre seine Wandstücke aus Verbindungen mit offensichtlich im Alltag benutzten Fundstücken konzipiert, so lässt sich diese Verbindung von Skulptur und sozialem Objekt wiedererkennen.[16]

---

12 Rosalind E. Krauss, Passages in Modern Sculpture. Cambridge Mass. 1981, S. 266. – Die autobiografischen Werke Muchas schienen dieser These auf den ersten Blick entgegenzustehen. Eine genauere Betrachtung zeigt aber, dass sie weniger auf die Psychologie des Künstlers abheben, als dass sie als Beispiele eines in einer bestimmten Zeit und unter bestimmten Umständen gelebten Lebens zu verstehen sind. – **Kopfdiktate**, [1990] 1980 zeigen wohl den Künstler in seiner Entwicklung vom Kind zum Erwachsenen und einen Wunschtraum nach Ausstieg aus den engen Grenzen einer auf Disziplinierung setzenden Bildungs- und Erziehungssituation. Diese Entwicklung kann aber als ein Beispiel einer Kindheit und Jugend eines Anfang der 1950er-Jahre Geborenen verstanden werden. Sie zielt auf etwas ab, das Mucha selbst als „kollektive Biografie" beschrieben hat.

13 Färberstraße 148.

14 Das Dokumentationsstück zu dieser 1981 in der Kunsthalle Bielefeld gezeigten Installation ist heute Teil des Metawerks **Frankfurter Block**, [2016], [2014] 2012: **Ohne Titel** (Kopf im Sand – Kunsthalle Bielefeld – entstanden anläßlich der Ausstellung „Ars Viva, Skulpturen und Installationen von Preisträgern des Kulturkreises im Bundesverband der Deutschen Industrie e. V." – 1981), [2012] 1982. – Siehe Julian Heynen, Zwei Objektbeschreibungen, unter: https://julianheynen.de/texts/reinhard-mucha-german [gelesen am 26.07.2022.].

15 Ein ähnlich pragmatisches Prinzip (hier jedoch gegenüber dem Ausstellen) mag man in der noch zwei Jahre zuvor realisierten Wuppertaler Wand sehen. Anstatt Ziegelsteine (wie Carl Andre) als Reihe zu einem umschreitbaren Volumen auszulegen, mauerte Mucha diese fachgerecht im Museumsraum auf und verputzte sie. Der pragmatische Zugang gipfelte darin, dass die zusätzlich gewonnene Hängefläche von der Künstlerin Isolde Wawrin genutzt werden konnte.

16 Es wäre das Desiderat einer eigenen Studie, Muchas Verhältnis zu Joseph Beuys zu beleuchten; einerseits während der Akademiezeit, andererseits aber auch in den Referenzen zu Beuys in Muchas Werken zu verfolgen. Am offensichtlichsten ist diese Referenz bei **Frankfurter Block**, [2016], [2014] 2012, der nicht von ungefähr im Titel und in der Ausformulierung der Architektur des zerlegbaren Museumsraums 4.1 an den *Block Beuys* im Hessischen Landesmuseum in Darmstadt erinnert. Mucha greift hier Beuys' Praxis auf, unterschiedliche Werke zu einem Metawerk zusammenzufassen, und zitiert direkt Werke und Präsentationsformen.

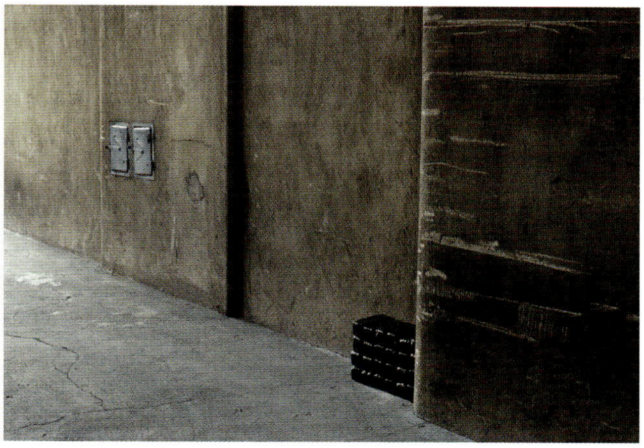

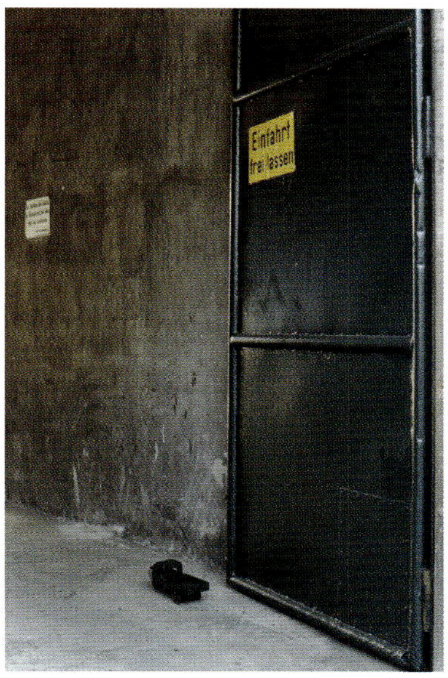

Gebr. Rodler, Kohlenhandlung Gebr. Rodler, Düsseldorf 1980
Rodler Bros., Courtyard of the coal merchants Gebr. Rodler, Düsseldorf

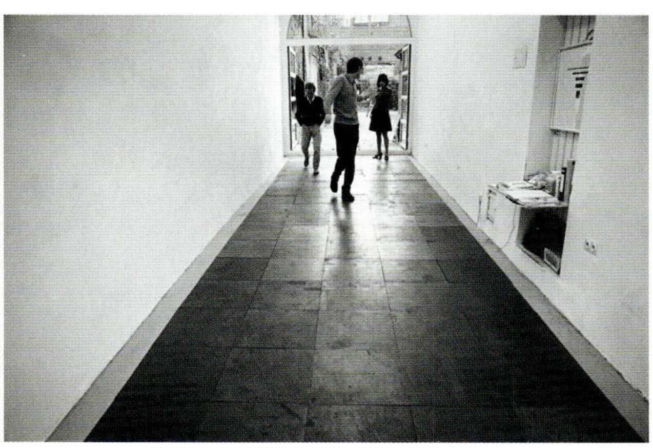

Carl Andre, *5 × 20, Altstadt Rectangle*
Eröffnung der Galerie Konrad Fischer, 21. Oktober 1967, Düsseldorf / Opening of the Konrad Fischer Gallery, October 21, 1967, Düsseldorf

[2012] 1981 (p. 101), by making himself as an artistic persona the medium of economic processes in the Federal Republic via advertising mail.[14] And in this sense, he goes beyond the formal/material configuration as well as the materially determined social claim made by minimalism described by Krauss.[15] When Mucha later, around the mid-1980s, conceived his wall-mounted works from connections with found objects clearly used in everyday life, this connection between sculpture and social object can be easily recognized.[16]

In view of minimalist sculpture, Franz Meyer described that the lack of concrete messages leads to the act of perception always remaining incomplete, that there are, thus, always new views, always new perspectives, and always new details of the concrete to be found, because of which contemplation cannot come to an end, since a message, a concreteness, a narration, the system of references is lacking.[17] On a formal level, this also applies to Mucha's wall-mounted pieces. However, following the postminimalist impulse toward the representational and narrative of the 1980s, Mucha's work does not lack references; but rather, the references cannot be satisfactorily converted into (simple) messages. While perception, analogous to minimalist works, trails off (or is iteratively activated anew), it also encounters references, historical content, relics, and

14 The documentation work for this 1981 installation exhibited at the Kunsthalle Bielefeld is today part of the meta-work **Frankfurter Block**, [2016], [2014] 2012: **Ohne Titel** (Kopf im Sand – Kunsthalle Bielefeld – entstanden anläßlich der Ausstellung "Ars Viva, Skulpturen und Installationen von Preisträgern des Kulturkreises im Bundesverband der Deutschen Industrie e.V." – 1981) (**Untitled** (Head in Sand – Kunsthalle Bielefeld – created for the exhibition "Ars Viva, Sculpture and Installations by Prizewinners Selected by the Cultural Committee of German Business within the Federation of German Industries Reg. Assoc." – 1981)), [2012] 1982. See Julian Heynen, "Zwei Objektbeschreibungen," 2003, rev. 2020, https://julianheynen.de/texts/reinhard-mucha-german [accessed July 26, 2022].

15 One may see a similarly pragmatic principle (here, however, as opposed to exhibiting) in the untitled Wuppertal wall realized two years earlier. Instead of laying out bricks (as Carl Andre did) in a row to form an object in space that can be walked around, Mucha used them to create a wall with great technical skill, covering it with plaster in the museum space. The pragmatic approach culminated in the fact that the additional hanging space gained could be used by the artist Isolde Wawrin.

16 Most desirous would be a separate study to illuminate Mucha's relationship to Joseph Beuys; on the one hand, during his time at the academy, but on the other hand, to trace this relationship in the references to Beuys in Mucha's works. This reference is most obvious in **Frankfurter Block**, [2016], [2014] 2012, which not by chance recalls *Block Beuys* in the Hessisches Landesmuseum in Darmstadt in its title, as well as in the formulation of the architecture of the demountable gallery space **Galerie 4.1** (Gallery 4.1). Here, Mucha takes up Beuys's practice of combining disparate works into a meta-work, directly citing works and exhibition forms.

17 See Franz Meyer, "Ein Rückblick auf die Minimal Art," in Franz Meyer, *Testfälle der Kunstgeschichte. Von Odilon Redon bis Bruce Nauman. Vorträge, Katalogtexte und Artikel von 1956 bis 2001*, ed. Isabel Friedli (Ostfildern: Hatje Cantz, 2005), 259–284.

Franz Meyer hat angesichts minimalistischer Skulpturen beschrieben, dass das Fehlen konkreter Botschaften dazu führe, dass der Akt der Wahrnehmung nicht abgeschlossen werden könne, dass sich also immer neue Hinsichten, immer neue Perspektiven und immer neue Details des Konkreten finden lassen, derentwegen die Betrachtung nicht zu einem Ende kommen kann, weil eine Botschaft, eine Gegenständlichkeit, eine Narration, das Verweissystem fehlen.[17] Dies trifft auf der formalen Ebene auch auf Muchas Wandstücke zu. Dem postminimalistischen Impuls zum Gegenständlichen und Erzählerischen der 1980er-Jahre folgend, fehlt es bei Mucha jedoch nicht an Verweisen, vielmehr lassen sich die Verweise nicht auf eine befriedigende Weise in (einfache) Botschaften ummünzen. Während die Wahrnehmung sich analog zu den minimalistischen Werken totläuft (oder immer neu iterativ aktiviert wird), stößt sie zugleich auf Referenzen, auf historischen Gehalt, auf Relikte und Fundstücke, die zwar Inhalt, zuweilen gar eine narrative Struktur aufbieten, aber auf keine Botschaft reduzierbar sind. Versucht man Muchas spezifische Form der postminimalistischen Arbeitsweise auf den Punkt zu bringen, so kommt bei seinen Stücken zur formalen eine inhaltliche Unabschließbarkeit der Rezeption hinzu, die auf latente Bedeutungen stößt, deren Latenz aber nicht überwunden werden kann. Geborgene Fundstücke bleiben geborgene Geschichte, aber die Geschichten selbst bleiben verborgen. Damit erweitert Mucha die minimalistische Disposition von der formalen auf die inhaltliche Ebene. Nicht nur die formale Analyse ist unabschließbar, sondern auch die erzählerischen, gegenständlichen und narrativen Elemente können unabschließbar miteinander rekombiniert werden; können unter neuen formalen Betrachtungen anders gesehen werden und die formalen Eigenarten neu sehen lassen. Mucha lässt beides nebeneinander in einem nicht aufzulösenden Spannungsmoment stehen. Weder die Wahrnehmung entlang der formalästhetischen Analyse noch die inhaltliche Erschließung der historischen Dimensionen kommt zu einem Abschluss; sie bleiben dauerhafte Aufgabe. Wie beide aufeinander bezogen sich gegenseitig verschränken, bereichern und in immer neuen Schleifen des Nebeneinanders sich anreichern, hat Sebastian Egenhofer in seinem Beitrag in diesem Band exemplarisch am **Deutschlandgerät** entfaltet.

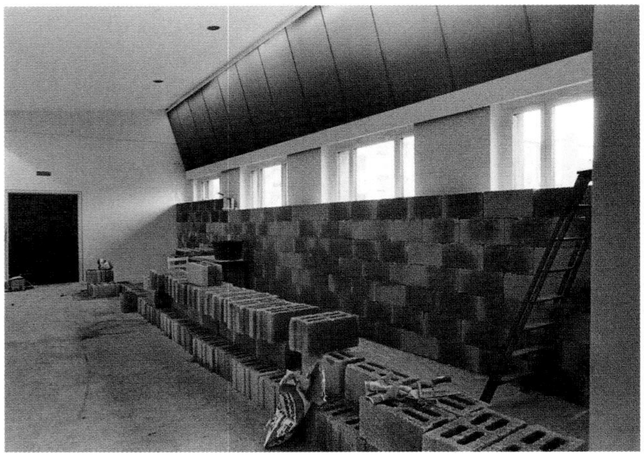

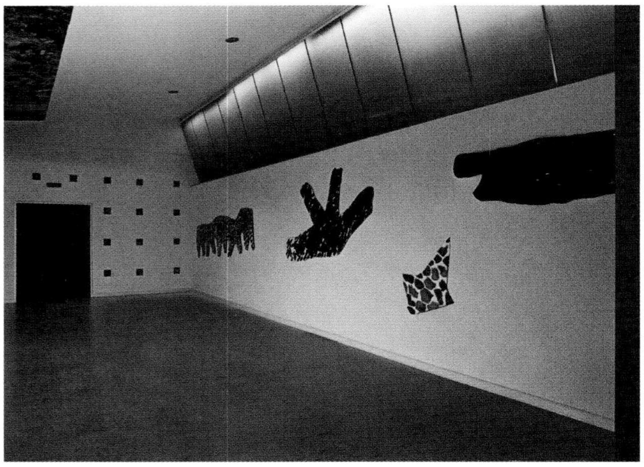

Wand, Kunst- und Museumsverein, Wuppertal 1978
Wall, Kunst- und Museumsverein, Wuppertal

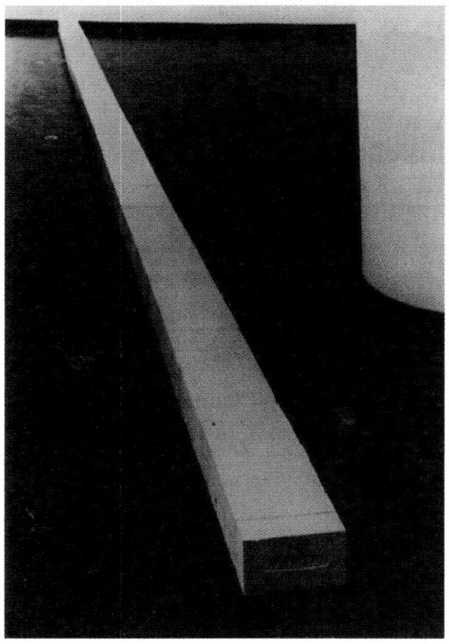

Carl Andre, *Lever*, 1966

17 Franz Meyer, Ein Rückblick auf die Minimal Art, in: Ders., Testfälle der Kunstgeschichte. Von Odilon Redon bis Bruce Nauman. Vorträge, Katalogtexte und Artikel von 1956 bis 2001, hg. v. Isabel Friedli. Ostfildern 2005, S. 259–284.

found objects that offer content, occasionally even a narrative structure, but are not reducible to any message. If one tries to sum up Mucha's specific form of the postminimalist way of working, then, with regard to his pieces, there is not only a formal but also a content-related inconclusiveness of reception, which happens upon latent meanings, the latency of which, however, cannot be overcome. Salvaged found objects remain salvaged history, but the histories themselves remain hidden. Mucha thus extends the tendencies around minimalism from the formal level to the level of content. Not only is formal analysis inconclusive, but the narrative, representational, and material elements can also be recombined with each other in an inconclusive way; they can be seen differently under new formal considerations and allow the formal idiosyncrasies to be seen anew. Mucha allows both to stand side by side in an unresolvable moment of tension. Neither perception with regard to formal-aesthetic analysis nor a content-related interpretation of the historical dimensions arrives at a conclusion; they remain a permanent challenge. In his contribution to this publication, Sebastian Egenhofer uses **Das Deutschlandgerät** as an example to illustrate how these two interrelated aspects intertwine, enrich, and enhance each other in ever new juxtapositions.

IRONY

In the work of Mucha, the inconclusiveness of contemplation and analysis that grew out of minimalism is accompanied by a potential inconclusiveness of the artistic working process. Over the years, many of his sculptures have been reworked. Some of the pieces bare as many as four different dates: for example, **Wartesaal**, [1997], [1986] 1979–1982. With each "readjustment," another date is added. Major revisions are indicated by square brackets. Mucha's particular concept of site-specificity occasionally requires indicating that something is being exhibited that has been exhibited elsewhere before. Things are placed on pedestals, plinths, or on footstools to make it clear that they are exhibited here in a new context. However, the fact that Mucha reserves the right to revise a work does not mean that his works are "works in progress."[18] Structurally, the concept of a work in progress implies that it is not finished, that it awaits completion, and that this state of unfinishedness is at the same time inherent in its character as a work. This is, however, decidedly not the case with the works of Mucha. In their constructive formal setting, with their use of glass panes and their "cannibalistic" (Mucha) inclusion of museum modes of presentation such as display cases and frames, they are too precise, too well thought-out, and thus too complete in themselves. What is interesting, therefore, is not that Mucha potentially opens his works to being reworked, but that he creates works that are absolutely complete and finished, and simultaneously can be expanded, changed, and updated at any time when a review of a new context makes this necessary. His works are thus to be characterized as simultaneously completely finished *and* fundamentally changeable.

With such a paradoxical characterization, Mucha's work process inherits an early Romantic concept that Friedrich Schlegel variously described as "Socratic irony." Contrary to the general understanding of irony, it does not consist in facetiously saying the opposite of what one means but rather in stating both ostensibly mutually exclusive meanings at one and the same time. Thus, in this form of irony, "everything should be playful and serious, guilelessly open and deeply hidden. [...] It contains and arouses a feeling of indissoluble antagonism between the absolute and the relative, between the impossibility and the necessity of complete communication. It is the freest of all licenses, for by its means one transcends oneself; and yet it is also the most lawful, for it is absolutely necessary."[19] Mucha's works are precisely in this sense simultaneously complete and provisional. And they are therefore more complicated than a work in progress. – While the "completed" may predominate in the display case pieces, the "provisional" comes across more prominently in the earlier sculptures of utilitarian objects and furniture. And yet there can be no doubt that they are finalized sculptural resolutions with permanence. This opposition between movement and stasis is particularly emphasized in the latter works: stationary Ferris wheels and walls of death[20] are precise symbols of such movements circling in on themselves, which at the same time stand absolutely still; they are revenants of the casters on the shelves in **Wartesaal** floating two inches above the floor.[21]

The principle of irony may be traced further in the details. As Max Imdahl has pointed out, referring to the early site-specific installation **Flugzeug (Airplane**; p. 33), the pieces of furniture in the installations have not been deprived of their inherent pragmatism. The chairs remain chairs, even when they represent gondolas. The ladders remain ladders, even when they represent a Ferris wheel. They are chairs and ladders and sculpture all at the same time.

18 This has been suggested in, for example, Max Wechsler, "Mutterseelenallein: Zu einer Rauminstallation von Reinhard Mucha," in *Mutterseelenallein*, ed. Museum für Moderne Kunst Frankfurt (Frankfurt am Main: Museum für Moderne Kunst, 1992), 15.

19 Friedrich Schlegel, "Critical Fragments" [1797], in *Philosophical Fragments*, trans. Peter Firchow (Minneapolis: University of Minnesota, 1991), 1–16, here p. 13, § 108.

20 **Das Figur-Grund Problem in der Architektur des Barock (für dich allein bleibt nur das Grab)** (The Figure-Ground Problem in Baroque Architecture (for you alone only the grave remains)), [2022] 1985, pp. 103–114.

21 See also Paul Virilio, "L'inertie polaire," in *Reinhard Mucha, Gladbeck*, exh. cat. Musée national d'art moderne (Paris: Éditions du Centre Pompidou), 1986, n.p.

IRONIE

Mit der aus dem Minimalismus erwachsenen Unabschließbarkeit von Betrachtung und Analyse geht eine potenzielle Unabschließbarkeit des künstlerischen Arbeitsprozesses im Werk von Mucha einher. Viele seiner Skulpturen haben über die Jahre Umarbeitungen erfahren. Einige der Werke enthalten bis zu vier unterschiedliche Datierungen: **Wartesaal**, [1997], [1986] 1979–1982 zum Beispiel. Mit jeder Neujustierung wird eine weitere Jahreszahl hinzugesetzt. Größere Überarbeitungen werden durch eckige Klammern gekennzeichnet. Muchas besonderer Begriff von Ortsspezifik erfordert bisweilen, kenntlich zu machen, dass etwas ausgestellt wird, das schon einmal anderswo ausgestellt wurde. Dinge werden auf Sockel, Plinthen oder auf Fußbänkchen gestellt, um zu verdeutlichen, dass sie hier in einer neuen Situation ausgestellt sind. Die Tatsache, dass Mucha sich die Überarbeitung eines Werks vorbehält, bedeutet jedoch nicht, dass es sich bei seinen Werken um *works in progress* handelt.[18] Der Begriff des *work in progress* beinhaltet strukturell, dass es nicht fertig ist, dass es seiner Fertigstellung harrt und dass dieser Zustand des Unfertigen zugleich seinem Werkcharakter eigen ist. Dies lässt sich jedoch von Muchas Werken dezidiert nicht sagen. Dafür sind sie in ihrer konstruktiven formalen Setzung mit ihrer Verwendung von Glasscheiben und mit ihrem „kannibalistischen" (Mucha) Einbezug von musealen Präsentationsmedien wie Vitrine und Rahmen zu präzise, zu durchdacht und damit in sich zu abgeschlossen. Das Interessante ist daher nicht, dass Mucha seine Werke potenziell einer Überarbeitung öffnet, sondern, dass er Werke schafft, die absolut abgeschlossen und fertig sind und zugleich jederzeit erweitert, verändert und aktualisiert werden können, wenn eine Überprüfung einer neuen Situation dieses notwendig macht. Seine Werke sind damit als zugleich vollkommen abgeschlossen *und* grundsätzlich veränderbar zu charakterisieren.

Mit einer solchen paradoxen Charakterisierung beerbt Muchas Arbeitsprozess eine frühromantische Denkfigur, die Friedrich Schlegel verschiedentlich als „sokratische Ironie" beschrieben hat. Entgegen dem landläufigen Verständnis von Ironie besteht sie nicht darin, scherzhaft das Gegenteil von dem zu sagen, was man meint, sondern vielmehr beide scheinbar sich ausschließenden Bedeutungen zugleich auszusagen. So soll in dieser Form der Ironie „alles Scherz und Ernst seyn, alles treuherzig offen, und alles tief verstellt. [...] Sie enthält und erregt ein Gefühl von dem unauflöslichen Widerstreit des Unbedingten und des Bedingten, der Unmöglichkeit und Nothwendigkeit einer vollständigen Mittheilung. Sie ist die freyeste aller Licenzen, denn durch sie setzt man sich über sich selbst weg; und doch auch die gesetzlichste, denn sie ist unbedingt nothwendig."[19] Die Werke Muchas sind exakt in diesem Sinne zugleich fertig und provisorisch. Und deshalb sind sie komplizierter als ein *work in progress*. – Mag bei den Vitrinenstücken das Fertige überwiegen, so erscheint bei den früheren Skulpturen aus Gebrauchsgegenständen und Mobiliar das Provisorische stärker hervorgehoben. Und dennoch kann nicht angezweifelt werden, dass es sich um endgültige skulpturale Lösungen auf Dauer handelt. Dabei wird diese Gegensätzlichkeit von Bewegung und Stillstand gerade in den letztgenannten Werken besonders betont: stillstehende Riesenräder und Todeswände[20] sind geradezu Symbole dieser in sich selbst kreisenden Bewegungen, die zugleich absolut stillstehen; sie sind Wiedergänger der 5 Zentimeter über dem Boden schwebenden Rollen der Regale im Wartesaal.[21]

Das Ironieprinzip lässt sich weiter bis in die Details verfolgen: Wie Max Imdahl anhand der frühen In-situ-Installation **Flugzeug** hervorgehoben hat, sind die Möbel in den Installationen nicht der ihnen eigenen Pragmatik beraubt. Die Stühle bleiben Stühle, auch wenn sie Gondeln darstellen. Die Leitern bleiben Leitern, auch wenn sie ein Riesenrad darstellen. Sie sind Stühle und Leitern und zugleich Skulptur. Ein wiederkehrendes Beispiel sind die technischen Bestandteile der Installationen und Skulpturen.[22] Mit dem Dokumentationsstück zu der bereits besprochenen Installation in der Kohlenhandlung der Gebrüder Rodler, **Ohne Titel** (Gebr. Rodler), [2001] 1980 (S. 205), beginnt Mucha, Videos in seine Werke zu integrieren, um vorherige Installations- und Ausstellungssituationen zu dokumentieren, und diesen untergegangenen Werken eine neue, dauerhafte Form zu geben. Und gerade hier (wie auch im **Deutschlandgerät**) wird deutlich, dass die technischen Geräte zugleich Abspielgeräte und Skulpturen sind; und weiterhin, dass die Vitrinen zugleich Vitrinen sind und Teil der Kunstwerke. Verwendete Dinge sind zugleich Teil der Skulpturen und Fundstücke, die konstruktiven Teile der Skulpturen sind zugleich Kunstwerke und Rahmungen. Die zugleich geltenden Gegensätze in Muchas Werk lassen sich bis zum bereits

18 So etwa nahegelegt bei: Max Wechsler, Mutterseelenallein: Zu einer Rauminstallation von Reinhard Mucha, in: Mutterseelenallein, hg. vom Museum für Moderne Kunst, Frankfurt, Frankfurt 1992, S. 15.

19 Friedrich Schlegel, Kritische Fragmente, in: Lyceum der schönen Künste, hg. von Johann Friedrich Reichardt, Berlin 1797, Bd. 1, Teil 2, S. 133–169, hier S. 161–162.

20 **Das Figur-Grund Problem in der Architektur des Barock (für dich allein bleibt nur das Grab)**, [2022] 1985, S. 103–114.

21 Siehe hierzu auch: Paul Virilio, L'inertie polaire, in: Reinhard Mucha, Gladbeck (Ausst.-Kat. Musée National d'Art Moderne, Paris) Paris 1986, o. S.

22 Max Imdahl, Muchas „Flugzeug". Gegenstände – Gegenstand – Situation, in: Ders., Zur Kunst der Moderne, Gesammelte Schriften, Bd. 1, hg. v. Angeli Janhsen-Vukićević, Frankfurt am Main 1996, S. 481–484.

A recurring example is the technical components of the installations and sculptures.[22] With the documentation work for the aforementioned installation in the Rodler brothers' coal yard, **Ohne Titel** (Gebr. Rodler) (**Untitled** (Rodler Bros.)), [2001] 1980 (p. 205), Mucha began to integrate video into his works in order to document previous installations and exhibitions, and to give these "lost" works a new, permanent form. And it is precisely here (as in **Das Deutschlandgerät**) that it becomes clear that the technical devices are at once playback devices and sculptures, and what is more, that the display cases are at once display cases and an integral part of the artwork. Used items are found objects and at the same time an integral part of the sculptures; the constructive parts of the sculptures are at the same time works of art and framing devices. The simultaneously valid contradictions in Mucha's work can be continued up to the aforementioned float glass, which is at once transparent and reflective, enabling a perspective (*perspicere* = to look or see through) on something and concurrently throwing the gaze back on ourselves.[23]

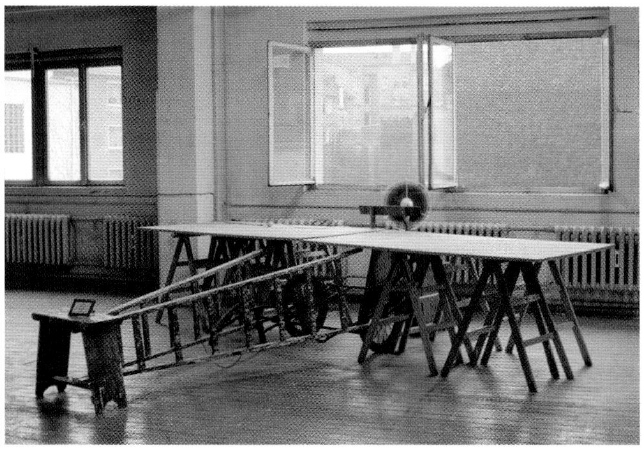

Flugzeug, Karl-Anton-Straße 16, Staatliche Kunstakademie Düsseldorf 1981
Airplane, Karl-Anton-Straße 16, Staatliche Kunstakademie Düsseldorf

It seems important to emphasize that in these cases it is not a matter of oscillation, nor of suddenly shifting moments, but that one and the other apply at one and the same time. If one decides to look at the matter from one side, one is at the same time always confronted with the latency of the other possibility, which waits to be – and insists on being – considered equally and simultaneously. This, too, constitutes the inconclusiveness of reflection with regard to the works of Mucha.

The inconclusiveness, the waiting in perpetuity, and the latency are also, at the same time, figurations of pausing or of procrastinating, of delaying or of hesitating, even of tarrying. That prolonged hesitation can be a reflexive activity was highlighted by Joseph Vogl when he asserted an "active side of tarrying." This "encompasses an idiosyncratic punctiliousness, an idiosyncrasy against the solidity of worldviews, against the irrevocability of judgements, against the finality of solutions, against the determinateness of consequences, against the duration of laws and the weight of results, as well as resolute diffidence against eschatological flights of fancy. Tarrying requests an appeal. It articulates a sense of complication that is less concerned with solutions to problems than with the supposition that in all given answers and solutions persist unresolved questions and problems.

22 Max Imdahl, "Muchas 'Flugzeug.' Gegenstände – Gegenstand – Situation," in Max Imdahl, *Zur Kunst der Moderne, Gesammelte Schriften*, ed. Angeli Janhsen-Vukićević (Frankfurt am Main: Suhrkamp, 1996), 1: 481–484.

23 Still to be written is the art history of glass, especially taking into consideration the example of Mucha and his relationship to Marcel Duchamp and *The Large Glass* (*The Bride Stripped Bare by Her Bachelors, Even*, 1915–1923, unfinished, broken 1931, repaired 1936). – Cf. with regard to the aspect of perspective, Hans Belting, *The Invisible Masterpiece: The Modern Myth of Art* [1998], trans. Helen Atkins (Chicago: University of Chicago Press, 2001), 315–334, here 328.

angesprochenen Floatglas fortsetzen, das zugleich durchsichtig ist und spiegelt; das eine Perspektive (perspicere = hindurchblicken, durchschauen) auf etwas ermöglicht und den Blick zugleich auf uns selbst zurückwirft.[23]

Es erscheint wichtig, zu betonen, dass es an dieser Stelle nicht um ein Oszillieren geht, dass es sich nicht um Kippmomente handelt, sondern dass das eine und das andere zugleich gilt. Entscheidet man sich, die Sache von der einen Seite zu betrachten, ist man zugleich immer mit der Latenz der anderen Möglichkeit konfrontiert, die darauf wartet – und darauf besteht –, gleichermaßen und zugleich betrachtet zu werden. Auch hierin besteht die Unabschließbarkeit der Reflexion entlang der Werke Muchas.

Die Unabschließbarkeit, das auf Dauer gestellte Warten, die Latenz sind zugleich auch Figurationen des Innehaltens oder des Aufschiebens, des Zögerns, ja des Zauderns. Dass das Zaudern eine reflexive Aktivität sein kann, hat Joseph Vogl herausgestellt, als er eine „aktive Seite des Zauderns" behauptete. Diese „umschließt eine idiosynkratische Genauigkeit, eine Idiosynkratie gegen die Festigkeit von Weltlagen, gegen die Unwiderruflichkeit von Urteilen, gegen die Endgültigkeit von Lösungen, gegen die Bestimmtheit von Konsequenzen, gegen die Dauer von Gesetzmäßigkeiten und das Gewicht von Resultaten; und ein begründetes Mißtrauen gegen heilsgeschichtliche Aufschwünge jeder Art. Das Zaudern ersucht um Revision. In ihm artikuliert sich ein komplizierter Sinn, der weniger die Antworten zu Fragen und die Lösungen zu den Problemen sucht, sondern unterstellt, dass in den gegebenen Antworten und Lösungen unerledigte Fragen und Probleme weiterhin insistieren. Man ist von Lösungen umstellt und findet die dazugehörigen Probleme nicht unbedingt. Das Zaudern hegt einen Komplexitätsverdacht; es folgt einer Arithmetik, die vom Hundertsten ins Tausendste geht. Es mag die Linearität und die Einförmigkeit der Welt nicht oder nur schwer ertragen […]."[24]

Wo allerorten also Komplexitätsreduktion ein Weitermachen ermöglicht, verweigert sich dieses Zaudern. Es erlaubt, innezuhalten und eben jene Reduktionen infrage zu stellen. Unterhalb der offensichtlichen Lösungen erlaubt es, etwas Latentes, Unerledigtes zu vermuten. Muchas Werke sind Reflexionsformen eines solchen aktiven Zauderns, das sich vielleicht am plastischsten im **Wartesaal** zeigt; oder auch in Werktiteln: **Gewußt wodurch, nicht wissen womit. Gewußt wohin, nicht wissen wobei**, [2007] 1983 (S. 98). Die Fotografien zweier leerer Pralinenschachteln, die der Künstler über Spiegeln hält, zeigen Hohlformen, deuten einen nicht (mehr) präsenten Inhalt an; erinnern zugleich an Marcel Duchamps Spiele mit positiven und negativen Formen und geben dem Zweifel an den Mitteln und Zwecken der Kunst Raum: **Illusion der Karriere**, Für W. L., [2007] 1982 (S. 199). Auch dies mag von der schlegelschen Ironie gedeckt sein: radikaler Zweifel an der Kunst und ihren Institutionen und zugleich Werke, wie sie präziser, plastischer und unbezweifelbarer nicht sein könnten. Wer der Einladung Muchas folgt, hat zu erwarten: vertrackte Fügungen, temporale Verschränkungen, latente Ebenen und neue Komplexität, die hinter jeder Reduktion lauert – ohne Ende.

---

23 Die Kunstgeschichte des Glases wäre insbesondere am Beispiel von Mucha und seinem Verhältnis zu Marcel Duchamp und dem Großen Glas („La Mariée mise à nu par ses célibataires, même", 1915–1923, inacheré, cassé 1931, réparé 1936) noch zu schreiben. – Vgl. hierzu insbesondere zum Aspekt der Perspektive: Hans Belting, Das unsichtbare Meisterwerk, München 1998, S. 364–369, hier S. 365.

24 Joseph Vogl, Über das Zaudern. 2. Aufl. Zürich 2008, S. 108–109.

Surrounded by solutions, we do not necessarily find the problems that correspond to them. Tarrying harbours the suspicion of complexity and follows an arithmetic that multiplies questions exponentially. It cannot or will not bear the linearity and uniformity of the world."[24]

Thus, where the ubiquitous reduction of complexity makes it possible to move on, this hesitation refuses to do so. It allows one to pause and question these very reductions. Underneath the obvious solutions, it allows us to suspect something latent, something unfinished. Mucha's works are reflective forms of such active, prolonged hesitation, which perhaps shows itself most vividly in **Wartesaal**, or even in the titles of works: **Gewußt wodurch, nicht wissen womit. Gewußt wohin, nicht wissen wobei (Knowing whereby, not knowing wherewith. Knowing whereto, not knowing whereat)**, [2007] 1983 (p. 98). The photographs of two empty chocolate boxes, which the artist holds over mirrors, show hollow forms, suggesting content that is not (any longer) present; at the same time, they recall Marcel Duchamp's games with positive and negative forms and give room to doubt about the means and ends of art: **Illusion der Karriere**, Für W. L. (**Illusion of a Career**, For W. L.), [2007] 1982 (p. 199). This, too, may be included in what Schlegel understood as irony: radical doubt about art and its institutions and, at the same time, works that could not be more precise, more sculptural, or more undeniable. Those who accept Mucha's invitation have to expect intricate interconnections, temporal intertwining, latent levels, and a new complexity lurking behind every reduction – without end.

24 Joseph Vogl, *On Tarrying* [2007], trans. Helmut Müller-Sievers (London: Seagull, 2011), 120.

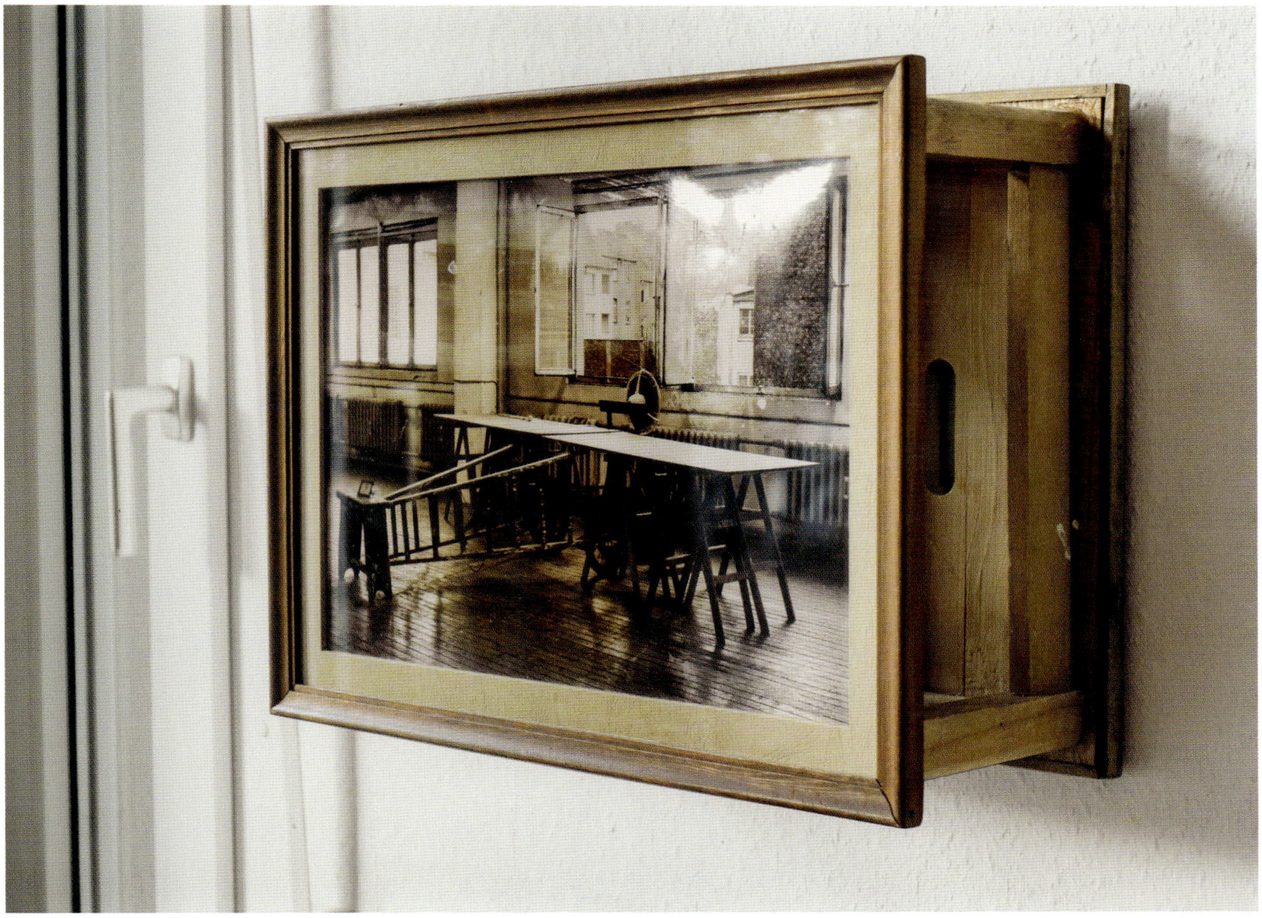

Souvenir – *Flugzeug*, [2016] 2008, 1981
Souvenir – *Airplane*

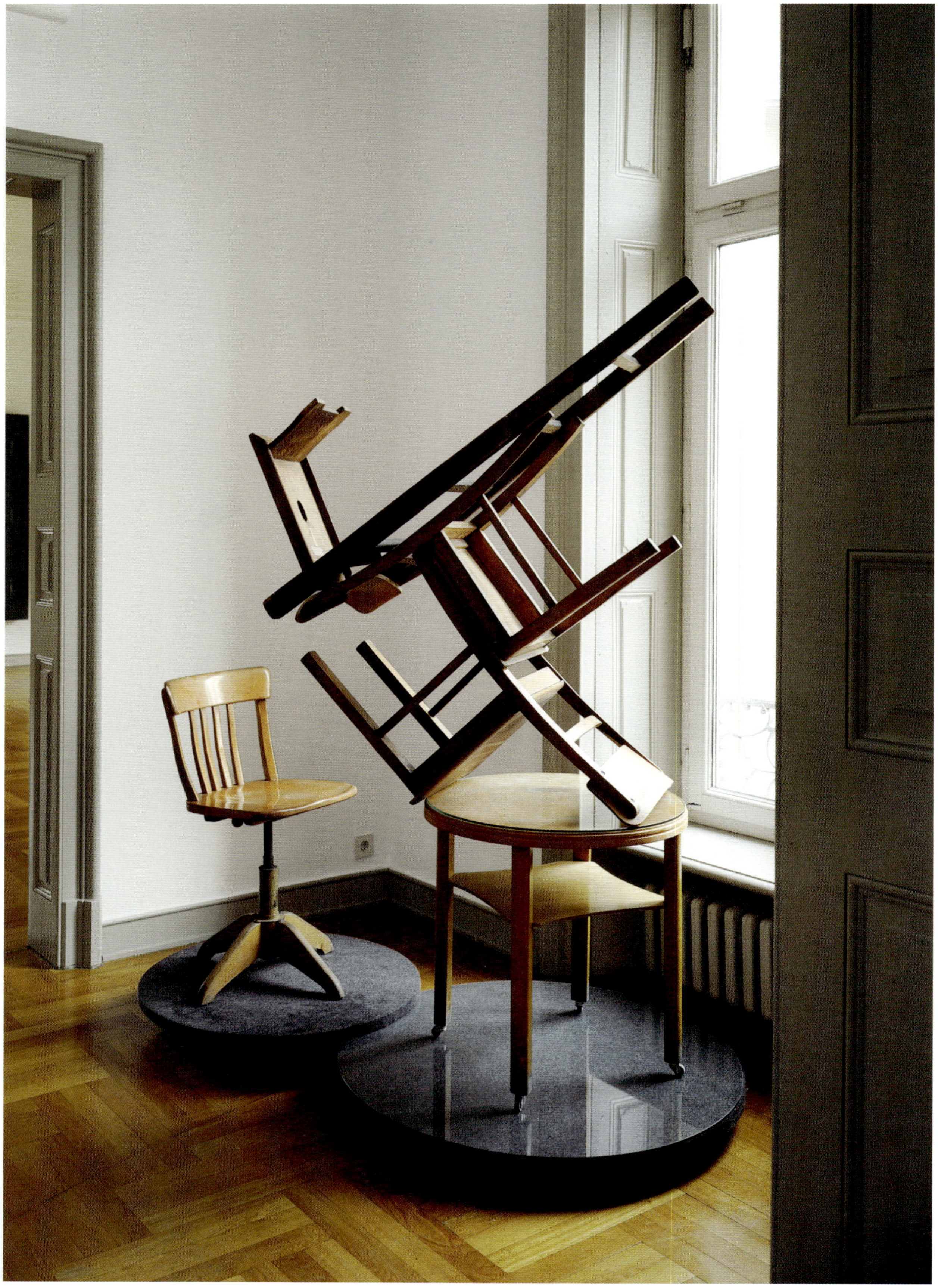

Flak, [1987] 1981
Anti-Aircraft Gun

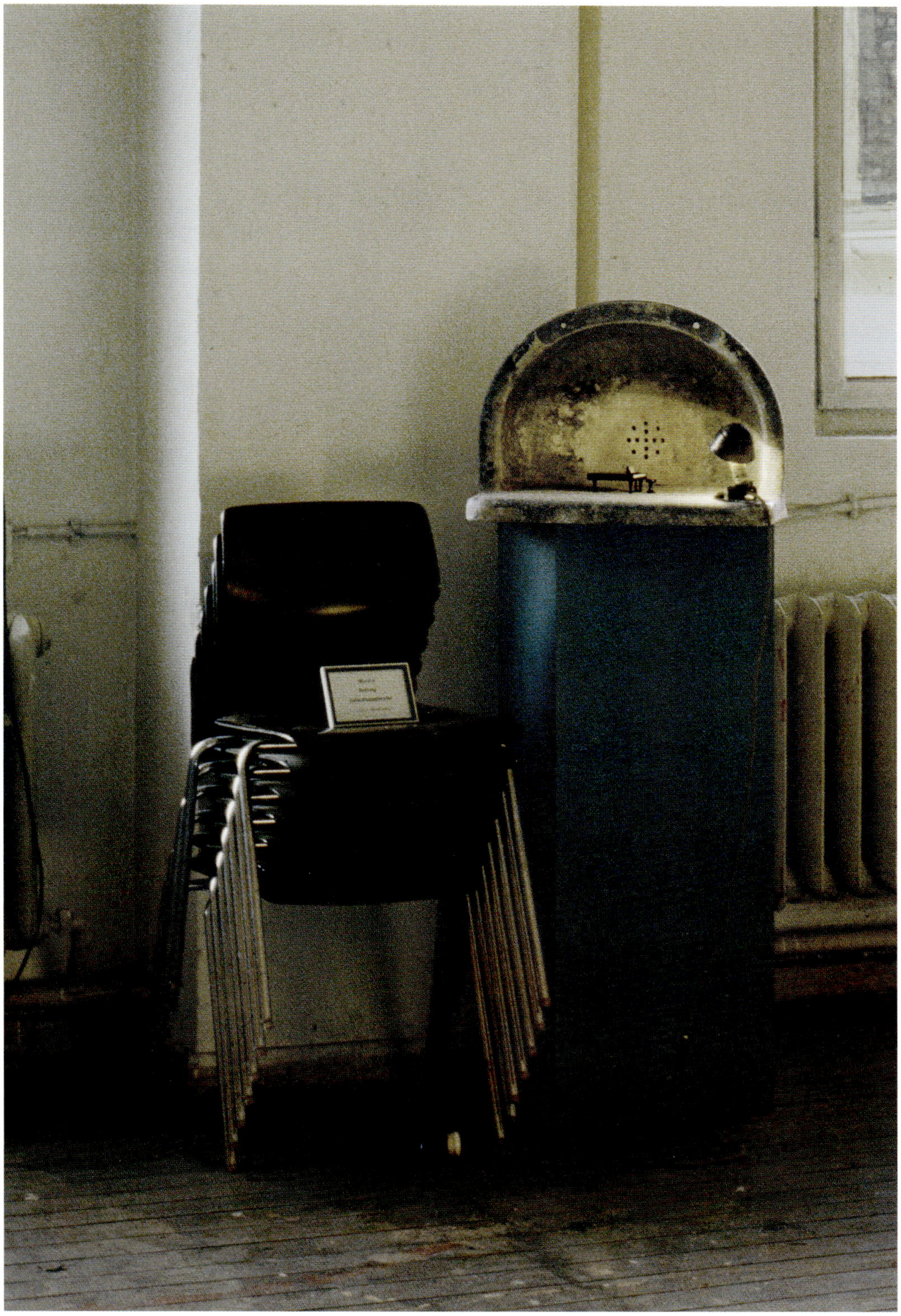

Baden-Baden (Mucha – Antrag – Urlaubssemester – Keine Bewerbung), 1981
In-situ Improvisation, Karl-Anton-Straße 16, Staatliche Kunstakademie Düsseldorf, 1981

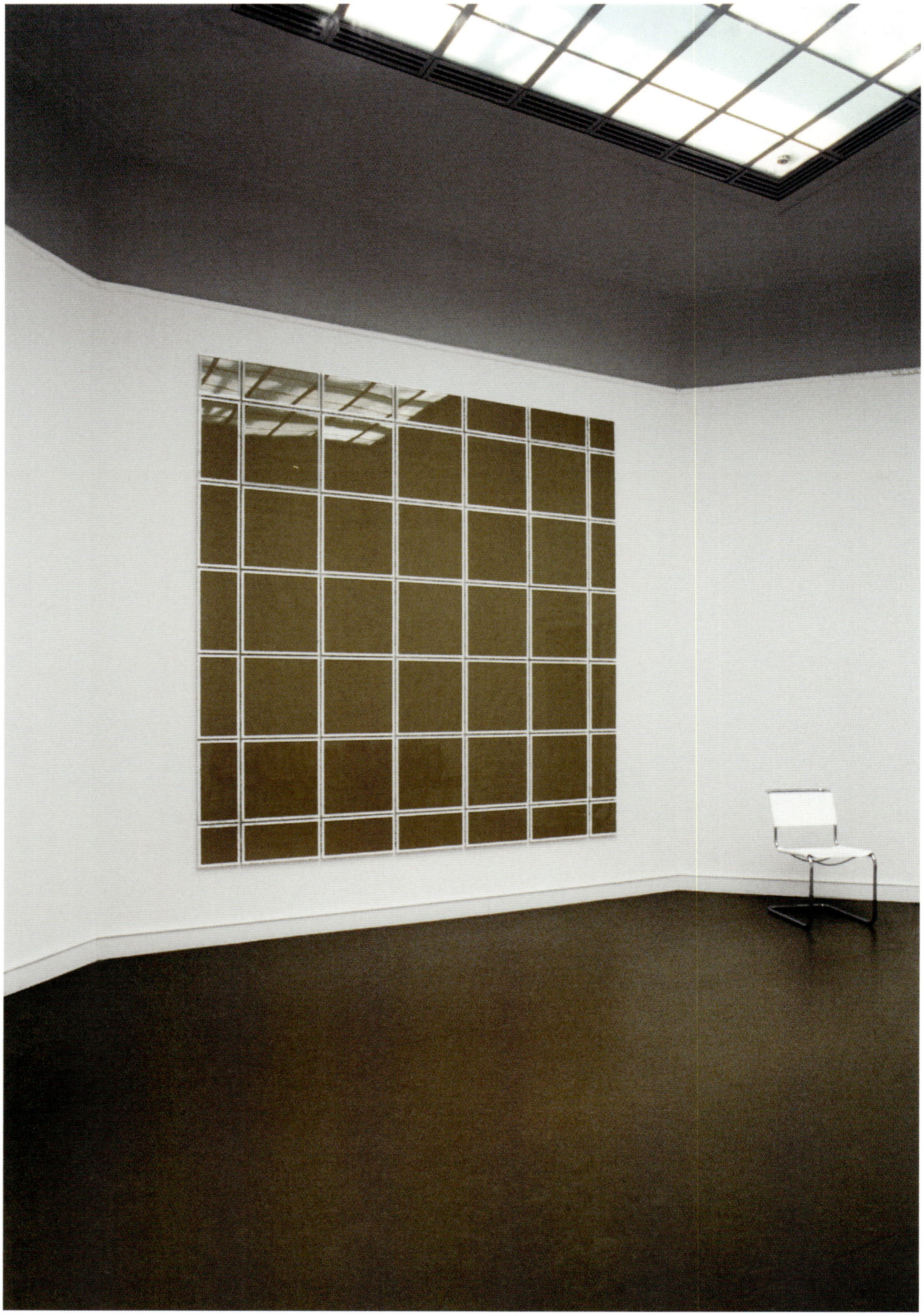

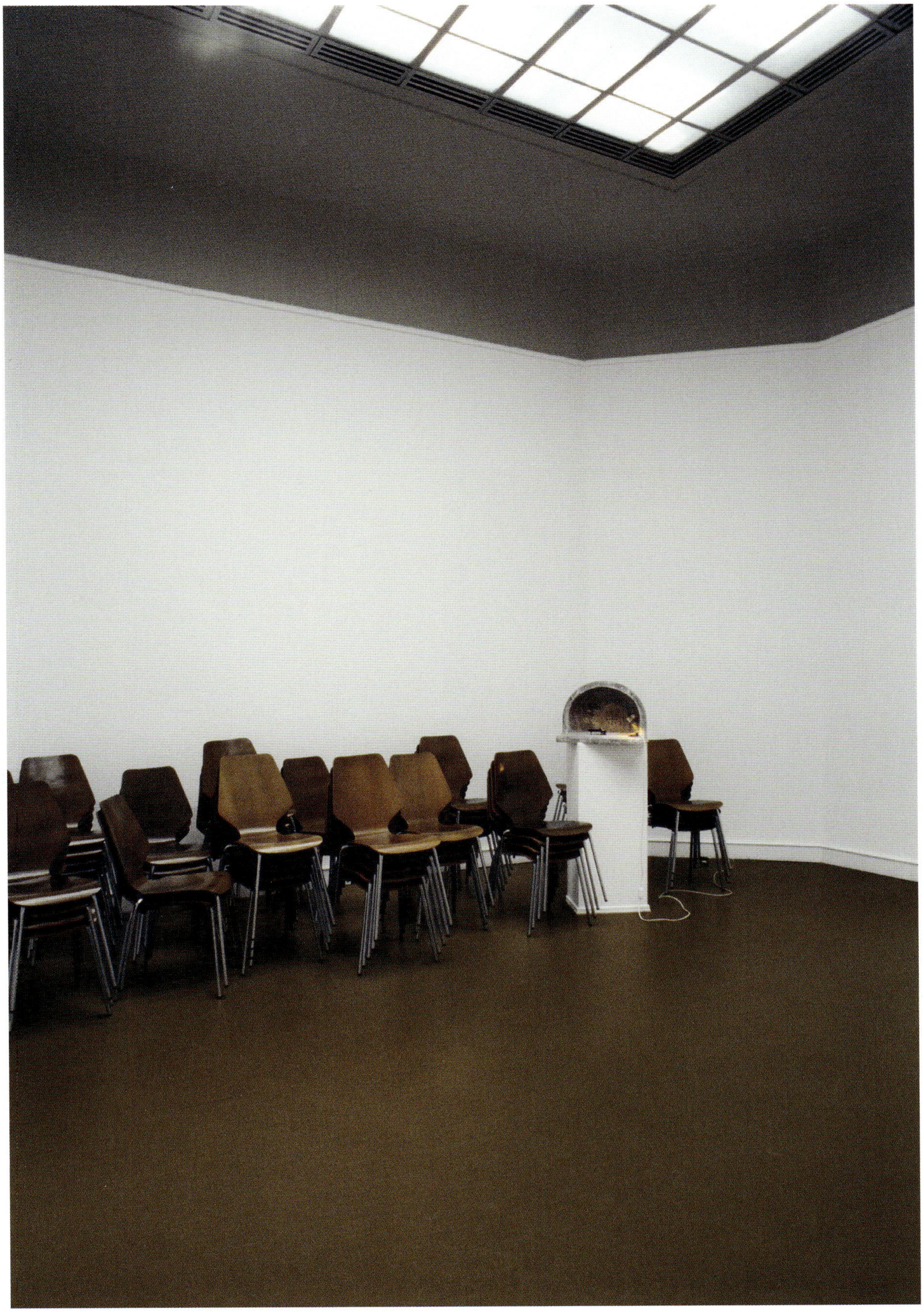

Baden-Baden / Reliefbild I, 1981
Skulpturale Rauminstallation in-situ / in situ sculptural room installation, Kunsthalle Baden-Baden, 1981

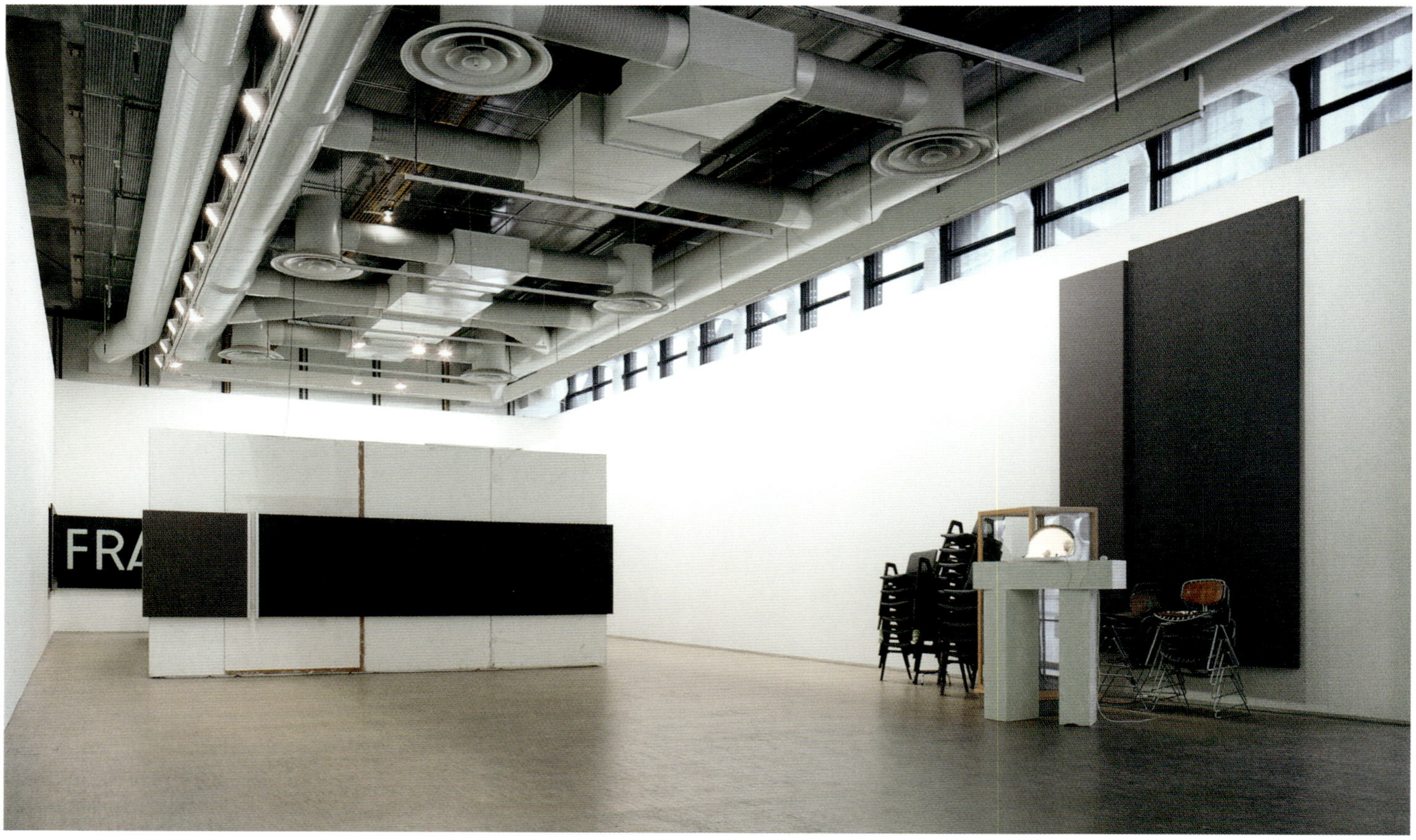

Baden-Baden / **Standard**, [1986] 1984 / 1982
Ausstellungsansicht / Installation view: Centre Pompidou, Musée national d'art moderne, Paris, 1986

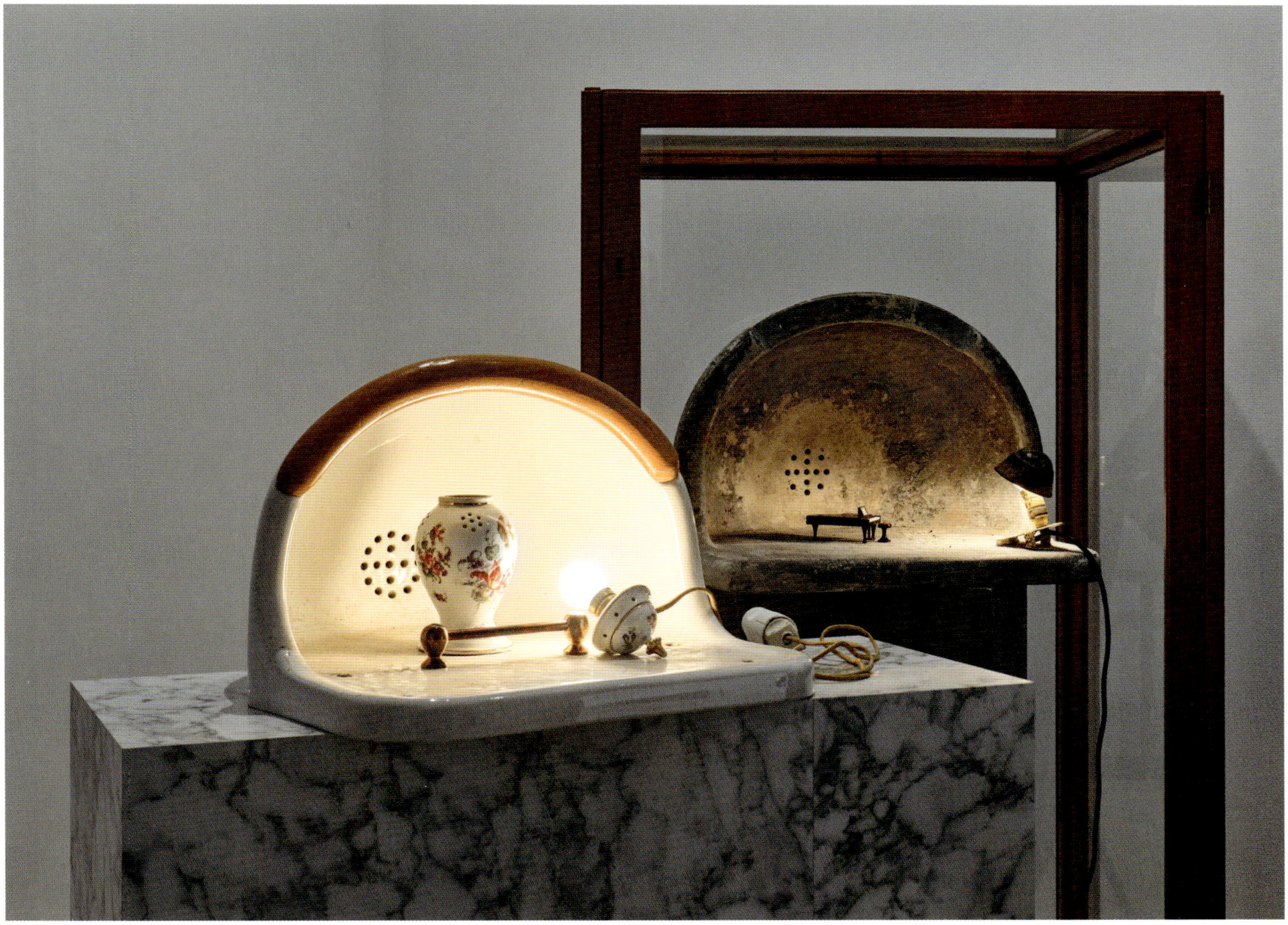

Baden-Baden / **Standard II**, [2022] 1984 / 2022
Detail

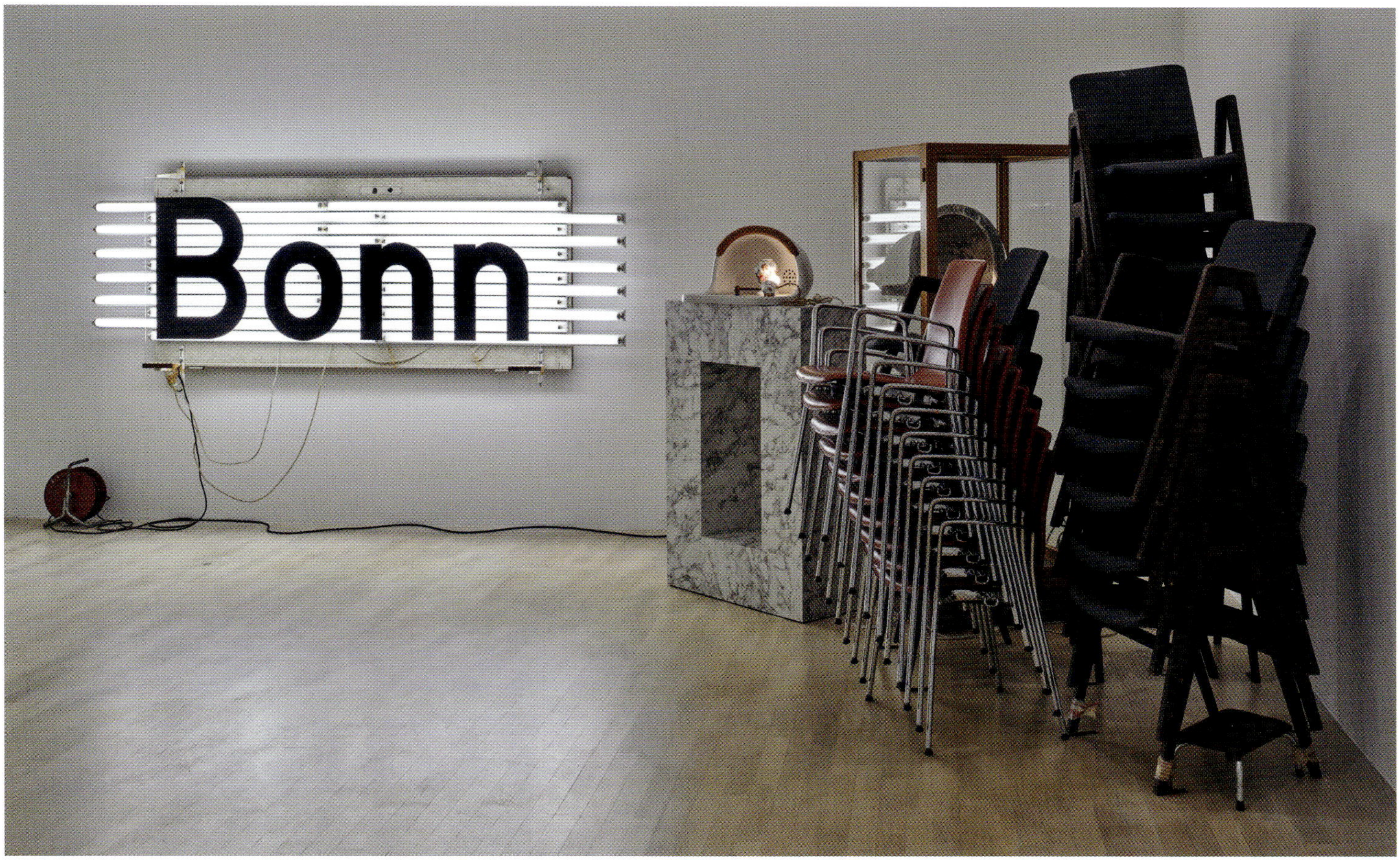

Ohne Titel (Bonn), 1983
Untitled (Bonn)
Baden-Baden / Standard II, [2022] 1984 / 2022
Ausstellungsansicht / Installation view: Kunstsammlung Nordrhein-Westfalen, Düsseldorf, 2022

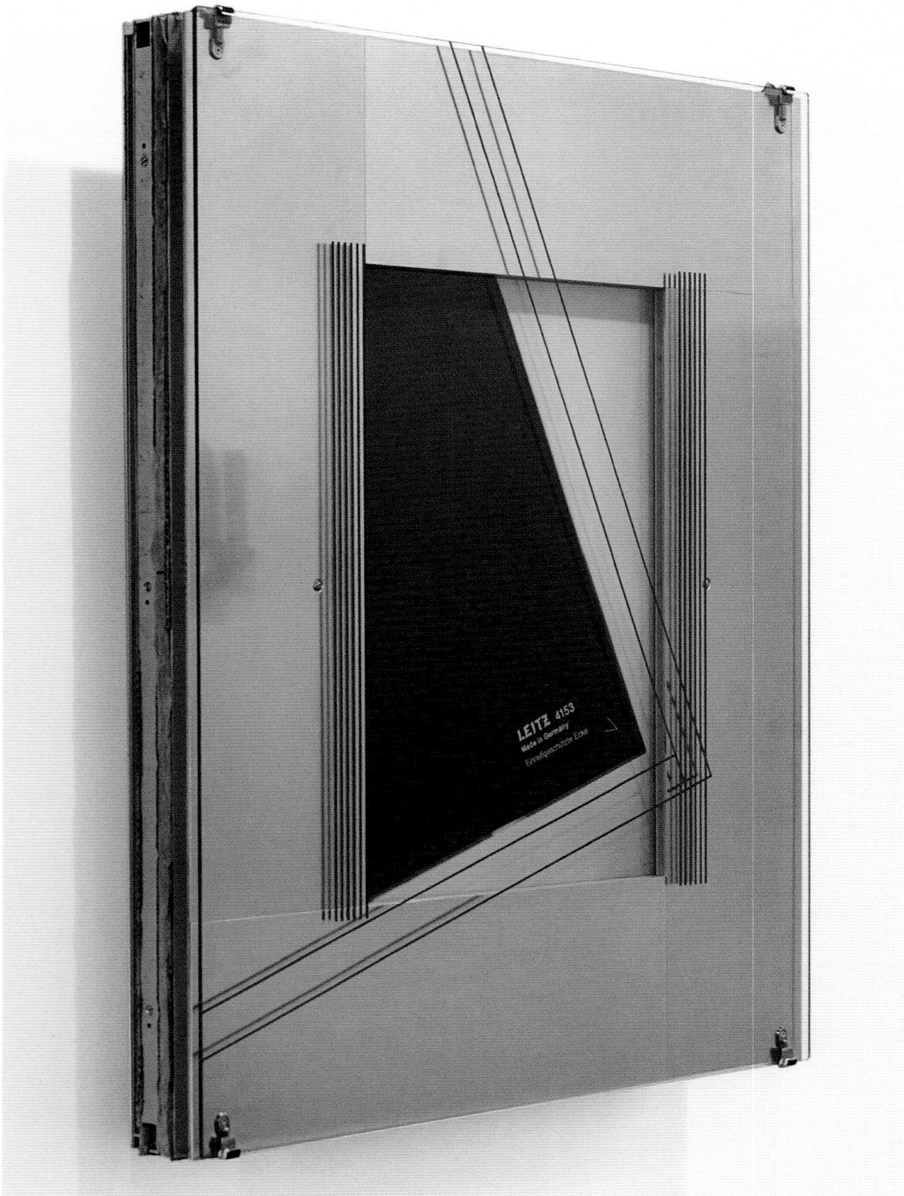

The German Leitz-Kultur, 2021

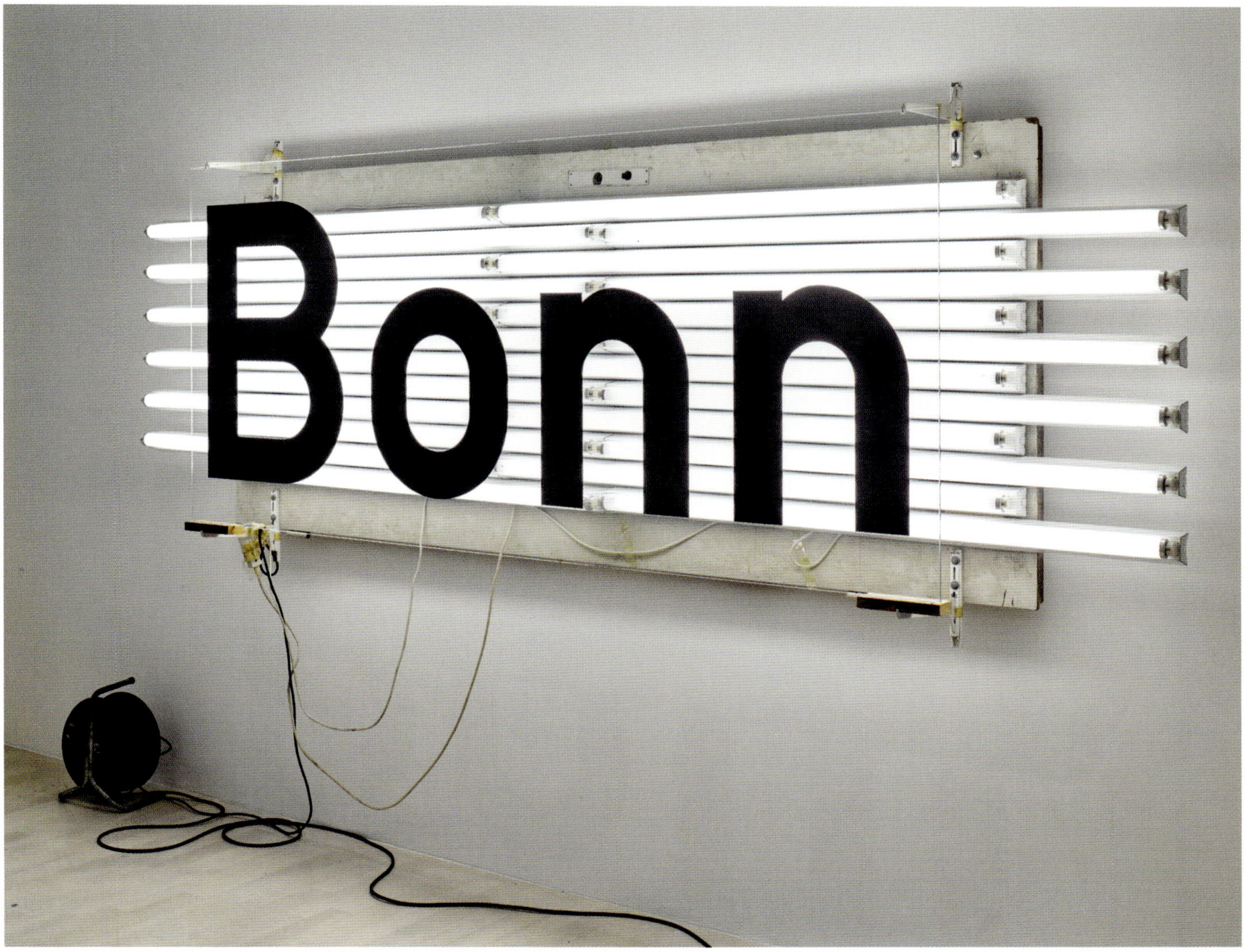

Ohne Titel (Bonn), 1983
Untitled (Bonn)

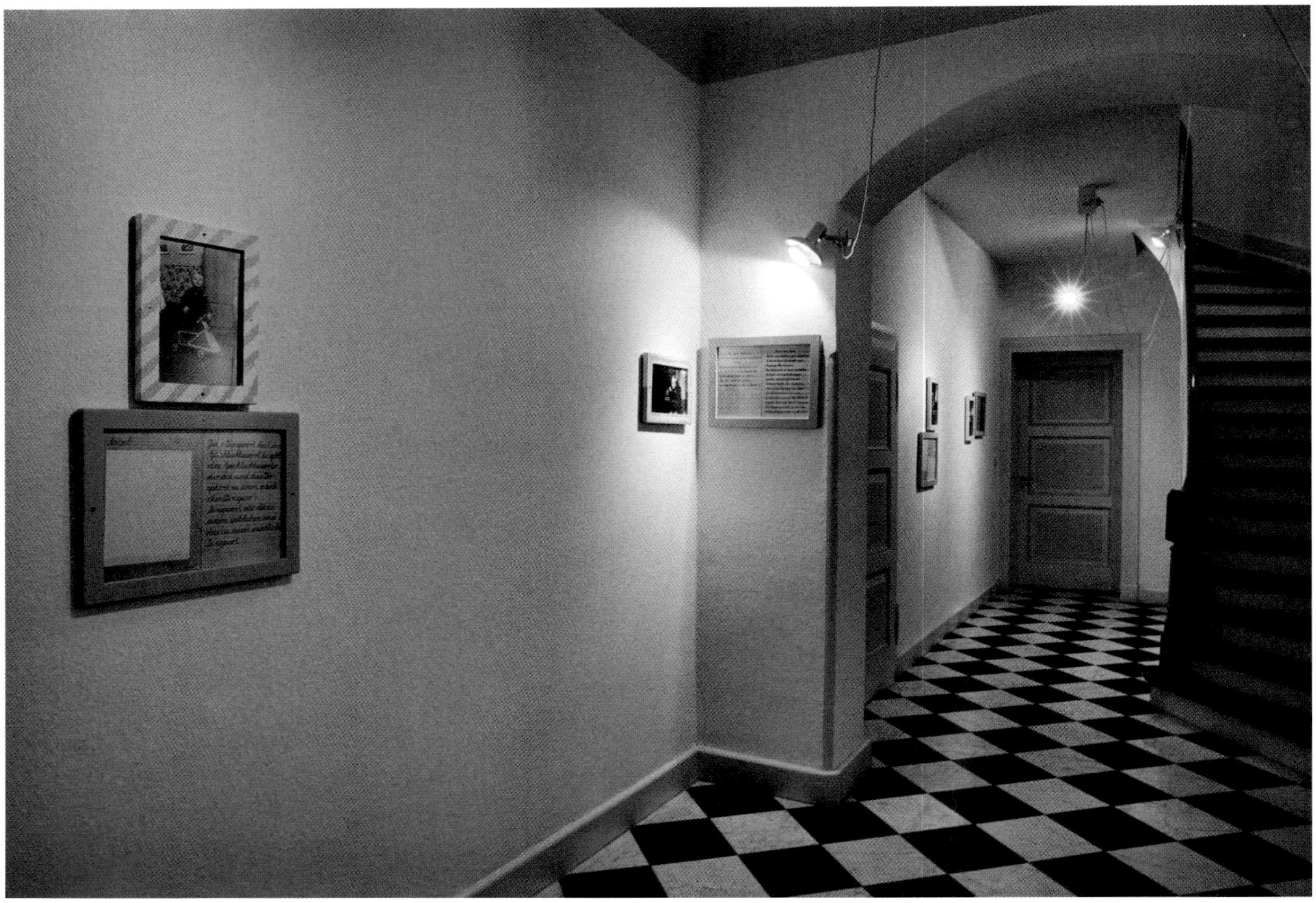

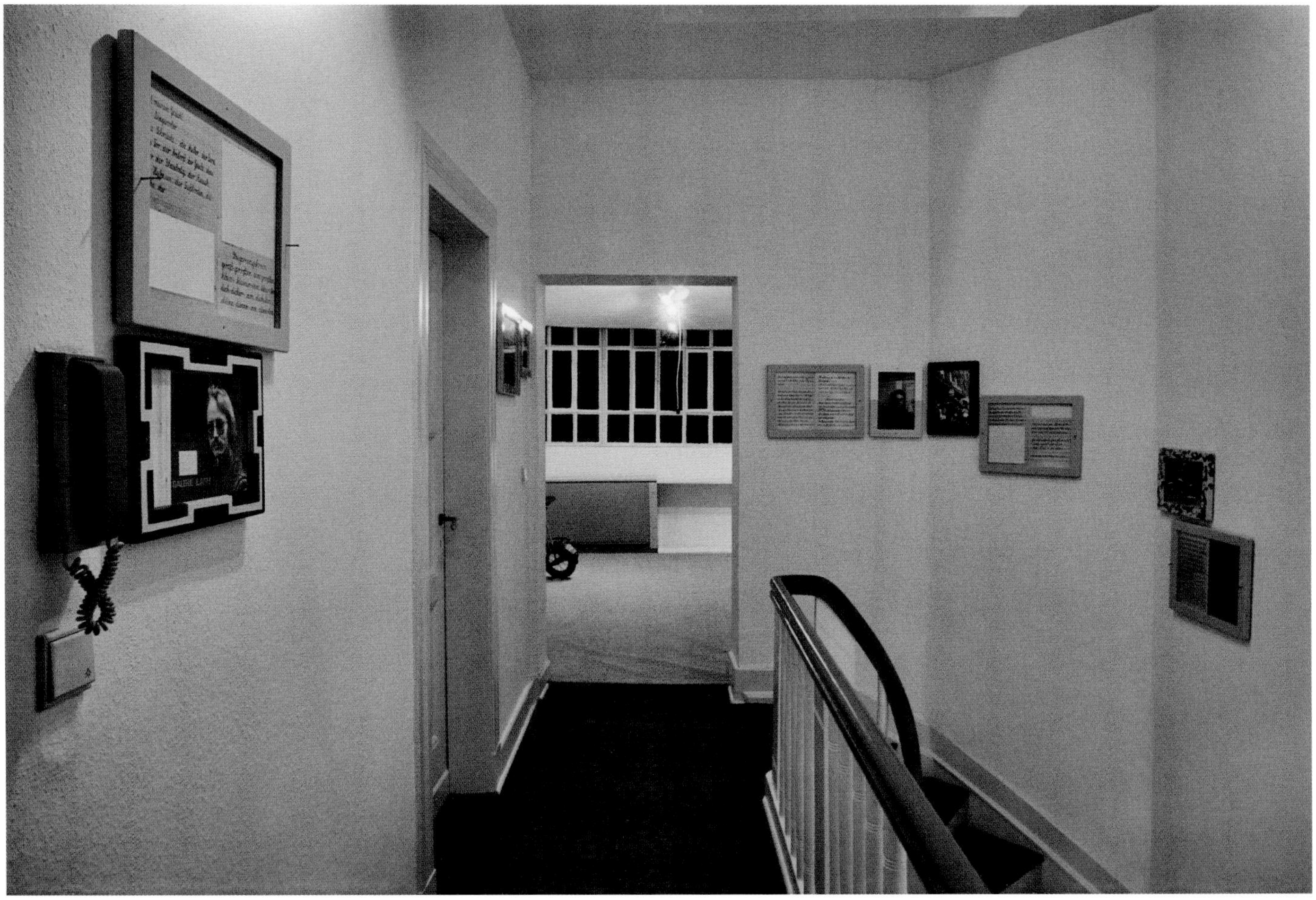

Kopfdiktate, 1980
Head Dictations
Ausstellungsansichten / Installation views: Galerie Annelie Brusten, Wuppertal, 1980

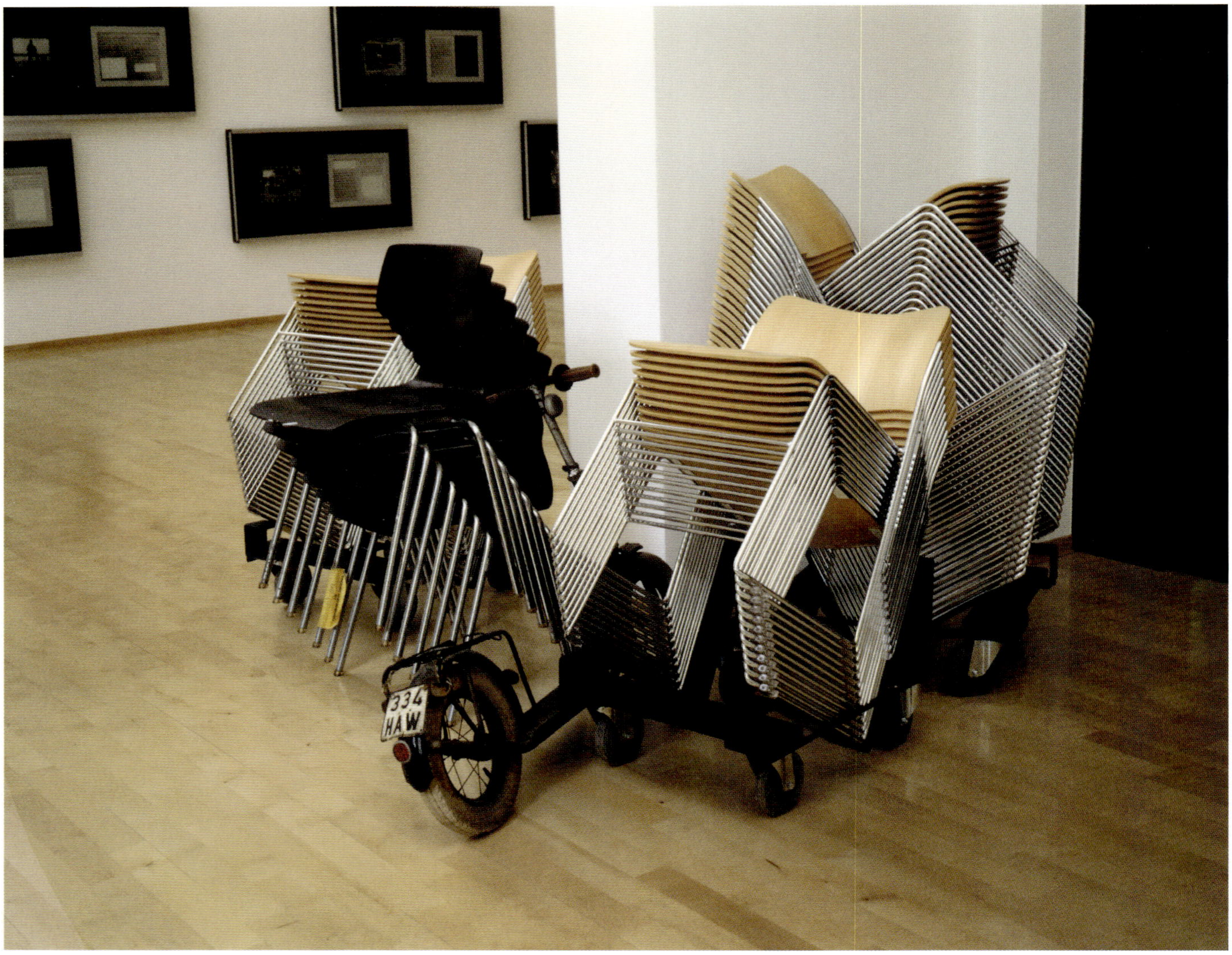

Kopfdiktate, [1990] 1980
Head Dictations
Ausstellungsansichten / Installation views: Museum Kurhaus Kleve, 2004

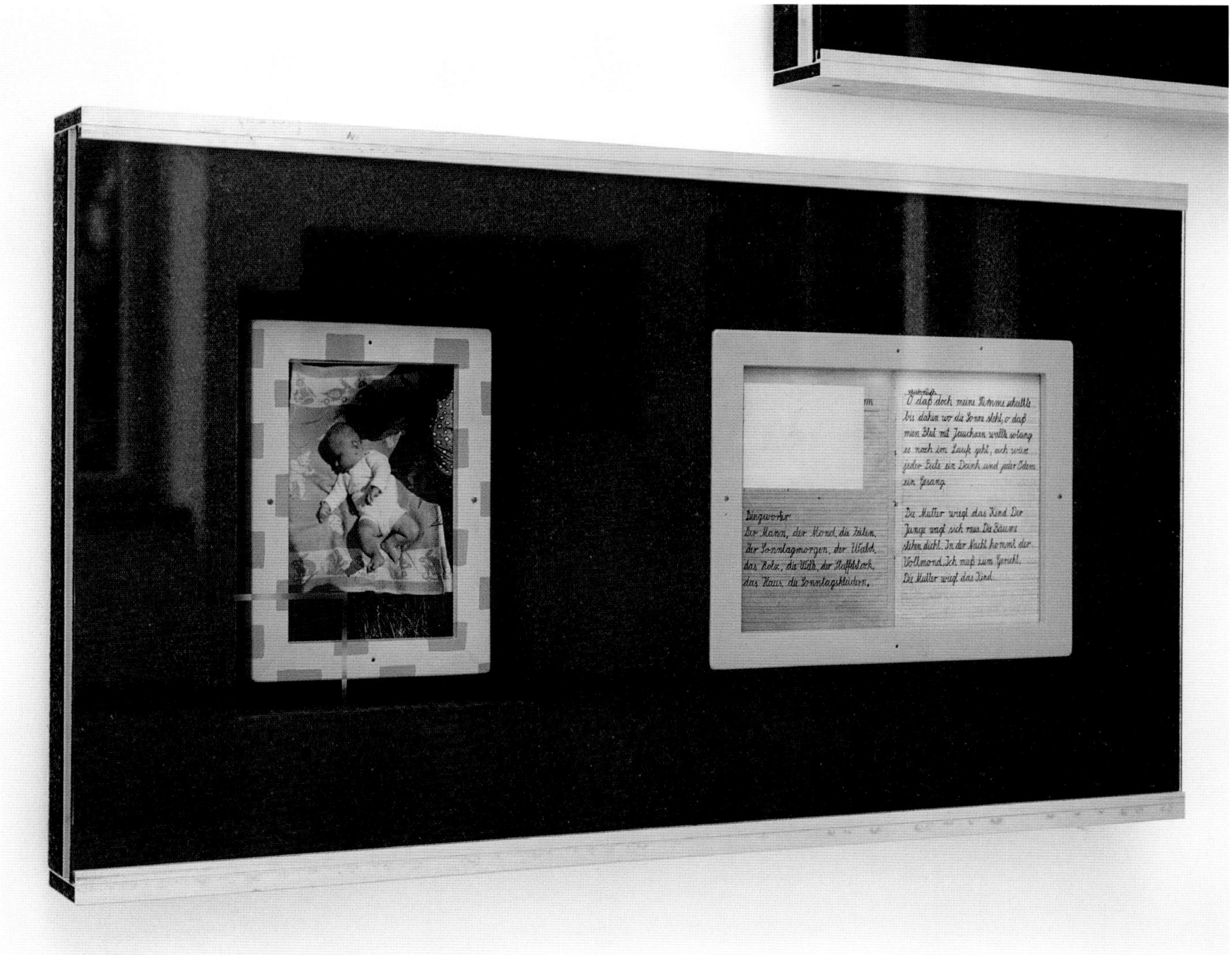
Dingwörter
Der Mann, der Mond, die Zeiten,
der Sonntagmorgen, der Wald,
das Haus, die Sonntagskleidern.
O daß doch meine Stimme schallte
bis dahin wo die Sonne steht, o daß
mein Blut mit Jauchzen wallte solang
es noch im Lauf geht, ach wär
jeder Puls ein Dank und jeder Odem
ein Gesang.
Die Mutter wiegt das Kind. Der
Junge wagt sich raus. Die Bäume
stehen dicht. In der Nacht kommt der
Vollmond. Ich muß zum Gericht.
Die Mutter wiegt das Kind.

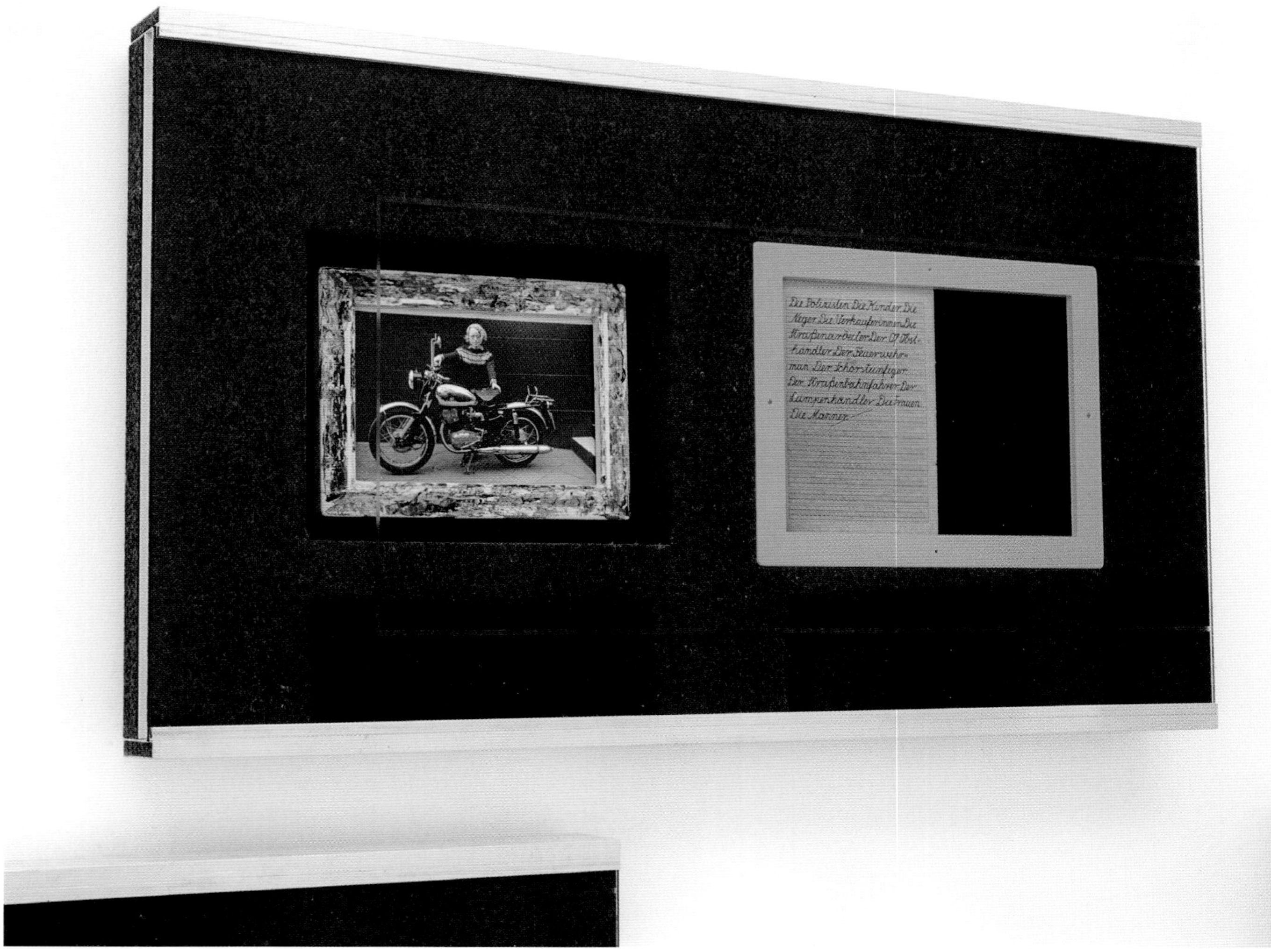
Die Polizisten Die Kinder Die
Neger Die Verkäuferinnen Die
Straßenarbeiter Der Obst-
händler Der Feuerwehr-
man Der Schornsteinfeger
Der Straßenbahnfahrer Der
Lumpenhändler Die Frauen
Die Männer

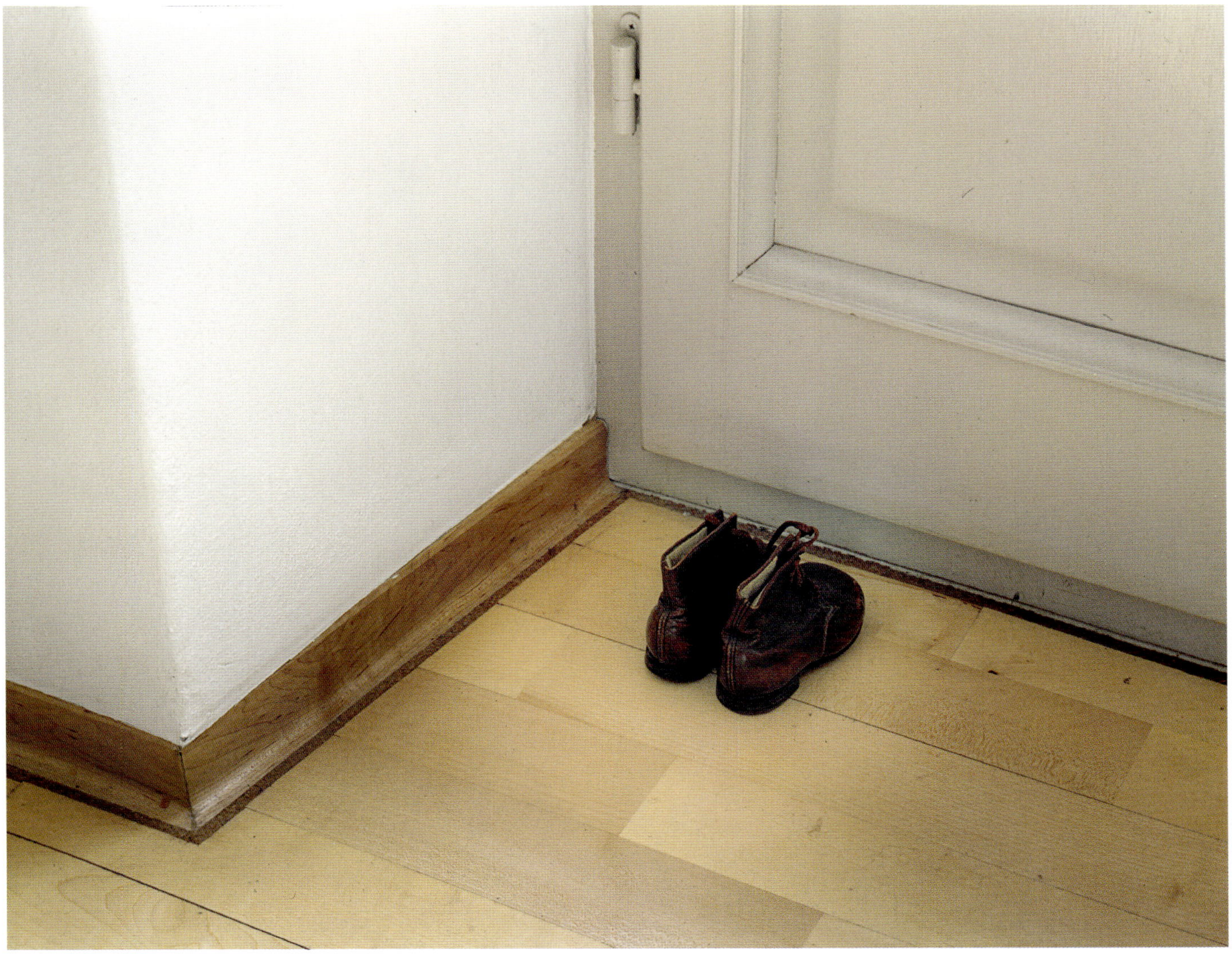

Kopfdiktate, [1990] 1980
Head Dictations
Ausstellungsansichten / Installation views: Museum Kurhaus Kleve, 2004

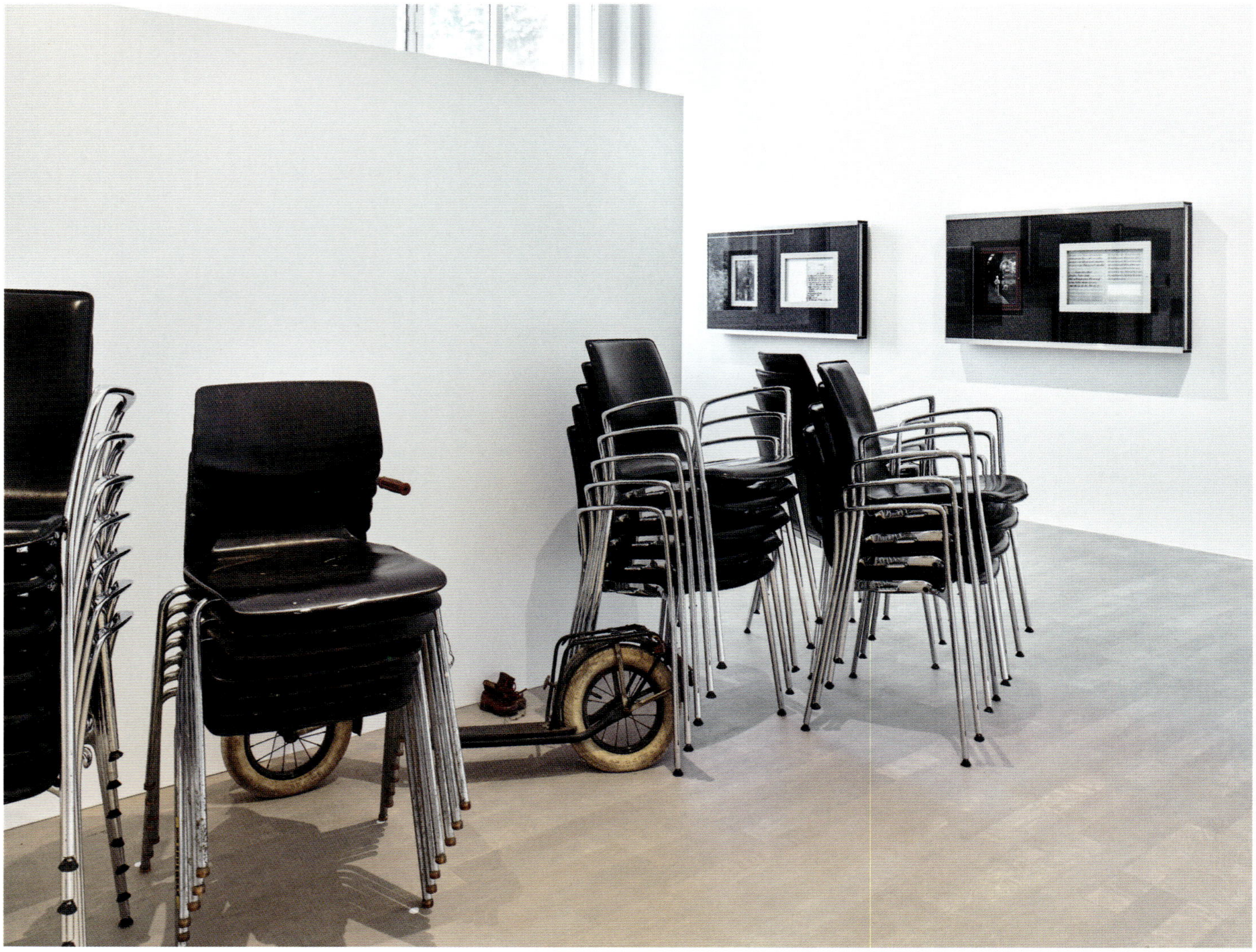

Kopfdiktate, [1990] 1980
Head Dictations
Ausstellungsansichten / Installation views: Kunstsammlung Nordrhein-Westfalen, Düsseldorf, 2022

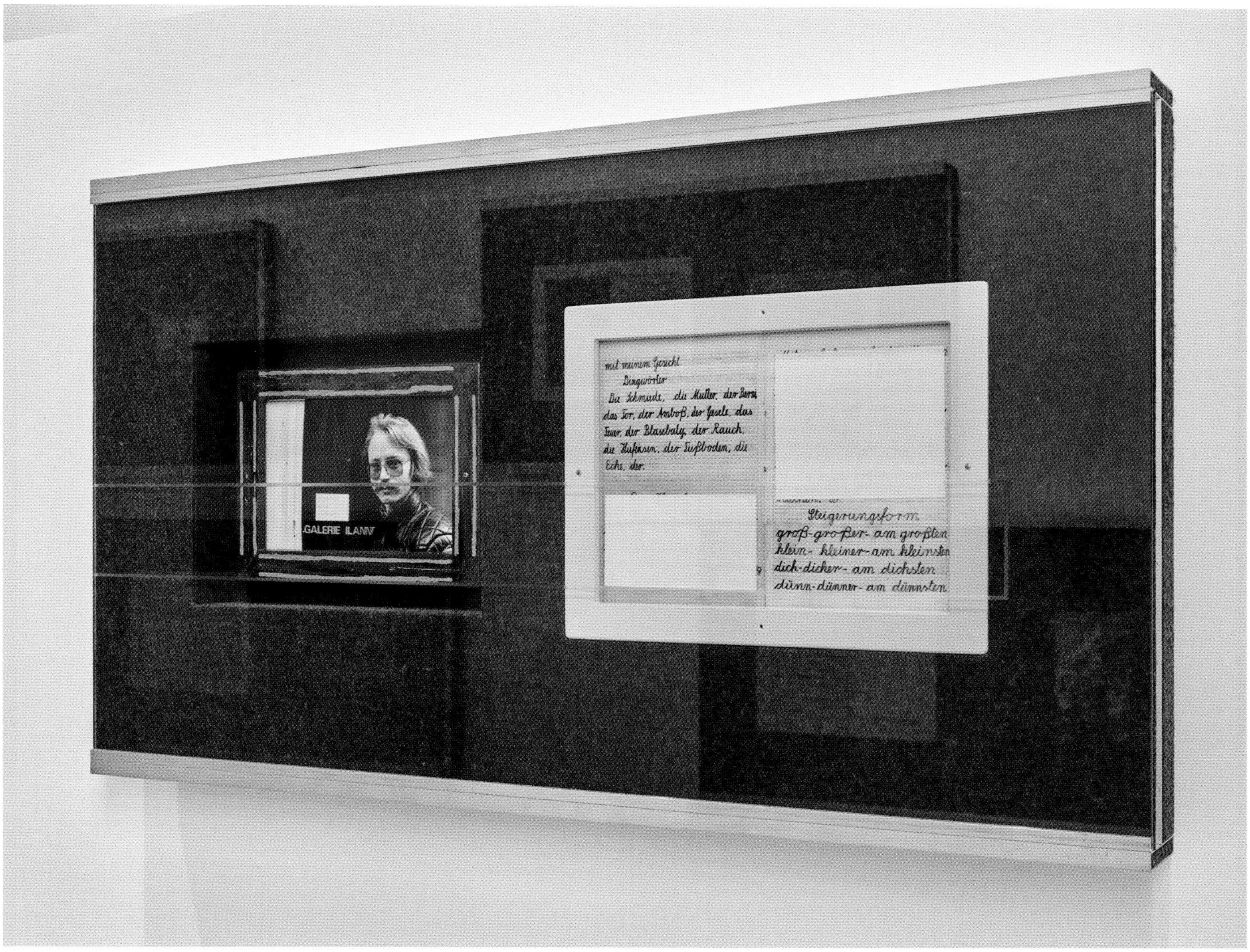
GALERIE ILANN
mit meinem Gesicht
Dingwörter
Die Schmiede, die Mutter, der
das Tor, der Amboß, der Geselle, das
Feuer, der Blasebalg, der Rauch,
die Hufeisen, der Fußboden, die
Ecke, der
Steigerungsform
groß-großer-am größten
klein-kleiner-am kleinsten
dick-dicker-am dicksten
dünn-dünner-am dünnsten

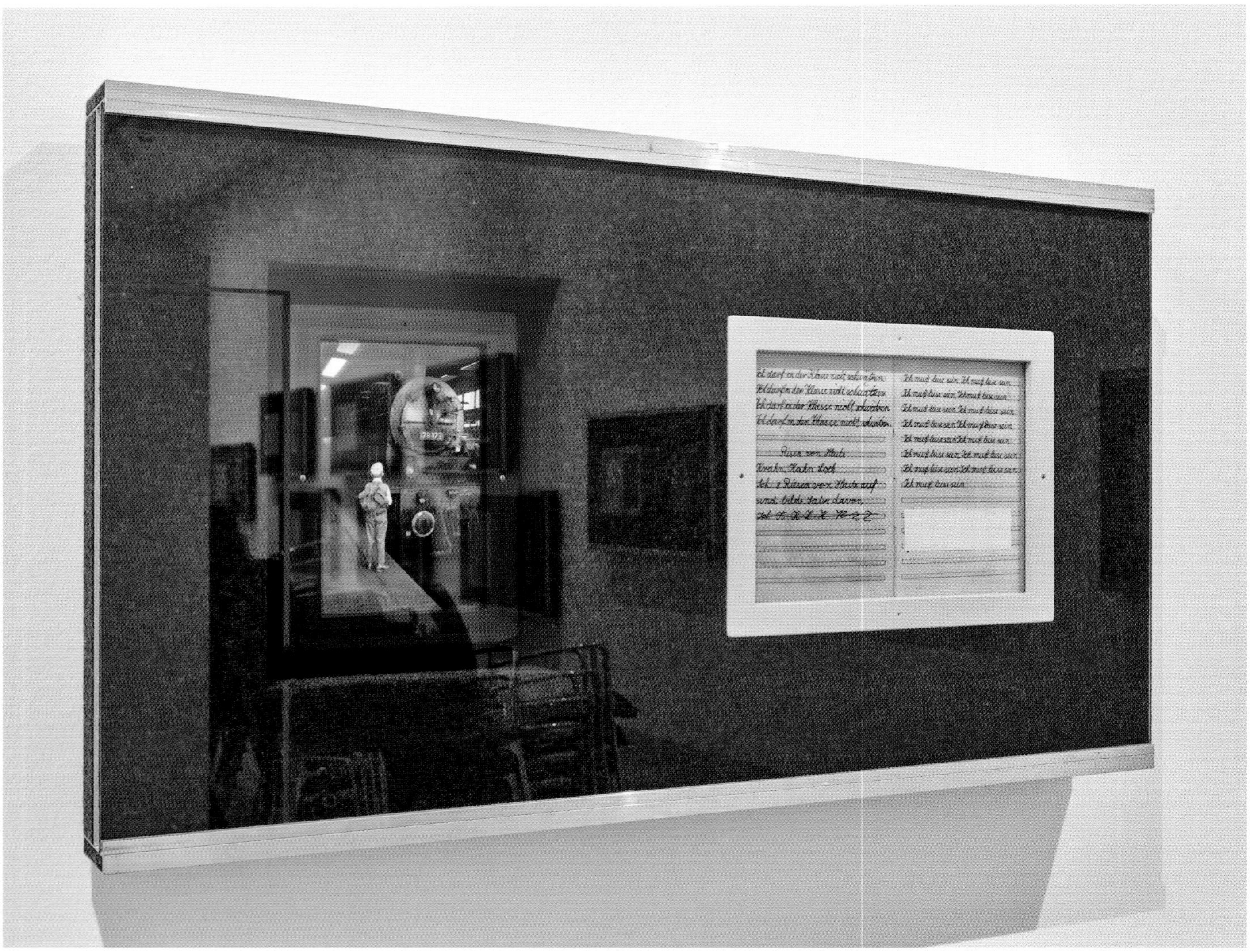

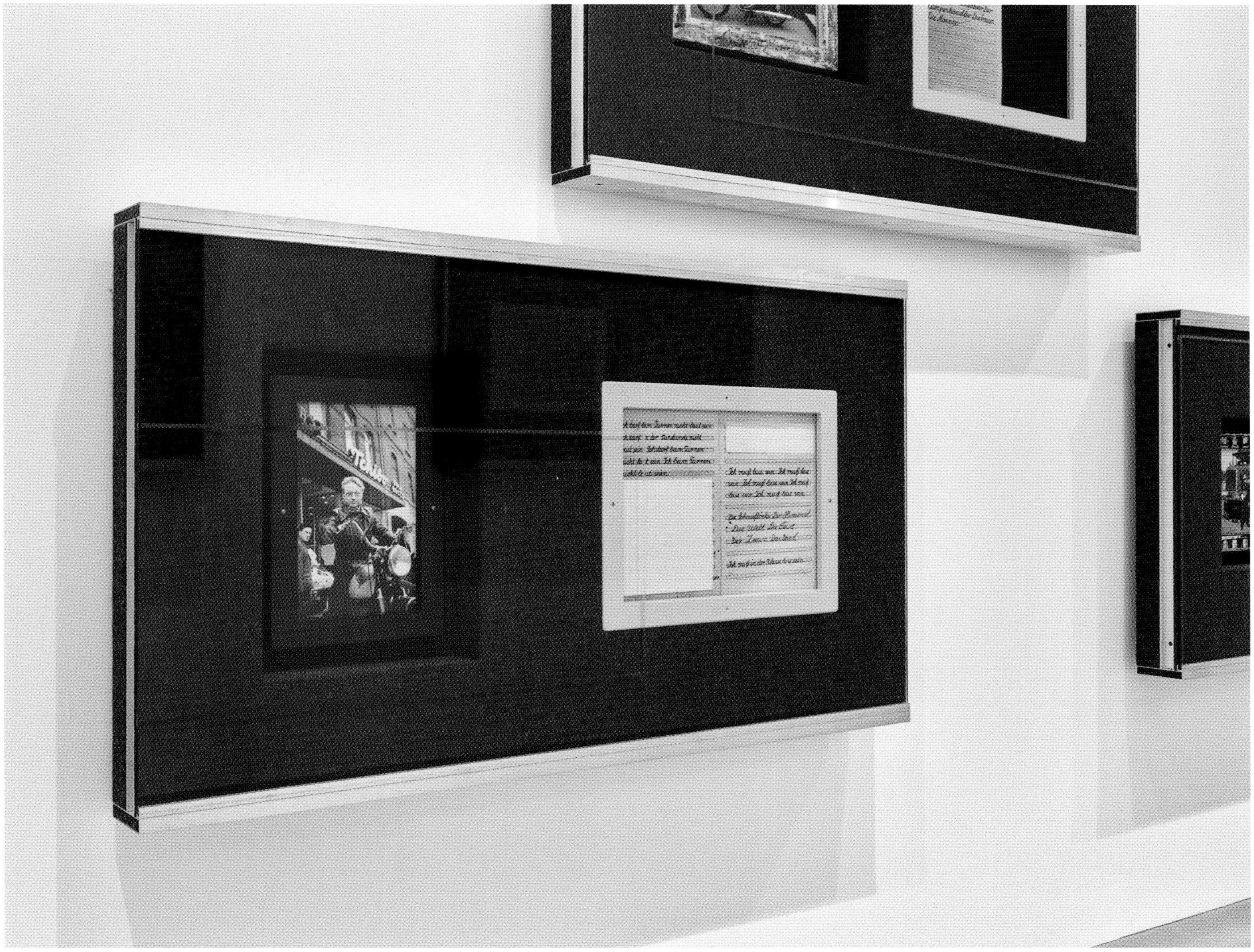

Kopfdiktate, [1990] 1980
Head Dictations
Ausstellungsansichten / Installation views: Kunstsammlung Nordrhein-Westfalen, Düsseldorf, 2022

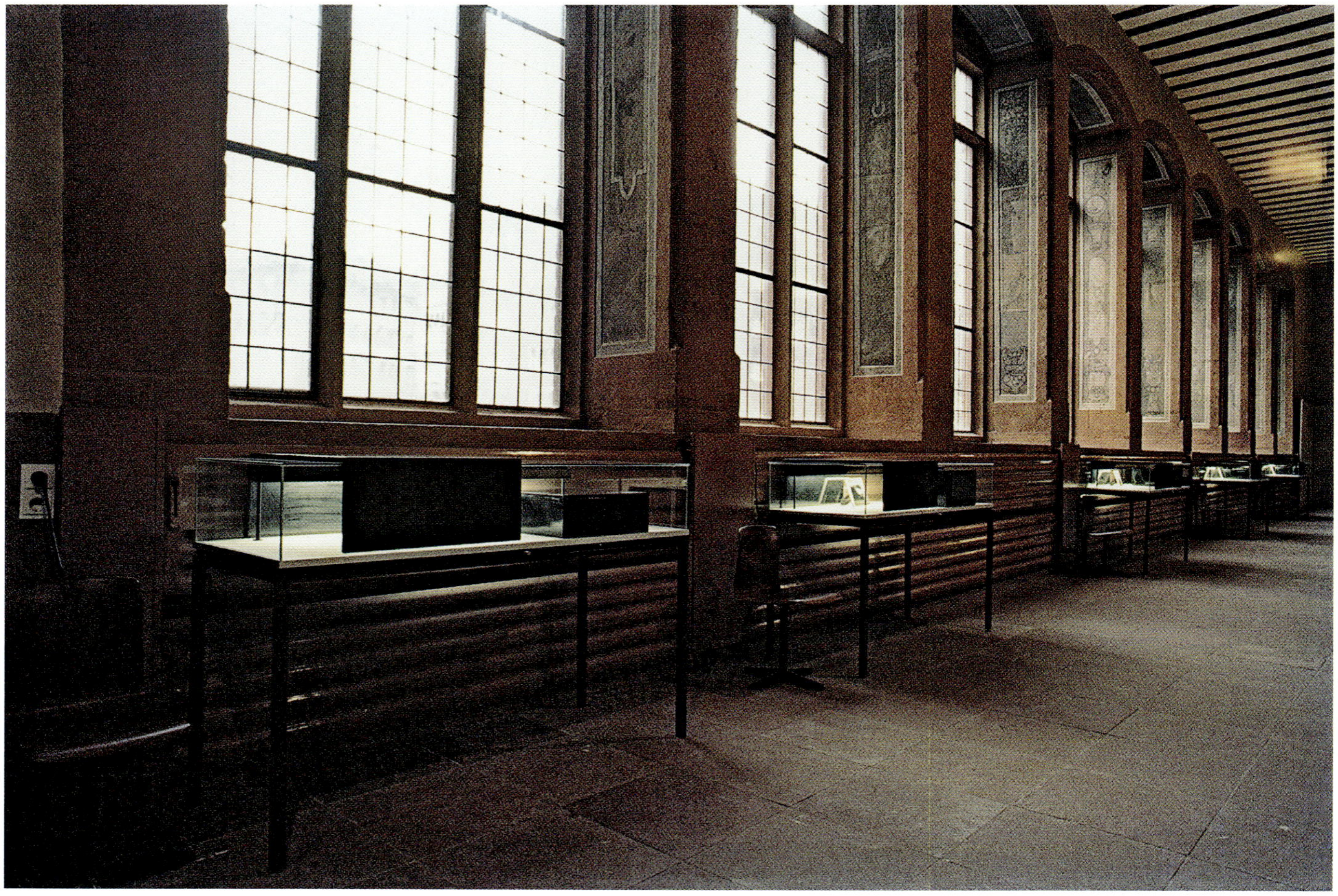

Ohne Titel (Aprath, Glogau, Witten, Sagard, Lorsch), 1980
Untitled (Aprath, Glogau, Witten, Sagard, Lorsch)
Rechts / opposite: Teilansicht / Partial view
Ausstellungsansichten / Installation views: Karmeliterkloster, Frankfurt am Main, 1980

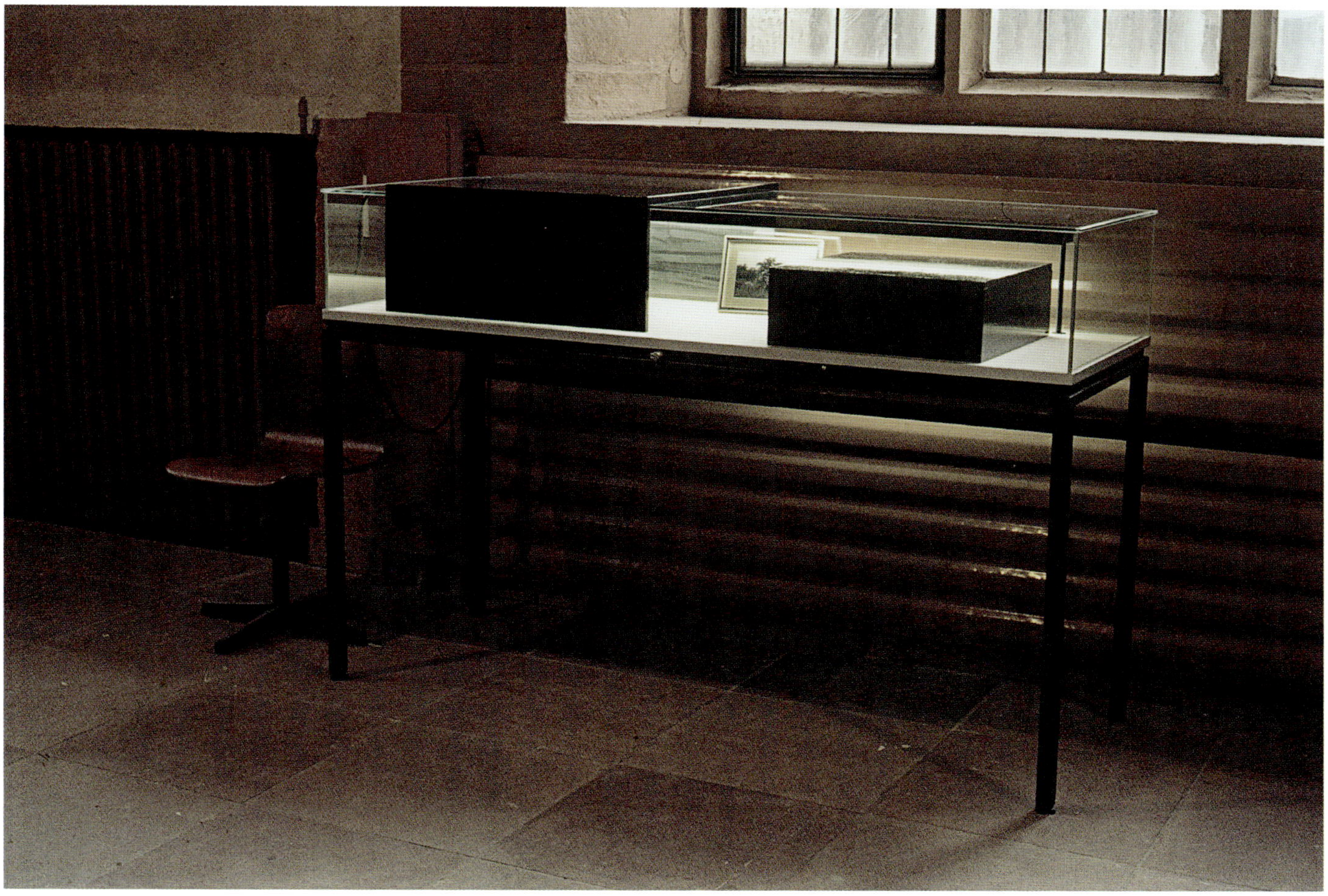

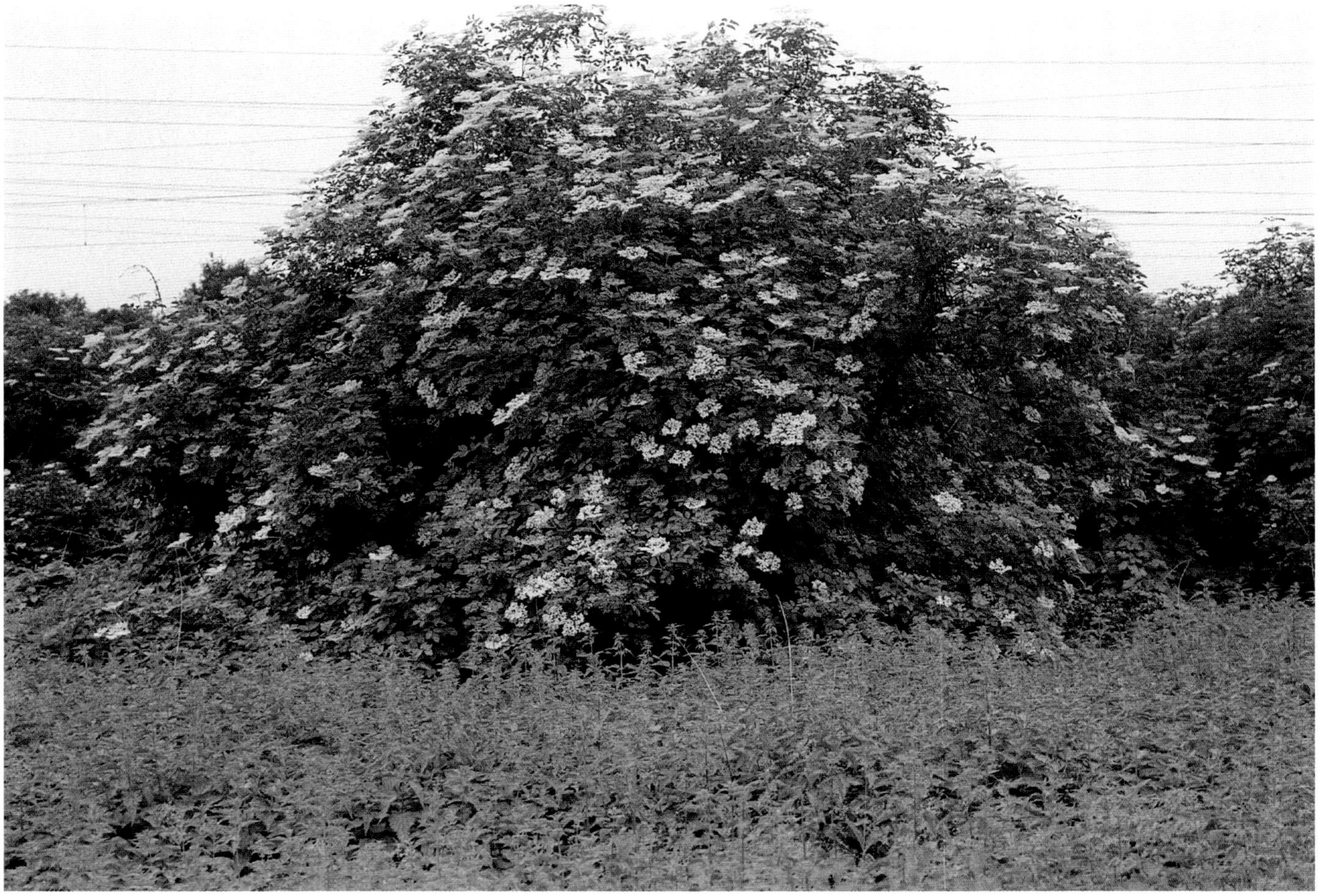

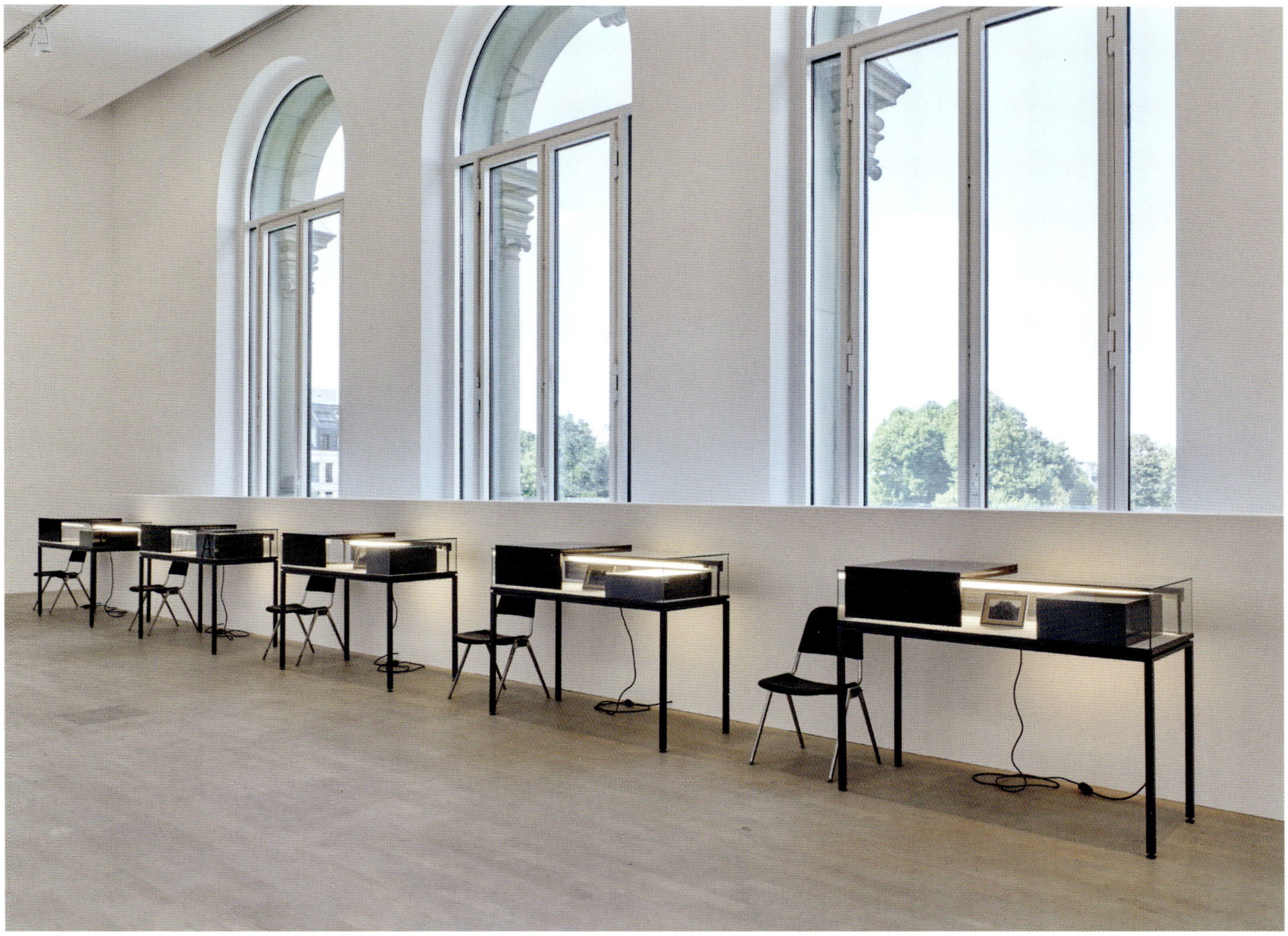

Ohne Titel (Aprath, Glogau, Witten, Sagard, Lorsch), 1980
Untitled (Aprath, Glogau, Witten, Sagard, Lorsch)
Ausstellungsansicht / Installation view: Kunstsammlung Nordrhein-Westfalen, Düsseldorf, 2022
Links / opposite: Detail

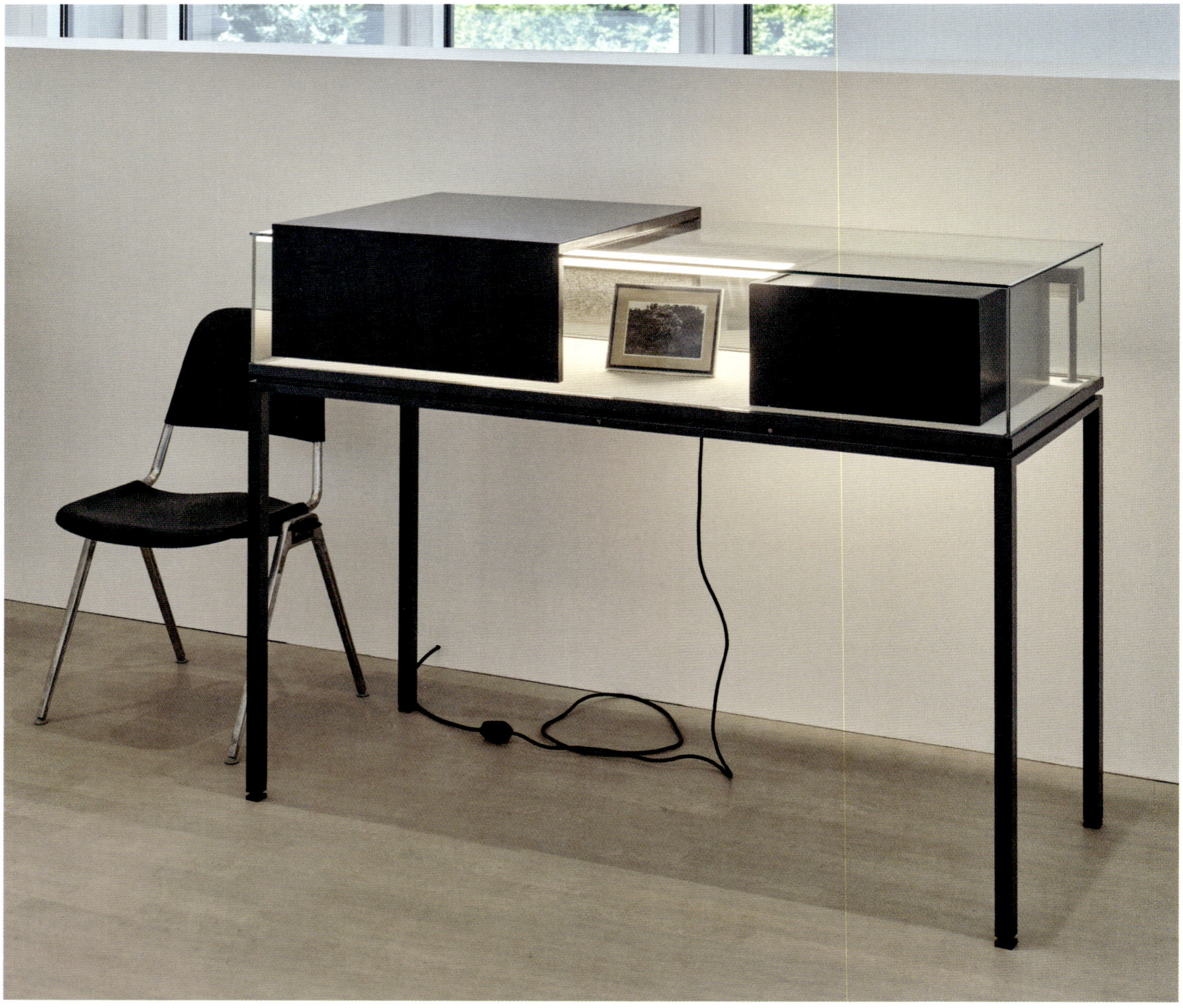

Ohne Titel (Aprath, Glogau, Witten, Sagard, Lorsch), 1980
Untitled (Aprath, Glogau, Witten, Sagard, Lorsch)
Teilansicht / Partial view
Ausstellungsansicht / Installation view: Kunstsammlung Nordrhein-Westfalen, Düsseldorf, 2022
Rechts / opposite: Detail

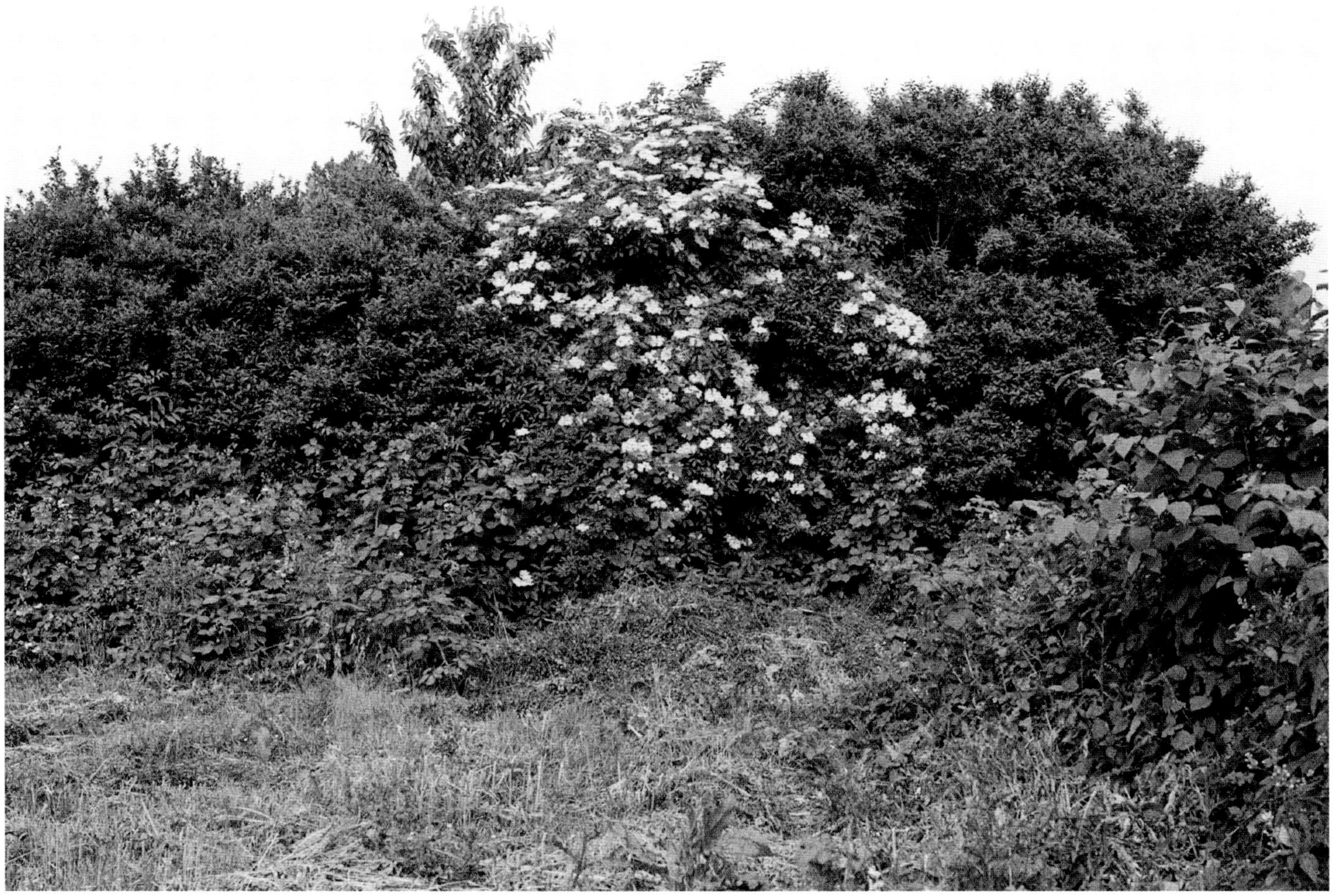

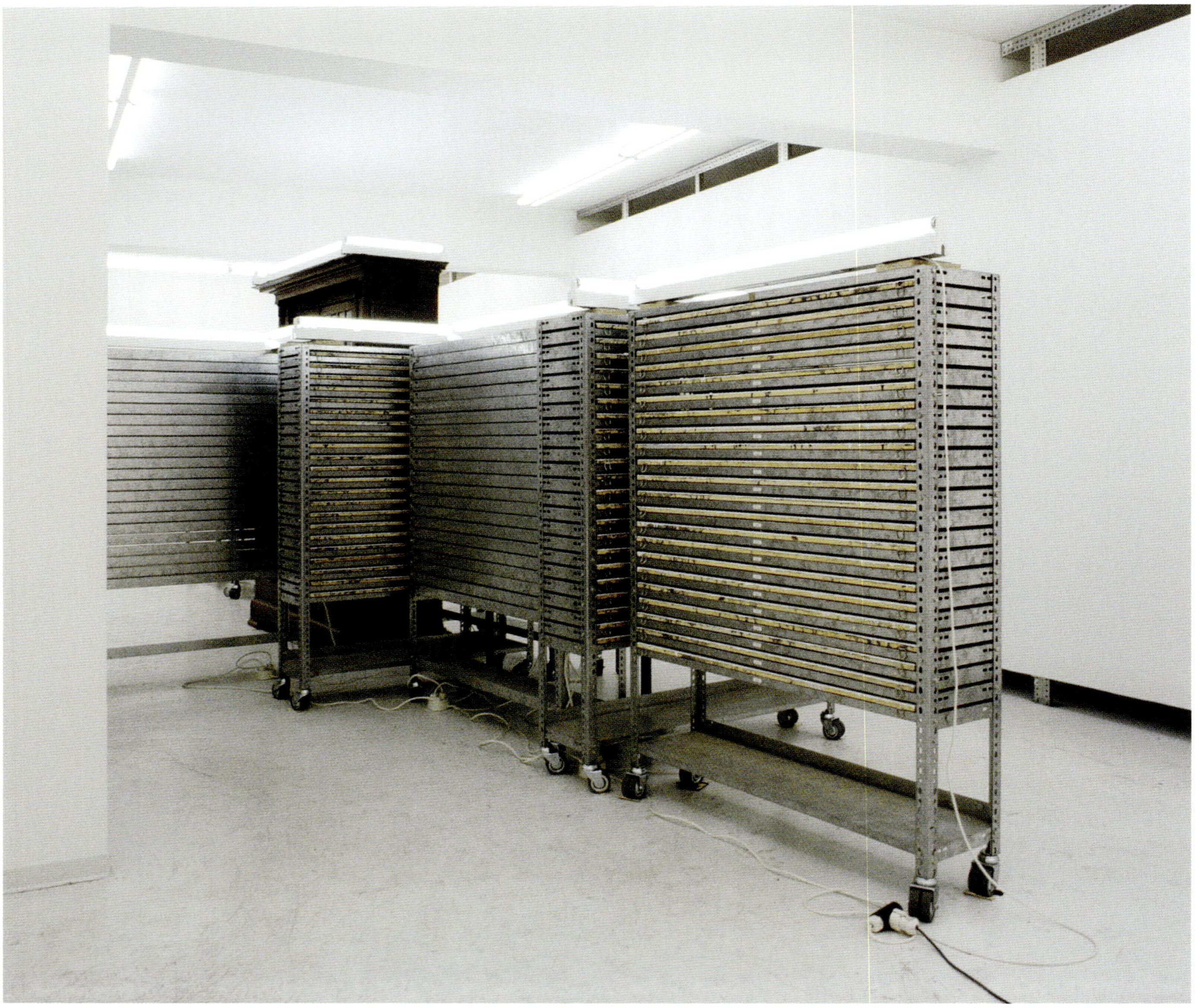

Wartesaal, 1979–1982
Waiting Room
Ausstellungsansicht / Installation view: Galerie Max Hetzler, Stuttgart 1982

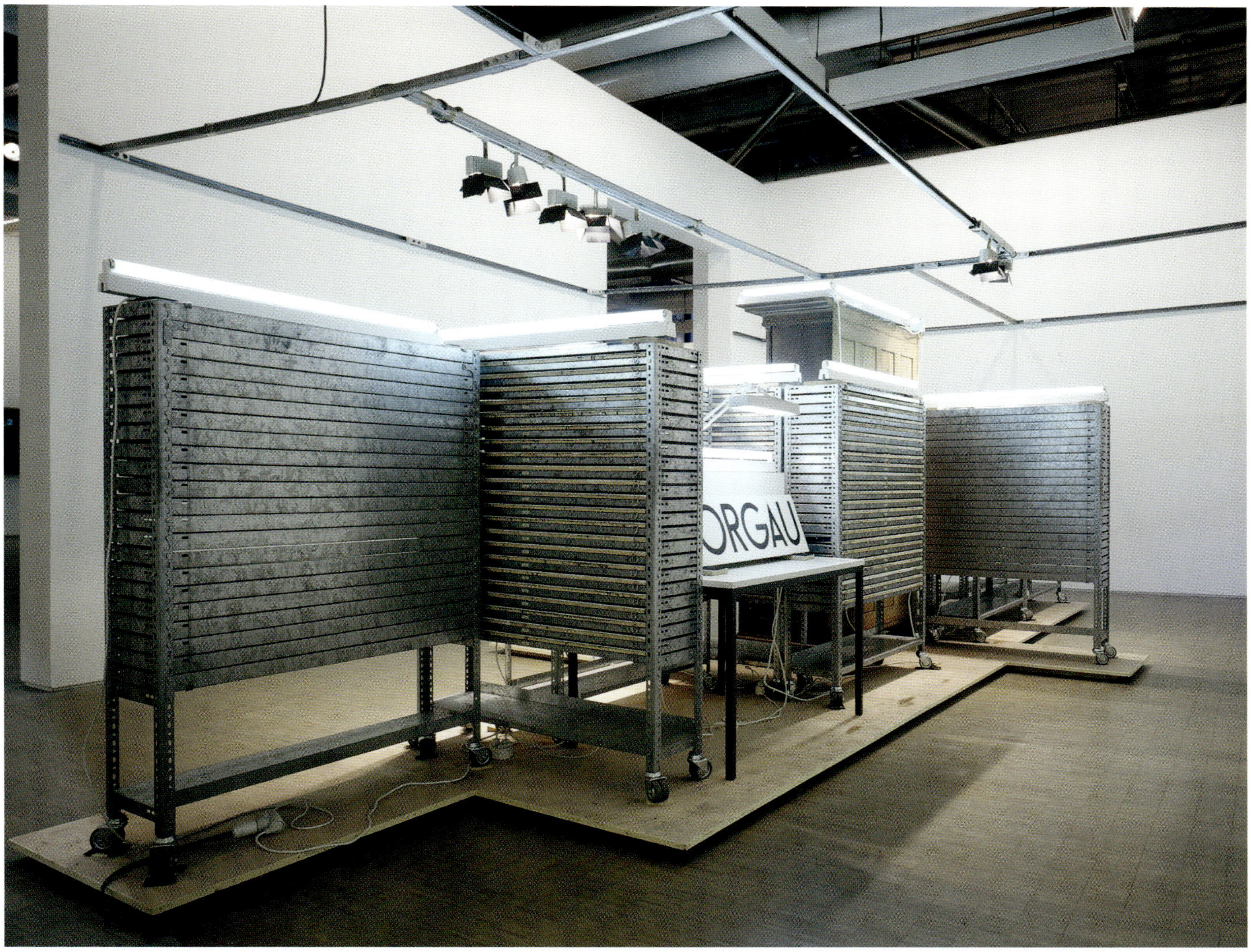

Wartesaal, [1986] 1979–1982
Waiting Room
Ausstellungsansicht / Installation view: Centre Pompidou, Musée national d'art moderne, Paris

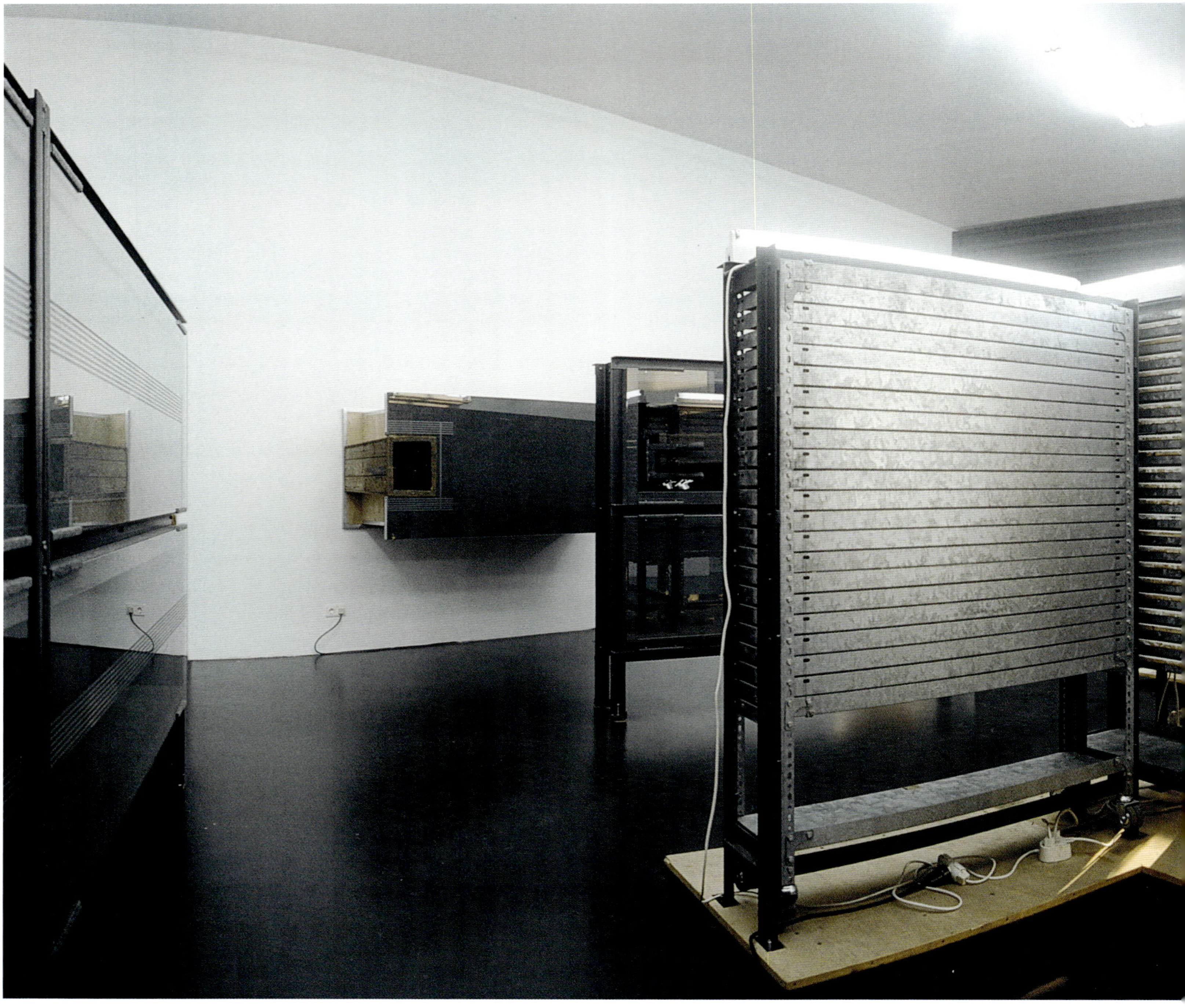

Wartesaal, [1997], [1986] 1979–1982
Waiting Room
Ausstellungsansicht / Installation view: documenta X, Kassel, 1997

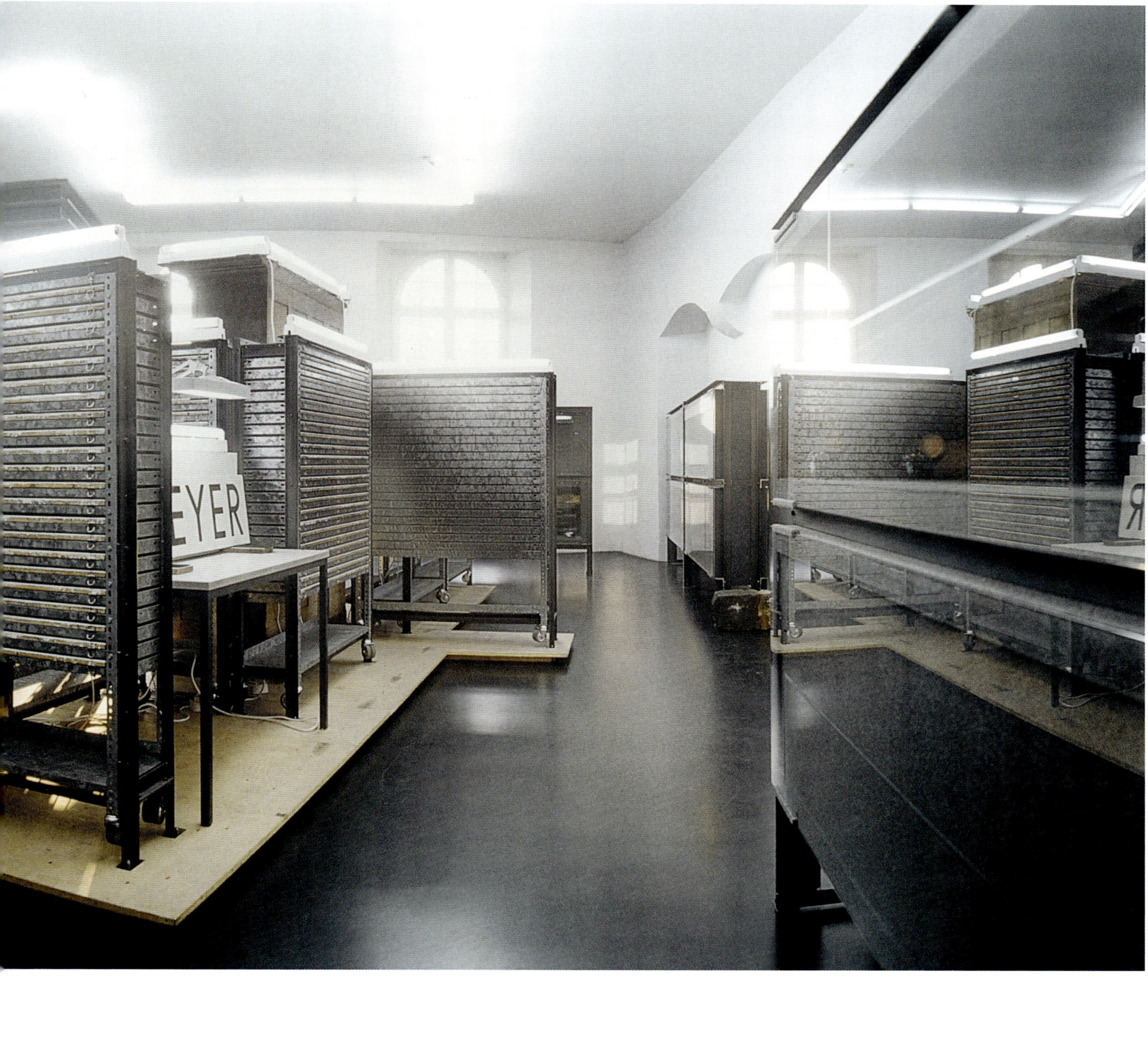
EYER

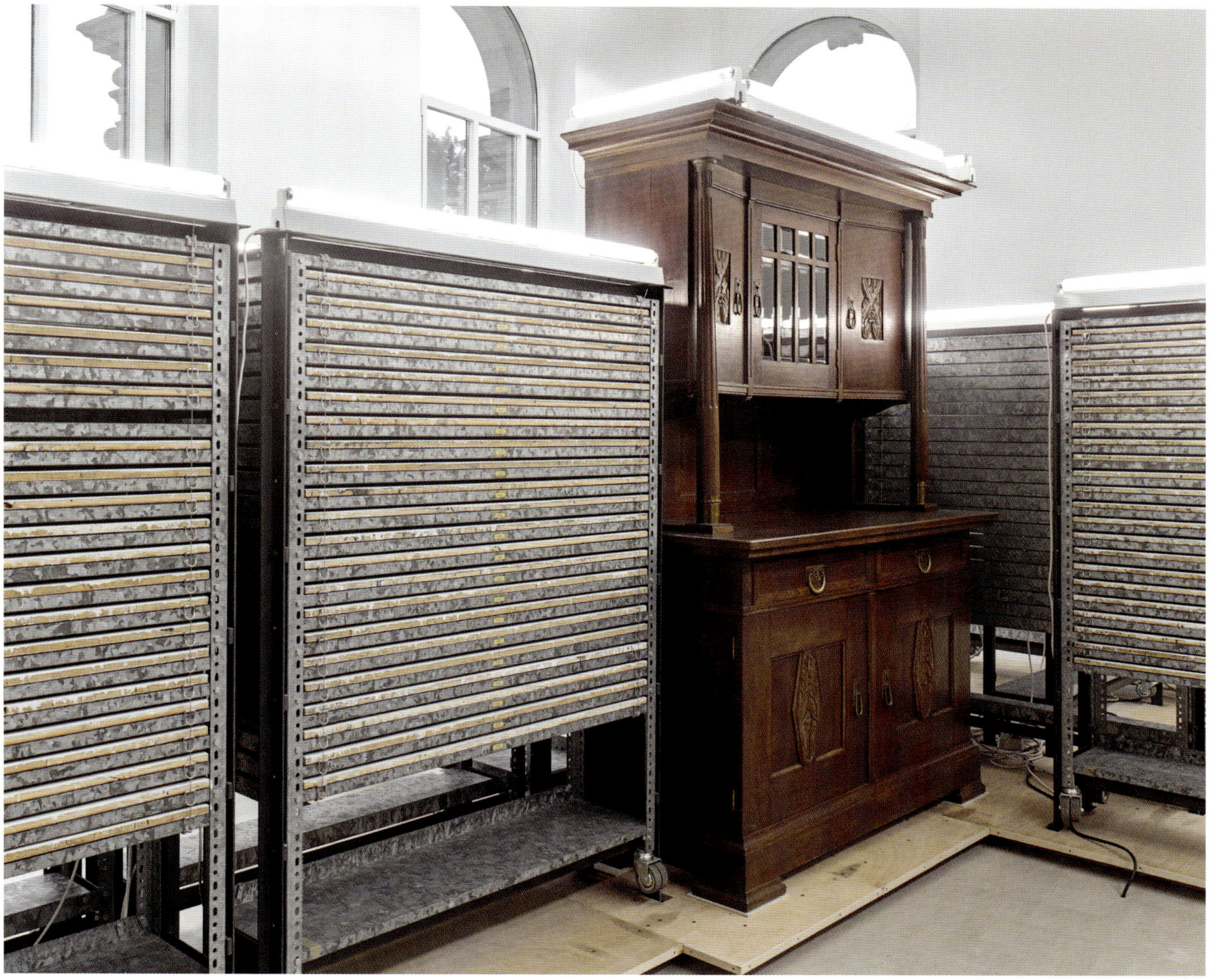

Wartesaal, [1997], [1986] 1979–1982
Waiting Room
Ausstellungsansicht / Installation view: Kunstsammlung Nordrhein-Westfalen, Düsseldorf, 2022

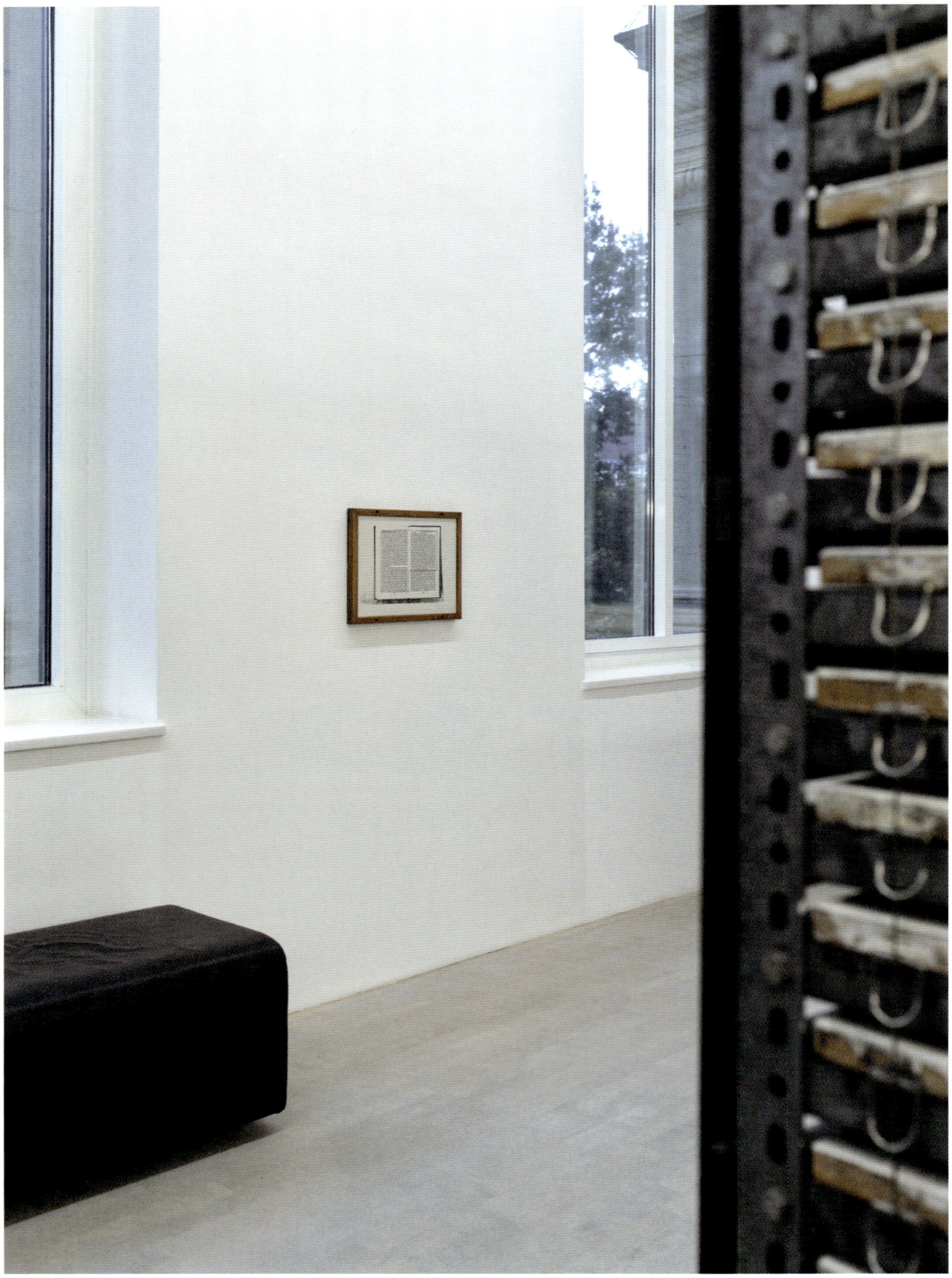

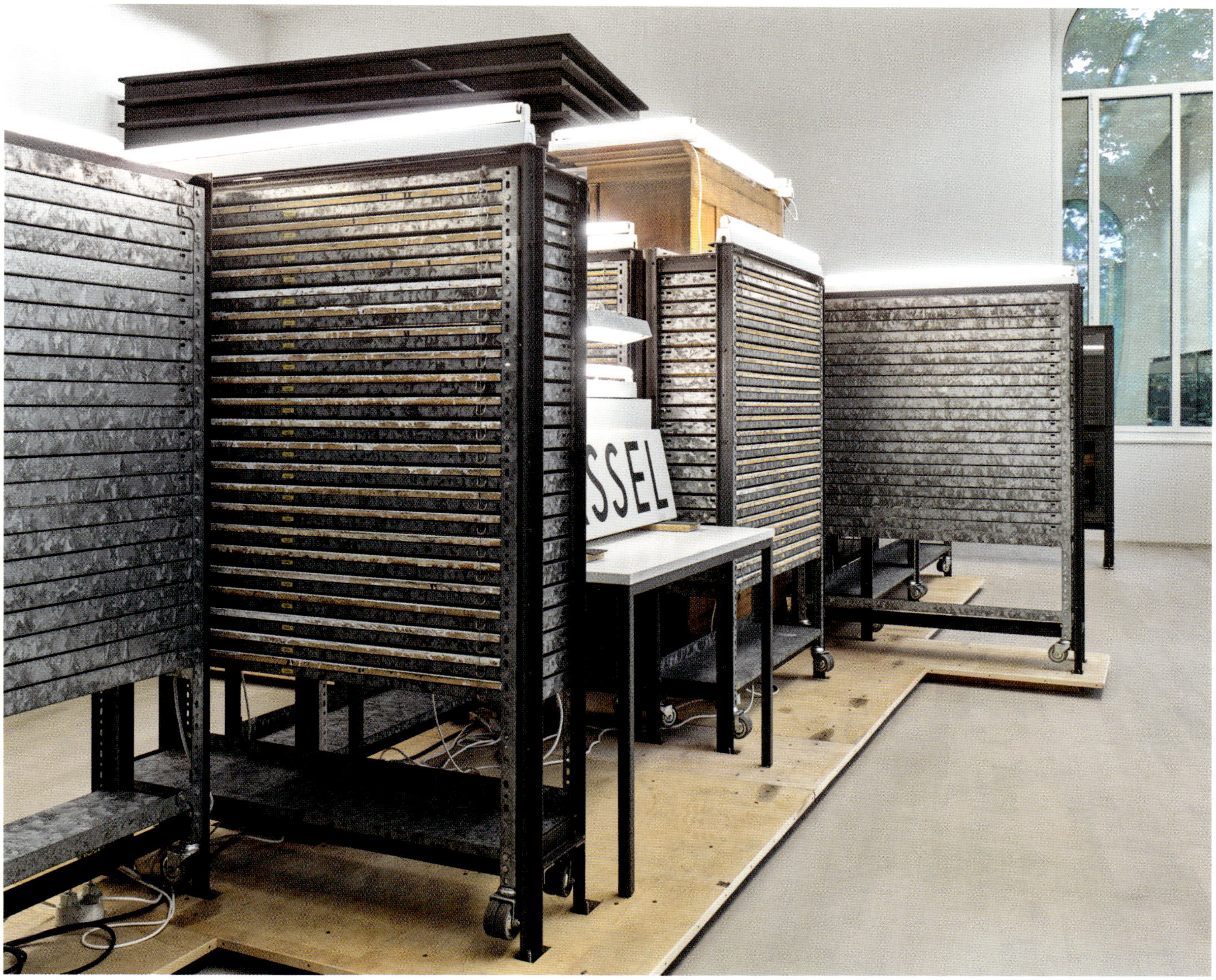

Wartesaal, [1997], [1986] 1979–1982
Waiting Room
Ausstellungsansichten / Installation views: Kunstsammlung Nordrhein-Westfalen, Düsseldorf, 2022

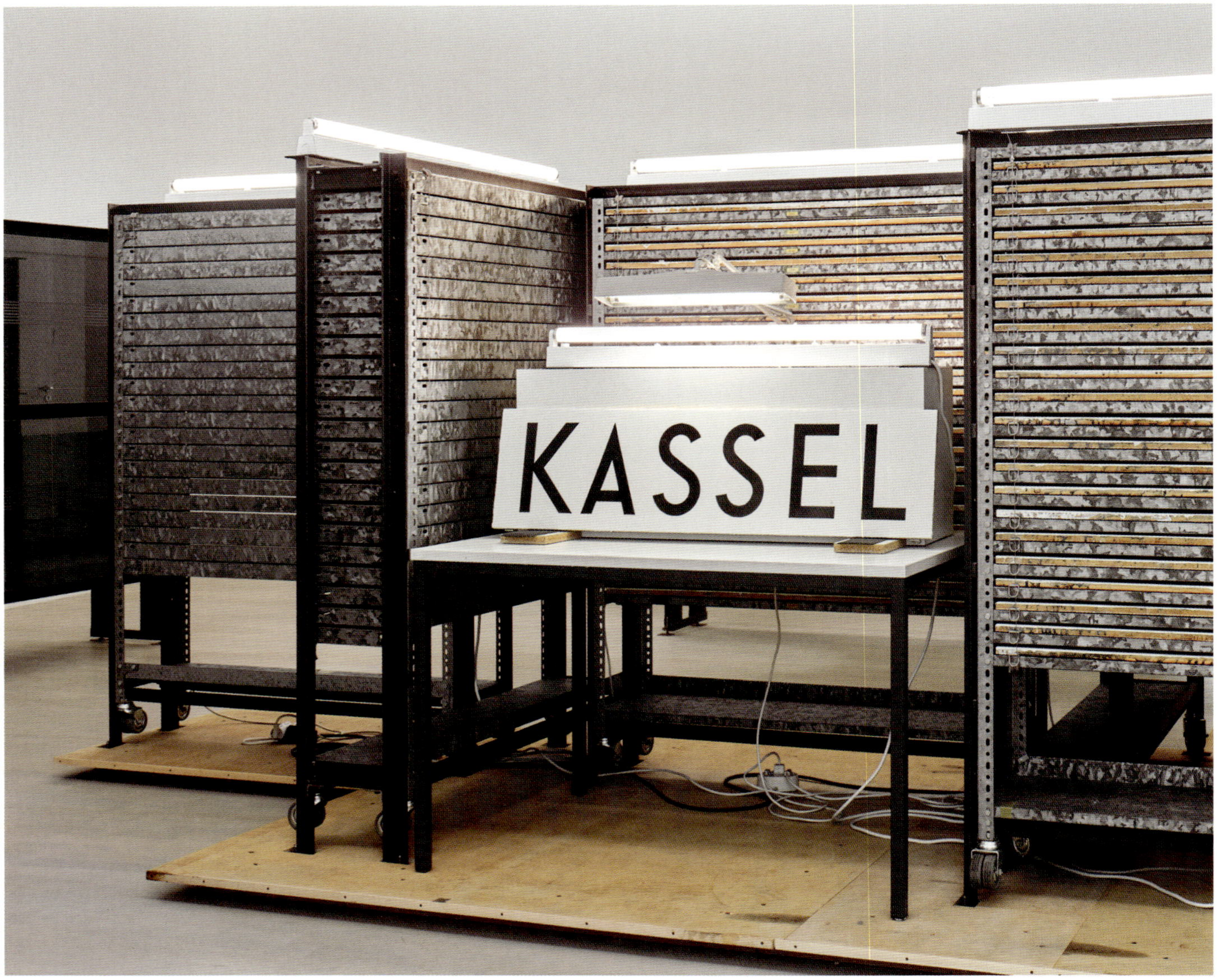
KASSEL

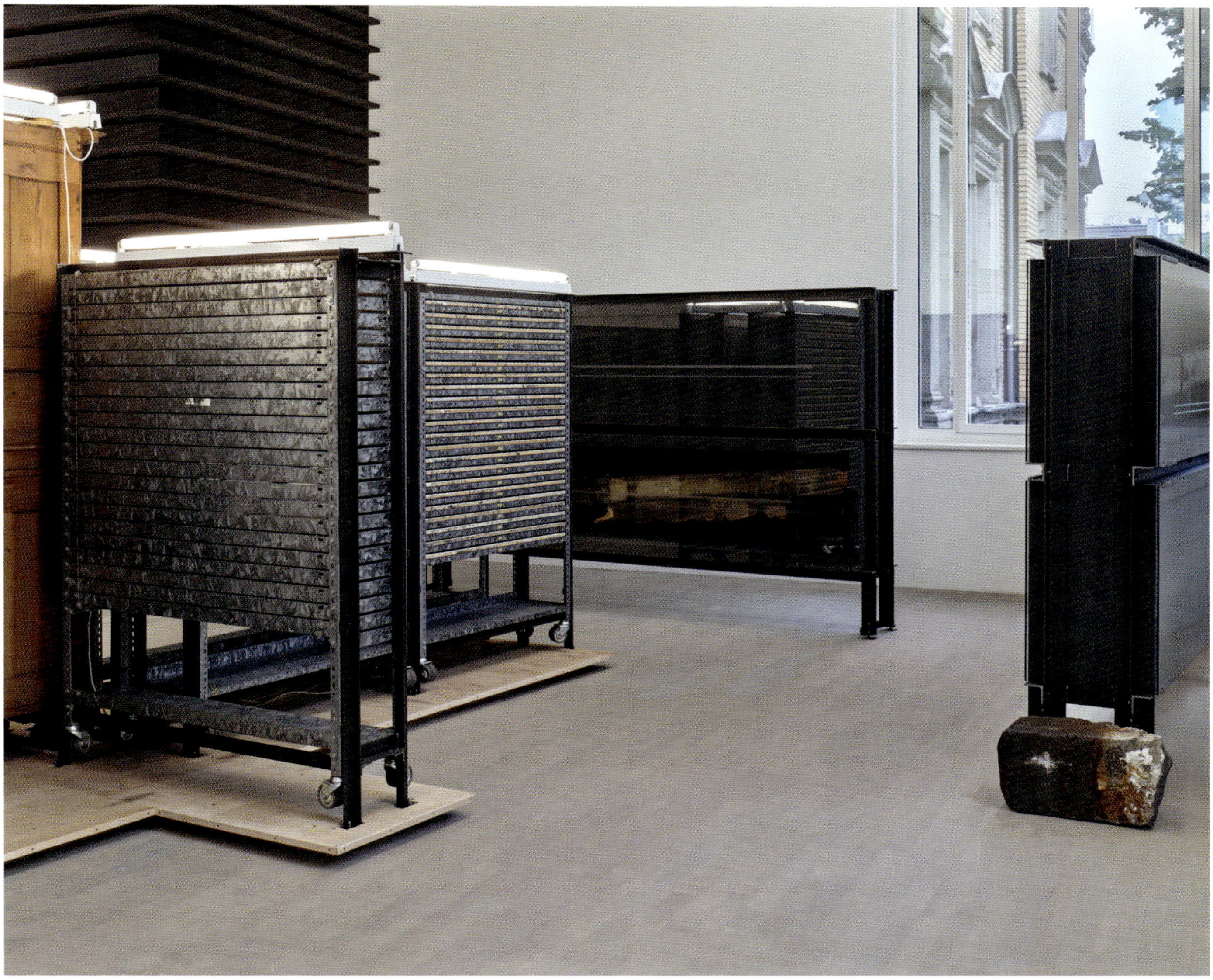

Wartesaal, [1997], [1986] 1979–1982
Waiting Room
Ausstellungsansichten / Installation views: Kunstsammlung Nordrhein-Westfalen, Düsseldorf, 2022

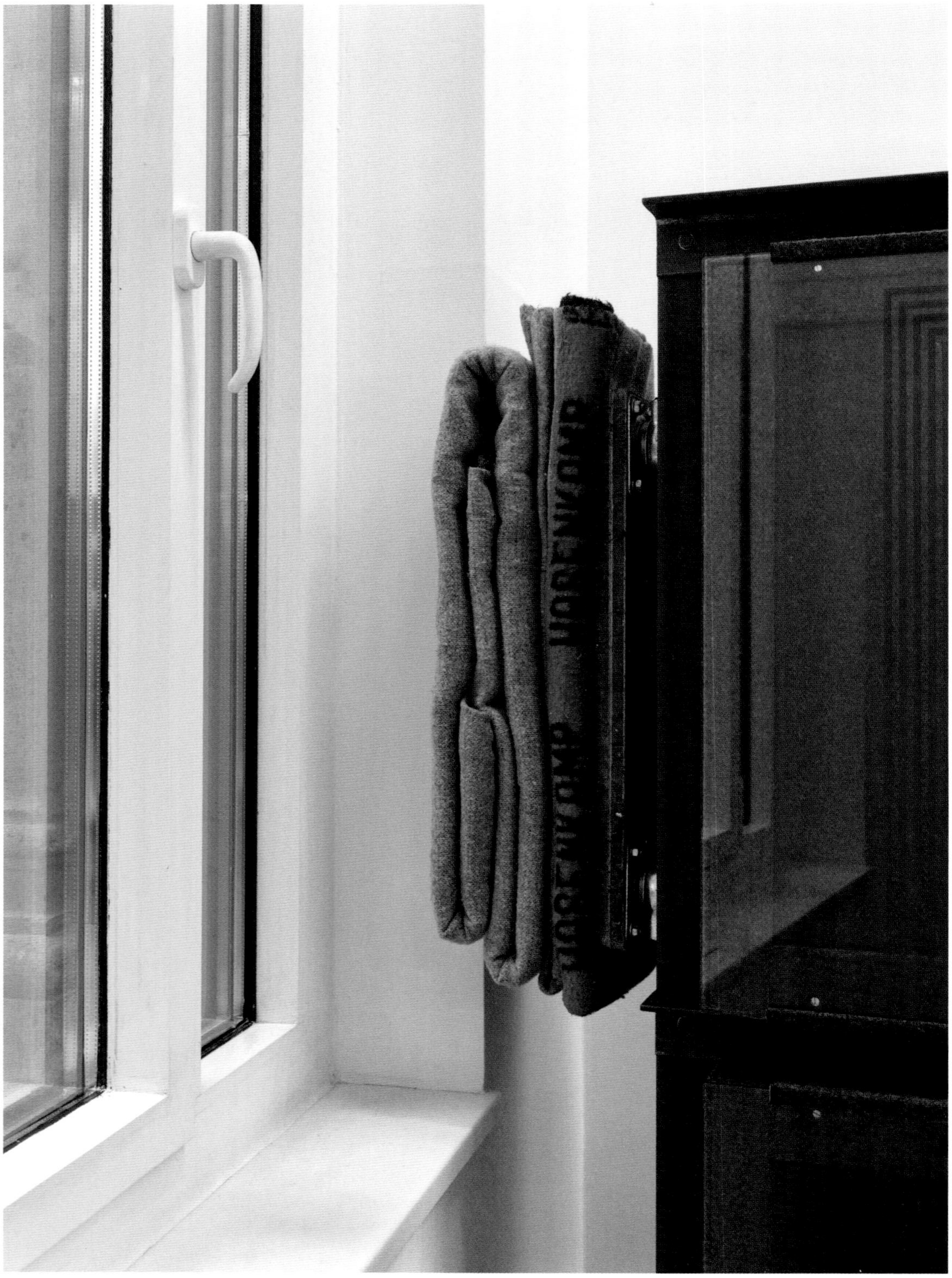

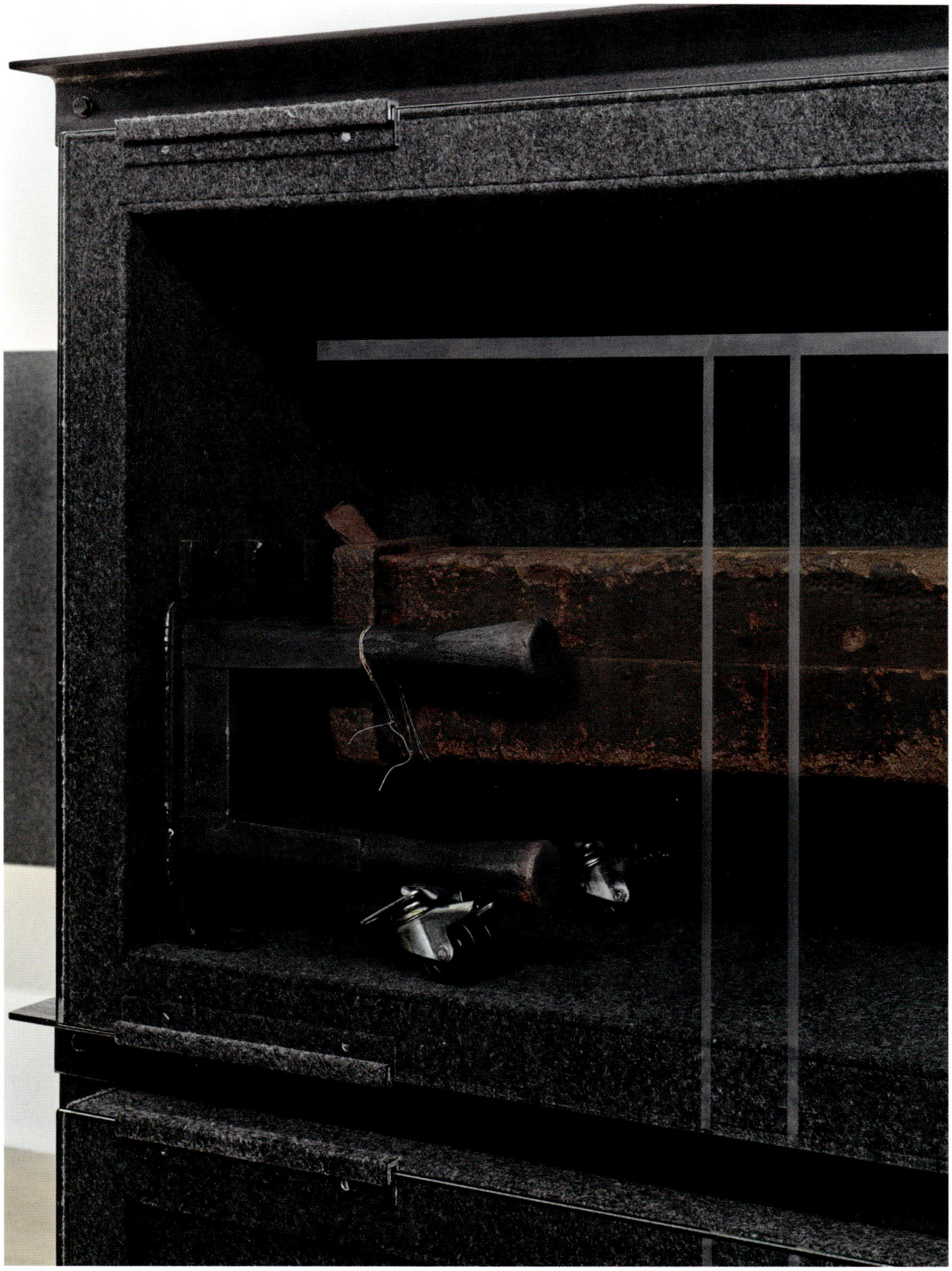

Wartesaal, [1997], [1986] 1979–1982
Waiting Room
Details
Ausstellungsansichten / Installation views: Kunstsammlung Nordrhein-Westfalen, Düsseldorf, 2022

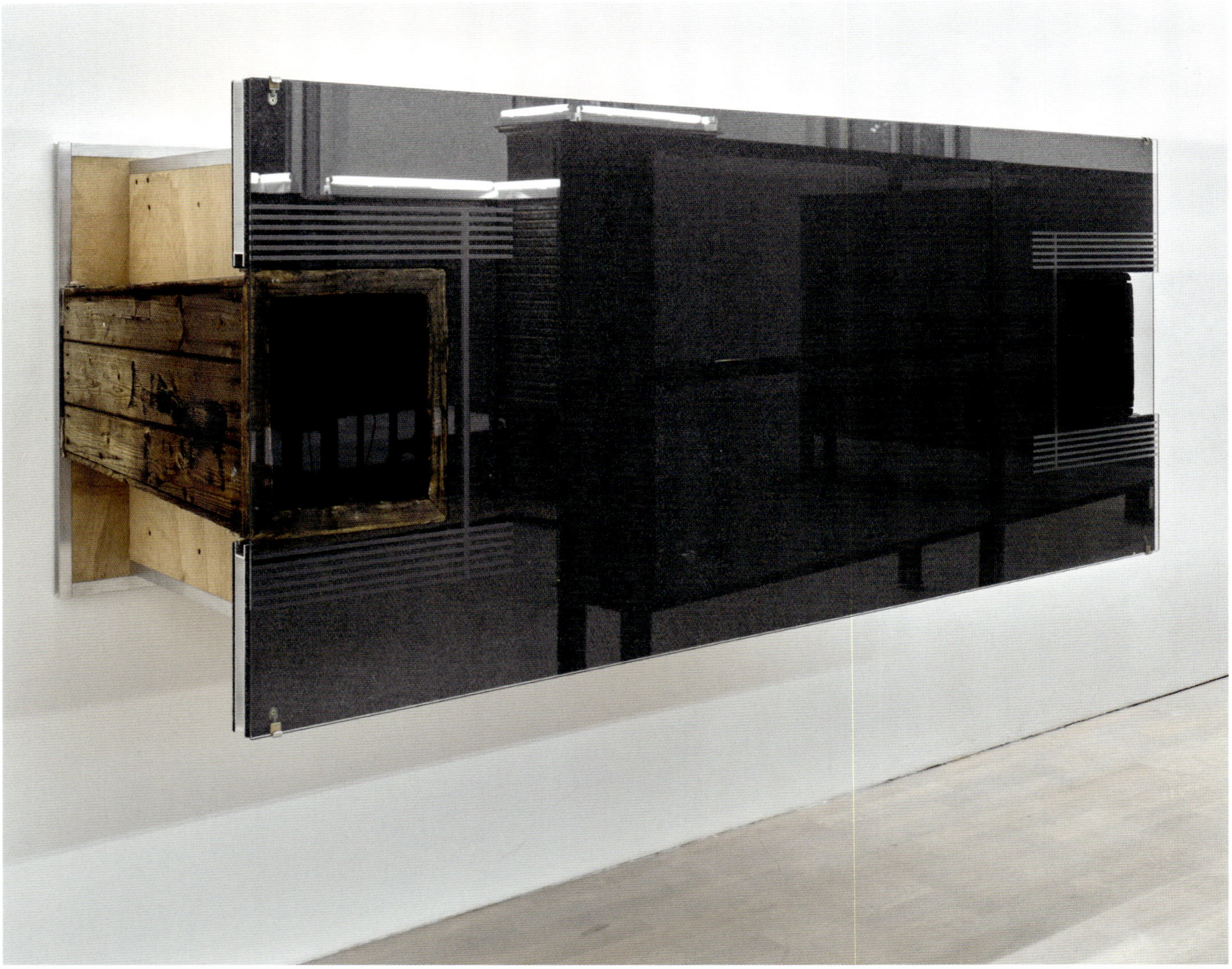

Wartesaal, [1997], [1986] 1979–1982
Waiting Room
Detail: **Berlin**, 1997
Ausstellungsansicht / Installation view: Kunstsammlung Nordrhein-Westfalen, Düsseldorf, 2022

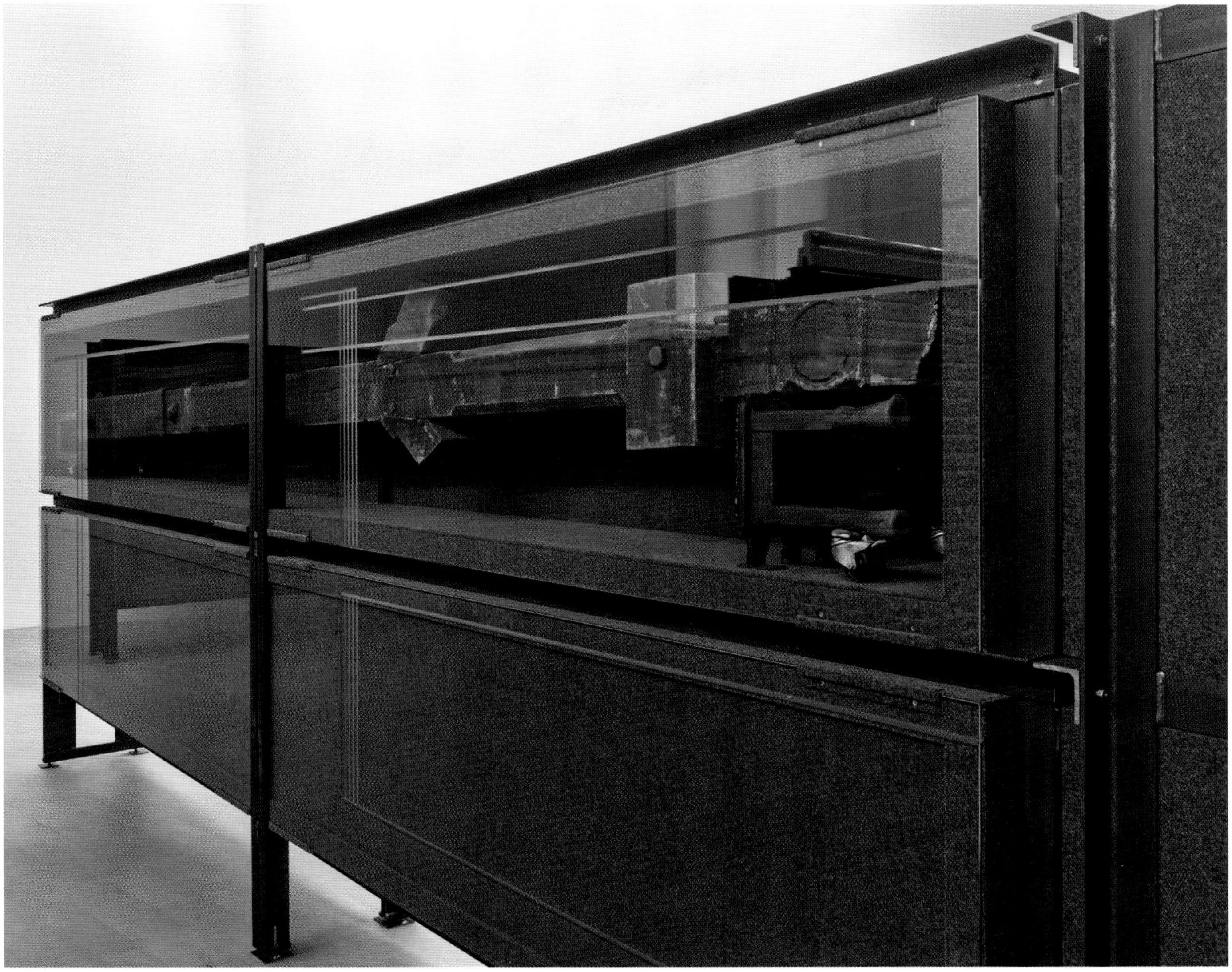

Wartesaal, [1997], [1986] 1979–1982
Waiting Room
Ausstellungsansicht / Installation view: Kunstsammlung Nordrhein-Westfalen, Düsseldorf, 2022

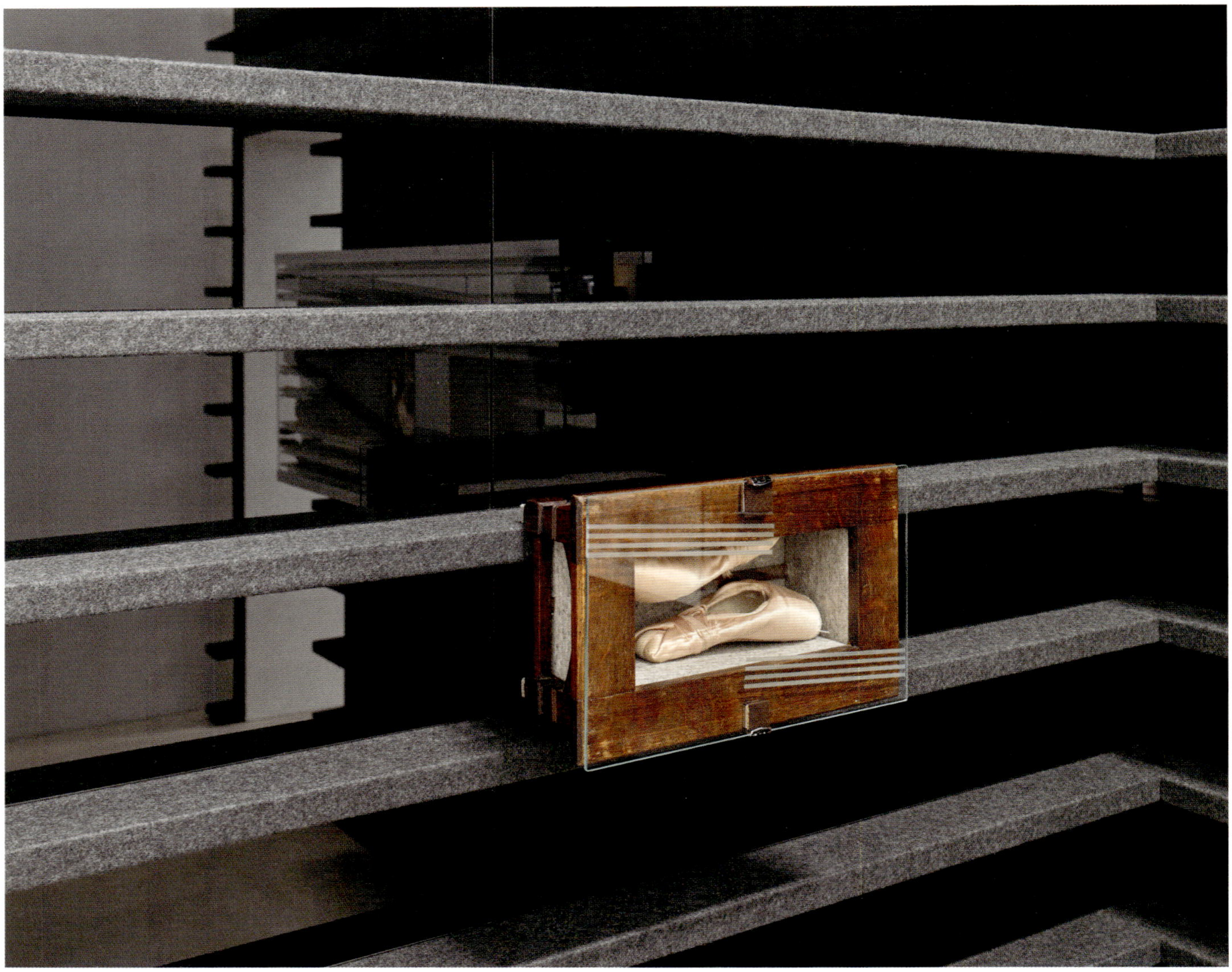

« **Aglaia Louise** », 2018
Ausstellungsansicht / Installation view: Kunstsammlung Nordrhein-Westfalen, Dusseldorf, 2022

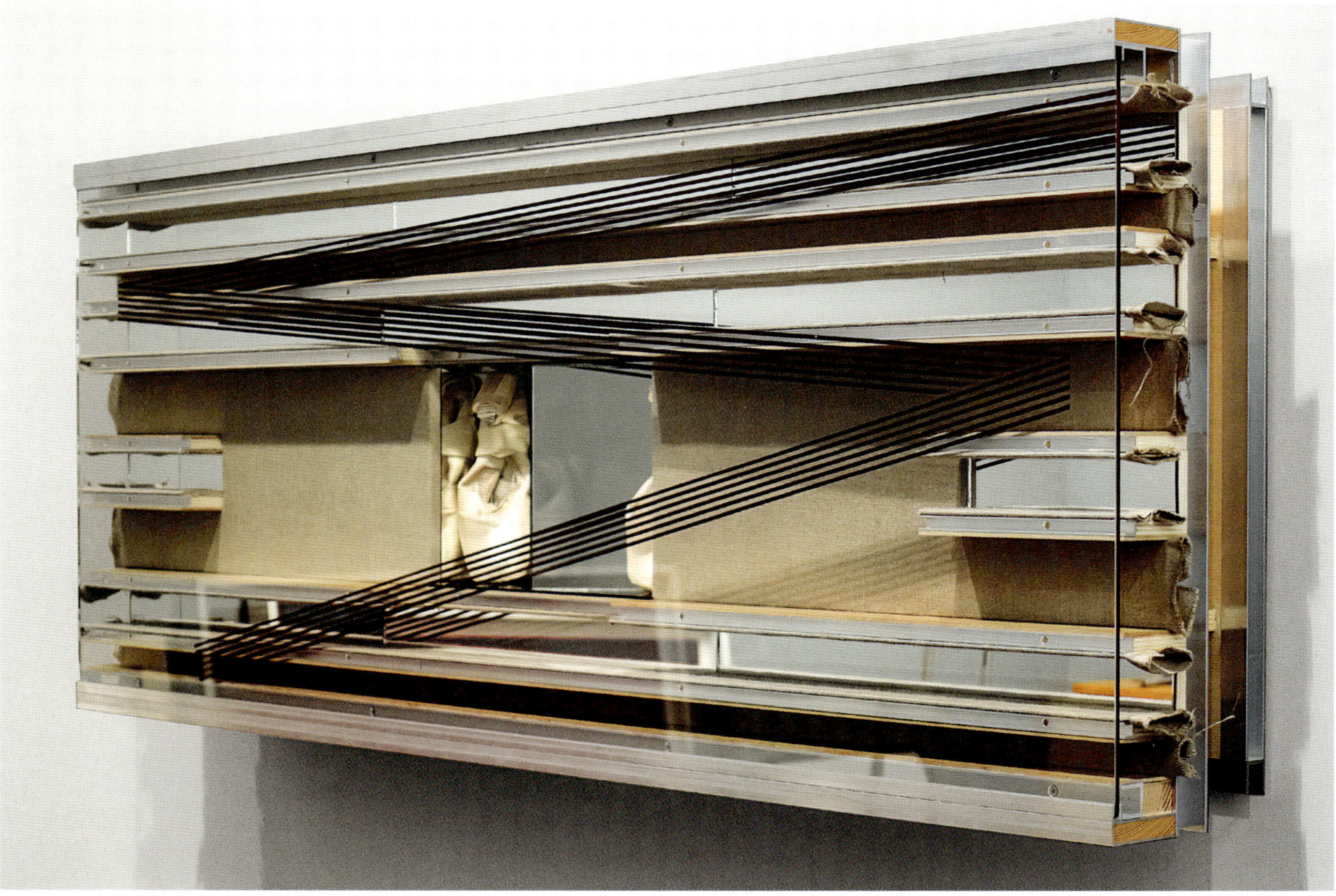

» **L'Étoile du Nord** «, 2019

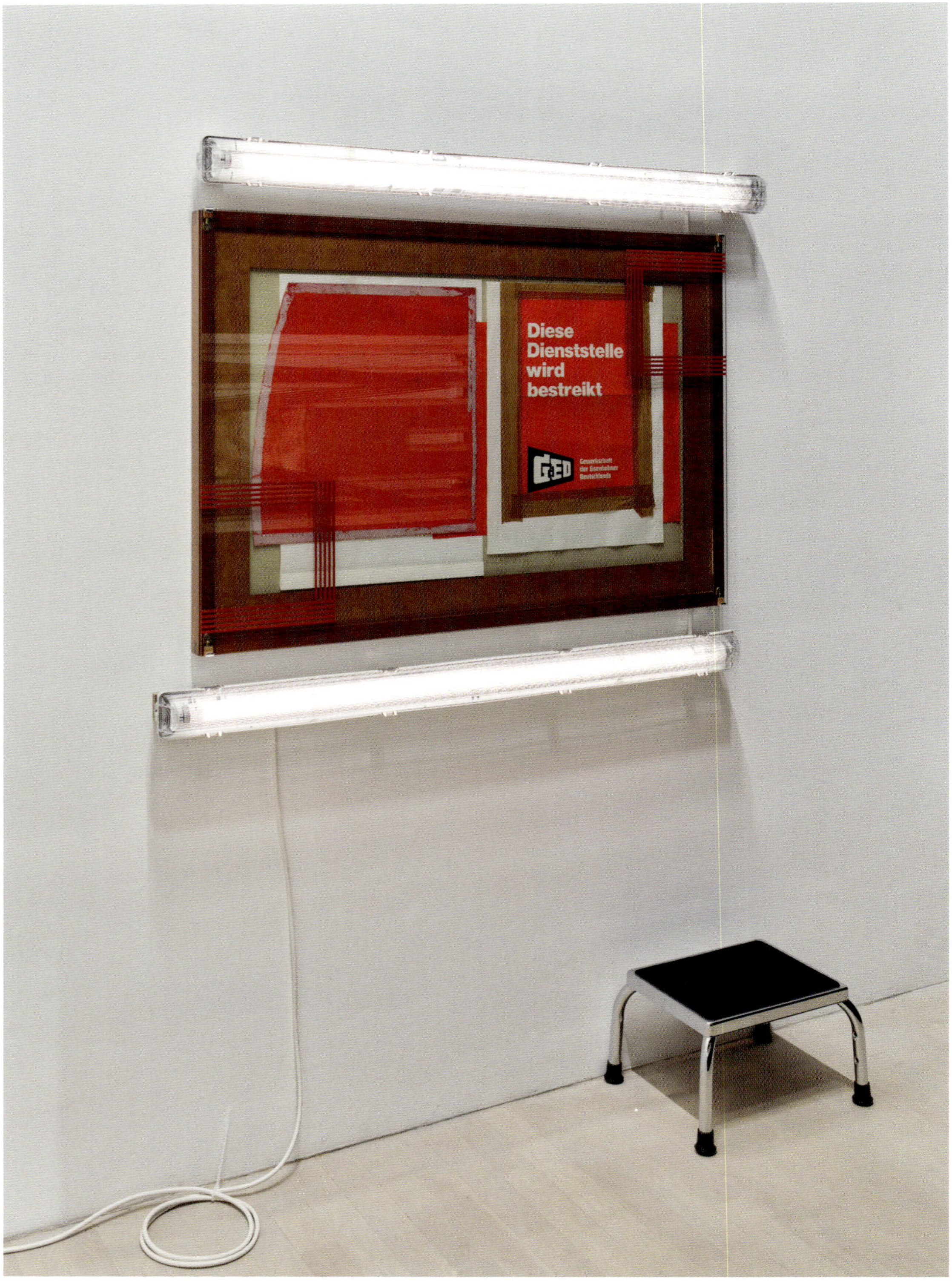

Bestreikte Dienststelle, [2019] 1992
Strikebound Agency

JULIAN HEYNEN

Gegenverkehr

Vom Material zur Zeit, von der Zeit zum Material.
Das Werk zwischen Grund und Figur

Contraflow

Material to Time, Time to Material.
Neither Ground nor Figure

SPERRGUT – In die Beobachtung der Skulpturen von Mucha schiebt sich unvermittelt ein Wort wie Sperrgut. Es ruft nicht nur den Transport und die entsprechenden Beförderungssysteme auf, die eine nicht unwichtige Rolle im Werk spielen, sondern zuerst das Sperrige einer Sache, eines Gegenstandes. Jede Skulptur ist Material, Volumen, Körper im Raum – von Sonderfällen abgesehen. Bei diesem Werk jedoch wird mit so gut wie jeder Konstruktion und jedem Detail nicht nur Material in unterschiedlicher Form manifest. Darüber hinaus tritt das Gemachtsein der Objekte, tritt die in sie investierte Arbeit mit ihrem präzise kontrollierten Überschuss von Herstellungsweisen nachdrücklich hervor. Das Sperrige ist hier nicht allein eine Eigenschaft der Form im Raum, sondern eine Art von materieller und in der Folge mentaler Unumgänglichkeit. Bereits in der ersten Wahrnehmung zeigt sich eine Rhetorik des Materials, deren Sinn zu befragen ist.

Sperrig im räumlichen wie im institutionellen Sinn ist bereits 1981 eine Installation, in der museumsübliche Möbel und Gegenstände zusammengestellt und aufgetürmt sind und sich mit der flüchtigen Anmutung einer Raumstation querstellen (»**Astron Taurus**«, 1981). In dem mehrteiligen Werk „**Der Bau**“, [2002] 1980–1984 (S. 131) steht neben anderen skulpturalen Elementen ein langer schwarzer „Tunnel“, der aus zahlreichen Schichten komplex verschraubter, hölzerner Bogensegmente besteht. Seine Masse scheint alles Licht zu schlucken und schier unverrückbar zu sein. Der „Tunnel“ ebenso wie die schweren Wand- und Standstücke konterkarieren das gewollt mobile System „Zeitgenössische Kunst“ – bis hin zu der permanent mit ihrem Ort verbundenen Installation **Das Deutschlandgerät**, [2021], [2002] 1990 (S. 153–167),

BULKY ITEMS – Terms like “bulky items” suddenly invade one’s contemplation of sculptures by Mucha. They call to mind transportation and delivery systems, which play a not unimportant part in his work, but even before that, they invoke the sheer bulk of a thing, of an object. Sculpture always comprises materials, volume, a body in a space – aside from special cases. However, in every element of the construction of this artist’s work and in every detail, it is not just its material that is variously made manifest. There is also, emphatically, the fabricatedness of the objects, the effort invested in them, plus a precisely controlled excess of production methods. In this case bulkiness is not solely a property of the physical entity within the space, it also creates a certain – material, and hence mental – blockage. Even at first sight a material rhetoric already comes to light, urging the viewer to investigate its meaning.

Awkward bulk – both spatially and in an institutional sense – is seen early on in an installation from 1981 in which standard museum furniture and items, assembled and stacked up, thwart the momentary impression of a space station (»**Astron Taurus**«, 1981). In the multipart work “**Der Bau**” (“**The Burrow**”), [2002] 1980–1984 (p. 131), one of the components is a long, black “tunnel” made from numerous layers of curved wooden segments complicatedly screwed together. It appears to suck any light into itself and looks utterly immovable. The “tunnel,” along with the heavy wall pieces and freestanding items, is deliberately at odds with the mobile systems of “contemporary art”; an extreme example of this is seen in the permanent installation, **Das Deutschlandgerät** (**The Germany Device**), [2021], [2002] 1990 (pp. 153–167), which, with its architectural demeanor, effectively defies the desire of the museum, as an institution, for change and novelty.

die sich schon mit ihrem architektonischen Gestus dem zeitgenössischen Streben der Institution Museum nach einem Wechsel und Neuem erfolgreich widersetzt.

INSTALLATION – Die überlegten Ad-hoc-Konstruktionen aus Museumsmobiliar sind so etwas wie temporäre Raumbilder, die aufgelöst und an anderer Stelle erneut und angepasst aufgebaut werden können. Auch wenn sie die Mobilität und Veränderlichkeit des Systems Ausstellung und Museum spiegeln, als Konglomerate des Zueinandergehörigen und zugleich Disparaten haben sie ein deutliches Eigengewicht, ein räumliches Beharrungsvermögen. Das liegt einerseits am Gewicht und an der Positionierung der einzelnen Elemente, seltsamerweise aber mehr noch an der instabilen Art ihrer Verbindungen untereinander. Schon die In-situ-Installationen der Akademiezeit spielen mit der heiklen Balance der zu Bildpartikeln umfunktionierten Möbelstücke (**Flak**, [1987] 1981, S. 38). Etwas später genügen untergeschobene Fußbänkchen, um die Standfestigkeit großer uniformer Boxen zu irritieren. Die ausgreifenden Installationen von »**Astron Taurus**«, 1981 über **Das Figur-Grund Problem in der Architektur des Barock (für dich allein bleibt nur das Grab)**, 1985 (S. 103–114) bis zu **Kasse beim Fahrer 0.1**, 1987 multiplizieren die möglichen Verbindungen und waghalsigen Konstruktionen. Die unübersichtliche Fülle improvisiert wirkender Details – die jedoch alle auf kontext-üblichen Mitteln und Methoden beruhen – bringt nichtsdestotrotz Raumbilder hervor, die in manchen Untertiteln auch nachvollziehbar benannt sind (z. B. Todeswand oder Riesenrad). Tische werden auf die Seite oder den Kopf gekippt, Leitern ihres sicheren Stands beraubt, zu waagrechten Auslegern gebündelt oder sternförmig in der Luft fixiert, Stühle verkantet in das Gerüst eingeklinkt, Sockel zu flexibel einsetzbaren Bausteinen, Absperrungen zu dysfunktionalen Arrangements und Leuchtstofflampen frei im Ensemble verteilt. Spiegelnde Oberflächen stürzen das Gebilde in weitere unwägbare visuelle Konstellationen. Ebenso wichtig für die Gesamterscheinung der Installation wie die größeren Elemente sind jedoch auch all jene nur scheinbar nebensächlichen Hilfsmittel, die die Konstruktion physisch und bildlich zusammenhalten: Klebebänder, Stahlseile, Schutzunterlagen und nicht zuletzt die reichlich verwendeten Elektrokabel samt Kabeltrommeln. Diese Dinge sind wie Kitt in einer Improvisation, sie haben ihren bestimmten Ort und können nicht beliebig eingesetzt werden. – Die Unumgänglichkeit dieser Installationen ist so nicht nur eine räumliche; sie „okkupieren" nicht nur den für sie konstitutiven Museumsraum. Ihre Widerständigkeit speist sich auch aus einer Verbindung von disparaten Elementen, einer labilen Konstruktion und einem wunderartigen Bild. Gerade die latente Beweglichkeit, die in ihnen steckt, macht sie zum Paradox eines ganz dem Kontext verpflichteten Fremdkörpers.

WAND/KONSTRUKTION – Auch wenn die großen Installationen sowie andere Skulpturen und Vitrinen frei im Raum stehen, ist die Wand ein bevorzugter Ort des Werks. In manchen Fällen erreichen die „Reliefs" ein derartiges Volumen und Gewicht, dass ihre Anbringung an der Wand heikel erscheinen könnte. Auch wenn faktisch alles gesichert ist, bleibt der nachdrückliche Eindruck eines besonderen Eigengewichts, das in einem spannungsreichen Verhältnis zur Wand als physischer Voraussetzung ihres Erscheinens wie als Pars pro Toto für den symbolischen Ort Museum steht. Dessen Wände sind traditionell das grundlegende Element all jener Displays, mit denen die Institution ihre Funktion als Präsentationsmaschine erfüllt und das Gezeigte zugleich konditioniert und seine Wahrnehmung lenkt. An sie sind viele Werke Muchas gebunden, um zugleich an ihnen zu „zerren".

Viele der wandbezogenen Skulpturen haben eine beträchtliche Tiefe. An ihren Enden tritt die Komplexität ihres Aufbaus deutlich zutage. Rechts und links sind diese Konstruktionen wie abgeschnitten, eine scharfe Kante trennt sie vom Umraum. Sie setzen sich hier vom Kontext der Wand ab und scheinen so ihre Autonomie zu betonen. Zugleich öffnen sie sich wie mit einem chirurgischen oder besser einem technischen Schnitt, der den in der Ansicht größtenteils verdeckten Unterbau freilegt. Der Blick von der Seite in das Innere der Skulptur zeigt, dass diese Werke nicht allein als plastische Bilder angelegt sind, sondern zugleich ihre technisch-konstruktive Herstellung, das heißt die konkreten handwerklichen Bedingungen ihrer Existenz ausstellen. Die aufgewendete Arbeit manifestiert sich als Schreinerhandwerk, mitunter auch als Schlosserarbeit. Jedes an der Vorderseite sichtbare Element braucht eine eigene technische Lösung im Hintergrund. Manche kann man von der Seite her erkennen, andere sind in der Tiefe der Konstruktion verborgen. Stützen, Stege, Verbindungsstücke, Zwischenlagen, Schrauben, Leim erfüllen pragmatisch ihre jeweiligen Zwecke, zeigen die Ästhetik ihrer konstruktiven Intelligenz und handwerklichen Ausführung. Die komplexen Konstruktionen und Detaillösungen sind aber nicht auf das statisch Notwendige beschränkt. Es zeigt sich vielmehr ein gewisser Überschuss an Handwerk, ein fast freies Spiel von konstruktiven Lösungen, das nicht zuletzt aus Lust an materieller und plastischer Vielfalt entstanden ist. Das geht hin bis zu seitlich überstehenden Filzlagen, die den scharfen Längsschnitt des Objektkörpers irritieren und ein spielerisches Element im tatsächlichen Vollzug eines Plans enthüllen (S. 261). In einem Fall sind es sogar gebauschte Stoffbahnen, mit denen Teile der inneren Struktur fast nachlässig drapiert sind (**Bantin**, 2003).

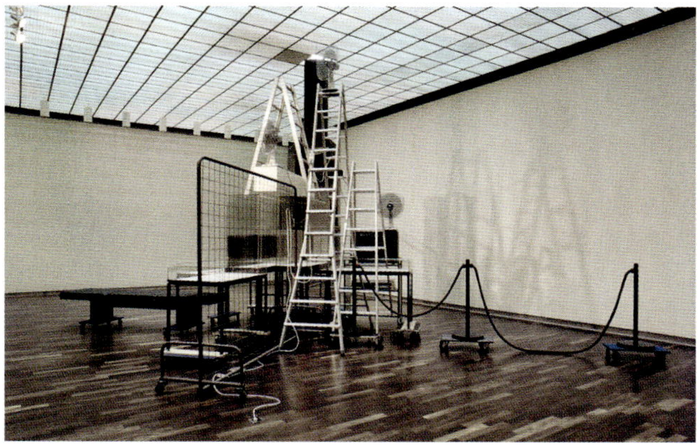

»Astron Taurus«, Kunsthalle Bielefeld 1981

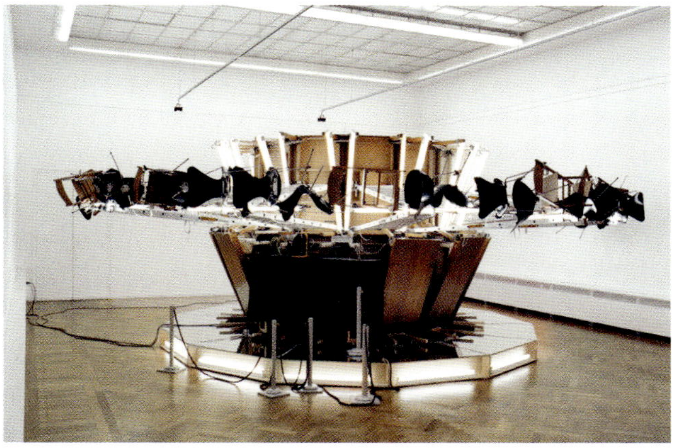

Kasse beim Fahrer 0.1, 1987
Buy Ticket from Driver 0.1
Ausstellungsansicht / Installation view: Kunsthalle Basel, 1987

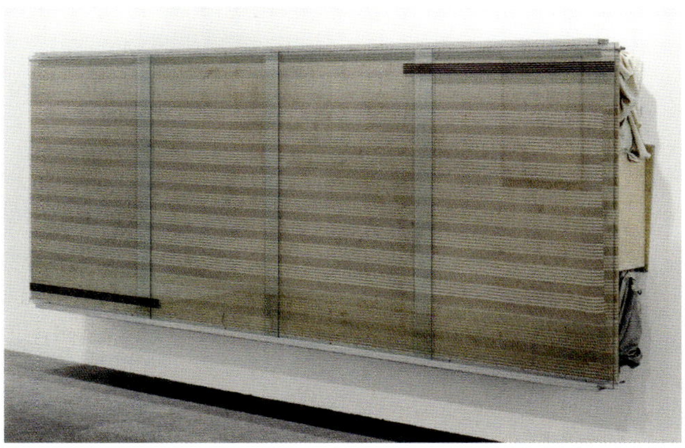

Bantin, 2003

INSTALLATION – Mucha's carefully considered ad hoc composites of museum furnishings are in effect temporary spatial images that can be dismantled, adjusted, and rebuilt elsewhere. Even if they reflect the mobility and variability of the museum-and-exhibition system, as conglomerations of elements that are both interrelated and disparate, they have their own net weight, a capacity for spatial inertia. This is partly due to their physical weight and the positioning of individual elements, but strangely enough it has more to do with the instable nature of their interconnections. The in situ installations made when the artist was still a student already toy with the precarious balance of items of furniture used as pictorial particles (**Flak** (**Anti-Aircraft Gun**), [1987] 1981; p. 38). Somewhat later, small footstools shoved under large, uniform boxes suffice to destabilize the latter. Large-scale installations – from **»Astron Taurus«**, 1981, via **Das Figur-Grund Problem in der Architektur des Barock (für dich allein bleibt nur das Grab) (The Figure-Ground Problem in Baroque Architecture (for you alone only the grave remains))**, 1985 (pp. 103–114), to **Kasse beim Fahrer 0.1 (Buy Ticket from Driver 0.1)**, 1987, multiply possible links and daring constructions. The bewildering abundance of seemingly improvised details – all of which do in fact arise from means and methods that are customary in this context – nevertheless generate spatial images that are sometimes named, logically enough, in subtitles (e.g., "Todeswand" or "Riesenrad," "wall of death" or "Ferris wheel"). Tables are turned on their sides or upside down, ladders are robbed of their secure foothold and bundled together as horizontal cantilevers or as an air-borne star shape, chairs are tilted and hooked into scaffolding, plinths become multipurpose building blocks, barriers turn into dysfunctional clusters, and fluorescent lights are distributed freely throughout an ensemble. Reflective surfaces plunge the structure into yet more incalculable visual configurations. However, when it comes to the overall look of the installation, the larger elements are no more important than all those seemingly insignificant auxiliary items that hold the construction together, both physically and pictorially: adhesive tape, steel cables, protective underlays, and not least the plethora of electric cables and cable drums. These things are like the glue in an improvisation; each has its own particular place and cannot be used arbitrarily. The inexorability of these installations is thus not only spatial; they do not merely "occupy" the museum space that helps to constitute them. Their resilience is also fed by a combination of disparate elements, unreliable constructions, and wondrous images. And it is precisely their intrinsic, latent flexibility that paradoxically turns them into a foreign body which is entirely beholden to the context.

WALL/CONSTRUCTION – While the large installations and other sculptures and display cases are by definition

Das bloßgestellte Innere der Skulptur wird so zur Kehrseite der bildhaften, reliefartigen Vorderseite. Beide bedingen sich und zeugen von der gleichen Sorgfalt und Variationsfreude im Umgang mit Materialien und ihren Kombinationen. „Außen" und „innen" werden zugleich als ähnlich und verschieden wahrgenommen. Hier verschränken sich Technik und Ästhetik, autonomes Werk und Kontext, Freiheit und Abhängigkeit.

Flache Fundstücke wie Tischplatten, Türblätter oder Böden sind meist in Streifen oder Stücke geschnitten und dann neu zusammengesetzt. Häufig geschieht das in gleichmäßiger Reihung, wobei die Fundstücke durch fabrikneue Materialien wie etwa Aluminiumprofile getrennt werden. So entstehen quasi-industrielle Motive mit Konnotationen von Serie, Effizienz und Macht. In anderen Fällen wurde von Kassettentüren oder Billardtischplatten nur noch der Rahmen übrig gelassen. Solche Fundstücke können aber auch ein- oder mehrmals geteilt und in neuer Formation, fragmentiert und verschoben in das Werk eingebaut werden. Sie werden so zu Rohmaterialien von Ornamenten oder Mustern, die sowohl Grund wie Figur sein können.

GLAS/VITRINE – Die voluminöseren Fundstücke, etwa Metallwannen oder ein hölzernes Gatter, werden dagegen meist intakt gelassen. Sie präsentieren sich in vitrinenähnlichen, aber über die reine Funktion hinausschießenden oder sie konterkarierenden Konstruktionen. Das gewohnte (museale) Verhältnis zwischen Objekt und Zeigevorrichtung wird so zwar aufgegriffen, zugleich aber verunklärt, wenn nicht aufgehoben. Dabei spielt Glas eine wesentliche Rolle. Freistehende Vitrinen sind allseitig durch Glas geschlossen, bei Wandobjekten ist es in der Regel der vordere Abschluss der Konstruktion. Im Museumskontext garantiert Glas sowohl Schutz als auch Sichtbarkeit der ausgestellten Objekte. Beides wird in Muchas Skulpturen zitiert. Unvermeidlich, aber auch gewollt sind dabei die Spiegelungen auf der Oberfläche der Scheiben. Sie können einerseits den Blick auf das Gezeigte verwirren – wie eine zusätzliche und veränderliche Ornamentebene, die sich über die materielle des Objekts selbst legt. Andererseits holen die Reflexionen das Spiegelbild der Betrachter*innen, fragmentiert und undeutlich, in das Werk hinein. Meist ist diese Schicht im Aufbau der Werke zusätzlich Träger von „Bildern" in Form von Ornamenten. Als Glasätzungen oder Hinterglasmalereien ausgeführt überlagern parallele Linien oder Bogensegmente die Materialformationen hinter dem Glas und interagieren mit ihnen sowie mit den Reflexionseffekten auf uneindeutige Weise. Anders als Ornamente üblicherweise schaffen sie keine durchgehende Ordnung. Sie bilden zum Beispiel kaum je einen vollständig geschlossenen Rahmen für anderes und vermeiden Symmetrie. Die Membran des Glases stellt so via vielfältiger Überlagerung und Irritation das geläufige Verhältnis zwischen Objekt und Wahrnehmung infrage oder genauer: Die Wahrnehmung wird ein veränderlicher Teil des Objekts. Dieses ist nur unter den jeweiligen Bedingungen seiner Wahrnehmung „vollständig". Die „Vitrinen" in Muchas Werk sind nichtmuseale Vitrinen. Auch wenn es Zeigevorrichtungen für Fotos und Dokumente, für komplexe Konstruktionen aus diversen Materialien und für unterschiedliche Objekte sind, zerfließen ständig die Grenzen zwischen „Vitrine" und Objekt. Hierzu trägt auch bei, dass die meisten Standvitrinen nicht wie gewohnt fest auf ihren Füßen stehen, sondern knapp über dem Boden zu schweben scheinen. Die museale Unterscheidung zwischen einem rein funktionalen und damit intentional unsichtbaren Präsentationsgerät auf der einen Seite und einem der Aufmerksamkeit angedienten Objekt auf der anderen greift nicht. Beides ist zu einem Werk miteinander verschränkt. Das Sichtbare und die Voraussetzungen, unter denen es sichtbar wird, bedingen einander. Diese „Vitrinen" machen genau das bewusst, sie inkorporieren das Beobachten in die materielle und konzeptuelle Konstruktion der Werke.

FUNDSTÜCK – Auch wenn die „Vitrinen" in einem Verhältnis der Amalgamierung und der Ambivalenz zu den Fundstücken stehen, löst sich das „Milieu" der Gegenstände und Materialien nicht in reines Ornament auf. Sie verlieren nicht ihren Verweischarakter. Die Gegenstände stammen aus zwei Hauptbereichen. Der eine sind die Welten von Industrie und Kapitalismus, von körperlicher und verwaltender Arbeit. Der andere ist die eher häusliche Sphäre. Dabei spielen Möbel und Teile von Möbeln zum Aufbewahren und Ordnen, die vielfach fragmentiert oder isoliert erscheinen, eine besondere Rolle. Einzelne Gegenstände des mehr oder weniger täglichen Gebrauchs finden sich vornehmlich in freistehenden „Vitrinen" oder in größeren Installationen: Metallwannen, Briketts, Modelleisenbahnen, Fußbälle, Wasserkessel, Monitore, Handwerkzeuge, Fahrräder, Kochplatten, Zeitschriften … Fotos und schriftliche Dokumente schließlich ergänzen diese beiden Themenbereiche und gehen über sie hinaus. Hier kommen konkrete gesellschaftliche, politische, autobiografische oder auf die (eigene) Kunst bezogene Verweise hinzu.

Die sachliche Differenzierung von Objektgruppen und Einzelgegenständen reicht jedoch nicht aus, um das Verbindende der Gegenstandsbereiche zu erfassen. Erst die Bestimmung, wer was und wann ausgewählt und verarbeitet hat, führt zu einer genaueren Sicht auf die Objekte und ihren Kontext. Mit Ausnahme der bewegten Bilder auf den Monitoren stammt alles aus einer analogen Welt und Zeit. Es sind Dinge, die „übrig geblieben" sind und als potenzielle Relikte in die zunehmend digital geprägte Jetztzeit hineinragen. Sie sind leicht überholt, sie beginnen, zu den Verlierern der Zeit zu gehören, überrollt von denselben Kräften des Kapitals, der Industrie, des Fortschritts, die sie einmal hervorgebracht haben.

freestanding, the wall is the artist's preferred location for his work. In some instances, the "reliefs" are so voluminous and weighty that it might appear that attaching them to a wall could be perilous. And even if everything is in fact fully secure, there is still the lasting impression of a special deadweight and its tricky relationship with the wall, the latter being both a physical precondition of the work's presence and representing, *pars pro toto*, the locus of the museum. Traditionally the walls of a museum are fundamental to all the displays with which the institution fulfills its function as a presentation mechanism; at the same time, the wall also conditions exhibits and guides the viewer's response to them. Many of Mucha's works are affixed to walls even as they "tug" at them.

Many of his wall-mounted sculptures have some considerable depth. The intricacy of their construction is clearly visible at either end. They are, as it were, cut off at both ends with a sharp edge separating them from the surrounding space. As such, they set themselves apart from the context of the wall and seem to underline their own autonomy. At the same time, they are cut open with surgical, or rather, technical precision, revealing a substructure that is largely concealed from a frontal view. The side view into the interior of the sculpture shows that these works are not just conceived as three-dimensional images but also exhibit the technical nature of their construction, in other words, they display the actual craft-based circumstances of their making. The effort that has gone into them is seen in the form of carpentry, sometimes also in locksmithing. Each element that is visible from the front has its own technical solution in the background. Some can be seen from the side, while others are buried in the depths of the construction. Struts, spars, connectors, interlayers, screws, and glue pragmatically fulfill their various purposes, demonstrating the aesthetic of their constructive intelligence and craftsmanship. However, these complex constructions and meticulous solutions are not limited to what is structurally necessary. There is, in fact, something of an excess of craftsmanship, an almost freewheeling abundance of technical solutions, which not least arises from a delight in material and physical variety. And that even extends to the layers of felt protruding at the sides, disturbing the sharp cross-section of the object and revealing a playful aspect to the artist's execution of his original plan (p. 261). In one instance there are even bunched-up lengths of fabric almost casually stuffed into parts of the internal structure (**Bantin**, 2003). The exposed interior of the sculpture, thus, becomes the flip side to the pictorial, relief-like front of the work. The two impinge on each other and reveal the same care and love of variety in handling materials and their combinations. "Outside" and "inside" are perceived as different yet similar. It is a marriage of technique and aesthetics, of autonomous work and context, of freedom and dependence.

Flat found objects such as tabletops, doors, and flooring are mostly cut into strips or sections and then newly assembled, often in regular sequences with the found items separated by other materials such as new, factory-made aluminum profiles. The outcome is quasi-industrial motifs with connotations of serial production, efficiency, and power. In other cases, all that is left of a panel door or a billiard tabletop is the frame. Found objects of this kind can be divided up once or several times and, fragmented and reconfigured, incorporated into a work. They thus serve as the raw materials for ornament or patterning, which can be both ground and figure.

GLASS/VITRINE – By contrast, larger found objects, such as metal tubs or wooden fencing, are mostly left intact. They are presented in constructions that resemble display cases, yet either exceed or counteract the simple function of the latter. While the usual relationship (as seen in museums) between an object and the presentation method is embraced here, it is also obscured, if not eliminated. Glass plays an important part in this. Freestanding vitrines are sealed off by glass on all four sides; in the example of wall objects, glass is usually only used on the front of them. In a museum setting, glass both protects objects on display and renders them visible. Both of these practices are cited in Mucha's sculptures. The reflections on the surface of the glass panes are both unavoidable and intentional. On one hand, they can distort the sight of the exhibit – like an additional, changeable stratum of ornament superimposed on the material of the object itself. On the other hand, the reflections introduce the mirror images of viewers, fragmented and unclear, into the work. This layer in the structure of the works is usually a vehicle for "pictures" in the form of ornaments. Arcs and parallel lines in the form of glass etchings and reverse glass paintings overlay the material configurations behind the glass and indefinably interact both with the latter and with the reflections. Unlike ornaments, they do not generally create any continuous order. For instance, they barely ever form a completely closed frame for anything else and they avoid symmetry. Thus, thanks to these diverse overlays and irritants, the membrane of the glass casts doubt on the customary relationship between object and perception, or rather, the act of perception becomes a variable aspect of the object. The object is only "complete" within the given context and conditions of its perception. The vitrines in Mucha's work are not standard museum issue. Even if they are used to display photographs and documents, complex constructions with diverse components, and objects of many kinds, the boundaries between vitrine and object are always fluid. This is partly due to the fact that most of the freestanding vitrines do not stand firmly on their feet as would be expected but appear to be floating just above the floor. The usual distinction between a purely functional, intentionally inconspicuous presentation method and an object designed to attract attention does not apply here.

Und es sind Objekte, die Mucha sozusagen im laufenden Vollzug seines Lebens begegnet sind: gefundene, nicht gesuchte Dinge. Sie scheinen alle während seiner Lebenszeit – mitunter gerade eben noch – in Gebrauch gewesen zu sein. Wo die Gegenstände nicht mehr selbstverständlich sind, lässt sich ihre Funktion aus Erinnerung und Überlieferung rekonstruieren. Die an den Erfahrungshorizont des Künstlers gekoppelte Objektwahl kann zeitlich eingegrenzt werden. Im Kern ist es die Epoche der alten Bundesrepublik einschließlich ihrer Vorgeschichte und ihrer veränderten Fortdauer bis in die Gegenwart.

Das Festhalten und Vorweisen dieser Dinge ist kein Trauerritual angesichts der ständig zurückfallenden eigenen und Weltzeit, obwohl da und dort, gleichsam am Rande, durchaus mit einer gewissen Melancholie und archäologischen Lust gespielt wird. Die Objekte ziehen sich nicht in eine an das reine Erinnern appellierende Aura zurück, da sie in die übrige Materialität der Werke fest eingebaut sind. Ihre Verzahnung mit der wenn auch anspielungsreichen, so doch autonomen Konstruktion setzt sie gleichsam in kritische Klammern. Die einverleibten Gegenstände sind historisch und mit Bedeutung behaftet, zugleich aber Material innerhalb eines komplexen künstlerischen Gefüges, das auf eine je akute Präsenz zielt. Wenn sie Vergangenheit mitführen, dann um der Gegenwart willen. Damit ist die reale Präsenz des plastischen Werks ebenso gemeint wie die jeweilige ökonomische, gesellschaftliche und kulturelle Gegenwart mit ihren Gegenständen – den zukünftigen Verlierern der Zeit.

BIOGRAFIE – Die auf der Erfahrung mit der eigenen Epoche basierende Objektauswahl schließt wie selbstverständlich autobiografische Elemente ein – und erweitert die Themenbereiche um das spezielle Feld der Kunst. **Kopfdiktate**, [1990] 1980 (S. 48–57) etwa führt einerseits mit Blättern aus Schulheften Muchas in eine Pädagogik aus den 1950er- und 1960er-Jahren, die Wohlverhalten trainieren will. Auf der Bildebene erscheinen andererseits in chronologischer Bilderfolge Momente aus *Ein Porträt des Künstlers als junger Mann* (James Joyce). In einer anderen Wandarbeit wird anekdotisch die Beziehung zum Akademielehrer Klaus Rinke thematisiert – **Der kluge Knecht** (Ohne Titel – Staatliche Kunstakademie – Düsseldorf – 1981), 2002 (S. 97). In einer Standvitrine wiederum ist ein punktueller Konflikt mit dem System „Kunst" konserviert (**Material für Dr. Schwarz**, [2019] 1981, S. 219). Die Verweise auf das eigene Leben schließen mitunter auch die Familie ein, zum Beispiel den Sohn, der in einem Super-8-Schmalfilm als eines seiner ersten Worte in Endlosschleife „Auto" sagt (**Auto Reverse II / >>Kreuzstück<<**, [2009] 2009/1991). Schließlich die verschiedenen **Auszüge aus dem großen Kalender**, die mit schriftlichen und bildlichen Dokumenten ein diskontinuierliches Bild eigener Lebensmomente aus Alltag, Arbeit und Reisen zeichnen. Diese und zahlreiche andere Bezüge zum Leben Muchas lassen sich jedoch nur bedingt als autobiografisch bezeichnen, wenn man darunter die (Re-)Konstruktion eines Lebenslaufs mit dem Ziel einer Selbstdarstellung versteht. Als biografische Momente reihen sie sich vielmehr nahtlos in all die anderen Hinweise in Form von Objekten und Dokumenten ein, die den genannten Zeitraum markieren. Sie sind Teil eines komplexen Geflechts und nicht um ihrer selbst willen Thema. Die Lebenszeit Muchas seit 1950 ist ebenso seine eigene, wie sie die Perspektive auf die Epoche definiert. Geschichte, um auch diesen Begriff zu gebrauchen, ist im Werk weitestgehend selbst erlebte Zeit, die mithilfe von materiellen Objekten, Dokumenten und handwerklichen Techniken dingfest gemacht wird. Das schließt die Zeit davor, also den geopolitischen Zeitraum der ersten Hälfte des 20. Jahrhunderts in Deutschland, als Voraussetzung ein. In dessen weiterer Folge erscheint auch der Künstler mit persönlichen Informationen im Werk. Das ist der Offenlegung und Einbeziehung der Bedingungen von Kunst geschuldet. So wie auf der einen Seite stets das System „Museum" präsent ist, so stellt auf der anderen der Autor der Werke eine nicht zu unterschlagende Bedingung ihrer Existenz dar.

ANREICHERUNG – Auf einem von Mucha entworfenen Plakat für eine Galerieausstellung steht 2014 als erweiterter Titel der Ausdruck „Arbeiten am Hohlkasten". Man könnte das Wort metaphorisch auf das Museum als einen für den Status des Kunstwerks mitunter zwiespältigen Ort beziehen. Wie auch an anderen Stellen im Werk verweist der Begriff jedoch zuerst einmal auf einen konkreten technisch-industriellen Gegenstand. Gemeint ist ein Hohlträger, der sich durch große Stabilität und Steifigkeit auszeichnet. Selbst der solideste Hohlkasten braucht allerdings Kontrolle und Wartung. Im übertragenen und erweiterten Sinn gilt das auch für das Werk Muchas. Das Grundelement ist in diesem Fall das flexible Set von Materialien, Gegenständen und Verfahren, mit dem er arbeitet. „Kontrolle" und „Wartung" können notwendig werden, weil die Bedeutung von Materialien und Verfahren sich im Laufe der Zeit ändert. Insbesondere verlangen neue Ausstellungskontexte entsprechende Adaptionen. So wurde etwa **Wartesaal**, [1997], [1986] 1979–1982 in der Installation auf der documenta X 1997 durch große Stand- und Wandskulpturen ergänzt, die das ursprüngliche Werk umstellten und teilweise abschirmten. Die neu hinzugekommenen Elemente schufen fast so etwas wie eine „Vitrine" um dieses Basiswerk. Die Präsentationseinrichtung *Wartesaal* wurde ihrerseits von einem Display präsentiert, das im Kontext der Großausstellung

The two have merged into a single work. That which is visible, and the conditions that render it visible, impact on each other. These "display cases" alert viewers to precisely this; they incorporate the act of observation into the material and conceptual construction of the work.

FOUND OBJECT – Even if the relationship between the "display cases" and the found objects involves both amalgamation and ambivalence, the "milieu" of the objects and materials does not dissolve into pure ornament. They do not lose their referentiality. The objects in question are drawn from two main sources: one is the world of industry and capitalism, physical and administrative work; the other is a more domestic sphere, with a special role played by furnishings and pieces of furniture intended for storage and organization which often appear fragmentary or isolated. Individual items that are used almost daily are predominantly seen in freestanding "display cases" or in larger installations: metal tubs, briquettes, model trains, soccer balls, kettles, monitors, hand tools, bicycles, hot plates, magazines... photographs and written documents ultimately enhance both sources and even go beyond them, making concrete social, political, and autobiographical references or referring to (the artist's own) art.

However, the objective categorization of groups of objects and individual items is not enough to explain the connection between the two realms where they originated. A more precise view of the objects and their context can only be achieved by first identifying who selected and worked on what, and when. Apart from the moving images on the monitors everything comes from an analogue world and time. These are things that have been "left over" and loom – as potential relics – into the increasingly digital here and now. They are somewhat outdated, they are on the verge of becoming Time's losers, overpowered by the same forces of capital, industry, and progress that originally produced them. Moreover, they are just objects that Mucha encountered, so to speak, as he was getting on with his life: found – not sought for – objects. They all appear to have been in use, some only just, during his lifetime. And in the cases where objects are no longer immediately recognizable, their function may be pieced together from recollections or oral history. A time frame can be applied to the choice of objects which is linked with the artist's own range of experience. In essence it covers the era of the old Federal Republic of Germany – West Germany, as it was once known – including its prehistory and its changing existence up to the present.

Holding onto and exhibiting these things is not an act of mourning for continuously elapsing time – one's own and the world's – although here and there, as it were on the periphery, something of a playful melancholy and archaeological relish are certainly in evidence. These objects cannot hide under an aura of remembrance because they are also very much part of the sheer physicality of these works. Their integration into an autonomous construction – however rich in allusion – casts them in a critical light. These assimilated objects from the past are laden with meaning, yet they are also material items within a sophisticated artistic configuration, which always aims to achieve its own acute presence. If they bring the past with them, it is for the sake of the present, i.e., the real present of the three-dimensional work as well as the economic, social, and cultural present with all its current objects – Time's future losers.

BIOGRAPHY – The selection of objects drawn from the artist's own era naturally also includes autobiographical elements – and extends the thematic range into the special field of art. **Kopfdiktate (Head Dictations)**, [1990] 1980 (pp. 48–57), for instance, with pages from exercise books Mucha used at school, enters the realms of pedagogy from the 1950s and 1960s, which focused on instilling good behavior. At the same time, on a pictorial level, there is a chronological sequence of images creating a portrait of the artist as a young man. Another wall piece, **Der kluge Knecht** (Ohne Titel – Staatliche Kunstakademie – Düsseldorf – 1981) **(The Clever Servant)**, 2002 (p. 97), anecdotally reflects on the artist's relationship to Klaus Rinke, his teacher at the art academy. Meanwhile a one-off conflict with the "art" system is preserved in a freestanding display case (**Material für Dr. Schwarz (Material for Dr. Schwarz)**, [2019] 1981, p. 219). References to the artist's own life also sometimes involve members of his family, such as his son, who utters one of his first words, "Auto," in a Super 8 film loop (**Auto Reverse II / >>Kreuzstück<<**, [2009] 2009 / 1991). And lastly there are the various **Auszüge aus dem großen Kalender (Excerpts from the Big Calendar)**, 1989, written and pictorial documents providing a discontinuous picture of the artist's own daily life, work, and travels. However, these and numerous other connections with Mucha's life can only partially be described as autobiographical if they are also to be read as the (re)construction of a life story for the purpose of self-representation. If anything, they seamlessly take their place, as biographical moments, among all the other objects and documents that reference and highlight the given time frame. They are part of an intricate web and not a theme in their own right. Mucha's lifetime, since 1950, is just as much his own as it defines a perspective on that era. In his work, history, if we are to use that term, largely consists of time he has experienced himself, and it is made manifest with the help of material objects, documents, and manual skills. It also takes the previous era, the geopolitical span of the first half of the twentieth century in Germany, as a given. Personal information relating to the artist also appears in the work.

den Zugang zu ihr irritierte und so ihre Ausstellung an diesem Ort thematisierte.

Nicht wenigen Werken wird in der „Wiederaufführung" ihre eigene Geschichte, das heißt ihre Ausstellungsgeschichte, hinzugefügt. Das geschieht etwa durch Rückverweise in Form von Bilddokumenten oder videoanimierten Fotos. Ein Beispiel ist **Das Deutschlandgerät**. Zum ursprünglich 1990 in Venedig gezeigten Kubus im Zentrum und den Wandvitrinen ringsum treten bei der Installation in Düsseldorf 2002 nicht nur eine abschirmende Wand zum Nachbarraum (**Zollverein I|II**, 2002, S. 166), sondern ein das ganze Werk umfangender Sound und insbesondere mehrere Monitore. Auf ihnen sind videoanimierte Fotos sowohl vom Gebäude, aus dem die Dielenbretter der Reliefs im Kubus stammen, als auch von ihrer Demontage am ursprünglichen Ort zu sehen. Eine zweite Folge von bewegten Bildern streift architektonische Motive des deutschen Pavillons in Venedig, eine dritte schließlich zeigt Bilder der „Deutschlandgerät" genannten hydraulischen Hebevorrichtung in Aktion. Als vor Kurzem eine Anpassung an die sich fortentwickelnde Videotechnik notwendig wurde, sind die Monitore nicht etwa ausgetauscht worden. Vielmehr wurden ihnen seitlich Flachbildschirme regelrecht aufgesattelt: Die neue Technik überschreibt nachvollziehbar die alte, ohne sie zum Verschwinden zu bringen. Ein anderes Beispiel ist die Installation **Mutterseelenallein**, [2009], [1991] 1989. Sie durchläuft in 20 beziehungsweise 27 Jahren vier Stadien. 1989 in Neapel besteht das Werk nur aus Wandskulpturen und -leuchten, in Frankfurt drei Jahre später werden die Elemente auf hölzernen Wandpaneelen montiert und 2009 im Castello di Rivoli sind diese Paneele in der Mitte des Raums gestapelt. Wie ein Nachwort erscheint schließlich 2016 ein komplex aufgesockeltes und mit videoanimierten Fotos bestücktes Modell der Frankfurter Installation. Ein an seiner eigenen Ausstellungsgeschichte tragendes Werk, das sich zum Abschluss (?) in fast burlesker Form „zurückverwandelt", wie es im Titel der modellartigen Skulptur anklingt.

Solche Strategien der Anpassung und Weiterentwicklung von Werken könnte man als „Historisierung" bezeichnen. Sie sind jedoch kaum archivalisch oder gar nostalgisch, sondern haben ihren aktiven, auf das Heute und Morgen gerichteten Part in den sich ändernden Kontexten ebenso wie in den fortschreitenden Vorstellungen des Künstlers. Frühere Zustände und Situationen – der Transport der Werke durch das System – werden in die Materialität der Skulptur hier und jetzt eingebunden. Und andersherum öffnet der eingebaute Faktor Zeit die Kompaktheit der Werke. Die so erfolgende Anreicherung der Werke sowohl mit plastischem Material als auch ihrer eigenen Geschichte als Kunstwerke in bestimmten Kontexten ist prinzipiell nicht abschließbar, auch wenn es praktische Grenzen gibt.

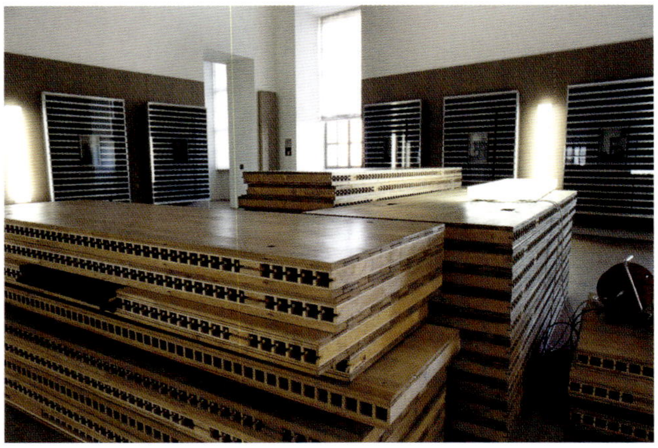

Mutterseelenallein, [2009], [1991] 1989
All Alone
Castello di Rivoli, Museo d'Arte Contemporanea, Turin

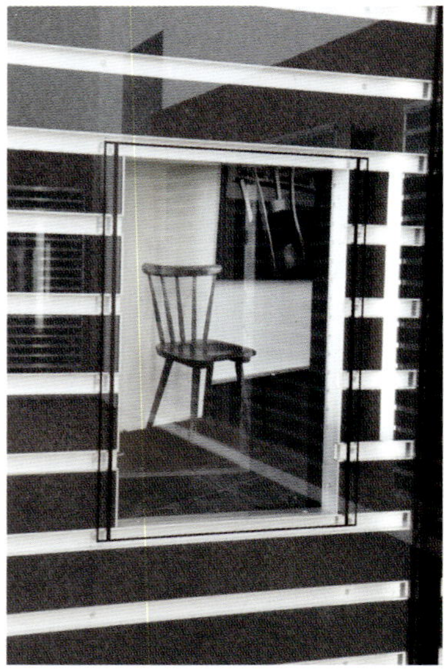

Mutterseelenallein, [2009], [1991] 1989
All Alone
Detail
Castello di Rivoli, Museo d'Arte Contemporanea, Turin

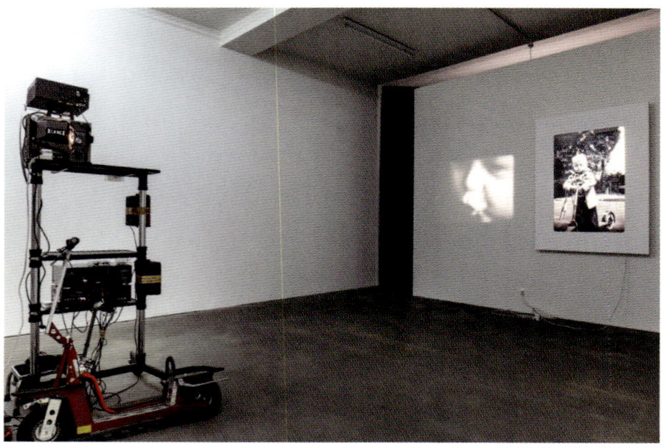

Auto Reverse II / **>>Kreuzstück<<**, [2009] 2009 / 1991
Teilansicht / Partial view

This is the result of his having exposed and integrated the conditions of art. In the same way that the "museum," as a system, is always present, the author of the works also constitutes a condition of their existence that should not be overlooked.

ENRICHMENT – A poster designed by Mucha for a gallery exhibition in 2014 has the subtitle "Arbeiten am Hohlkasten." The German term *Hohlkasten* – meaning box girder – translates literally as "hollow box" and could be applied metaphorically to the museum as a place that is sometimes conflicted about the status of art as such. However, as elsewhere in his work, the term first and foremost refers to a concrete, technical or industrial object. The box girder is notable for its high degree of stability and rigidity. Nevertheless, even the most robust box girder needs to be checked and maintained. In a figurative, extended sense, the same can be said of Mucha's work. In his case, the base element is the flexible collection of materials, objects, and processes that he works with. "Checking" and "maintenance" may become necessary because the meaning of materials and processes can change over time. New exhibition situations in particular require adaptation. For instance, when **Wartesaal (Waiting Room)**, [1997], [1986] 1979–1982, was installed at documenta X in 1997, it was accompanied by both freestanding sculptures and wall-mounted sculptures which surrounded and partially enclosed the original work. The new components thus created a "display case" of sorts around this fundamental work. The exhibition arrangement, *Wartesaal*, was, in turn, presented within a display that, in the context of the wider exhibition as a whole, hindered access to it and thus specifically drew attention to the fact of its being exhibited in that place.

When it comes to "restaging" works, it is not unusual for their own history, that is to say their exhibition history, to be included. That can happen by means of references to the past in pictorial documents or video-animated photographs. **Das Deutschlandgerät (The Germany Device)** serves as an example of this. Since it was installed in Düsseldorf in 2002, in addition to the central cube and the display cases on the walls around it that were shown at its premiere in Venice in 1990, there is not only a wall screening it off from the adjoining room (**Zollverein I|II**, 2002; p. 166), there are also numerous monitors, and the entire work is enveloped in sound. The monitors show video-animated photographs both of the building where the floorboards used for the reliefs in the cube were sourced and of them being removed from their original location. A second sequence of moving images feature architectural motifs from the German Pavilion in Venice, while a third shows images of the hydraulic lifting device, the "Deutschlandgerät," in action. Recently, when there was a need to make adjustments to take account of the latest developments in video technology, the monitors were not replaced, as one might expect. Instead, flat screens were simply mounted onto the sides of them. The new technology visibly overwrites the old system, without obliterating it. Another example of this is seen in the installation **Mutterseelenallein (All Alone)**, [2009], [1991] 1989. Over the course of twenty-seven years in total, it went through four stages. In Naples, in 1989, it consisted solely of wall-mounted sculptures and wall lights; in Frankfurt, three years later, these elements were mounted on wooden wall panels, and in Castello di Rivoli, in 2009, these panels were stacked in the middle of the room. Finally, in 2016, a model of the Frankfurt installation appears, like an epilogue, with a complicated base and embellished with video-animated photographs. A work that is burdened by its own exhibition history and, in the end (?), transformed "back" into an additional model in an almost burlesque manner, as its title suggests: **Die Verwandlung (The Metamorphosis)**.

These strategies – adjustments and refinements – might be described as "historicization." Yet they are really neither archival nor nostalgic, in that they play an active part, focusing on today and tomorrow, in mutating contexts, and in the artist's own evolving ideas. Past circumstances and situations – the transportation of works by the system – are incorporated into the materiality of the sculptures in the present moment. And, vice versa, the inbuilt time factor expands these compact works. The ensuing enrichment of the works, in terms of both physical materials and their own history as works of art in particular contexts, cannot in principle come to a conclusion, even if there are practical limitations.

LANGUAGE – The titles of the wall pieces are taken from a fund of place names. **Wartesaal (Waiting Room)**, [1997], [1986] 1978–1982 (pp. 64–77), is an archive of Mucha's recourse to railroad systems that crops up in different guises throughout his work. Numerous photographs of locomotives and carriages, railway systems and machinery, along with model trains and track-like ornamentation on panes of glass point to transportation, as such, to a physical network that is technical, economic, and social. As for the way it comes into play here, it is a historically defined system. With its origins in the heyday of industrialization, it shaped movement and mindsets in the twentieth century. The 242 hand-painted signs/pictures stored on the shelves in **Wartesaal** point to a particular geopolitical era. Each bears the six-letter name of a train station within the boundaries of the German Reich as it was on March 1, 1938, and thus implicitly refers to National Socialism and to World War II and its consequences. Titles of this kind open a frame of reference that incorporates the present in which the works are produced and contemplated, that influences their perception like a cultural filter. In some cases, the work titles taken from this repository may be familiar, but in many cases, they are like words from a foreign Germanic tongue.

SPRACHE – Die Titel der wandbezogenen Werke sind einem Reservoir von Ortsnamen entnommen. **Wartesaal**, [1997], [1986] 1978–1982 (S. 64–77) ist ein Archiv für Muchas Rekurs auf das System Eisenbahn, das in unterschiedlicher Form sein Werk durchzieht. Zahlreiche Fotos von Lokomotiven und Wagen, von Bahnanlagen und -maschinen ebenso wie Modelleisenbahnen oder schienenähnliche Ornamente auf Glasscheiben verweisen auf das Moment des Transports, auf eine materielle Vernetzung technischer, wirtschaftlicher und gesellschaftlicher Art. Wie es hier ins Spiel kommt, ist es ein historisch definiertes System. Aus der Hochzeit der Industrialisierung stammend prägte es Bewegung und Bewusstsein des 20. Jahrhunderts. Die in den Regalen von **Wartesaal** gelagerten 242 von Hand gemalten Schilder/Bilder deuten auf eine geopolitische Epoche. Auf jedem von ihnen steht der sechsbuchstabige Ortsname einer Bahnstation innerhalb der Grenzen des Deutschen Reichs vom 1. März 1938 und ruft damit implizit den Nationalsozialismus wie den Zweiten Weltkrieg sowie deren Folgen auf. Solche Titel eröffnen einen in die Gegenwart der Herstellung und Betrachtung der Werke reichenden Bezugsrahmen, der wie eine Bewusstseinsfolie ihre Wahrnehmung beeinflusst. Die aus diesem Basisdepot stammenden Werktitel mögen in manchen Fällen geläufig sein, in vielen Fällen jedoch sind es sozusagen Wörter einer fremden deutschen Sprache. Jeweils nur indirekt lassen diese Wörter das Werk an dem Hintergrund „Deutschland im 20. Jahrhundert“ teilnehmen. Auch wenn es ein persönliches Interesse des Künstlers am Eisenbahnsystem gibt, so ist es wesentlich jedoch eine Art Medium oder Modus, in dem die Themen des Werks erscheinen. Es begleitet als Metapher von Bewegung und Transport das Werk und markiert so die ständige Dichotomie von Beharrung und Veränderung, die es materiell und ideologisch durchzieht.

Die Ortsnamen stellen eine indirekte sprachliche Beziehung zu den Werken her und binden sie an eine raumzeitliche Großstruktur. Auch wenn viele der halb- oder unbekannten Worte einen autonomen poetischen Klang haben, verweist ihre fast durchgängige Verwendung auf ein quasi-abstraktes Ordnungsschema. Immer wieder jedoch brechen andere Titel (bevorzugt von freistehenden Skulpturen und Grafiken) aus dieser Struktur aus. Es sind zumeist längere Ausdrücke oder halbe Sätze, die konkrete, aber offene Bilder evozieren. **„Wind und zu hohe Türme“**, Für Marcel Breuer, [2019] 1982 (S. 281) etwa kann als metaphorische Beschreibung des Arrangements von Stühlen und Ventilatoren gelesen werden, die oben an einem Pfeiler befestigt sind. **# Hashtag mit Lichtblick im Schmerz I**, [2019] 2001 (S. 194) kreuzt eine zeitgenössische Vokabel der technologischen Kommunikation mit einem lyrischen Ausdruck, die sich über Fotografien von mit Gestrüpp durchsetzten, geborstenen Betonplatten legen. Andere Titel benennen sachlich ein Element der Skulptur (**„Der Aufstieg“**, [2019] 2007, S. 223) oder rücken Worte als Hauptelement des Werks (un)eindeutig ins Zentrum (**Untitled** (SEX), [2019] 1979, S. 201). Beide Formen von Titeln sind nicht der Konvention geschuldet, dienen nicht allein der praktischen Unterscheidung oder sind rein illustrativ. Es ist schwer zu sagen, inwieweit sie bereits bei der Konzeption und Konstruktion der Werke eine Rolle spielten oder erst nachträglich hinzugefügt wurden. Auf jeden Fall sind sie alles andere als willkürlich, sondern mit dem physischen Teil der Werke konzeptionell eng, aber uneindeutig verbunden. Die Schicht der Worte im Werk von Mucha erscheint komplementär zur Komplexität seiner materiellen Konstruktionen. Ihre semantische und formale (poetische) Qualität ist von einer ähnlichen Lust an vielfältigen Variationen und Verweisen bestimmt wie die auf der materiellen Ebene. Sprache und Skulptur sind zwei in offener, ambivalenter Weise gekoppelte Elemente des Werks. Die Worte greifen über den visuellen Bestand hinaus aus und stellen sich zugleich in der Betrachtung quer.

FIGUR/GRUND – Was im Werk von Mucha durch Ausstellen von Gefundenem dokumentiert sowie durch Material, Konstruktion und Installation manifest gemacht wird, ist grundsätzlich selbstreflexiv. Die Realität, die in Form von spezifischem Material und konkreter Zeit in die Werke eingearbeitet ist, wird stets von den Bedingungen ihrer Wahrnehmung verschattet. Die spezifische Art und Weise oder der Gestus des Zeigens, des Vorweisens von Material und Geschichte enttäuscht jede eindeutige Verbindung von Material und Zeit. Man könnte die vielfältigen und eigensinnigen Konstruktionen und „Bemalungen“ als Ornament bezeichnen, nicht im oberflächlichen Verständnis von Schmuck oder Verzierung, sondern in einem übertragenen Sinn, wie etwa bei Niklas Luhmann: „Das Ornamentale dient direkt der Organisierung von Raum und Zeit. ... Das Ornament erzeugt einen eigenen imaginären Raum durch eine laufende Verwandlung der Formgrenzen in mehrdeutige Übergänge.“ (Niklas Luhmann: Die Kunst der Gesellschaft, 1997)

Das Ornament ist dabei der selbstreferenzielle Aspekt des Kunstwerks. In Muchas Werk bringt es einerseits den ihm eigenen Formcharakter hervor, schafft aber andererseits durch einen gewissen Überschuss von investiertem Material und Arbeit eine Art Verzerrung der Wahrnehmung. Die Beobachtung der „Figur“ (der fremdreferenzielle Aspekt nach Luhmann) wird auf diese Weise selbst zum Thema. Mit „Figur“ wären hier die Gegenstände und Dokumente gemeint, die der Zeigeapparat ausstellt. Allerdings, und das gibt der Sache ihre besondere Wendung, werden die Übergänge zwischen Figur und Grund, zwischen Zeitobjekt und Träger durch vielfache Störungen und Überlagerungen fließend und ambivalent. Wenn Boris Groys meint,

These words only indirectly allow the work to connect with the backdrop of "Germany in the twentieth century." And even if the artist has a personal interest in rail transit, it is basically used here as a medium or modality in which the themes of his work appear. As a metaphor for movement and transportation, it accompanies his work and thus highlights the ongoing dichotomy of stasis and change that pervades his oeuvre both in material and ideological terms.

The place names create an indirect linguistic connection with the works and tie them into a wider space-time framework. And even if many of the half-remembered or quite unknown words have an autonomous, poetic ring to them, their prevalence points to a quasi-abstract order. However, time and again other titles (mostly of prints and freestanding sculptures) break with this pattern. These other titles are mostly longish statements or half sentences that evoke concrete, yet open-ended images. A title such as **"Wind und zu hohe Türme"** (**"Wind and Too-Tall Towers"**), for Marcel Breuer [2019] 1982 (p. 281), for instance, can be read as a metaphorical description of an arrangement of chairs and electric fans, fixed high up on a column. **# Hashtag mit Lichtblick im Schmerz I** (**# Hashtag with Bright Spot in Pain I**), [2019] 2001 (p. 194), crosses a modern term used in electronic communications with a lyrical expression, superimposed on photographs of broken concrete slabs partly concealed by undergrowth. Other titles simply describe an aspect of the sculpture (**"Der Aufstieg"** (**"The Rise"**), [2019] 2007, p. 223), while yet others clearly (or not) focus on words as the main component of a work (**Untitled** (SEX), [2019] 1979, p. 201). Neither of these types of titles owes anything to convention, nor are they solely about making practical distinctions or purely illustrative. It is hard to say to what extent they already play a part in the conception and construction of a work, or whether they are only added in retrospect. Whatever the case, they are far from random. Instead, they connect, in conceptual terms, closely if ambiguously with the physical aspect of the work. The linguistic layer in Mucha's work appears to complement the complexity of his material constructions. Their semantic and formal (poetic) quality is determined by a similar delight in multifarious variations and references, as are the physical characteristics of the work. Language and sculpture – two components of the work – are linked in an open, ambivalent manner. Words go beyond the visual make-up of the work, but they also complicate the viewer's contemplation of it.

FIGURE/GROUND – Everything that is documented in Mucha's work by means of found objects and that is made manifest through their materials, construction, and installation is fundamentally self-reflexive. The reality, which is integrated into the works in the form of specific materials and actual time, is always affected by the conditions of its perception. The specific nature and gesture of showing, of presenting materials and history frustrates any unambiguous connection between material and time. It could make sense to describe the diverse and idiosyncratic constructions and "paint applications" as ornament, not in the superficial sense of decoration or embellishment but in a figurative sense, as it is used by Niklas Luhmann: "Ornaments organize space and time directly. [...] The ornament generates its own imaginary space by continuously transforming formal boundaries into transitions that have more than one meaning" (Niklas Luhmann, *Art as a Social System* [1995], trans. Eva M. Knodt, 2000).

Ornament, in that context, is the self-referential aspect of the work of art. In Mucha's work it both brings out the characteristic nature of its form and also – by dint of a certain excess of materials and effort – introduces an element of distortion into its perception. The observation of the "figure" (the "foreign referential aspect" according to Luhmann) thus itself becomes the focus. The term "figure" is used here in reference to the objects and documents that are exhibited by means of the presentation mechanism. Nevertheless, and that is what gives the situation a special twist, the transitions between figure and ground, between temporal object and carrier, become fluid and ambiguous due to multiple turbulences and overlaps. Boris Groys says that a "work of art is a centaur-like being, only half of whose form belongs to the art system – with the other half extending into the realms of formlessness and danger" (Boris Groys, "Die dunkle Seite der Kunst," *Soziale Systeme* 2, no. 1, 1996, trans. for this essay), but that division is even more blurred in Mucha's work. This originates in a fundamental skepticism regarding the status of the work of art not only in the institutional system of "art" but also vis-à-vis the status of reality as such. The place of the work of art must constantly be put to the test, it is not a given: the work, its context, and its contemplation always have to be negotiated anew. That skepticism is seen, in an almost paradoxical form, in the meticulously constructed and worked materials and in tangible references to the actual conditions of the time from which and in which we live.

dass das „Kunstwerk ein centaurusähnliches Wesen [sei], das nur zur Hälfte als Form dem Kunstsystem angehört – und zur Hälfte ins Formlose und Gefährliche hinausragt" (Boris Groys: Die dunkle Seite der Kunst, in: Soziale Systeme 2, 1996), wird diese Teilung in Muchas Werk zusätzlich verwischt. Dies hat seine Ursache in einer grundlegenden Skepsis, die den Status des Kunstwerks nicht nur im institutionellen System „Kunst", sondern vis-à-vis den Status der Realität als solcher betrifft. Der Ort des Kunstwerks muss immer wieder neu auf Probe entworfen werden, er ist nicht selbstverständlich, sondern muss verhandelt werden zwischen dem Werk, seinem Kontext und seiner Betrachtung. Diese Skepsis äußert sich auf fast paradoxe Weise gerade im sorgfältig konstruierten und durchgearbeiteten Material und in handgreiflichen Verweisen auf konkrete Verhältnisse der Zeit, aus der und in der wir leben.

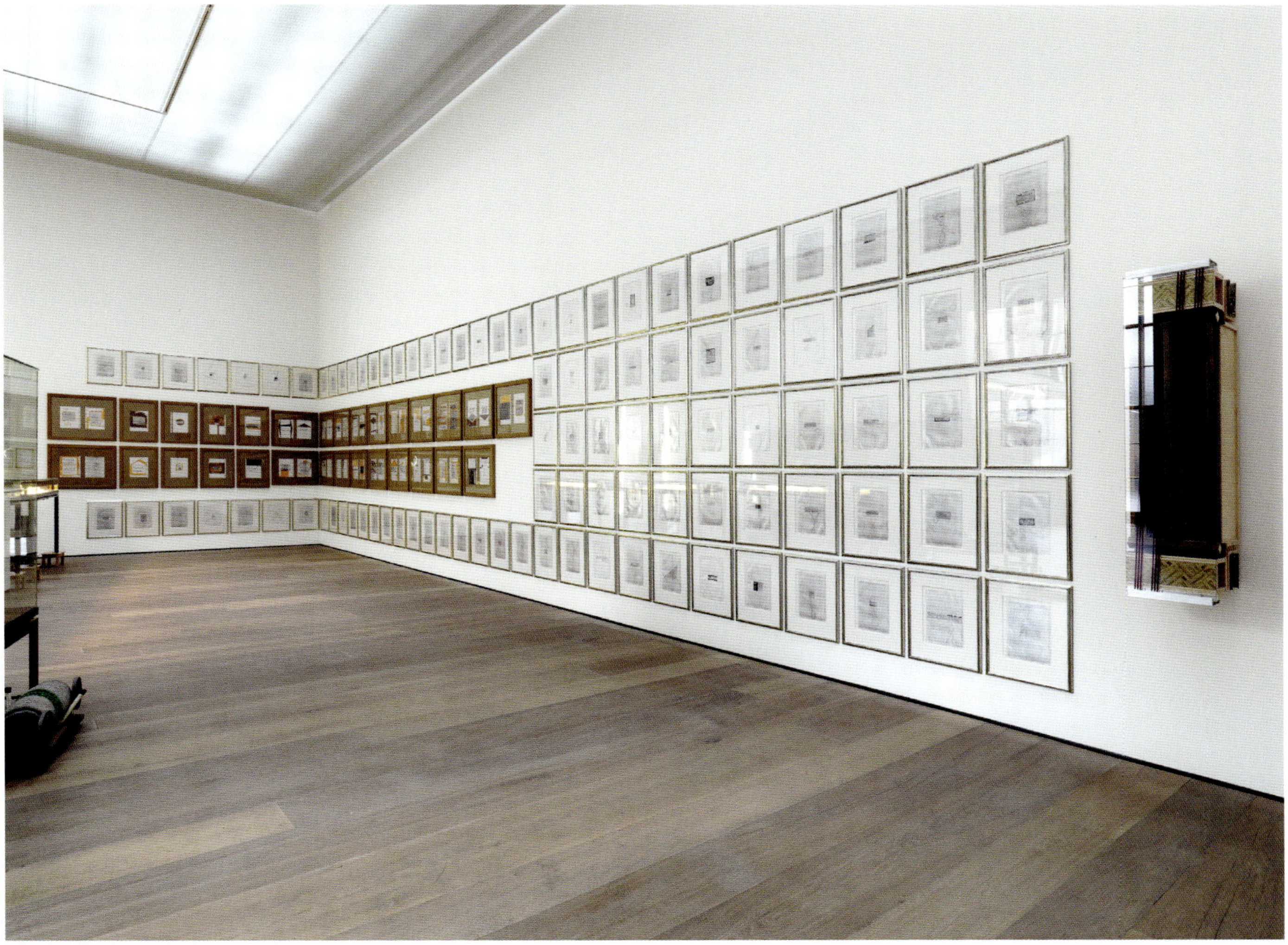

Frankfurter Block, 2012
Ausstellungsansicht / Installation view: Galerie Bärbel Grässlin, Frankfurt am Main, 2012

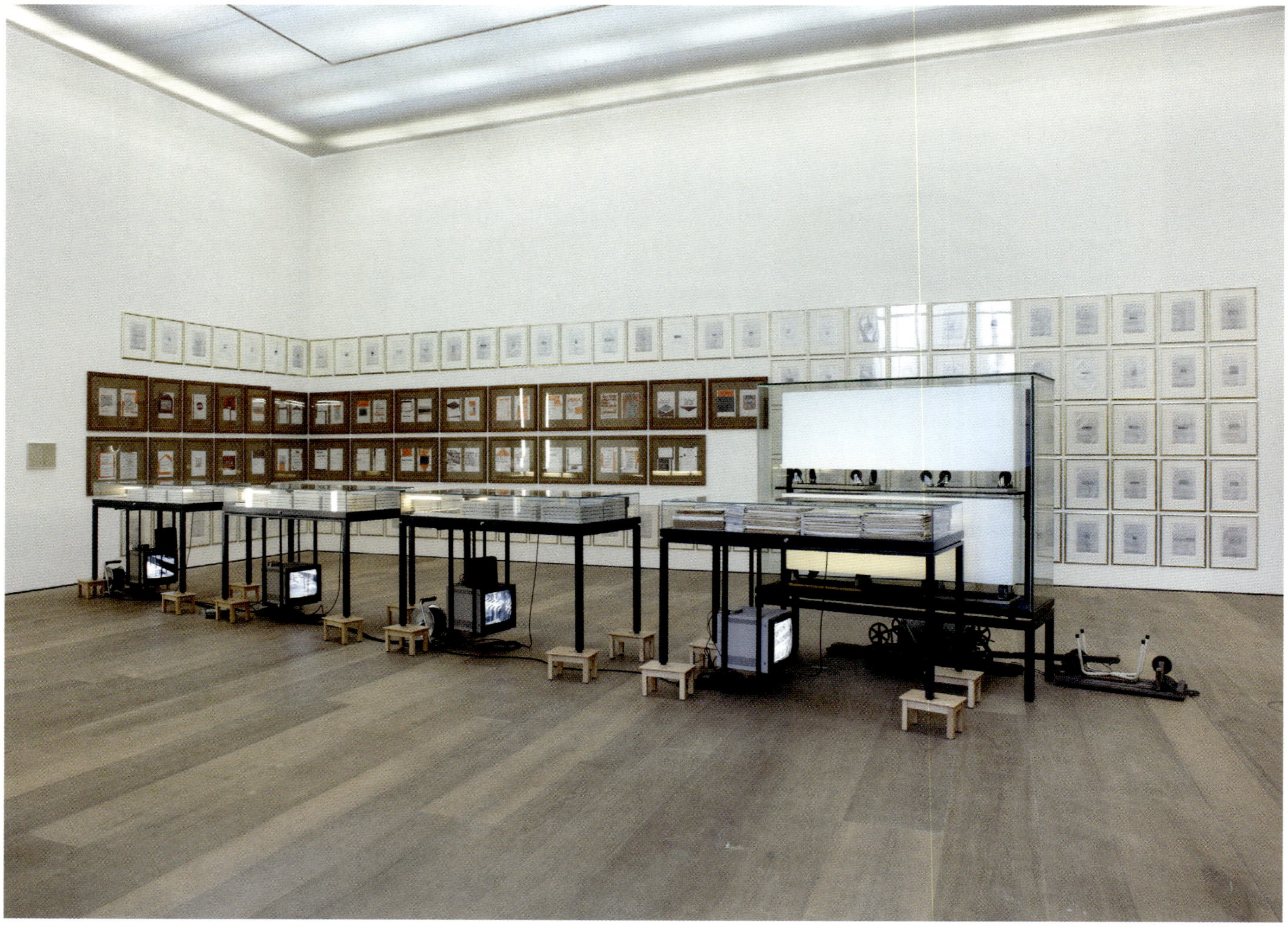

Frankfurter Block, 2012
Ausstellungsansicht / Installation view: Galerie Bärbel Grässlin, Frankfurt am Main, 2012

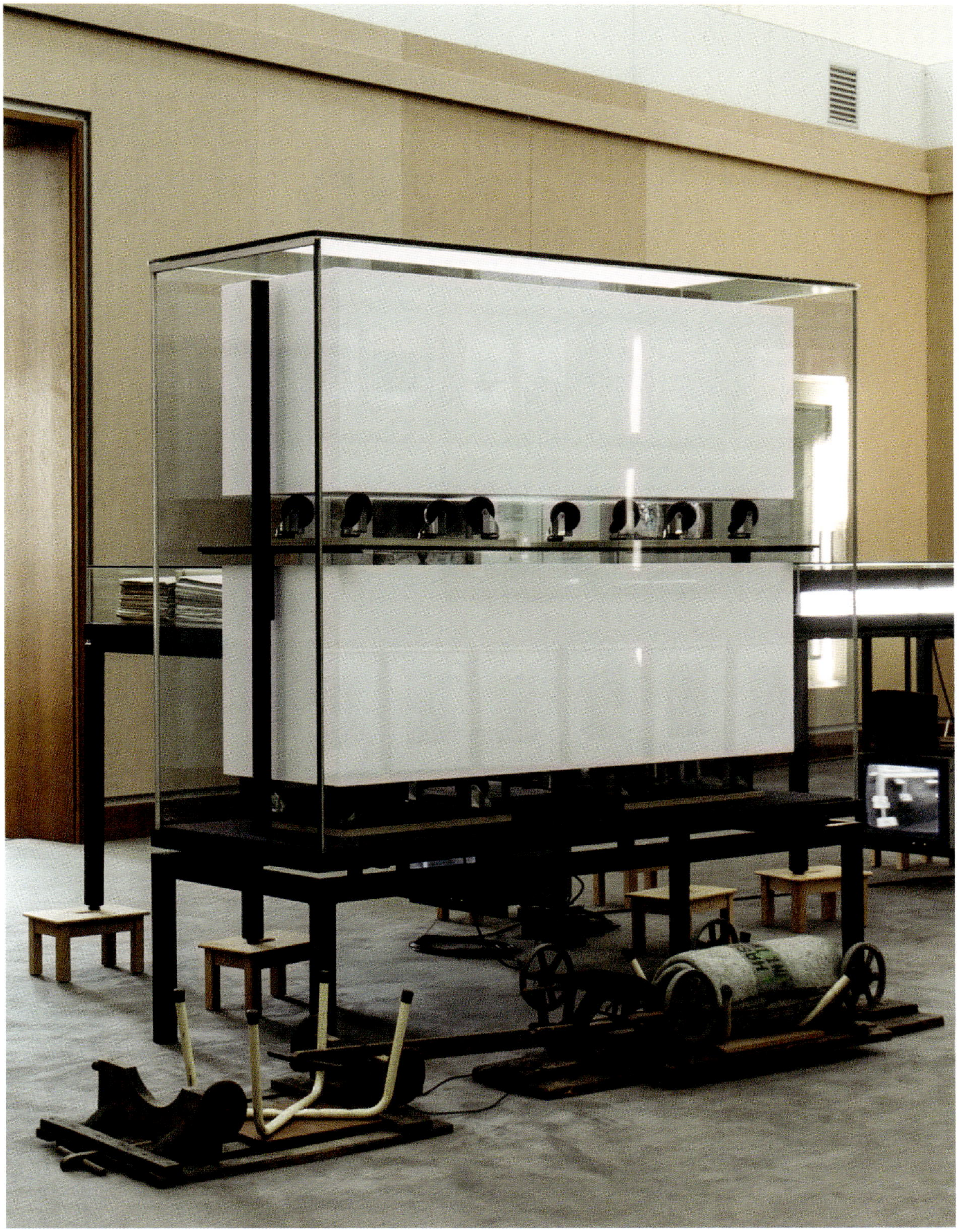

Frankfurter Block, [2014] 2012
Detail:
[Capriccio] – Wie der tote Hase mit den Bildern verkehrt, 2012
[Capriccio] – How a Dead Hare Consorts with Pictures
Ausstellungsansicht / Installation view: Sprüth Magers, Berlin, 2014

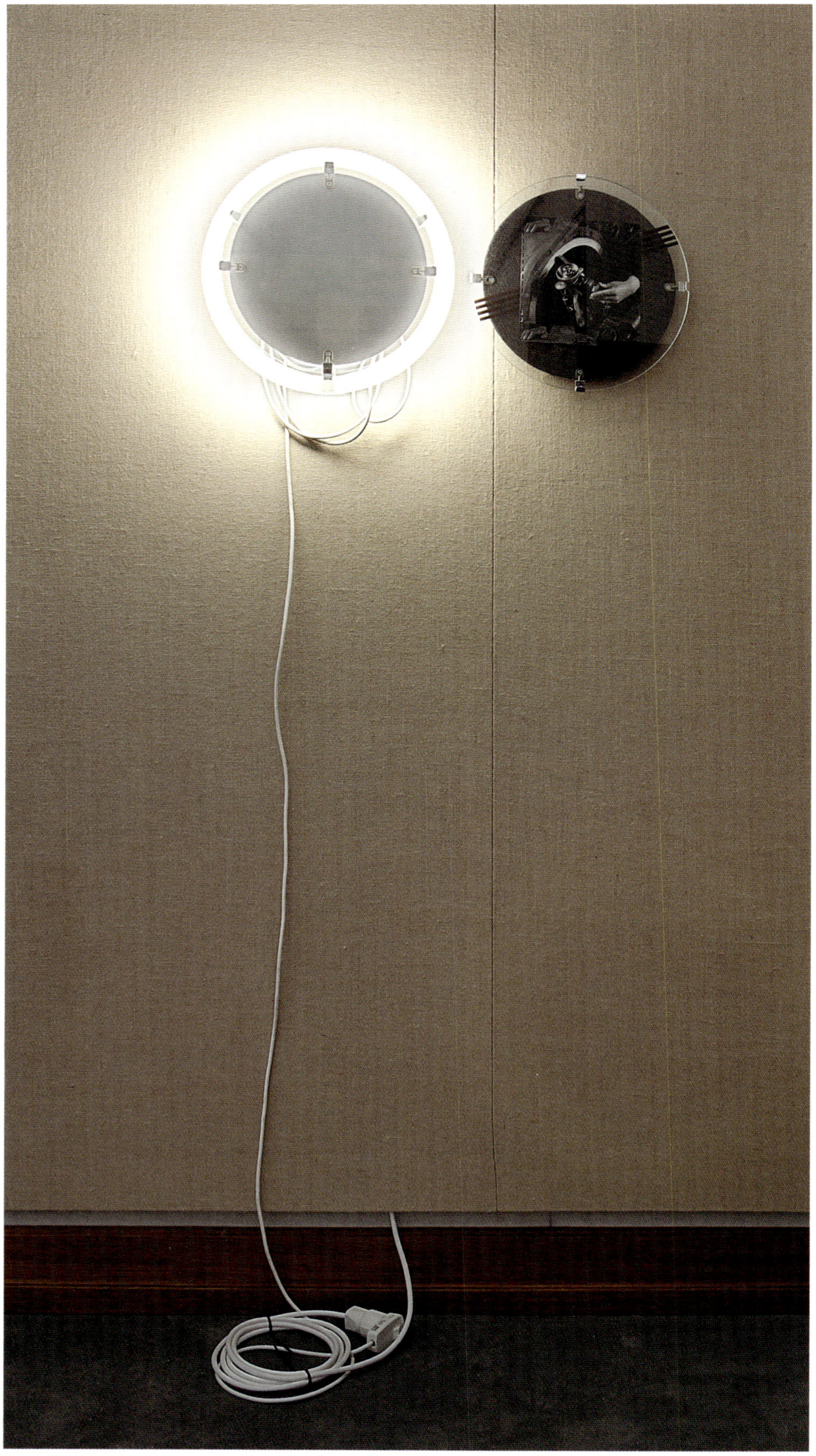

Frankfurter Block, [2016], [2014] 2012
Detail:
„aus dem Hintergrund müßte Rahn schießen“ II, 2016
“Rahn should shoot from deep” II

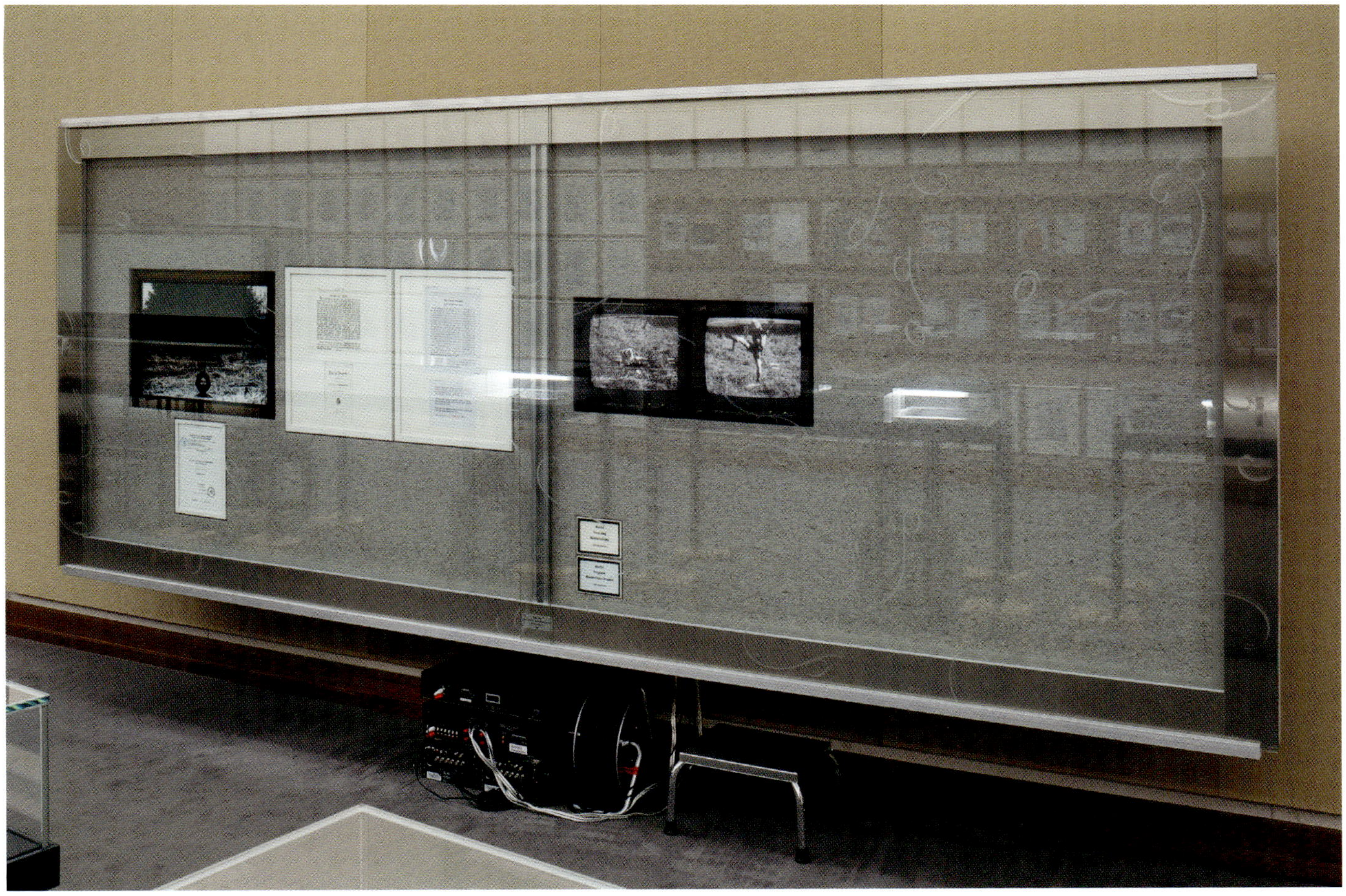

Frankfurter Block, [2016], [2014] 2012
Detail:
Der kluge Knecht (Ohne Titel – Staatliche Kunstakademie – Düsseldorf – 1981), 2002
The Clever Servant (Ohne Titel – Staatliche Kunstakademie – Düsseldorf – 1981)

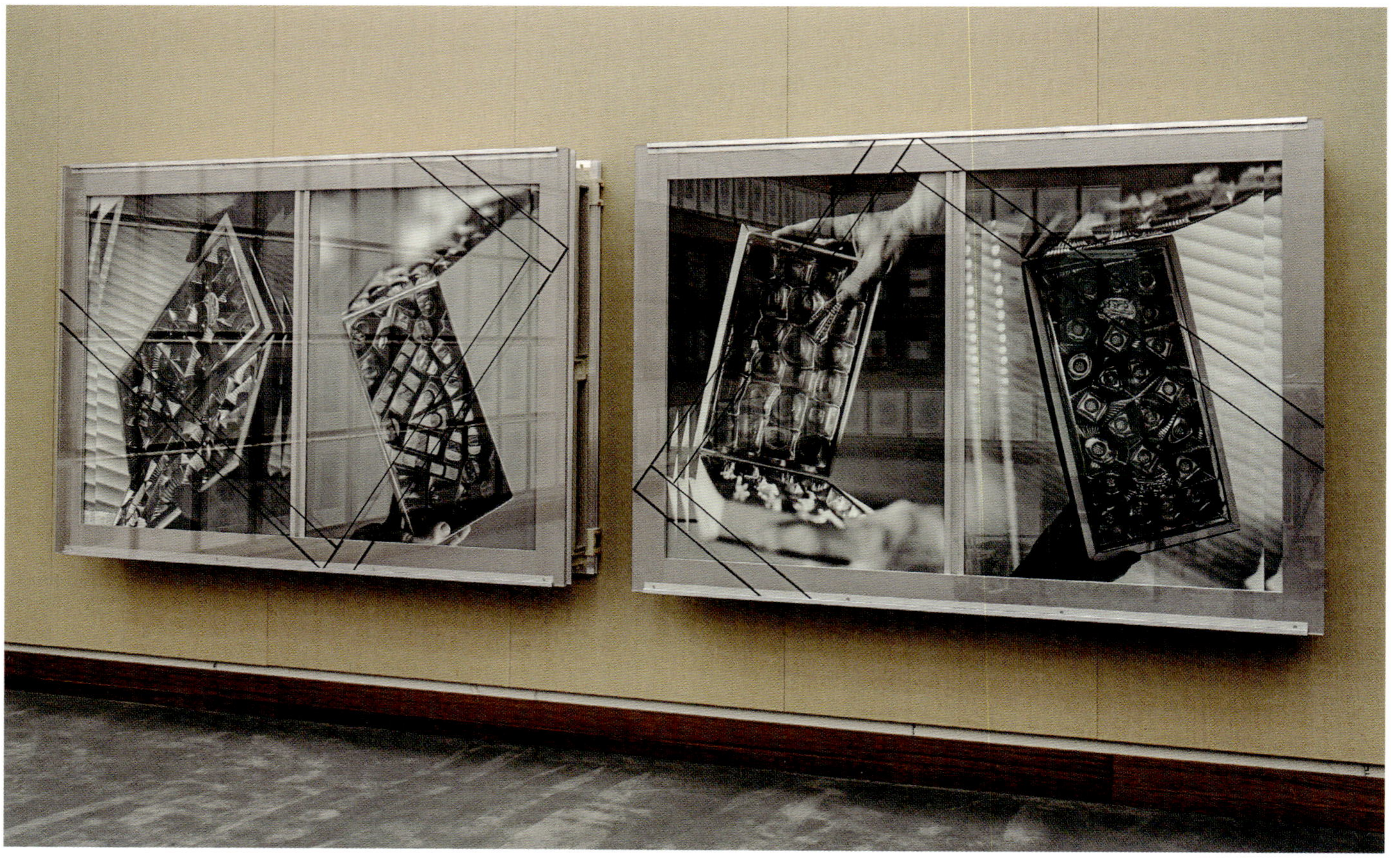

Frankfurter Block, [2016], [2014] 2012
Detail:
Gewußt wodurch, nicht wissen womit. Gewußt wohin, nicht wissen wobei, [2007] 1983
Knowing whereby, not knowing wherewith. Knowing whereto, not knowing whereat

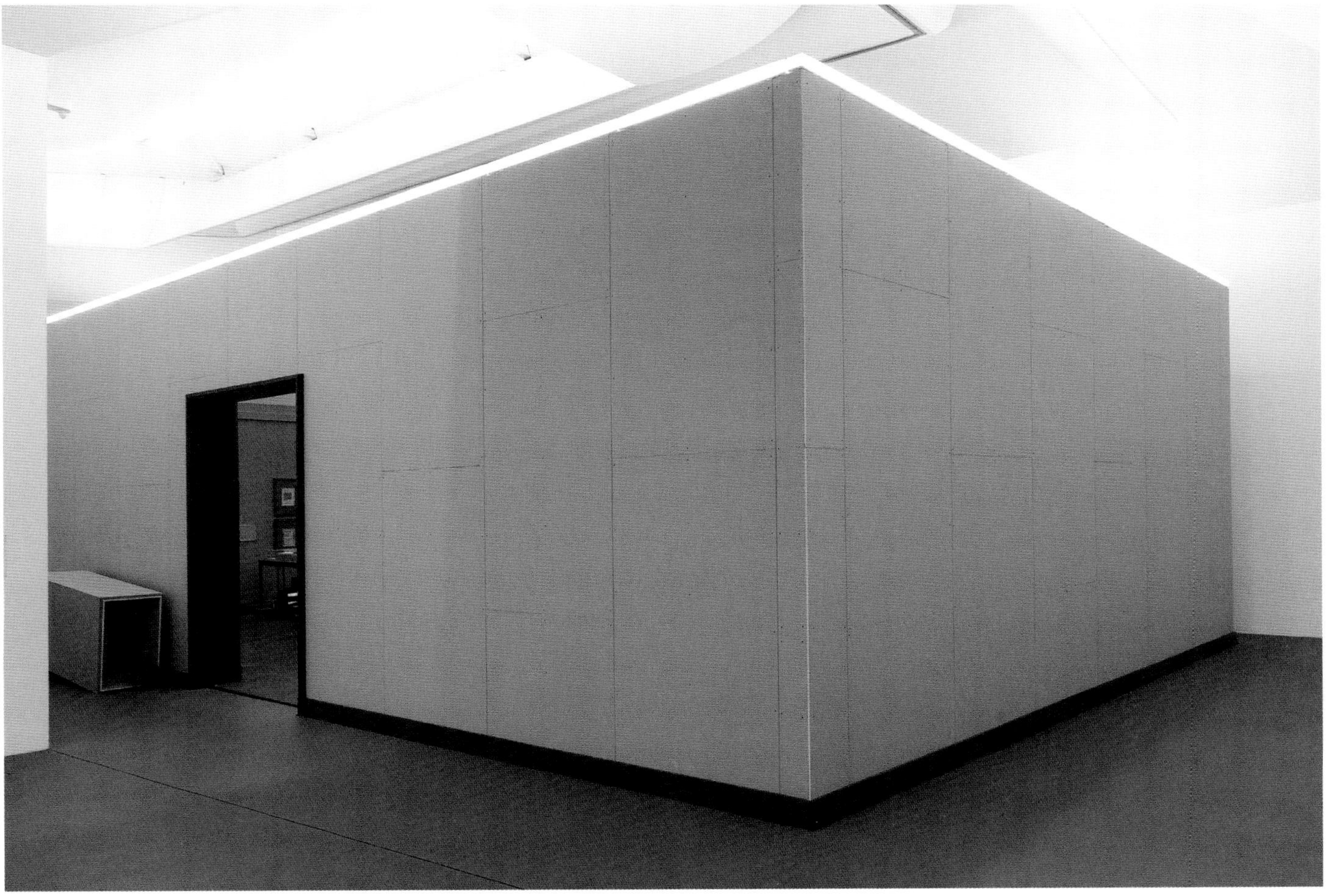

Frankfurter Block, [2016], [2014] 2012
Ausstellungsansicht / Installation view: Kunstmuseum Basel | Gegenwart, 2016

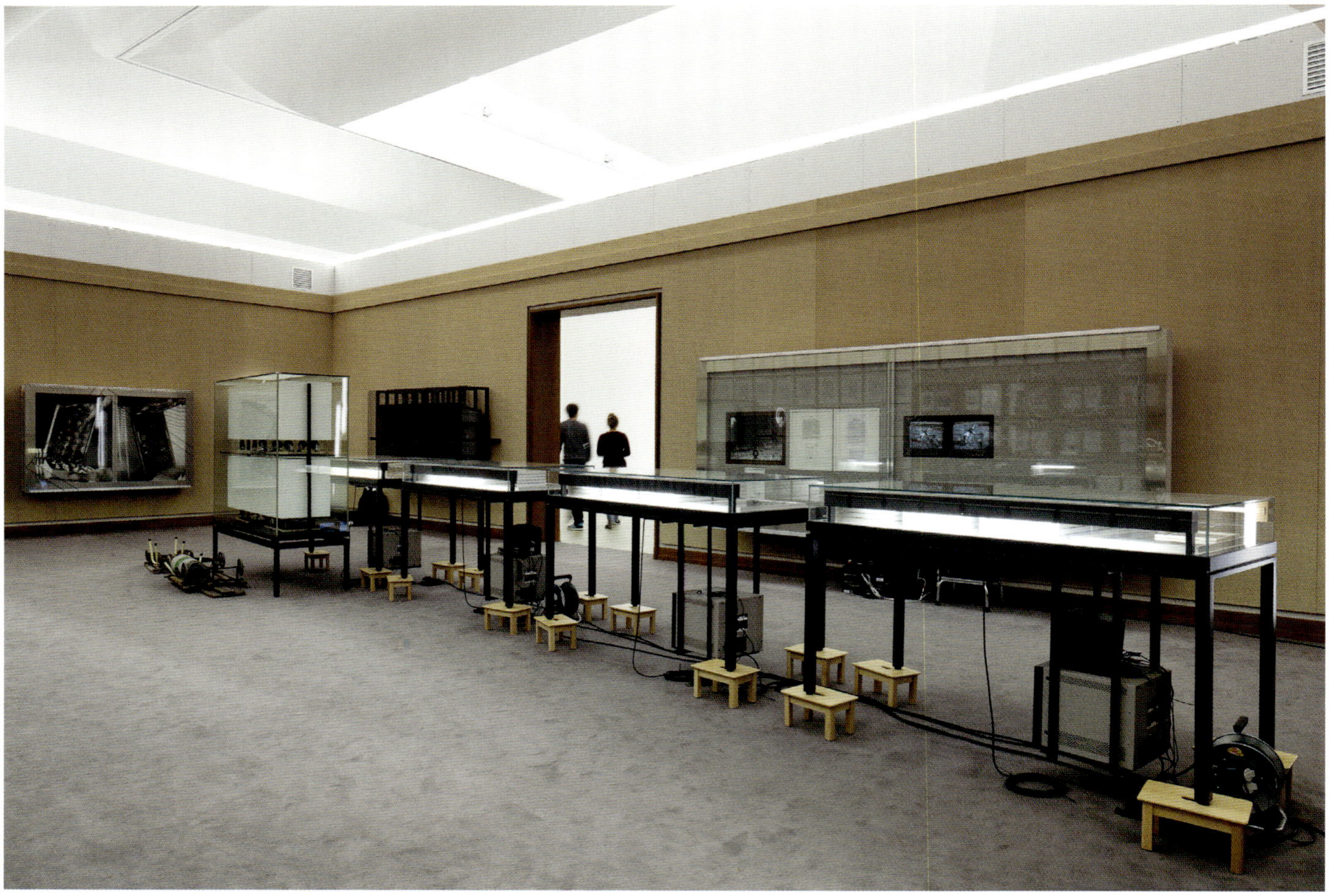

Frankfurter Block, [2016], [2014] 2012
Ausstellungsansicht / Installation view: Kunstmuseum Basel | Gegenwart, 2016

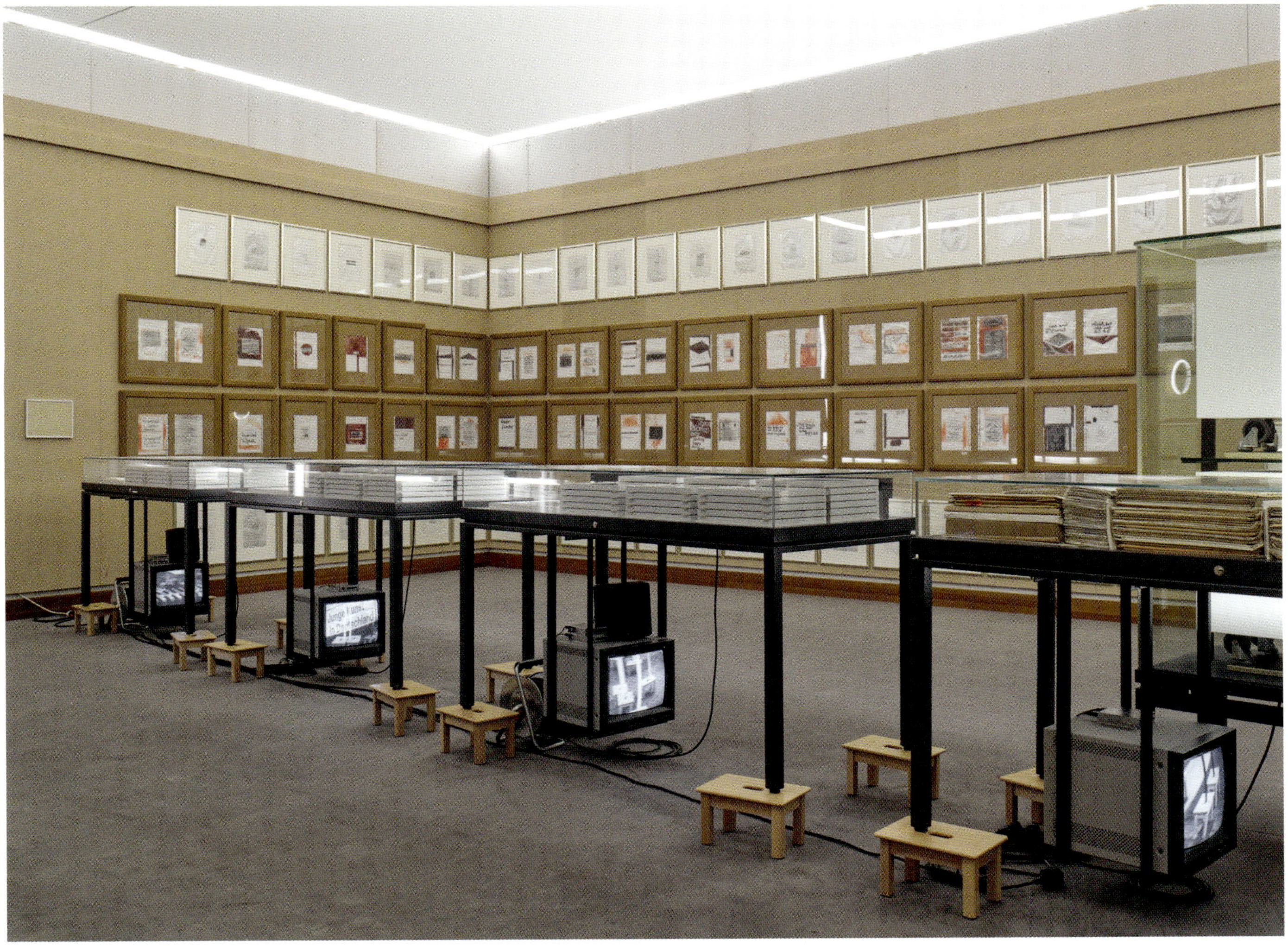

Frankfurter Block, [2016], [2014] 2012
Ausstellungsansicht / Installation view: Kunstsammlung Nordrhein-Westfalen, Düsseldorf, 2022

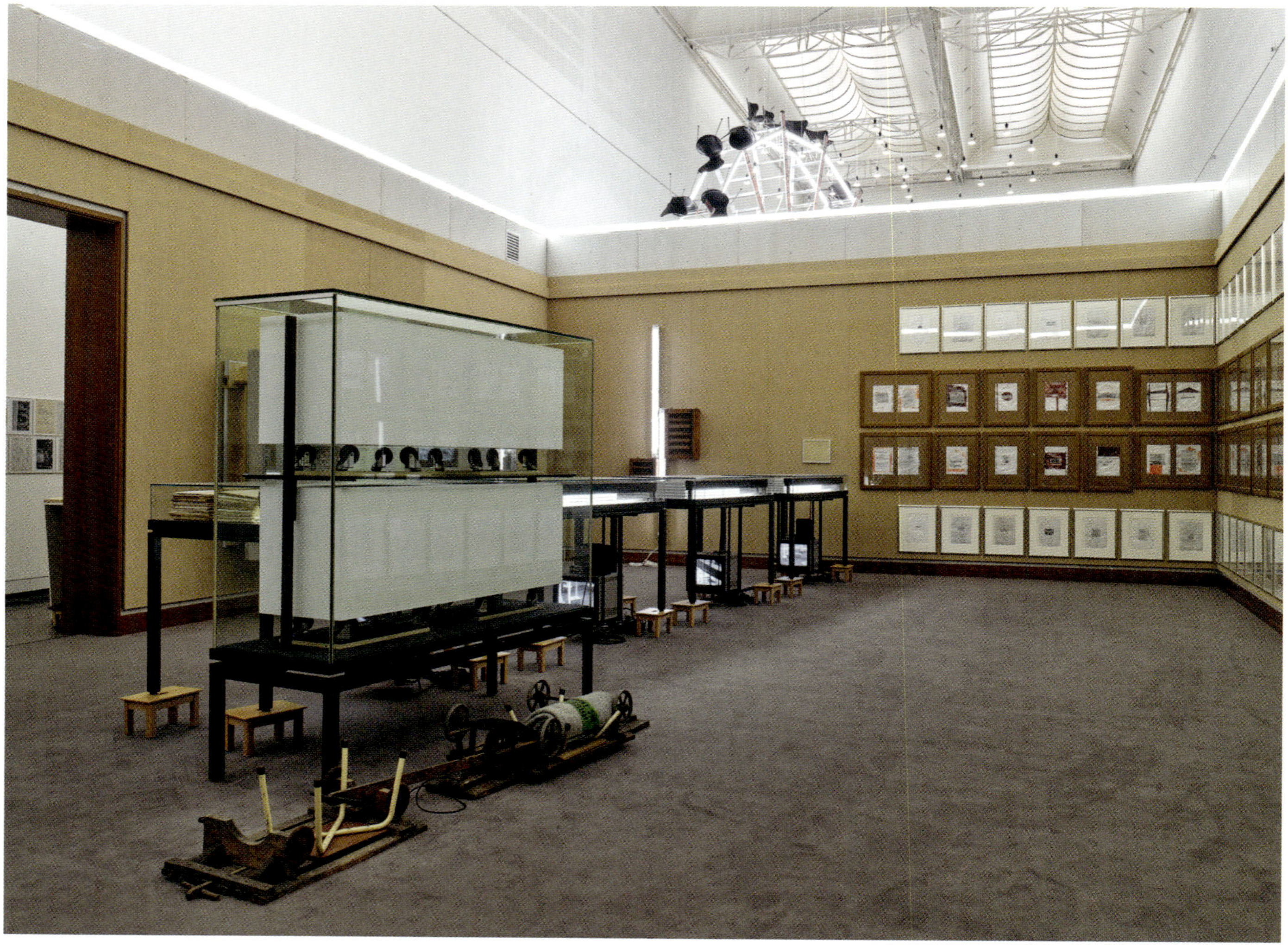

Frankfurter Block, [2016], [2014] 2012
Ausstellungsansicht / Installation view: Kunstsammlung Nordrhein-Westfalen, Düsseldorf, 2022

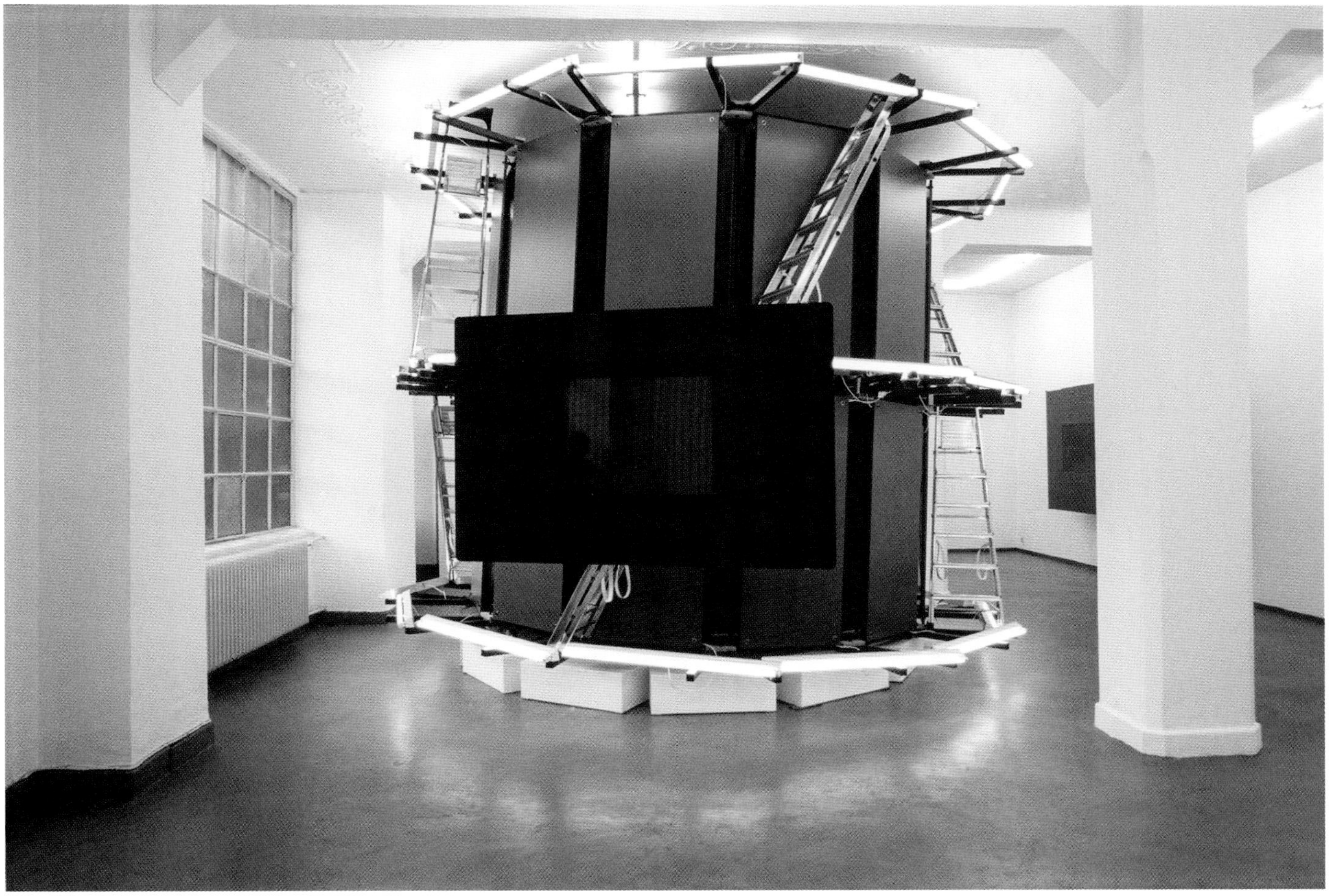

Das Figur-Grund Problem in der Achitektur des Barock (für dich allein bleibt nur das Grab), 1985
The Figure-Ground Problem in Baroque Architecture (for you alone only the grave remains)
Ausstellungsansicht / Installation view: Galerie Max Hetzler, Köln / Cologne, 1985

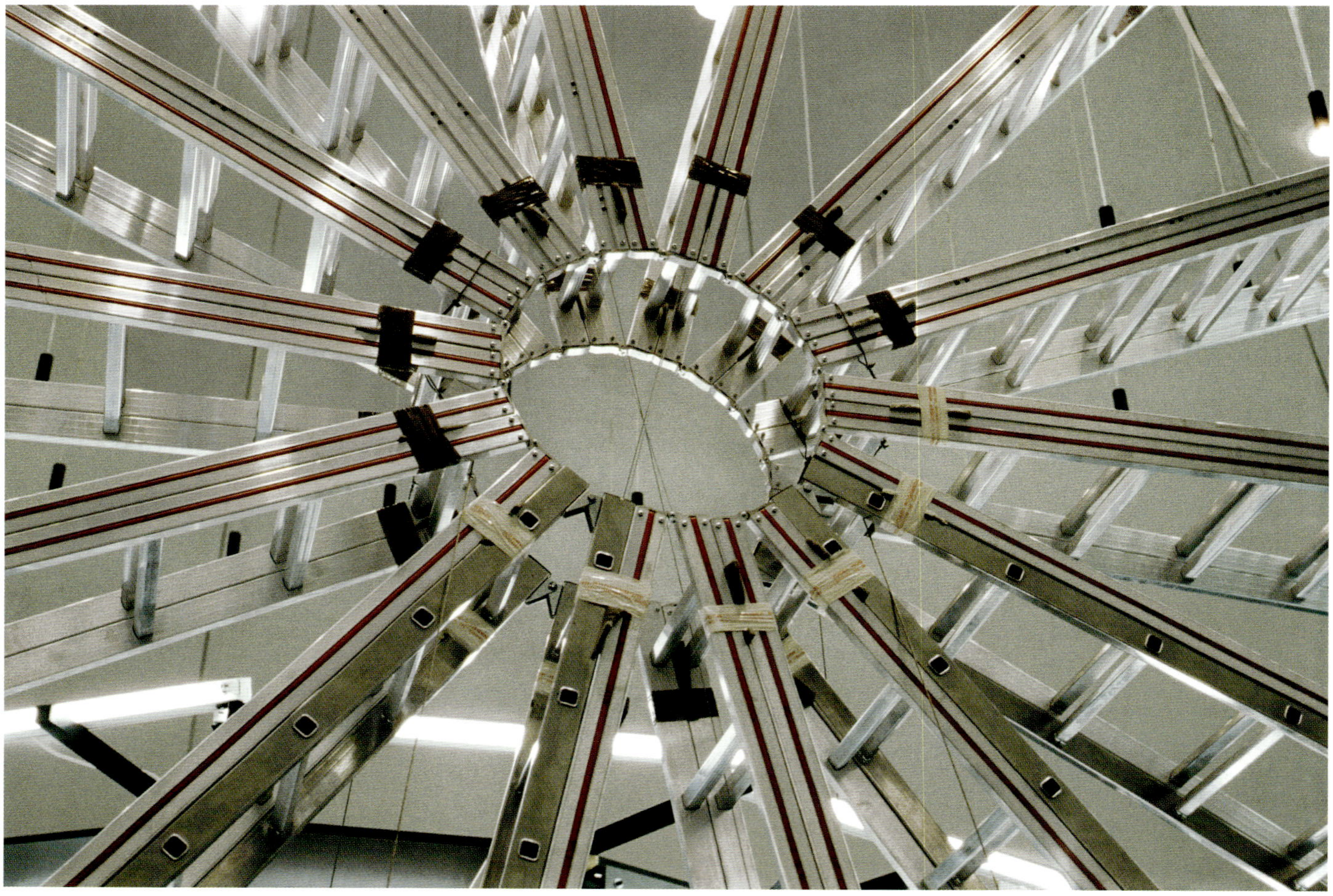

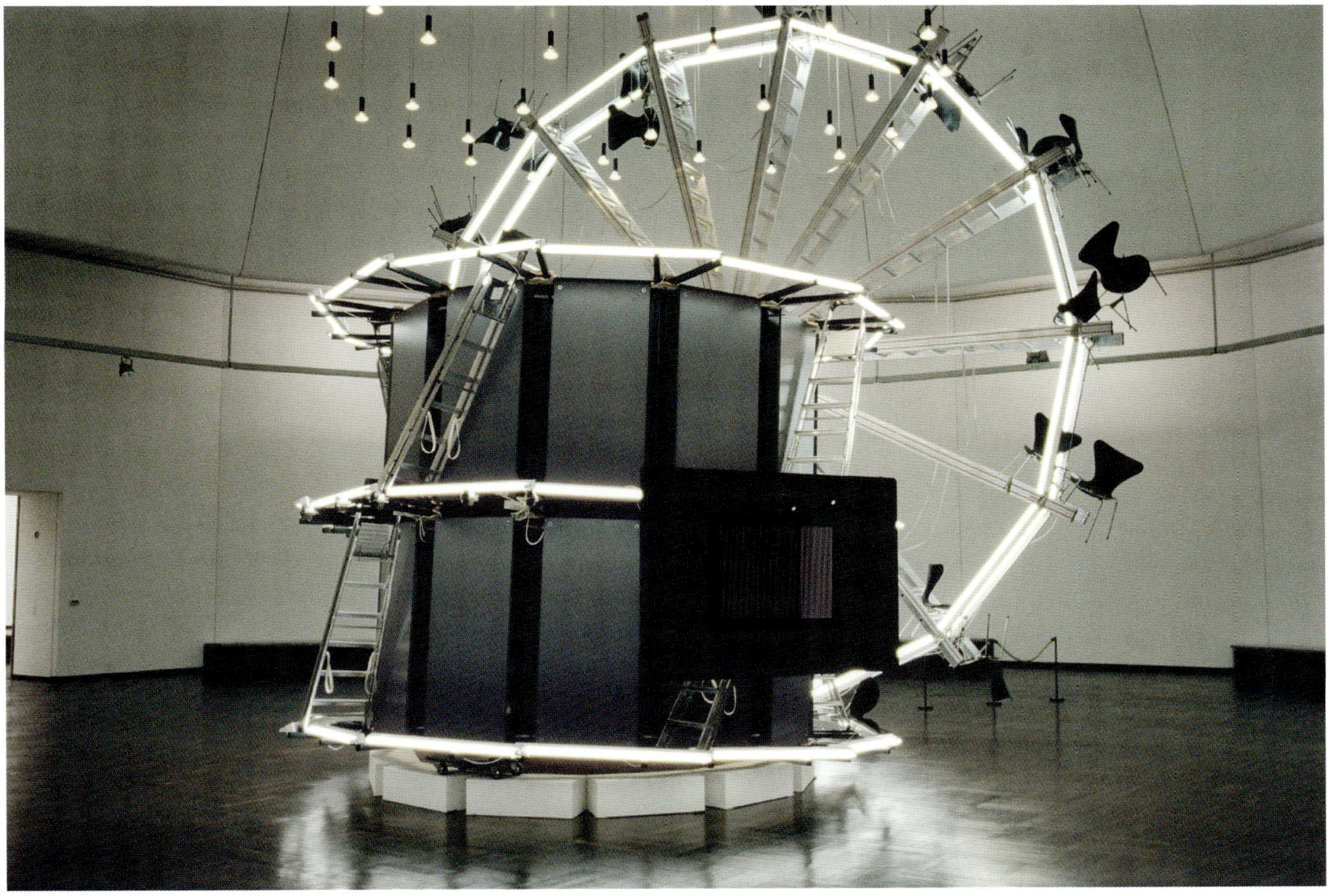

Das Figur-Grund Problem in der Achitektur des Barock (für dich allein bleibt nur das Grab), 1985
The Figure-Ground Problem in Baroque Architecture (for you alone only the grave remains)
Ausstellungsansicht / Installation view: Württembergischer Kunstverein, Stuttgart, 1985
Links / opposite: Detail

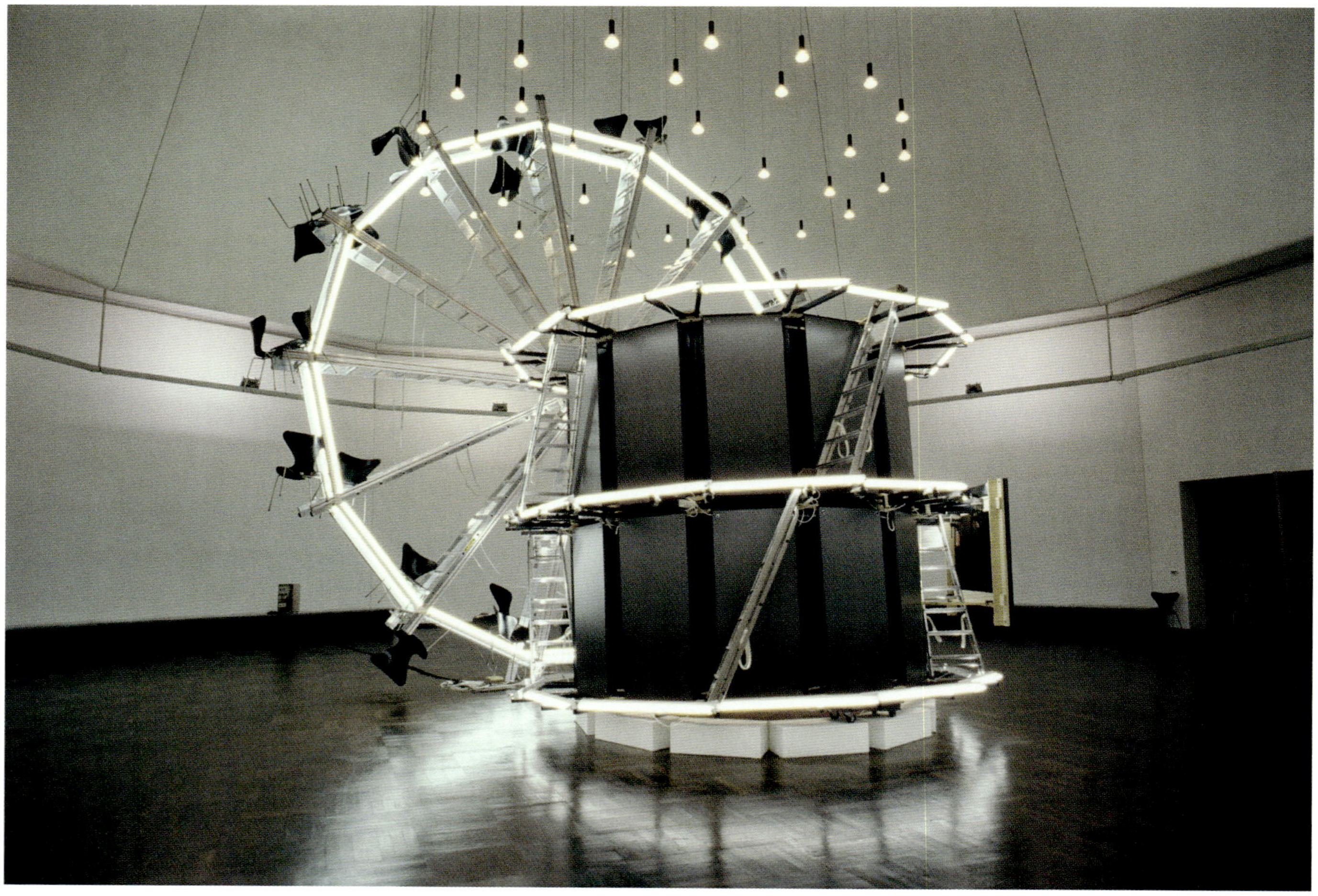

Das Figur-Grund Problem in der Achitektur des Barock (für dich allein bleibt nur das Grab), 1985
The Figure-Ground Problem in Baroque Architecture (for you alone only the grave remains)
Ausstellungsansicht / Installation view: Württembergischer Kunstverein, Stuttgart, 1985
Rechts / opposite: Detail

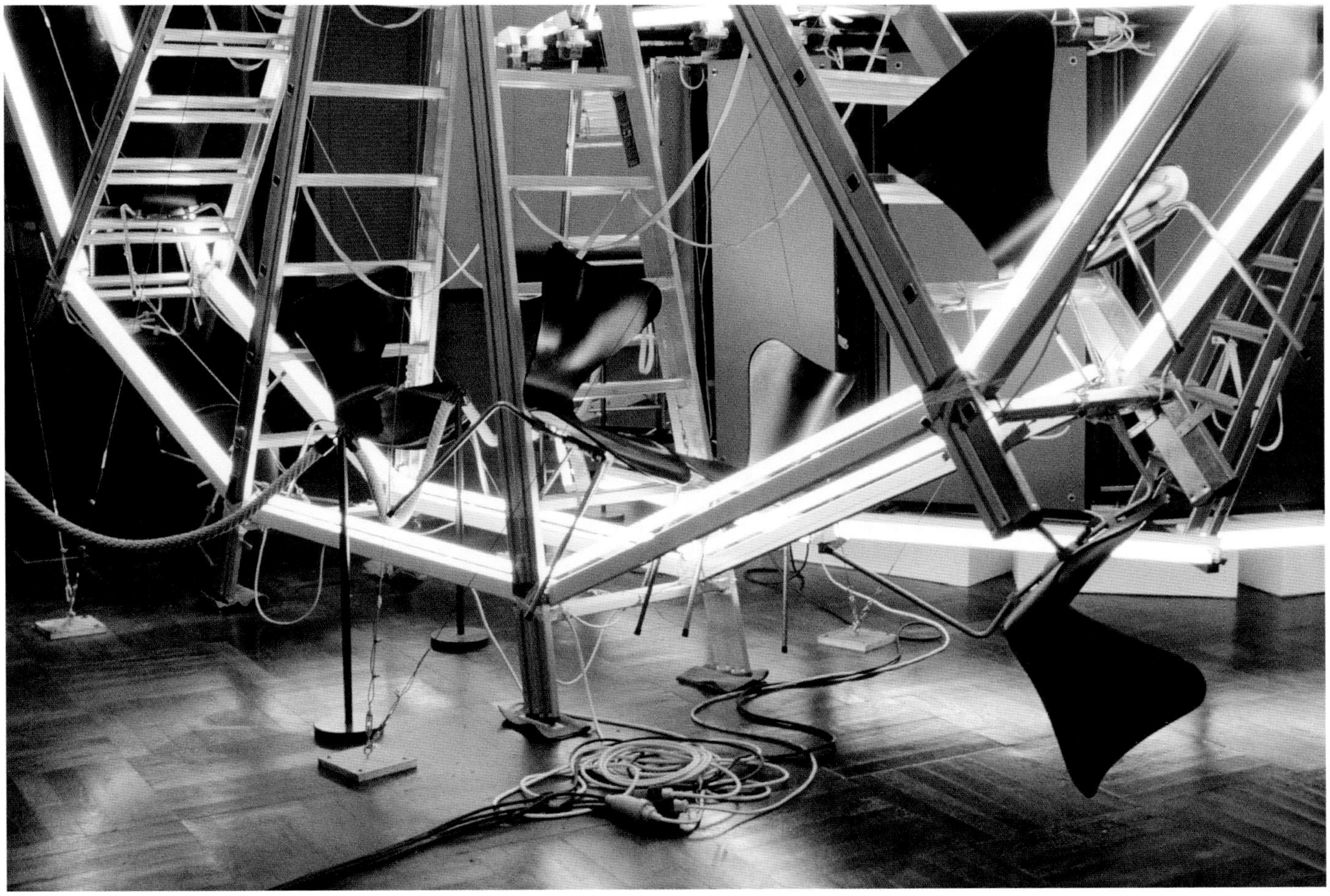

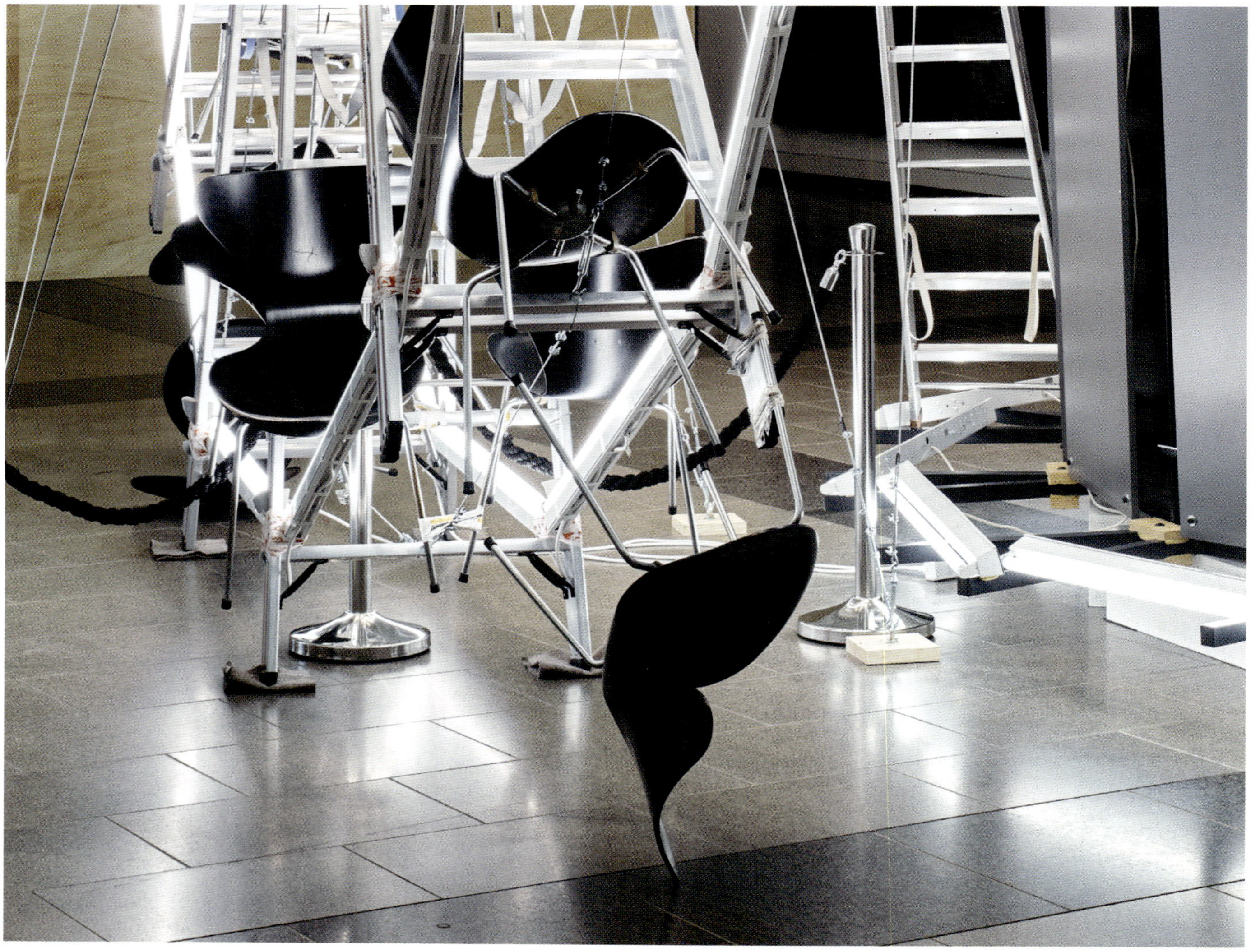

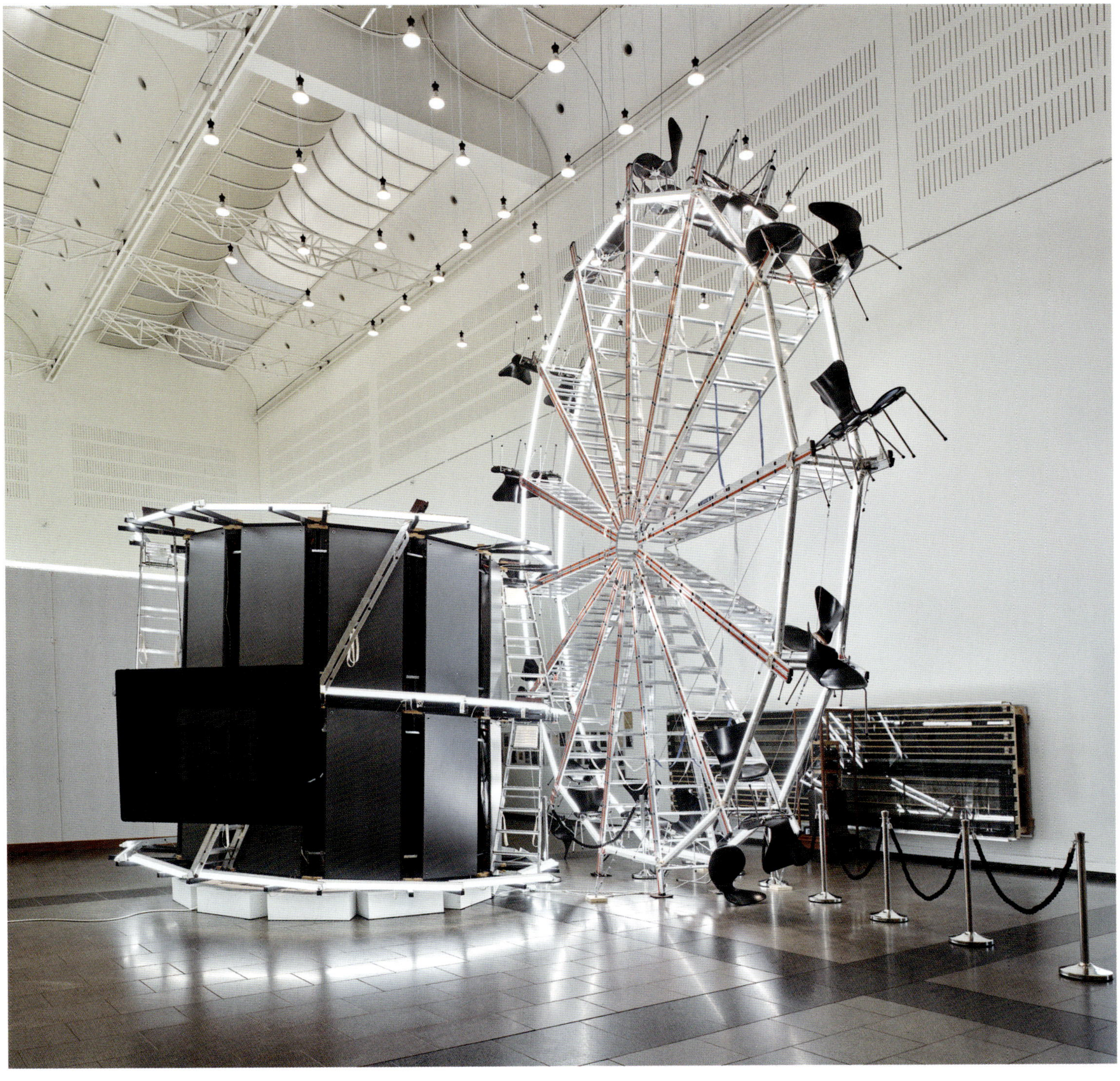

Das Figur-Grund Problem in der Architektur des Barock (für dich allein bleibt nur das Grab), [2022] 1985
The Figure-Ground Problem in Baroque Architecture (for you alone only the grave remains)
Ausstellungsansicht / Installation view: Kunstsammlung Nordrhein-Westfalen, Düsseldorf, 2022
Links / opposite: Detail

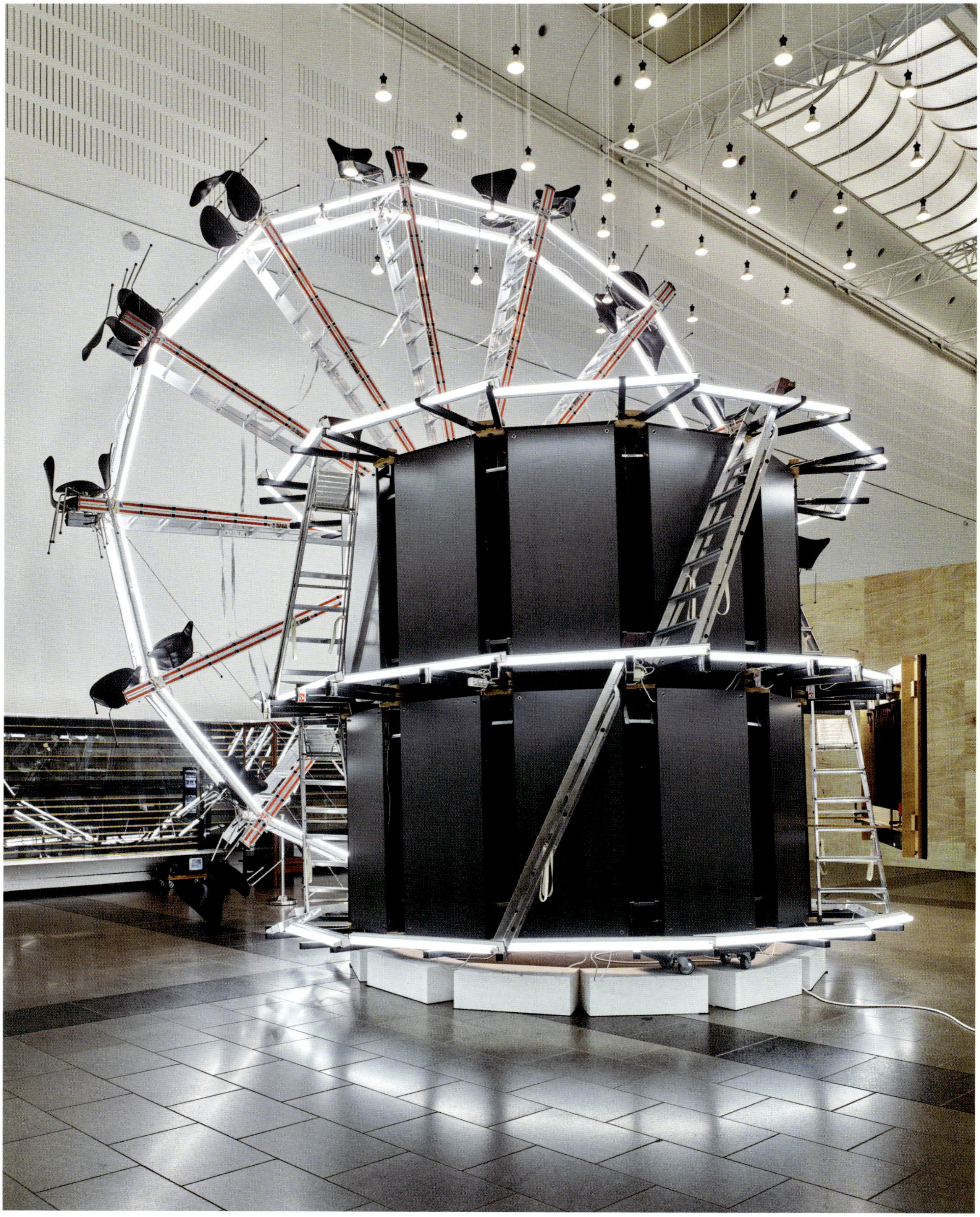

Das Figur-Grund Problem in der Architektur des Barock (für dich allein bleibt nur das Grab), [2022] 1985
The Figure-Ground Problem in Baroque Architecture (for you alone only the grave remains)
Ausstellungsansicht / Installation view: Kunstsammlung Nordrhein-Westfalen, Düsseldorf, 2022
Rechts / opposite: Detail

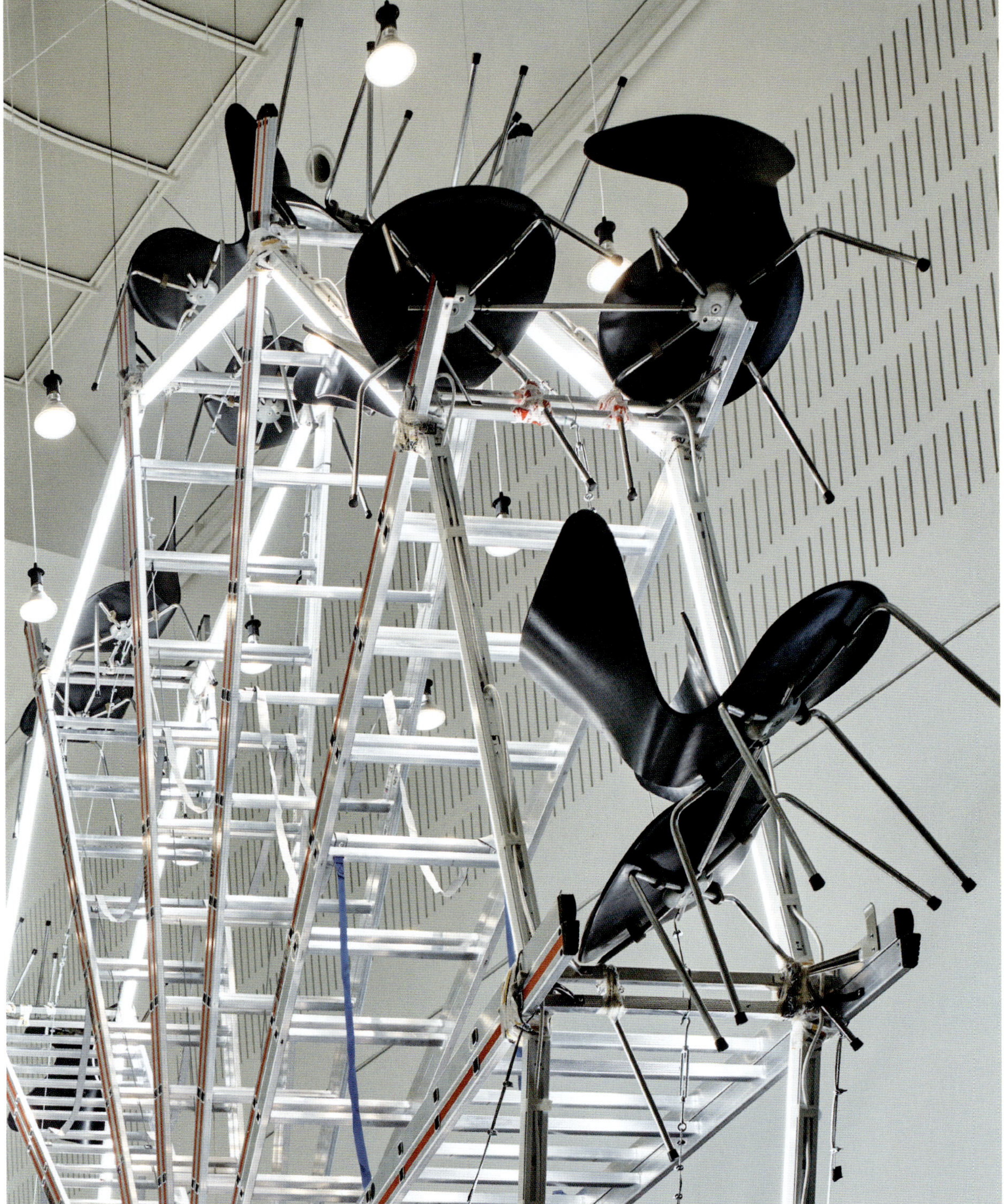

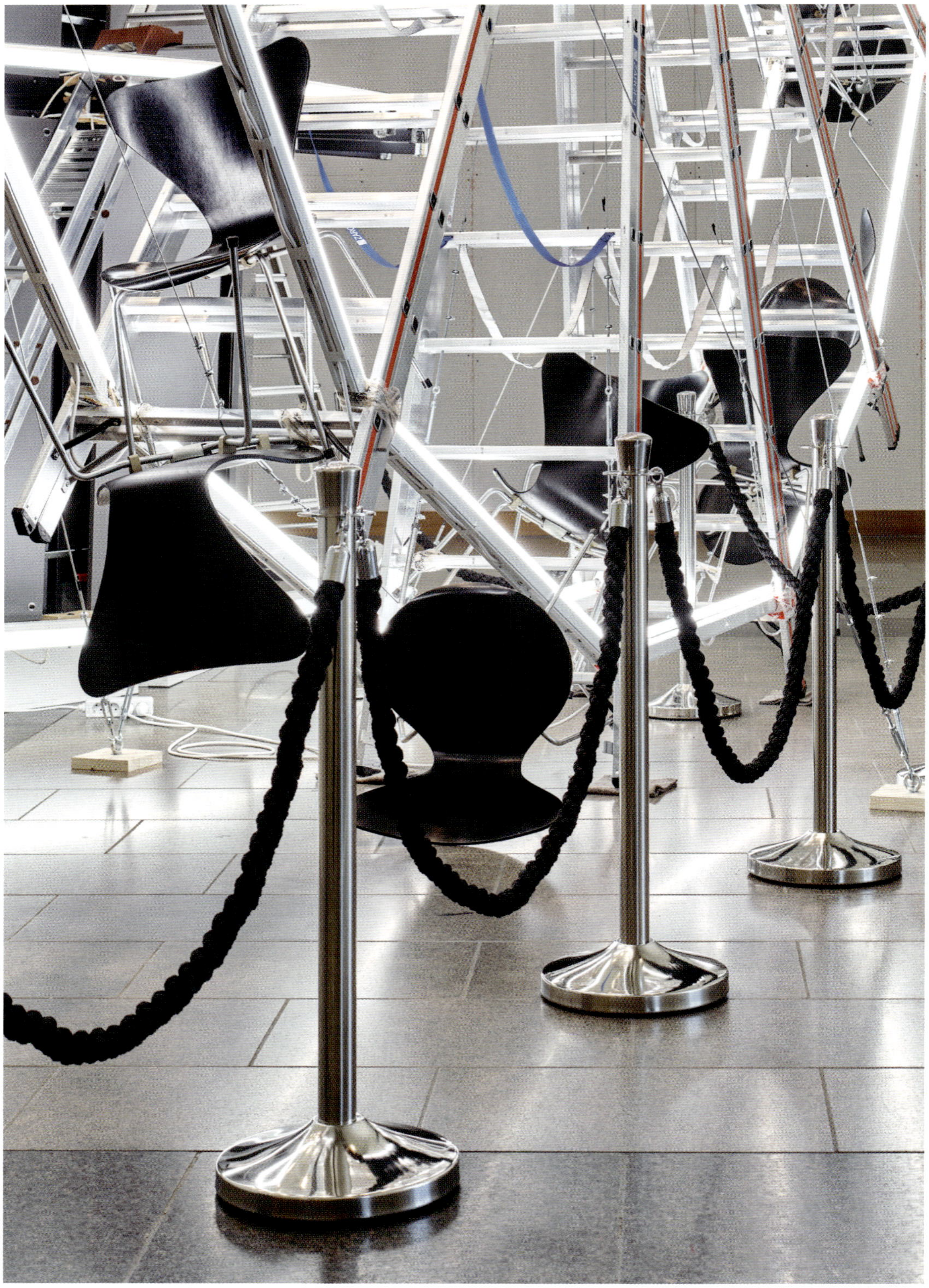

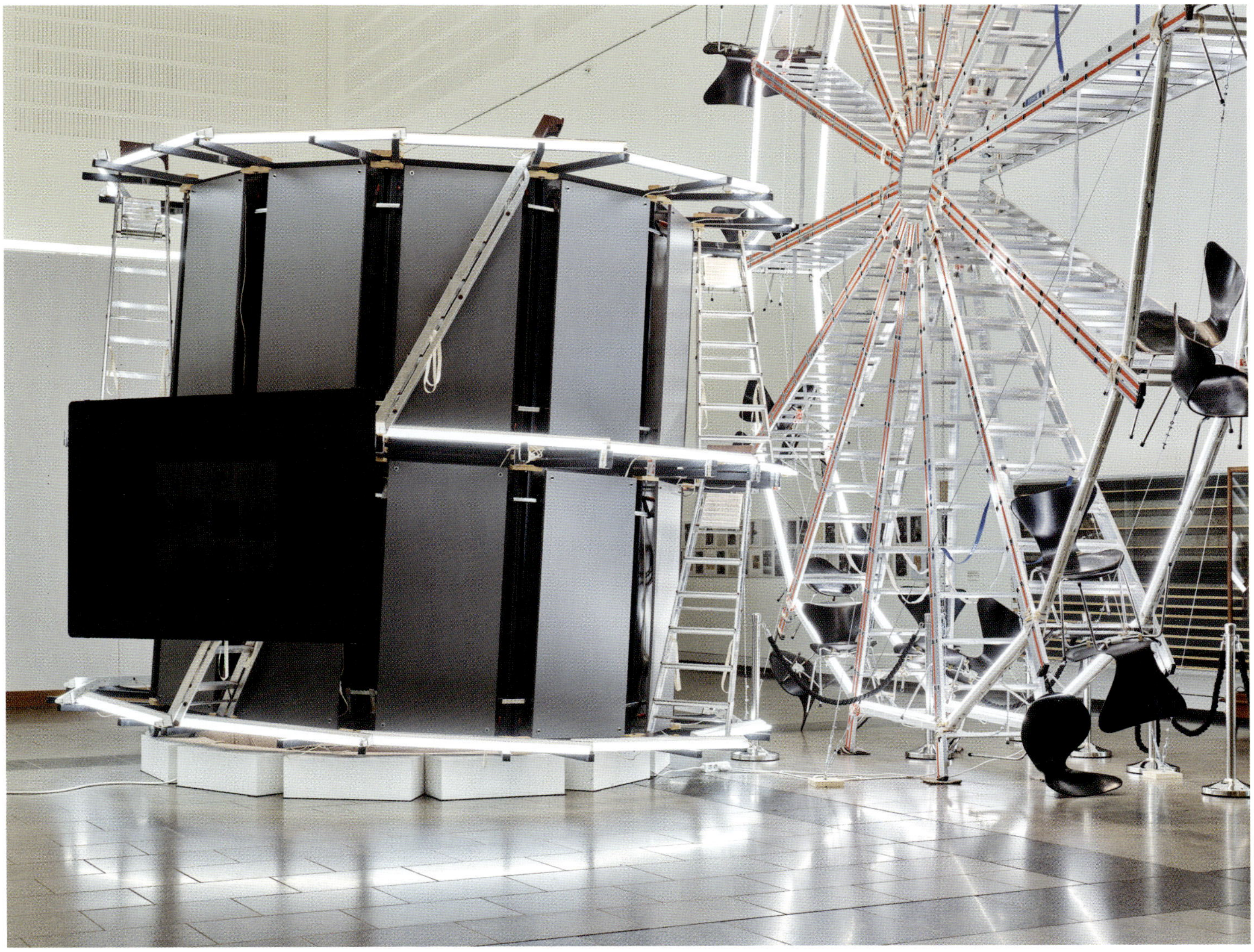

Das Figur-Grund Problem in der Architektur des Barock (für dich allein bleibt nur das Grab), [2022] 1985
The Figure-Ground Problem in Baroque Architecture (for you alone only the grave remains)
Ausstellungsansicht / Installation view: Kunstsammlung Nordrhein-Westfalen, Düsseldorf, 2022
Links / opposite: Detail

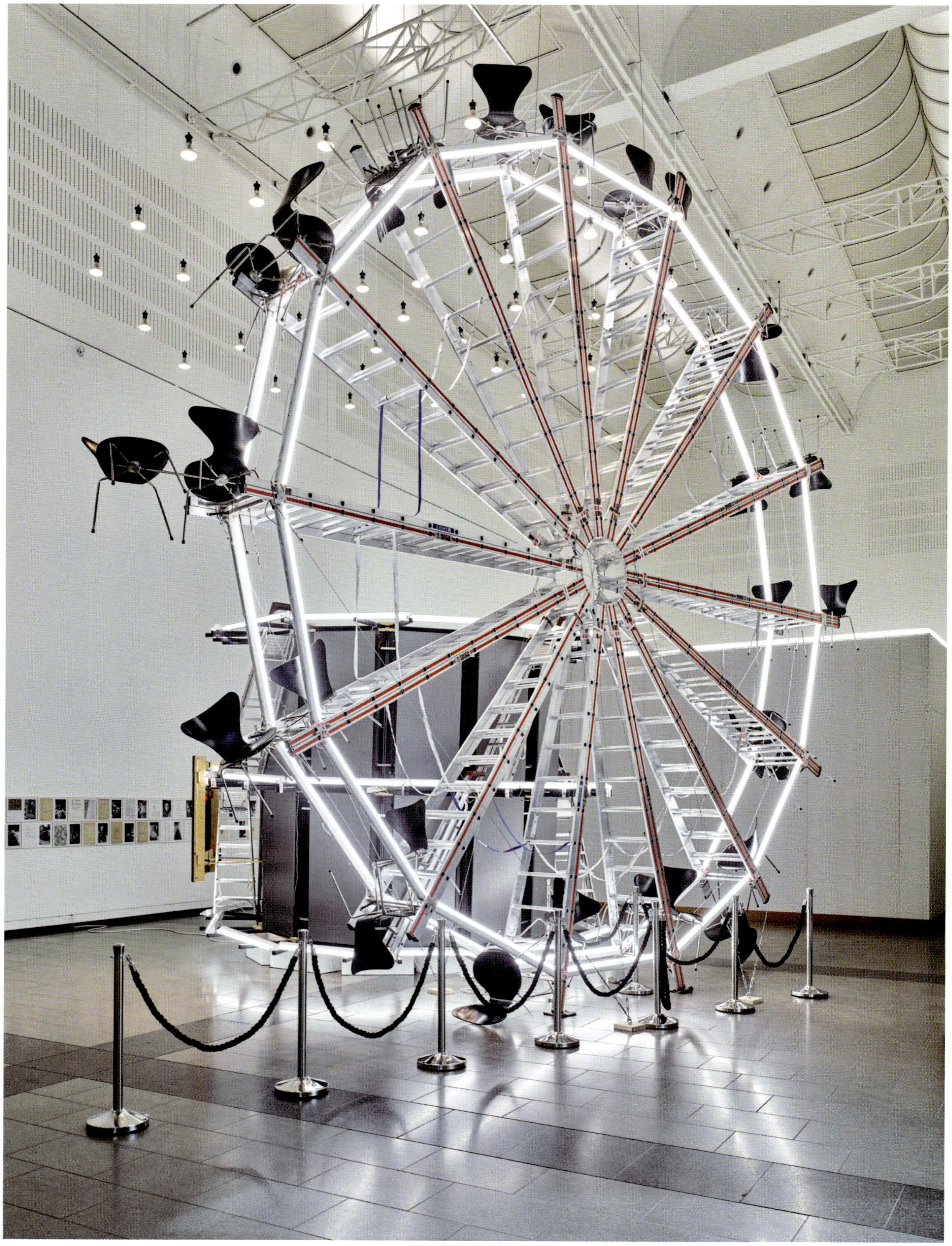

Das Figur-Grund Problem in der Architektur des Barock (für dich allein bleibt nur das Grab), [2022] 1985
The Figure-Ground Problem in Baroque Architecture (for you alone only the grave remains)
Ausstellungsansicht / Installation view: Kunstsammlung Nordrhein-Westfalen, Düsseldorf, 2022

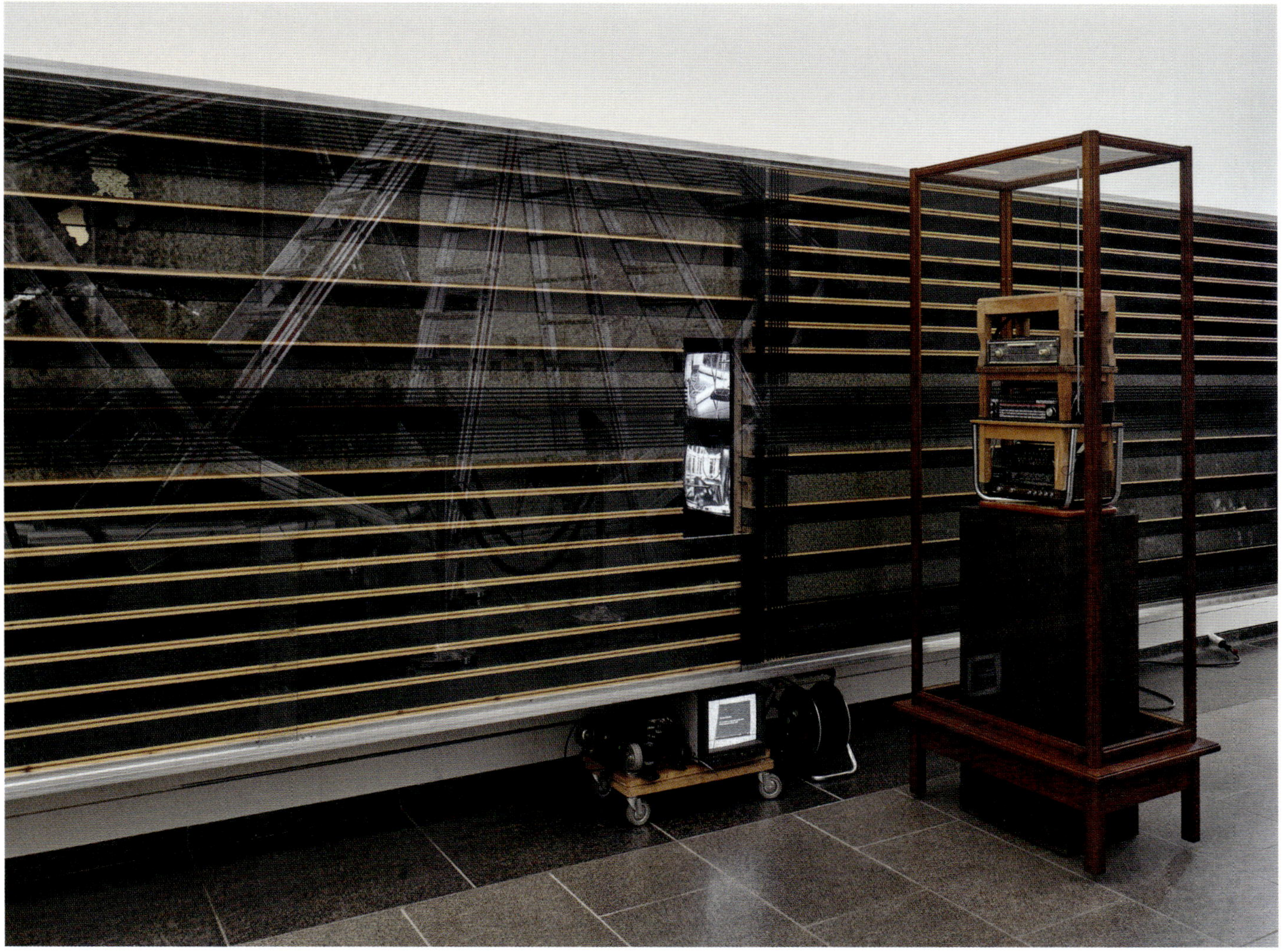

Viermächte-Status / Ohne Titel (Reinhard Mucha – Die Letzten werden die Letzten sein – Nationalgalerie Berlin 1982), [2022] 2007 / 2008
Four Power Status / Untitled (Reinhard Mucha – The Last Shall Be Last – Nationalgalerie Berlin 1982)
Teilansicht / Partial view
Ausstellungsansicht / Installation view: Kunstsammlung Nordrhein-Westfalen, Düsseldorf, 2022

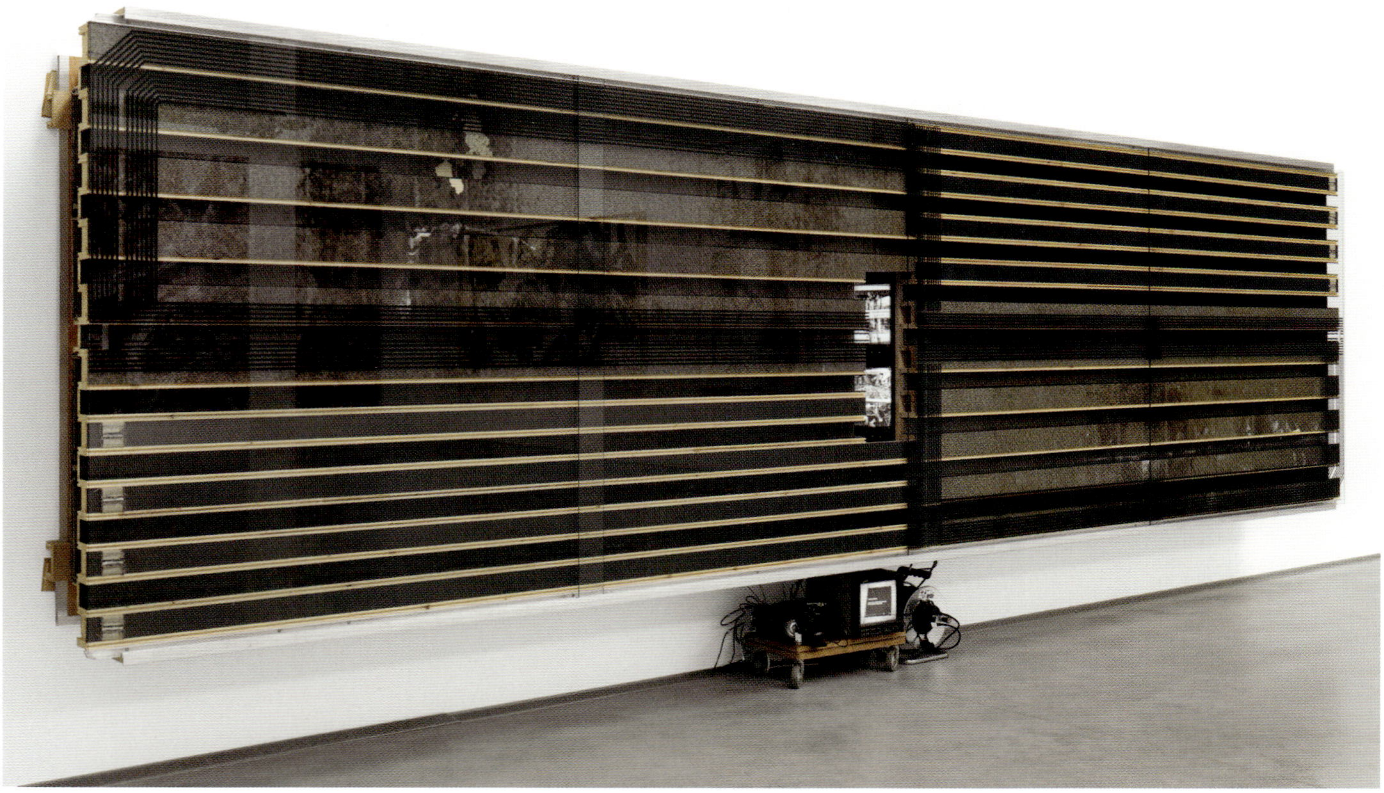

Ohne Titel (Reinhard Mucha – Die Letzten werden die Letzten sein – Nationalgalerie Berlin 1982), 2008
Untitled (Reinhard Mucha – The Last Shall Be Last – Nationalgalerie Berlin 1982)

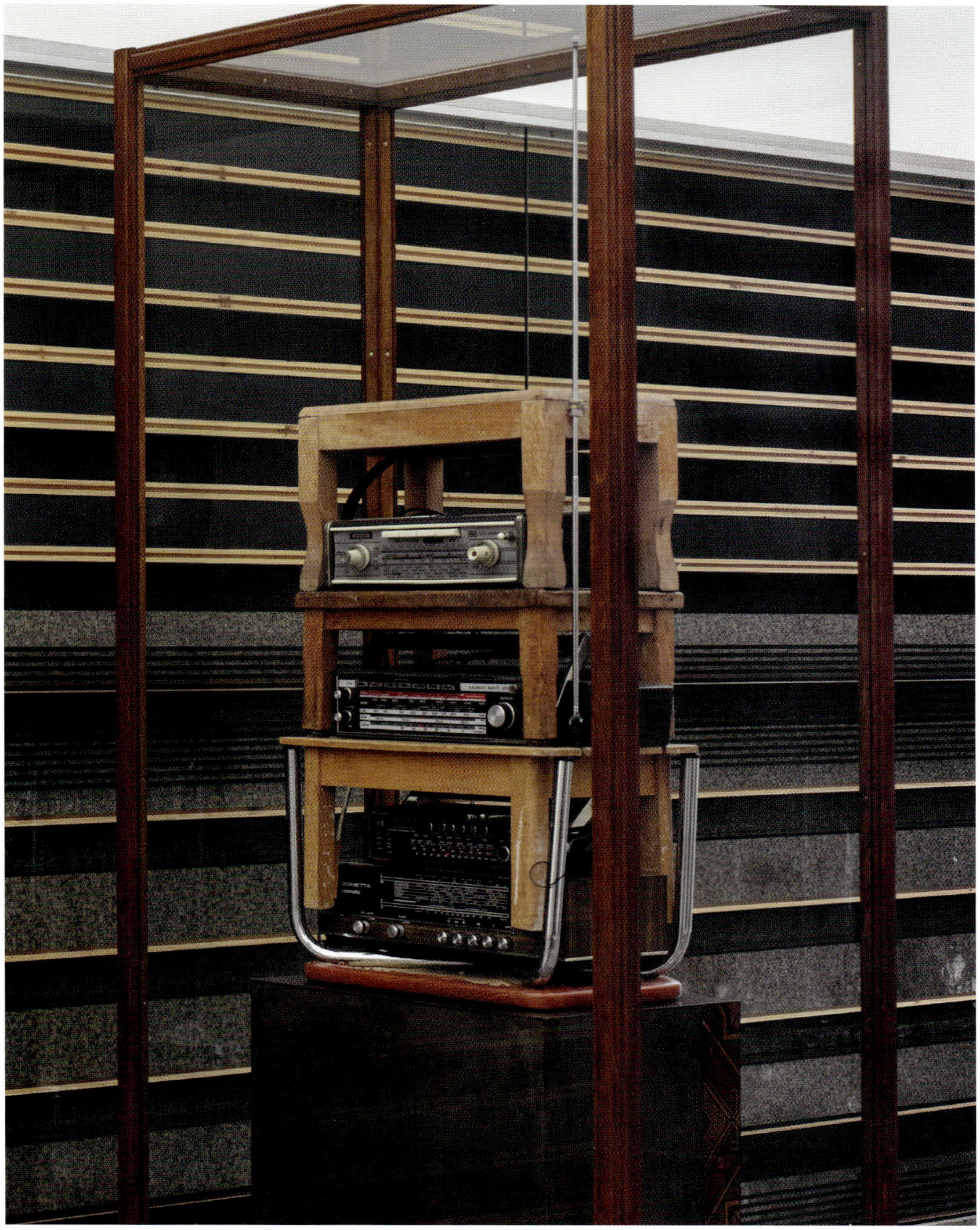

Viermächte-Status / Ohne Titel (Reinhard Mucha – Die Letzten werden die Letzten sein – Nationalgalerie Berlin 1982), [2022] 2007 / 2008
Four Power Status / Untitled (Reinhard Mucha – The Last Shall Be Last – Nationalgalerie Berlin 1982)
Teilansicht / Partial view

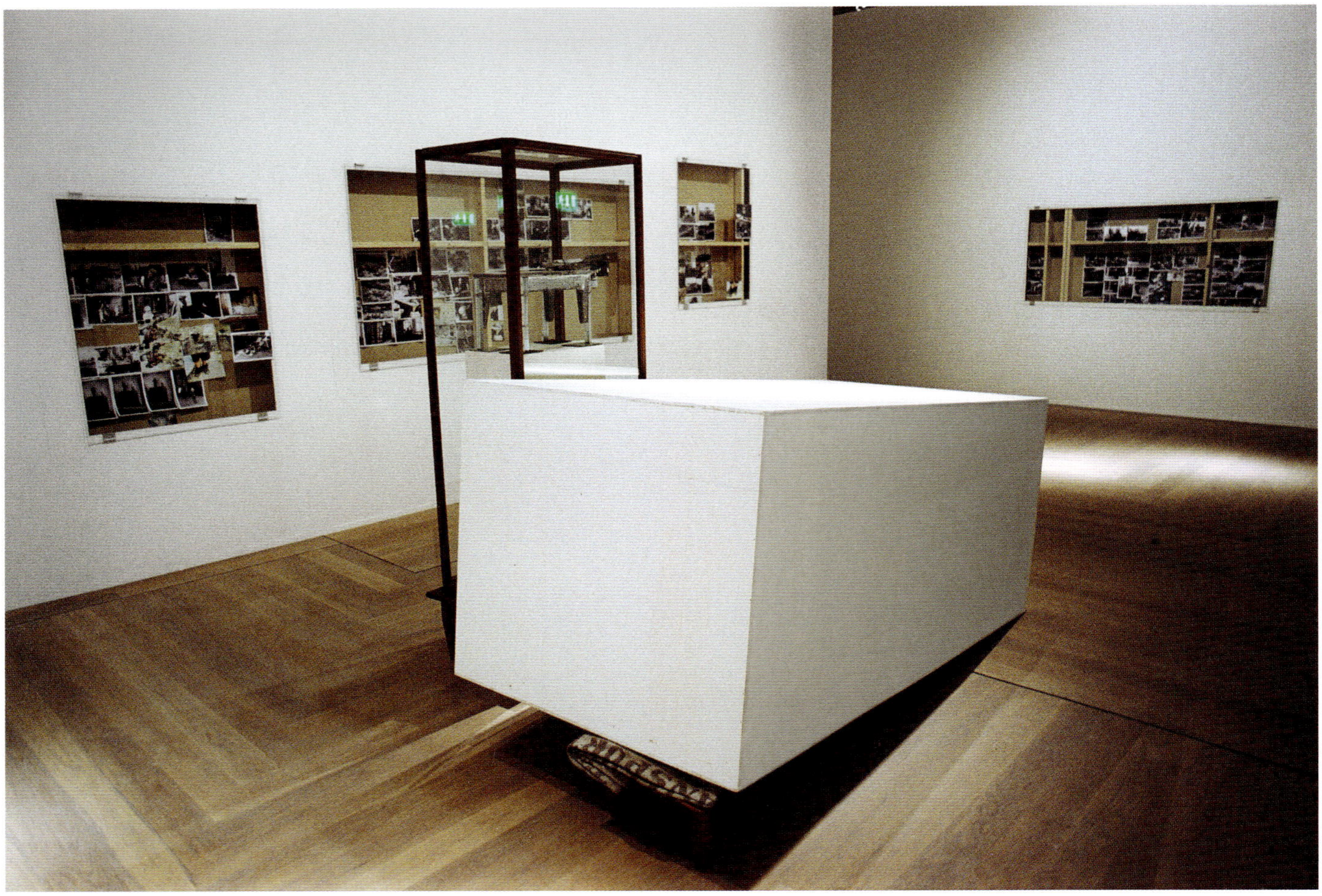

Stockholmer Raum, Für Rafael Moneo, 1998
Stockholm Room, For Rafael Moneo
Ausstellungsansicht / Installation view: Moderna Museet, Stockholm, 1998

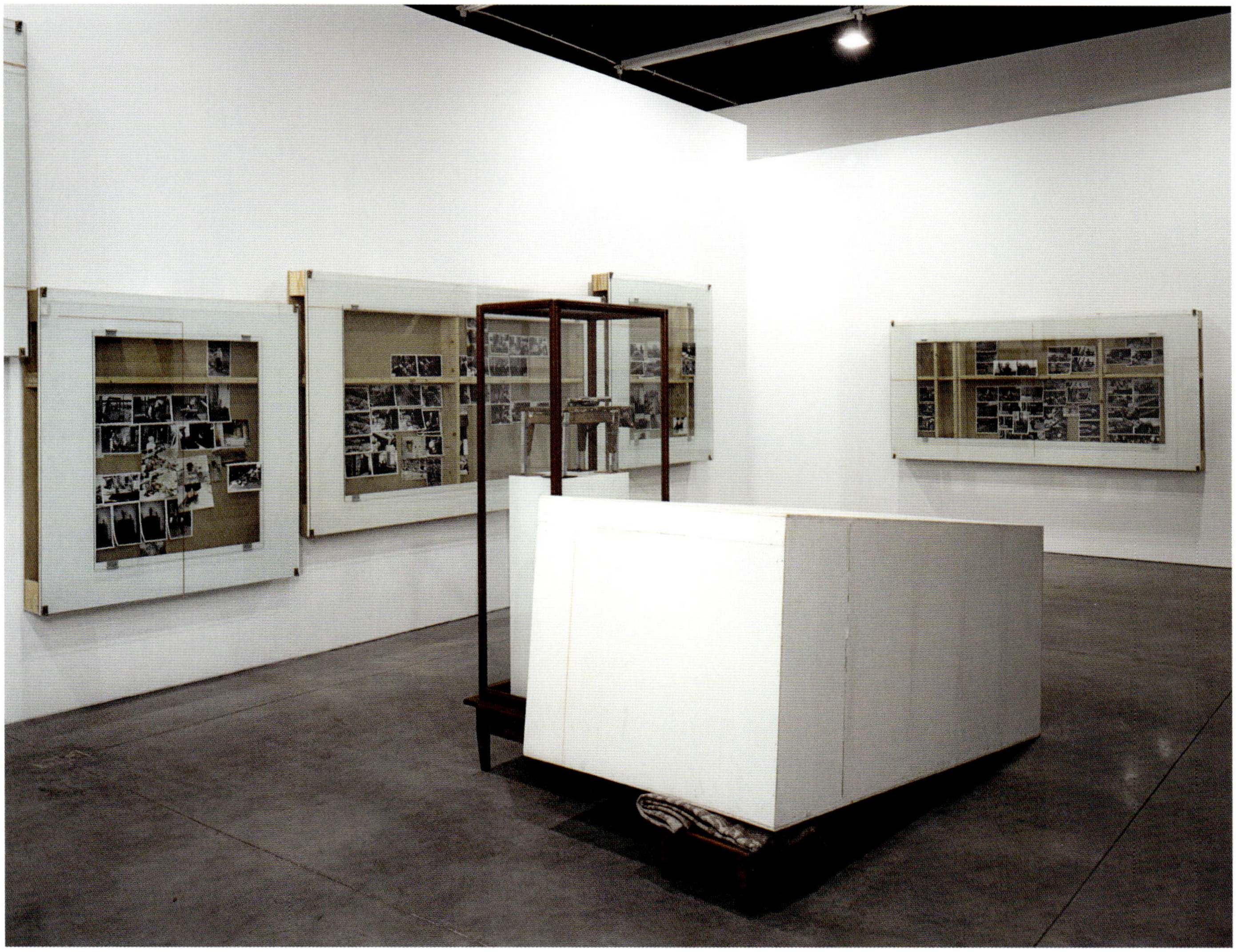

Stockholmer Raum, Für Rafael Moneo, [1998] 1998
Stockholm Room, For Rafael Moneo
Ausstellungsansicht / Installation view: Luhring Augustine, New York, 1998

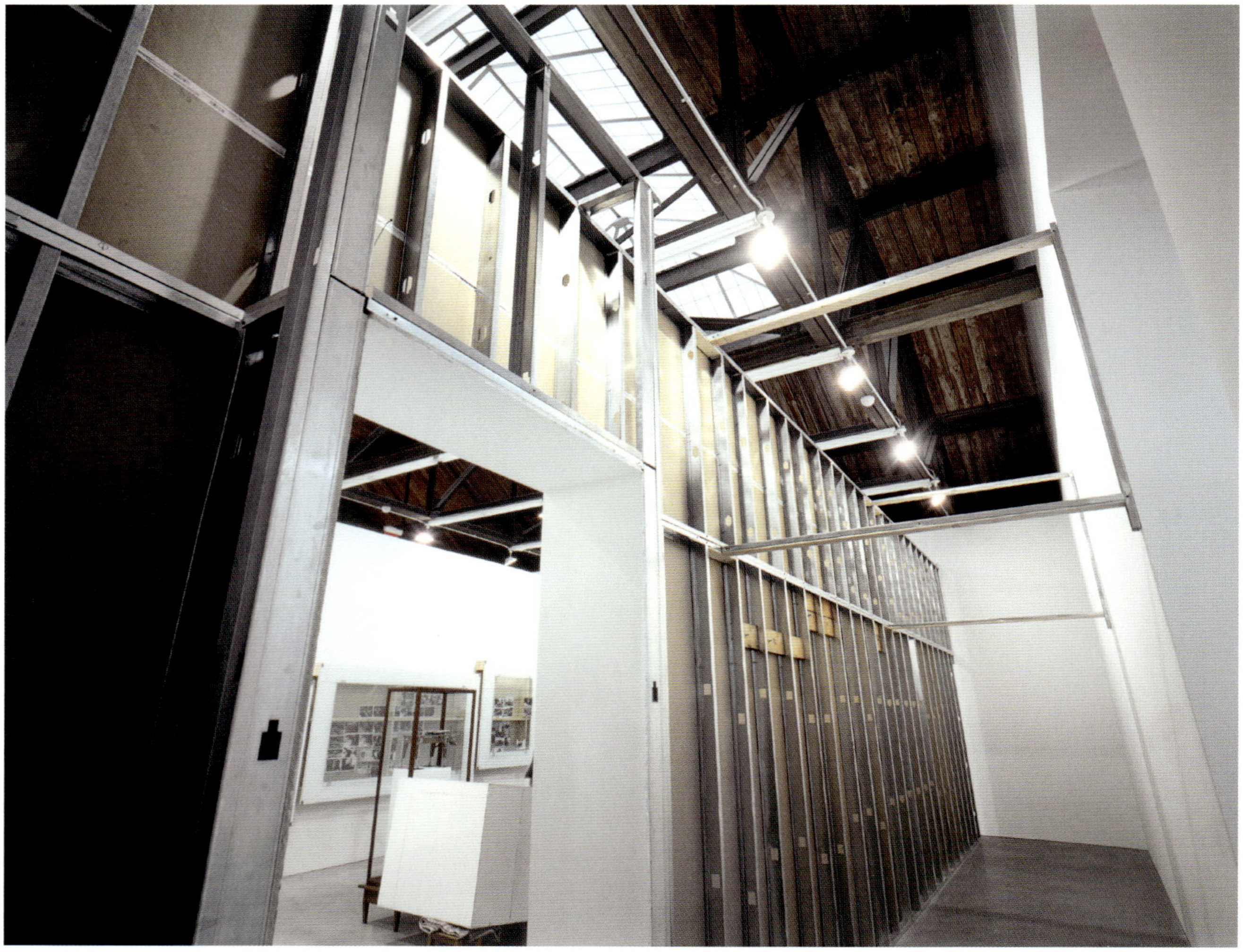

Stockholmer Raum, Für Rafael Moneo, [1998] 1998
Stockholm Room, For Rafael Moneo
Ausstellungsansicht / Installation view: Luhring Augustine, New York, 1998

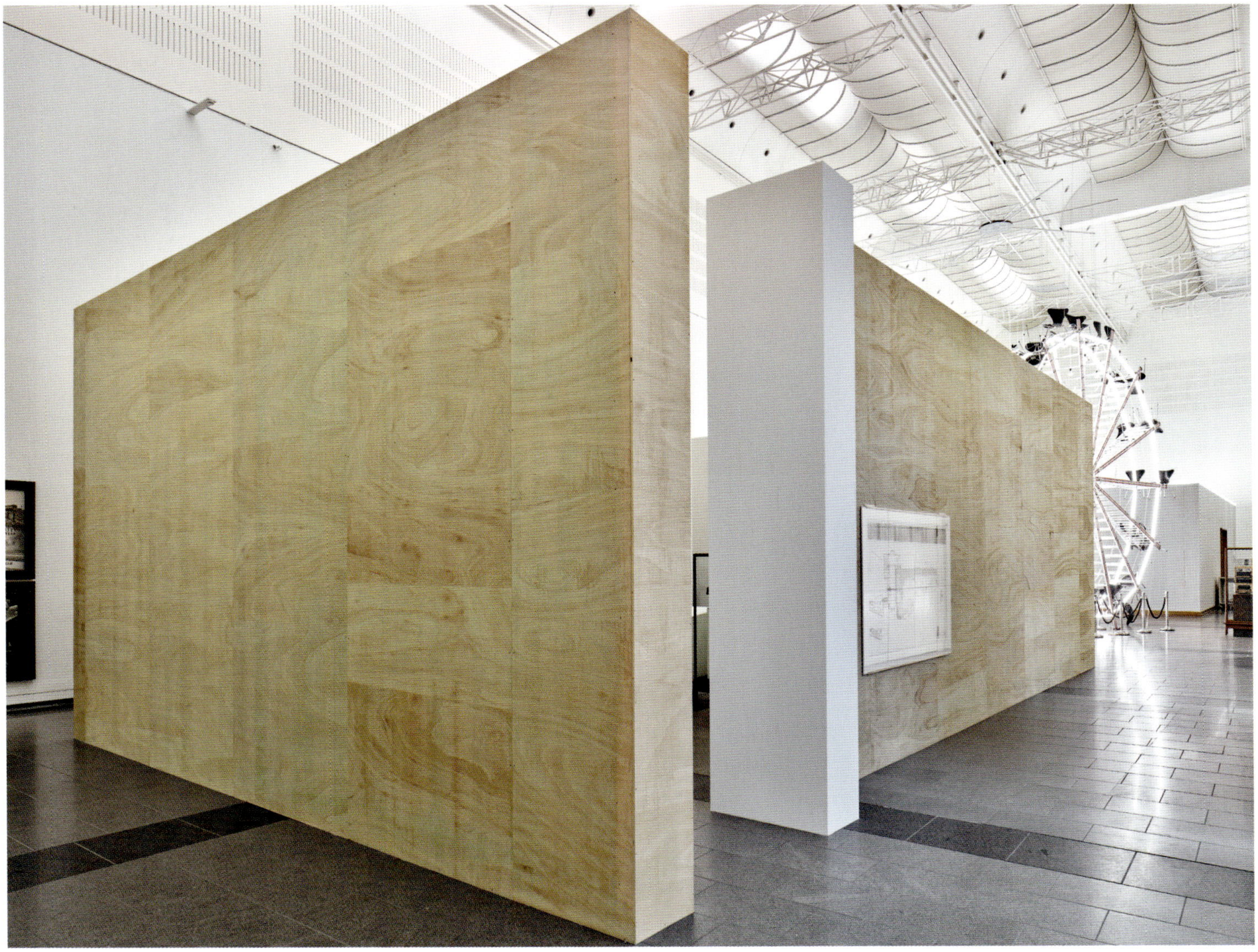

Stockholmer Raum, Für Rafael Moneo, [1998] 1998
Stockholm Room, For Rafael Moneo
Ausstellungsansicht / Installation view: Kunstsammlung Nordrhein-Westfalen, Düsseldorf, 2022

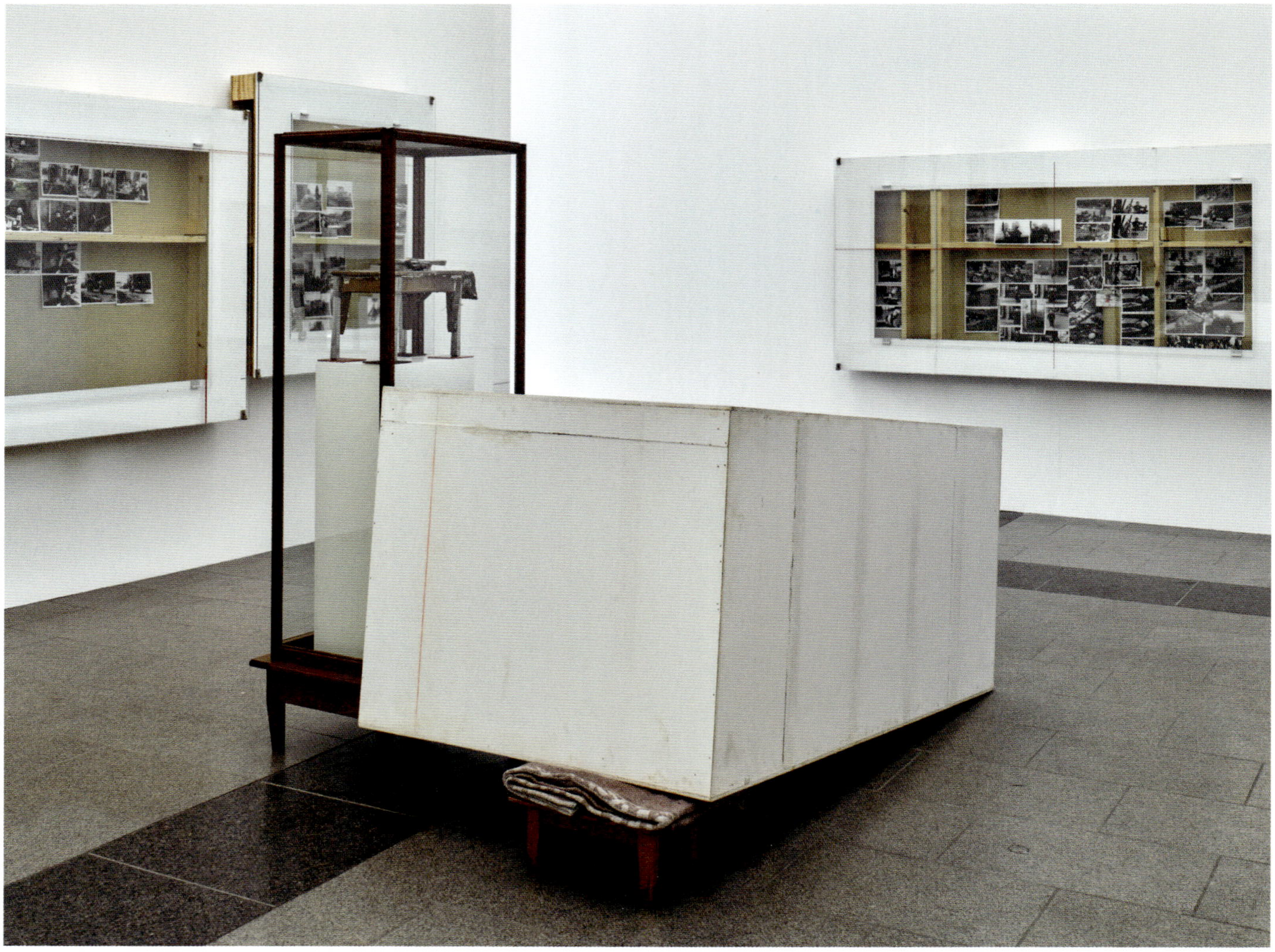

Stockholmer Raum, Für Rafael Moneo, [1998] 1998
Stockholm Room, For Rafael Moneo
Ausstellungsansicht / Installation view: Kunstsammlung Nordrhein-Westfalen, Düsseldorf, 2022
Rechts / opposite: Detail

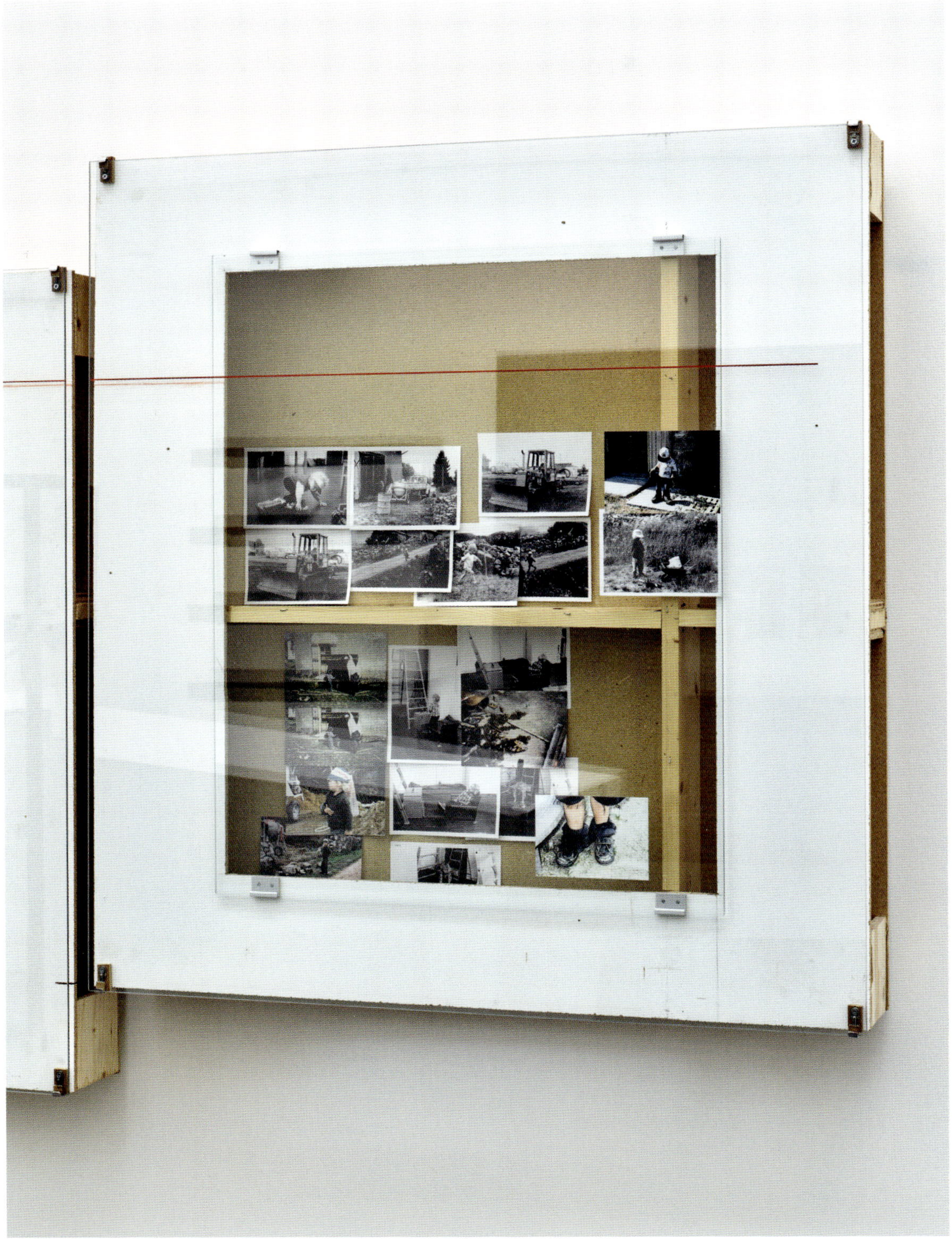

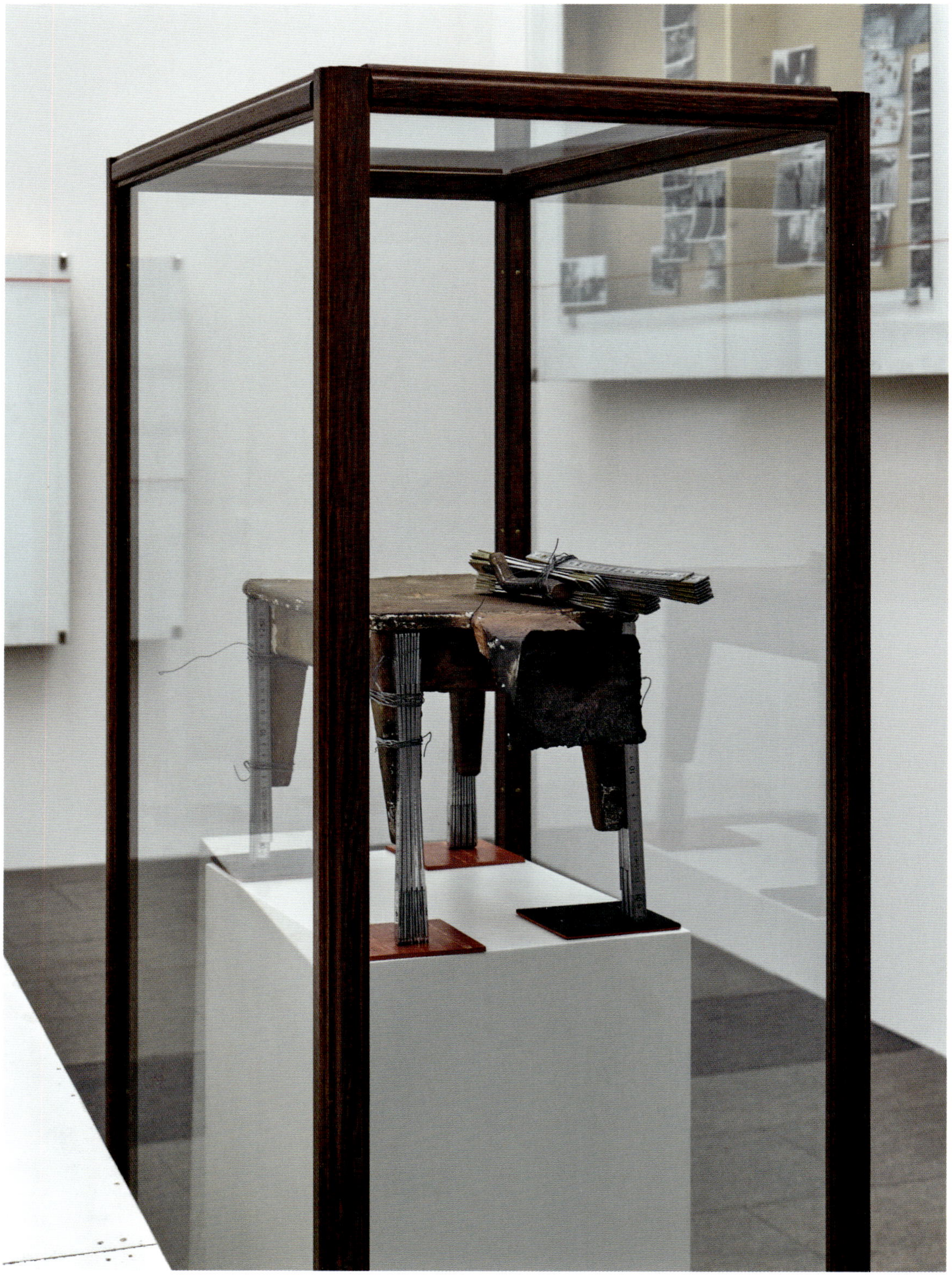

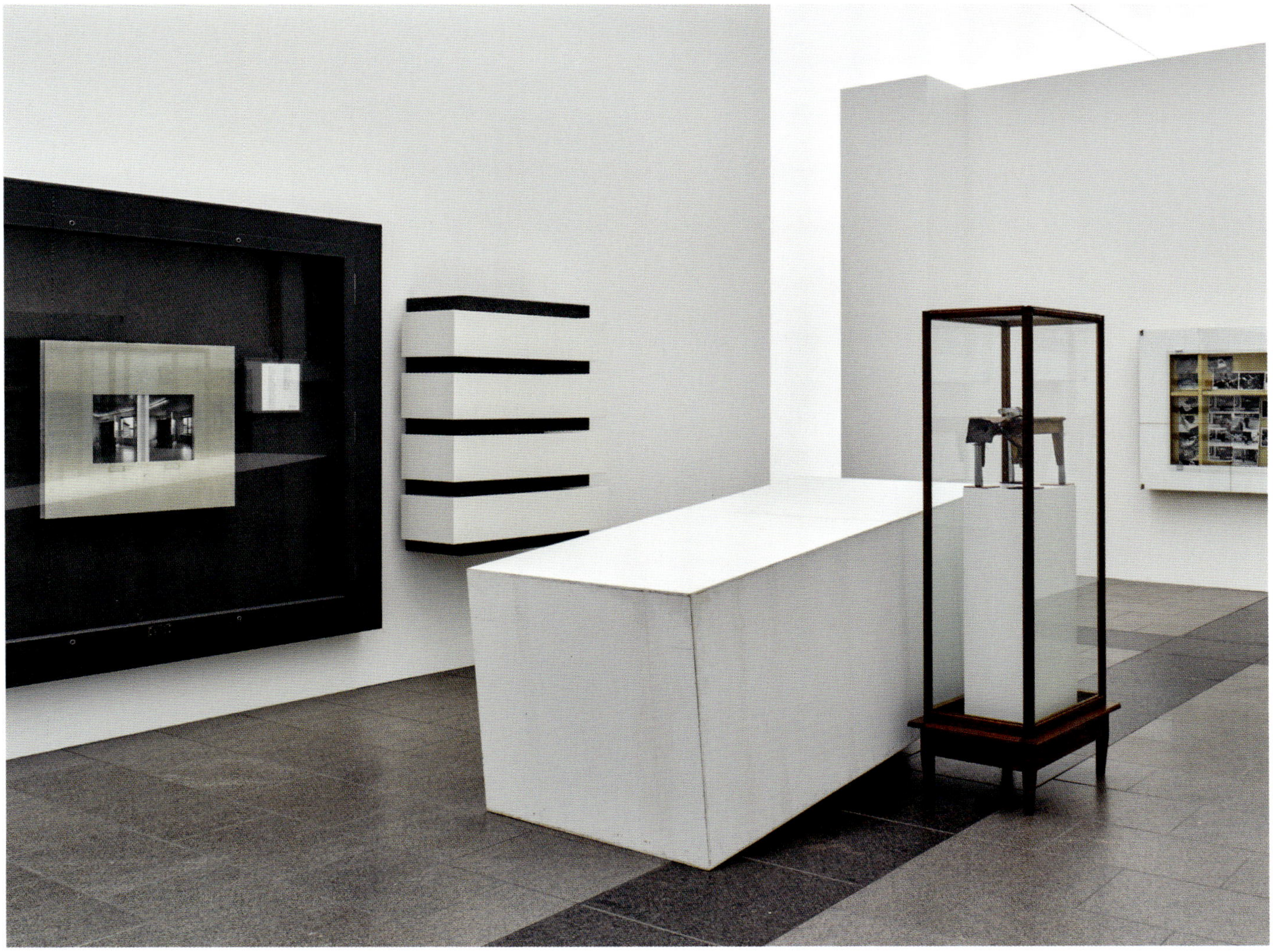

Stockholmer Raum, Für Rafael Moneo, [1998] 1998
Stockholm Room, For Rafael Moneo
Ausstellungsansicht / Installation view: Kunstsammlung Nordrhein-Westfalen, Düsseldorf, 2022
Links / opposite: Detail: **Krupp II**, 1998

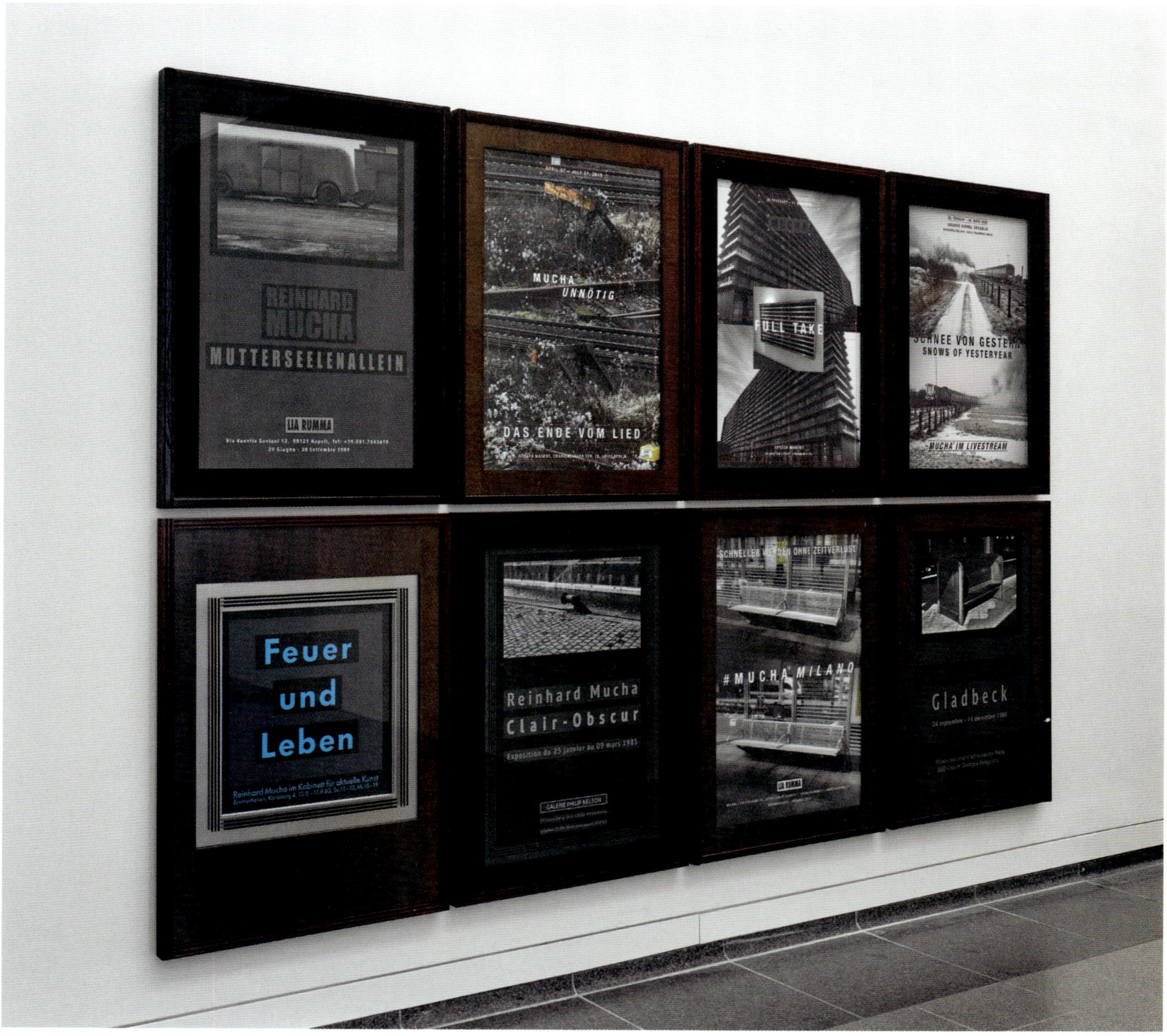
REINHARD MUCHA
MUTTERSEELENALLEIN
LIA RUMMA
MUCHA
UNNÖTIG
DAS ENDE VOM LIED
FULL TAKE
SNOWS OF YESTERYEAR
MUCHA IM LIVESTREAM
Feuer
und
Leben
Reinhard Mucha
Clair-Obscur
Exposition du 25 janvier au 09 mars 1985
GALERIE PHILIP NELSON
#MUCHA MILANO
Gladbeck

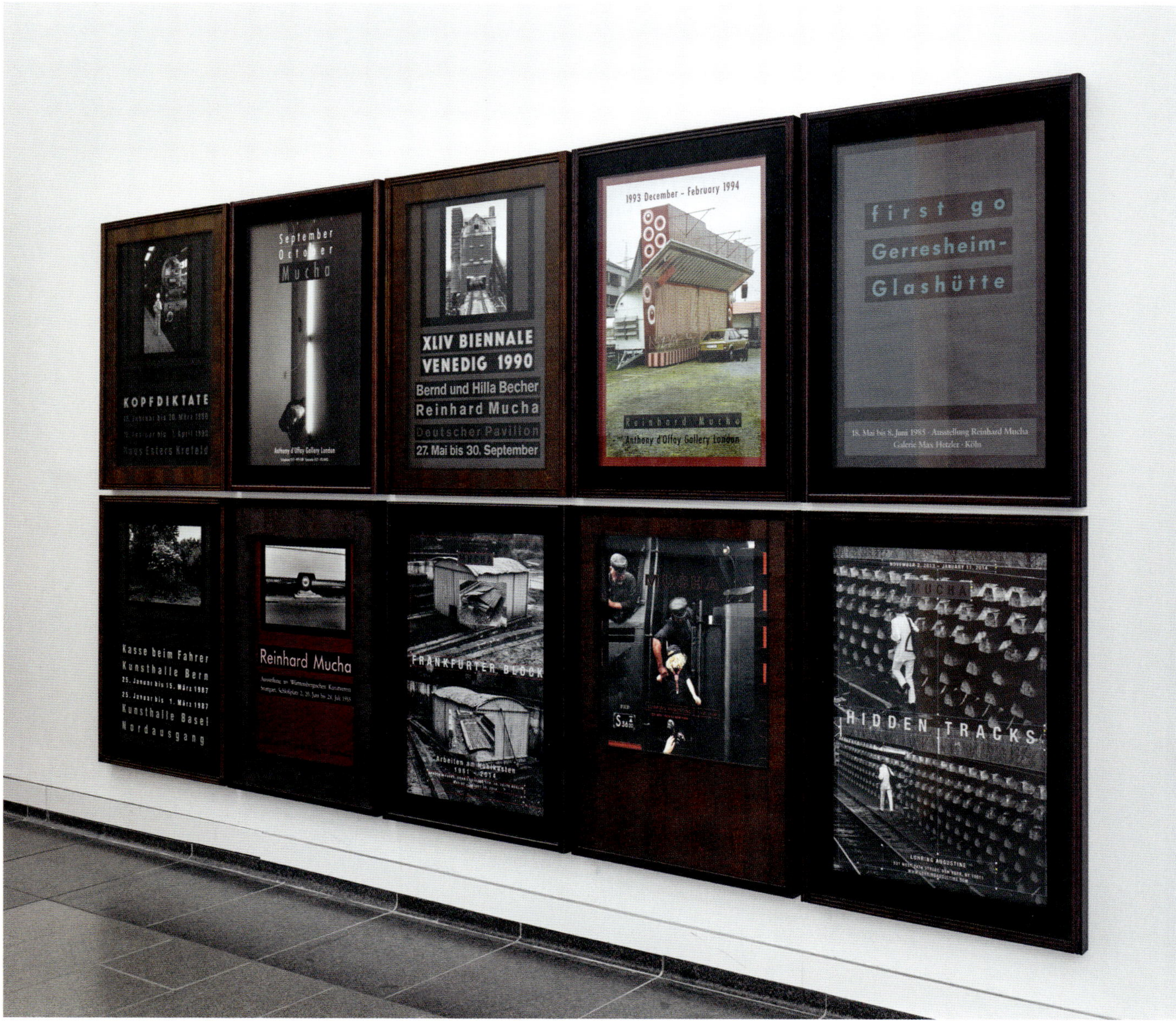

BBK-SL-KNY-BNVLNYB-MLBFPL, 1990, 1999, 2016, 2020
Ausstellungsansichten / Installation views: Kunstsammlung Nordrhein-Westfalen, Düsseldorf, 2022

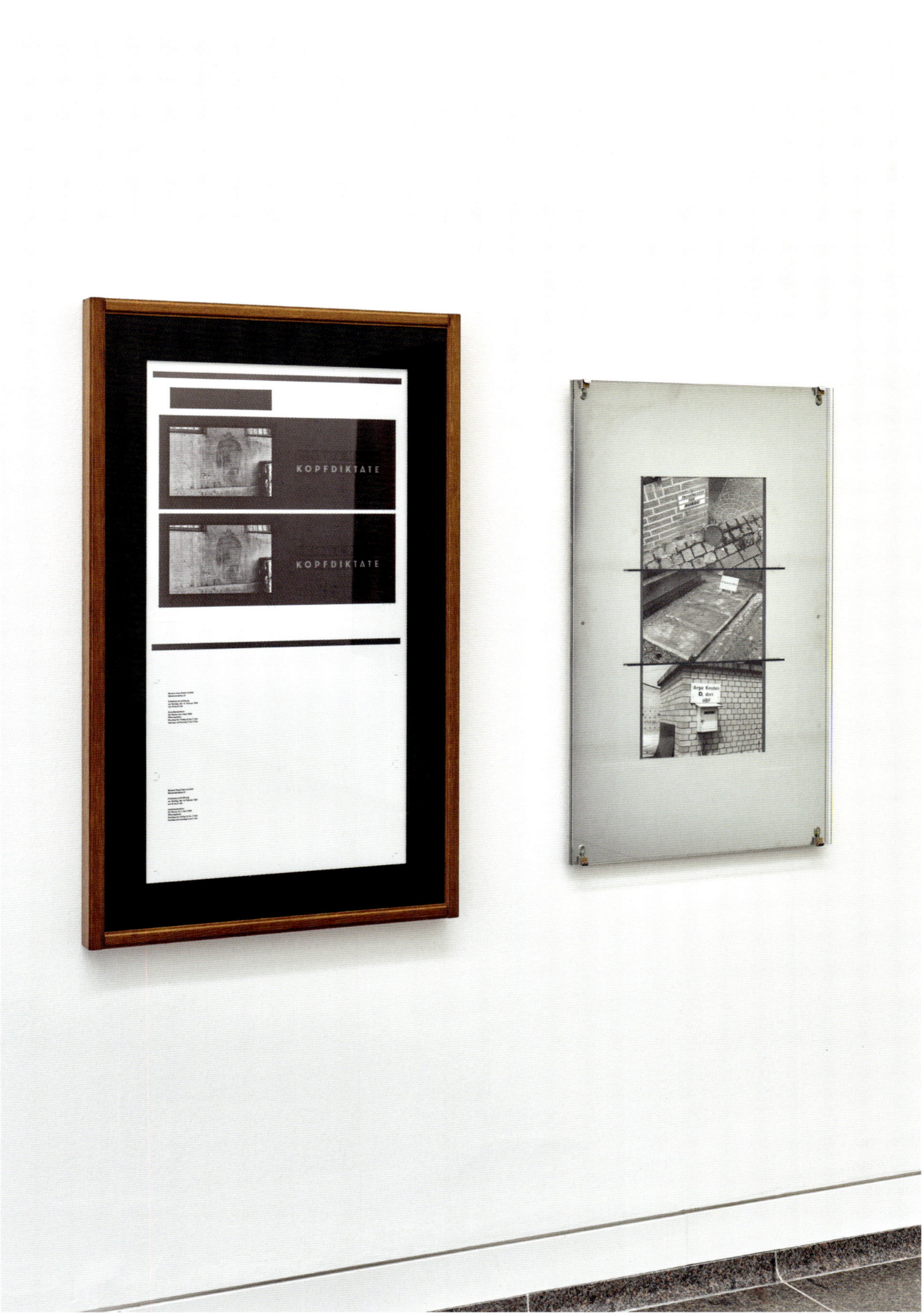

Edition 1990 – >>Kopfdiktate<<, 2002
Edition 1990 – >>Head Dictations<<
dX-edition, 1997
Ausstellungsansicht / Installation view: Kunstsammlung Nordrhein-Westfalen, Düsseldorf, 2022

STEFANIE KREUZER

Das Archiv

The Archive

Muchas künstlerisches Archiv besteht aus Leitz-Ordnern[1], die weit mehr als bloße Informations- oder Wissensspeicher und weit mehr als ein sachlicher Ort des Ordnens und Bewahrens sind. Sie repräsentieren die durch den Künstler erstellte Ordnung und führen eine Sammlung relevanter Ereignisse, Gedanken und Dinge[2] zusammen, die sich zu distinkten Werken formieren und diese zugleich mit vielfältigen Beziehungen, Querverbindungen in ein Netz, ein Gedankengebäude einbinden. Die Ordner sind, metaphorisch gesprochen, der Blick in den Kopf, ins Denken und Fühlen des Künstlers, in die Art und Weise, wie Dinge assoziiert werden, wie alles mit allem in Verbindung gebracht werden kann – ein All-over, das entsteht und zugleich, bedingt durch die eigene Struktur, aus dem Anspruch der vielschichtigen Verknüpfungen sich beständig verschiebt und also solches immer unvollendet bleiben muss.

Weder ist „das Archiv ... in seiner Totalität ... beschreibbar“[3] noch kann „das niemals vollendete, niemals restlos

1 **The German Leitz-Kultur** ist der Titel eines Werkes von Mucha aus dem Jahr 2021.

2 Dokumente, Fotokopien, Briefe, Postkarten-Korrespondenzen, genaue Bezeichnungen der Werke mit der Auflistung aller Materialien und der Ausstellungshistorie der Werke, Recherche zu den Werken, Bilder von anderen Kunstwerken, die Assoziationen zum Werk zulassen, Detailzeichnungen und Installationszeichnungen, Berechnungen, Landkarten, Ausstellungsanfragen, Quittungen von Materialankäufen, Materiallisten, Berichte, Zeitungs- und Internetartikel (ausgedruckt) zur Geschichte, zur Forschung, zur Wissenschaft, zu technischen Erfindungen in assoziativen oder konkreten Verbindungen mit den Werken, Fotos von Ausstellungs- und Installationssituationen, Ausstellungsrezensionen, private Fotografien, Texte zu Katalogbeiträgen, Texte des Künstlers, philosophische Gedanken, Ideen, abgewiesene Ausstellungsanfragen oder verworfene Katalogbeiträge ... füllen die Ordner, deren Papiere wie geschichtete Sedimente eines Gesteins verbunden durch den Metallbügel übereinanderliegen.

3 Michel Foucault, Archäologie des Wissens, 4. Aufl. Frankfurt am Main 1990, S. 189.

Mucha's artistic archive consists of Leitz ring binders,[1] which are far more than mere storage systems for information or knowledge, and far more than a factual place of organization and preservation. They represent an order created by the artist and bring together a collection of relevant events, thoughts, and things[2] that form distinct works and, at the same time, integrate these into multiple diverse relationships, a network of cross-connections, an edifice of ideas. Metaphorically speaking, the ring binders represent a view into the artist's mind, into his thinking and feeling, into the way things are associated, how everything can be connected with everything else – an "allover," complete totality that emerges and, at the same time conditioned by its own structure, constantly shifts from the claim of the multi-layered connections and, as such, must always remain unfinished.

The archive can neither "be described in its totality,"[3] nor can "the never completed, never wholly achieved uncovering of the archive"[4] succeed, Michel Foucault states in his book

1 **The German Leitz-Kultur** is the title of a work by Mucha from 2021.

2 Documents, photocopies, letters, postcard correspondence, precise descriptions of works listing all materials and the exhibition history of the works, research done on the works, images of other artworks that invite associations with the respective work, detailed drawings and installation blueprints, calculations, maps, exhibition requests, receipts of material purchases, material lists, reports, newspaper and Internet articles (printed) on the history, research, science, and technical inventions in associative or concrete connections with the works, photographs of exhibition and installation views, exhibition reviews, private photographs, texts on catalogue contributions, texts by the artist, philosophical thoughts, ideas, rejected exhibition requests or unused catalogue contributions, etc., fill the folders, with papers lying on top of each other like layered sediments of a rock held together by the metal rings of the binder.

3 Michel Foucault, *The Archaeology of Knowledge and The Discourse on Language* [1969], trans. A. M. Sheridan Smith (New York: Pantheon, 1972), 130.

4 Foucault, *The Archaeology of Knowledge*, 131.

vollzogene Hervorbringen des Archivs"[4] gelingen, konstatiert Michel Foucault in seinem Buch *Archäologie des Wissens* (1981), wobei er das Archiv nicht als materielle Sammlung, sondern als Gesamtheit der Möglichkeitsbedingungen von Aussagen versteht. Die „Beschreibung des Archivs [könnte jedoch] gerechtfertigt werden", so fährt er fort, indem sie das „beleuchtet, was sie ermöglicht: den Ort ausmachen, von wo aus sie selbst spricht ..."[5]. Den Ort ausmachen, das meint in Bezug auf das Archiv des Künstlers nicht nur den gedanklichen Ort, sondern auch die konkrete Verortung: Der Bau, er ist „das Endziel aller bildnerischen Tätigkeit", wie es Mucha in seinem Ordner „Der Bau II, von hier aus, 1984" archiviert, das Gründungsmanifest des Bauhauses (Walter Gropius, Weimar 1919) zitierend[6].

„**Der Bau**", [2002] 1980–1984[7] lautet der Titel eines zentralen Werkes von Mucha, das für die Idee des Archivs wesentlich ist. Zugleich verweist die Bezeichnung auf eine unvollendete Erzählung Franz Kafkas[8], die sich vollständig ausgedruckt im Archivordner „Der Bau I, 1972, (Prolog), 1984, (Brilon)" befindet. Kafkas Ich-Erzähler, ein im Text nicht klar benanntes Tier, reflektiert dort ausführlich die Konstruktion seines kaum sichtbaren Baus unter der Erde, für den es immerfort gewagte architektonische Pläne entwirft, um diese kurz darauf wieder über den Haufen zu werfen. Im durchaus stolpernden Fluss der Geschichte wird der Bau beständig umgewälzt, neu gebaut und neu vermessen, verworfen, stets getrieben von der Angst vor der Entdeckung durch andere, Feinde oder Fremde.

Kafkas Tier der Erzählung ähnelt durch die Beschreibung seines Verhaltens einem Maulwurf und spielt damit auf die metaphorische Dimension des Maulwurfbilds an, das die Suche des Menschen nach Erkenntnis visualisiert. Erkenntnistheoretisch war die Blindheit des Maulwurfs aus historischer Sicht zunächst als ein Defizit verstanden worden, da die Lichtmetaphorik des Verstehens Erkenntnis mit der Vorstellung des Lichts verband. Erst mit dem Ende der Aufklärung und ihrem Fortschrittsoptimismus fielen lange Schatten auf die Lichtmetaphorik des Verstehens und das Gegenbild des Maulwurfs, des unterirdischen Wühlers nahm erkenntnistheoretisch an Fahrt auf. Sein Nährboden sind nunmehr nicht mehr die gleißenden Sphären des Lichts, sondern jene der tiefen Dunkelheit. Das unterirdische Graben, das Durchwühlen der (geschichtlichen) Sedimente rückt zuweilen auch in evolutionäre oder vielmehr revolutionäre Nähe. „In diesem Buche", so mahnt Friedrich Nietzsche in seiner Schrift *Morgenröthe. Gedanken über die moralischen Vorurtheile*[9], die zwar im Titel noch immer eine Lichtmetapher führt, „findet man einen ‚Unterirdischen' an der Arbeit, einen Bohrenden, Grabenden, Untergrabenden." Seinen Prozess des Hinterfragens bezeichnet er als „Arbeit der Tiefe", bei der er sich mit der Figur des „Maulwurfs" assoziiert.

Der Maulwurf und sein Wühlen werden zum Bild für die unterminierende Arbeit des Geistes, für das Durchdringen der Sedimente. Er verkörpert die Bewegung der Erkenntnis in der Sphäre der Dunkelheit. So auch bei Georg Wilhelm Friedrich Hegel[10], wo die Arbeit des Geistes den Untergrund des geschichtlichen Bodens durchwühlt[11] und damit das scheinbar sichere Terrain kultureller Konstruktionen ins Wanken bringt. In diesem Sinne wird „Der Maulwurf ... zum Metapherntier der Unterhöhlung aller gewohnten und gesicherten Erfahrungen; er unterminiert das Gedächtnis"[12] und mithin das feste Land, auf dem „der Mensch ... sein Leben führt und ... seine Institutionen errichtet",

4 Michel Foucault, Archäologie des Wissens (wie Anm. 3), S. 190.

5 Michel Foucault, Archäologie des Wissens (wie Anm. 3), S. 189.

6 Der Ort des Archivs ist das Atelier des Künstlers, hier wird es aufbewahrt und ist zugleich ein Ort des Aufbewahrens. Das Gebäude ist damit ähnlich wie das Archiv eine Organisationseinheit, ein Ort als Gedächtnisinstitution.

7 Mucha, **Der Bau** [2002], 1980–1984, 5-teilige Rauminstallation, Teil A: 194 × 180 × 59 cm, Teil B: 202 × 470 × 77 cm (REMSCHEID), 1983, Teil C: 195 × 190 × 700 cm, Teil D/Teil E: Raummaße (St. Georgen, 2002, Sammlung Grässlin): 305 × 1600 × 950 cm.

8 Entstehungsdatum: 1923/24; Veröffentlichungsdatum: 1931.

9 Die 2. Ausgabe des Buchs erschien 1887 mit einer im Jahr zuvor verfassten Vorrede: Friedrich Nietzsche, Morgenröthe. Gedanken über die moralischen Vorurtheile, in: Ders., Werke in drei Bänden, hg. von Karl Schlechta, München 1954–1956, Bd. 1, 1954, S. 1010–1279, hier S. 1011–1012: „Vorrede 1. In diesem Buche findet man einen ‚Unterirdischen' an der Arbeit, einen Bohrenden, Grabenden, Untergrabenden. Man sieht ihn, vorausgesetzt, daß man Augen für solche Arbeit der Tiefe hat ... Daß er vielleicht seine eigne lange Finsternis haben will, sein Unverständliches, Verborgenes, Rätselhaftes, weil er weiß, was er auch haben wird: seinen eignen Morgen, seine eigne Erlösung, seine eigne *Morgenröte*? ... Gewiss, er wird zurückkehren: fragt ihn nicht, was er da unten will, er wird es euch selbst schon sagen, dieser scheinbare Trophonios und Unterirdische, wenn er erst wieder ‚Mensch geworden' ist. Man verlernt gründlich das Schweigen, wenn man so lange, wie er, Maulwurf war, allein war -- 2. In der Tat, meine geduldigen Freunde, ich will es euch sagen, was ich da unten wollte ... [I]ch stieg in die Tiefe, ich bohrte in den Grund, ich begann ein altes *Vertrauen* zu untersuchen und anzugraben, auf dem wir Philosophen seit ein paar Jahrtausenden wie auf dem sichersten Grunde zu bauen pflegten, – immer wieder, obwohl jedes Gebäude bisher einstürzte ich begann unser *Vertrauen* zur *Moral* zu untergraben."

10 G. W. F. Hegel, Vorlesungen über die Philosophie der Geschichte, Frankfurt am Main 1970 (auf der Grundlage der Werke von 1832–1845).

11 „Im Untergrund, dies ist der stärkste Zug von Hegels gewaltigem Bild, wirkt ein wahres ‚Geisterreich'. Es ist im Bild des Maulwurfs gefasst, dem als ‚Geist der Zeit' zu folgen ist." Horst Bredekamp, Der Maulwurf, in: Zoologicon. Ein kulturhistorisches Wörterbuch der Tiere, hg. von Christian Kassung, Jasmin Mersmann und Olaf B. Rader, München/Paderborn 2012, S. 240–245, hier S. 243.

12 Horst Bredekamp, Der Maulwurf (wie Anm. 11), S. 242.

The Archaeology of Knowledge (1969), understanding the archive not as a material collection but as the totality of the conditions of possible statements. This "description of the archive [could, however] be justified," he continues, "could it elucidate that which makes it possible, map out the place where it speaks."[5] To map out the place, means, in relation to the archive of the artist, not only the mental place but also the concrete location: the building; it is "the ultimate goal of all artistic activity," as Mucha archives it in his ring binder "Der Bau II, von hier aus, 1984," quoting the founding manifesto of the Bauhaus (Walter Gropius, Weimar, 1919).[6]

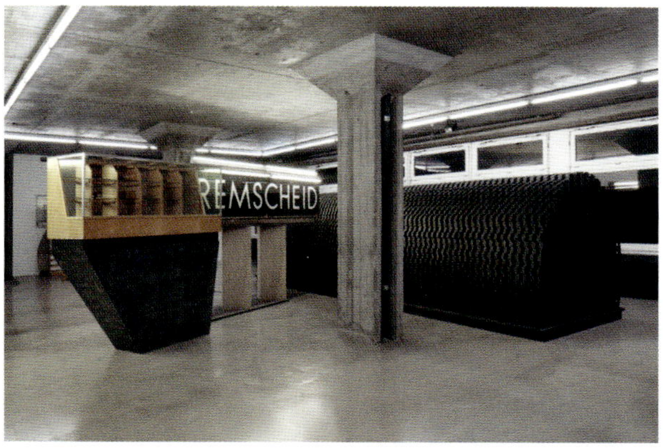

„Der Bau", [2002] 1980–1984
"The Burrow"
Sammlung Grässlin, St. Georgen

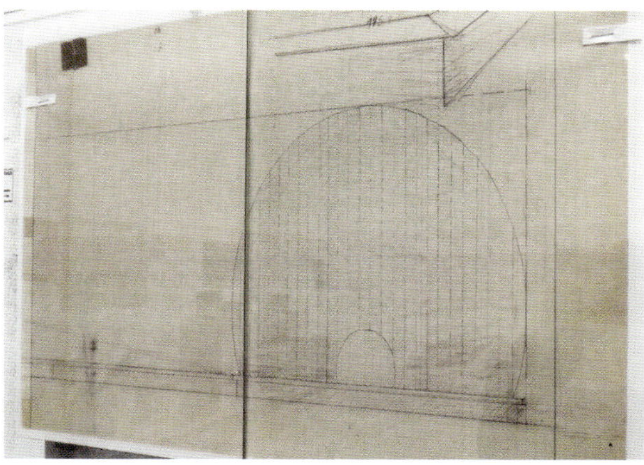

„Der Bau" – Auszüge aus dem großen Kalender II, [2000] 1999
"The Burrow" – Excerpts from the Big Calendar II
Detail

"Der Bau" (**"The Burrow"**), [2002] 1980–1984,[7] is the title of a central work by Mucha, which is essential to the idea of the archive. At the same time, the title references an unfinished short story by Franz Kafka,[8] which can be found printed in its entirety in the archival binder "Der Bau I, 1972, (Prolog), 1984, (Brilon)." Kafka's first-person narrator, an animal not clearly identified in the text, reflects in detail on the construction of his well-hidden underground burrow, for which he continually draws up daring architectural plans only to discard them again shortly afterward. In the thoroughly erratic flow of the story, the burrow is constantly re-conceived, re-built, and re-measured, only to be discarded, always driven by the fear of discovery by others, whether enemies or strangers.

Through the description of its behavior, Kafka's animal in the short story resembles a mole, thus alluding to the metaphorical dimension surrounding the image of the mole, which visualizes humankind's search for knowledge. From a historical perspective, the mole's blindness was initially understood epistemologically as a deficit since the notion of light, as a symbol of understanding, was linked metaphorically to that of cognition. Only with the end of the Enlightenment and its optimism regarding progress did long shadows fall on the metaphor of light as understanding, and the counter-image of the mole, the subterranean burrower, gained epistemological momentum. Its natural habitat is now no longer glistening spheres of light but those of profound darkness. The underground digging, the burrowing through the (historical) sediments occasionally also shifts into evolutionary or even revolutionary proximity. "In this book,"

5 Foucault, 130.

6 The location of the archive is the artist's studio; it is stored here – and, at the same time, it is a place of safe keeping. The building is thus, similar to the archive, an organizational unit, a place as memory institution.

7 Mucha, **"Der Bau"** (**"The Burrow"**), [2002] 1980–1984, five-part installation: part A: 76.38 × 70.87 × 23.23 in.; part B: 79.53 × 185.04 × 30.32 in. (REMSCHEID), 1983; part C: 76.77 × 74.80 × 275.59 in.; part D / part E: dimensions of the space (St. Georgen, 2002, Grässlin Collection): 120.08 × 629.92 × 374.02 in.

8 Written: 1923/24; published: 1931.

wie es Hans Blumenberg in *Schiffbruch mit Zuschauer*[13] so treffend beschreibt. Genau dort beginnt die untergrabende – und mithin subversive oder künstlerische – Tätigkeit des Maulwurfs, der in der Perspektive des Ich-Erzählers zu Beginn von Kafkas Erzählung seine ambitionierte Absicht verkündet, den Bau zu errichten, und zugleich durch die subversive List des Irrgangs das beständige Scheitern des Projekts vorwegnimmt: „Ich habe den Bau eingerichtet und er scheint wohlgelungen. Von außen ist eigentlich nur ein großes Loch sichtbar, dieses führt aber in Wirklichkeit nirgends hin, schon nach ein paar Schritten stößt man auf natürliches festes Gestein."[14]

In den Archivordnern Muchas zu „**Der Bau**" gräbt kein Maulwurf, aber es finden sich Informationen zu anderen Tieren, die Baue errichten. Neben dem Fuchs[15] gibt es auch ein Datenblatt zum Dachs. Ein Tier, das als „Ingenieur der Tierwelt" einen Bau „über mehrere Etagen [plant], ... ein Rohrsystem unter der Erde [gräbt] und ... gepolsterte Wohnkessel ... und separate Ein- und Ausgänge ... [anlegt]"[16] – ein durchaus treffliches Bild für das Gebäude des Ateliers und das dort verortete Archiv, das mit seinen Verbindungslinien (Tunneln), Verweisen, Querverweisen, Gedanken*gängen*, Abzweigungen, Umwegen, Abdriftungen ... das Wissen zur deutschen Industriegeschichte der Nachkriegszeit, die Kenntnisse des Bergbaus, die Entwicklung der Eisenbahnnetze, die Geschichte der Bahnhöfe, die Technik der Tunnelbohrung, die existierenden Eisenbahnstreckenführungen und Knotenpunkte, diverse geografische Karten nebst Aufstellungen von Tarifsystemen ... und nicht zuletzt die Verbindung zur Kunst und zum Herstellungsprozess seiner Werke zusammenführt und in seinen speziellen künstlerischen Diskurs einbindet. Michel Foucault nennt dieses sich zwischen den Wissensgebilden entspinnende Netz von Verbindungen die archäologische Ebene, das epistemische Feld, dessen Episteme er an den „Tag bringen"[17] will, während bei Mucha im Tunnel „unter Tage" weitergearbeitet wird: Richtpunkte und Visiermarken werden gesetzt, Vermessungen[18] unternommen, der

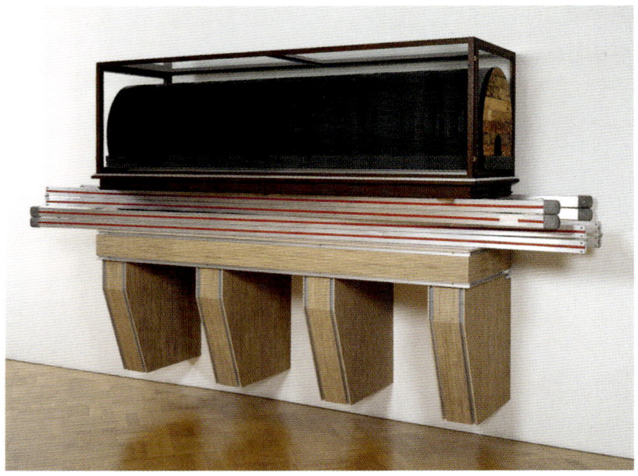

Brilon, [1997], [1985] 1984
Sammlung Landesbank Baden-Württemberg

13 Hans Blumenberg, Schiffbruch mit Zuschauer. Paradigma einer Daseinsmetapher, 3. Aufl. Frankfurt am Main 1988, S. 9.

14 Franz Kafka, Der Bau, in: Ders., Die Erzählungen, Frankfurt 1961, S. 378–413, hier S. 378.

15 In einem Brief an Klaus Simon (02.04.2011) im Archivordner „KS 170 1981 bis 1997" beschreibt sich Mucha als „graue(n) Fuchs", der „durch die Gänge u. Höhlen des dieses Jahr 100 Jahre alt gewordenen Baus schnür(t)."

16 Zitiert nach Mucha im Archivordner „Der Bau I, 1972 (Prolog) 1984 (Brilon)".

17 Michel Foucault, Die Ordnung der Dinge, 8. Aufl. Frankfurt am Main 1989, S. 24.

18 Auf die Ausbildung von Mucha zum Vermessungstechniker während des Bundeswehrdienstes sei an dieser Stelle hingewiesen.

Friedrich Nietzsche admonishes in *Daybreak: Thoughts on the Prejudices of Morality*,[9] which carries a metaphor of light in its title, "you will discover a 'subterranean man' at work, one who tunnels and mines and undermines." He describes his process of questioning as "work in the depths," in which he associates himself with the figure of the "mole."

The mole and its burrowing become the image for the undermining work of the spirit, for the penetration of the sediments. It embodies the movement of knowledge in the sphere of darkness. This is also the case with Georg Wilhelm Friedrich Hegel,[10] where the work of the spirit burrows through the subsoil of historical ground[11] and thus shakes the seemingly secure terrain of cultural constructions. In this sense, "the mole [...] becomes the metaphorical animal of the undermining of all habitual and assured experiences; it undermines memory"[12] and thus the "dry land" on which "humans live their lives and build their institutions," as Hans Blumenberg so aptly describes in *Shipwreck with Spectator*.[13] This is precisely where the undermining – and thus subversive or artistic – activity of the mole begins, which, in the perspective of the first-person narrator at the beginning of Kafka's short story, announces his ambitious intention to build the burrow and at the same time anticipates the constant failure of the project through the subversive trickery of a labyrinth: "I have completed the construction of my burrow and it seems to be successful. All that can be seen from outside is a big hole; that, however, really leads nowhere; if you take a few steps you strike against natural firm rock."[14]

In Mucha's archival binders on "**Der Bau**", no mole digs, but there is information on other animals that build burrows. In addition to the fox,[15] there is also a fact sheet on the badger. An animal that, as an "engineer of the animal kingdom," plans a burrow "with several floors, [...] digs a duct system underground and [...] creates padded living chambers [...] and separate entrances and exits"[16] – a thoroughly apt image for the building of the studio, and the archive located there, which, with its conduits (tunnels), references, cross-references, *trains* of thought, junctions, diversions, driftings, etc., brings together the knowledge of German industrial history of the post-war period, the knowledge of mining, the development of railroad networks, the history of railroad stations, the technology of tunnel boring, the existing railroad routes and hubs, various geographical maps, together with lists and charts of tariffs, etc., and last but not least, the connection to art and the production process of his works, and integrates these into his special artistic discourse. Michel Foucault calls such a network of connections, which develops between knowledge structures the archaeological level, the epistemological field, the episteme of which he wishes to "bring to light,"[17] while in Mucha's case, work continues "down, underground" in the tunnel. Reference points and sighting marks are set, surveys undertaken,[18] the tunneling advanced, the starting points or, rather, entry points into his "underground labyrinth"[19] fixed in order to orient the digger and create order in the edifice of ideas.

---

9 The second edition of the book was published in 1887 with a preface written the year before: Friedrich Nietzsche, *Daybreak: Thoughts on the Prejudices of Morality* [1881], ed. Maudemarie Clark and Brian Leiter, trans. R. J. Hollingdale (Cambridge: Cambridge University Press, 1997), 1–5, here 1–2: "Preface – 1. In this book you will discover a 'subterranean man' at work, one who tunnels and mines and undermines. You will see him – presupposing you have eyes capable of seeing this work in the depths [...] As though he perhaps desires this prolonged obscurity, desires to be incomprehensible, concealed, enigmatic, because he knows what he will thereby also acquire: his own morning, his own redemption, his own *daybreak*? ... He will return, that is certain: do not ask him what he is looking for down there, he will tell you himself of his own accord, this seeming Trophonius and subterranean, as soon as he has 'become a man' again. Being silent is something one completely unlearns if, like him, one has been for so long a solitary mole – – – 2. And indeed, my patient friends, I shall now tell you what I was after down there [...] I descended into the depths, I tunnelled into the foundations, I commenced an investigation and digging out of an ancient *faith*, one upon which we philosophers have for a couple of millennia been accustomed to build as if upon the firmest of all foundations – and have continued to do so even though every building hitherto erected on them has fallen down: I commenced to undermine our *faith in morality*."

10 G. W. F. Hegel, *Lectures on the Philosophy of History*, trans. John Sibree (London: George Bell and Sons, 1902), the only, though incomplete, English edition of Hegel's lectures, on the basis of the first collected works from 1832–1845.

11 "In the subsoil, this is the strongest feature of Hegel's powerful image, a true 'spirit realm' is at work. It is captured in the image of the mole, which is to be followed as the 'spirit of the time.'" Horst Bredekamp, "Der Maulwurf," in *Zoologicon. Ein kulturhistorisches Wörterbuch der Tiere*, ed. Christian Kassung, Jasmin Mersmann, and Olaf B. Rader (Paderborn: Wilhelm Fink, 2012), 240–245, here 243 [translated].

12 Bredekamp, "Der Maulwurf," 242 [translated].

13 Hans Blumenberg, *Shipwreck with Spectator: Paradigm for a Metaphor for Existence* [1979], trans. Steven Rendall (Cambridge, MA: The MIT Press, 1997), 7.

14 Franz Kafka, "The Burrow," trans. Willa Muir and Edwin Muir, in Franz Kafka, *The Complete Stories*, ed. Nahum Glatzer (New York: Schocken, 1971), 325–359, here 325.

15 In a letter to Klaus Simon (April 2, 2011) in the archival binder "KS 170 1981 bis 1997," Mucha describes himself as a "gray fox" who "laces through the corridors & caves of the building, which is 100 years old this year" [translated].

16 Mucha, quoted in the archival binder "Der Bau I, 1972 (Prolog) 1984 (Brilon)" [translated].

17 Michel Foucault, *The Order of Things: An Archaeology of the Human Sciences* [1966], trans. Alan Sheridan (New York: Pantheon, 1994), xxii.

18 Mucha's training as a surveying technician during his compulsory military service is worth mentioning here.

19 Dieter Forte, *Das Haus auf meinen Schultern*, 2nd ed. (Frankfurt am Main: S. Fischer, 2004), 105 [translated]. Mucha's archival binders contain numerous photocopies of texts by Dieter Forte, including the passage quoted here.

Tunnelbau vorangetrieben, die Ausgangs- oder vielmehr Einstiegspunkte in sein „Labyrinth unter Tage"[19] werden fixiert, um dem Grabenden Orientierung zu geben und um Ordnung im Gedankengebäude zu schaffen.

Als Pendant zum Wühlen in der Tiefe verhält sich bei der jeweiligen Installation der Werke an konkreten Orten dann aber das Licht. Das Licht des Raums, die Beleuchtung der Werke oder die dem Kunstwerk immanente Beleuchtung übernehmen die Orientierung, das heißt die hinweisende Funktion im Hinblick auf die Verortung des Werks. Die Beleuchtung bedeutet das Zeigen und Verweisen auf die Präsentationsform, sie akzentuiert damit den Ort und lässt ihn zum Teil des Werks werden.

Wie jeder Grubenbau besitzt auch das Archiv bestimmte, seinen Aufgaben entsprechende Regeln, das heißt, es besitzt eine Ordnung, von der Foucault sagt, dass sie das „innerste Gesetz ..., ein geheimes Netz" sei, „was nur durch das Raster eines Blicks, einer Aufmerksamkeit, einer Sprache existiert"[20]. Muchas künstlerische Sprache, die seinen „Blick" richtet, ist das Archiv, das für andere unsichtbar in den Schränken am Ort des Ateliers, im Gebäude lagert. Das Eigentliche ist nicht sichtbar, es ist verborgen, im Untergrund, wobei das unentwegte Erweitern und Ergänzen, Entwerfen und Verwerfen sowie das damit einhergehende implizite permanente Stolpern und Neuordnen des Archivs und der Ordnergeschichte ein Unfertiges, nie zu Ende kommendes Wagnis konnotiert, das sich auch auf die konkrete „Durcharbeitung" des Gebäudes an der Kölner Straße übertragen hat – Kafkas Wühler lässt grüßen!

„Der Bau", [2002] 1980–1984, eine 5-teilige Rauminstallation, ist daher ein emblematisches Werk. Sein Kernstück, seine Seele ist der Tunnel. **Brilon** [1997], [1985] 1984[21] bildet seinen „Prolog". **„Der Bau"** ist die bildliche Entsprechung zum Archiv, das die Sichtbarmachung des Vorhabens, der Ausgangspunkt für die „Untertageabstechung" des gedanklichen und zugleich sinnlichen Konstrukts ist, das alle Werke miteinander verbindet und zugleich von der Unmöglichkeit des Gelingens spricht, da sich mit jeder kleinsten Veränderung, jedem hinzukommenden Teil, jedem neuen Ordner-Raum immer wieder auch das gesamte Gebilde verändert. Eine Vergeblichkeit, von der auch Dieter Fortes Romanfiguren zu berichten wissen: „Es war ein Puzzle, das ihm immer wieder aus den Händen fiel, sobald es die Klarheit eines Bildes vermittelte, so genau die einzelnen Teile waren, sie fügten sich doch nie zusammen, obwohl sie eine Einheit bildeten, unzweifelhaft zusammengehörten, ein Bild darstellten; immer wieder gab es neue Lücken, immer wieder entfernte sich die Wahrheit, die diesem Bild zugrunde lag, die Wahrheit, die er suchte."[22]

Wie ein Myzel des Pilzes erstreckt sich das Archiv – respektive **„Der Bau"** – unter der Erde und schafft das nicht sichtbare, sich in Bewegung befindende, und daher stets unfertige Bild für den wühlenden geistigen, künstlerischen Zusammenhang. Durch ihn arbeitet sich das Denken durch und aus ihm treten immer wieder einzelne Werke an der Oberfläche zutage, so als hätten sie bis eben ausgeharrt an einem dafür geschaffenen Ort, einem Wartesaal, dem Aufenthaltsort für Reisende.[23]

Wartesaal – so lautet nicht nur die Bezeichnung mehrerer Archivordner, sondern auch der Titel eines Werks[24] des Künstlers, das das Warten sichtbar macht und dem Warten damit eine Präsentationsform gibt. **„Der Bau"** und **Wartesaal** (S. 64–77) stehen in einer direkten Verbindung zueinander, während einerseits assoziativ unter der Erde eine verzweigte, verschachtelte Struktur entworfen wird, ist andererseits der **Wartesaal** gleichermaßen eine Keimzelle eines Beziehungsgeflechts, einer Streckenkarte der Eisenbahn. Beide Werke besitzen eine vernetzte Anlage, aber dennoch ist der **Wartesaal** dem Werk **„Der Bau"** aus „baulicher Sicht" in gewisser Weise nachgeordnet.

Der **Wartesaal** ist eine Art Katalogwerk, das Informationen speichert, eine Archivstruktur ähnlich einer Kompaktanlage, wie man sie in Ausstellungsinstitutionen als Depot, als Magazin zur Aufbewahrung von Bildern kennt. Elf verzinkte Stahlblechregale[25], die ineinandergeschoben sind, nebeneinanderstehen, beherbergen horizontal gelagerte „Bilder-Schilder". Die Schilder besitzen eine Doppelfunktion, die des Bilds und des Hinweises zugleich, es sind Bildertafeln, auf denen Schrift und Bild, verbale und visuelle Zeichen, zusammenfinden. Die schwarz-weiß bemalten Holzbildtafeln tragen Namen, allesamt Städtenamen von gleicher

---

19 In Muchas Archivordnern befinden sich zahlreiche Fotokopien zu Texten von Dieter Forte und auch die hier zitierte Stelle. Dieter Forte, Das Haus auf meinen Schultern, 2. Aufl. Frankfurt am Main 2004, S. 105.

20 Michel Foucault, Die Ordnung der Dinge (wie Anm. 17), S. 22.

21 Das vorausgehende Werk: **Brilon**, [1997], [1985] 1984, Aluminiumprofile, Linoleum auf Tischlerplatte (*Wandkonsole*), 2 Aluminiumstehleitern, Massivholz, Aluminiumprofile, Floatglas, Filz (*Ausstellungsvitrine*), Alkydharzlackfarbe, Massivholz (*schwarz gefasstes Holzmodell*), Wellpappe 294 × 357 × 77,4 cm.

22 Dieter Forte, Das Haus auf meinen Schultern (wie Anm. 19), S. 91.

23 Und so findet sich im Archivordner „Der Bau III" neben wissenschaftlichen Artikeln zum Teilchenbeschleuniger oder zu Tunneln unter Königsgräbern in Ägypten auch ein Text zu einer archäologischen Untersuchung, die von Menschen gebaute Untertage-Gänge und Hohlräume (Erdställe) in Bayern als „Wartesäle" erkennt, „in denen die Seelen der Verstorbenen die Zeit bis zur Auferstehung nach dem jüngsten Gericht verbringen sollten". Matthias Schulz, Irrgärten der Unterwelt, in: Der Spiegel 29/2011, S. 106.

24 **Wartesaal**, [1997], [1986] 1979–1982.

25 Die Stahlblechregale orientierten sich in der ersten Version an den Materialien einer Trockenbauwand, die in der Galerie Max Hetzler aufgestellt war.

The counterpart to digging in the depths, however, is the light in each respective installation of works in concrete places. The light of the space, the lighting of the works, or the lighting intrinsic to the work of art takes over the orientation, i.e., the indicating function with regard to the positioning of the work. Lighting signifies the pointing and referring to the form of presentation; it thus accentuates the place and allows it to become part of the work.

Like any underground mining structure, the archive also has certain rules corresponding to its tasks, i.e., it has an order, which, according to Foucault, is their "inner law, the hidden network [...] which has no existence except in the grid created by a glance, an examination, a language."[20] Mucha's artistic language, which directs his "glance," is the archive, invisible to others, stored in the cabinets at the site of the studio, in the building. The actual thing is not visible, it is hidden, underground, whereby the incessant expanding and supplementing, designing and discarding, as well as the accompanying implicit permanent stumbling and reordering of the archive and the history of the ring binders, connotes an unfinished, never-ending venture, which has also been transferred to the concrete "working through" of the building on Kölner Straße – there are strong echoes of Kafka's burrowing mole!

"Der Bau" ("The Burrow"), [2002] 1980–1984, a five-part installation, is thus an emblematic work. Its centerpiece, its soul is the tunnel. **Brilon**, [1997], [1985] 1984,[21] serves as its "prologue." **"Der Bau"** is the pictorial equivalent of the archive, which is the visualization of the project, the starting point for the "underground staking out" of both the mental and sensuous construct that connects all the works and at the same time speaks of the impossibility of success, since with every minuscule change, every added part, every new filing space, the entire structure also changes over and over again. It is a futility that the characters of Dieter Forte's novel also report: "It was a puzzle that kept falling out of his hands as soon as it conveyed the clarity of an image; as precise as the individual pieces were, they never fit together, although they formed a unity, undoubtedly belonged together, represented an image; time and again, there were new gaps; time and again, the truth that was the basis of this image, the truth he was looking for, slipped away."[22]

Like the mycelium of a mushroom, the archive – or **"Der Bau"** specifically – extends, fanning out under the earth and creates the invisible, moving, and therefore always unfinished image for the burrowing intellectual, artistic context. Thinking works its way through it; and from it, individual works emerge repeatedly on the surface as if they had just persevered in a place created for this purpose, a waiting room, the abode for travelers.[23]

Wartesaal (Waiting Room): This is not only the name of several archival binders but also the title of a work by the artist[24] that visualizes waiting and thus gives waiting a presentation form. **"Der Bau"** and **Wartesaal** (pp. 64–77) are directly connected to each other; while, on the one hand, a branched, nested structure is designed associatively underground, on the other hand, the **Wartesaal** is also the germ of a nexus of relationships, a route map of the railroad. Both works have a network layout but, nevertheless, **Wartesaal** is in a certain way subordinate to **"Der Bau"** from a "structural point of view."

Wartesaal is a kind of catalogue work that stores information, an archival structure similar to the compact storage systems common in the depots of exhibition institutions as repositories for storing pictures. Eleven galvanized metal shelves,[25] pushed against each other, standing side by side, house horizontally stored "sign paintings." The signs have a dual function, that of both image and reference; they are picture boards on which text and image, verbal and visual signs, come together. The black-and-white painted wooden panels bear names, all city names of the same length, always six letters long. In total, there are 242 sign paintings, which in their shape and design mimic official signs used to identify train stations. In the archival binders pertaining to **Wartesaal** there are printed route connections from Düsseldorf to each respective city, without the artist positing the necessity of an actual completed journey; on the contrary, his journey is imaginary: "After all, being an artist means nothing other than a conscious, lifelong concentrated boundless journey with a finger on the map."[26] In a letter from 1963 addressed to his mother, the artist tells of the film *Traumstraße der Welt* (*Dreamway of the World*), which he saw and which creates a fantasy journey around the world, in the imagination, in the contemplation of images, just as years later (1998), in a letter to a documenta visitor, in response to a question about

20 Foucault, *The Order of Things*, xx.

21 The preceding work: **Brilon**, [1997], [1985] 1984, aluminum profiles, linoleum on blockboard *(console)*; 2 aluminum stepladders, solid wood, aluminum profiles, float glass, felt *(display case)*; alkyd enamel, solid wood *(blackened wooden model)*; corrugated cardboard, 115.75 × 140.55 × 30.47 in.

22 Forte, *Das Haus auf meinen Schultern*, 91 [translated].

23 And thus, in addition to scientific articles on the particle accelerator and on the tunnels making up royal tombs in Egypt, the archival binder "Der Bau III" also contains a text on an archaeological survey that recognizes human-made subterranean passages and cavities (*Erdställe*) in Bavaria as "waiting rooms" in which "the souls of the deceased were to spend the time until the resurrection following the Last Judgment." Matthias Schulz, "Irrgärten der Unterwelt," *Der Spiegel*, 29/2011, 106 [translated].

24 **Wartesaal** (Waiting Room), [1997], [1986] 1979–1982.

25 In the first version, the sheet metal shelving was based on the materials of the drywall installed in Galerie Max Hetzler.

26 Mucha in the archival binder "'Wartesaal' Zugverbindungen, vorhandene Stücke, Materialien zu neuen Stücken, Projekt KS 170" [translated].

Länge, immer sechs Buchstaben lang. Insgesamt sind es 242 Bilder-Schilder, die in ihrer Form und Gestaltung offizielle Schilder, die zur Bezeichnung von Bahnhöfen dienen, nachahmen. In den Archivordnern zum **Wartesaal** befinden sich ausgedruckt die Streckenverbindungen von Düsseldorf zu den jeweiligen Städten, ohne dass der Künstler die Notwendigkeit einer tatsächlich vollzogenen Reise postuliert, im Gegenteil seine Reise ist imaginär: „Künstler sein, das bedeutet ja nichts anderes als die bewusste, lebenslange konzentriert grenzenlose Reise mit dem Finger auf der Landkarte."[26] In einem 1963 an seine Mutter adressierten Brief berichtet der Künstler vom Film *Traumstraße der Welt*, den er gesehen hat und der eine Reise durch die Welt in der Fantasie, in der Imagination, im Betrachten der Bilder erschafft, ebenso wie er Jahre später (1998) in einem Antwortbrief an eine Documenta-Besucherin auf einer Frage zu einem im Wartsaal enthaltenen Ortschild schreibt: „Jeder kann sich ein Bild von all diesen Ortschaften und Städten machen, die durch das Schienennetz der Eisenbahn miteinander verbunden sind. Dazu muss man nirgendwo gewesen sein."[27] In der Kraft des Imaginären wurzelt auch die später formulierte Idee, die „Leitz-Ordner + deren Inhalt, die ‚Auszüge aus dem Großen Kalender' (S. 139–145) filmisch zu erfassen, aufzunehmen und als den zentralen Stützpfeiler **des Baus** zu inszenieren und zu verknüpfen mit weiteren Photos und Filmen der Werke des Photoarchivs"[28].

Die entstehende Topografie des Eisenbahnnetzes im **Wartesaal** basiert auf Städtenamen, die eine geistige Landschaft bilden, auf deren Terrain die Städtenamen wie Markierungspunkte erscheinen: „das Bild seiner Welt, das ihm Orientierung war"[29]. Die Auswahl der Städtenamen beruht auf dem *Deutsche[n] Eisenbahn-Güter- und Tiertarif Teil II, Heft D, Bahnhofstarif* (gültig vom 1. November 1943, 2. Auszugsweiser Nachdruck vom 10. August 1948, Nachtrag 3 v 1.1.1951). Die mit den Bahnhofsnamen beschrifteten Regalfächer können betrachtet und gelesen werden. Und genau in diesem Zusammenspiel von Sprache und Bild beginnen die Dinge, die Städte, die Bahnhöfe durch die Namensgebung zu existieren: „Erst in der Sprache der Geschichtenerzähler entstehen die Bilder, die die Welt bedeuten, bildet sich die Ordnung der Dinge, denn was unbenannt ist, existiert nicht."[30]

Die in der Vernetzung der Namen konnotierte räumliche und zeitliche Distanz zwischen Abreise und Ankunft bedeutet nicht nur die zurückzulegende Strecke, sondern auch die Verbindung „die von einem Namen zu einem anderen Namen führt[e]"[31]. Sie markiert einen Ausgangspunkt, einen Ort der Abfahrt, einen Ort, an dem die Betrachtung zunächst mit der Frage „Wo?" und dann mit „Wohin? beginnt – „Projekt KS 170"[32]. Der Name schlägt die Brücke zwischen dem Begriff und dem Objekt, „denn wie man heute ja weiß, sind die Namen, mit denen die Menschen die Begriffe bezeichnen, in den verschiedenen Ländern sehr verschieden, und gleich für alle sind nur die Begriffe als Zeichen der Dinge"[33], so lässt Umberto Eco im Roman *Der Name der Rose* seinen Erzähler Adson von Melk die philosophische Betrachtung seines Meisters William von Baskerville über den Zusammenhang der Worte mit der Welt berichten.

Die Bilder-Schilder sind als Betrachtungsimpulse, als Wahrnehmungsgestelle zu lesen. Angelehnt an einen auf dem Tisch sich befindenden Sockel, wird in jeder Ausstellungssituation ein anderes von einer darüber installierten Lampe beleuchtet. Die Konstruktion ist eine Präsentationsform des Zeigens, des Lesens, des Imaginierens. Oben als Abschluss auf dem **Wartesaal** sind Leuchtstofflampen befestigt, die in der ersten Präsentation von 1982 in der Galerie Max Hetzler in Stuttgart von an der Decke montierten Leuchtstofflampen gespiegelt wurden, die „tautologisch die Beleuchtung beleuchten", wie der Künstler in seinen Notizen in den Aktenordnern vermerkt und der „Beleuchtung als Teil musealer Inszenierung" eine „Sockelfunktion" zuschreibt, die „die Basis der Inszenierung hervorzuheben, ... zu entzaubern" hat[34].

26 Siehe Mucha im Archivordner „‚Wartesaal' Zugverbindungen, vorhandene Stücke, Materialien zu neuen Stücken, Projekt KS 170".

27 Siehe Mucha im Archivordner „‚Wartesaal' 1997, ‚Berlin' Teil 2/4, dx (Documenta) B", der mit dem aquarellierten Satz „Caution don't move!" eröffnet.

28 Siehe Mucha im Archivordner „Ausstellungsbiografie / Bibliografie".

29 Dieter Forte, Das Labyrinth der Welt. Ein Buch, 1. Aufl. Frankfurt am Main 2013, S. 15.

30 Dieter Forte, Das Labyrinth der Welt (wie Anm. 29), S. 39. In Muchas Archivordnern befinden sich zahlreiche Fotokopien zu Texten von Dieter Forte und auch die hier zitierte Stelle.

31 Marcel Proust, Auf der Suche nach der verlorenen Zeit. Band II: Im Schatten junger Mädchenblüte, Stuttgart 2017, S. 298. In Muchas Archivordnern befinden sich zahlreiche Fotokopien zu Texten von Marcel Proust, auch die hier zitierte Stelle.

32 Projekt KS 170 – bezeichnet den konkreten Ort des Ateliers.

33 Umberto Eco, Der Name der Rose, 26. Aufl. München 2002, S. 469. In Muchas Ordner befindet sich die Fotokopie eines Abschnitts aus Dieter Fortes Buch *Das Labyrinth der Welt. Ein Buch*: „Die Worte erschaffen die Worte, die die Welt darstellen, sie besitzen die Macht, das Labyrinth der Welt, die disparaten und diskontinuierlichen Teile dieses unendlichen Puzzles, in dem alles gleichwertig und gleich bedeutungslos scheint, zusammenzufügen und in der Sprache zu gestalten, der Welt den Sinn zu geben, dessen sie bedarf, um nicht nur Chaos zu sein. Eine Sisyphusarbeit, die immer neu begonnen werden muss, denn das Ende einer Erzählung ist nur der Anfang für die Erzähler, die nie aufhören, in der Sprache die Welt zu suchen." Dieter Forte, Das Labyrinth der Welt (wie Anm. 29), S. 39.

34 Zitate Muchas aus den Archivordnern zum Wartesaal: „I Wartesaal, 1979–1982", „II Wartesaal, 1979–1982, [1997]", „III Wartesaal, dX, Ⓐ", „‚Wartesaal', 1997, ‚Berlin' Teil ②/4 dX (Documenta) Ⓑ", „‚Wartesaal' 1997, ‚Berlin' Teil 2/4 dX, 3KB-Ekta-Filme dX-edition ©", „‚Wartesaal' Zugverbindungen, vorhandene Stücke, Materialien zu neuen Stücken, Projekt KS 170".

a town sign contained in **Wartesaal**, he writes, "Anyone can get an idea of all these towns and cities connected by the network of the railroad. You don't have to have been anywhere to do that."[27] Rooted in the power of the imagination is also the idea (formulated later) of capturing on film the "Leitz ring binders + their contents, the 'Excerpts from the Big Calendar' (pp. 139–145), of recording and staging them as the central pillar of "**Der Bau**" and linking them with further photos and films of works from the photo archive."[28]

The resulting topography of the railroad network in **Wartesaal** is based on city names that form a mental landscape, on the terrain of which the city names appear like marking points: "the image of his world, which served to orient him."[29] The selection of the city names is based on the *Deutscher Eisenbahn-Güter- und Tiertarif Teil II, Heft D, Bahnhofstarif* (German Railway Freight and Animal Tariff Part II, Booklet D, Station Tariff. Valid as of November 1, 1943, 2nd excerpted reprint from August 10, 1948, Addendum 3 from 1.1.1951). The shelves labeled with the station names can be both viewed and read. And it is precisely in this interplay of language and image that things, cities, and stations begin to exist through the process of naming: "It is only in the language of storytellers that the images that signify the world come into being, that the order of things is formed, for what is unnamed does not exist."[30] The spatial and temporal distance between departure and arrival implied in the interconnectedness of names signifies not only the distance to be covered but also the connection "that took us from one name to another name."[31] It marks a starting point, a place of departure, a place where the act of viewing begins first with the question "Where?" and then with "Where to?" – "Project KS 170."[32] The name builds a bridge between the concept and the object: "Because, in fact, it is now known that men impose different names to designate concepts, though only the concepts, signs of things, are the same for all,"[33] Umberto Eco has his narrator of the novel *The Name of the Rose*, Adso of Melk, report on the philosophical contemplation of his master, William of Baskerville, regarding the connection of words with the world.

The sign paintings are to be read as impulses for viewing, as perceptual frames. Leaning against a pedestal on the table, in each individual exhibition a different sign is illuminated by a lamp installed above it. The construction is a presentation form of showing, reading, and imagining. Mounted on top of **Wartesaal**, acting as its end, are fluorescent lamps, which in the first exhibition in Galerie Max Hetzler in Stuttgart in 1982 were mirrored by fluorescent lamps mounted on the ceiling, which "tautologically illuminate the illumination," as the artist writes in his notes in a ring binder and ascribes to the "lighting as part of museum staging" a "pedestal function," which serves "to highlight the basis of the staging, [...] to disenchant."[34]

In the installation's current form, the casters on the shelves of **Wartesaal** float in the air above their pedestal. However, since the picture depot's racks, which also stand on casters, are encompassed by another frame, the feet of which break through the pedestal, the construction is nevertheless anchored to the floor of the room again. This results in an almost paradoxical image of the floating names in **Wartesaal**, an image that persists in potentiality and is in a state of transit that carries both past and future. Thus, a place is created that not only stores but, rather, also carries within itself a "reservoir for possible further works."[35]

"But how can a necessary being exist totally polluted with the possible?"[36] Adso of Melk is not alone in rightly asking himself. How can the archive exist that, similar to **Wartesaal**, encompasses the potentiality of future works? It requires the place from which the excavation begins, from which the entry into the mental burrow is possible – the studio. The work must be located here, as in **Das Deutschlandgerät (The Germany Device**, pp. 153–167), where the floor from part of the studio is in showcases, in pieces hung from the wall.

27 Mucha in the archival binder "'Wartesaal' 1997, 'Berlin' Teil 2/4, dx (Documenta) B" [translated], which opens with the statement in English, written in watercolor, "Caution don't move!".

28 Mucha in the archival binder "Ausstellungsbiografie/Bibliografie" [translated].

29 Dieter Forte, *Das Labyrinth der Welt. Ein Buch* (Frankfurt am Main: S. Fischer, 2013), 15 [translated].

30 Forte, *Das Labyrinth der Welt*, 39 [translated]. Mucha's archival binder also contains a photocopy of the passage quoted here.

31 Marcel Proust, *In Search of Lost Time*, vol. 2, *In the Shadow of Young Girls in Flower*, trans. C. K. Scott Moncrieff, ed. William C. Carter (New Haven, CT: Yale University Press, 2015), 241. Mucha's archival binders contain numerous photocopies of texts by Marcel Proust, including the passage quoted here.

32 "Projekt KS 170" describes the concrete location of the studio.

33 Umberto Eco, *The Name of the Rose* [1980], trans. William Weaver (Boston: Mariner, 2014), 375. In Mucha's ring binder is a photocopy of a passage from Dieter Forte's book *Das Labyrinth der Welt. Ein Buch*: "The words create the words that represent the world; they possess the power to put together the labyrinth of the world, the disparate and incoherent pieces of this infinite puzzle in which everything seems to be equal and equally meaningless, and to shape it in language, to give the world the meaning it needs in order not to be only chaos. It is a Sisyphean task that must always be started anew because the end of a narrative is only the beginning for the narrators, who never stop searching for the world in language." Forte, *Das Labyrinth der Welt*, 39 [translated].

34 Mucha in the archival binders pertaining to **Wartesaal**: "I Wartesaal, 1979–1982," "II Wartesaal, 1979–1982, [1997]," "III Wartesaal, dX, Ⓐ," "'Wartesaal,' 1997, 'Berlin' Teil ②/4 dX (Documenta) Ⓑ," "'Wartesaal' 1997, 'Berlin' Teil 2/4 dX, 3KB-Ekta-Filme dX-edition Ⓒ," "'Wartesaal' Zugverbindungen, vorhandene Stücke, Materialien zu neuen Stücken, Projekt KS 170" [translated].

35 Mucha in the archival binder "'Wartesaal,' 1997, 'Berlin' Teil ②/4 dX (Documenta) Ⓑ" [translated].

36 Eco, *The Name of the Rose*, 528.

In der heutigen Installationsform schweben die Rollen der Regale des **Wartesaals** über dem eingestellten Podest in der Luft. Da aber die auf Lenkrollen stehenden Gestelle des Bilderdepots durch einen weiteren Rahmen umfasst werden, dessen Füße das Podest durchbrechen, wird die Konstruktion doch wieder auf dem Boden des Raums verankert. So ergibt sich ein fast paradoxes Bild der schwebenden Namen im **Wartesaal**, ein Bild, das in der Potenzialität verharrt und sich in einem Transitzustand befindet, der Vergangenheit und Zukunft zugleich in sich trägt. So entsteht ein Ort, der nicht nur lagert, sondern vielmehr auch ein „Reservoir für mögliche weitere Werke“[35] in sich trägt.

„Aber wie kann ein notwendiges Wesen existieren, das ganz aus Möglichkeiten besteht?“[36], fragt sich hier nicht nur Adson von Melk zu Recht. Wie kann das Archiv existieren, das ähnlich wie im Wartsaal die Potenzialität zukünftiger Werke umfasst? Es bedarf des Orts, von dem aus die Grabung beginnt, von dem aus der Einstieg in den gedanklichen Bau gelingt – das Atelier. Hier muss das Werk verortet sein, so wie in **Das Deutschlandgerät** (S. 153–167), wo sich der Boden eines Teils des Ateliers in den Vitrinen, in den Wandstücken befindet. Das Atelier, das heißt metaphorisch gesprochen das „feste Land“, auf dem der Künstler „seine Institutionen [errichtet]“[37], seine Werke schafft, wird dort präsentiert und mit einer weiteren Verortung im Deutschen Pavillon auf der Biennale in Venedig verbunden und dann letztendlich im bemerkenswert eingestellten, architektonisch (de) platzierten, ehemaligen Plenarsaal (an stadtgeschichtlich signifikanter und politisch relevanter Stelle) und im jetzigen Ausstellungsraum im Museum K21, Kunstsammlung Nordrhein-Westfalen verwurzelt, so als hätte der gedankliche Bau seine Tunnel und Schächte, seine Gräben und Querverbindungen schon längst dorthin erweitert, denn „… der Geist ist ein Wühler und arbeitet weiter“[38] schreibt Jacob Burckhardt in seinem Buch *Weltgeschichtliche Betrachtungen* (1905) – und er bleibt bei Mucha allemal untergrabend. Die Ordner des Archivs bilden seine Notausgänge.

35 Mucha im Archivordner „‚Wartesaal‘, 1997, ‚Berlin‘ Teil ②/4 dX (Documenta) Ⓑ“.

36 Umberto Eco, Der Name der Rose (wie Anm. 33), S. 645.

37 Hans Blumenberg, Schiffbruch mit Zuschauer (wie Anm. 13), S. 9.

38 Jacob Burckhardt, Weltgeschichtliche Betrachtungen, München 2018, S. 14.

The studio, i.e., metaphorically speaking, the “dry land” on which the artist builds his “institutions,”[37] creates his works. It is presented there and connected with a further location – the German Pavilion at the Venice Biennale – and then ultimately rooted in the remarkably suspended, architecturally (de)placed, former plenary hall (on a significant and politically relevant site from the city’s history) and in the current exhibition space of K21, Kunstsammlung Nordrhein-Westfalen, as if the mental burrow had long since extended its tunnels and shafts, its trenches and cross-connections there, for “the spirit works in the depths” writes Jacob Burckhardt in his book *Reflections on History* (1905)[38] – and with Mucha, at all events, it undermines persistently. The ring binders of the archive are his emergency exits.

37 Blumenberg, *Shipwreck with Spectator*, 7.

38 Jacob Burckhardt, *Reflections on History*, trans. Mary Donald Hottinger (London: George Allen & Unwin, 1950), 19.

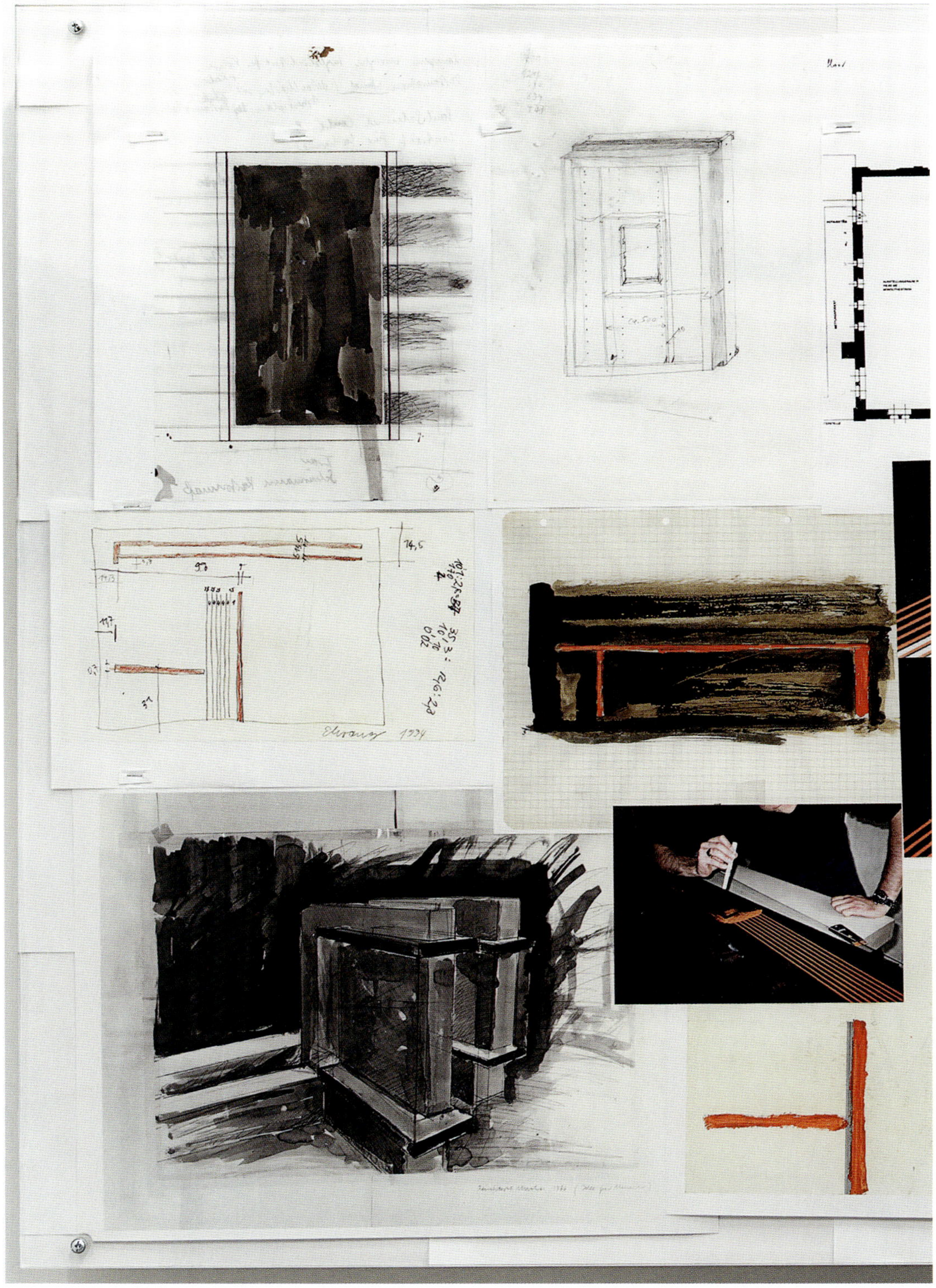

„Der Bau“ – Auszüge aus dem großen Kalender II, [2000] 1999
“The Burrow” – Excerpts from the Big Calendar II
Detail

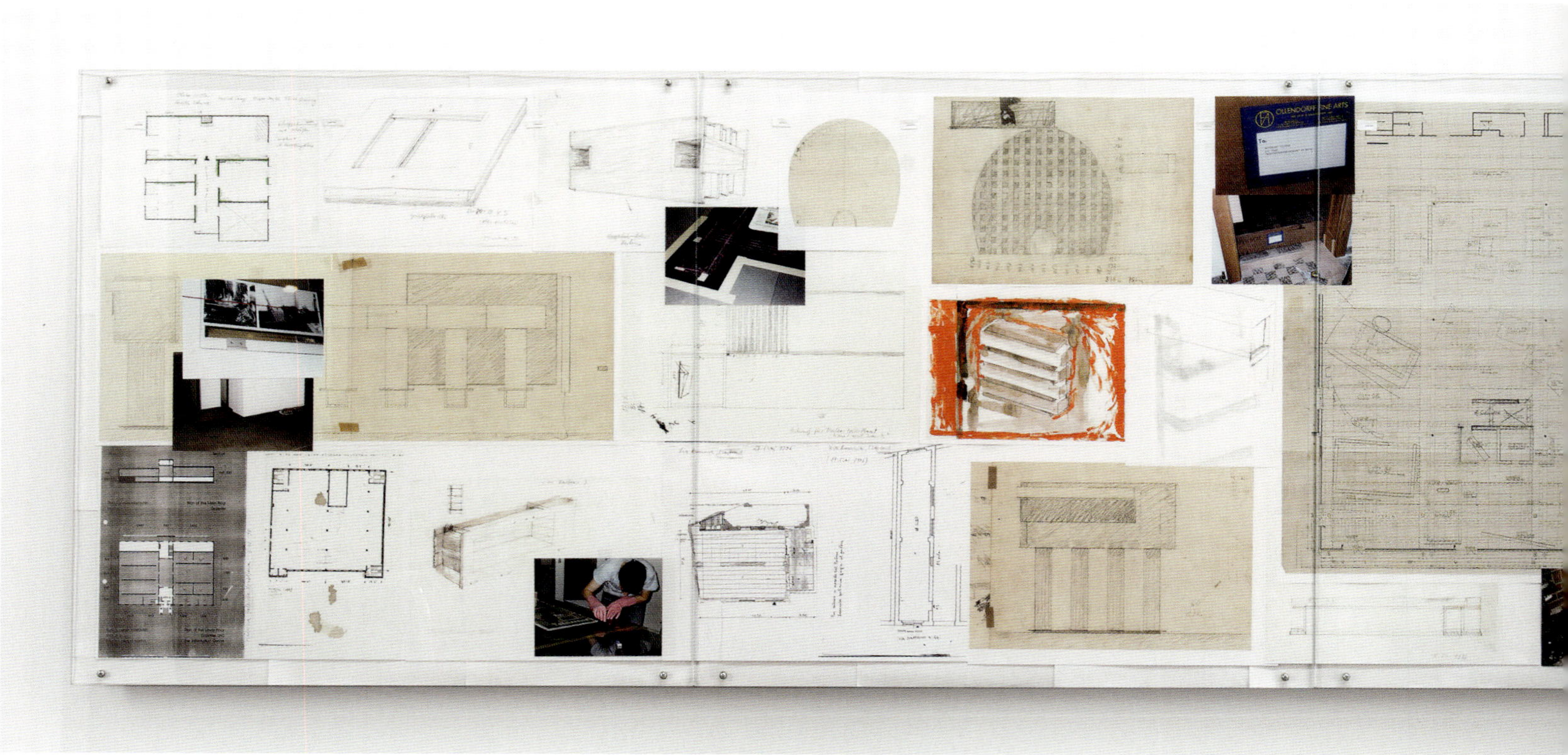

„Der Bau" – Auszüge aus dem großen Kalender II, [2000] 1999
"The Burrow" – Excerpts from the Big Calendar II
Teilansicht / Partial view

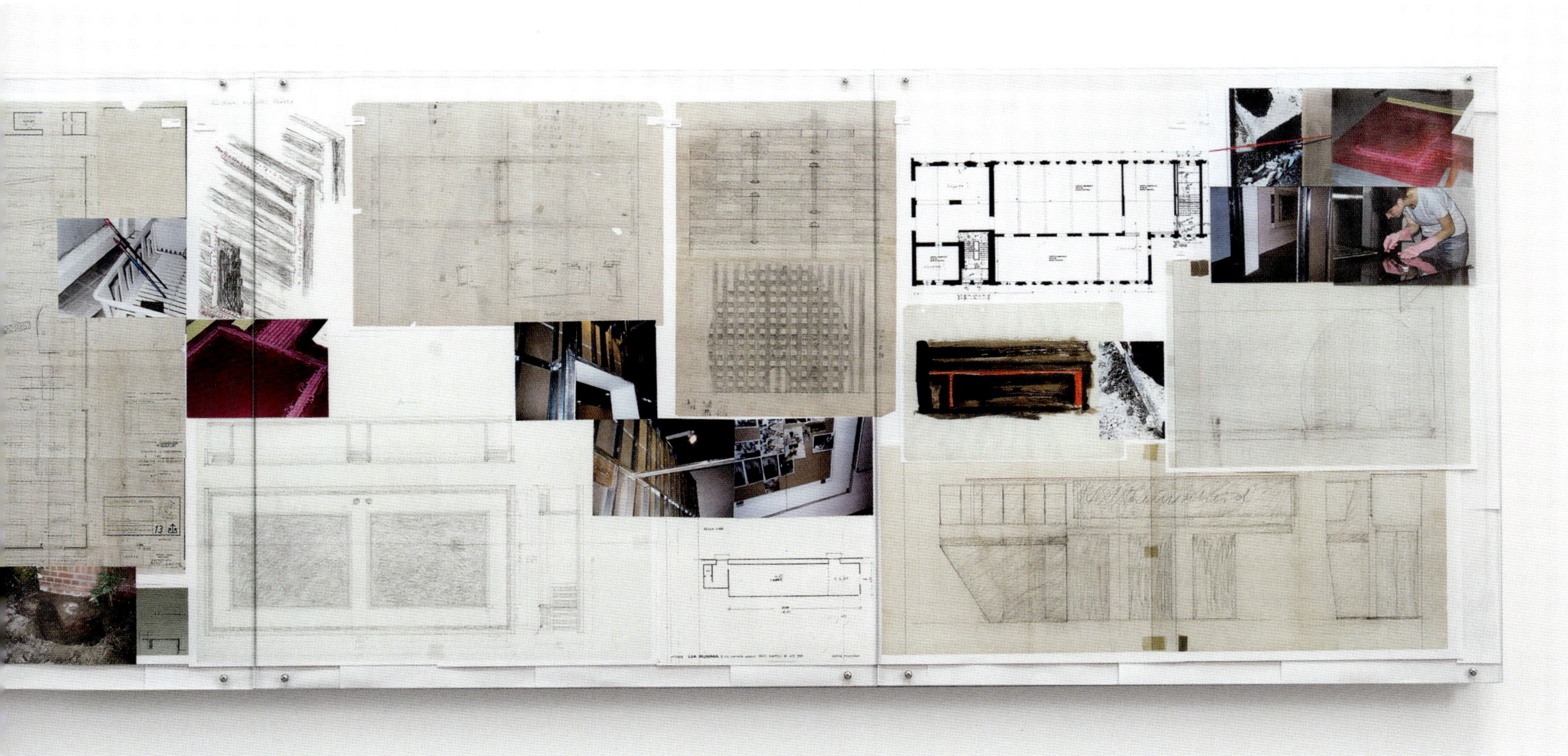

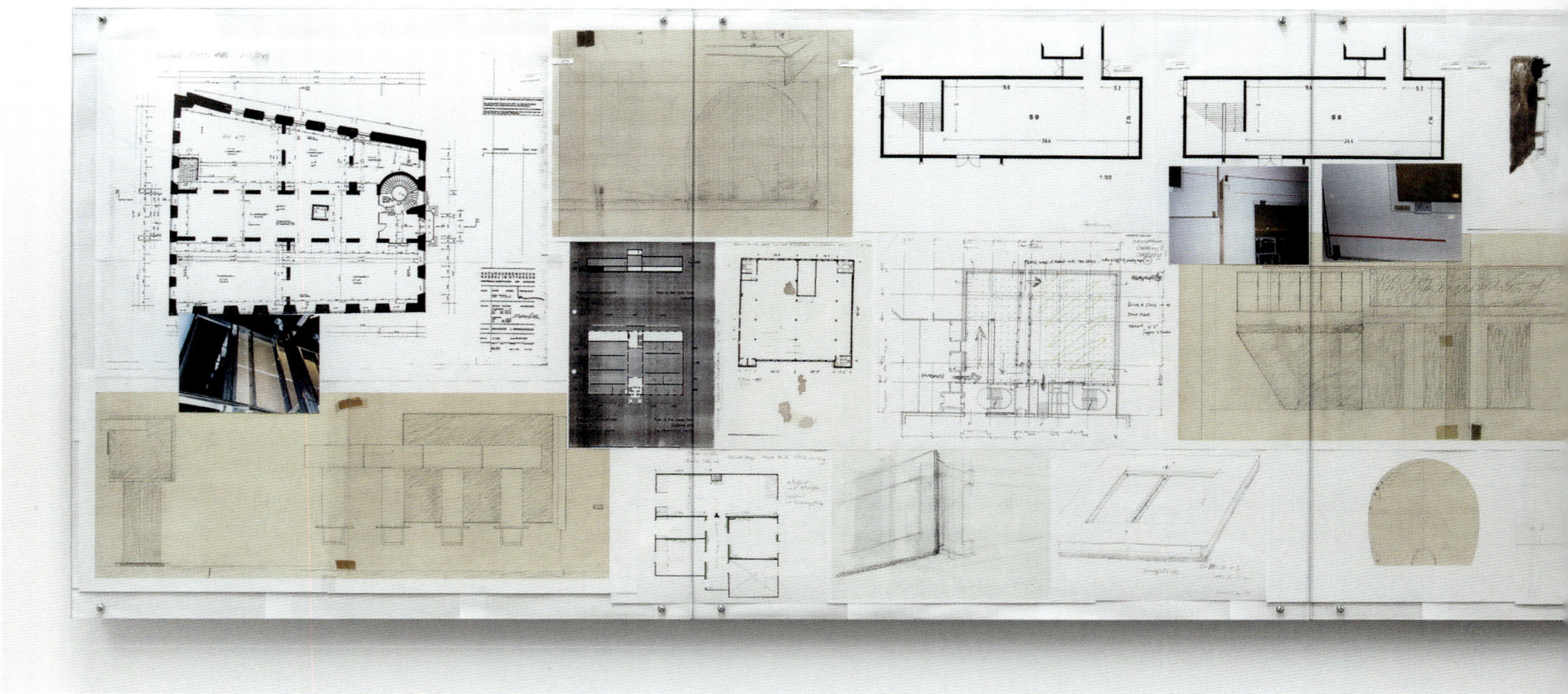

„Der Bau" – Auszüge aus dem großen Kalender II, [2000] 1999
"The Burrow" – Excerpts from the Big Calendar II
Teilansicht / Partial view

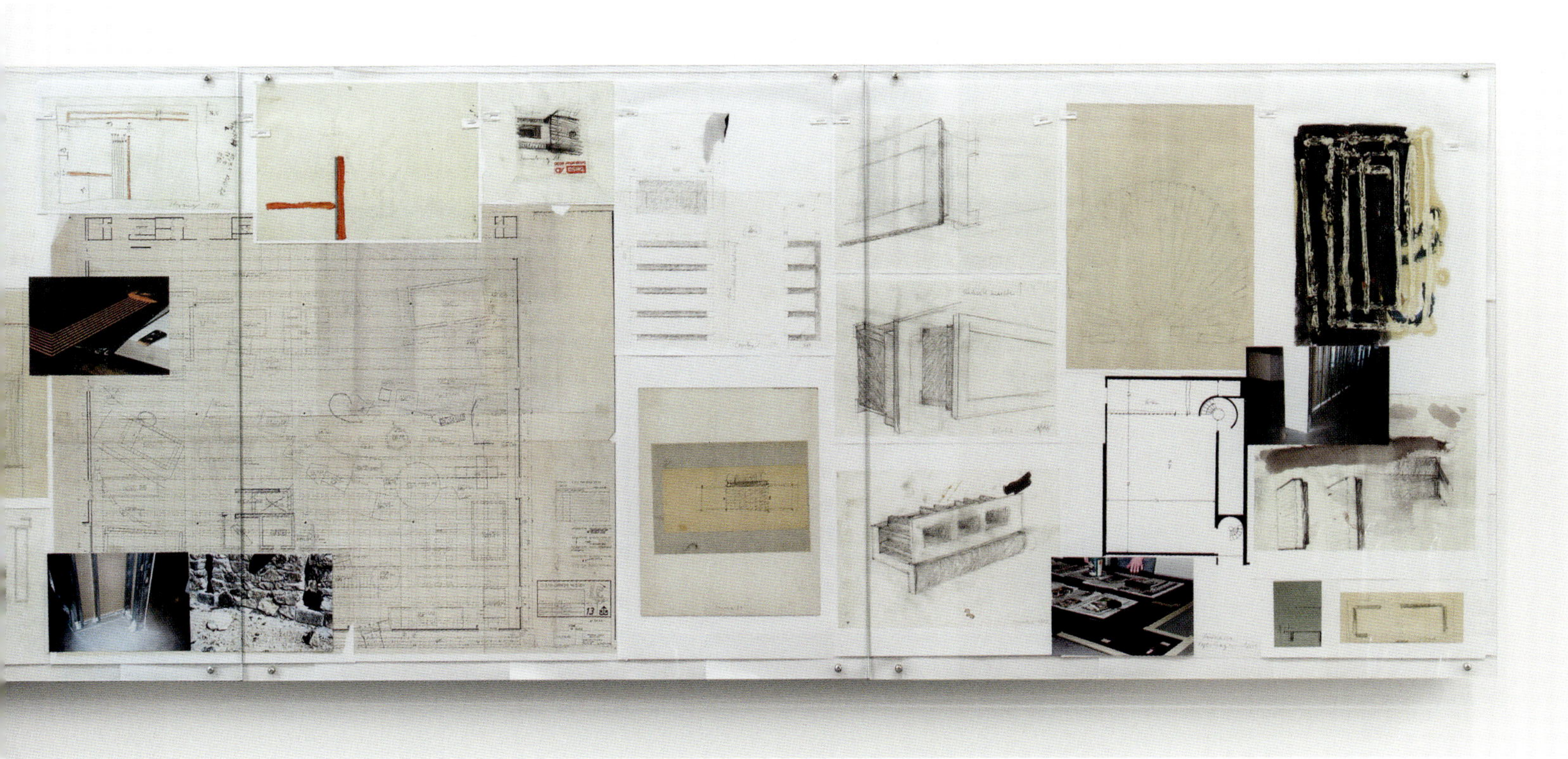

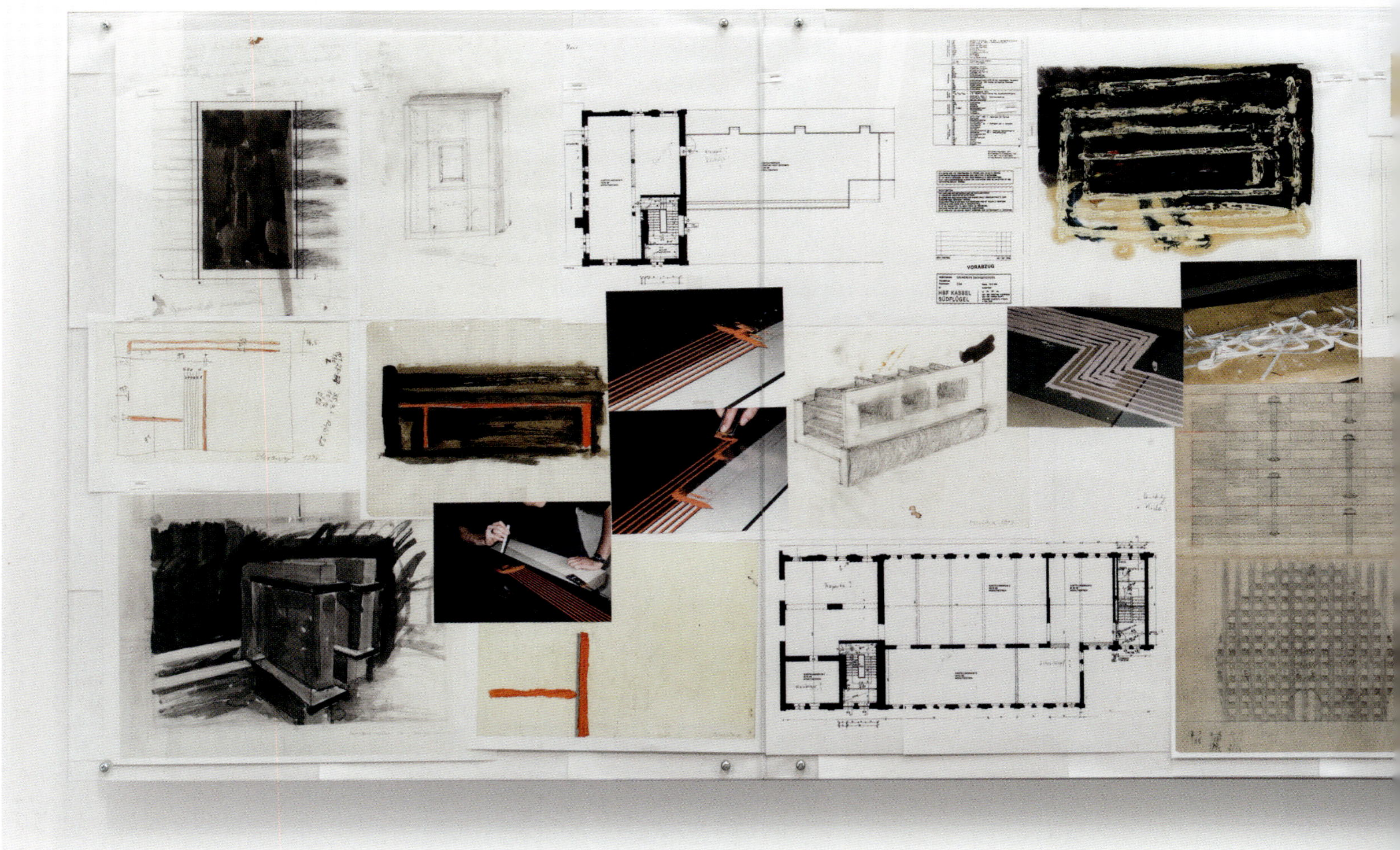

„Der Bau" – Auszüge aus dem großen Kalender II, [2000] 1999
"The Burrow" – Excerpts from the Big Calendar II
Teilansicht / Partial view

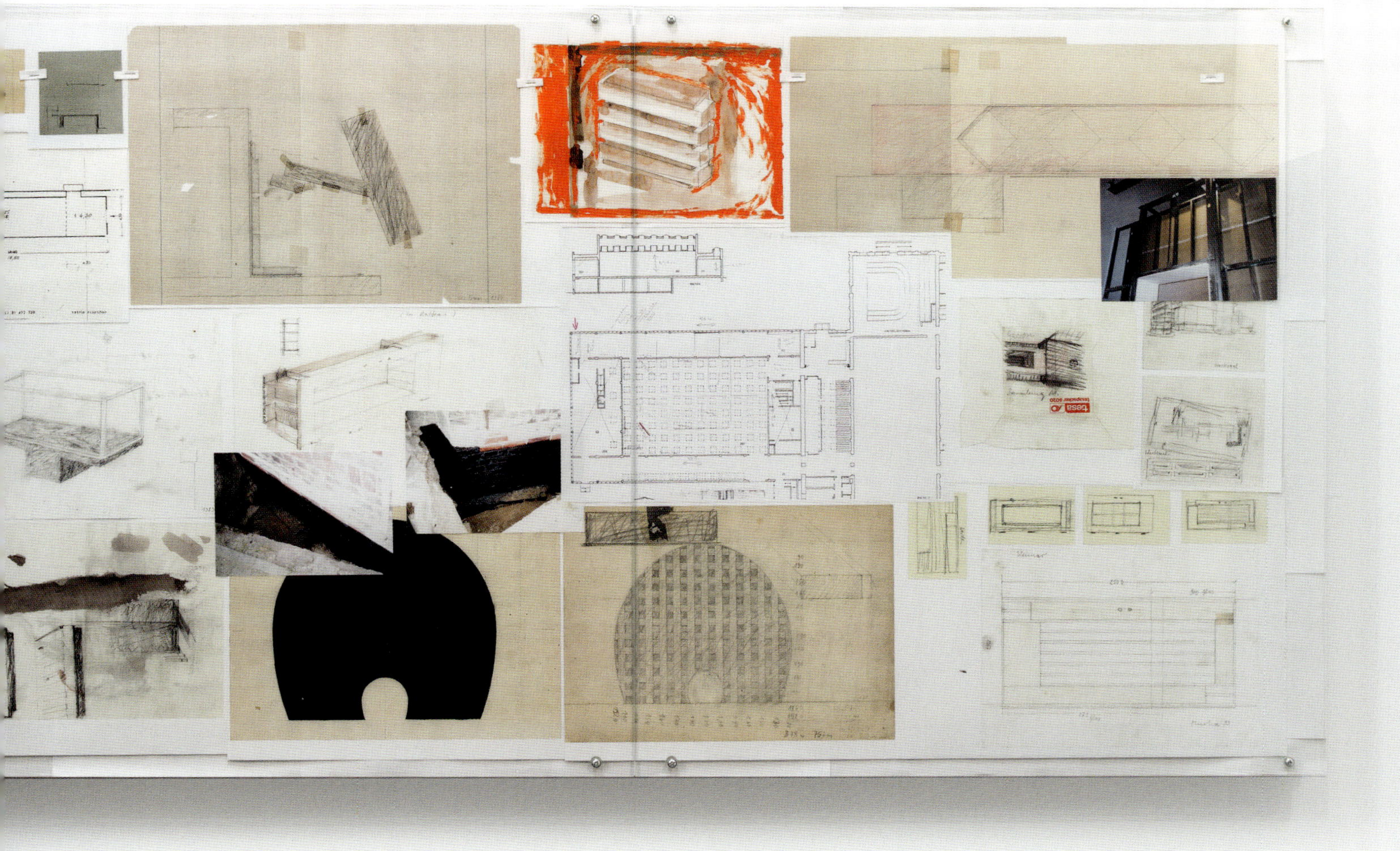

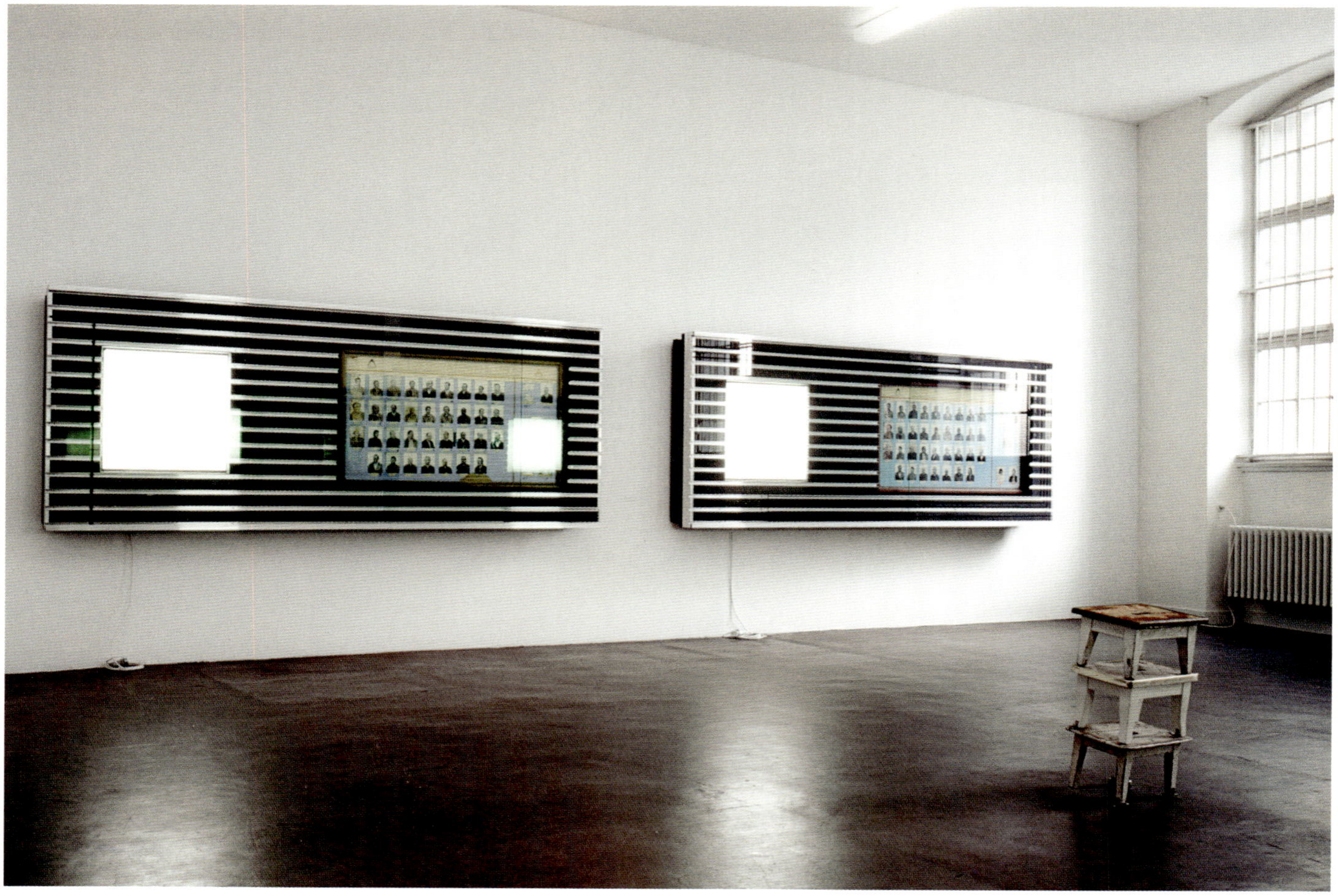

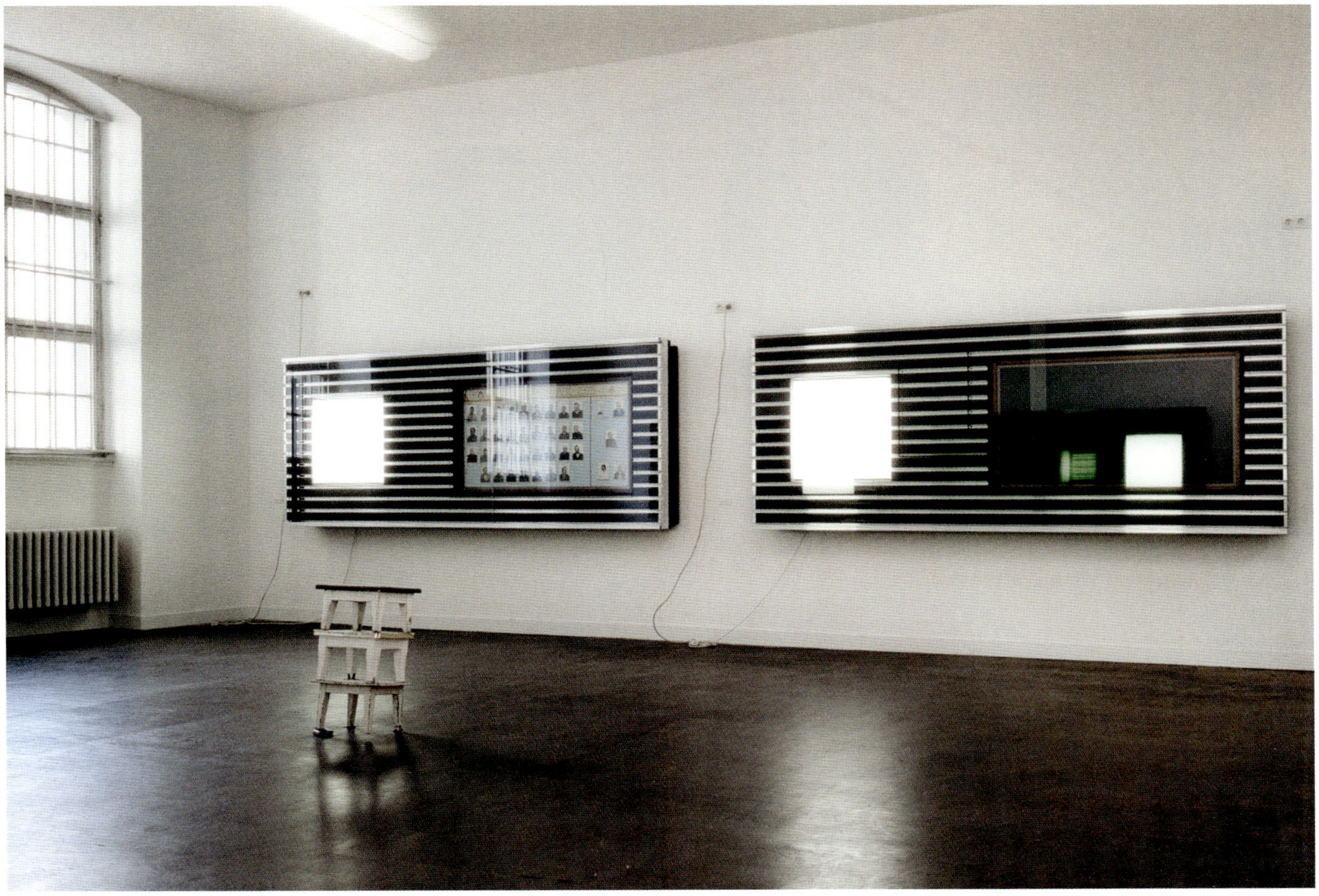

Dokumente I–IV, Dokument I / Goslar, Dokument II / Lehrte, Dokument III / Oppeln, Dokument IV / Stryck, **Dokument Greven** / Zusatzdokument, 1992
Documents I–IV, Document I / Goslar, Document II / Lehrte, Document III / Oppeln, Document IV / Stryck, **Document Greven** / Supplemental Document
Ausstellungsansichten / Installation views: documenta IX, Kassel, 1992

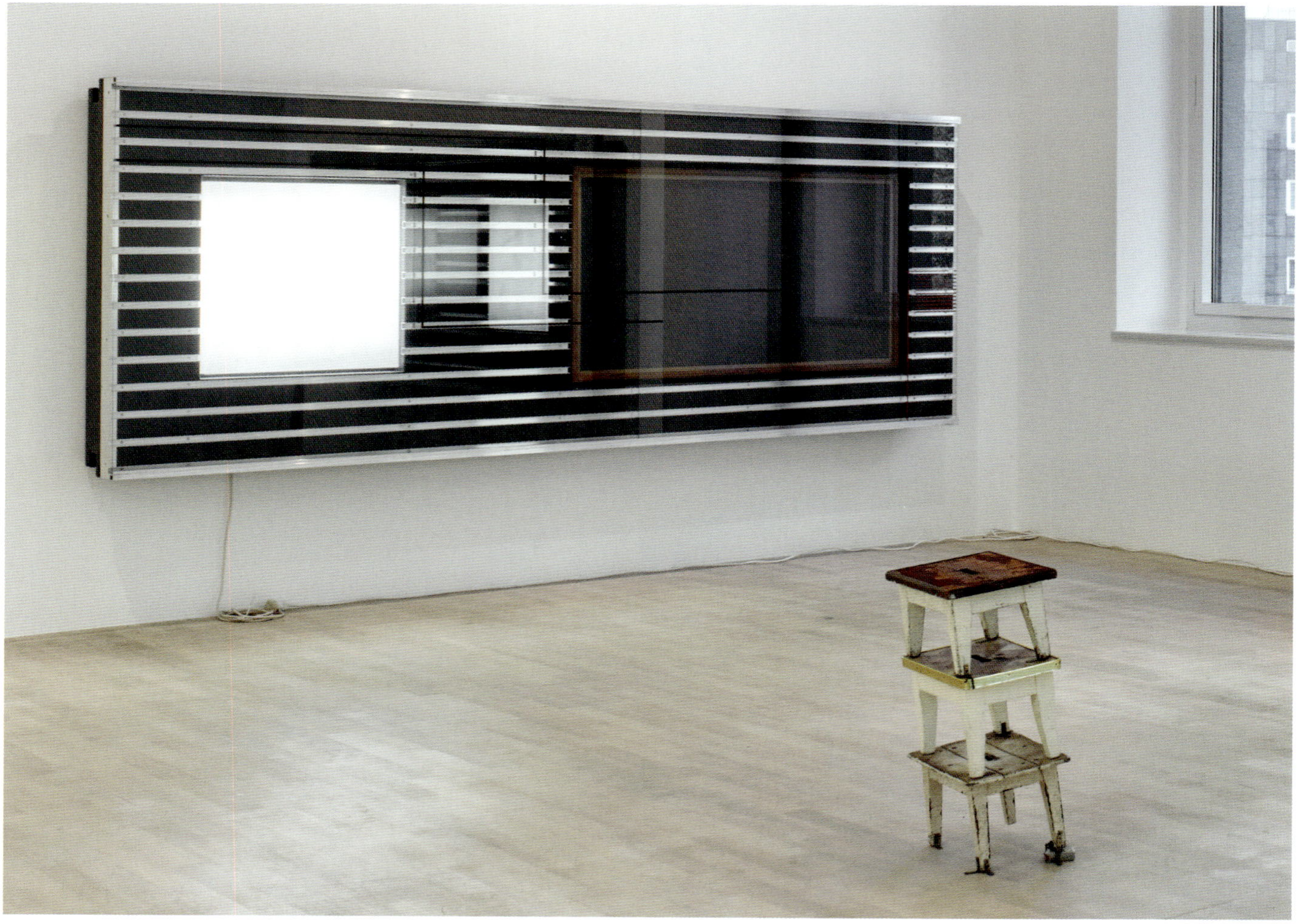

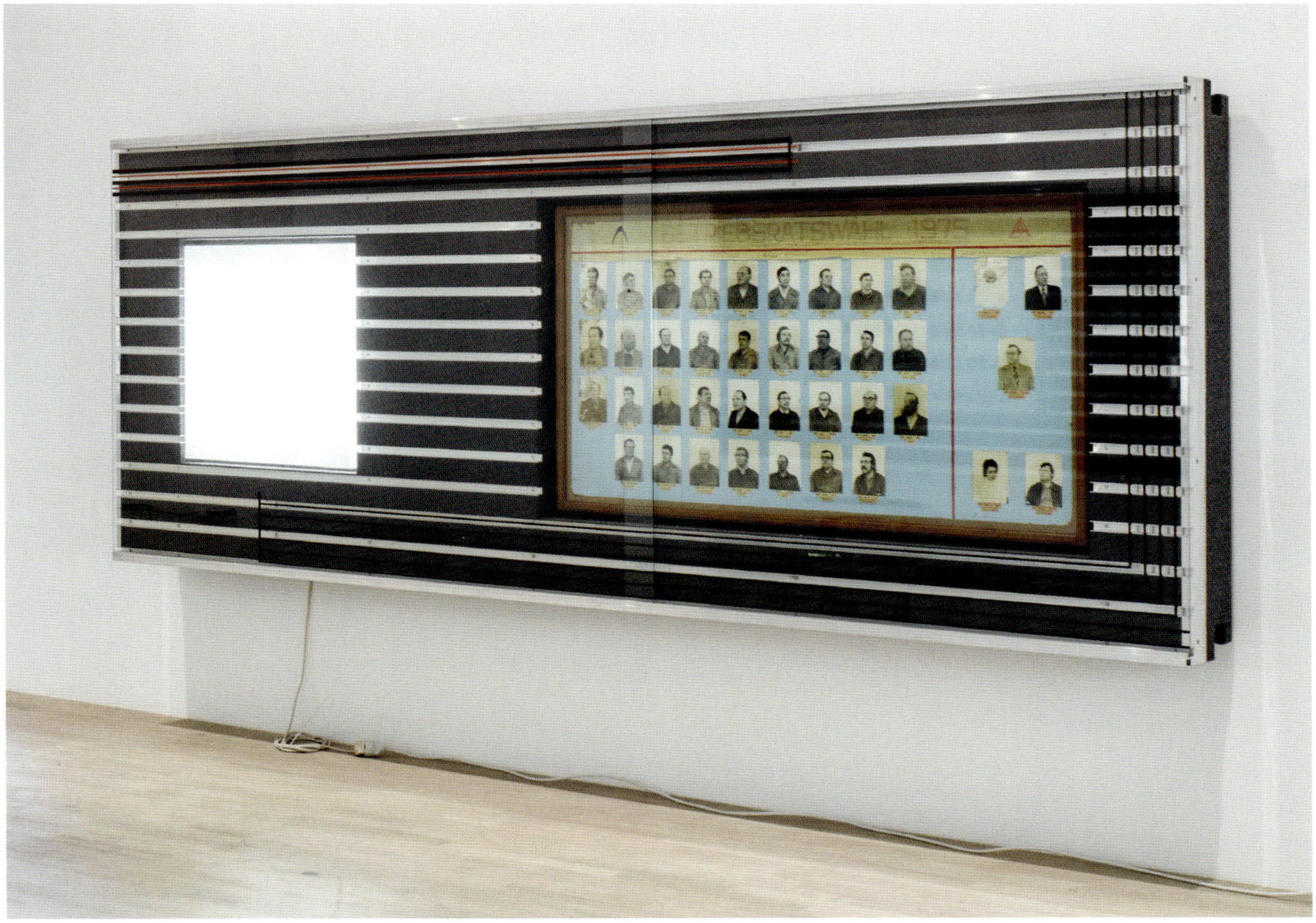

Dokumente I–IV, Dokument I / Goslar, Dokument II / Lehrte, Dokument III / Oppeln,
Dokument IV / Stryck, **Dokument Greven** / Zusatzdokument, 1992
Documents I–IV, Document I / Goslar, Document II / Lehrte, Document III / Oppeln,
Document IV / Stryck, **Document Greven** / Supplemental Document
Teilansichten / Partial views
Ausstellungsansichten / Installation views: Kunstsammlung Nordrhein-Westfalen, Düsseldorf, 2022

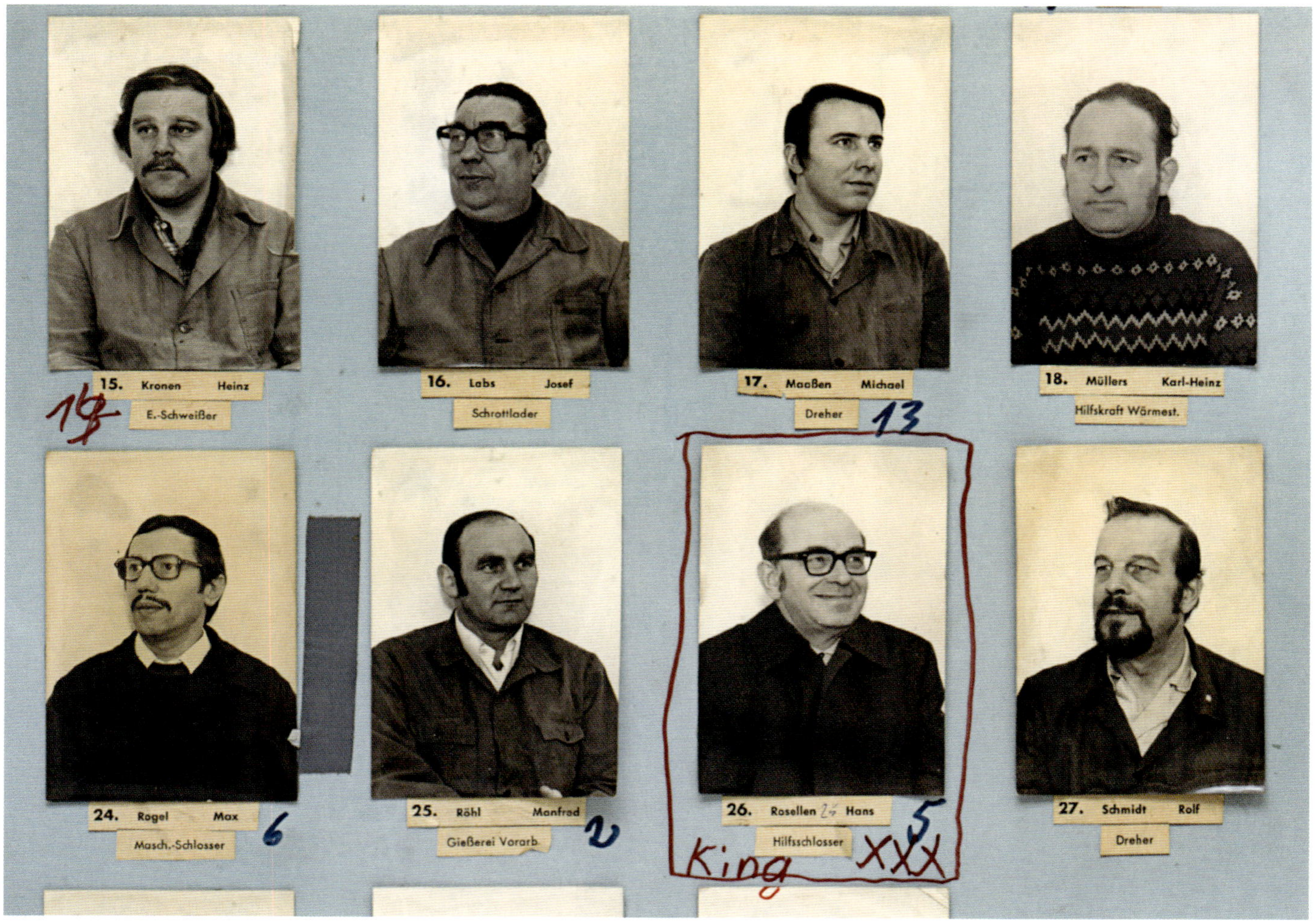
15. Kronen Heinz
E.-Schweißer
16. Labs Josef
Schrottlader
17. Maaßen Michael
Dreher
13
18. Müllers Karl-Heinz
Hilfskraft Wärmest.
24. Rogel Max
Masch.-Schlosser
6
25. Röhl Manfred
Gießerei Vorarb.
26. Rosellen Hans
Hilfsschlosser
5
King
XXX
27. Schmidt Rolf
Dreher

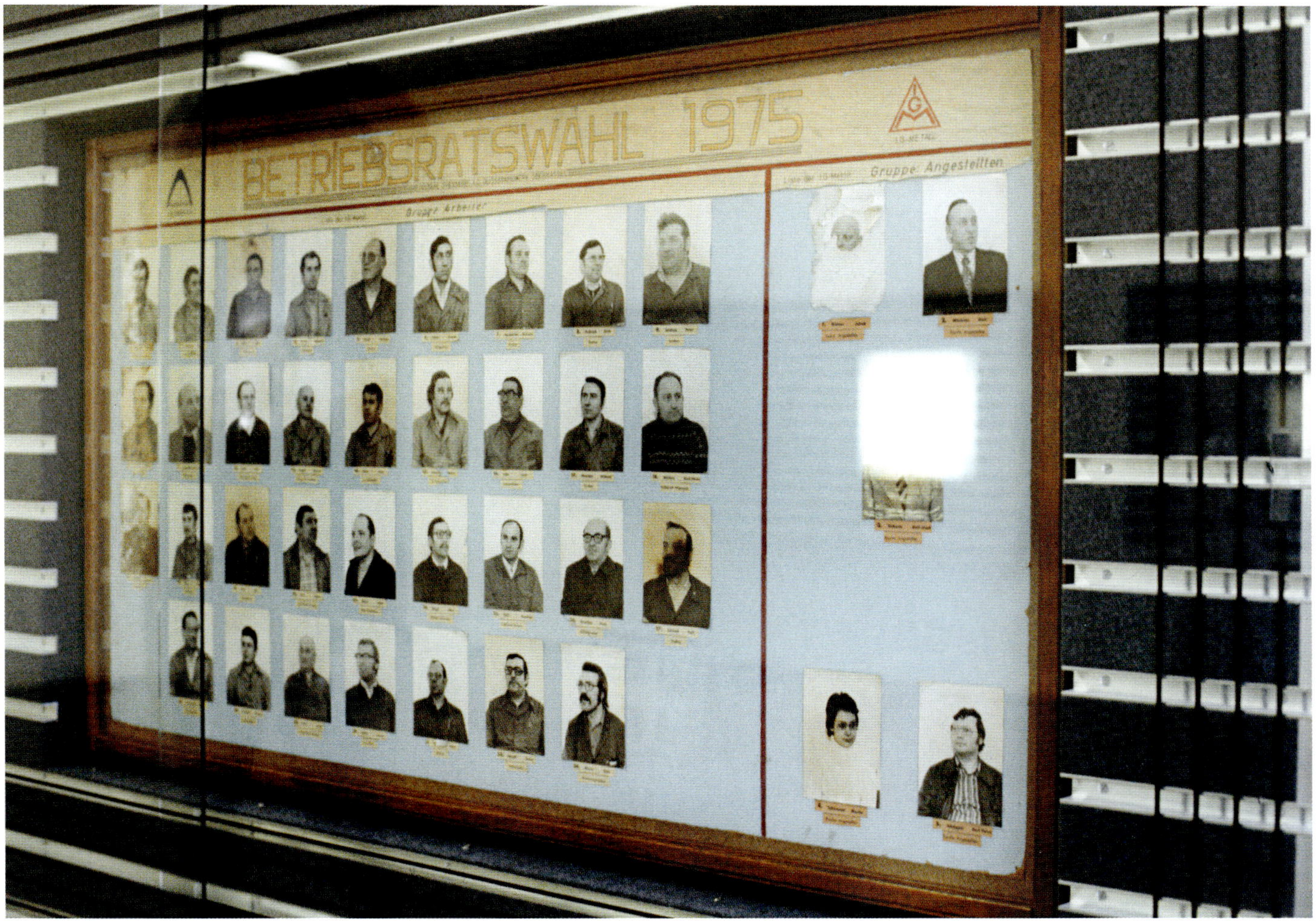

Dokumente I–IV, Dokument I / Goslar, Dokument II / Lehrte, Dokument III / Oppeln, Dokument IV / Stryck, **Dokument Greven** / Zusatzdokument, 1992
Documents I–IV, Document I / Goslar, Document II / Lehrte, Document III / Oppeln, Document IV / Stryck, **Document Greven** / Supplemental Document
Details

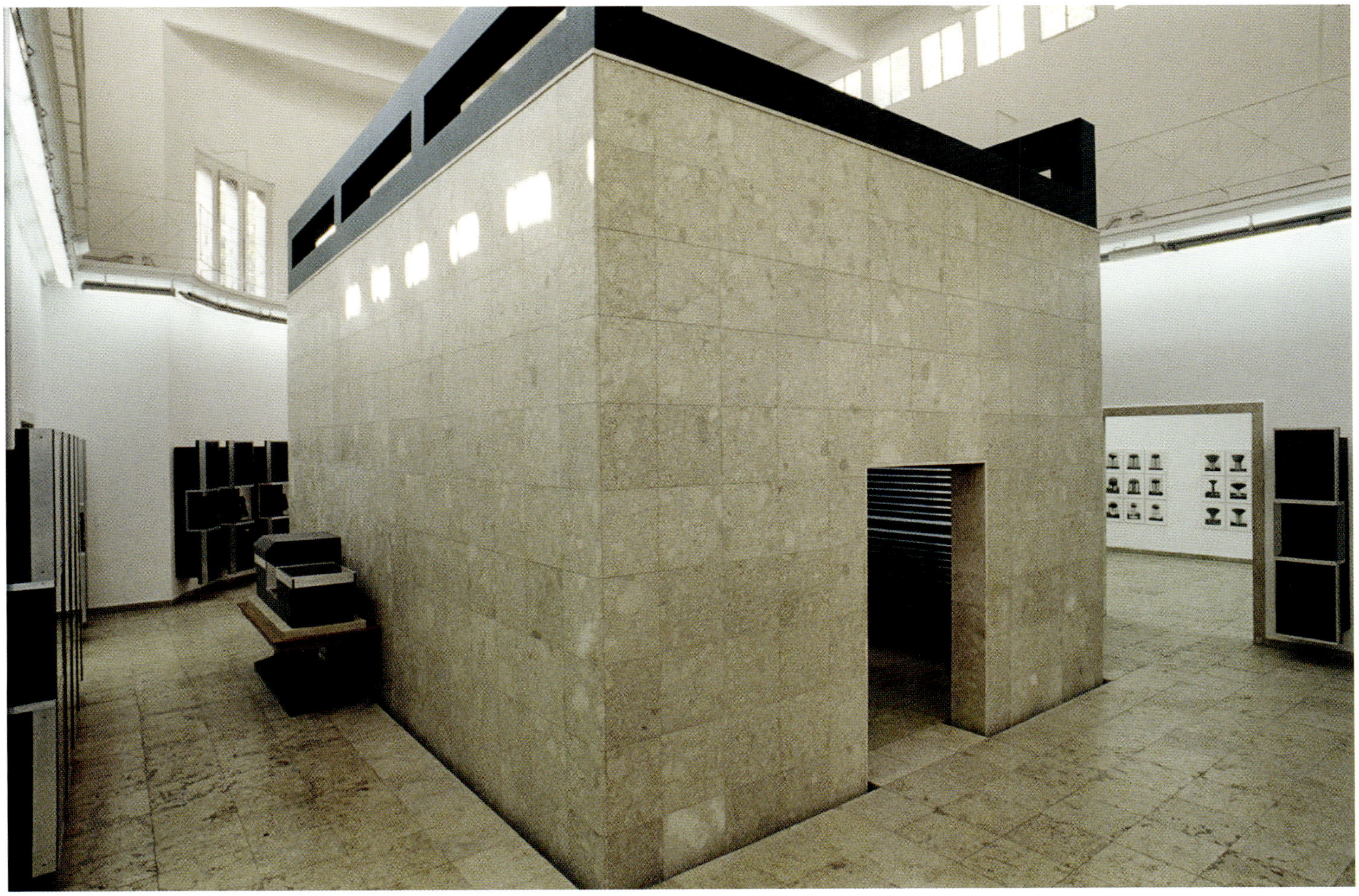

Das Deutschlandgerät, *XLIV Biennale di Venezia, Deutscher Pavillon, Venedig* **1990**
The Germany Device, *XLIV Biennale di Venezia, German Pavilion, Venice* **1990**

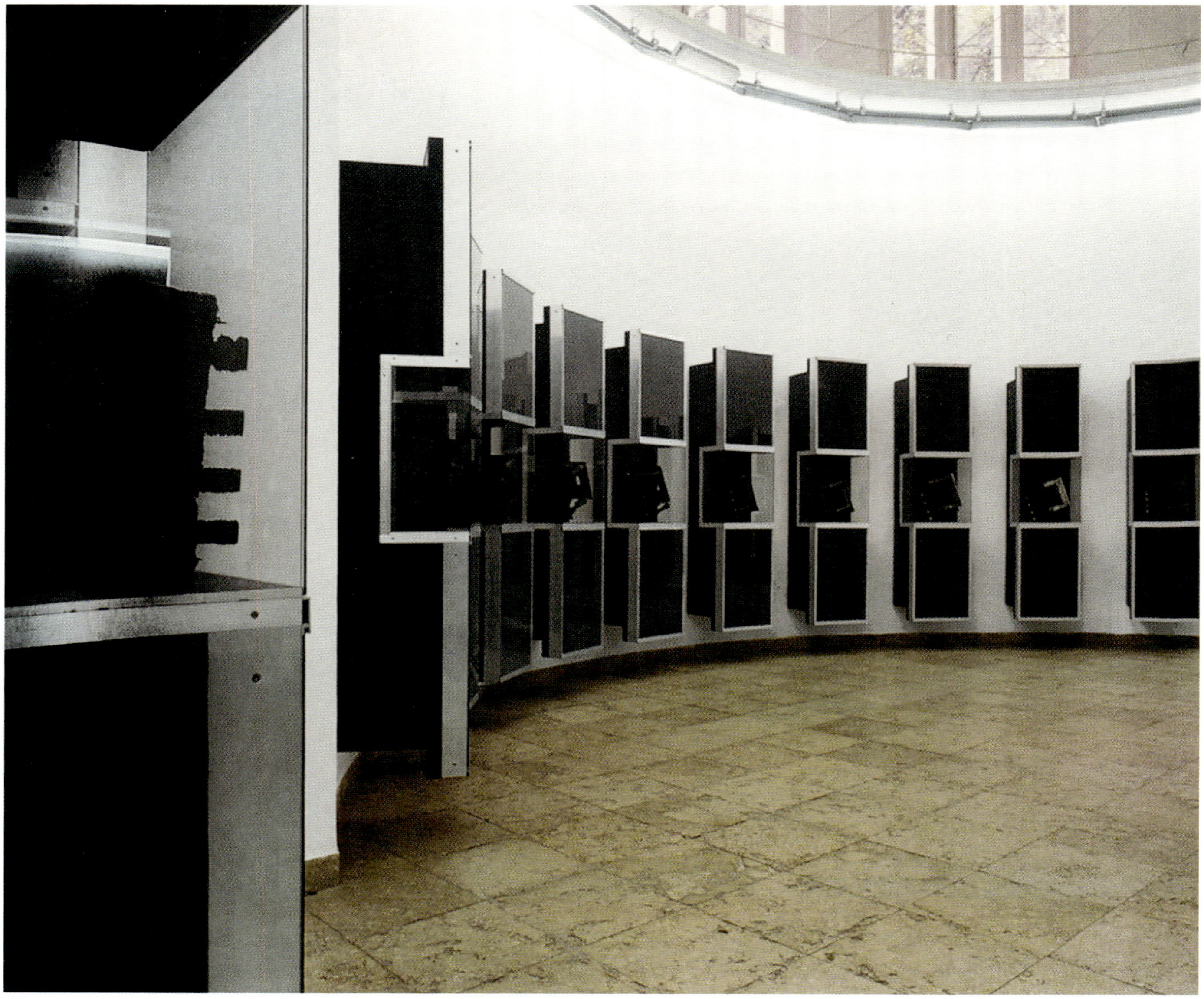

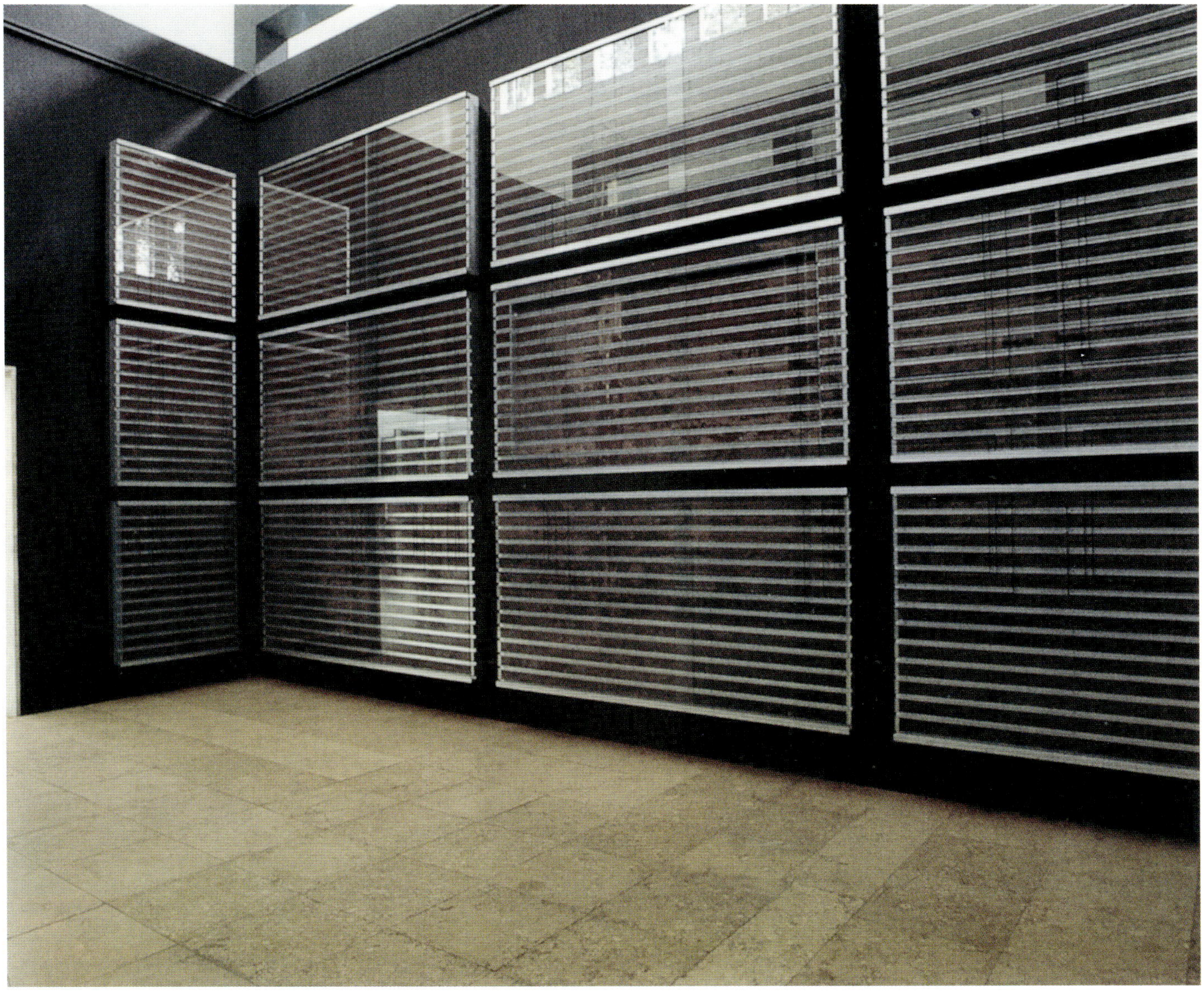

Das Deutschlandgerät, *XLIV Biennale di Venezia, Deutscher Pavillon, Venedig* **1990**
The Germany Device, *XLIV Biennale di Venezia, German Pavilion, Venice* **1990**

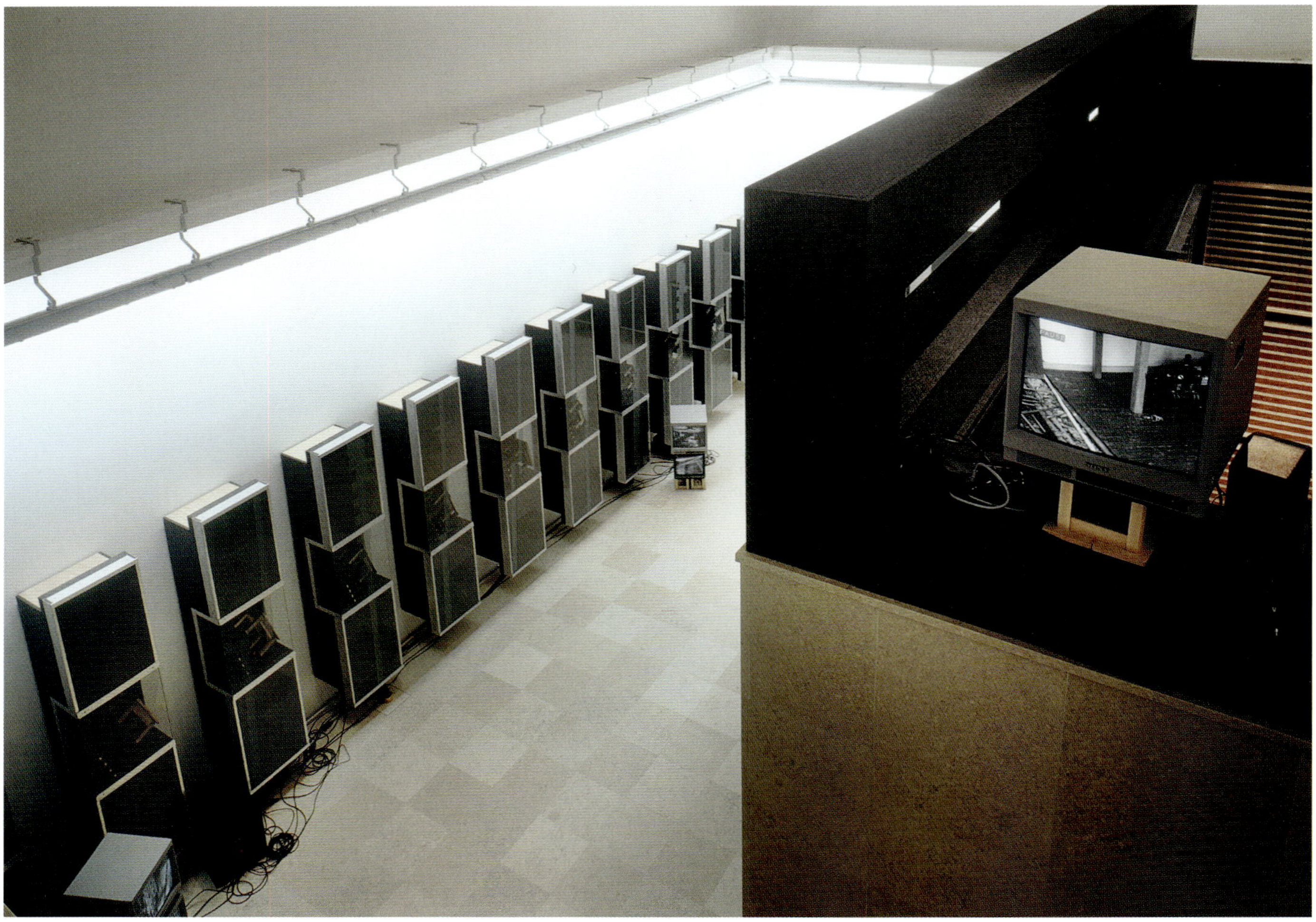

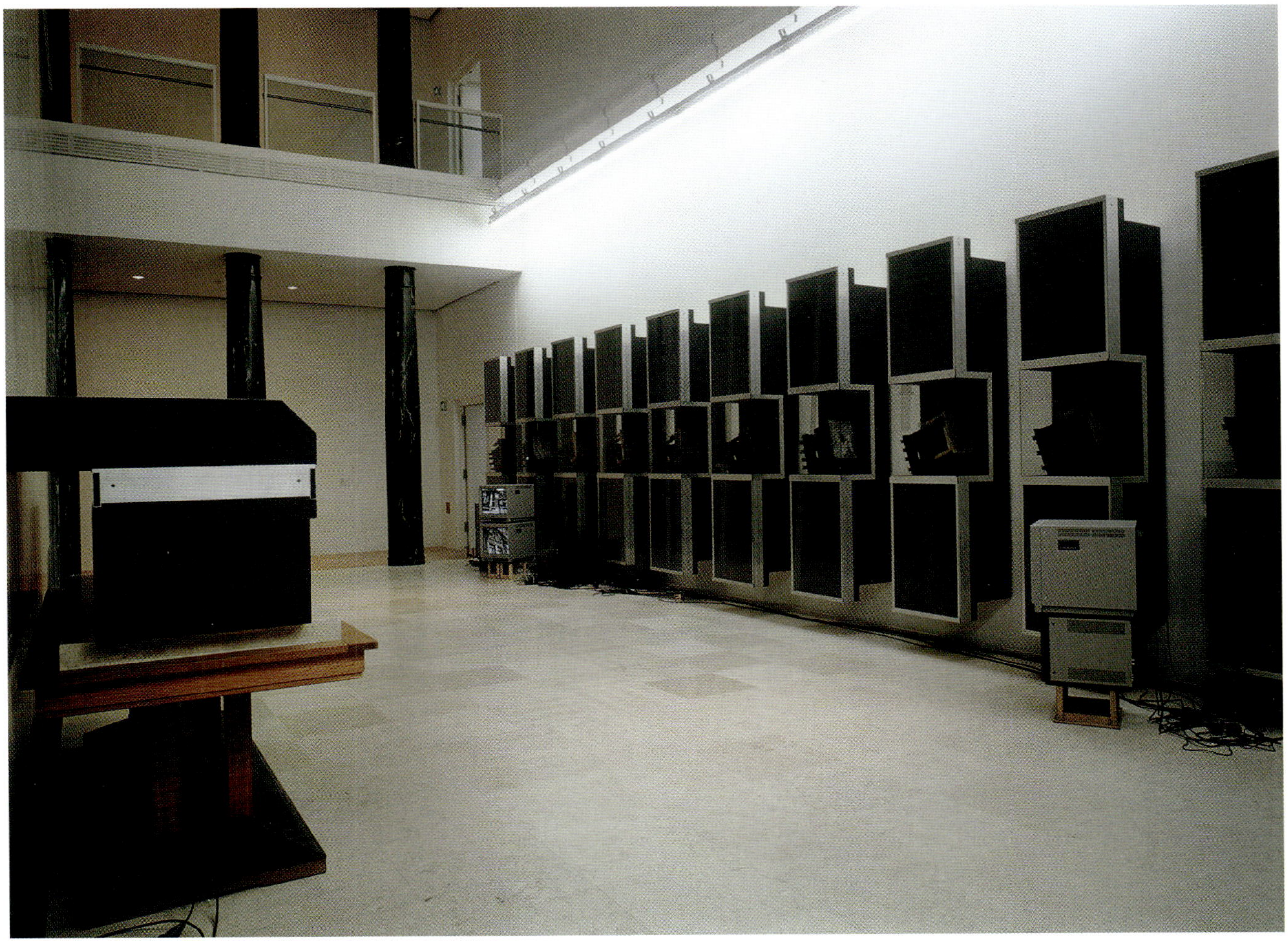

Das Deutschlandgerät, *Kunstsammlung Nordrhein-Westfalen, K21 Ständehaus, Düsseldorf* [2002], *XLIV Biennale di Venezia, Deutscher Pavillon, Venedig* **1990**
The Germany Device, *Kunstsammlung Nordrhein-Westfalen, K21 Ständehaus, Düsseldorf* [2002], *XLIV Biennale di Venezia, German Pavilion, Venice* **1990**

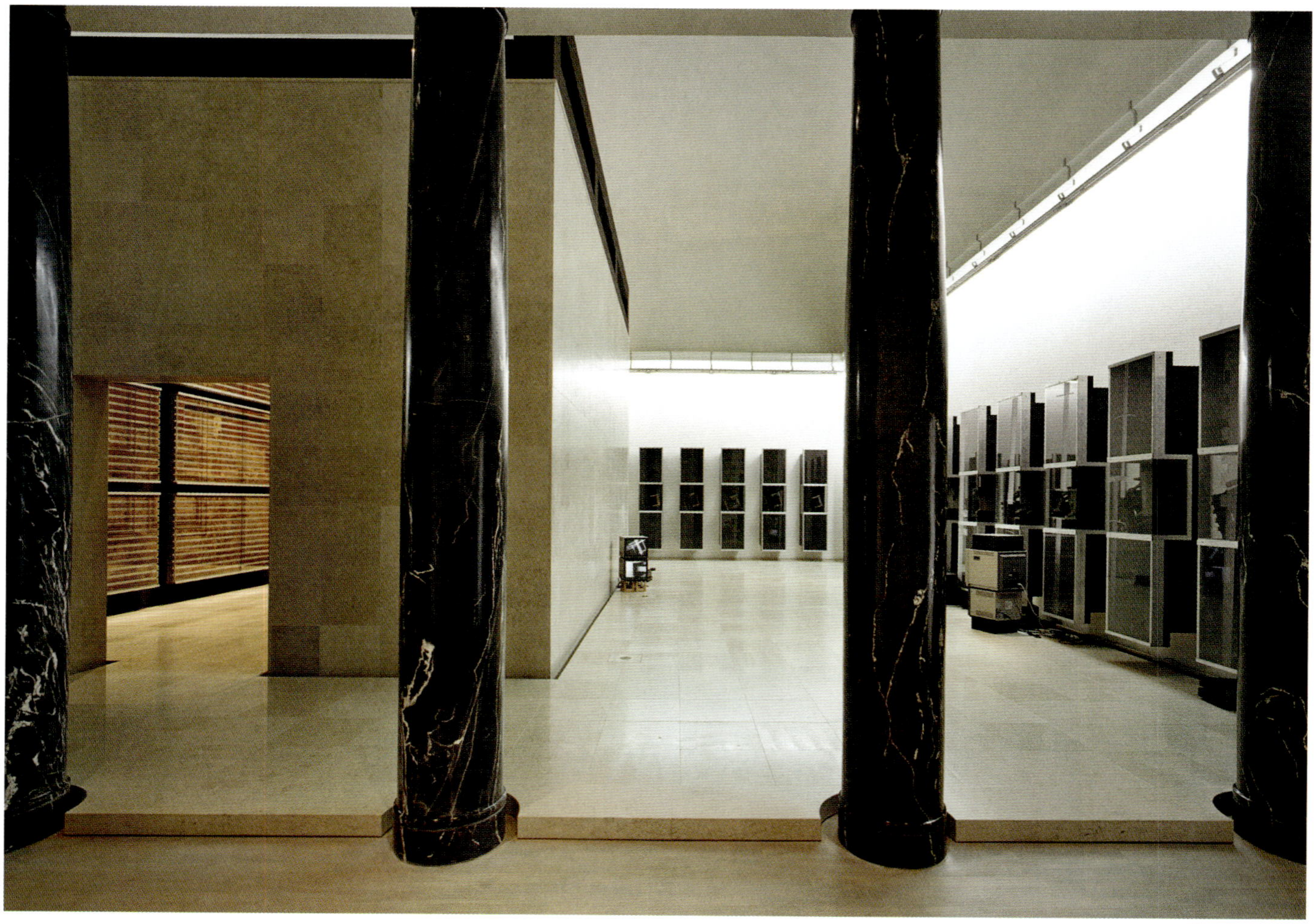

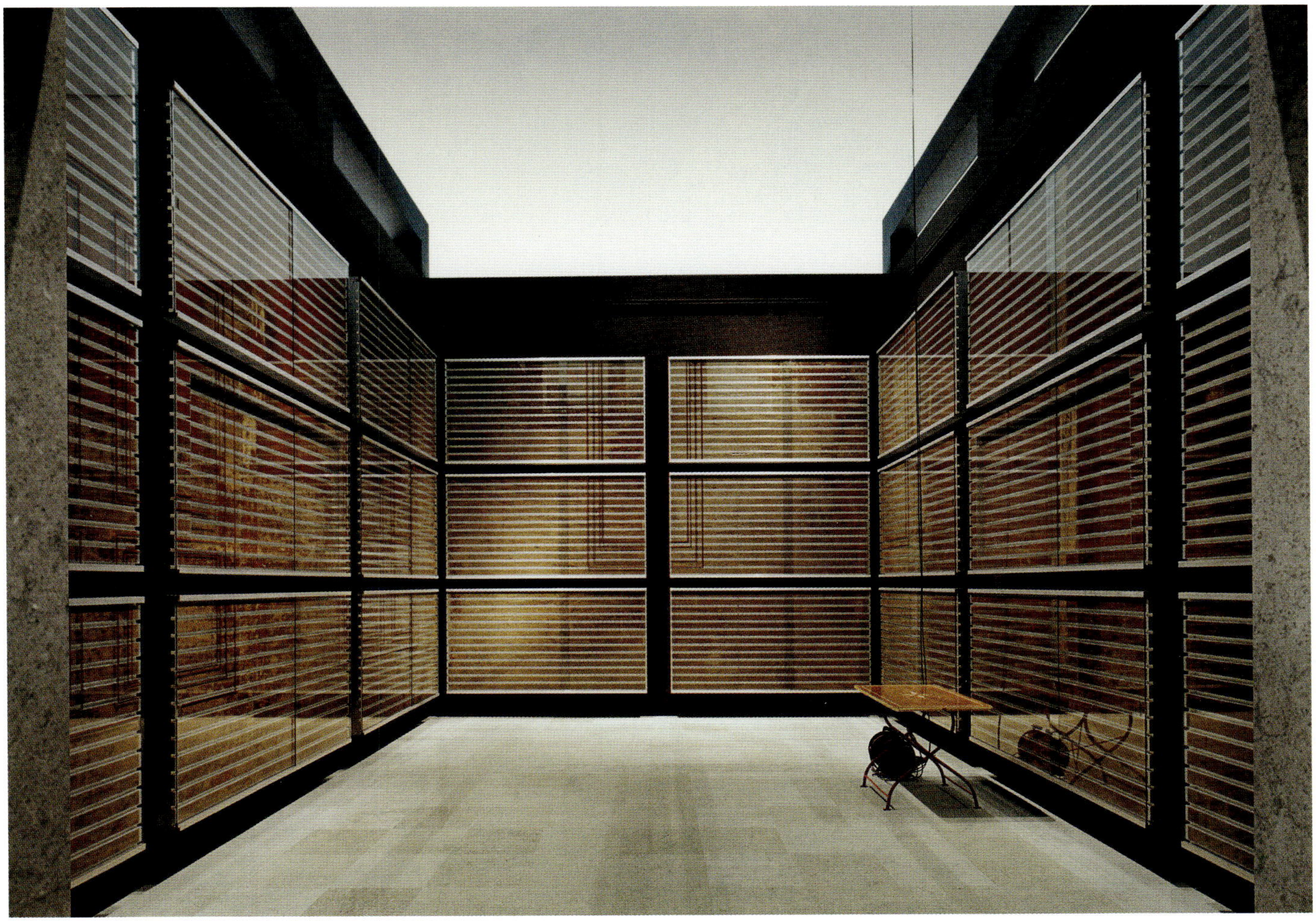

Das Deutschlandgerät, *Kunstsammlung Nordrhein-Westfalen, K21 Ständehaus, Düsseldorf* **[2002]**, *XLIV Biennale di Venezia, Deutscher Pavillon, Venedig* **1990**
The Germany Device, *Kunstsammlung Nordrhein-Westfalen, K21 Ständehaus, Düsseldorf* **[2002]**, *XLIV Biennale di Venezia, German Pavilion, Venice* **1990**

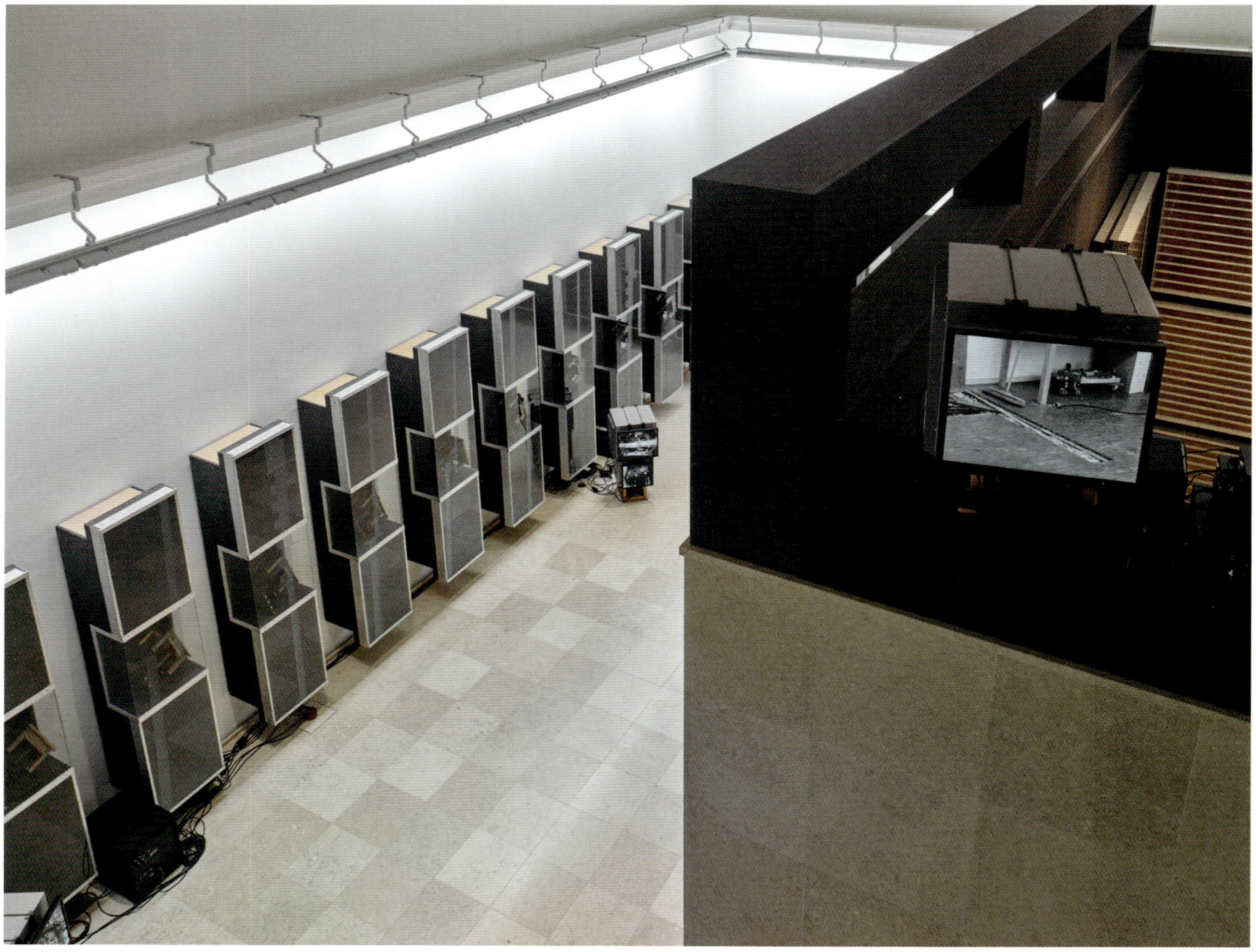

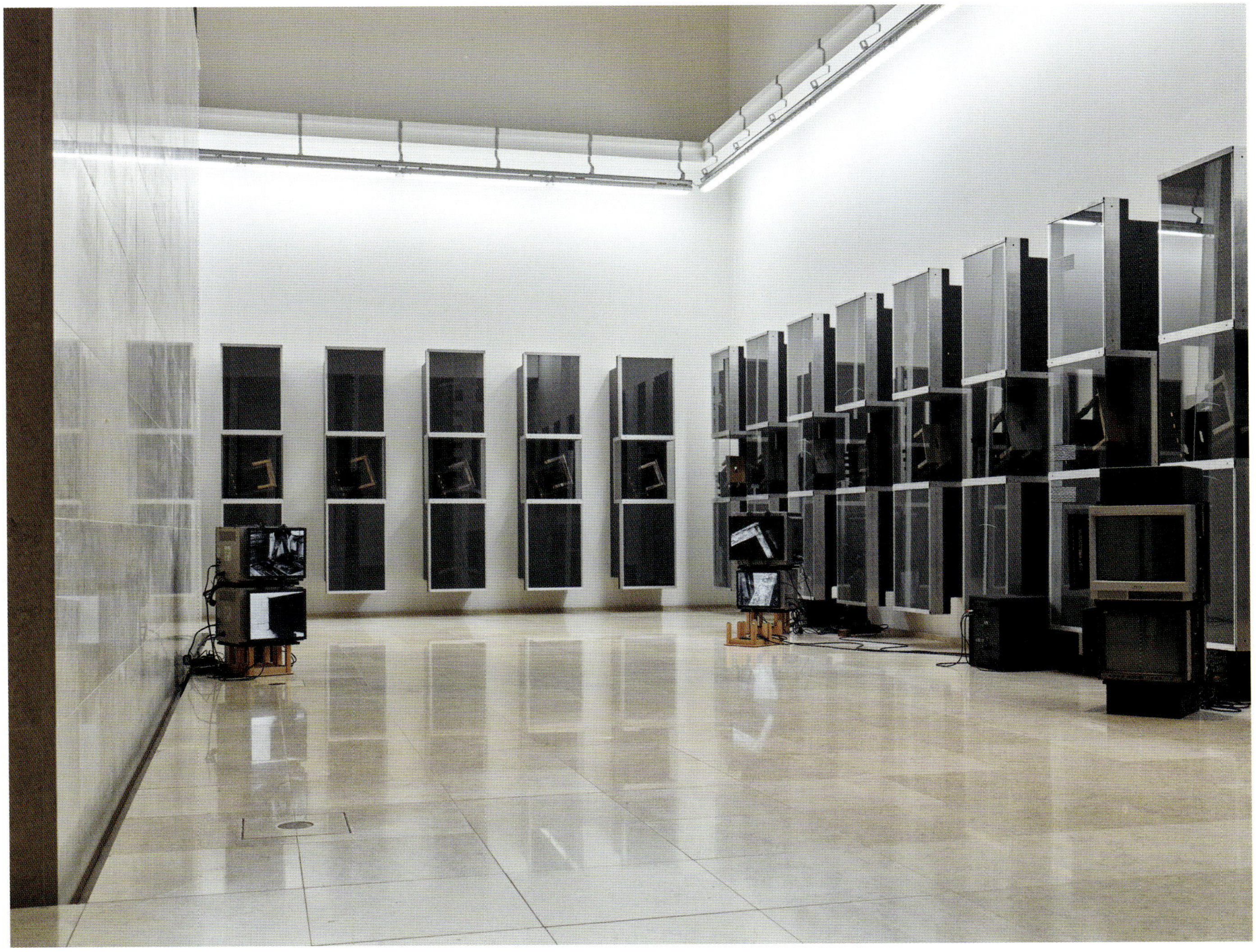

Das Deutschlandgerät, *Kunstsammlung Nordrhein-Westfalen, K21 Ständehaus, Düsseldorf* **[2021]**, **[2002]**, *XLIV Biennale di Venezia, Deutscher Pavillon, Venedig* **1990**
The Germany Device, *Kunstsammlung Nordrhein-Westfalen, K21 Ständehaus, Düsseldorf* **[2021]**, **[2002]**, *XLIV Biennale di Venezia, German Pavilion, Venice* **1990**

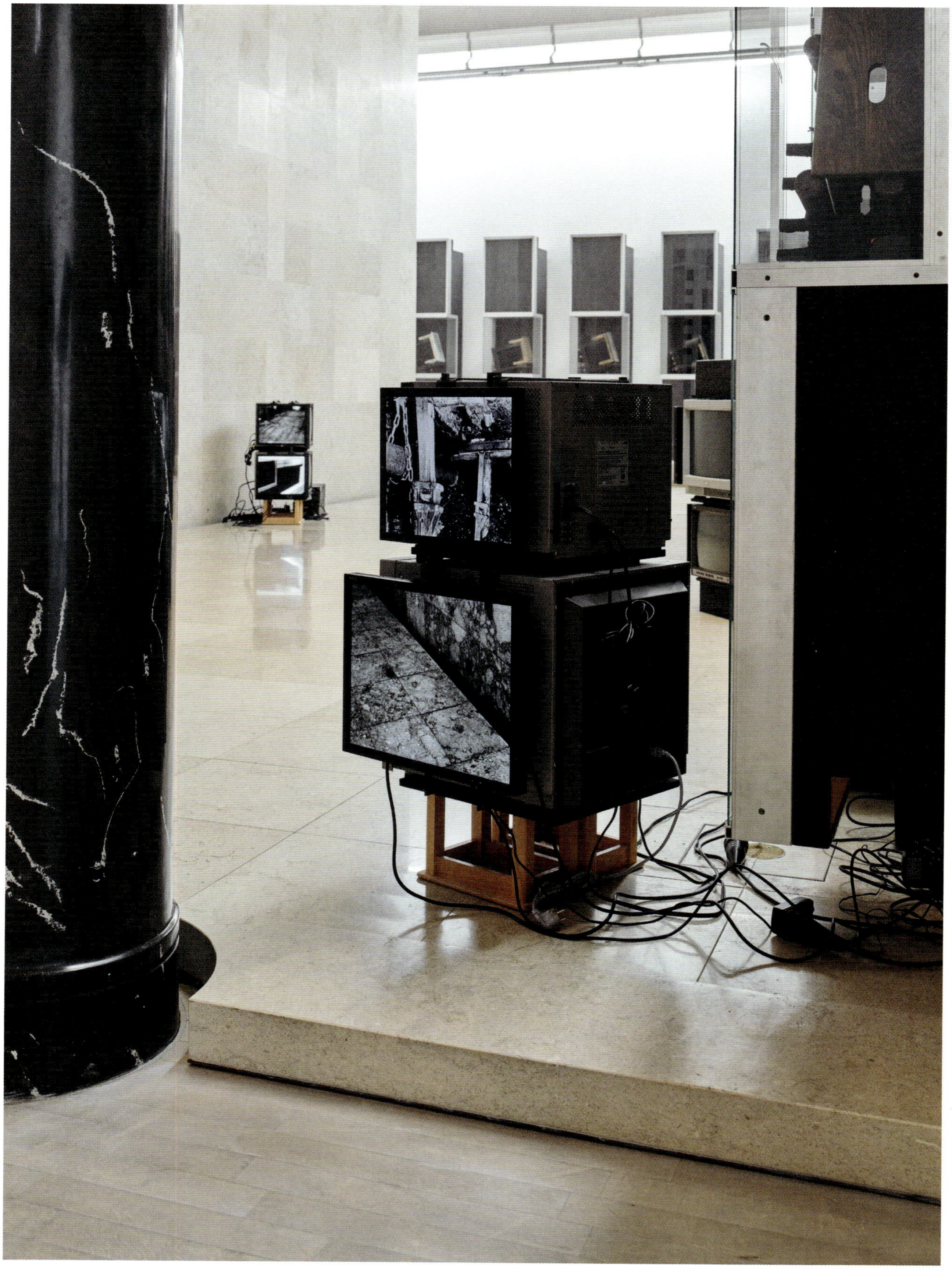

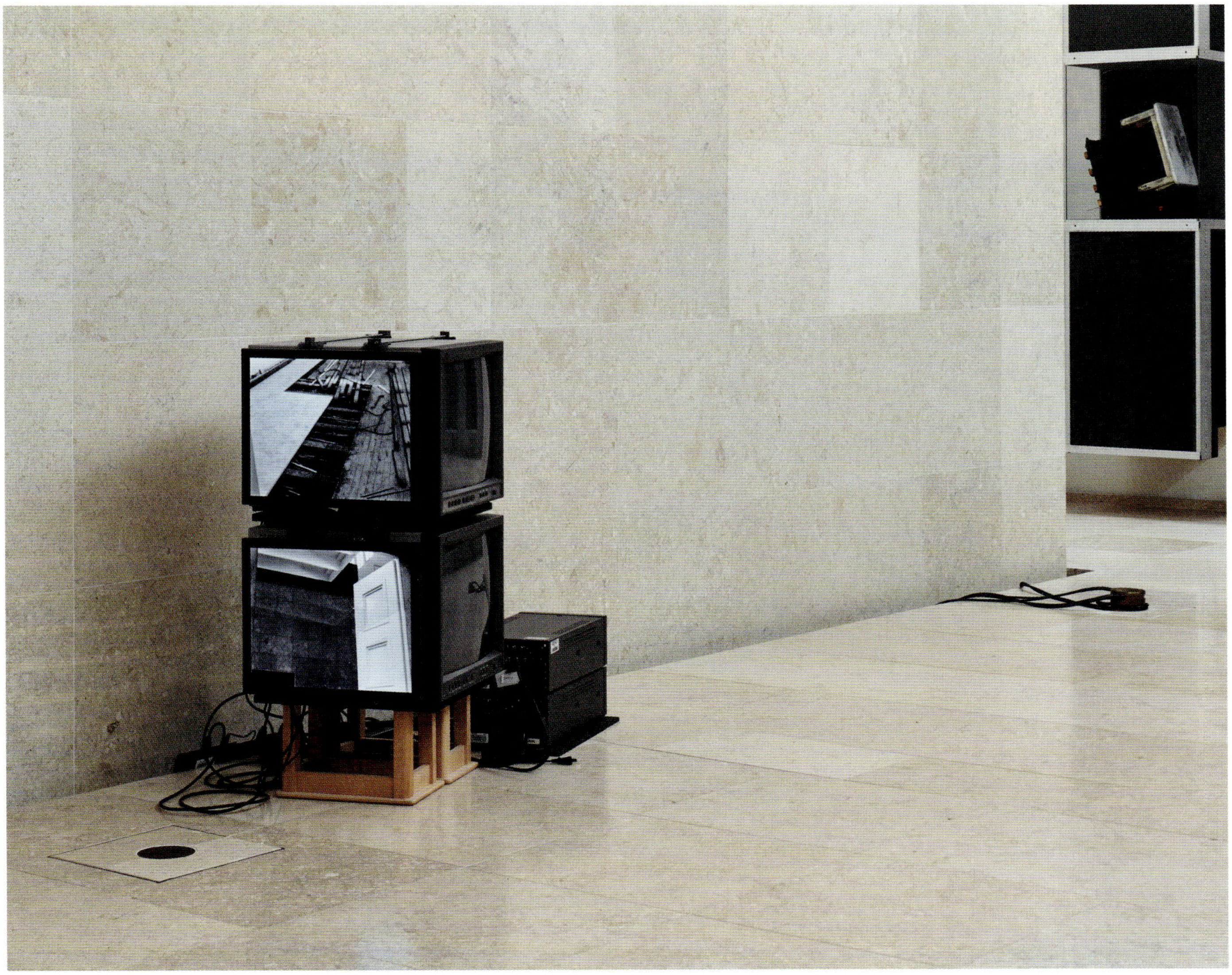

Das Deutschlandgerät, *Kunstsammlung Nordrhein-Westfalen, K21 Ständehaus, Düsseldorf* **[2021], [2002],** *XLIV Biennale di Venezia, Deutscher Pavillon, Venedig* **1990**
The Germany Device, *Kunstsammlung Nordrhein-Westfalen, K21 Ständehaus, Düsseldorf* **[2021], [2002],** *XLIV Biennale di Venezia, German Pavilion, Venice* **1990**

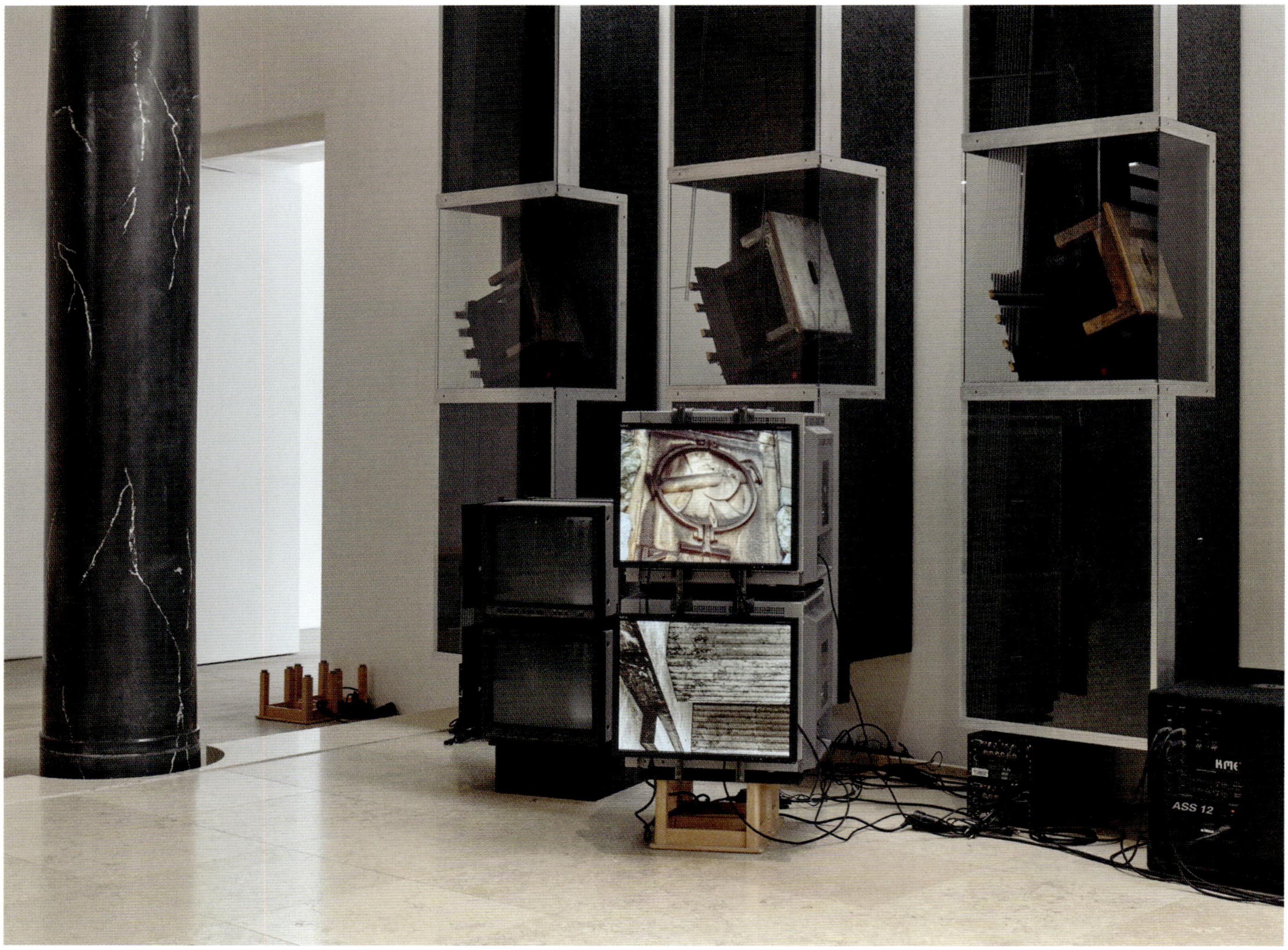
KME
ASS 12

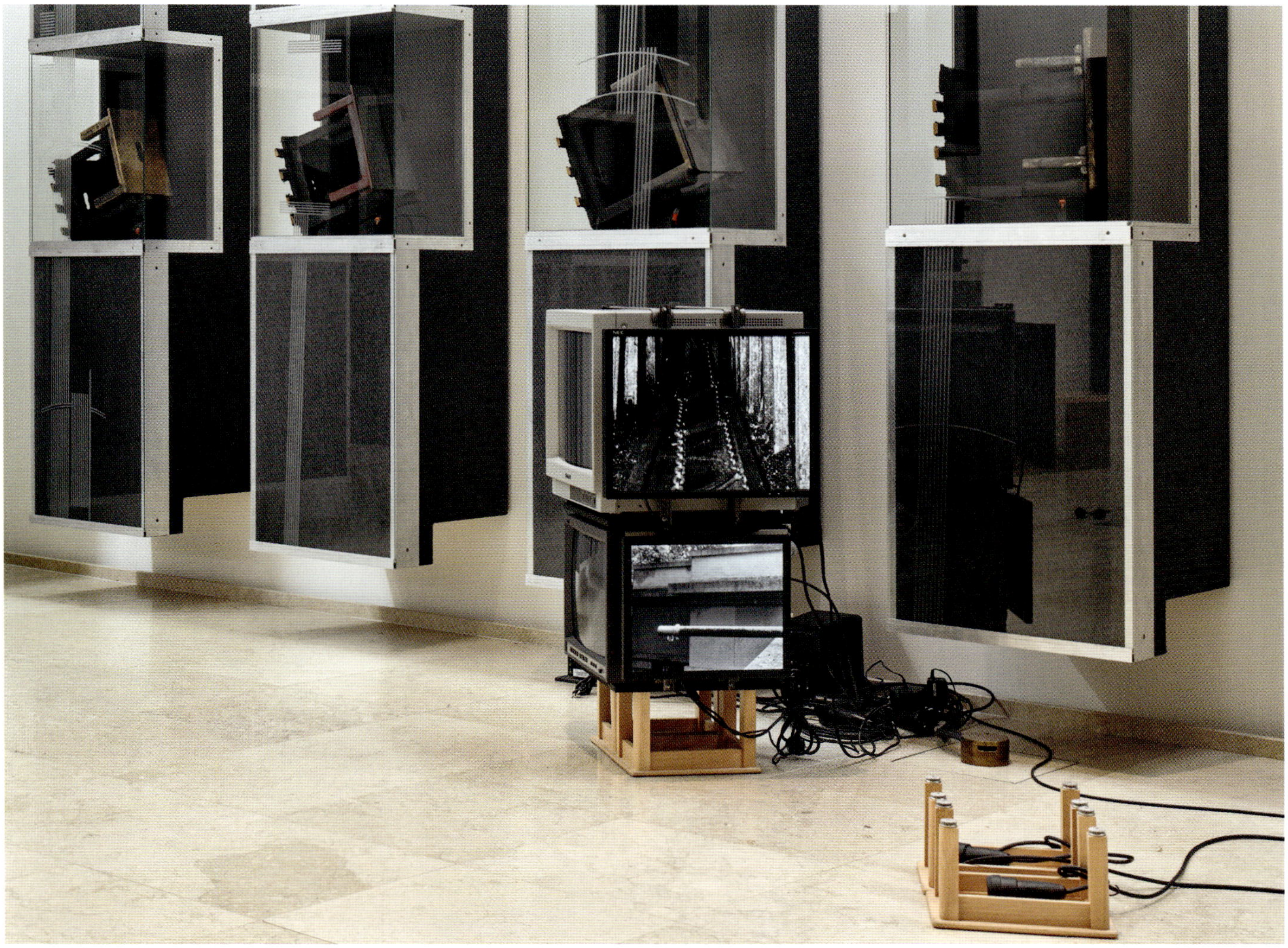

Das Deutschlandgerät, *Kunstsammlung Nordrhein-Westfalen, K21 Ständehaus, Düsseldorf* [2021], [2002], *XLIV Biennale di Venezia, Deutscher Pavillon, Venedig* 1990
The Germany Device, *Kunstsammlung Nordrhein-Westfalen, K21 Ständehaus, Düsseldorf* [2021], [2002], *XLIV Biennale di Venezia, German Pavilion, Venice* 1990

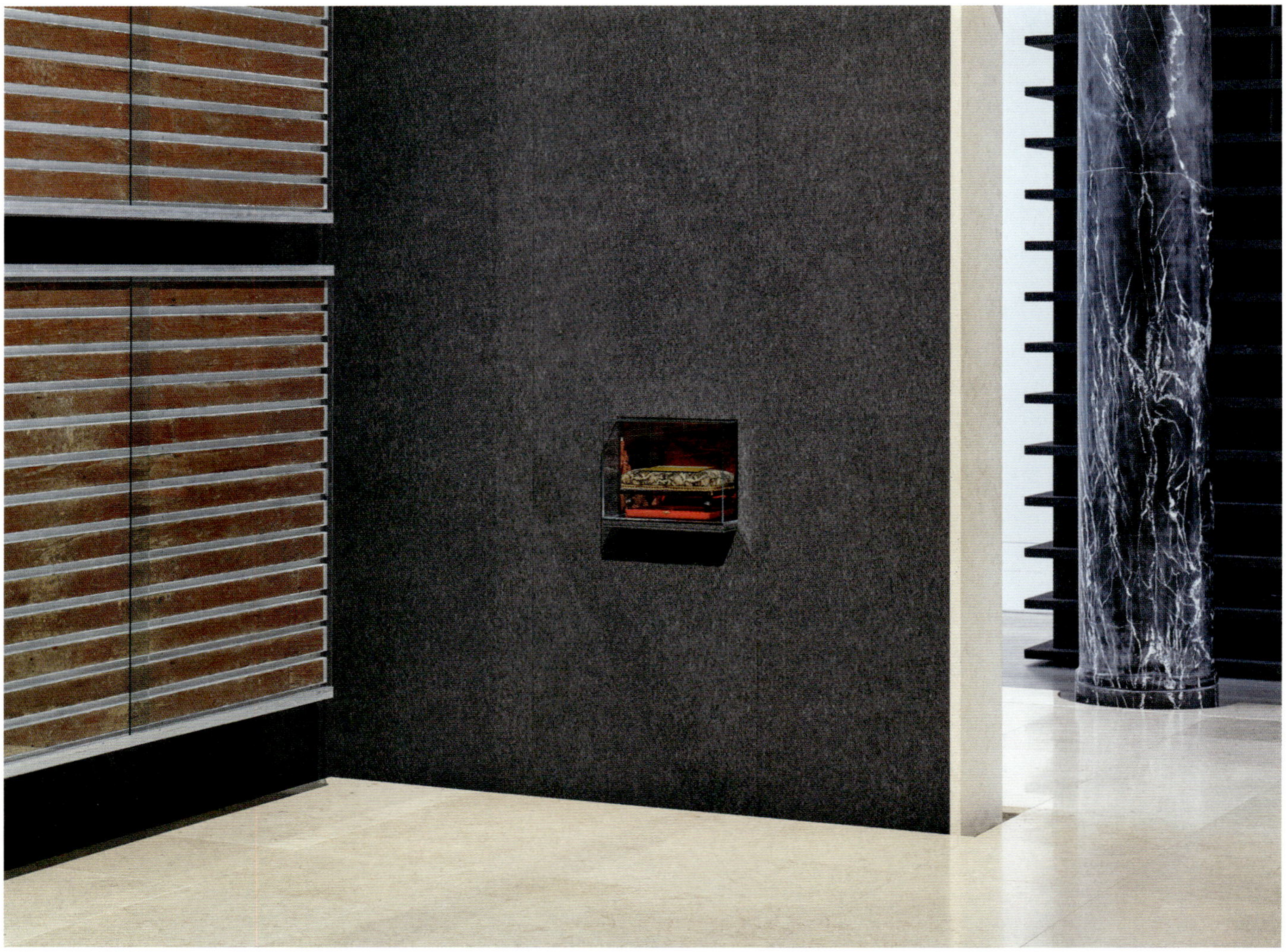

Das Deutschlandgerät, *Kunstsammlung Nordrhein-Westfalen, K21 Ständehaus, Düsseldorf* **[2021]**, **[2002]**, *XLIV Biennale di Venezia, Deutscher Pavillon, Venedig* **1990**
The Germany Device, *Kunstsammlung Nordrhein-Westfalen, K21 Ständehaus, Düsseldorf* **[2021]**, **[2002]**, *XLIV Biennale di Venezia, German Pavilion, Venice* **1990**
Rechts / opposite: Detail: „**Menzione d'Onore**", 2021

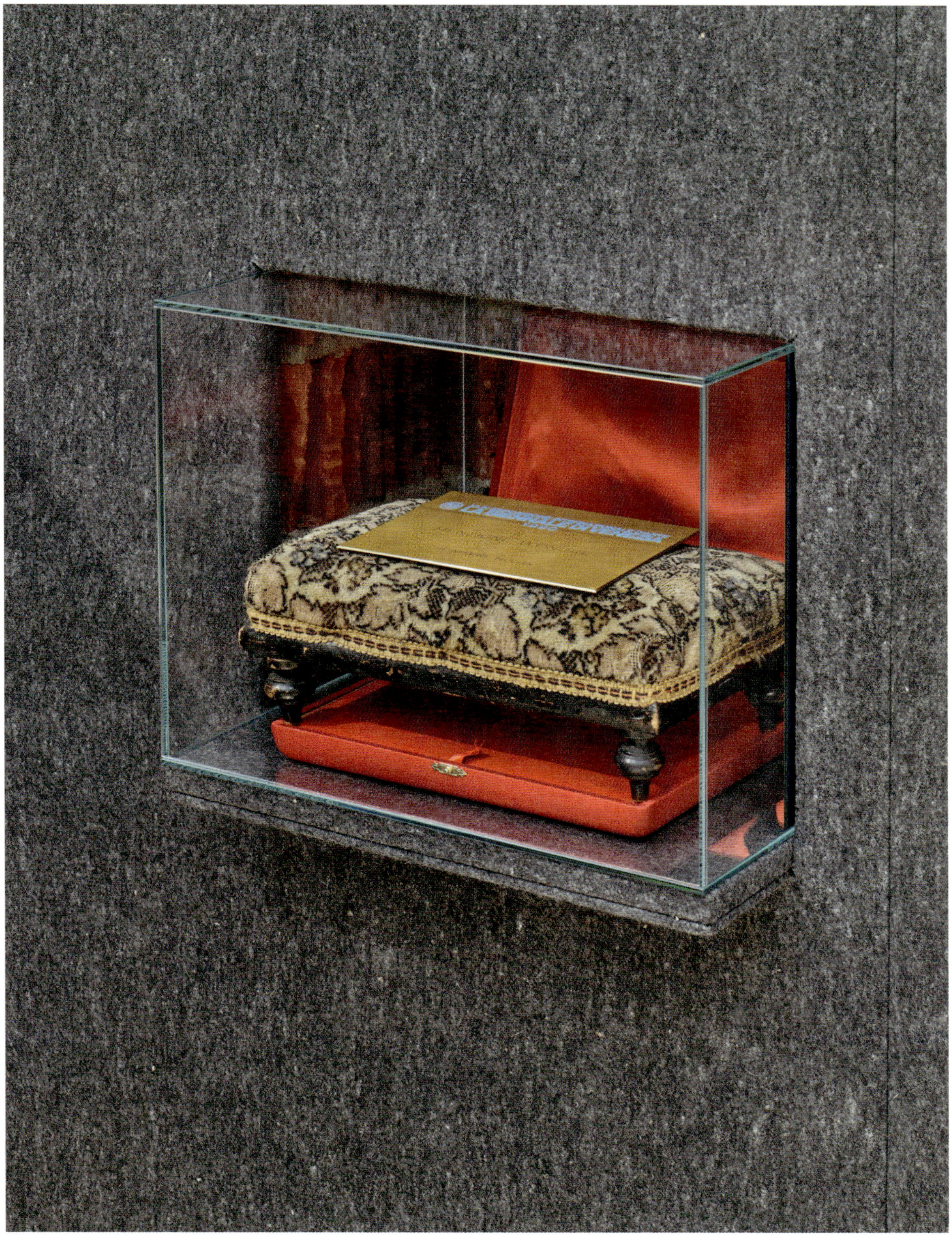

SEBASTIAN EGENHOFER

Verräumlichtes Gedächtnis

Spatialized Memory

Reinhard Mucha, **Das Deutschlandgerät**, [2021], [2002] 1990

Michael Asher hat in manchen seiner Arbeiten die Geräusche des Stadtraums in den Ausstellungsraum geholt. Durch die Entfernung einer Schicht der Oberlichtdecke drang zum Beispiel 1977 der Straßenlärm in die fensterlosen Innenräume des Van Abbemuseums in Eindhoven.[1] Mucha füllt seit 2002 einen Raum der Kunstsammlung K21 in Düsseldorf mit den Geräuschen der Fahrzeuge, die die 3,5 Kilometer entfernte Fleher Brücke überqueren. Zwei ca. 45-minütige Tonspuren – ursprünglich von CD-Playern, seit 2021 von Flashplayern abgespielt[2] – übertragen die dumpfen und pfeifenden oder quakenden Töne, die von Mikrofonen unterhalb und oberhalb der Fahrebene aufgezeichnet wurden. Die Tonspuren sind ein Element von Muchas Installation **Das Deutschlandgerät**.

Der betreffende Raum des heutigen K21 war ab 1880 der Plenarsaal der historisch wechselnden Landesparlamente, die in Düsseldorf tagten. Das ehemalige Parlamentsgebäude, das sogenannte Ständehaus, liegt in der Düsseldorfer Innenstadt, am von Enten und kanadischen Gänsen bewohnten Kaiserteich. Es wurde von 1876 bis 1880 nach Plänen von Julius Carl Raschdorff in einem eher strengen Neorenaissancestil (mit falschem Barockdach) erbaut. Gegenüber dem Haupteingang zum Kaiserteich grüßen der „Vater Rhein und seine Töchter“ in Form eines wilhelminischen Denkmals.[3] Im Zentrum des fast quadratischen Baus – einem ehemaligen

1 Siehe Michael Asher, Writings 1973–1983 On Works 1969–1979, hg. von Benjamin H. D. Buchloh, Halifax/Los Angeles 1983, S. 174–183.

2 Die Tonaufzeichnung erfolgte mit einem digitalen Aufnahmegerät. Die langen und nur wenig verschiedenen Laufzeiten von 46' 37" und 47' 16" schließen eine Wiedererkennbarkeit der Loops aus; die Geräuschkulisse erscheint als ewig gleich und ewig variabel wie der reale Verkehr.

3 Von Karl Janssen und Josef Tüshaus 1884 als Festdekoration in Gips anlässlich eines Besuchs Kaiser Wilhelms konzipiert, 1897 als Bronzedenkmal zwischen Kaiserteich und Ständehaus aufgestellt.

With several of his works, Michael Asher brought the sounds of urban space into the exhibition space. In 1977, for example, the removal of a set of glass ceiling panels allowed street noise to penetrate the windowless interiors of the Van Abbemuseum in Eindhoven.[1] Since 2002, Mucha has filled a gallery in K21, Kunstsammlung NRW in Düsseldorf with the sounds of vehicles crossing the Flehe Bridge, two miles away. Two approximately forty-five-minute audio tracks – originally stored on CDs and since 2021 on a USB flash drive[2] – transmit the muffled and whistling or croaking sounds recorded by microphones below and above the road crossing the bridge. The audio is one element of Mucha's installation **Das Deutschlandgerät (The Germany Device)**.

The gallery space in question in today's K21 served, beginning in 1880, as the plenary hall of the historically changing state parliaments that convened in Düsseldorf. The former parliament building, known as the Ständehaus, is located in the center of Düsseldorf, on the Kaiserteich pond inhabited by ducks and Canada geese. It was built between 1876 and 1880 according to plans by Julius Carl Raschdorff in a rather austere Renaissance Revival style (with an anachronistic baroque roof). Opposite the main entrance, facing the Kaiserteich, a Wilhelmine monument hails "Father Rhine and His Daughters."[3]

1 See Michael Asher, *Writings 1973–1983 On Works 1969–1979*, ed. Benjamin H. D. Buchloh (Halifax: Press of the Nova Scotia College of Art and Design; Los Angeles: Museum of Contemporary Art Los Angeles, 1983), 174–183.

2 The sounds were captured with a digital recording device. The long and only slightly different running times of 46' 37" and 47' 16" rule out any recognizability of the loops; the soundscape appears as eternally the same and eternally variable as real traffic.

3 Conceived by Karl Janssen and Josef Tüshaus in 1884 as a ceremonial decoration in plaster on the occasion of a visit by Kaiser Wilhelm I, it was erected as a bronze monument between the Kaiserteich and the Ständehaus in 1897.

Innenhof, der seit dem 2001 abgeschlossenen Umbau vom neuen Glasdach des Gebäudes überwölbt ist – befand sich im ersten Stock der Plenarsaal. Dessen Stelle nimmt der Raum der Installation ein: ein ungefährer Würfel im umfassenden doppelten Würfel des Innenhofs und des Gebäudes, mit dem er an der Nordseite verbunden ist. In dem von vier Stützen getragenen, von links und rechts zugänglichen 9,19 Meter hohen, 17,56 Meter breiten und 17,09 Meter tiefen Raum ist Muchas **Deutschlandgerät** seit dem Einzug des K21 in das ehemalige Ständehaus 2002 permanent installiert.

Die Installation bildet mit dem gegebenen Raum eine tempelartige Struktur. Auf der Nordseite, zum zentralen Eingang auf der Seite des Kaiserteichs hin, ist ihr Bereich von acht dunkelgrauen Säulen aus falschem Stein begrenzt, die eine auf halber Raumhöhe quer laufende Galerie tragen. Quer zum im Normalfall verschlossenen zentralen Eingang hat Mucha eine barriereartige Skulptur (**Zollverein I|II**, 2002) aufstellen lassen. Im Halbmesser der zum Gebäude gehörenden Säulen, von diesen durch eine circa sieben Zentimeter breite Fuge getrennt, beginnt ein Travertinboden, der eine circa zehn Zentimeter hohe Sockelplatte für Muchas Werk bildet.

Ringsum, mit einer breiteren Lücke an der südlichen Rückwand, in der eine normale Museumsbank steht, sind an den glattverputzten weißen Wänden des ehemaligen Plenarsaals 38 hochoblonge Vitrinen aus filzverkleidetem Holz, Aluprofilen und Glas angebracht. Mit 250 × 60 Zentimeter haben diese Vitrinen pfeilerartige Proportionen. Auch wenn sie 25 Zentimeter über dem Travertinboden angebracht sind und eine stützende Funktion nicht einmal suggerieren, deuten sie zusammen mit den acht Säulen des Gebäudes die Peristasis eines allerdings queroblongen Tempels an. In diesen Säulenumgang ist eine oben offene, von der Galerie aus einsehbare 5,03 Meter hohe, 6,47 Meter breite und in der Nord-Süd-Achse 9,29 Meter tiefe Cella gestellt. Ihre Wände sind ringsum mit einer breiten Fuge von der Sockelplatte abgesetzt und stehen auf dem tieferen Museumsboden.

Die Cella ist außen mit denselben quadratischen Steinplatten (50 × 50 Zentimeter) verkleidet wie der Fußboden. Die Bodenfugen laufen vertikal an der Wand weiter – auch dort, wo ein querlaufender Streifen aus schmaleren Bodenplatten das Quadratraster unterbricht. Auf der Breite von drei Steinplatten läuft der Boden durch den nach Norden gerichteten Eingang in den Innenraum der Cella, wo er von den Innenwänden ebenfalls durch eine Fuge getrennt bleibt. Die Innenwände der Cella sind ab den bündig schließenden steinernen Türlaibungen mit filzüberzogenen Holzplatten verkleidet, die Material und Farbe der Pfeilervitrinen im Außenraum aufnehmen und die Cella als einen Vitrinenkasten eigener Art ausweisen. Oben läuft an der Wand ein Gesims herum – zwei knapp auskragende filzverkleidete Holzleisten bilden eine Schattenfuge. Außen endet auf dieser Höhe die Steinverkleidung ebenfalls in einem knappen Gesims. Darüber ist den Wänden der Cella ein griffartiger filzüberzogener Aufsatz aufgesetzt. Besonders von der Galerie aus kann so die ganze durch die umlaufende Fuge vom Fußboden getrennte Cella wie ein technisches Aggregat (vom Typ einer Autobatterie) erscheinen, das in den von den Pfeilervitrinen gesäumten Raum eingesetzt ist.

Dieser mehrfach gerahmte, von der Stadt, dem Park und von der Architektur des Gebäudes umfasste Raum der Installation ist seit der Reinstallation in Düsseldorf 2002 mit den mal scharfen, mal dröhnenden Geräuschen des Verkehrs über die Autobahnbrücke gefüllt. Durch das Medium der Tonaufzeichnung wird der von Repetition und Symmetrie bestimmte Raum der Architektur und der Skulptur mit der Rheinbrücke als einer Art Klangskulptur, ein Saiteninstrument mit 390 Meter Spannweite, und ihrem ebenfalls repetitiven, aber ordnungslos rhythmischen Sound verbunden. Zu dieser Konstellation von Ortsbezügen kommt der Deutsche Pavillon in Venedig hinzu, wo das Werk 1990 zuerst installiert war. Dort war der Travertinboden aufgesägt und die mit demselben Travertin verkleidete Cella eingesetzt worden. An den umgebenden Wänden waren zwischen den Türöffnungen die Filzvitrinen platziert, die auf die rechteckigen Pfeiler Bezug nehmen, die 1938 bei der Umgestaltung nach Plänen von Ernst Haiger die ionischen Säulen der Fassade von 1909 ersetzt hatten. Die Verbindung zum Ort der Erstinstallation wurde bei der Wiederinstallation in Düsseldorf unterstrichen, indem für Fußböden und Cella wiederum Travertin aus demselben (inzwischen erschöpften) Steinbruch verwendet wurde wie für den Umbau von 1938.[4] Die Installation tritt also in Resonanz nicht nur mit dem wilhelminisch-mythischen und dem geografisch realen Rhein, sondern auch mit der Geschichte des Nationalsozialismus, die sich im martialischen Modernismus des umgebauten Deutschen Pavillons abgelagert hat.

Eine leere Pfeilervitrine ist links neben der Cella auf einem schweren hölzernen Tisch aufgebahrt, dessen ausgesägte Tischplatte durch ein Stück Travertinsockel ersetzt wurde. Auf der so aufgebahrten Vitrine liegt ein weiteres Filzelement, das links hinten aus seinem Glasgehäuse ausbricht und wie ein rechteckiger Kanal in die dort ausgesägte Steinverkleidung der Cella eindringt. Der Filz der im Umraum der Cella angebrachten 38 Vitrinenkörper ist so mit der kontinuierlichen Filzfläche der Innenwände der Cella verbunden.

4 Nach einem Recherchebericht des ehemaligen Leiters der Restaurierung der Kunstsammlung Nordrhein-Westfalen handelt es sich um Travertin aus den Steinbrüchen von Chiampo (Provinz Vicenza, Venetien).

In the center of the almost square building – a former inner courtyard, which has been covered by the building's new glass roof since reconstruction was completed in 2001 – was located the plenary hall on the second floor. Its place is now occupied by the gallery which houses the installation: an approximate cube in the all-encompassing double cube of the courtyard and the building, to which it is connected on the north side. Since K21 moved into the former Ständehaus in 2002, Mucha's **Das Deutschlandgerät** has been permanently installed in this 30-foot-high, 57.5-foot-wide, and 56-foot-deep space, supported by four struts, and accessible from both the left and right sides.

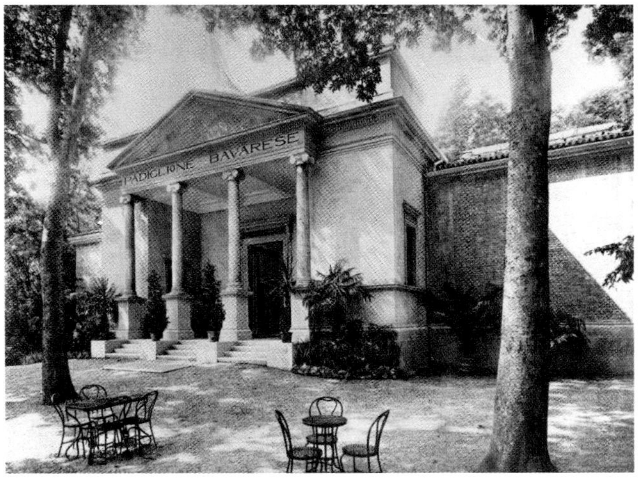

Bayerischer Pavillon / Bavarian Pavilion, VIII Biennale di Venezia, 1909

Together with the space provided, the installation forms a temple-like structure. To the north, facing the central entrance on the side of the Kaiserteich, the area is skirted by eight dark gray columns of faux stone that support a gallery running across the space at half the height of the room. Then, across the central entrance, which is normally closed, Mucha had a sculpture (**Zollverein I|II**, 2002) installed, which acts as a barrier. Within the radius of the architectural columns, separated from them by a joint about 2.75 inches wide, begins a floor of travertine tiles, which serves as a roughly four-inch-high plinth for Mucha's work.

All around, with a wider gap on the rear south wall where a standard museum bench can be found, thirty-eight tall vertical display cases made of felt-covered wood, aluminum profiles, and glass are mounted on the smooth white plastered walls of the former plenary hall. At 98.5 × 23.5 inches, these vitrines have pillar-like proportions. Although they are installed ten inches above the travertine tile floor and do not themselves suggest that they serve a supporting architectural function, together with the building's eight columns they bring to mind the peristasis of a transversely positioned oblong temple. In this peristyle is placed a cella open at the top, 16.5 feet high, 21 feet wide, and 30.5 feet deep along the north-south axis. Its walls are set off from the base with a wide joint along its parameter and stand on the actual floor of the museum below.

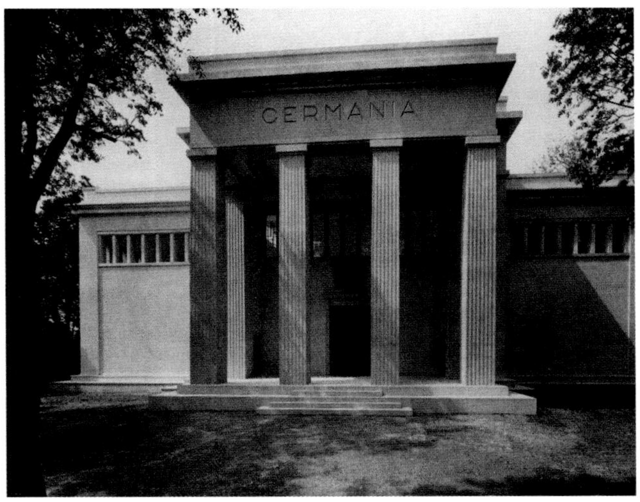

Deutscher Pavillon / German Pavilion, XXI Biennale di Venezia, 1938

The cella is clad on the outside with the same square stone slabs (20 × 20 inches) as the floor. The floor joints continue vertically along the wall – even where a transverse strip of narrower floor slab interrupts the square grid. The width of three stone slabs across, the floor runs through the north-facing entrance into the interior of the cella, where it likewise remains separated from the interior walls by a joint. From the flush-fitting stone jambs and lintel, the interior walls of the cella are clad with felt-covered wooden panels that echo the material and color of the pillar-like vitrines outside and identify the cella as a display case in its own right. At the top, a cornice runs around the walls – two narrowly projecting felt-covered wooden strips form a shadow gap. On the outside, the stone cladding also

Um die Beine des Tischs winden sich zwei elektrische Kabel, die funktionslos bleiben.

In diese in das von Düsseldorf, vom Rhein und von Venedig gebildete historische Bezugsnetz eingespannte Makrostruktur aus Stein, Filz und Glas sind zwei Typen von Exponaten eingesetzt. Im Innenraum der Cella werden in 24 tableauartigen flachen Vitrinen – je zwei große verschiebbare Glasplatten werden von Metallprofilen vor einem 26,5 Zentimeter tiefen Filzkörper von je ca. 122,5 × 245 Zentimeter gehalten – die von hellen Aluminiumfugen getrennten Bohlen des Fußbodens von Muchas Düsseldorfer Atelier präsentiert. Drei kürzere Vitrinenstücke (122,5 × 100 Zentimeter) hängen an der Wand rechts neben dem Eingang. In die 38 hohen Vitrinen der Peristasis ist je eine Skulptur aus sich wiederholenden Elementen gestellt: Ein hölzernes Fußbänkchen wird von seinem eigenen unversäuberten Messingabguss, der schräg auf einem Bandmaß aus Stahl in schwarzem Gehäuse aufliegt, in die Höhe gehoben. Der flächig ausgebreitete Atelierfußboden in der Cella und die Fußbänkchen der Peristasis bilden so formal und semantisch Pole der Konzentration und der Zerstreuung. Während der vollständig entnommene Fußboden wie ein flächiger Abdruck auf das Ateliergebäude verweist, das um 1908 als Verwaltungsgebäude für die Düsseldorfer Eisenbahnbedarf AG[5] gebaut wurde, beziehen sich die anonymen Fußbänkchen auf einen immer schon mobilen Ort 20 Zentimeter über einem beliebigen Boden.

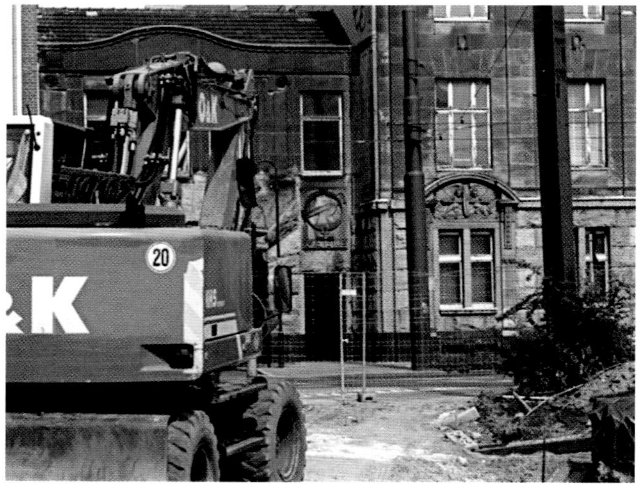

Das Deutschlandgerät, [2021], [2002] 1990, Video-Standbild: Muchas Atelierhaus in der Kölner Straße, Düsseldorf
The Germany Device, video still: Mucha's Studio Building, Kölner Straße, Düsseldorf

Die äußeren Filzvitrinen wirken schwer und massiv. Der filzverkleidete Holzkörper ist an den umlaufenden Vorderkanten in Aluprofile gefasst, die drei hochoblonge Glasscheiben halten. Hinter der mittleren Scheibe springt der Filzkörper zurück, sodass ein seitlich ebenfalls verglastes Leervolumen, der eigentliche Schauraum, entsteht. In diesen knapp bemessenen Hohlräumen bilden das Bandmaß, das Bänkchen und sein Abguss eine Art Waage oder Wippe. Das rechts von der Vitrinenmitte aufgestellte Band stützt den Abguss des Fußbänkchens, dessen noch vorhandene Speiser das symmetrisch angeordnete hölzerne Original in die Höhe heben. Diese 38 Minidramen – Raub der Proserpina, Sieg des Metalls über das Holz – besetzen die verglaste Leere, die wie in die Filzpfeiler eingeschnitten ist. Der an drei Seiten von dunkelgrauem Filz umgebene Leerraum der Vitrinen ist dabei der dunkelste Raum der ganzen Installation. Zu deren Elementen gehört auch ein u-förmiger Kranz doppelter Leuchtstoffröhren, die oberhalb der Vitrinen – auf der Höhe des Gesimses der Cella – mit knappem Abstand zu den Saalwänden installiert und leicht zur Wand geneigt sind.

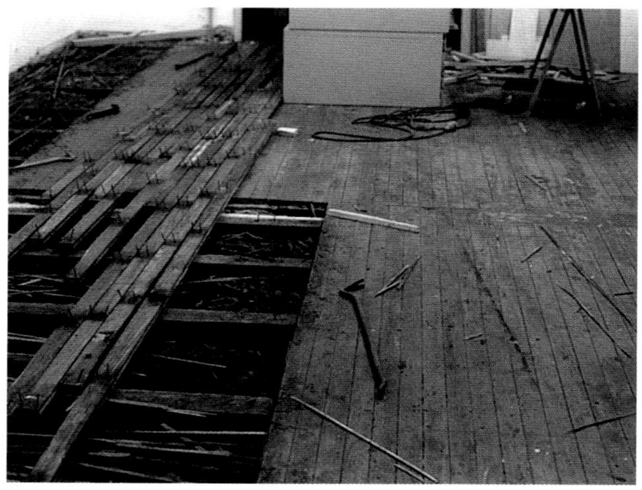

Das Deutschlandgerät, [2021], [2002] 1990, Video-Standbild: Aufnehmen des Fußbodens in Muchas Atelier
The Germany Device, video still: Pulling up the floorboards in Mucha's studio

5 Vormalig Carl Weyer & Cie., später Düsseldorfer Waggonfabrik; siehe Martin Bochynek, KS 170, in: Reinhard Mucha (Ausst.-Kat. Institut für Auslandsbeziehungen, Stuttgart), Stuttgart 1997, S. 8–13, hier S. 10.

ends at this height with a narrow cornice. Above this, the walls of the cella are topped with a handle-like felt-covered addition. The whole cella, separated from the floor by a joint around its circumference, thus appears, especially when seen from the gallery, like a technical unit (much like a car battery) placed within the space lined by the pillar-like showcases.

Since being erected anew in Düsseldorf in 2002, the multi-framed space of the installation, enclosed by the city and the park, as well as by the building's architecture, has been filled with the sometimes sharp, sometimes booming sounds of traffic crossing the highway bridge. Through the medium of audio recording, the space of the architecture and the sculpture, which is structured by repetition and symmetry, is connected to the Rhine bridge as a kind of sound sculpture, a string instrument with a span of 426.5 yards, and its likewise repetitive, unstructured, rhythmic sound. Added to this constellation of site references is the German Pavilion in Venice, where the work was first installed in 1990. There, the travertine tile floor had been sawn open and the cella, clad in the same travertine, had been inserted. On the surrounding walls, the felt display cases had been placed between the doorways, referring to the rectangular pillars that replaced the original Ionic columns of the façade from 1909 when the structure was rebuilt in 1938 according to plans by Ernst Haiger. The connection to the site of the initial installation was underscored in the re-installation in Düsseldorf by again using travertine from the same (now depleted) quarry for the floors and the cella as for the Pavilion's 1938 transformation.[4] The installation thus resonates not only with the Wilhelmine-mythical and geographically real Rhine, but also with the history of National Socialism stored in the martial modernism of the remodeled German Pavilion.

An empty pillar-like display case is laid out to the left of the cella on a heavy wooden table, the tabletop of which has been sawn out and replaced by a piece of travertine serving as a plinth. On top of the vitrine thus laid out, to the left, lies another felt element, which escapes its glass casing toward the back, and penetrates like a rectangular duct into the stone cladding of the cella sawn open there. The felt of the thirty-eight display cases positioned around the cella is thus connected to the continuous felt surface of the cella's interior walls. Winding around the legs of the table are two electric cables, which remain functionless.

Two types of exhibits are inserted into this macrostructure of stone, felt, and glass, held within a historical network of references stretching between Düsseldorf, the Rhine, and Venice. In the interior of the cella, twenty-four flat display cases like framed canvases – each containing two large sliding glass panels held by metal profiles in front of a 10.43-inch-deep mass of felt, each measuring 48.23 × 96.46 inches – display the floor planks from Mucha's Düsseldorf studio, separated by bright aluminum joints. Three shorter showcases (each 48.23 × 39.37 inches) hang on the wall to the right of the entrance. A sculpture of repeating elements is placed in each of the thirty-eight tall vitrines of the peristasis: a wooden footstool is raised into the air by its own raw untrimmed brass cast, which rests at an angle on a common steel tape measure with a black casing. The flat studio flooring spreads out within the cella and the footstools of the peristasis thus serve, formally and semantically, as poles of concentration and dispersion. While the completely removed flooring refers, like a two-dimensional impression, to the studio building which was built ca. 1908 as an administrative building for the railroad car and engine manufacturer Düsseldorfer Eisenbahnbedarf AG,[5] the anonymous footstools refer to a location always already mobile eight inches above any floor.

The exterior display cases of felt appear heavy and massive. In each, the felt-covered wooden structure is encased along the surrounding front edges in aluminum profiles that hold three tall vertical panes of glass. Behind the middle pane, the felt mass springs back, creating an empty volume also glazed at the sides – the actual display space. In this tight hollow cavity, the tape measure, the footstool, and its cast form a kind of scale or see-saw. The tape measure, placed to the right of the vitrine's center, supports the cast of the small footstool, and its risers still present from the casting process lift the symmetrically arranged wooden original into the air. These thirty-eight mini-dramas – The Rape of Proserpina, The Victory of Metal Over Wood – occupy the glazed voids, which appear to be cut into the felt pillars. The empty space of the display cases, surrounded on three sides by dark gray felt, is the darkest space of the entire installation. Its elements also include a U-shaped row of double fluorescent tubes, which are installed above the vitrines – at the level of the cella's cornice – at a short distance from the gallery's walls and slightly inclined toward them. These bars of light mimic the permanently installed lighting in the German Pavilion in Venice, right down to the metal fixtures. Its light reflected from the walls illuminates the space in front of the display cases, the glass fronts of which reflect, all the more, the surrounding space and the viewers themselves. In 1990, this meant the space of the German Pavilion, where the photographic

4 According to a research report by the former head of conservation at the Kunstsammlung Nordrhein-Westfalen, the stone is travertine from quarries at Chiampo (Province of Vicenza, Veneto).

5 Formerly Carl Weyer & Cie., later Düsseldorfer Waggonfabrik; see Martin Bochynek, "KS 170," in *Reinhard Mucha*, exh. cat. Institut für Auslandsbeziehungen, Stuttgart (Stuttgart: Institut für Auslandsbeziehungen, 1997), 8–13, here 10.

Bis in die Metallhalterungen ahmt dieser Lichtkranz die fix installierte Beleuchtung im Deutschen Pavillon in Venedig nach. Sein von den Wänden reflektiertes Licht erhellt den Raum vor den Vitrinen, deren Glasfront umso mehr diesen Umraum und die Betrachter*innen reflektiert. 1990 war dies die Umgebung des Deutschen Pavillons, in dem in den benachbarten Räumen die Fotoserien der Industriearchitekturen von Bernd und Hilla Becher gezeigt wurden, die den Pavillon mit Mucha als jüngerem Kollegen bespielten. So spiegelten sich die becherschen Fotos der Wassertürme und Gasometer etc. in Muchas Vitrinen.

Auf das Glas der Vitrinen sind leicht geneigte lange Linienbündel, überkreuzt und unterbrochen von kurzen Querlinien und Kreissegmenten geätzt. Die Konstellation der Linien mag an *Fasces* (Liktorenbündel), aber auch an den Bugbeschlag venezianischer Gondeln, den *fero da próva*, erinnern, der das Gegengewicht zum Gondoliere bildet. Formal und über den Bezug zum Thema des Gewichts und des Gleichgewichts auch inhaltlich tritt das Linienornament so in Korrespondenz mit der stärker geneigten Fußbänkchenskulptur im Innenraum der Vitrinen. Hinzukommen – im Gegensinn geneigt – die drei oder vier übereinanderliegenden Glanzpunkte der Gussanschnitte, an denen das nicht patinierte Messing der ansonsten mattschwarzen Gussstücke freiliegt. Auch dieses Detail korrespondiert formal mit den Zacken, den *broche* des Bugbeschlags, deren Sechszahl oft mit den sechs venezianischen *sestieri* (den Quartieren) assoziiert wird.[6]

Auf den Glasplatten der Vitrinen im Innenraum der Cella ist rückseitig in braunrotem und blaugrauem Lack der um 180 Grad gedrehte Wandaufriss des Atelierraums aufgezeichnet, aus dem der in den Vitrinen präsentierte Fußboden stammt. Dabei greift die Zeichnung einmal über die Grenze zwischen zwei Glaspaneelen hinweg, sodass klar wird, dass die Glasfläche und vor allem die ehemalige Bodenfläche, die hinter ihr liegt, als Kontinua zu verstehen sind. Schließlich steht noch im Innenraum der Cella – an die rechte Wand gerückt – ein Klapptisch mit geschwungenem Metallgestell und einer Fotoholztischplatte, in die ein Sechsstern eingelassen ist. Daneben stehen zwei Kabelrollen, deren Kabel zum Stromanschluss in der Saaldecke führen, an die aber nichts angeschlossen ist.

In Venedig war das alles. Im Zug der Reinstallation des Werks in Düsseldorf kamen neben dem Anschluss an die Sphärenmusik der Rheinbrücke 15 Monitore hinzu, die abgefilmte Fotografien zeigen. Die elektrischen Kabel, darunter auch zahlreiche nicht notwendige, werden wie in allen Werken Muchas unverborgen im Raum geführt und sind als Teil der Installation zu verstehen. Im Zuge einer technisch notwendig gewordenen Intervention wurden zudem die alten Röhrenmonitore 2021 stillgelegt, um 90 Grad gedreht und zur Stützkonstruktion für formatgleiche Flatscreens gemacht, auf denen das jetzt digitalisierte Filmmaterial läuft. Dies sind Aufnahmen der Erstinstallation im Deutschen Pavillon, Aufnahmen der Architektur des Deutschen Pavillons, des Düsseldorfer Gebäudes von um 1908, in dem sich Muchas Atelier seit 1981 befindet, Aufnahmen der Stützkonstruktionen von Bergwerksstollen und von hydraulischen Stütz- und Hebevorrichtungen sowie von Brückenkonstruktionen; Aufnahmen des Abbaus und Abtransports des Holzfußbodens aus dem Atelier und schließlich Studien der Fußbänkchen und ihrer Abgüsse, die die Bauweise dieser primitiven Möbelstücke in Beziehung zu der Grammatik von Tragen und Lasten setzen, die die europäische Architektursprache so maßgeblich bestimmt hat und die das fotografische Material in den Spielarten der Tempel- und der Industriearchitektur exemplifiziert.

Vor dem Hintergrund dieser Studien zur Statik in orthogonal organisierten Strukturen gewinnt die Schrägstellung der dreiteiligen Skulptur in den Vitrinen eine erhöhte semantische Prägnanz. Insbesondere verknüpft sie die 38 stummen Skulpturen mit dem hydraulischen Gerät, das der Ausstellung den Namen gibt. Eine historische Schwarz-Weiß-Fotografie[7], die in Venedig nur im Katalog abgebildet war, in der Düsseldorfer Version auch in direktem Bezug zur Fußbänkchenskulptur auf einigen Monitoren erscheint, zeigt das sogenannte Deutschlandgerät in Aktion – einen hydraulischen Apparat, der nach der 1872 gegründeten Maschinenfabrik Deutschland (MFD), einem bedeutenden und langlebigen Maschinenbaubetrieb, benannt ist. Unter dem Blick von zum Teil uniformierten Zeugen hebt es eine entgleiste Lokomotive, deren Rechtsneigung der der Fußbänkchen entspricht, ins Lot. Die Fotografie ist das einzige Bild, das prominent Personen – Zuschauer*innen einer maschinell verrichteten Arbeit – zeigt. Durch die Beziehung auf die hervorgehobene Fotografie werden die Skulpturen in den Vitrinen als Embleme deutscher Industriegeschichte lesbar, die im Fall der von Mucha intensiv bearbeiteten Eisenbahngeschichte nicht nur eine Fortschrittsgeschichte, sondern auch die Geschichte der menschlichen und technischen Funktionsträger ist, die die industrielle Ermordung von Menschen ermöglicht haben. In einem steinernen Firmenwappen an Muchas Ateliergebäude, das eine der Filmstudien zeigt, halten zwei Engel ein metallenes Rad im Lot.

Ist es möglich, dieses Emblem weiter zu entziffern? Der metallene Abguss hebt das Holz empor. Ist hier ein historisches Verhältnis von Paradigmen der Produktion –

6 Die Zacken sind als die verkleideten Fixiernägel des Gewichts funktional bedingt; die Beziehung zu den *sestieri* ist zum Common Knowledge geworden, aber historisch nicht verbürgt (Gianfranco Munerotto, La Gondola nei secoli. Storia di una continua trasformazione tra architettura navale e arte, Ponzano Veneto 2011; Dank an Stefan Neuner, Berlin).

7 Rolf Ostendorf, Eisenbahnknotenpunkt Ruhrgebiet. Die Entwicklungsgeschichte der Revierbahnen seit 1838, Stuttgart 1979, Abb. 187, S. 259.

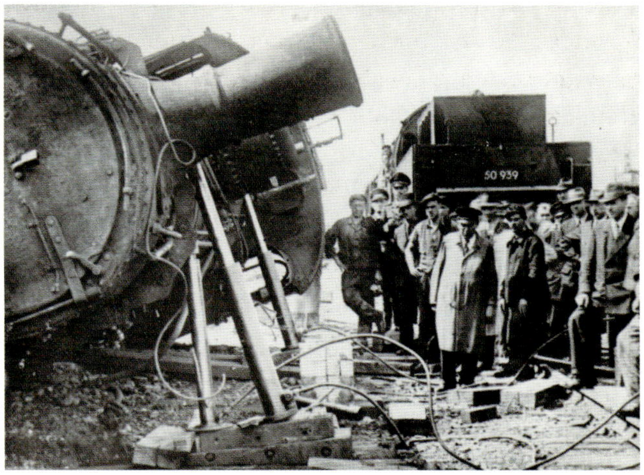

Anheben einer umgestürzten Lokomotive unter Verwendung eines Deutschlandgeräts
Righting a derailed locomotive with the use of a Germany Device

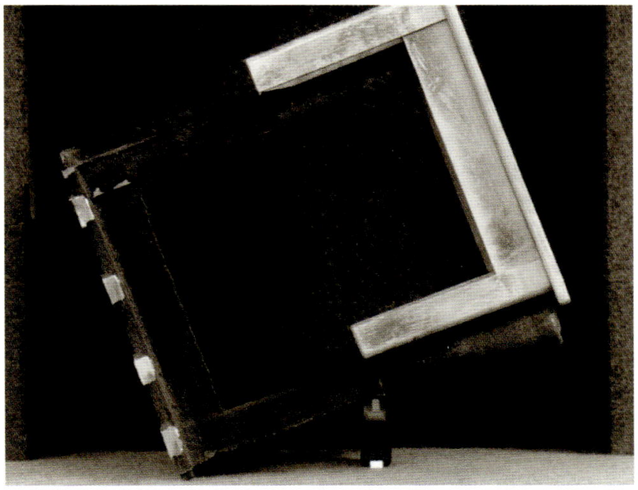

Das Deutschlandgerät, [2021], [2002] 1990, Video-Standbild
The Germany Device, video still

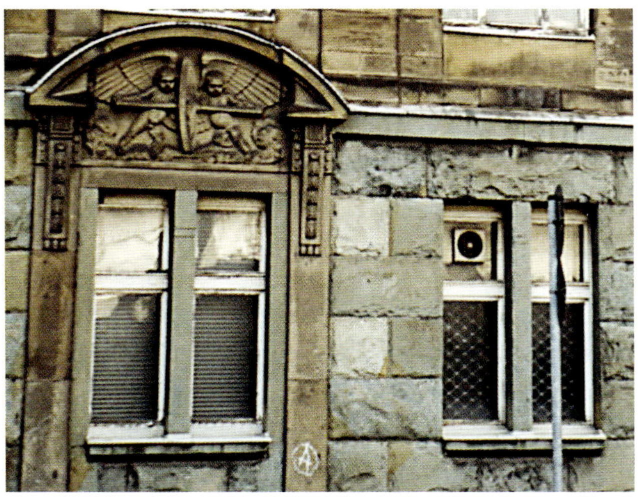

Das Deutschlandgerät, [2021], [2002] 1990, Video-Standbild: Fassade des Atelierhauses in der Kölner Straße, Düsseldorf
The Germany Device, video still: Façade of Mucha's Studio Building, Kölner Straße, Düsseldorf

series of industrial architecture by Mucha's older peers Bernd and Hilla Becher were exhibited in the adjacent rooms. The Bechers' photographs of water towers and gasometers, etc., were thus also reflected in Mucha's vitrines.

Etched into the glass of the display cases are long, slightly inclined bundles of lines, crossed and interrupted by short transverse lines and circular segments. The constellation of lines may recall Roman fasces but also the bow iron of Venetian gondolas, the *fero da próva*, which serves as counterweight for the gondolier. Formally, and through the reference to the subject of weight and balance, also in terms of content, the ornamental lines thus enter into conversation with the more strongly inclined footstool sculptures in the interior of the display cases. Added to this – tilted in the opposite direction – are the three or four overlapping highlights produced by the mold's cast ingates, where the unpatinated brass of the otherwise matte black casts is exposed. This detail also corresponds formally with the six teeth, the *broche* of the gondola's prow-head, the number of which is often associated with the six Venetian *sestieri* (or districts).[6]

Drawn in brown-red and blue-grey enamel paint on the reverse of the glass panes of the display cases in the interior of the cella is the wall outline of the studio space, rotated by 180 degrees, from which the flooring exhibited in the vitrines originates. The drawing extends over and across the glass panels, making it clear that the glass surface and especially the former floor planks that lie behind are to be understood as a continuum. Finally, still in the interior of the cella – pushed against the right wall – is a folding table with curved metal legs and a wood laminate tabletop in which a six-pointed star is embedded. Next to this are two cable reels, the cables of which lead to a plug in the ceiling of the gallery, but to which nothing is connected.

In Venice, that was the extent of the installation. In the course of remounting the work in Düsseldorf, in addition to the link to the music of the Rhine bridge, fifteen monitors were added that present filmed photographs. As in all of Mucha's works, electrical cables, including numerous unnecessary ones, are routed unconcealed in the space and are to be understood as part of the installation. In the course of an intervention in 2021 that had become imperative for technical reasons, the old CRT monitors were decommissioned, turned on their sides ninety degrees, and used as the supports for flat screens of the same format on which

6 The teeth serve a functional purpose as the disguised nails to secure the counterweight; the relationship to the *sestieri* has become common knowledge, but is without historical basis; see Gianfranco Munerotto, *La Gondola nei secoli. Storia di una continua trasformazione tra architettura navale e arte* (Ponzano Veneto: Vianello Libri, 2011). I am grateful to Stefan Neuner, Berlin, for this reference.

der individuell handwerklichen Produktion der hölzernen Bänkchen und des im Prinzip serialisierbaren Metallgusses angezeigt? Wird der schwere Metallguss, der das hölzerne Original dominiert, zur Metapher für die Schwerindustrie und die Arbeit unter Tage, die das Filmmaterial betont (in dem Stollen und Brücken komplementäre Motive bilden)? Gestützt von verschiedenen Metallmaßbändern, viele davon auch „ausländischer" (französischer, britischer, nicht chinesischer!) Fabrikation, bildet das Paar der Fußbänkchen die Stellung der Lokomotive nach – in einem Moment, in dem sie nicht funktional ist. Wird das Maßband so zur Metapher des Deutschlandgeräts? Eine Metapher vielleicht für die notorische „deutsche Präzision", die alle „technischen" Probleme löst – und dies auf eine anonyme Weise, wie ein hydraulischer Apparat oder eine akkurate Verwaltung? Und wäre die Dominanz des metallenen Abgusses dann ein Verweis auf die Tiefenstruktur dieser Gesellschaft, auf das akkumulierte Kapital und die Produktionsmittel der Schwerindustrie, die die technisch-materiellen Verhältnisse, die Infrastruktur und die Architektur Deutschlands seit dem 19. Jahrhundert so maßgeblich bestimmt haben?

Für mein Gefühl geht eine so kleinteilige Decodierung freilich zu weit[8]. Sicherlich aber bildet das wiederholte skulpturale Emblem der Fußbänkchen und ihrer metallenen Schatten – mit dem Resonanzboden des in die Vertikale gedrehten Fußbodens des ehemaligen Industriebaus einen Knotenpunkt in dem topologischen und semantischen Netzwerk, das das Werk aufspannt – zwischen Venedig und Düsseldorf, zwischen dem Rhein und dem mit dem italienischen und deutschen Faschismus assoziierten Travertin, zwischen der Arbeit unter Tage und den Verkehrsinfrastrukturen, die den geografischen Raum des historischen Deutschlands durchziehen und als politischen Raum mitkonstituiert haben.

Hinsichtlich ihrer künstlerischen Verfahren kann die Installation als eine dreidimensionale Collage beschrieben werden. In dem Künstlerbuch *Zossen – Ein Ausflug* hat Mucha sein Interesse an Picassos Gitarren formuliert.[9] Er hebt an diesen die kontrastierenden Verfahren von Schnitt und Verbindung, von Flächenwirkung und Tiefensprüngen hervor, die auch seine Wandstücke charakterisieren. Die Saiten der Gitarren und die Linien der zwei „Türstücke" **Hameln**, 1996 (S. 266), und **Zossen**, 2014 (S. 242), werden über die Fotografien mit der Architektur von Bahnwärterhäuschen und mit den gespannten Drähten und den fluchtenden Schwellen und Gleisen des Orts Zossen südlich von Berlin assoziiert. Ein Dokument von 1942 stellt den Bezug zu den von der SS überwachten Deportationszügen her. Die Fotografien abgelegter, rostiger Gleise werden so als Verweise auf eine Art von Mahnmal lesbar, das wie das Netzwerk der Eisenbahn deutschlandweit verteilt ist und das ohne andere Inschriften als die Ortsnamen auskommen muss, die Mucha in dem frühen, zentralen Werk **Wartesaal**, [1997], [1986] 1979–1982 versammelt hat.

In **Das Deutschlandgerät** ist die Collage im dreidimensionalen Raum ausgelegt. Filz und Travertin bilden eine Art Hintergrund der Installation. Der Travertin ist dabei durch den Bezug zum materiell identischen Fußboden des Deutschen Pavillons mit einer spezifischen historischen Referenz aufgeladen. Der Filz ist wie Glas, Aluminium und Leuchtstofffröhren semantisch neutraler (im Kontrast etwa zu seiner Verwendung bei Joseph Beuys). Diese zwei Materialien greifen in der Cella ineinander. Der in den Pfeilern der 38 Vitrinen je blockartig konzentrierte, aber räumlich verteilte Filz dringt von der aufgebahrten leeren Vitrine in den Innenraum und überzieht die kontinuierliche Fläche der Wände. Der Travertin springt vom Boden über die Fuge auf die Außenwand der Cella über und läuft als Fußboden in sie hinein. Der Stein bildet also zwei kontinuierliche Flächen – den gesamten Fußboden und die gesamte durch die Fuge abgesetzte Wand- und Türverkleidung der Cella. Als abgelöster Trabant kommt die steinerne Sockelplatte auf dem Tisch neben der Cella hinzu, auf der die leere Filzvitrine und ihr Aufsatz liegen. Die so miteinander verzahnten flächigen Elemente der Installation werden von linearen Elementen strukturiert – von den Metallprofilen, den harten Kanten und Grenzen, in die die Materialien eingeschlossen sind, vom Fugenraster der Steinplatten und von der Leerfuge, die Cella und Fußboden trennt. Die auf das Glas der Vitrinen geätzten Linien und der hinter Glas lackierte umgekehrte Aufriss der Atelierwände liegen als dezidiert grafische Elemente in diesem flächig linearen Gefüge. Das betont spiegelnde Glas der Vitrinen und das Neonlicht öffnen es auf dem umgebenden Raum. Die vielen offen liegenden, zum Teil auch überflüssigen Kabel zeigen den Anschluss der Installation an die technischen Infrastrukturen der Institution an.

Die in Düsseldorf dem Werk hinzugefügten Filme folgen vergleichbaren Verfahren des Schnitts und der Zusammenfügung. Mit der Ausnahme des auf der Attika der Cella postierten Monitors, der die Demontage und den Abtransport des Atelierbodens als narrative Sequenz statischer Bilder zeigt, sind die Monitore je paarweise übereinander

8 Mit Blick auf die häufige Wiederkehr des Fußbänkchens in Muchas Œuvre bezieht etwa Ulrich Loock den Werktitel auf dieses Element – nicht aufs Maßband (Ulrich Loock, Può un museo de arte contemporanea sostenere l'anacronismus di un lavoro che contesta alla radice la missione storica del museo?, in: Cura Magazine, Nr. 3, Jan.–Febr. 2010, S. 58–62, hier S. 59). Ich möchte die Aufgliederung letztlich ganz zurücknehmen und die Installation als Ganzes als ein *Gerät* verstehen.

9 Reinhard Mucha, Zossen – Ein Ausflug, Düsseldorf 2018.

the now digitized film material is played. The images include photographs of the initial installation in the German Pavilion, the architecture of the German Pavilion itself, the building in Düsseldorf from ca. 1908 in which Mucha's studio has been located since 1981, the supporting structures of mining tunnels and of hydraulic devices for supporting and lifting, as well as of bridge structures, photos of the dismantling and removal of the studio's wooden floor, and finally studies of the footstools and their casts, which relate the design of these primitive pieces of furniture to the grammar of weight bearing that has so significantly determined European architectural language and which the photographic material emphasizes through varieties in temple and industrial architecture.

Against the backdrop of these structural studies of orthogonally organized forms, the slanted position of the three-part sculptures in the display cases takes on heightened semantic importance. In particular, it links the thirty-eight silent sculptures to the hydraulic mechanism that lends the installation its name. A historical black-and-white photograph,[7] which, in Venice, was only shown in the catalogue but in Düsseldorf also appears on several monitors in direct reference to the footstool sculptures, depicts the so-called Deutschlandgerät in action – a hydraulic lift named after Maschinenfabrik Deutschland (MFD), an important and long-lived engineering company founded in 1872. Under the watchful eyes of spectators, some of them in uniform, it lifts a derailed locomotive, the rightward tilt of which corresponds to that of the footstools, into a vertical position. The photograph is the only image that prominently shows people – witnesses to work performed by a machine. Through a relationship to the highlighted photograph, the sculptures in the vitrines become legible as emblems of German industrial history, which, in the case of the railroad history intensely researched by Mucha, is not only a history of progress but also the history of human functionaries and technical elements which made the industrial murder of people possible. On a corporate emblem carved in stone on Mucha's studio building, depicted in one of the film studies, two angels hold a metal wheel in an upright position.

Is it possible to decipher this emblem further? The metal cast lifts up the wood. Is a historical relationship of production paradigms indicated here – the individually handcrafted production of the wooden stools and the, in principle, serializable metal cast? Does the heavy metal cast that dominates the wooden original become a metaphor for the heavy industry and mine work that the film material emphasizes (in which tunnels and bridges form complementary motifs)? Supported by various metal tape measures, many of them also of "foreign" make (French and British, not Chinese!), the pair of footstools recreates the angular position of the locomotive – at a moment when it is inoperative. Does the tape measure thus become a metaphor for the Deutschlandgerät? A metaphor, perhaps, for the notorious "German precision" that solves all "technical" problems – and does so anonymously, like a hydraulic mechanism or a meticulous administration? And would the dominance of the metal cast then be a reference to the deep structure of this society, to the accumulated capital and means of production of heavy industry that have so significantly determined the technical-material relations, infrastructure, and architecture of Germany since the nineteenth century?

For me personally, such a detailed decoding goes too far.[8] Certainly, however, the repeated sculptural emblem of the footstools and their metallic shadows – with the sounding board of the flooring of the former industrial building turned vertical – forms a node in the topological and semantic network that the installation spans, between Venice and Düsseldorf, between the Rhine and the travertine stone associated with Italian and German fascism, between working in the mines and the transportation infrastructures that traverse the geographical space of historical Germany and have helped constitute it as political space.

In terms of the artistic process, the installation can be described as a three-dimensional collage. In the artist's book titled *Zossen – Ein Ausflug*, Mucha articulates his interest in Picasso's guitars.[9] He emphasizes in these the contrasting processes of cutting and joining, of effects of surface and depth, which also characterize his wall pieces. The strings of the guitars and the lines of the two "door pieces," **Hameln**, 1996 (p. 266), and **Zossen**, 2014 (p. 242), are associated through photographs with the architecture of signalman's cottages and with the taut wires and aligned railroad ties and tracks in the town of Zossen, south of Berlin. A document from 1942 makes reference to the deportation trains controlled by the SS. The photographs of discarded, rusty tracks thus become legible as references to a kind of memorial that, like the network of railroads, is distributed throughout Germany and must make do without inscriptions other than the place names Mucha gathered in the early, key work **Wartesaal (Waiting Room)**, [1997], [1986] 1979–1982.

7 Rolf Ostendorf, *Eisenbahnknotenpunkt Ruhrgebiet. Die Entwicklungsgeschichte der Revierbahnen seit 1838* (Stuttgart: Motorbuch-Verlag, 1979), fig. 187, p. 259.

8 With regard to the frequent recurrence of the footstool in Mucha's oeuvre, Ulrich Loock, for instance, relates the title of the work to this element – not to the tape measure (Ulrich Loock, "Può un museo di arte contemporanea sostenere l'anacronismo di un lavoro che contesta alla radice la missione storica del museo?" *Cura Magazine*, no. 3, January–February 2010, 58–62, here 59). I would like to disregard the breakdown into parts altogether and understand the installation as a whole as this *device* (Gerät).

9 Reinhard Mucha, *Zossen – Ein Ausflug* (Düsseldorf: Richter Verlag, 2018).

angeordnet. Sie stehen auf niedrigen Sockeln, die zum Teil umgedrehte Fußbänkchen integrieren. Aus der Hocke betrachtet bilden sie mit dem Vitrinenraum im Filzpfeiler einen kleinen Turm verglaster Bildräume (siehe S. 164). In ungleich langen Loops werden statische und in langsame Bewegung versetzte Fotografien über diese Monitore geführt. Die formale Sprache der gewählten Fotografien und die Mittel des Schnitts, des Zooms und der gleitenden Bewegung, durch die sie in Filme verwandelt wurden, fügen sich in den strengen Stil des materiellen Raumbilds der Installation ein: Das Bildmaterial ist doppelt maschinell produziert, erst durch die Kamera, die das Foto, ob in der Hand gehalten oder vom Stativ aus, aufgenommen hat, dann durch den Zeitstreifen eines Bildbearbeitungsprogramms. Das Bildmaterial erscheint so wie metallisch geglättet. Es ist längs gerader Linien beschnitten, die den Kanten und Flächen der Fernsehschirme, der Vitrinen und Metallprofile entsprechen. So greift die zeichnerisch disziplinierte Grammatik der Raumcollage auf das wechselnde Bildmaterial der Monitore über.

Die Makrostruktur der Installation kann insgesamt als ein Dispositiv des Zeigens verstanden werden – eine reflexive Verdopplung der Ausstellungsfunktion des Museums oder des Ausstellungspavillons, der es selbst als Kunstwerk ausgesetzt ist.[10] In dieses Dispositiv sind – neben den Filmbildern und dem Sound, der als Klangabdruck indexikalisch auf die Rheinbrücke und den Autoverkehr verweist, die Fußbänkchen und die Fußbodenbohlen als Materialien mit einer individuellen historischen Herkunft eingesetzt. Im Innenraum der Cella ist die 80-jährige Geschichte, die den Holzbohlen des Bodens von gedankenlosen Füßen eingeschrieben wurde, als Tableau von Materialrelikten und Objekt der Kontemplation präsentiert. Die geschichtliche Zeit ist durch diese Einspeisung in den institutionellen Raum der Kunstausstellung sistiert. Die Melancholie dieser Geste korrespondiert mit den in den Vitrinen eingeschlossenen Fußschemeln. Auch diese sind von ihren äußeren Alterungsspuren bis in ihre hölzernen Fasern historisch individualisiert, bleiben in ihrer Vielzahl und Mobilität aber ortlos und anonym. Die Zeugnis- und Zeugenfunktion von Boden und Fußschemeln, der hölzernen Elemente des Werks, wird durch die Messingabgüsse noch betont, die so etwas wie einen Schattenwurf der Fußbänkchen bilden, der schwerer als sein Urbild, aber ohne eigene Geschichte, ohne Gedächtnis ist.

Wie in *Zossen – Ein Ausflug* greift diese Collage also in den geografischen und historischen Raum aus. Auch die neutraleren, industriell produzierten Materialien – Filz, Glas, Metall, technische Apparate – sind indexikalisch mit den Infrastrukturen der industriellen Produktion verbunden, der sie entstammen. Sie zeigen, mit Adorno formuliert, den „Stand der Produktivkräfte"[11] an, und implizieren die Zugehörigkeit des Werks zu einer spätmodern industriellen Welt. Anders als in der Minimal Art der 1960er-Jahre ist diese Historizität nicht in einer bloß sinnlichen, angeblich „tautologischen" Präsenz der Materialien neutralisiert. In der Kontrastierung mit dem historisch aufgeladenen Travertin und mit den individuierten Materialien der Fußbänkchen und des Fußbodens sowie mit dem generellen Thema deutscher Industriegeschichte verlieren auch Filz, Glas und die technischen Geräte ihre semantische Neutralität. Dazu haben bereits in Venedig Bernd und Hilla Bechers Fotografien von Industriearchitekturen beigetragen. Dem im Vergleich geradezu apollinischen Blick der Bechers auf die im Tageslicht stehenden „anonymen Skulpturen"[12] setzt Mucha das dramatisierte Emblem der Fußbänkchen und ihrer Abgüsse entgegen, das – wie der Kontext seiner sonstigen, auch früheren Werke und wie dann die 2002 hinzugefügten Filme erkennbar machen – auf die technischen Leistungen, aber auch auf die Ökonomie der Schuld verweist, in die die deutsche Schwerindustrie verwickelt ist.

Auf der Basis des generischen Bezugs auf die industrielle Welt stellen die individuierten Materialien, die abgefilmten Fotografien und der Soundtrack spezifische Orts- und Zeitbezüge her und verankern das Werk so im geografischen und symbolischen Raum der Bundesrepublik und des historischen Deutschlands. Die ästhetische Erfahrung des Werks im Düsseldorfer K21 wird zur Erfahrung von Geschichte und zur Erinnerungsarbeit. Muchas Werk erweist sich als eine eigene Art von Denkmal oder Monument.

Was ist der Status eines solchen Monuments im gegenwärtigen kulturellen Raum? Kann ein Kunstwerk, das erst im Rahmen einer internationalen Kunstausstellung, dann im Museumsraum aufgestellt und ausgestellt ist,

10 Diese reflexive Verdopplung charakterisiert viele Werke Muchas – explizit die verschiedenen Vitrinenstücke, aber auch seine installativen Werke, die z. B. oft ihr eigenes Licht (fast immer Leuchtstofflampen) integrieren. Siehe dazu schon Ulrich Loock, Zur geschichtlichen Stellung, in: Reinhard Mucha. Das Figur-Grund-Problem in der Architektur des Barock (für dich allein bleibt nur das Grab) (Ausst.-Kat. Württembergischer Kunstverein, Stuttgart), Stuttgart 1985; ders., Può un museo di arte contemporanea sostenere l'anacronismo di un lavoro che contesta alla radice la missione storica del museo? (wie Anm. 9); Alain Cueff, Der Ort des Werks. Bustamante, Gober, Klingelhöller, Mucha, Schütte, Vercruysse (Ausst.-Kat. Kunsthalle Bern, Bern), Bern 1992 (bes. S. 38–46); und die eindringliche Analyse in Werner Esser, „Abzw Erftkanal". Zu einem Werk von Reinhard Mucha, in: Jahrbuch der Staatlichen Kunstsammlungen in Baden-Württemberg, 34, 1997, S. 104–121.

11 Theodor W. Adorno, Ästhetische Theorie, 1. Aufl. Frankfurt am Main 1970 (bes. S. 59 und 286).

12 Bernd und Hilla Becher, Anonyme Skulpturen, Düsseldorf 1969.

With **Das Deutschlandgerät**, the collage is laid out in three-dimensional space. Felt and travertine form a kind of background for the installation. At the same time, the travertine is charged with a specific historical reference by quoting the identical material used for the floor of the German Pavilion. The felt – like the glass, aluminum, and fluorescent tubes – is semantically more neutral (in contrast, for example, to its use in the work of Joseph Beuys). In the cella, these two materials interact with each other. The felt, concentrated in the pillars of each of the thirty-eight display cases as blocks, though spatially distributed, penetrates the interior space from the empty display case that is laid out on the table and covers the continuous surface of the walls. The travertine jumps from the floor over the joint to the outer wall of the cella and runs into it as a floor. The stone thus forms two continuous surfaces – the entire floor and the cladding for the entire wall and doorway of the cella, set off by the joint. The stone pedestal cornice on the table next to the cella, on which the empty felt display case and its top rest, may be added as a detached satellite. The thus interlocked, two-dimensional elements of the installation are structured by linear elements – by the metal profiles, the hard edges and borders in which the materials are enclosed, by the grid of joints between the stone slabs, and by the empty joint that separates the cella and the floor. The lines etched into the panes of glass of the display cases and the inverted outline of the studio walls painted behind the glass lie as decidedly graphic elements within this planar linear structure. The pointedly reflective glass of the vitrines and the florescent light open it up to the surrounding space. The many exposed cables, some of which are superfluous, indicate the installation's connection to the institution's technical infrastructure.

The films added to the work in Düsseldorf follow comparable methods of cutting and joining together. With the exception of the monitor positioned above the cornice of the cella, which shows the dismantling and removal of the studio floor as a narrative sequence of static images, the monitors are each arranged in pairs, one above the other. They stand on low pedestals, some of which use inverted footstools. Viewed from a squatting position, they – together with the empty space in the felt pillars – form small towers of image spaces behind glass (p. 164). In loops of unequal length, static photographs and photographs set in slow motion pass over these monitors. The formal language of the chosen photographs and the means of editing, zooming, and the sliding motion by which they have been transformed into film blend into the austere style of the installation's material spatial appearance: the visual material is doubly machine-produced, first by the camera that took the photograph, whether handheld or from a tripod, and then by the time strip of a video editing program. The visual material thus appears smoothed to a metallic finish. It is cropped along straight lines that correspond to the edges and surfaces of the screens, display cases, and metal profiles. In this way, the graphically disciplined grammar of the spatial collage spills over into the alternating visual material of the monitors.

The macrostructure of the installation as a whole can be understood as a mechanism of showing – a reflexive doubling of the exhibition function of a museum or an exhibition Pavilion to which it is itself, as a work of art, exposed.[10] In this mechanism – in addition to the film images and the sound, which, as an acoustic impression, indexically refers to the Rhine bridge and vehicle traffic – the footstools and the floor planks are inserted as materials with an individual historical origin. In the interior of the cella, the eighty-year history inscribed on the wooden floor planks by mindless feet is presented as a tableau of material relics and an object of contemplation. Historical time is suspended by this insertion into the institutional space of the art exhibition. The melancholy of this gesture corresponds with the footstools enclosed in the vitrines. These, too, are historically individualized, from their external signs of aging to their wooden fibers, but remain placeless and anonymous in their multiplicity and mobility. The functions of certifying and bearing witness of the flooring and the footstools, the wooden elements of the work, is further emphasized by the brass casts, which form something like a shadow cast by the footstools, heavier than their inverse original image but without a history of their own, without memory.

As with *Zossen – Ein Ausflug*, this collage therefore reaches out into geographical and historical space. The more neutral, industrially produced materials – felt, glass, metal, technical devices – are also indexically linked to the infrastructures of industrial production from which they originate. In the words of Theodor W. Adorno, they indicate the "level of productive forces,"[11] and imply the work's affiliation to a late-modern

10 This reflexive doubling is characteristic of many of Mucha's works – explicitly the various display case pieces but also his installations, which, for example, often integrate their own light (almost always fluorescent lamps). See Ulrich Loock, "Zur geschichtlichen Stellung," in *Reinhard Mucha. Das Figur-Grund-Problem in der Architektur des Barock (für dich allein bleibt nur das Grab)*, exh. cat. Württembergischer Kunstverein, Stuttgart (Stuttgart: Der Kunstverein, 1985); Loock, "Può un museo di arte contemporanea sostenere l'anacronismo di un lavoro che contesta alla radice la missione storica del museo?"; Alain Cueff, *Le lieu de l'oeuvre: Bustamante, Gober, Klingelhöller, Mucha, Schütte, Vercruysse*, exh. cat. Kunsthalle Bern (Bern: Kunsthalle Bern, 1992); and the in-depth analysis in Werner Esser, "'Abzw Erftkanal.' Zu einem Werk von Reinhard Mucha," *Jahrbuch der Staatlichen Kunstsammlungen in Baden-Württemberg* 34 (1997): 104–121.

11 Theodor W. Adorno, *Aesthetic Theory*, ed. Gretel Adorno and Rolf Tiedemann, trans. Robert Hullot-Kentor (London: Bloomsbury, 2013), 45 and 261.

wirksam eine „Denkmalsfunktion" übernehmen?[13] Wie verhält sich eine solche „Funktion" zu dem, was wir gewöhnlich den Gehalt oder die Bedeutung eines Kunstwerks nennen? Verweist das Werk womöglich nur auf diese geografisch-historische Realität, die unter dem ominösen Namen „Deutschland" angesprochen ist, so wie autonome Kunstwerke auch sonst auf ihr Referenzfeld verweisen?

Mir scheint Muchas **Deutschlandgerät** nicht in dieser Weise auf ein Zeichen reduzierbar. Sicherlich ist das Werk durch den musealen Rahmen und durch seinen Status als Kunst vor Ritualen des Erinnerns wie Kranzlegungen und Reden geschützt. Auch ist die Gedächtnisleistung, die es impliziert, nicht in eine appellative Bildsprache übersetzt. Sein aus materiellen, indexikalischen und bildlichen Orts- und Zeitbezügen sowie Analogien und Kontrastbildungen gewebtes Bedeutungsnetz bedarf einer langsamen Entzifferung. Dennoch wird die Installation durch den institutionellen Rahmen nicht auf ein passives Schaustück reduziert. Das liegt nicht nur daran, dass sie das Zeigen und Gezeigtwerden in ihre Struktur aufnimmt und die Ausstellungsfunktion des Museums, der sie ausgesetzt ist, gebrochen zurückspiegelt. Der Widerstand gegen die Reduktion zum allenfalls noch bedeutungsvollen Objekt gründet auch darin, dass das Werk den faktisch zentralen Raum der Institution besetzt – einen Ort, dem auch im weiß neutralisierten Zustand, in den das Gebäude mit der Umnutzung zur Ausstellungsinstitution versetzt wurde, die symbolische Funktion ablesbar bleibt, die ihm als dem ehemaligen Plenarsaal architektursemiotisch zukam. Dadurch hebt sich Muchas Installation von den mobilen Werken ab, die die Besucher*innen der Institution längs der Kette der Ausstellungsräume abschreiten. Ihre Positionierung selbst stellt ein Moment ihrer Bedeutungsdimension dar. Ortsbezug und Bedeutungsproduktion fallen zusammen.

Das gilt auch für die anderen topologischen Bezüge, die das Werk artikuliert. Das Atelier in der Kölner Straße kommt dabei weniger als Atelier denn als Zeugnis einer Industriegeschichte in Betracht, deren Verschwinden aus den städtischen Zentren (wie Düsseldorf Oberbilk) in den 1980er-Jahren zu beobachten und zu antizipieren war.[14] Dass das von Mucha inzwischen erworbene Gebäude noch immer als einsames architektonisches Zeugnis dieser Industriegeschichte erhalten ist, ist die 1990 gerade nicht erwartete Ausnahme der Regel. Die Entnahme und Konservierung des Bodens, die dem antizipierten Abriss

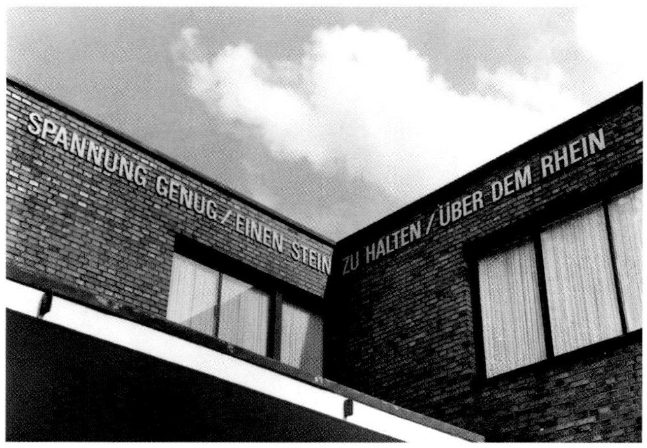

Lawrence Weiner: SPANNUNG GENUG / EINEN STEIN ZU HALTEN / ÜBER DEM RHEIN / TENSION ENOUGH / TO HOLD A STONE / ABOVE THE RHINE, 1985
Haus Esters, Kunstmuseen Krefeld

13 Mit Blick auf die Tradition der Institutionskritik und vor dem Hintergrund des damals drohenden Abbaus von Muchas Werk im K21 thematisiert Ulrich Loock diese Frage in: Può un museo di arte contemporanea sostenere l'anacronismo di un lavoro che contesta alla radice la missione storica del museo? (wie Anm. 9).

14 Zu diesem Ort (der Kölner Straße 170) siehe Martin Bochynek, KS 170 (wie Anm. 5), mit Muchas Fotos des Orts und der Umgebung.

industrial world. Unlike in the minimalist art of the 1960s, this historicity is not neutralized in the merely sensuous, purportedly "tautological" presence of the materials. In contrasting them with the historically charged travertine and the distinct materials of the footstools and flooring, as well as with the general theme of German industrial history, felt, glass, and the technical devices also lose their semantic neutrality. In Venice, Bernd and Hilla Becher's photographs of industrial architecture had already contributed to this. Mucha counters the Bechers' view of the "anonymous sculptures"[12] in broad daylight, almost Apollonian by comparison, with the dramatized emblem of the footstools and their casts, which – as the context of his other works, including those made before, and as the films added in 2002 make recognizable – refers to the technical achievements but also to the economy of guilt in which German industry is involved.

Based on the generic reference to the industrial world, the distinct materials, the filmed photographs, and the audio recordings establish specific references to place and time, thus anchoring the work in the geographical and symbolic space of the Federal Republic of Germany and the historical Germany. The aesthetic experience of the work in K21 in Düsseldorf becomes an experience of history and memory work. Mucha's installation proves to be its own kind of memorial or monument.

What is the status of such a monument in a contemporary cultural space? Can a work of art, which is first installed and displayed in the context of an international art exhibition, then in a museum space, effectively assume a "monument function"?[13] How does such a "function" relate to what we generally call the content or meaning of a work of art? Does the work possibly only refer to the geographic-historical reality addressed under the ominous name "Germany," just as autonomous works of art also otherwise refer to their field of reference?

It seems to me that Mucha's **Das Deutschlandgerät** cannot be reduced to a sign in this way. As a result of its museum setting and its status as art, the work is obviously insulated from rituals of remembrance such as wreath-laying and speeches. And the memorial function it implies is not translated into an appellative visual language. Its web of meaning woven from material, indexical, and figurative references to place and time, as well as analogies and contrasts, requires slow decipherment. Nevertheless, the institutional framework does not reduce the installation to a passive showpiece. This is not only because it incorporates showing and being shown into its structure and reflects the exhibition function of the museum to which it is exposed back to us, fractured. The resistance against the reduction to an at best still meaningful object is also based on the fact that the work occupies, for all intents and purposes, the central space of the institution – a place that, even in the white neutralized state into which the building has been transferred after its conversion into an institution for exhibitions, retains the symbolic function that it once possessed, in terms of architectural semiotics, as a plenary hall. Mucha's installation thus stands out from the mobile works that visitors to the institution walk past in a chain of exhibition galleries. Its positioning itself represents one aspect of the dimensions held by its meaning. Reference to place and the production of meaning likewise coincide.

This is also true for the other topological references articulated by the work. The studio on Kölner Straße comes across less as a studio space than as a witness to an industrial history, the disappearance of which from urban centers (such as Düsseldorf-Oberbilk) could be anticipated and observed in the 1980s.[14] That the building, acquired by Mucha in the meantime, is still preserved as a solitary architectural testimony to this industrial history is an exception to the rule, unexpected in 1990. The removal and conservation of the flooring, which preempted the building's anticipated demolition, integrates this site and its history into the structure of the installation – just as the German Pavilion is incorporated into the topological and semantic network through the stone used and the filmed photographic impressions. Finally, the allusion to the Rhine established by the audio recordings is both a reference and a meta-positioning. This can be clarified by a comparison from art history. The Rhine referenced in a work such as Lawrence Weiner's SPANNUNG GENUG / EINEN STEIN ZU HALTEN / ÜBER DEM RHEIN (TENSION ENOUGH / TO HOLD A STONE / ABOVE THE RHINE, mounted since 1985 on the façade of the Museum Haus Esters in Krefeld) is, of course, also the Rhine of the Rhineland, which became a hub in the transatlantic network of the neo-avant-garde through gallerists such as Konrad Fischer and Rudolf Zwirner, through the density of prominent museums in the region, and through the Düsseldorf Art Academy in the 1970s.[15] It is, nevertheless, a generic Rhine, captured and dissected by an implied photographic gaze, in a sense placeless. In contrast, Mucha's Rhine is the real Rhine under the Flehe Bridge, which, like the autobahn and the railroad, is a means of transportation and an economic factor. And within Germany's industrialization, in which companies, such as Maschinenfabrik Deutschland,

12 Bernd and Hilla Becher, *Anonyme Skulpturen* (Düsseldorf: Städtische Kunsthalle Düsseldorf, 1969).

13 With a view to the tradition of institutional critique and against the backdrop of the possible dismantling of Mucha's work in K21, then considered imminent, Ulrich Loock addresses this question in Loock, "Può un museo di arte contemporanea sostenere l'anacronismo di un lavoro che contesta alla radice la missione storica del museo?"

14 For more on this location (Kölner Straße 170), see Bochynek, "KS 170," with Mucha's photographs of the location and the surrounding area.

15 Sophie Richard, *Unconcealed: The International Network of Conceptual Artists 1967–77 – Dealers, Exhibitions and Public Collections* (London: Ridinghouse, 2009).

zuvorkam, integriert diesen Ort und seine Geschichte in die Struktur der Installation – ebenso wie der Deutsche Pavillon durch den verwendeten Stein und die filmisch-fotografischen Abdrücke in das topologische und semantische Netz aufgenommen ist. Schließlich ist der Bezug, der durch die Klangspur zum Rhein hergestellt wird, zugleich ein Verweis und eine Selbstverortung. Das kann ein kunsthistorischer Vergleich verdeutlichen. Der Rhein, auf den eine Arbeit wie Lawrence Weiners SPANNUNG GENUG / EINEN STEIN ZU HALTEN / ÜBER DEM RHEIN (seit 1985 am Museum Haus Esters in Krefeld angebracht) verweist, ist zwar gewiss auch der Rhein des Rheinlands, das durch Galeristen wie Konrad Fischer und Rudolf Zwirner, durch die Dichte avancierter Museen und durch die Düsseldorfer Kunstakademie in den 1970er-Jahren zum Knoten im transatlantischen Netzwerk der Kunst der Neoavantgarde geworden war.[15] Es ist jedoch ein generischer, von einem impliziten fotografischen Blick erfasster und zerschnittener, gewissermaßen ortloser Rhein. Muchas Rhein ist dagegen der reale Rhein unter der Fleher Brücke, der wie die Autobahn und die Eisenbahn Verkehrsweg und Wirtschaftsfaktor ist. Und im Kontext der Bezüge auf die Industrialisierung Deutschlands, bei der Unternehmen wie die in den Boomjahren nach dem Deutsch-Französischen Krieg und der Reichsgründung entstandene Maschinenfabrik Deutschland treibende Kräfte waren und in deren Zug das Rheinland zum wichtigsten schwerindustriellen Zentrum Deutschlands wurde, ist es auch der „Schicksalsstrom" des deutschen Nationalismus, auf den die dröhnende Klangspur referiert.

Das Deutschlandgerät verweist also nicht wie ein autonomes Kunstwerk auf einen Gehalt, den es gleichsam mit sich trägt, sondern ist in ein in sich ungleichzeitiges Bezugsnetz eingelassen, in dem seine Bedeutung veräußert und objektiviert ist. Sein Gehalt „ist" nichts anderes als das vielschichtige Sediment von Geschichte, aus dem es Elemente oder Proben zu der Struktur zusammenfügt, die diesen merkwürdigen Titel trägt.

Was ist das also für ein Gerät? Wie lässt sich der Werktyp abschließend charakterisieren? Ich hatte eingangs auf Michael Ashers Arbeit in Eindhoven verwiesen. Die ortsspezifischen Interventionen dieses Künstlers haben sich seit den 1970er-Jahren meistens parasitisch mit dem Apparat der jeweiligen Ausstellungsinstitution verbunden. Sie greifen dabei auf vor Ort befindliche materielle Elemente zurück, die sie – strikt temporär – in eine neue Konfiguration versetzen, die die symbolische (oder ideologische) Funktion der Institution sichtbar macht, oft, indem sie sie unterbrechen. Marcel Broodthaers hat in seinem *Musée d'Art Moderne. Département des Aigles* (1968–1972) die Museumsinstitution parodistisch verdoppelt. Die wichtigste als permanent intendierte Abteilung dieses Museums, die *Section Publicité*, die Werbeabteilung von 1972, befindet sich in einem der Nachbarräume im K21. Sie spielt mit ihren mattschwarzen dünnen Stellwänden eher auf mobile Dispositive des Zeigens vom Typ der Jahrmarktsbude an.

Gegenüber solchen kritischen und ironischen Verfahren der Institutionskritik der 1970er-Jahre könnte Muchas materialschwere Installation, die den Ort einer zentralen symbolischen Instanz, Cella und Plenarsaal, mit dem Anspruch auf Dauer besetzt, als typisch „postmoderne", womöglich gar konservative Geste erscheinen. Tatsächlich will sich das Werk nicht von den Resonanzen der etablierten architektonischen Semantik freimachen, die die beiden Orte ihrer Aufstellung nachdrücklich bestimmt. Das zentralisierende Ordnungsschema wird jedoch vielfach gestört – so durch asymmetrische Elemente wie die beiden Tische innerhalb und außerhalb der Cella, durch die schräg zum Fugenraster postierten Monitortürme oder die durchaus nicht symmetrische Platzierung der Fußbodenpaneele im Cella-Innenraum. Zudem schreibt die Schrägstellung der Linienbündel auf dem Glas der Vitrinen, verbunden mit den in Gegenrichtung geneigten Glanzpunkten der Gussanschnitte den Pfeilern der Peristasis eine latente Links-rechts-Bewegung ein, die mit den gleitenden und in sich selten symmetrischen Bildern auf den Monitoren sowie dem Soundtrack die Statik des Werks nachhaltig unterläuft. Auch dass der Aufriss des Ateliers um 180 Grad gedreht auf den Glaspaneelen der Cella erscheint, markiert den programmatischen Bruch mit der hieratischen Strukturierung des Raums, auf die die Installation in einer ersten Schicht rekurriert. Der Zentrierung wird so nicht nur durch die topologischen Bezüge, sondern bereits auf formaler Ebene eine exzentrische Dynamik entgegengesetzt.

Zuletzt scheint mir fraglich, ob überhaupt der Tempel das dominante Modell der Makrostruktur des Werks bleibt. Ich hatte auf die Ähnlichkeit der Cella mit einem technischen Aggregat vom Typ einer Batterie verwiesen. Und vielleicht ist das Modell eines Apparats zur Anzapfung, Speicherung und transformierten Abgabe von Energie in der Tat besser mit Muchas **Deutschlandgerät** zu vergleichen als das eines sakralen Raums. Jedenfalls sind es durchweg horizontale Verknüpfungen, die die Installation herstellt. Die Erinnerungsarbeit, die das Werk leistet und fordert, impliziert eine Ökonomie der geteilten und verteilten Verantwortung. Ihre Permanenz nimmt an dieser – wie der Rhein oder der Verkehr über den Rhein – perennierenden Verantwortung Maß. Von einer vertikalen Transzendenz, von einem Versprechen von Sinn oder Erlösung findet sich keine Spur.

---

15 Sophie Richard, Unconcealed: The International Network of Conceptual Artists 1967–77 – Dealers, Exhibitions and Public Collections, London 2009.

established in the boom years after the Franco-Prussian War and the proclamation of the German Empire, were driving forces and in the course of which the Rhineland became Germany's most important center for heavy industry, it is also the "fateful river" of German nationalism to which the droning audio refers.

Thus, **Das Deutschlandgerät** does not refer, like an autonomous work of art, to content that it carries with it, as it were, but is embedded in an inherently uneven network of references, spread over many decades, in which its meaning is divested and objectified. Its content "is" nothing other than the multilayered sediment of history from which it assembles elements or samples into the structure which bears this strange title.

What kind of device is it then, this "Germany device"? How can its internal mechanism be conclusively characterized? At the beginning of this essay, I referred to Michael Asher's work in Eindhoven. Since the 1970s, this artist's site-specific interventions have mostly connected parasitically with the apparatus of each respective exhibition institution. In doing so, they draw on material elements located on site, which they transpose – strictly temporarily – into a new configuration that makes the symbolic (or ideological) function of the institution visible, often by interrupting it. With his *Musée d'Art Moderne. Département des Aigles* (1968–1972), Marcel Broodthaers parodically doubled the museum institution. The most important section of this museum, intended to be permanent, namely the 1972 *Section Publicité*, the advertising section, is located in one of the adjacent galleries of K21. With its thin, matte-black partitions, it alludes more to those mobile displays common to stalls at fairgrounds.

Compared to such critical and ironic methods of institutional critique during the 1970s, Mucha's materially heavy installation, which occupies a site of centralized symbolic authority, cella and plenary hall, with a claim to permanence, could appear as a typically "postmodern," possibly even conservative gesture. In fact, the work does not strive to liberate itself from the resonances of the established architectural semantics that firmly determine the two sites of its installation. The centralizing pattern of order is, however, disturbed in numerous ways – for example, by asymmetrical elements such as the tables inside and outside the cella, by the monitor towers positioned at an angle to the grid of floor joints, or by the thoroughly non-symmetrical placement of the floor tiles in the interior of the cella. In addition, the slanted position of the bundles of lines on the glass of the display cases, combined with the counter-directionally inclined highlights produced by the cast ingates, inscribe a latent left-right movement to the pillars of the peristasis, which, together with the gliding and rarely symmetrical images on the monitors, as well as the audio recording, continues to undermine the structural integrity of the work. The fact that the outline of the studio space appears rotated by 180 degrees on the glass panels of the cella also marks the programmatic break with the hieratic structuring of the space, to which the installation superficially refers. The centering is thus countered not only by the topological references but already on a formal level by an eccentric dynamic.

Finally, it seems questionable to me whether the temple remains at all the dominant model for the work's macrostructure. Earlier, I referred to the similarity of the cella with a technical unit aggregate, not unlike a battery. And perhaps the model of a mechanism for tapping, storing, converting, and producing energy is indeed more comparable to Mucha's **Das Deutschlandgerät** than that of a sacred space. In any case, the installation establishes horizontal links. The memory work that the installation performs and demands implies an economy of shared and distributed responsibility. Its permanence – like the Rhine or traffic over the Rhine – takes its measure from this perennial responsibility. There is no trace of a vertical transcendence, of a promise of meaning or redemption.

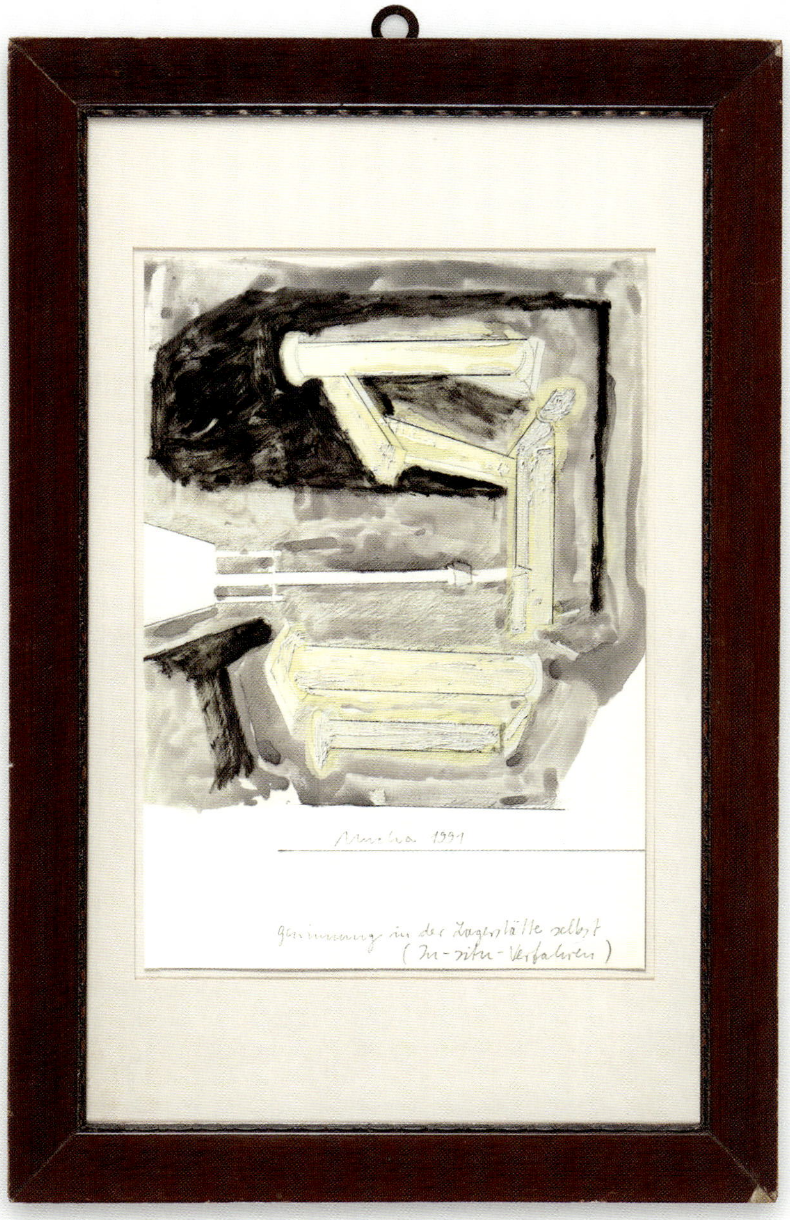

Gewinnung in der Lagerstätte selbst (In-situ-Verfahren), 1991
Quarrying at the Deposit Itself (on-site operation)

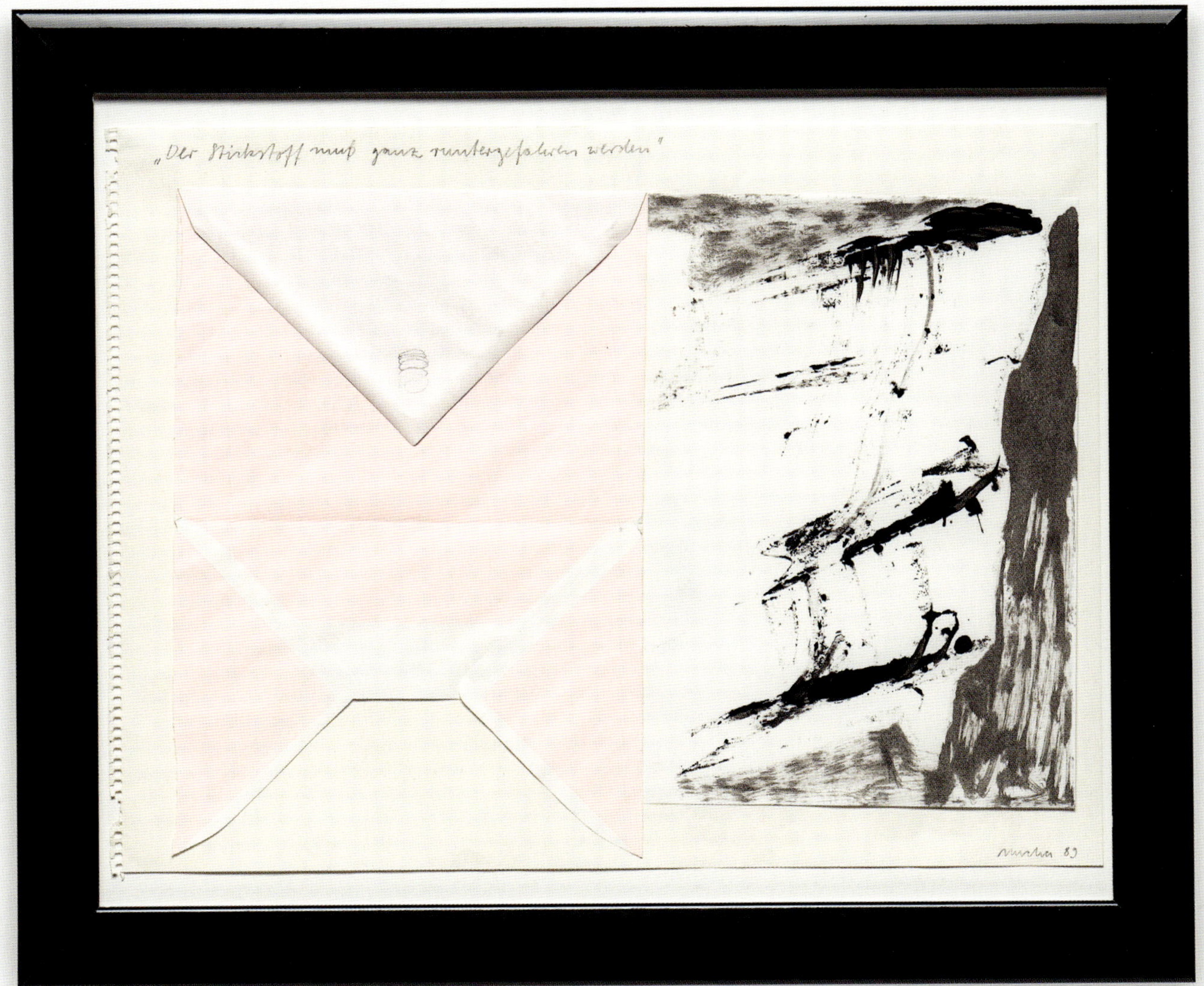

Ohne Titel („Der Stickstoff muß ganz runtergefahren werden"), 1989
Untitled ("The nitrogen must be fully shut down")

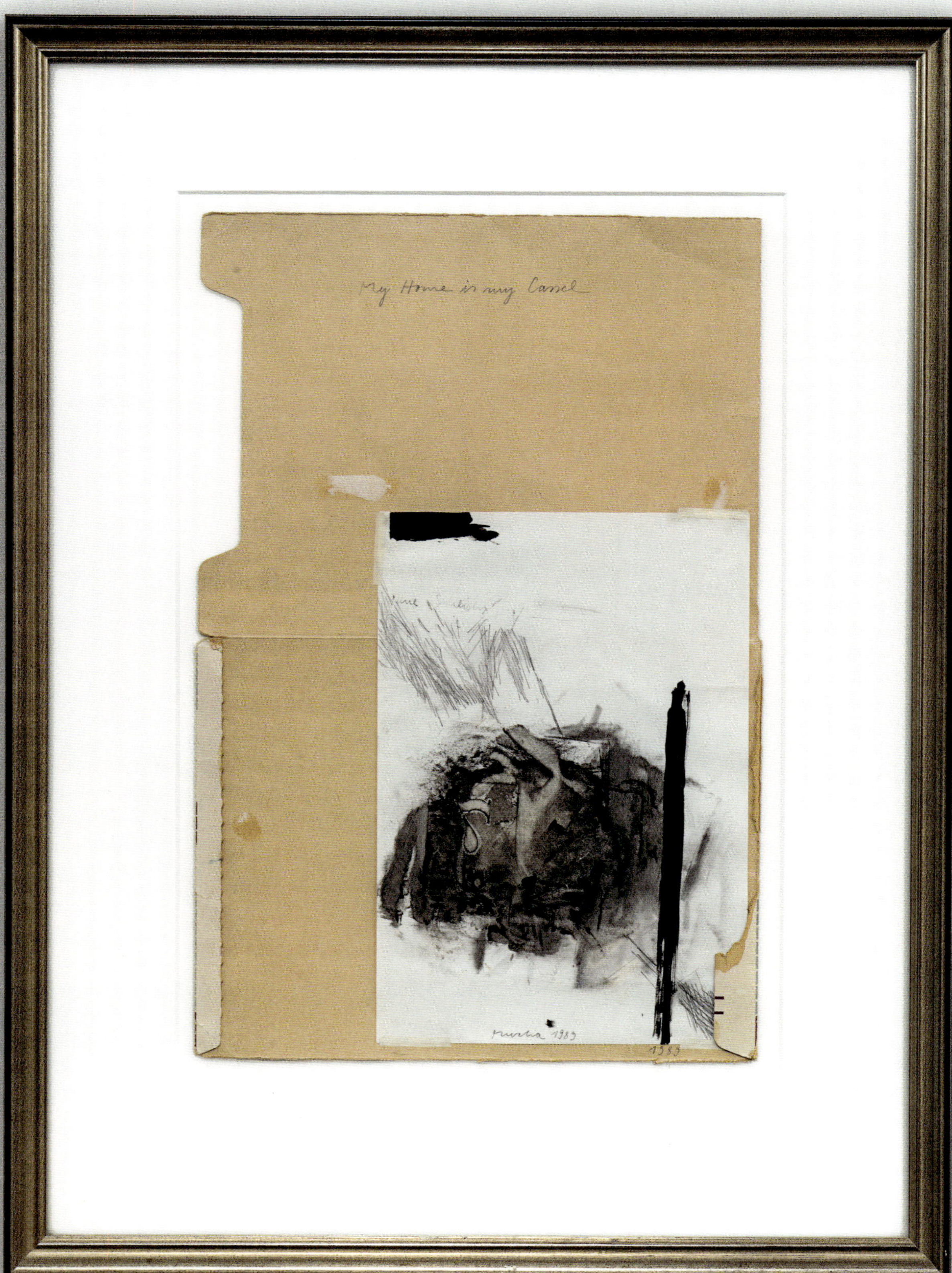

My Home is my Cassel, 1989

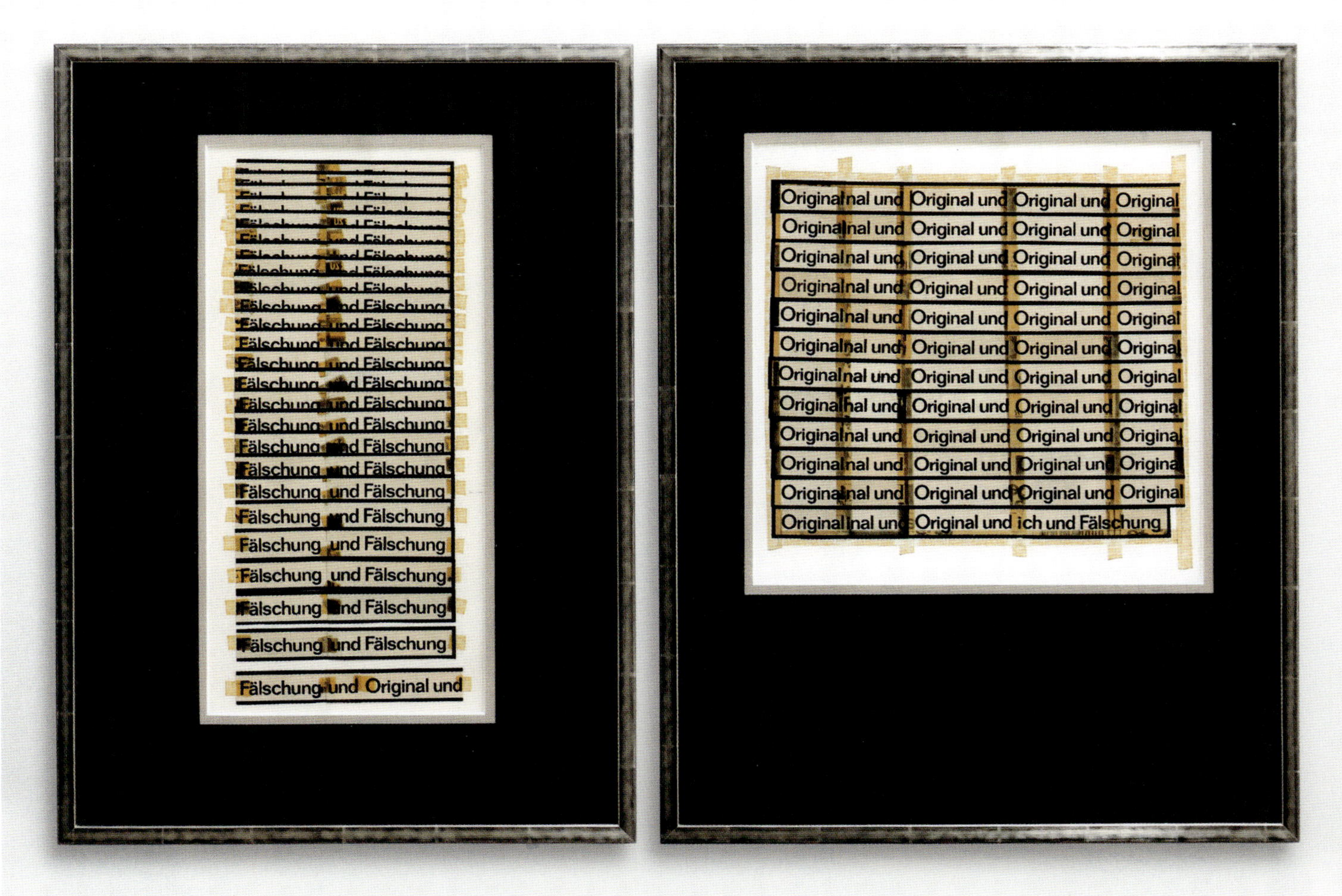

„HÖR ZU“ - Collagen, 1971
“HÖR ZU” - Collages

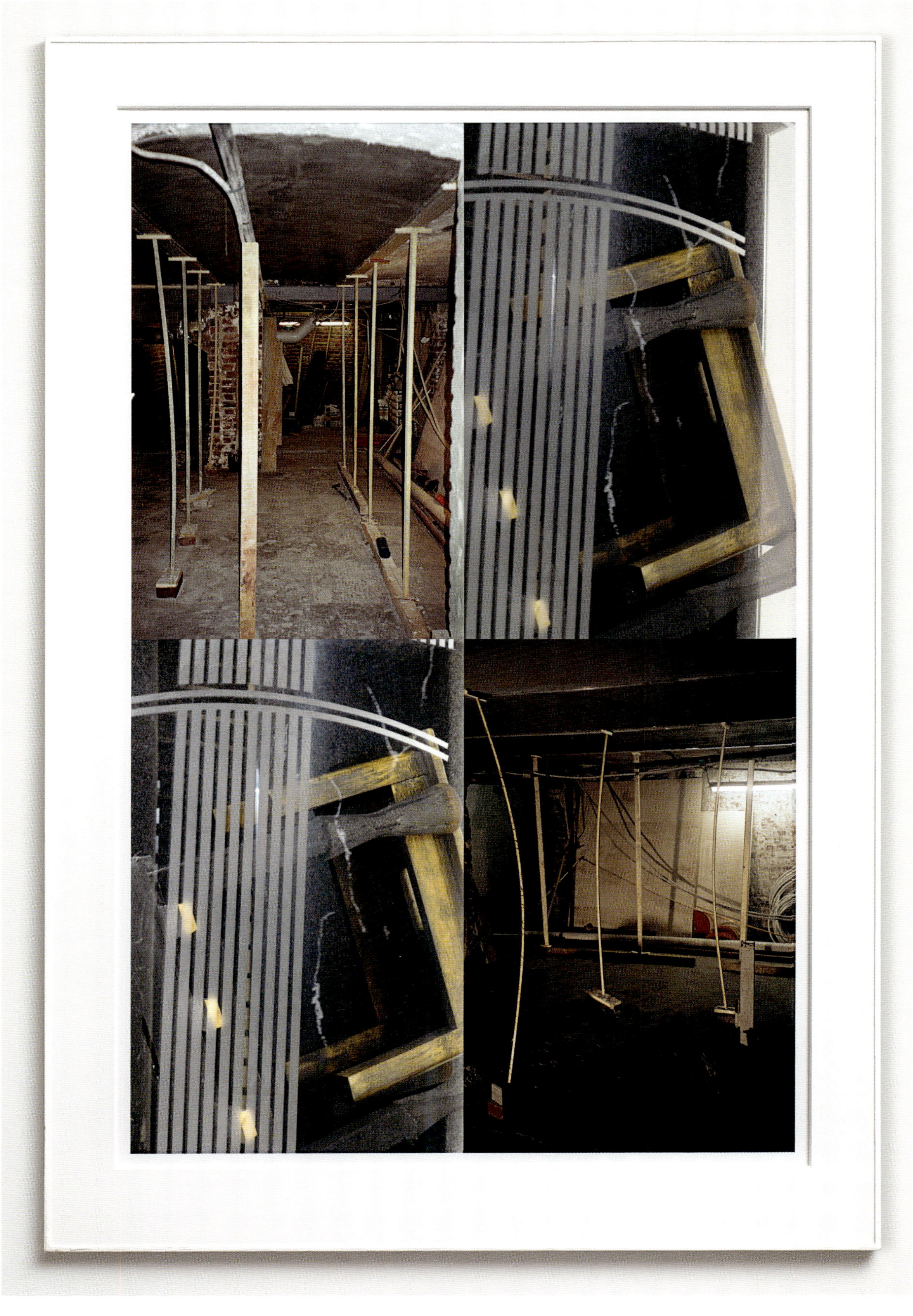

Mucha ***Untertage*** *– Das Deutschlandgerät, [2002] 1990 / Kölner Straße 170, 2003*, 2014
Mucha ***Underground*** *– The Germany Device, [2002] 1990 / Kölner Straße 170, 2003*

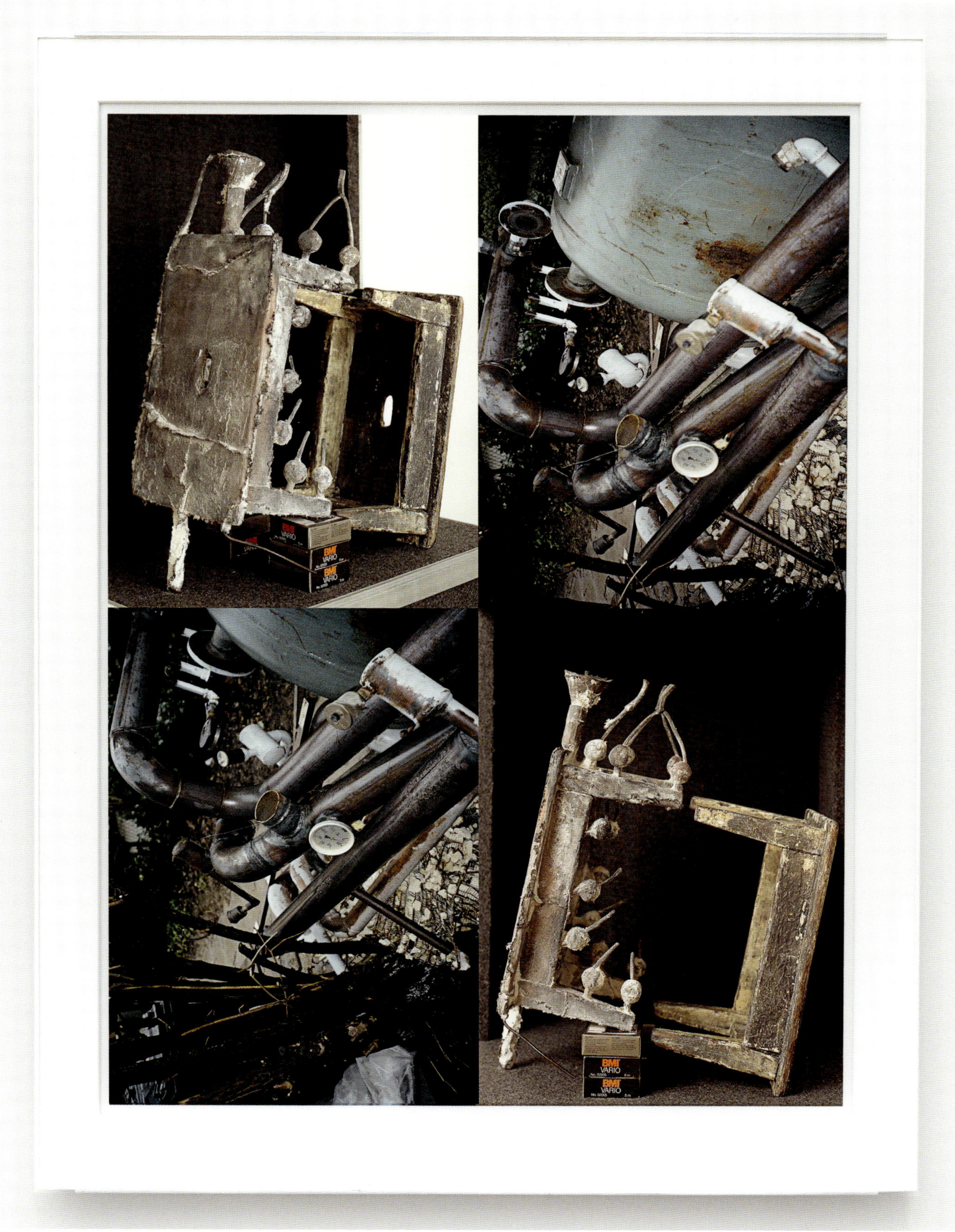

Mucha ***Untertage*** *– Die endgültige Festlegung des Bergregals, 1990 / Kölner Straße 170, 2003*, 2014
Mucha ***Underground*** *– The Final Establishment of Mining Rights, 1990 / Kölner Straße 170, 2003*

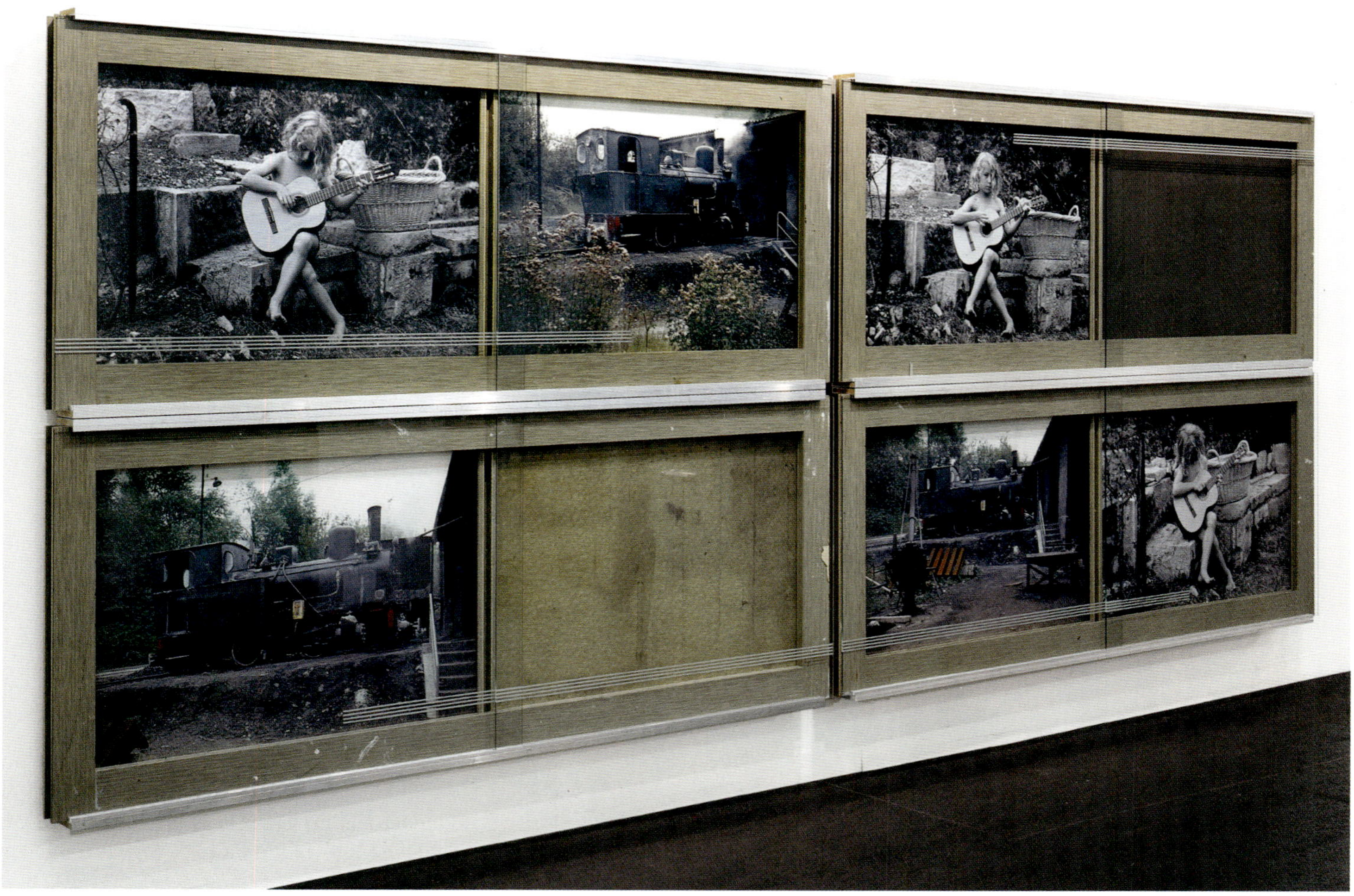

Two by Four – The Last Concert for Hans Josef M., 1967 / 2003

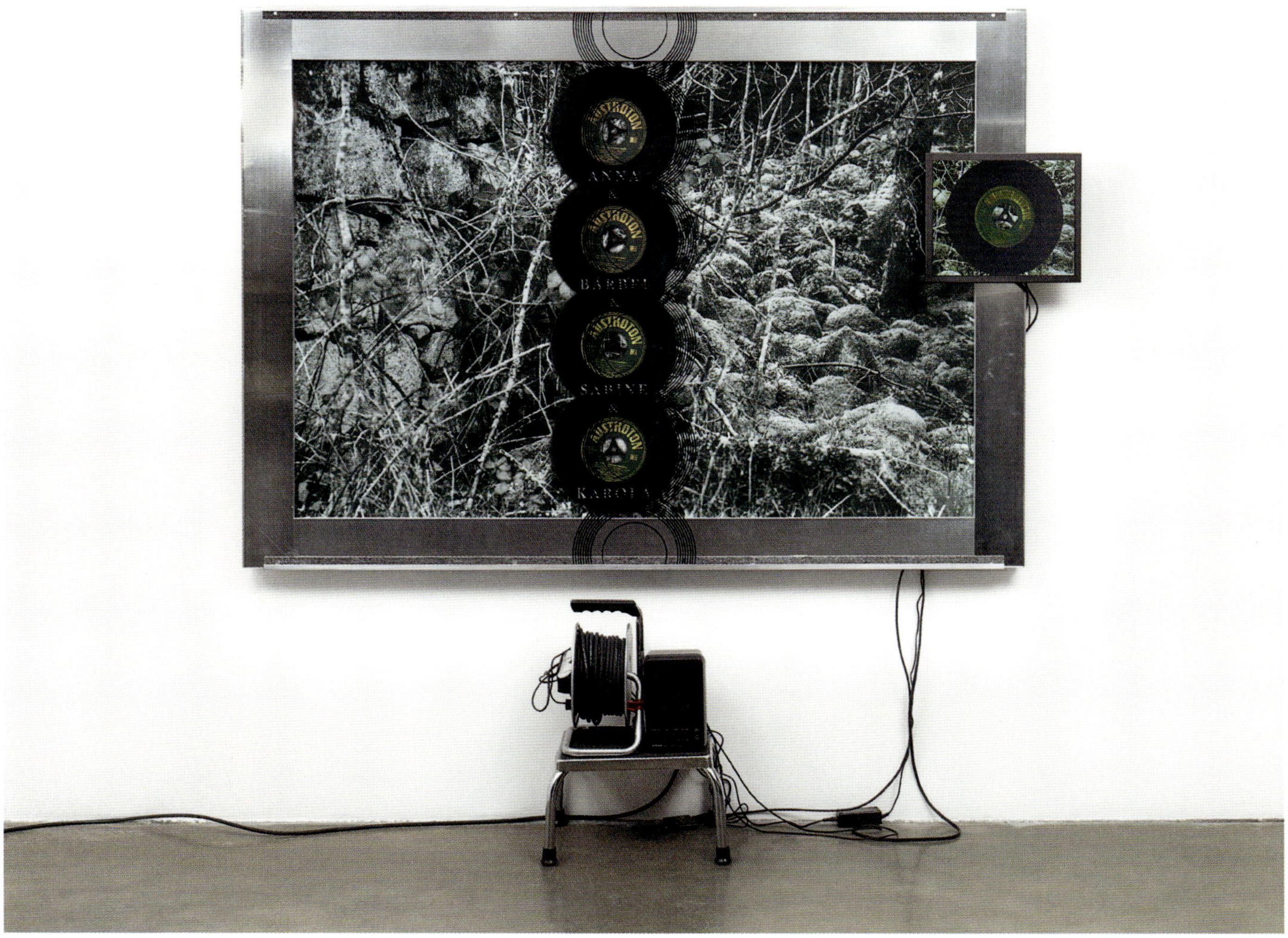

ABSK – St. Georgens randlose Säule, 2020
ABSK – St. Georgen's Rimless Column

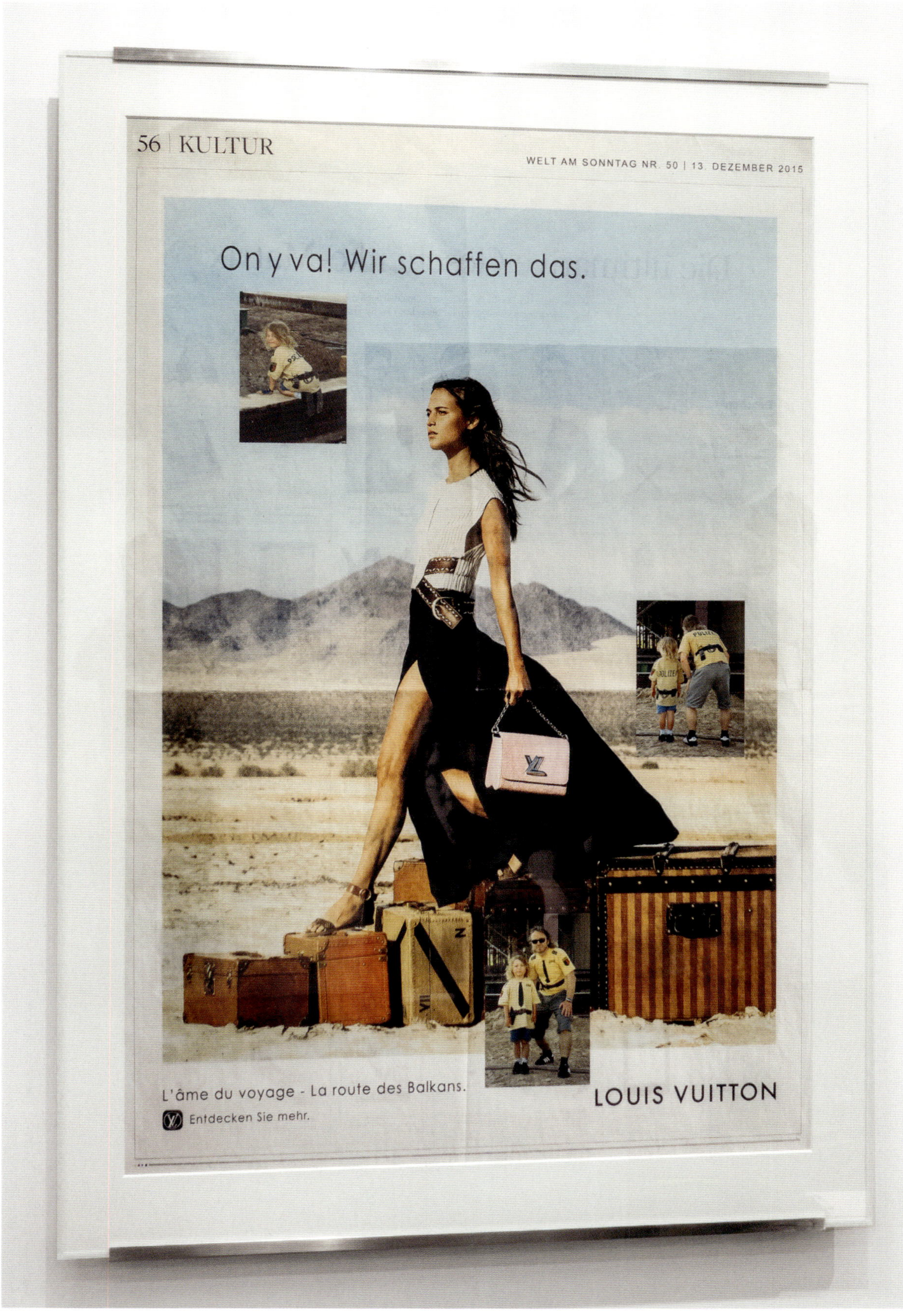

Edition **Welt am Sonntag**, 2021

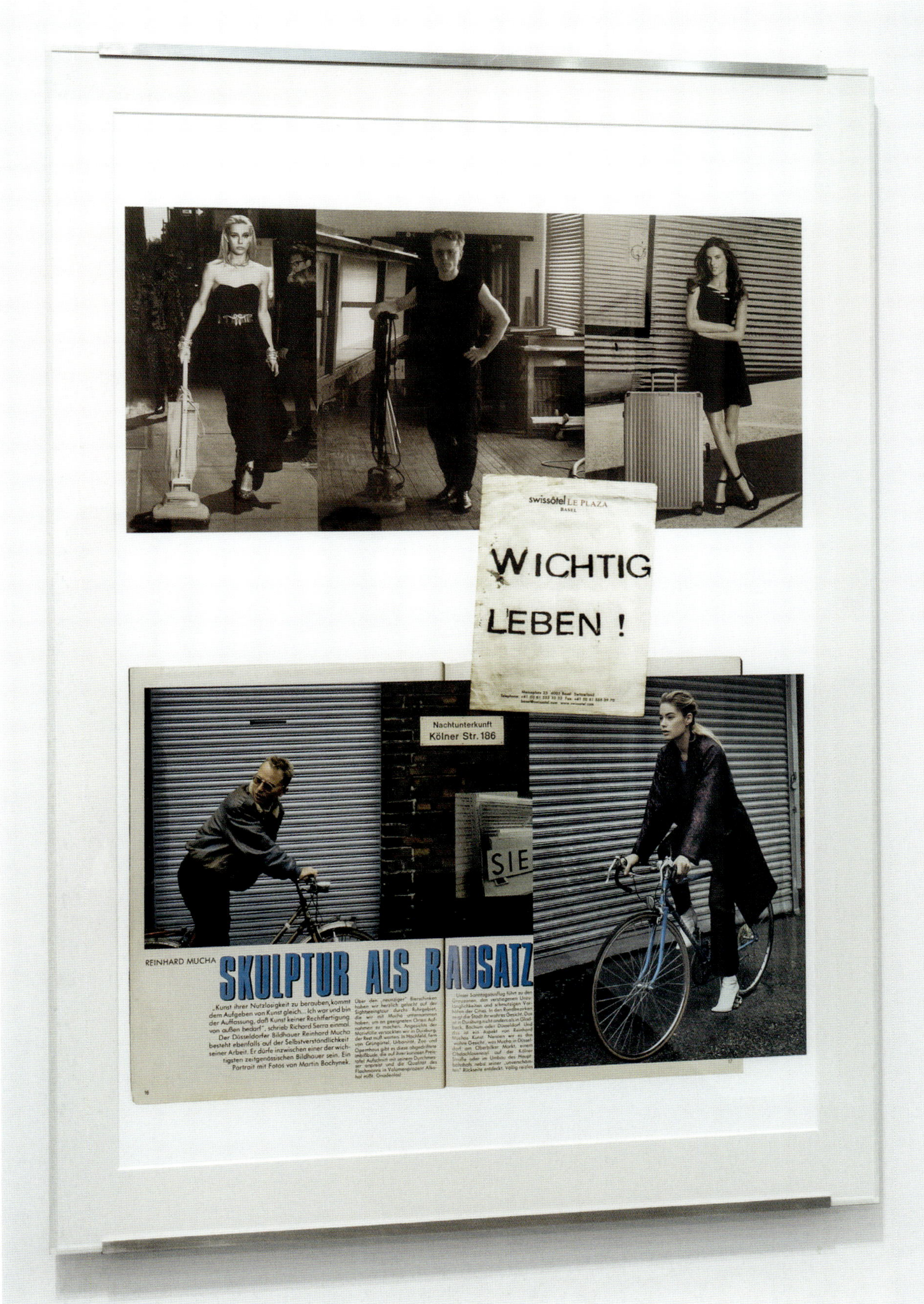

Edition **Nachtunterkunft**, 2021
Edition **Night Shelter**

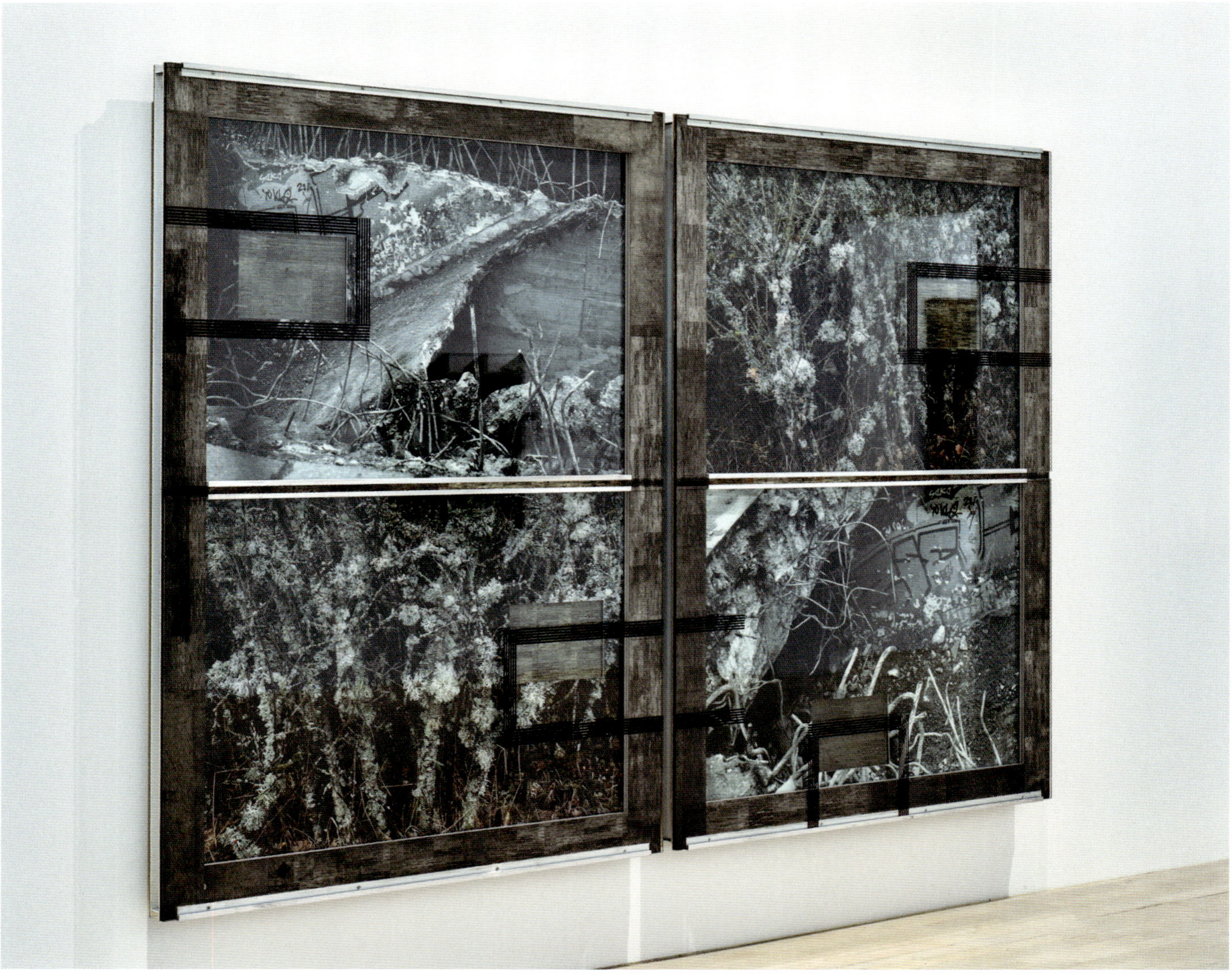

Hashtag mit Lichtblick im Schmerz I, [2019] 2001
Hashtag with Bright Spot in Pain I

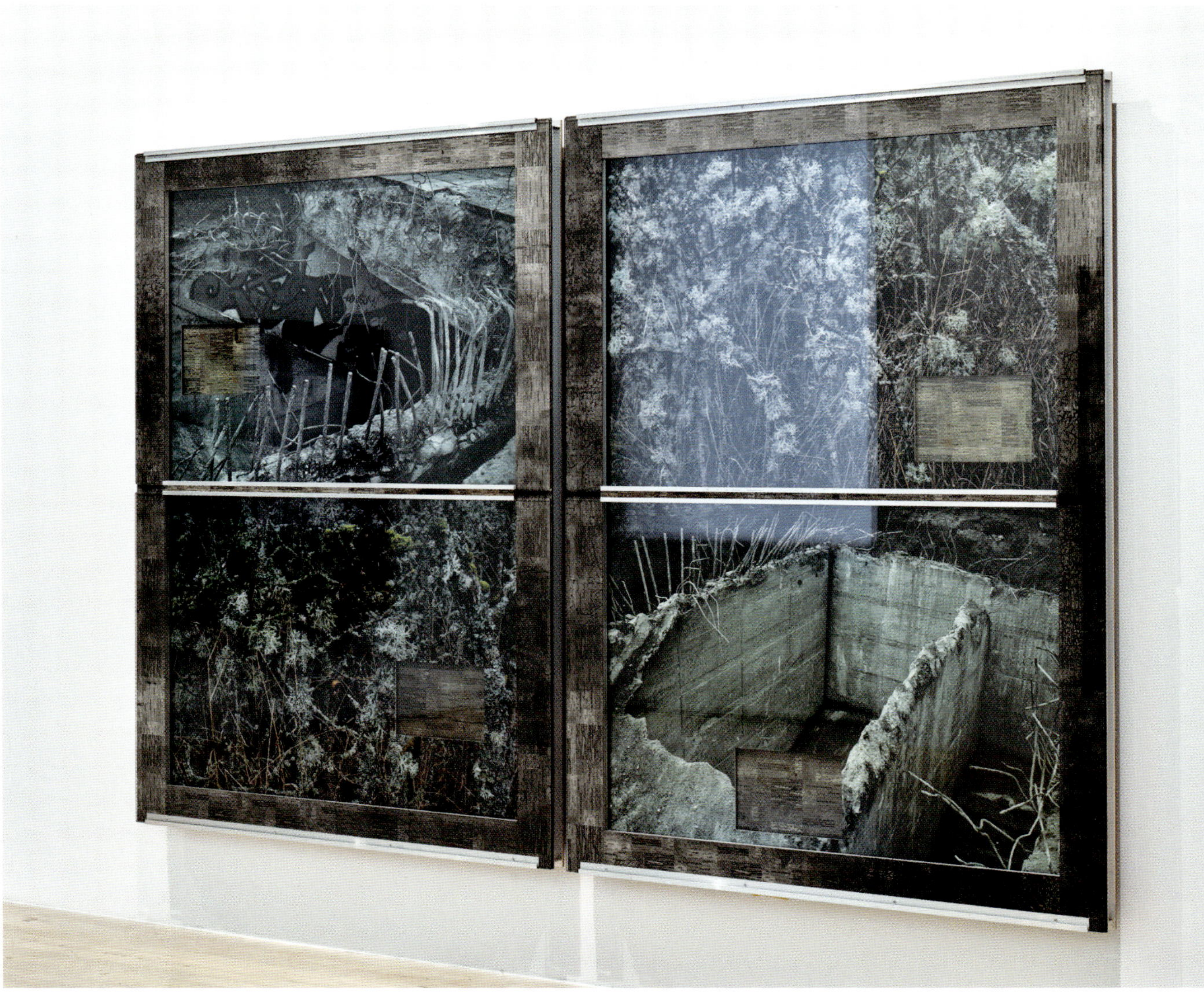

 # Hashtag mit Lichtblick im Schmerz II, [2022] 2001
 # Hashtag with Bright Spot in Pain II

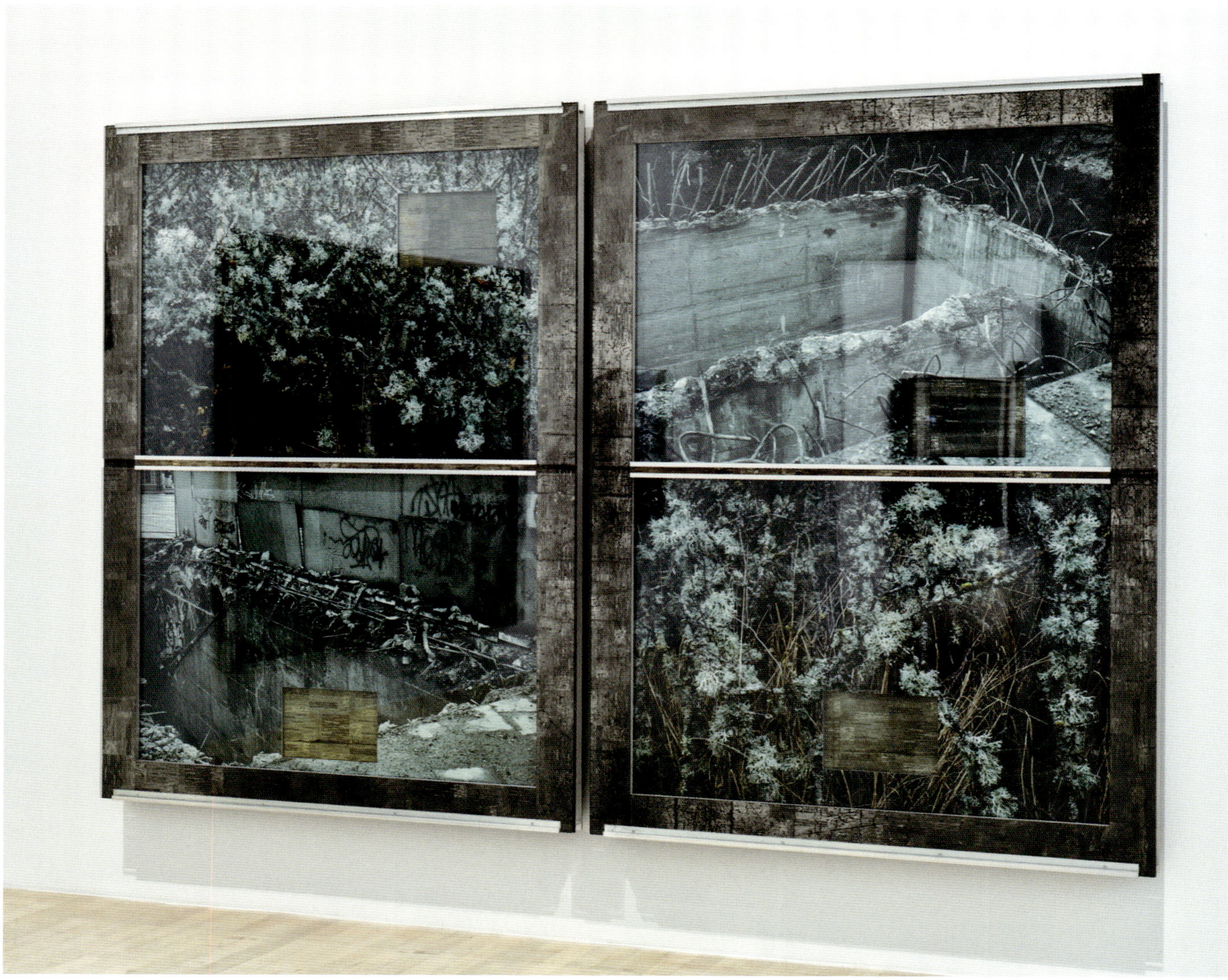

Hashtag mit Lichtblick im Schmerz III, [2022] 2001
Hashtag with Bright Spot in Pain III

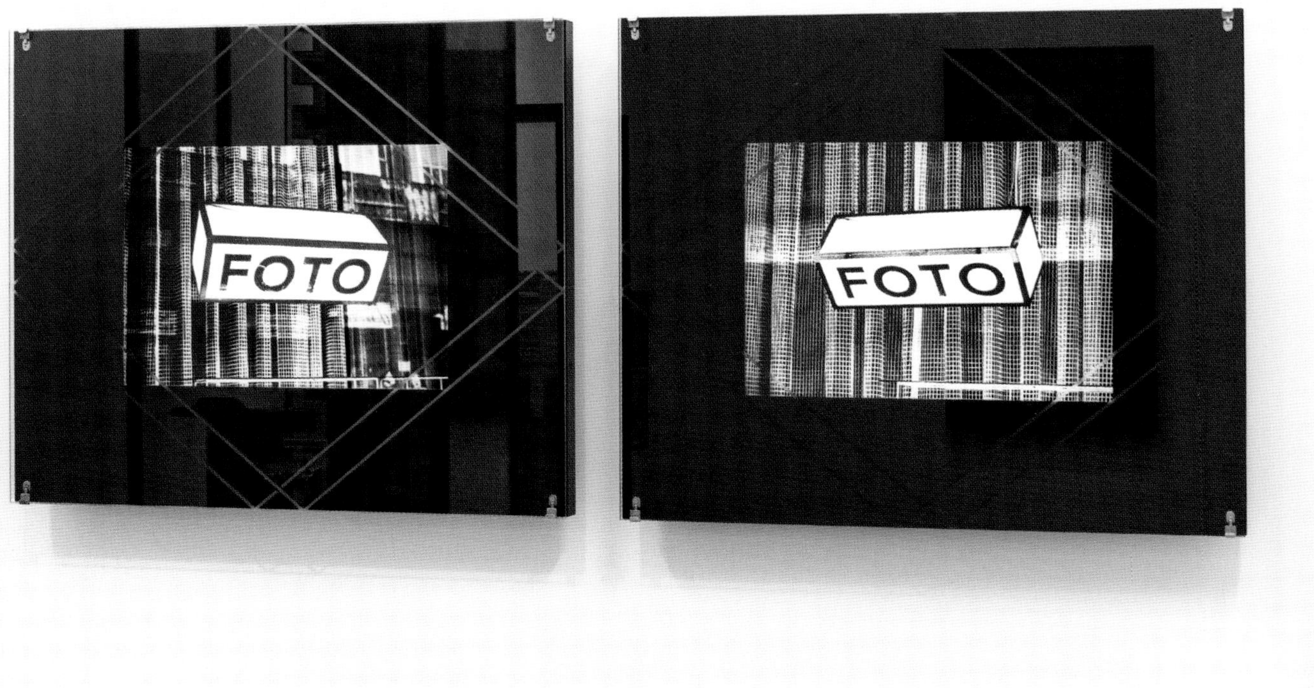

['78] – **Bernd & Hilla in Leipzig,** [2019] 1978

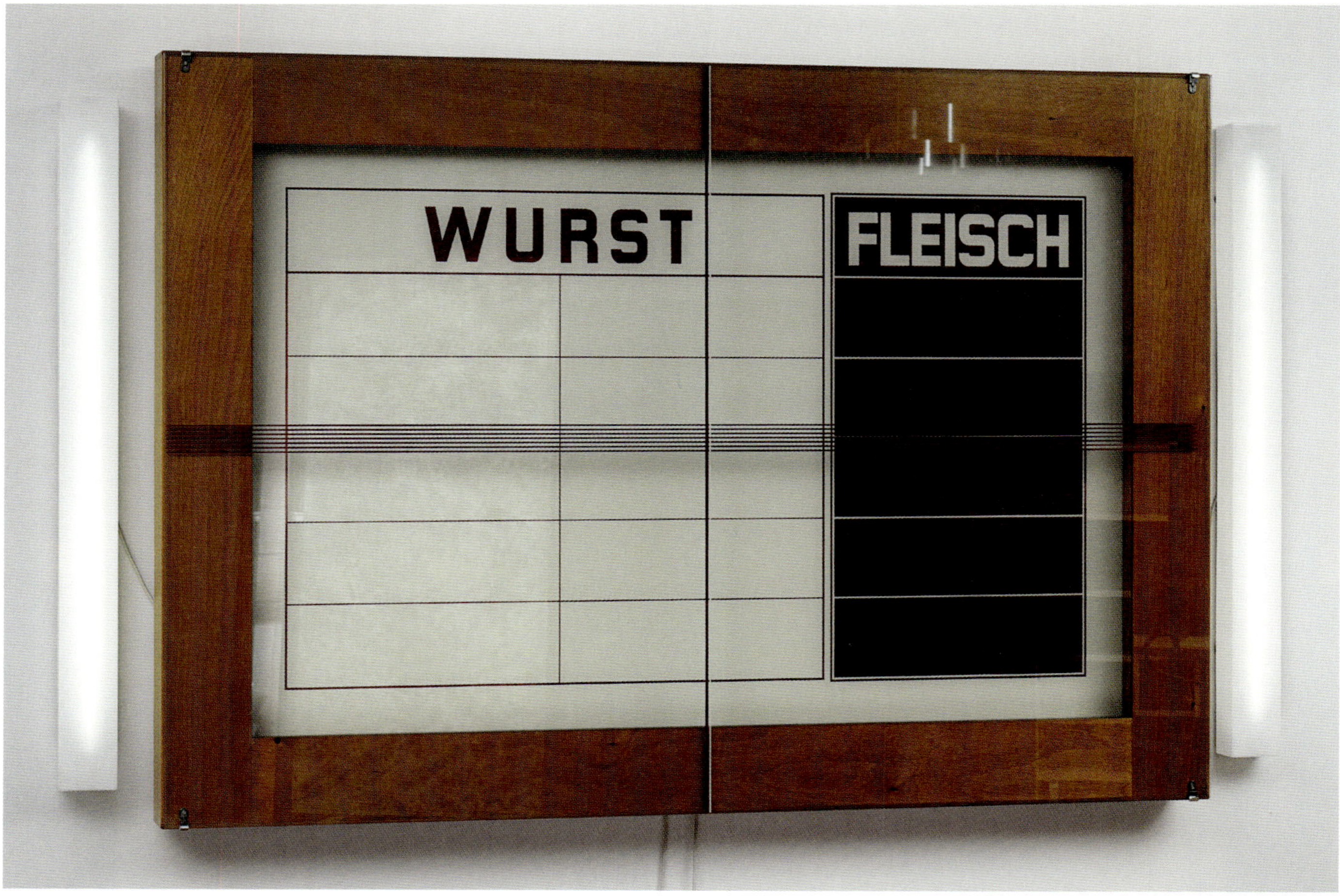

Potsdamer Platz, [1996] 1979

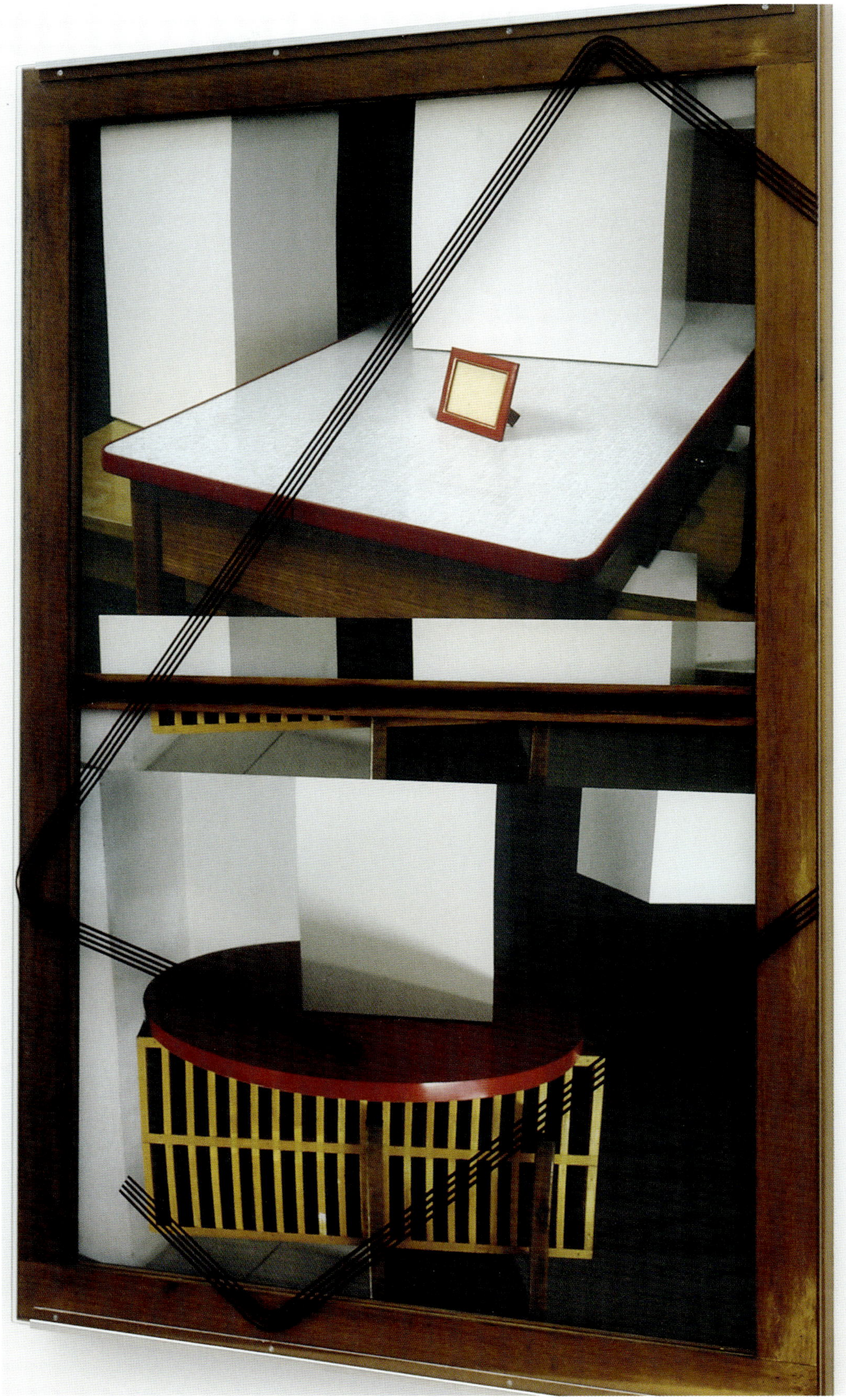

Illusion der Karriere, Für W. L., [2007] 1982
Illusion of a Career, For W. L.

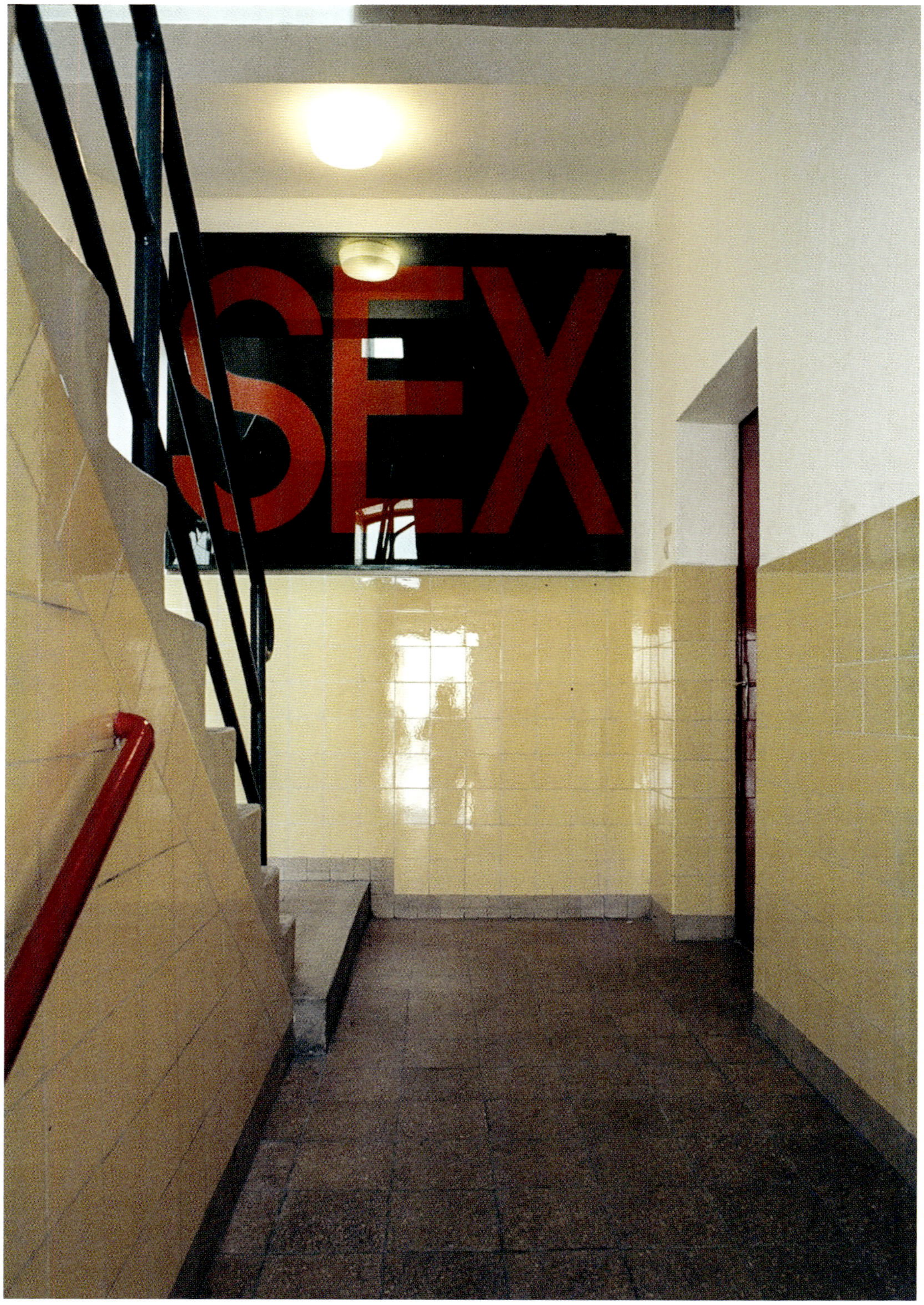

Ohne Titel (SEX), 1979
Ausstellungsansicht / Installation view: Kunstausstellung Gutenbergstraße 62a e.V., Stuttgart, 1979

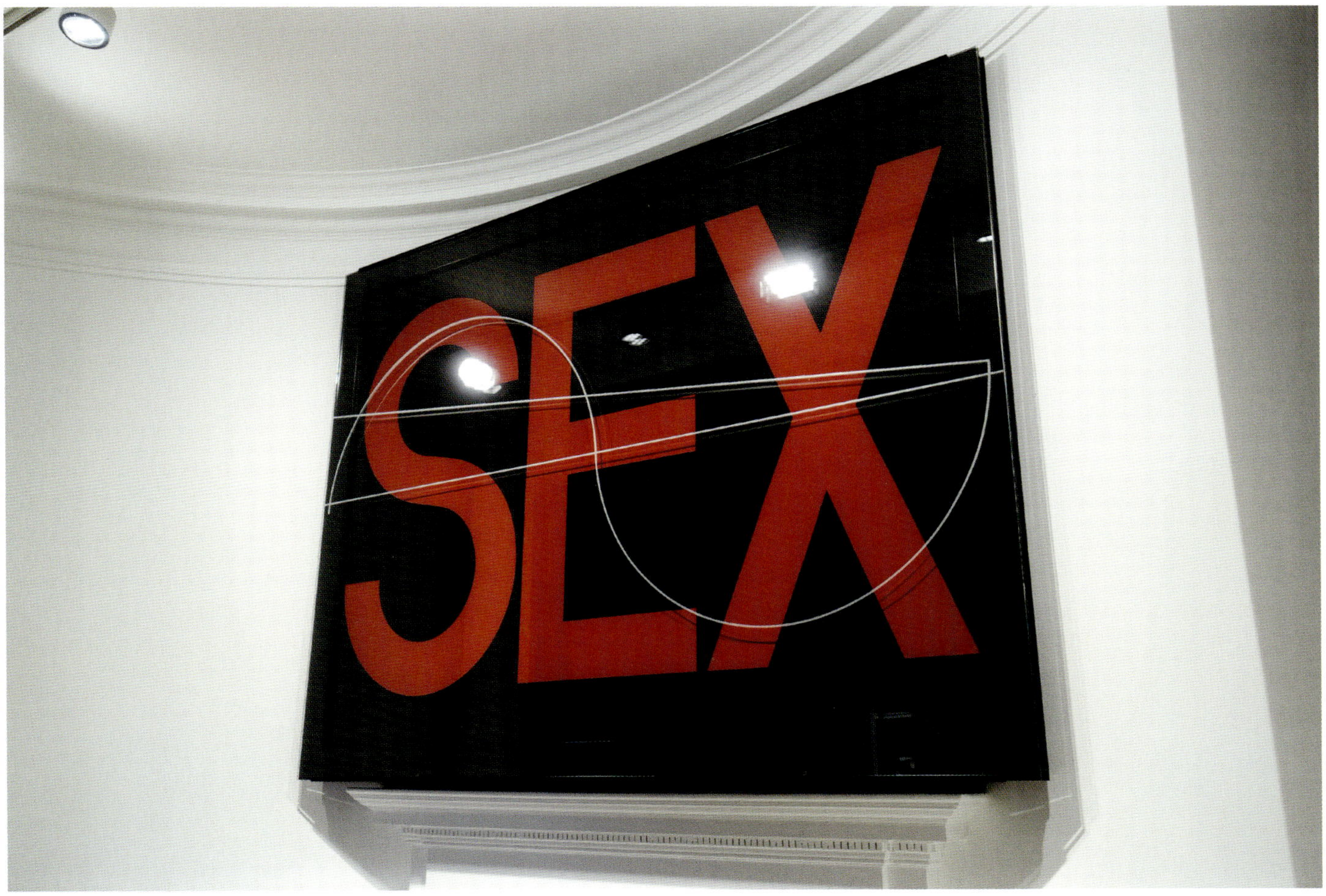

Untitled (SEX), [2019] 1979
Ausstellungsansicht / Installation view: Sprüth Magers, London, 2019

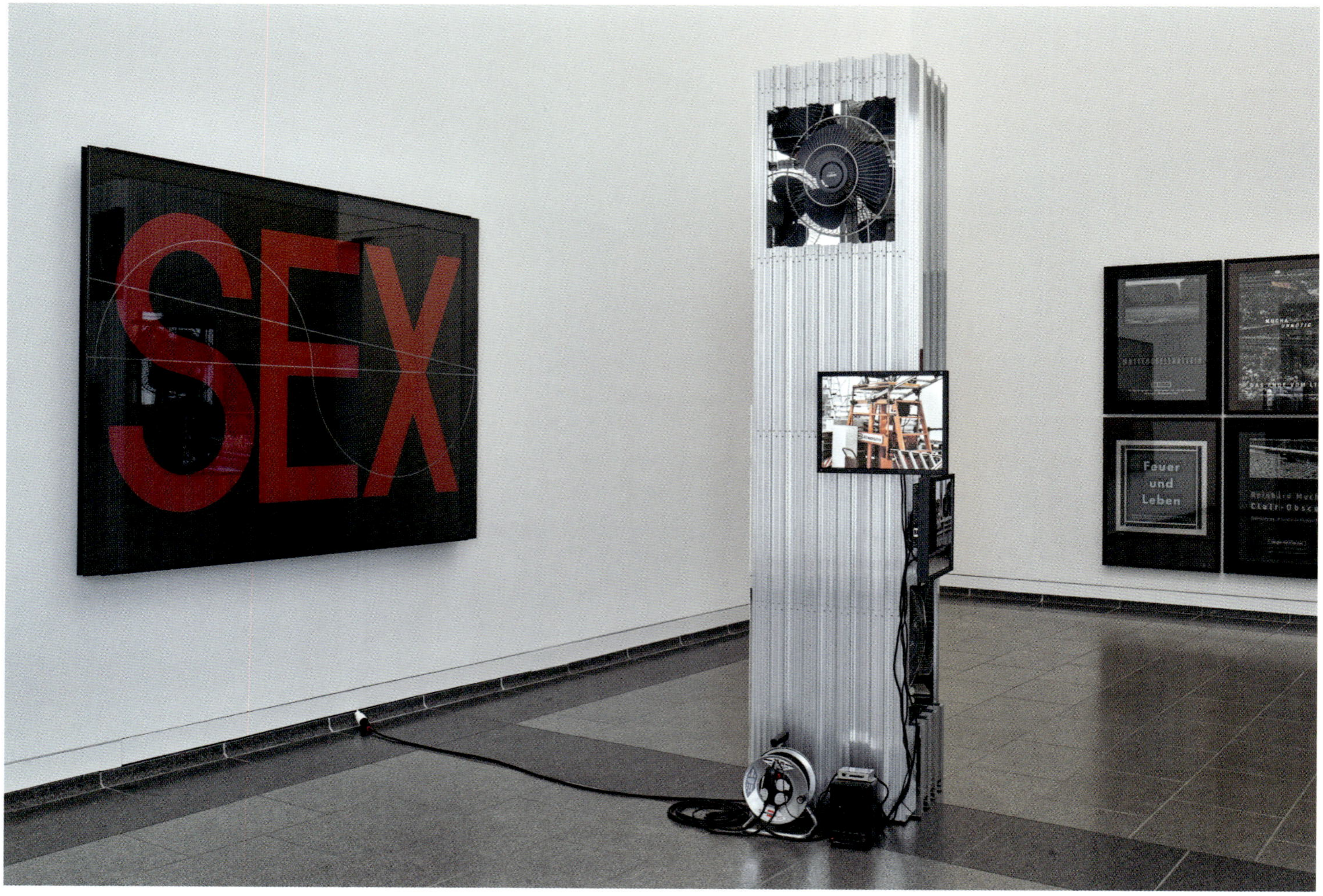

Untitled (SEX), [2019] 1979
Ohne Titel („Calor“), [2022] 1986
Untitled (“Calor”)
Ausstellungsansichten / Installation views: Kunstsammlung Nordrhein-Westfalen, Düsseldorf, 2022

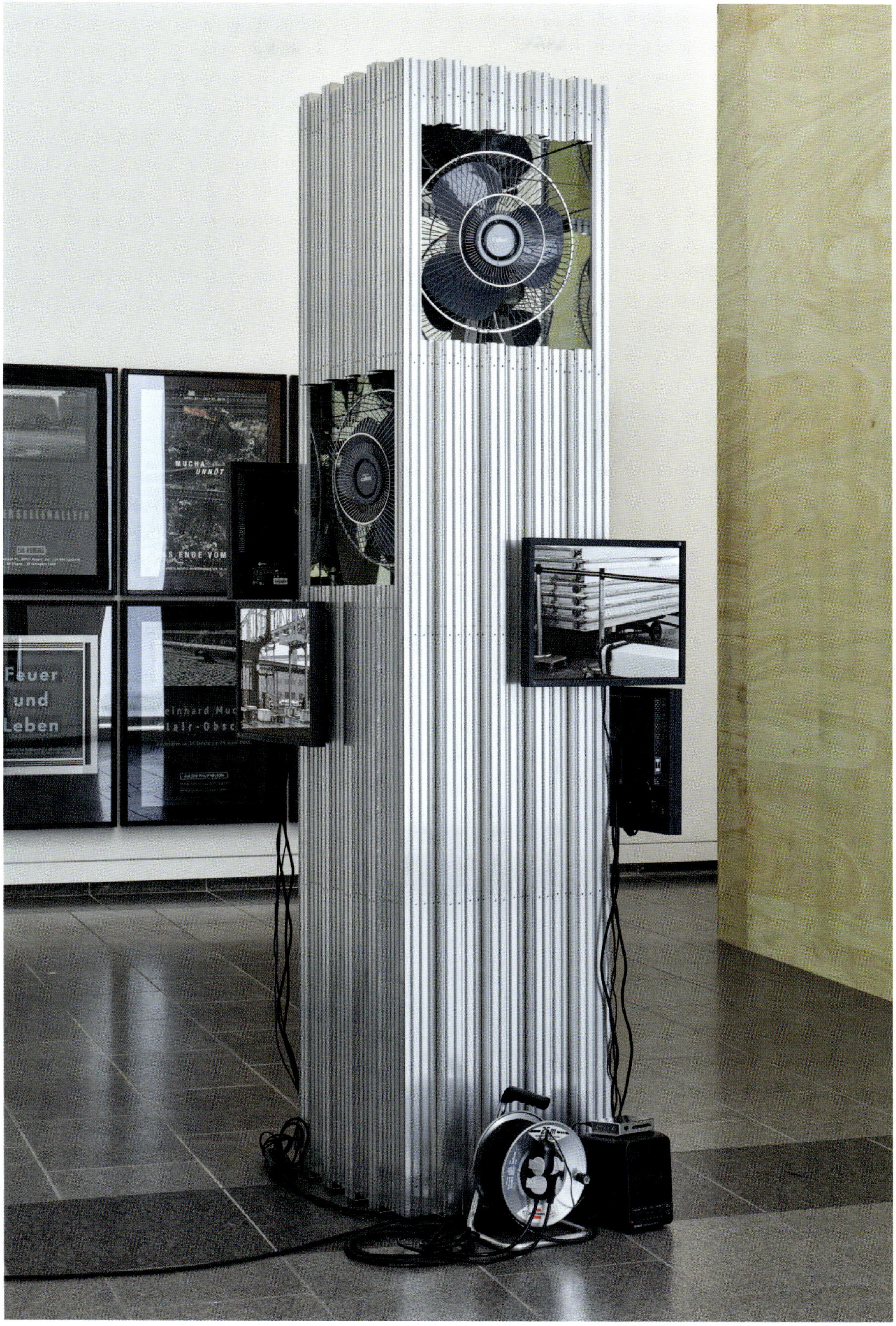

Ohne Titel („Calor"), [2022] 1986
Untitled ("Calor")

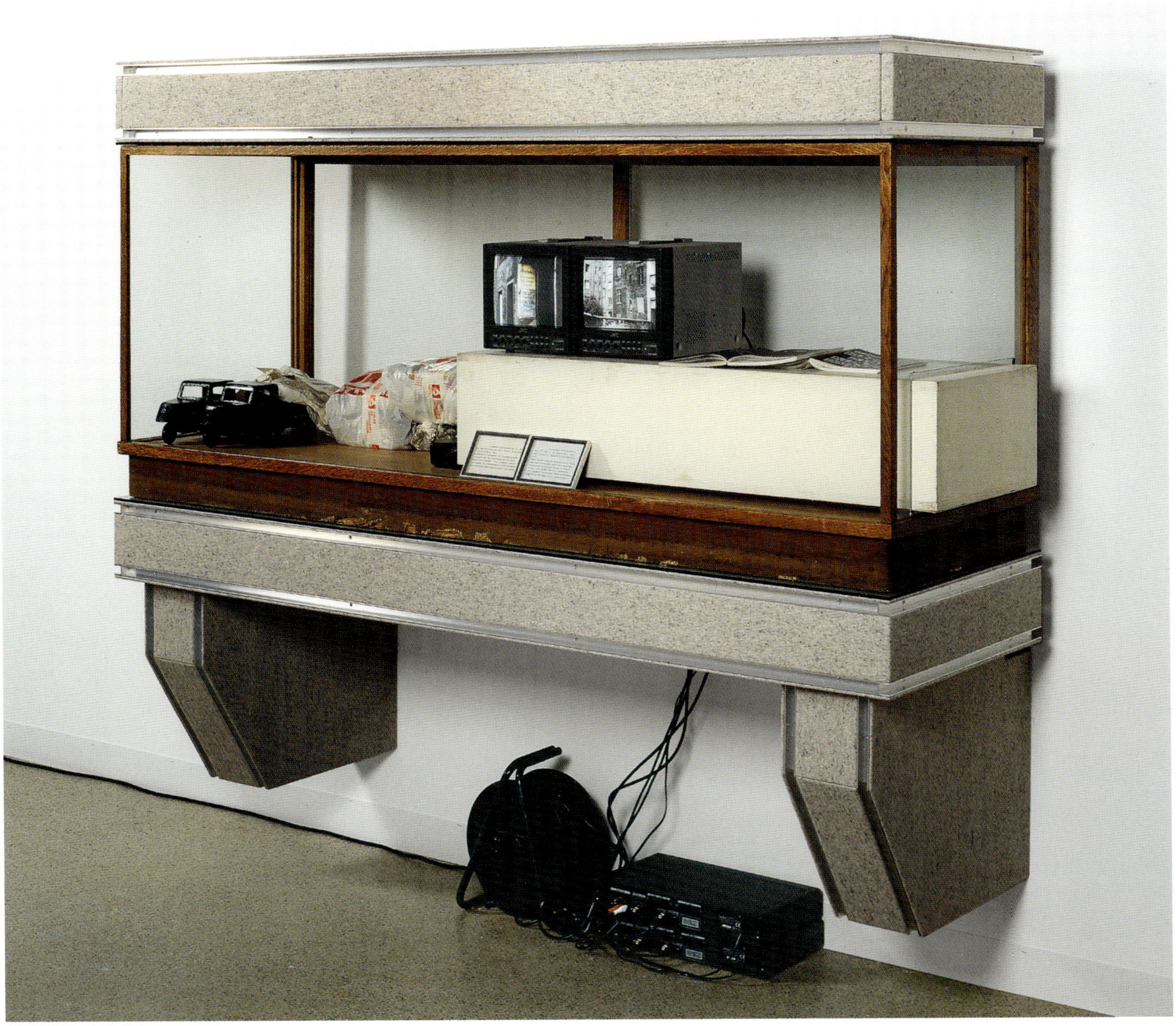

Ohne Titel (Gebr. Rodler), [2001] 1980
Untitled (Rodler Bros.)

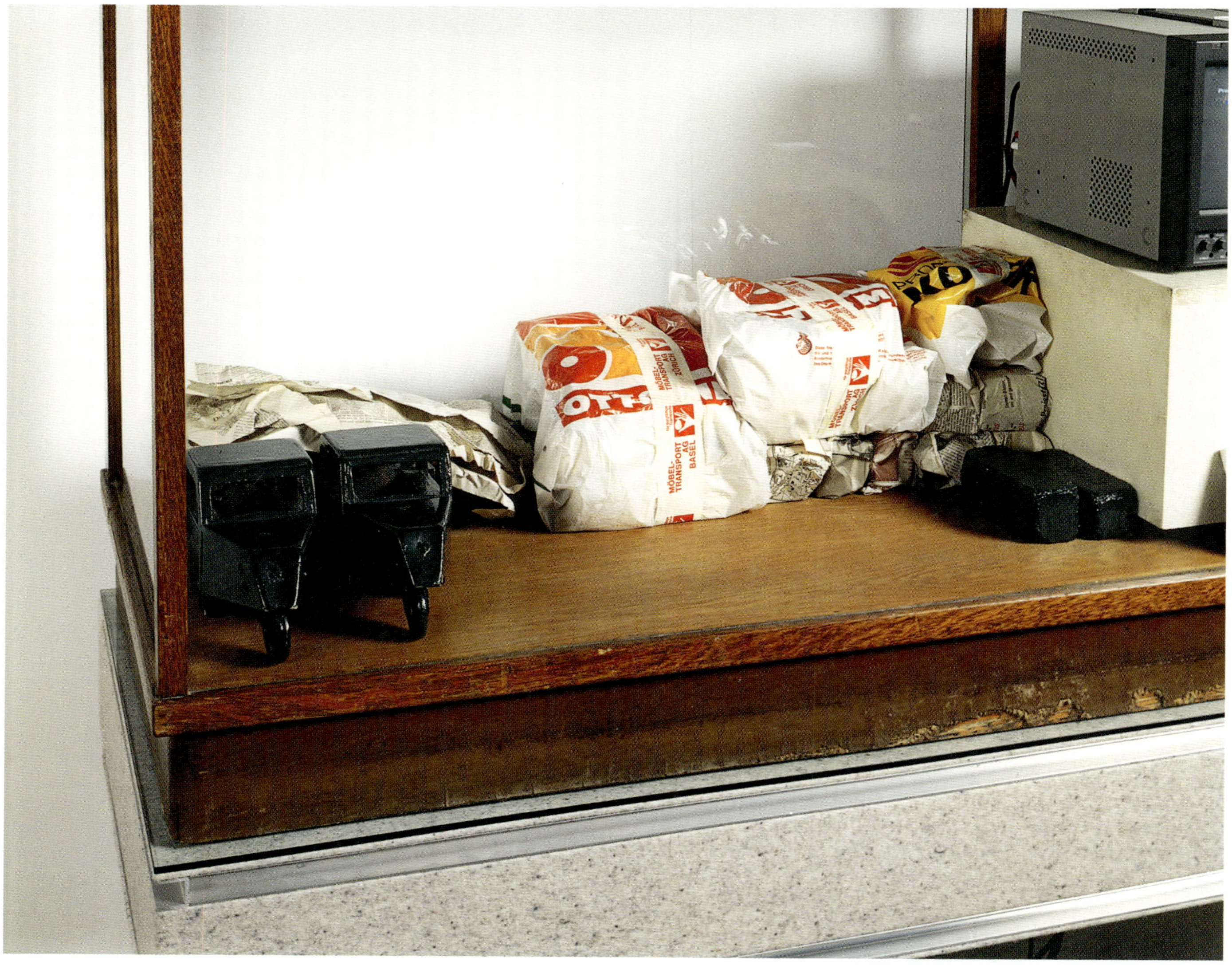
MÖBEL-
TRANSPORT
AG
BASEL

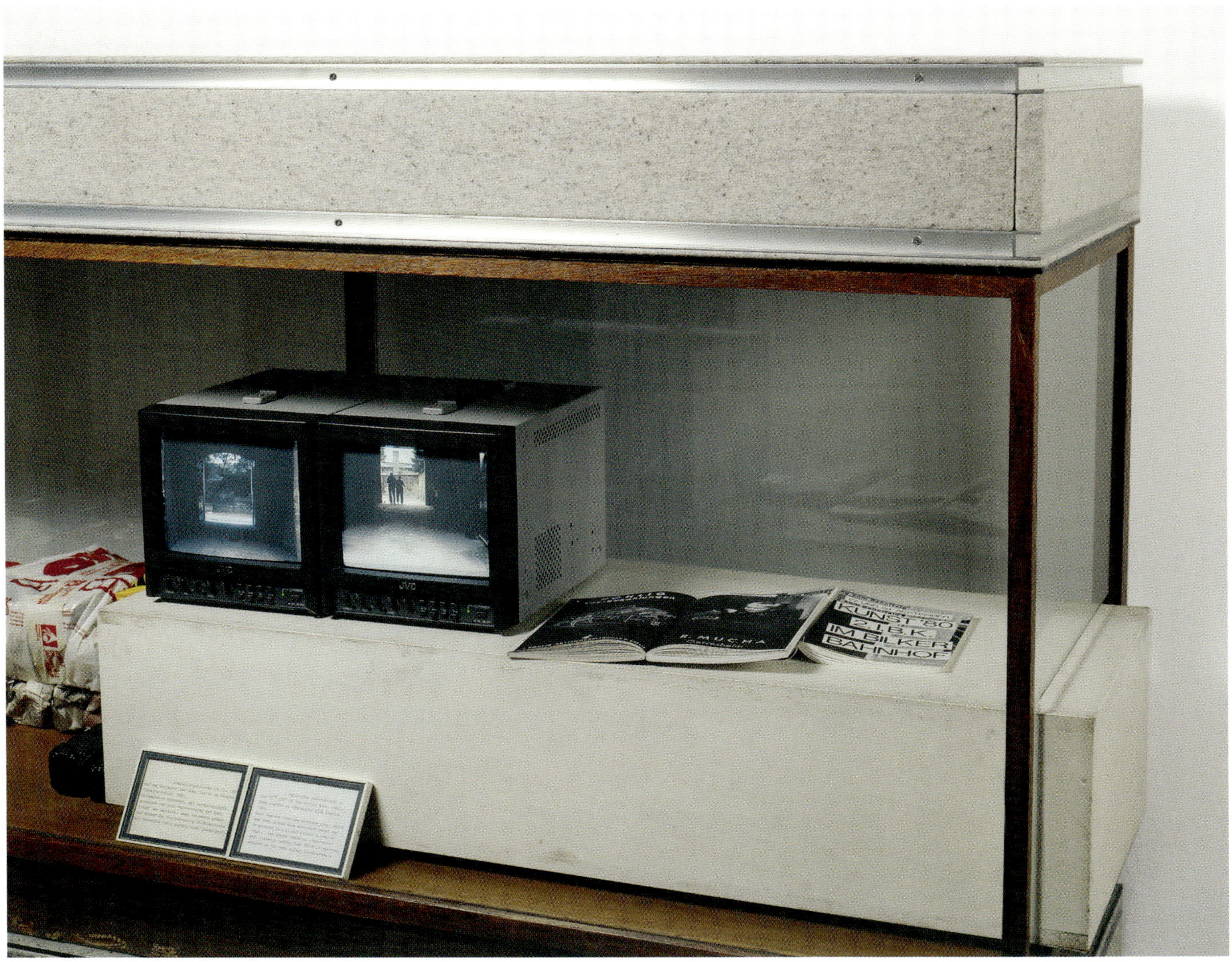

Ohne Titel (Gebr. Rodler), [2001] 1980
Untitled (Rodler Bros.)
Details

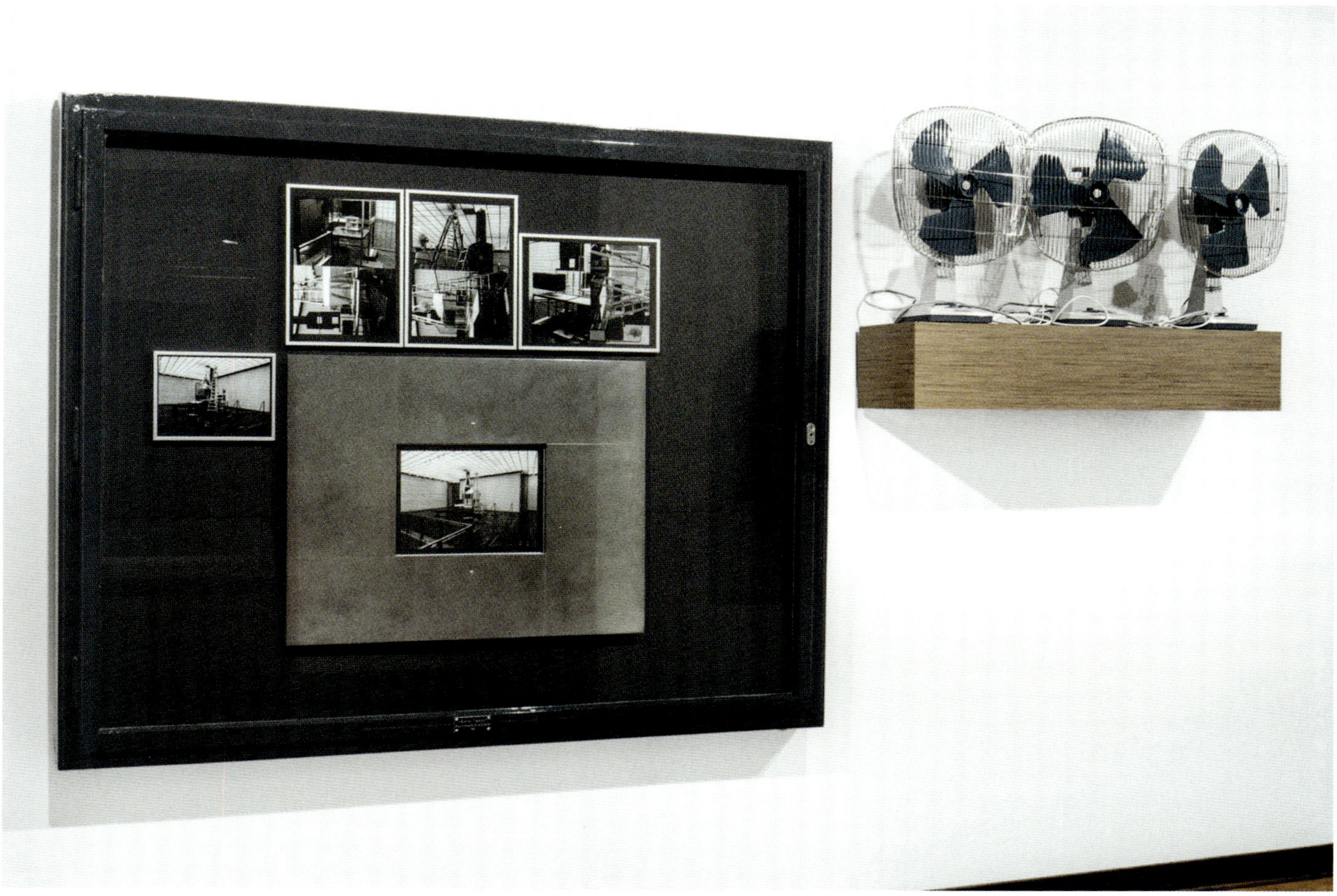

Ohne Titel (»Astron Taurus« – Kunsthalle Bielefeld – 1981) 1984
Untitled (»Astron Taurus« – Kunsthalle Bielefeld – 1981)

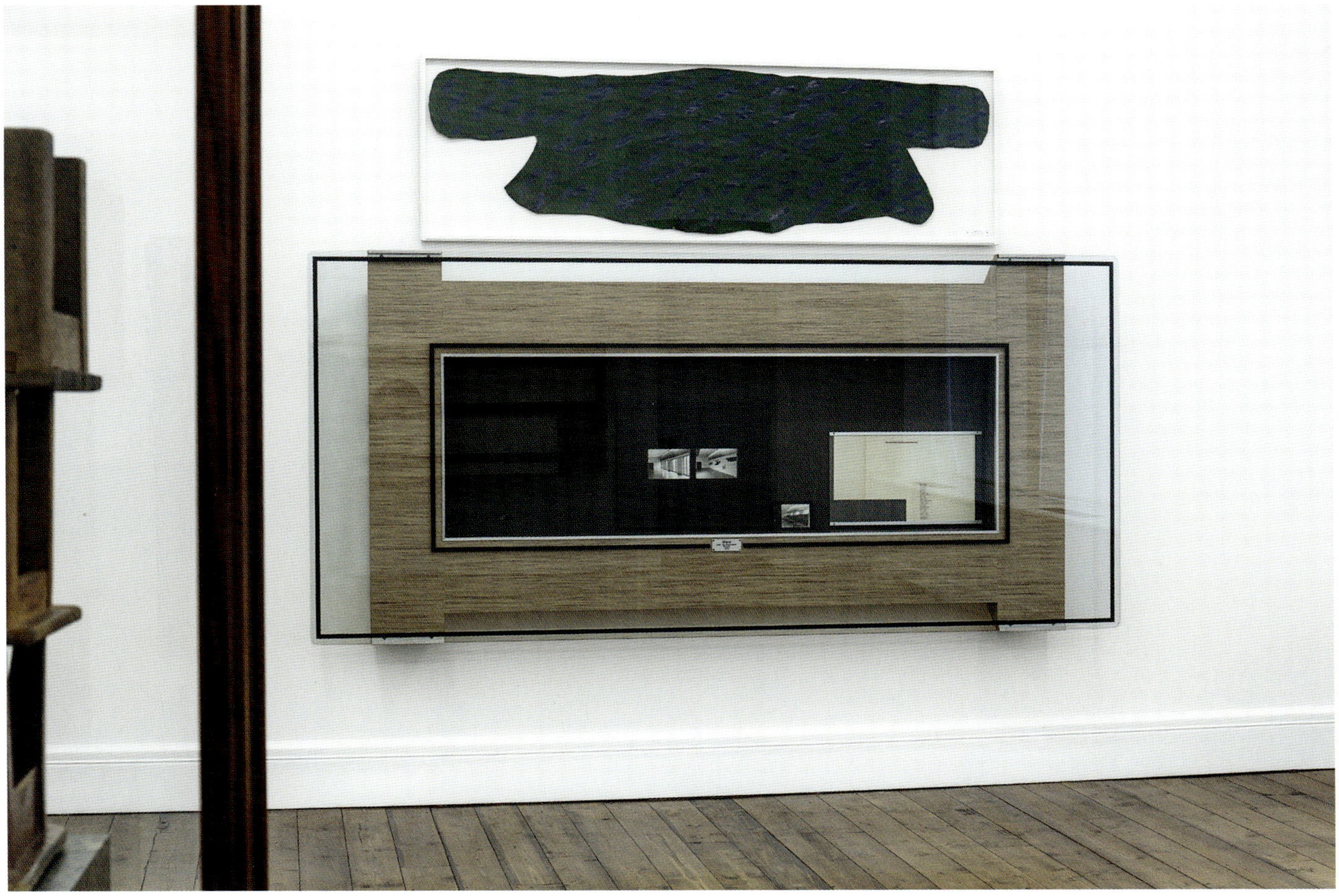

Ohne Titel (Wand – Kunst- und Museumsverein – Wuppertal – 1978) /
Ohne Titel (Isolde Wawrin – Ohne Titel (Objekt) – 1978), [2019] 1985
Untitled (Wand – Kunst- und Museumsverein Wuppertal – 1978) /
Untitled (Isolde Wawrin – Ohne Titel (Objekt) – 1978)

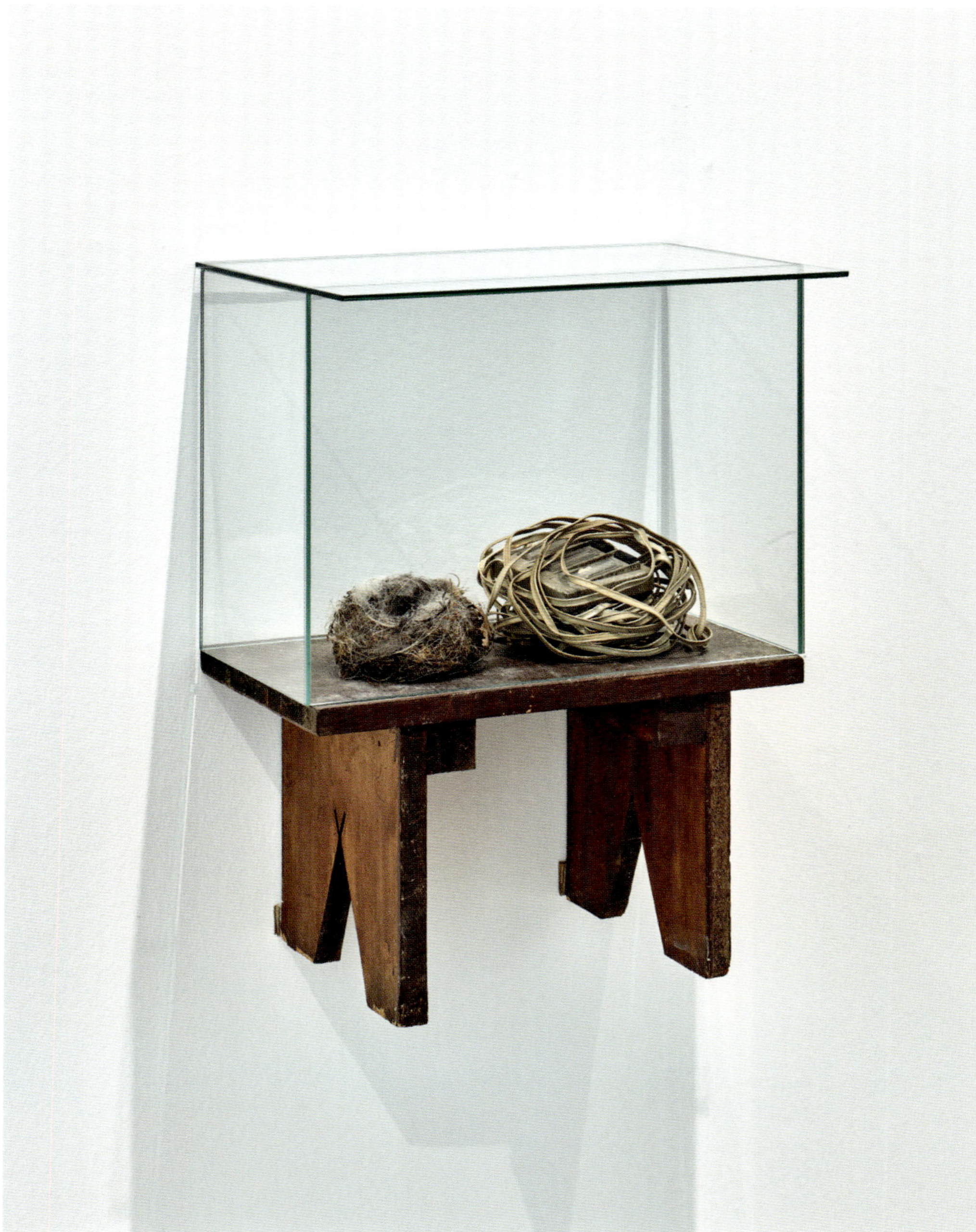

Zwei aus einer Klasse, 1986
Two from One Class

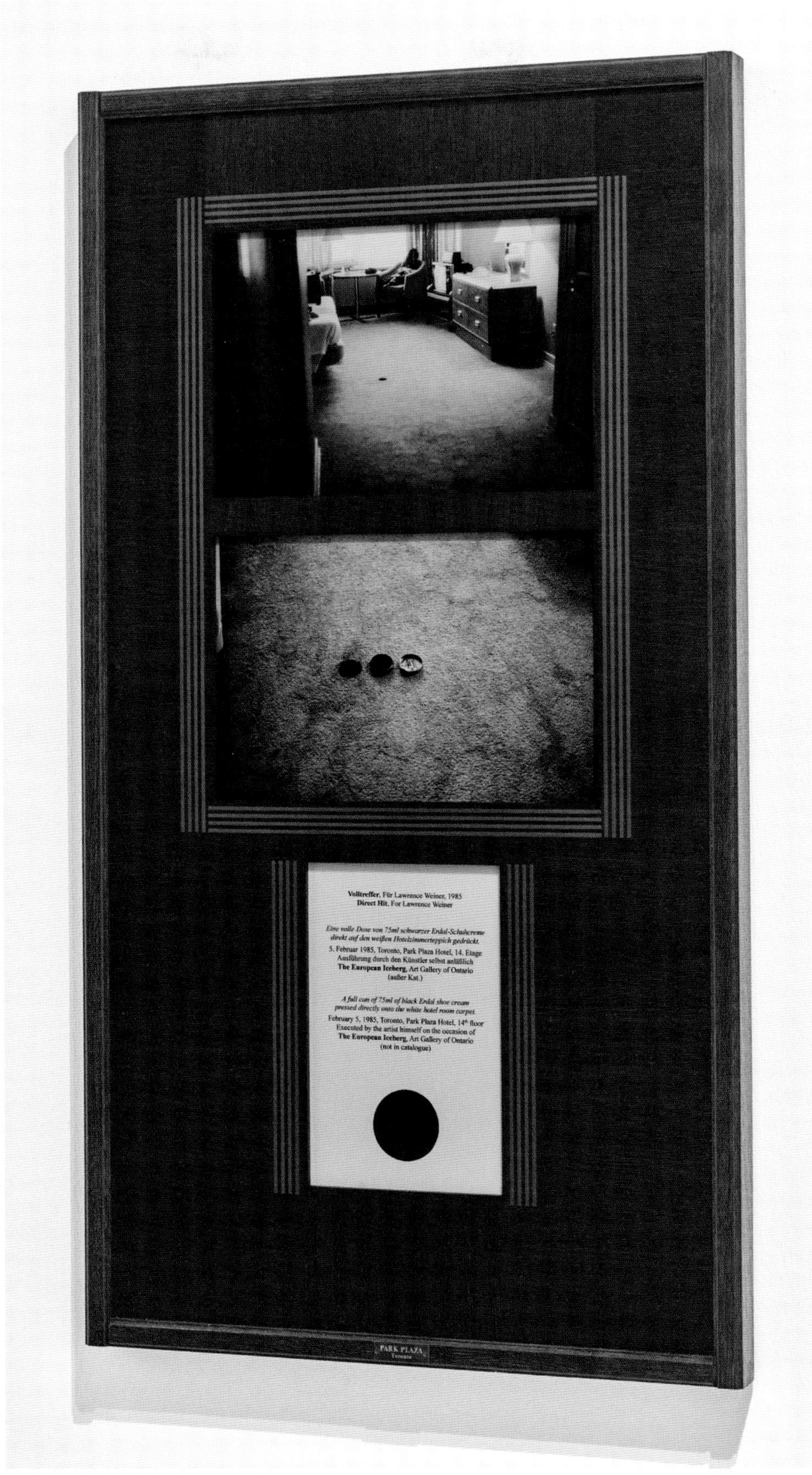

Volltreffer, Für Lawrence Weiner, [2019] 1985
Direct Hit, For Lawrence Weiner

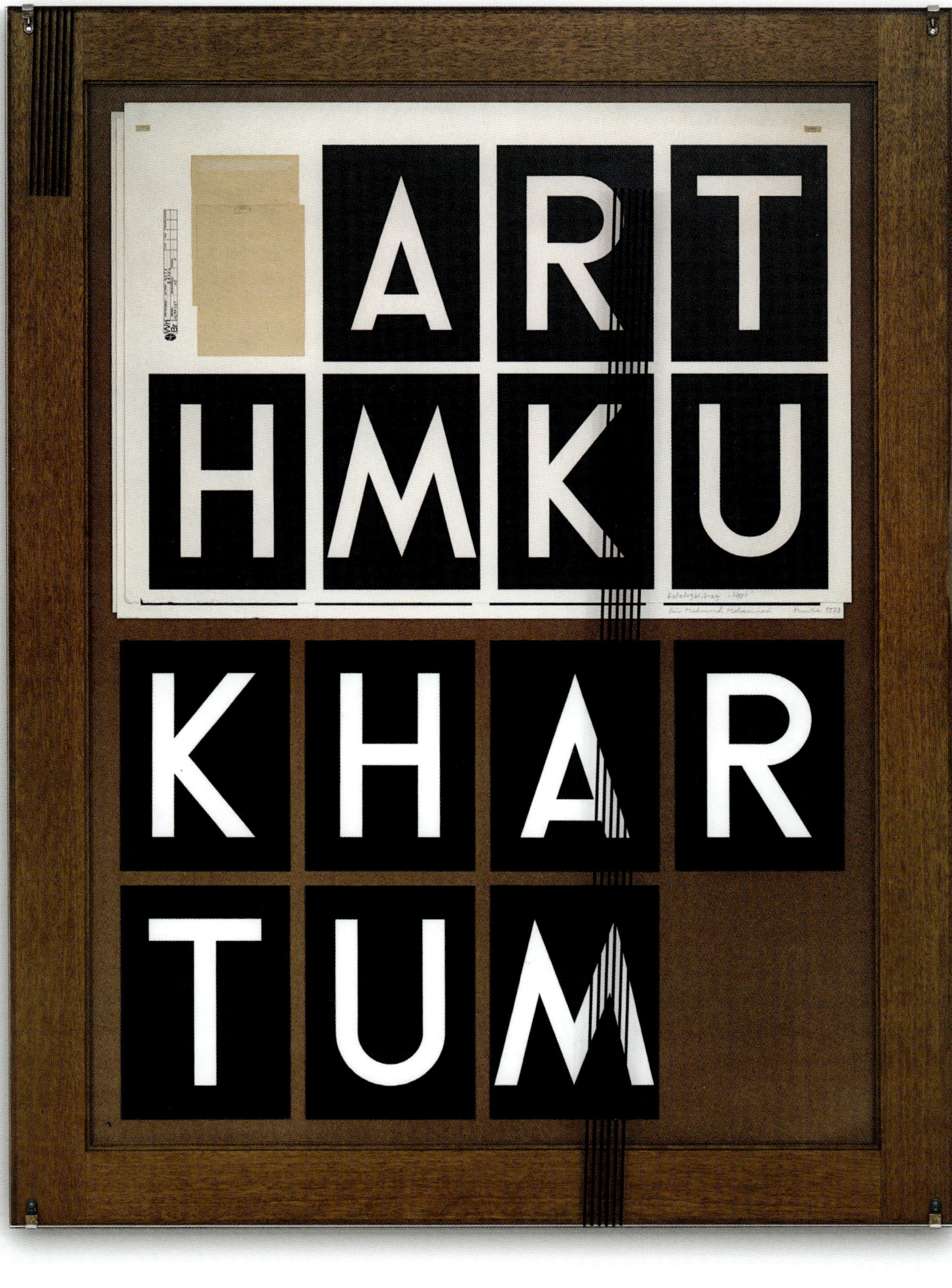

Ohne Titel (Katalogbeitrag „Wppt“ – Für Mahmoud Mohammed – Mucha 1978), 1999
Untitled (Katalogbeitrag “Wppt” – Für Mahmoud Mohammed – Mucha 1978)

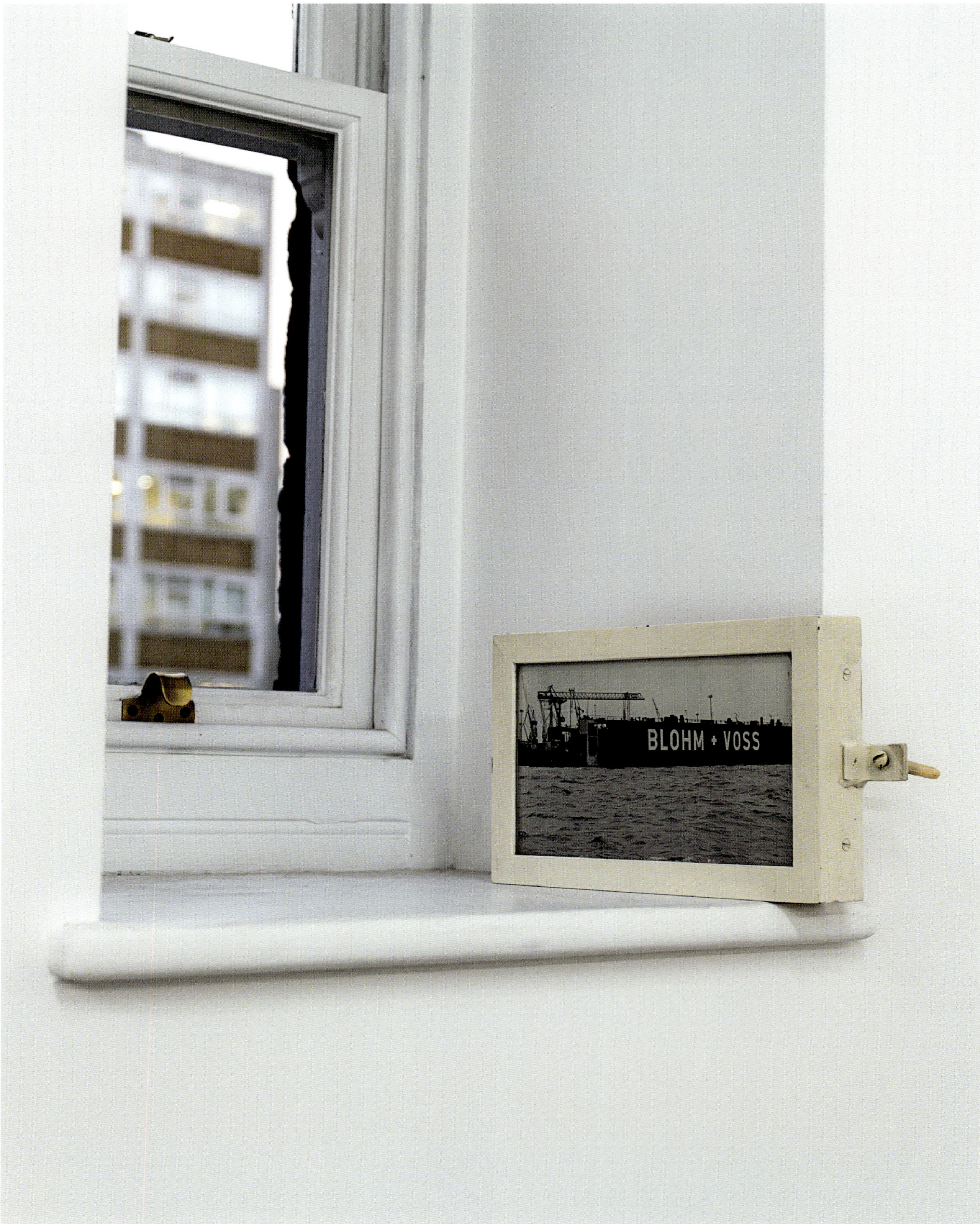
BLOHM + VOSS

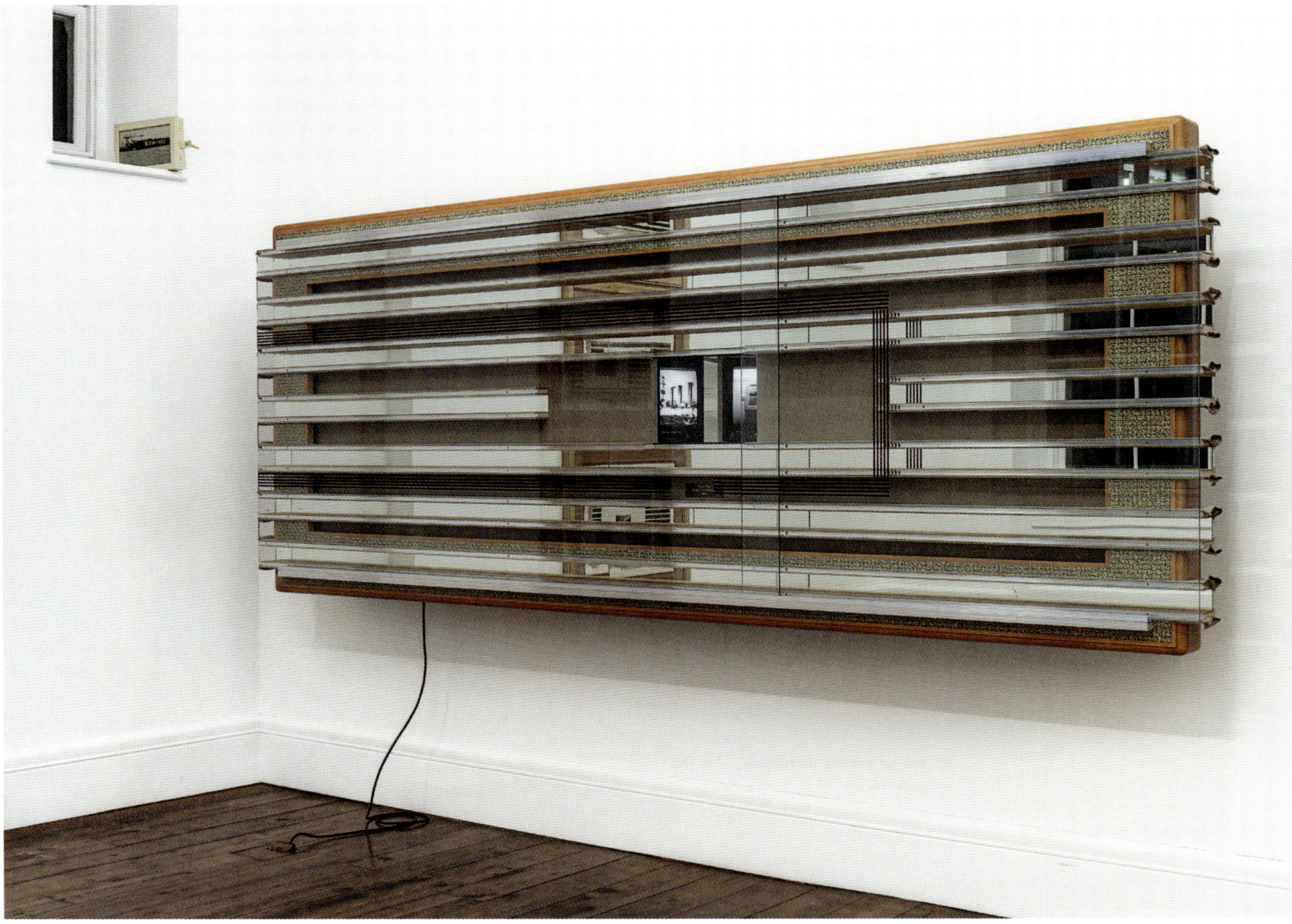

Blohm + Voss (Ohne Titel – Stuttgart, Schwabstraße 2 – 1980), [2019] 1978
Links / opposite: Detail

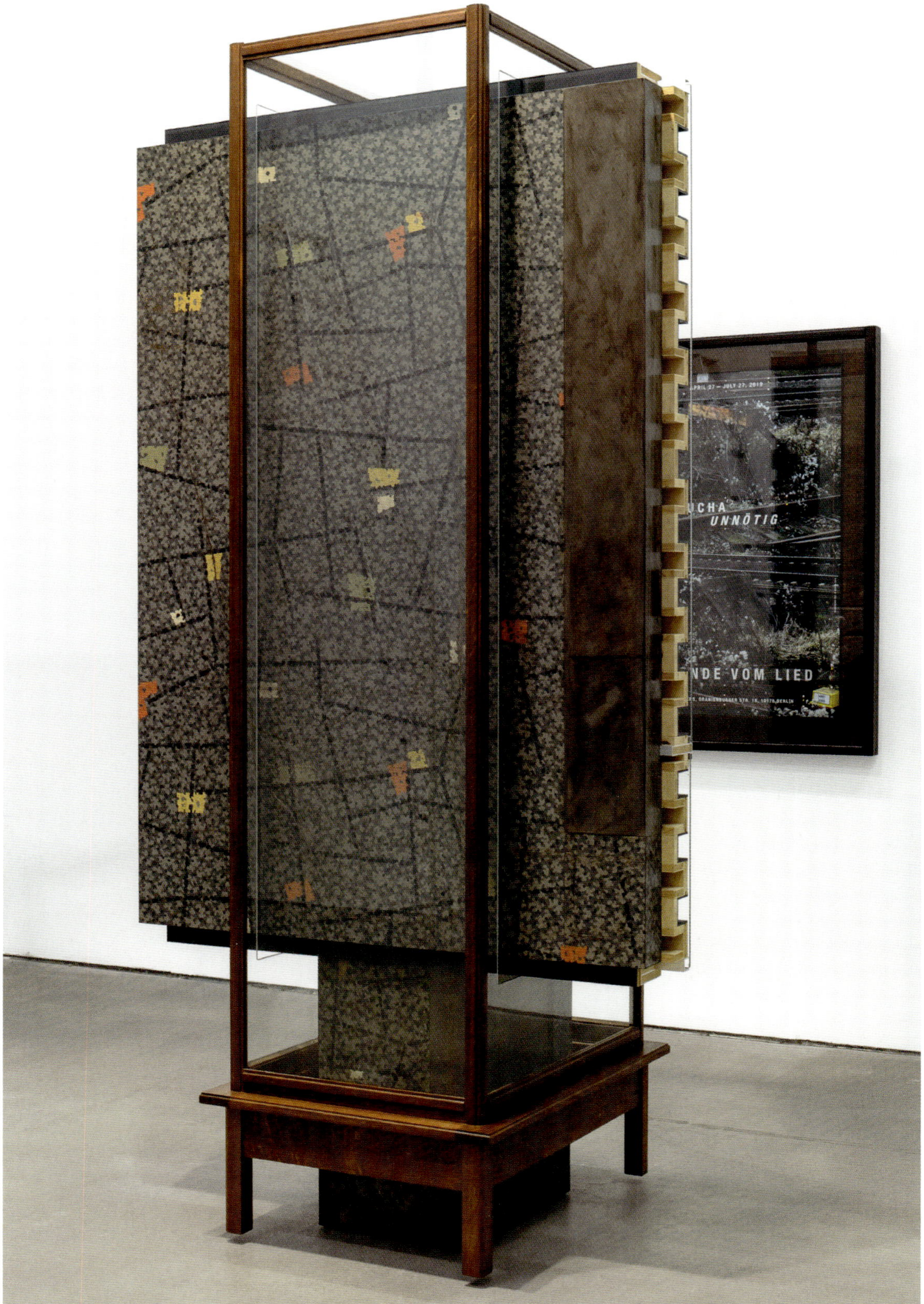
UNNÖTIG
VOM LIED

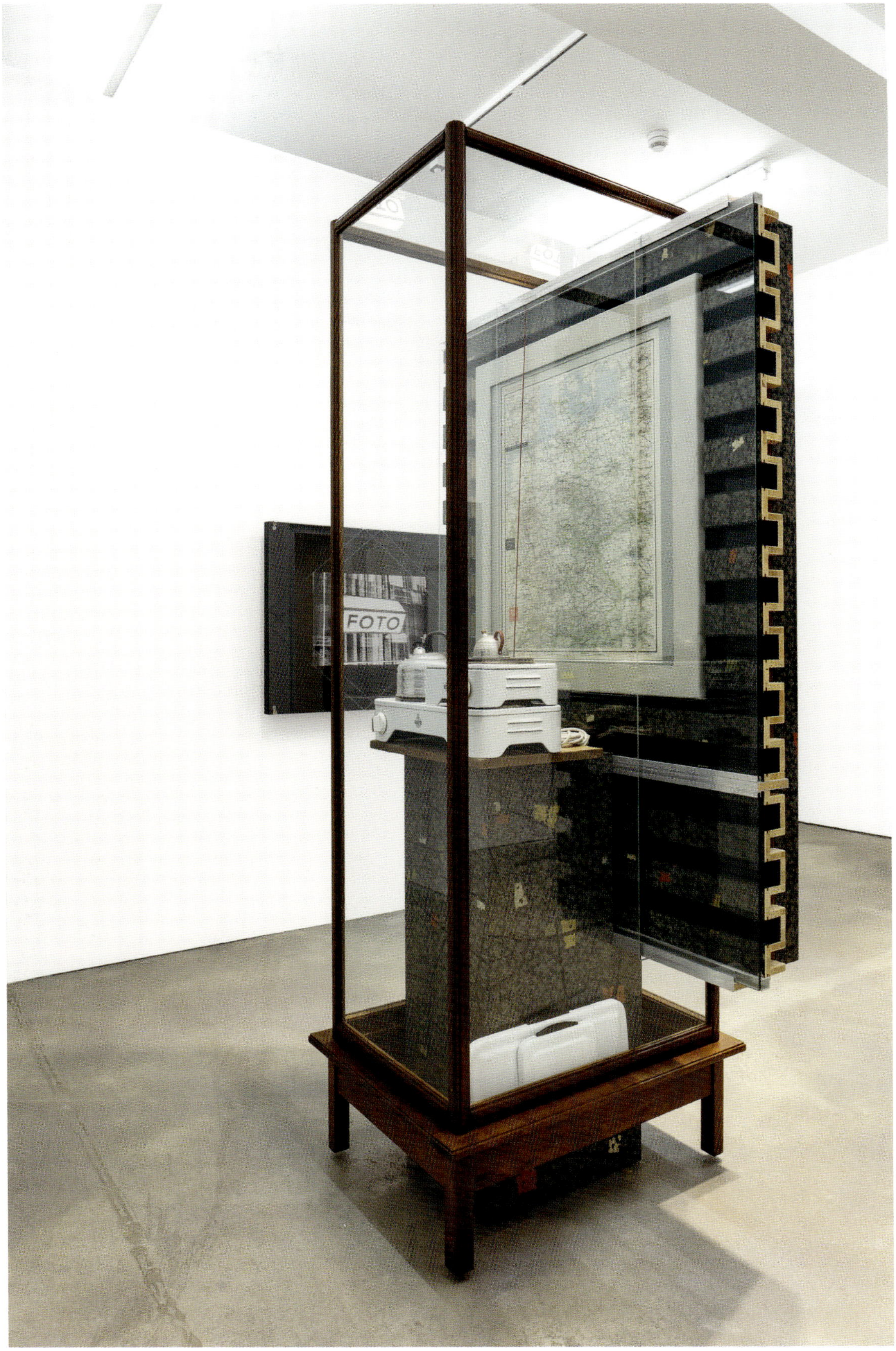

Mai '62, [2007] 1981

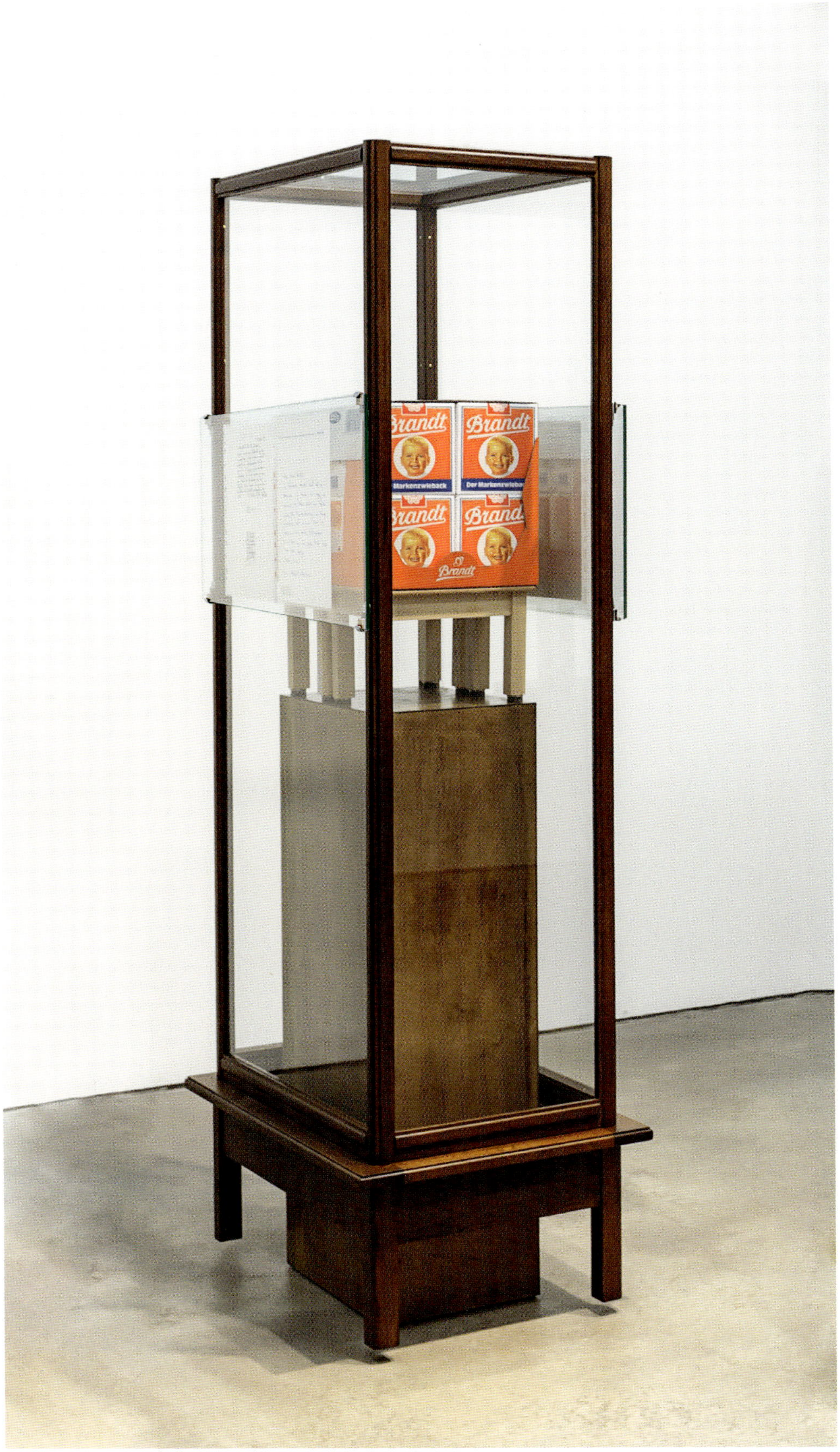

Material für Dr. Schwarz, [2019] 1981
Material for Dr. Schwarz

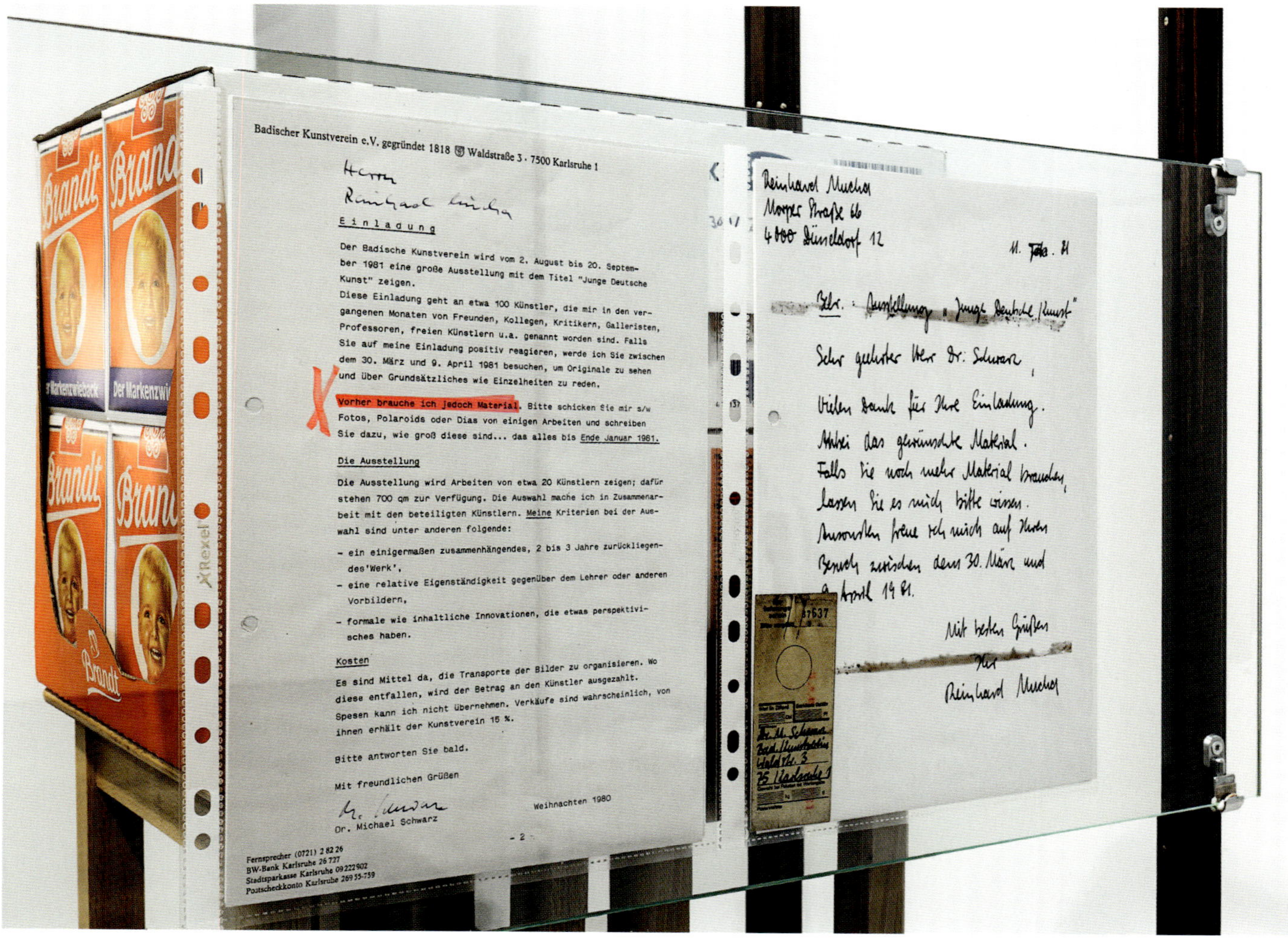
Brandt
Der Markenzwieback
Rexel
Badischer Kunstverein e.V. gegründet 1818 Waldstraße 3 · 7500 Karlsruhe 1
Herrn
Reinhard Mucha
Einladung
Der Badische Kunstverein wird vom 2. August bis 20. September 1981 eine große Ausstellung mit dem Titel "Junge Deutsche Kunst" zeigen.
Diese Einladung geht an etwa 100 Künstler, die mir in den vergangenen Monaten von Freunden, Kollegen, Kritikern, Galleristen, Professoren, freien Künstlern u.a. genannt worden sind. Falls Sie auf meine Einladung positiv reagieren, werde ich Sie zwischen dem 30. März und 9. April 1981 besuchen, um Originale zu sehen und über Grundsätzliches wie Einzelheiten zu reden.
Vorher brauche ich jedoch Material. Bitte schicken Sie mir s/w Fotos, Polaroids oder Dias von einigen Arbeiten und schreiben Sie dazu, wie groß diese sind... das alles bis Ende Januar 1981.
Die Ausstellung
Die Ausstellung wird Arbeiten von etwa 20 Künstlern zeigen; dafür stehen 700 qm zur Verfügung. Die Auswahl mache ich in Zusammenarbeit mit den beteiligten Künstlern. Meine Kriterien bei der Auswahl sind unter anderen folgende:
- ein einigermaßen zusammenhängendes, 2 bis 3 Jahre zurückliegendes'Werk',
- eine relative Eigenständigkeit gegenüber dem Lehrer oder anderen Vorbildern,
- formale wie inhaltliche Innovationen, die etwas perspektivisches haben.
Kosten
Es sind Mittel da, die Transporte der Bilder zu organisieren. Wo diese entfallen, wird der Betrag an den Künstler ausgezahlt. Spesen kann ich nicht übernehmen. Verkäufe sind wahrscheinlich, von ihnen erhält der Kunstverein 15 %.
Bitte antworten Sie bald.
Mit freundlichen Grüßen
Weihnachten 1980
Dr. Michael Schwarz
- 2 -
Fernsprecher (0721) 2 82 26
BW-Bank Karlsruhe 26 737
Stadtsparkasse Karlsruhe 09 222 902
Postscheckkonto Karlsruhe 269 55-759
Reinhard Mucha
Morper Straße 66
4000 Düsseldorf 12
11. Feb. 81
Betr.: Ausstellung „Junge Deutsche Kunst"
Sehr geehrter Herr Dr. Schwarz,
Vielen Dank für Ihre Einladung.
Anbei das gewünschte Material.
Falls Sie noch mehr Material brauchen,
lassen Sie es mich bitte wissen.
Ansonsten freue ich mich auf Ihren
Besuch zwischen dem 30. März und
9. April 1981.
Mit besten Grüßen
Ihr
Reinhard Mucha

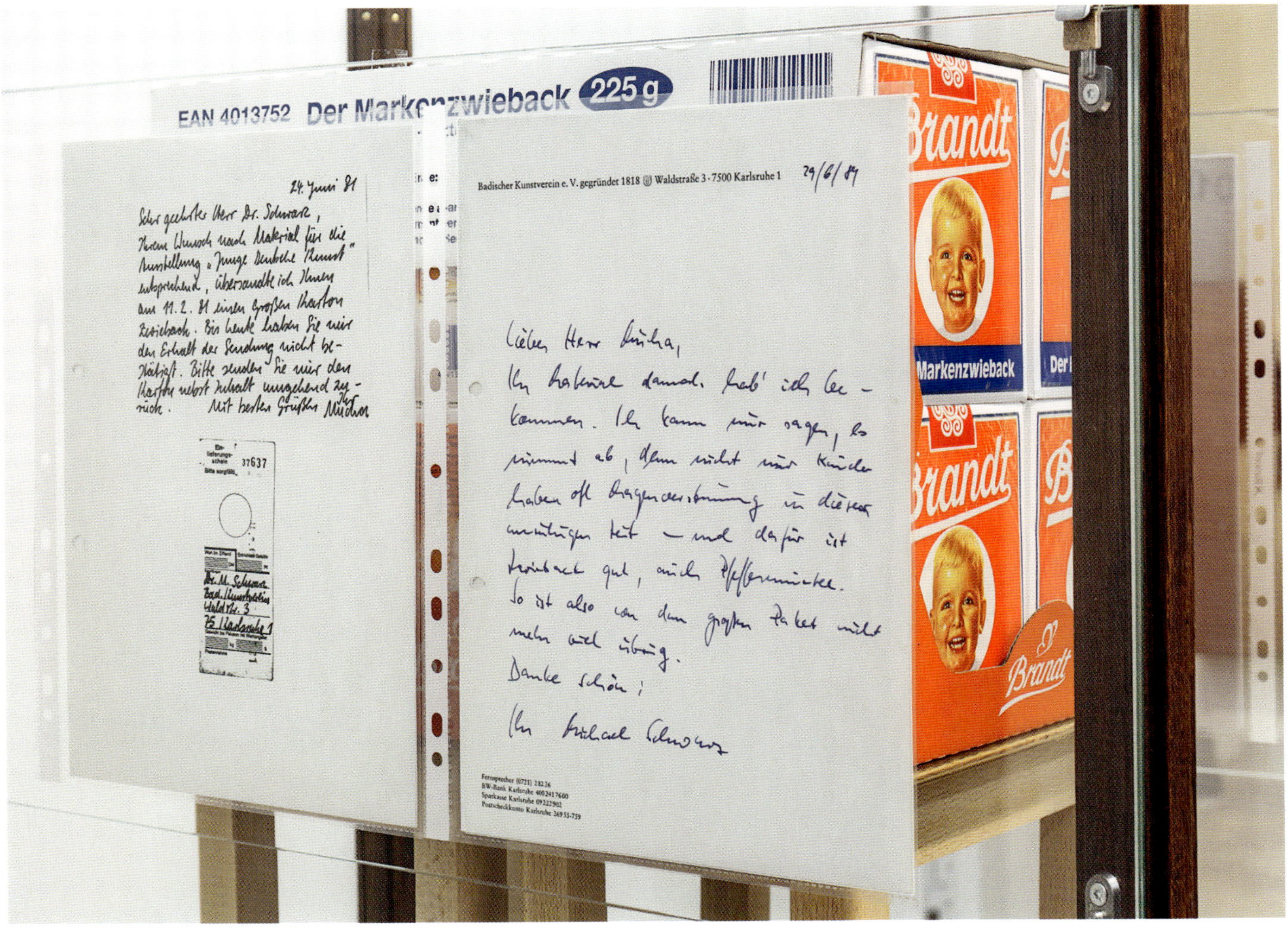

Material für Dr. Schwarz, [2019] 1981
Material for Dr. Schwarz
Details

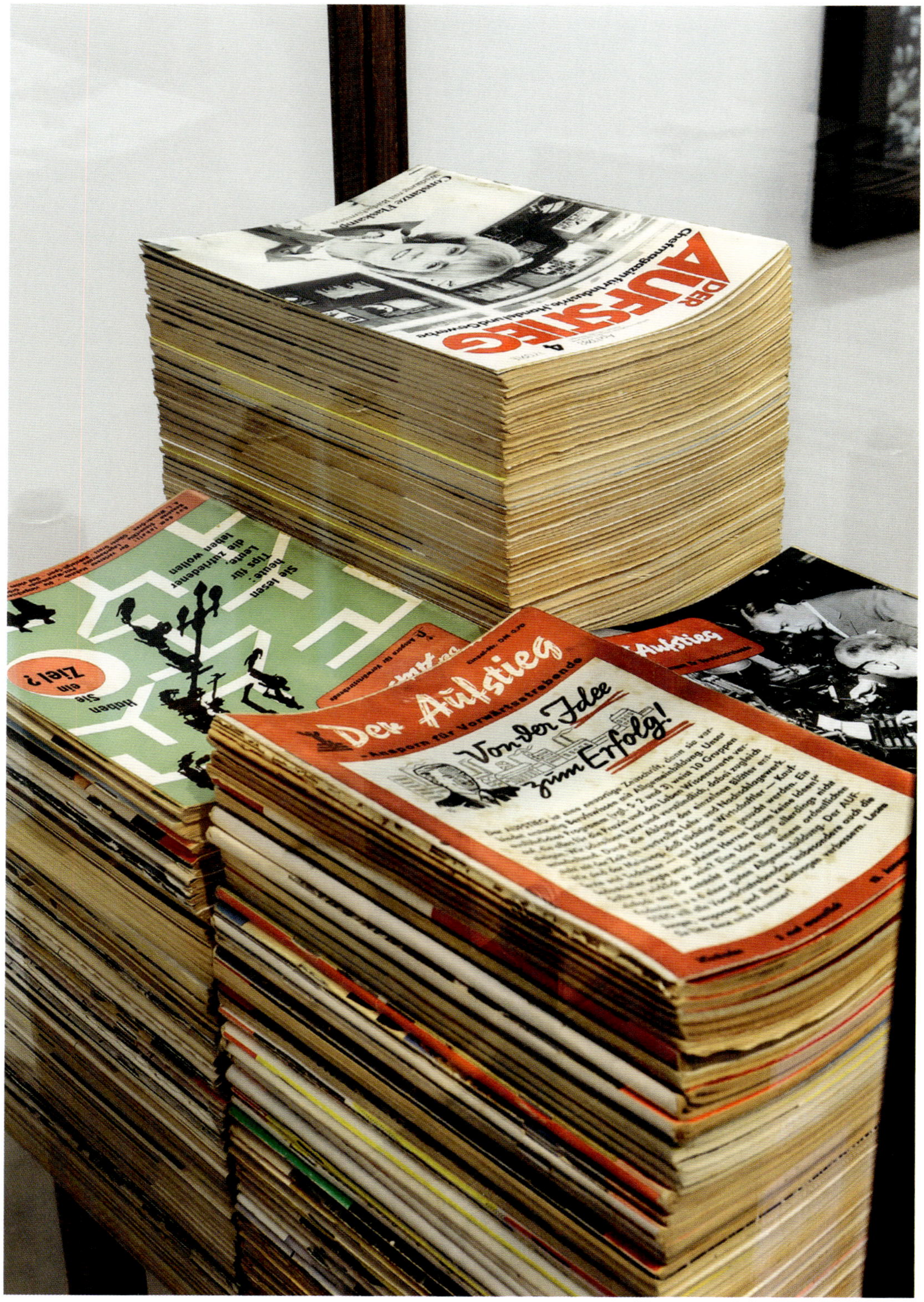
Der Aufstieg
Ansporn für Vorwärtsstrebende
Von der Idee zum Erfolg!

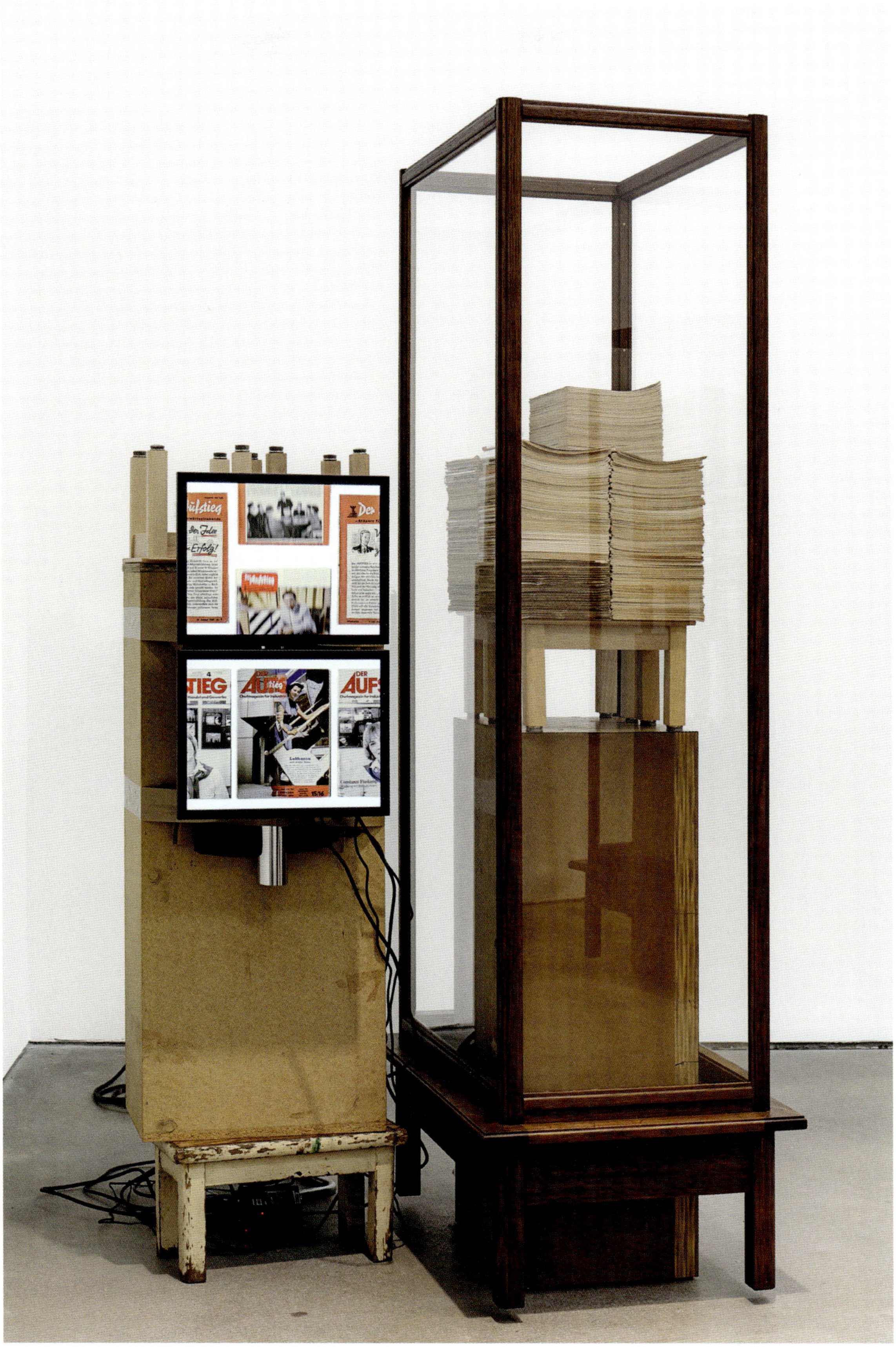

„Der Aufstieg“, [2019] 2007
“The Rise”
Links / opposite: Detail

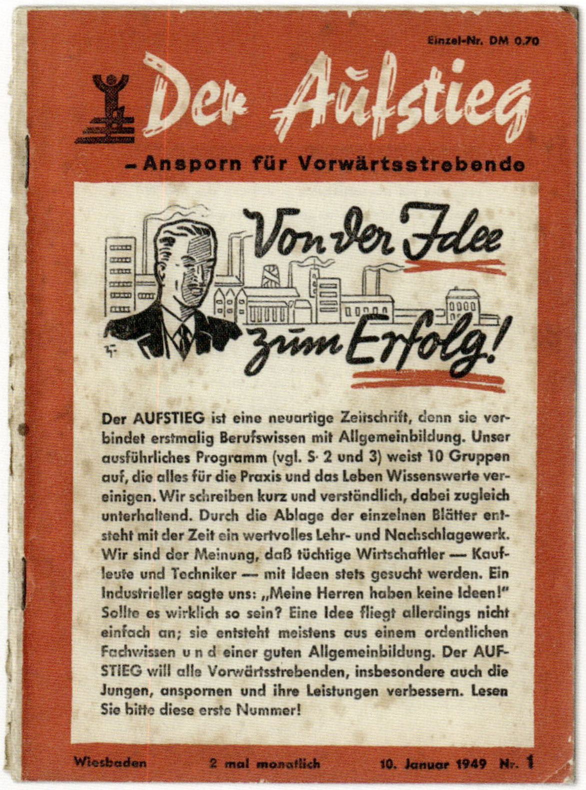

Einzel-Nr. DM 0.70

Der Aufstieg

– Ansporn für Vorwärtsstrebende

Von der Idee zum Erfolg!

Der AUFSTIEG ist eine neuartige Zeitschrift, denn sie verbindet erstmalig Berufswissen mit Allgemeinbildung. Unser ausführliches Programm (vgl. S. 2 und 3) weist 10 Gruppen auf, die alles für die Praxis und das Leben Wissenswerte vereinigen. Wir schreiben kurz und verständlich, dabei zugleich unterhaltend. Durch die Ablage der einzelnen Blätter entsteht mit der Zeit ein wertvolles Lehr- und Nachschlagewerk. Wir sind der Meinung, daß tüchtige Wirtschaftler — Kaufleute und Techniker — mit Ideen stets gesucht werden. Ein Industrieller sagte uns: „Meine Herren haben keine Ideen!" Sollte es wirklich so sein? Eine Idee fliegt allerdings nicht einfach an; sie entsteht meistens aus einem ordentlichen Fachwissen u n d einer guten Allgemeinbildung. Der AUFSTIEG will alle Vorwärtsstrebenden, insbesondere auch die Jungen, anspornen und ihre Leistungen verbessern. Lesen Sie bitte diese erste Nummer!

Wiesbaden 2 mal monatlich 10. Januar 1949 Nr. 1

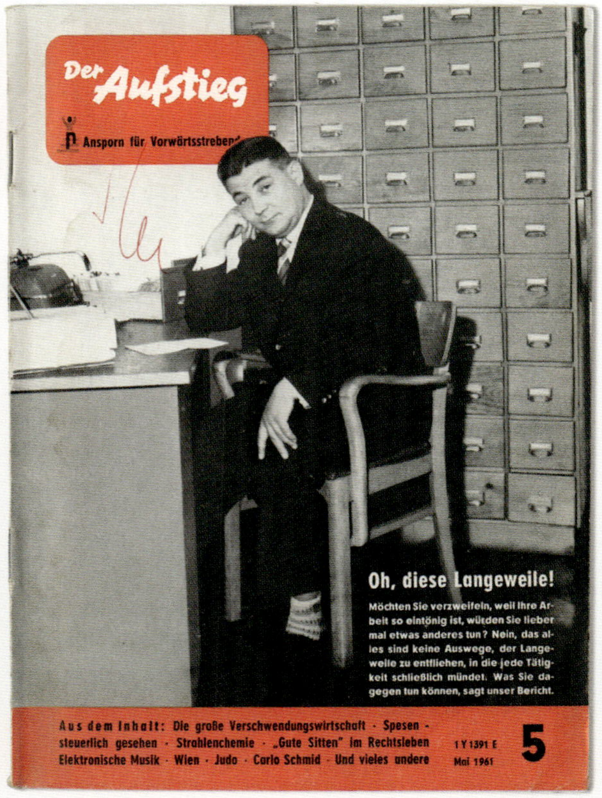

Der Aufstieg

Ansporn für Vorwärtsstrebende

Oh, diese Langeweile!

Möchten Sie verzweifeln, weil Ihre Arbeit so eintönig ist, würden Sie lieber mal etwas anderes tun? Nein, das alles sind keine Auswege, der Langeweile zu entfliehen, in die jede Tätigkeit schließlich mündet. Was Sie dagegen tun können, sagt unser Bericht.

Aus dem Inhalt: Die große Verschwendungswirtschaft · Spesen – steuerlich gesehen · Strahlenchemie · „Gute Sitten" im Rechtsleben · Elektronische Musik · Wien · Judo · Carlo Schmid · Und vieles andere

1 Y 1391 E
Mai 1961

5

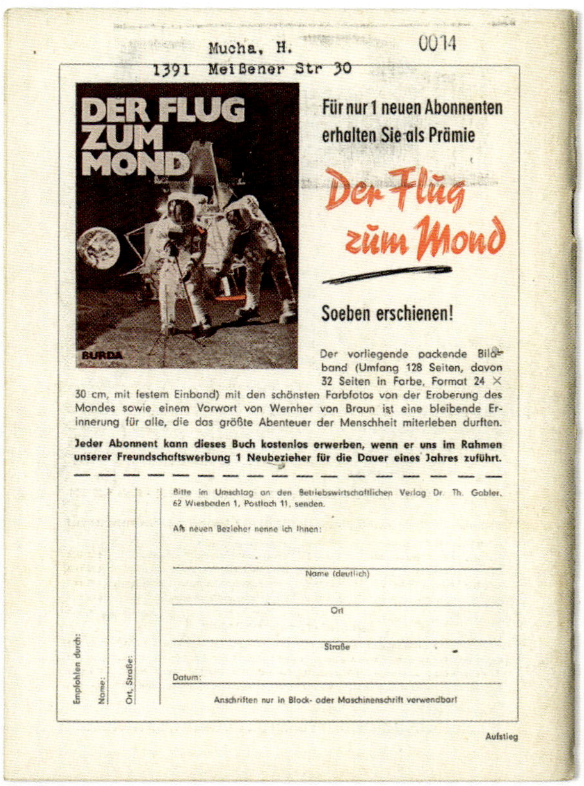

Mucha, H. 0014
1391 Meißener Str 30

DER FLUG ZUM MOND

BURDA

Für nur 1 neuen Abonnenten erhalten Sie als Prämie

Der Flug zum Mond

Soeben erschienen!

Der vorliegende packende Bildband (Umfang 128 Seiten, davon 32 Seiten in Farbe, Format 24 × 30 cm, mit festem Einband) mit den schönsten Farbfotos von der Eroberung des Mondes sowie einem Vorwort von Wernher von Braun ist eine bleibende Erinnerung für alle, die das größte Abenteuer der Menschheit miterleben durften.

Jeder Abonnent kann dieses Buch kostenlos erwerben, wenn er uns im Rahmen unserer Freundschaftswerbung 1 Neubezieher für die Dauer eines Jahres zuführt.

Bitte im Umschlag an den Betriebswirtschaftlichen Verlag Dr. Th. Gabler, 62 Wiesbaden 1, Postfach 11, senden.

Als neuen Bezieher nenne ich Ihnen:

Name (deutlich)

Ort

Straße

Datum:

Anschriften nur in Block- oder Maschinenschrift verwendbar!

Empfohlen durch:
Name:
Ort, Straße:

Aufstieg

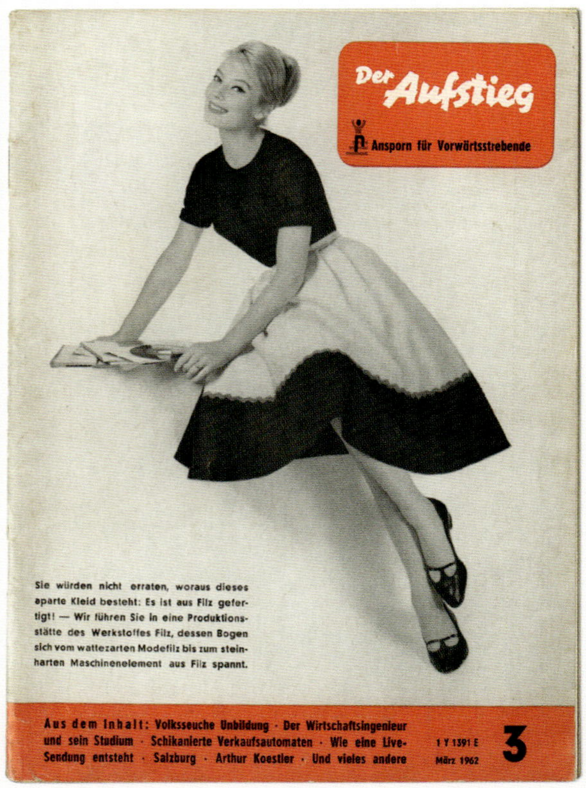

Der Aufstieg

Ansporn für Vorwärtsstrebende

Sie würden nicht erraten, woraus dieses aparte Kleid besteht: Es ist aus Filz gefertigt! — Wir führen Sie in eine Produktionsstätte des Werkstoffes Filz, dessen Bogen sich vom wattezarten Modefilz bis zum steinharten Maschinenelement aus Filz spannt.

Aus dem Inhalt: Volksseuche Unbildung · Der Wirtschaftsingenieur und sein Studium · Schikanierte Verkaufsautomaten · Wie eine Live-Sendung entsteht · Salzburg · Arthur Koestler · Und vieles andere

1 Y 1391 E
März 1962

3

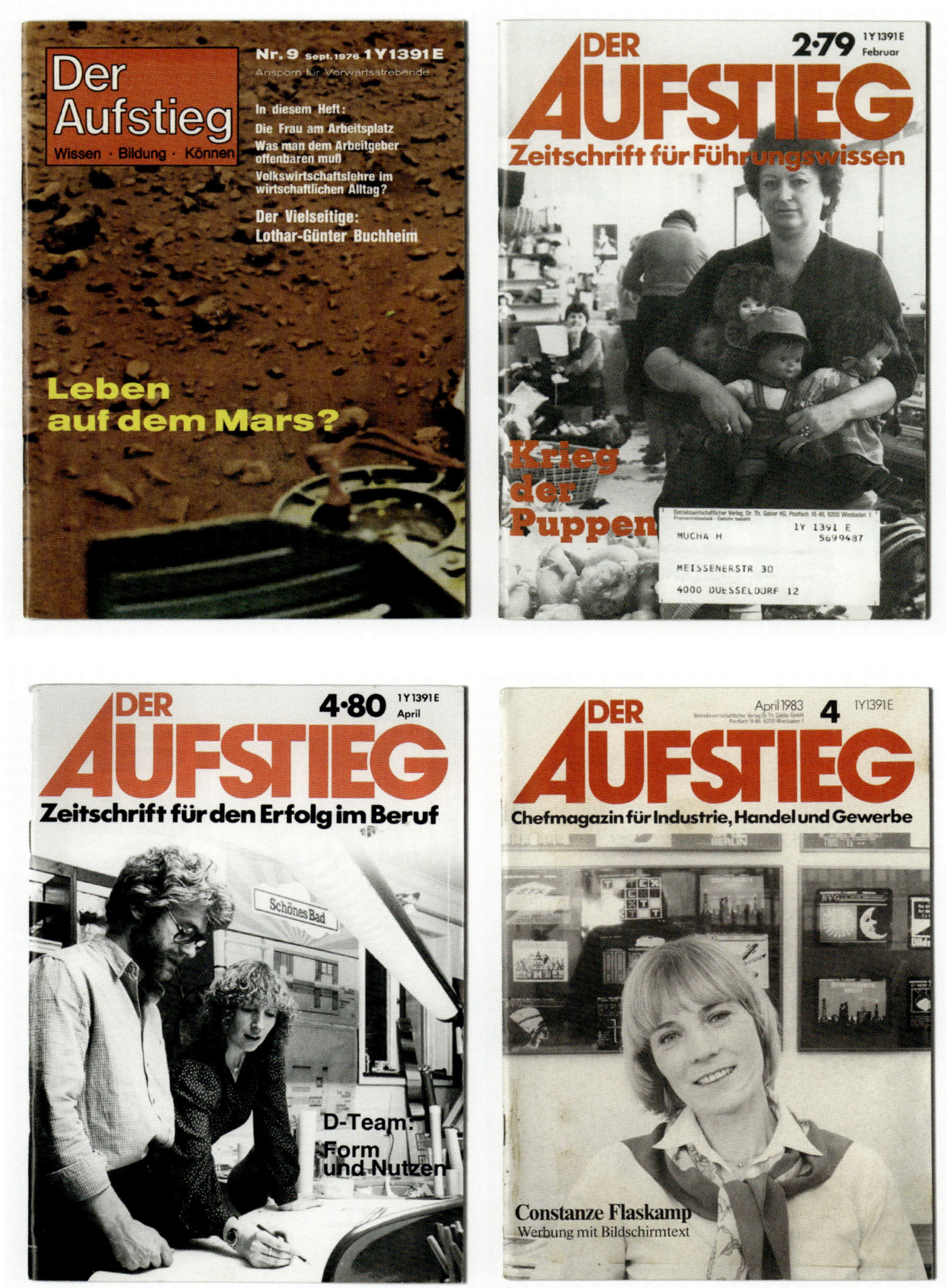

„Der Aufstieg", [2019] 2007
"The Rise"
Details

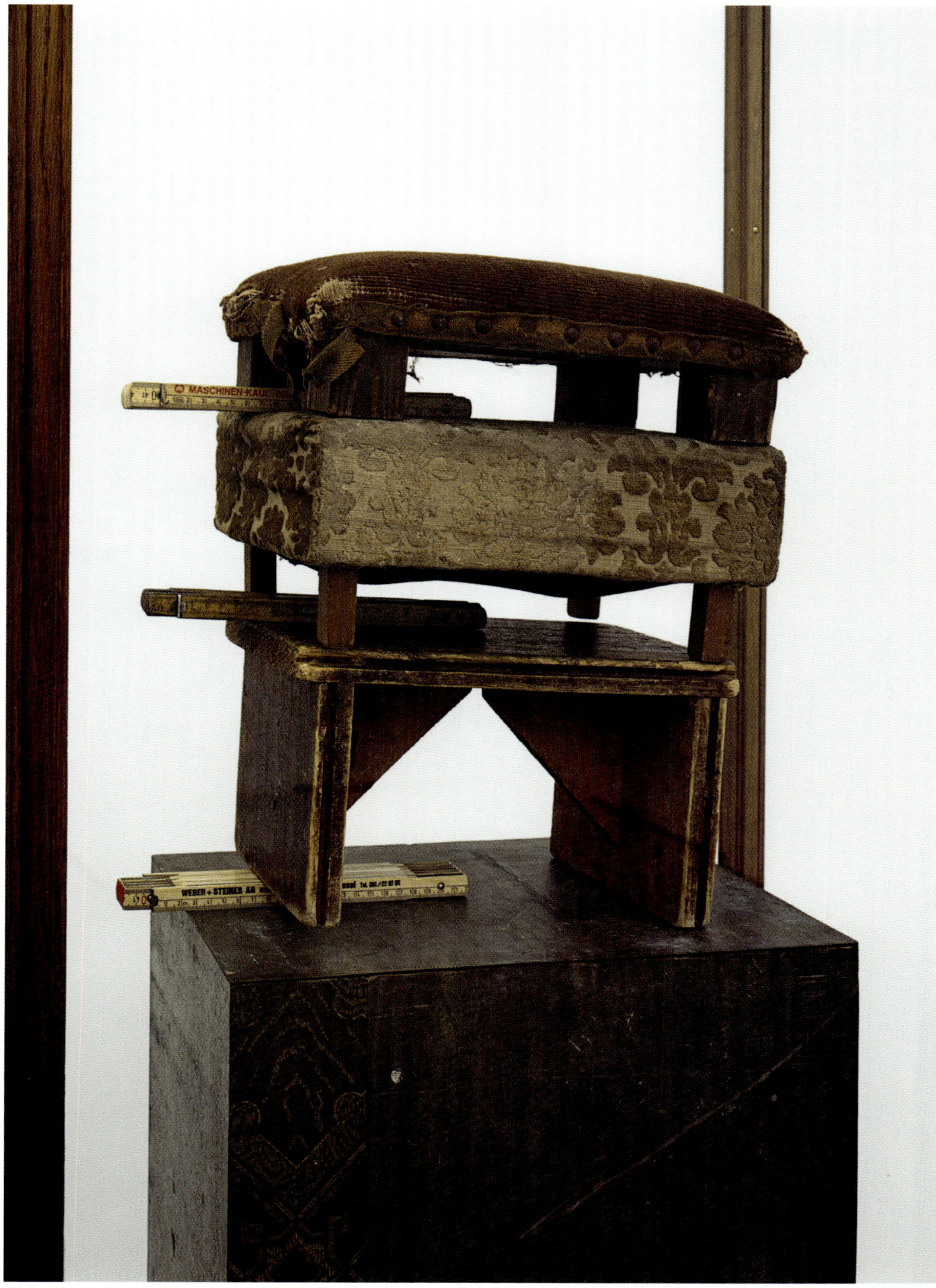

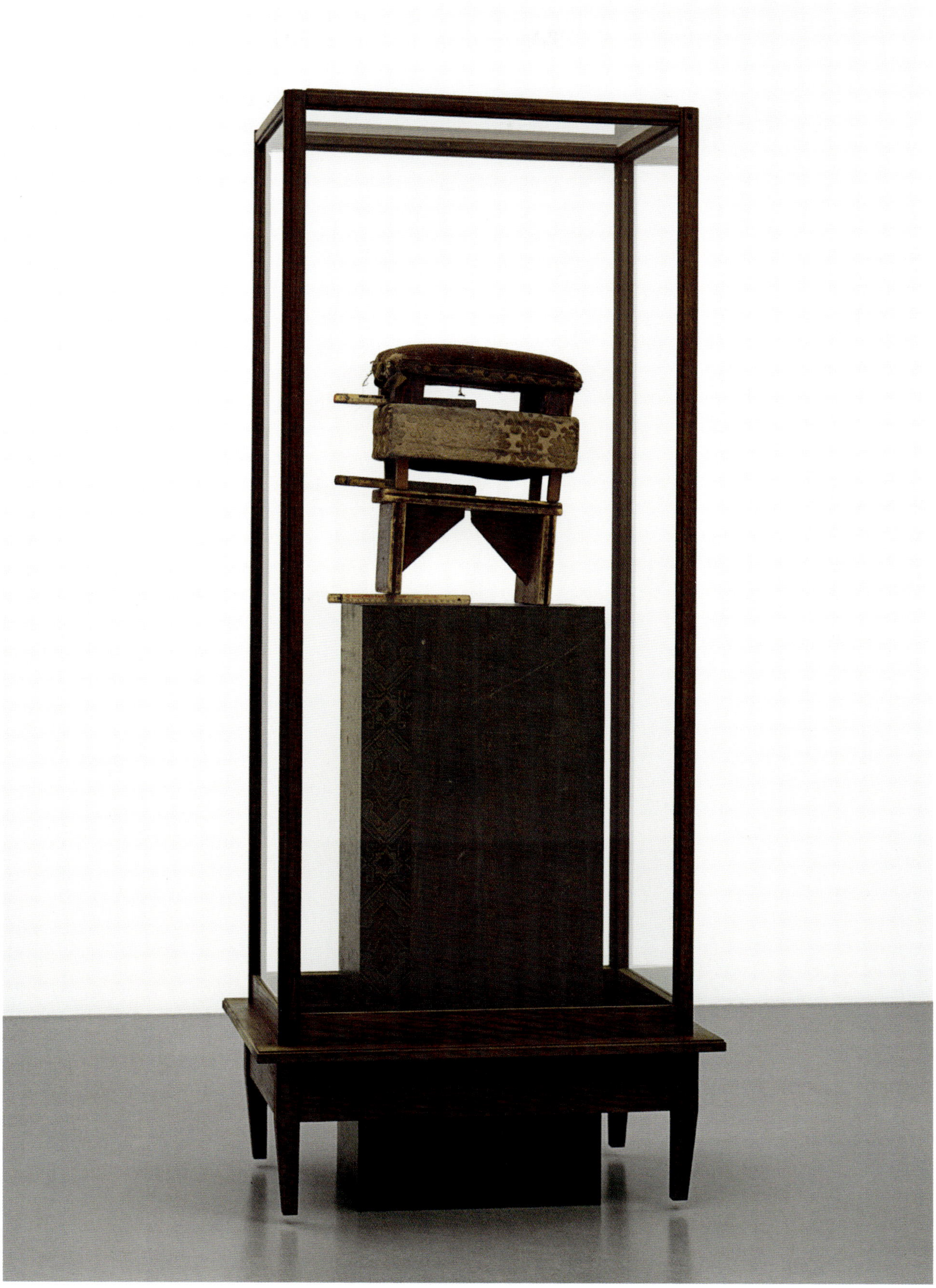

[’45] – **Nothing signed in Forty-five**, 2005
Links / opposite: Detail

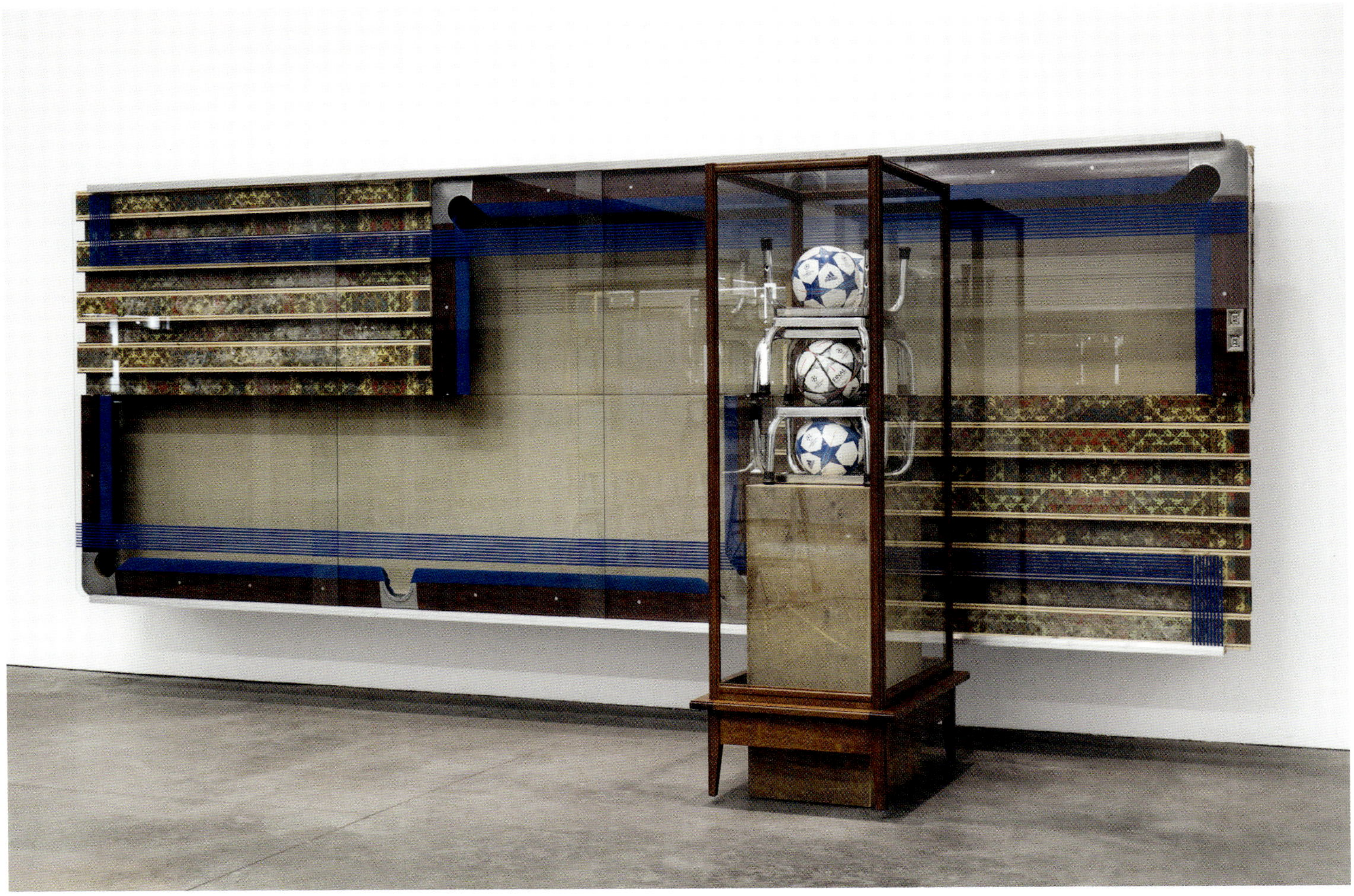

Karstadt Sport / Bullay, 2016

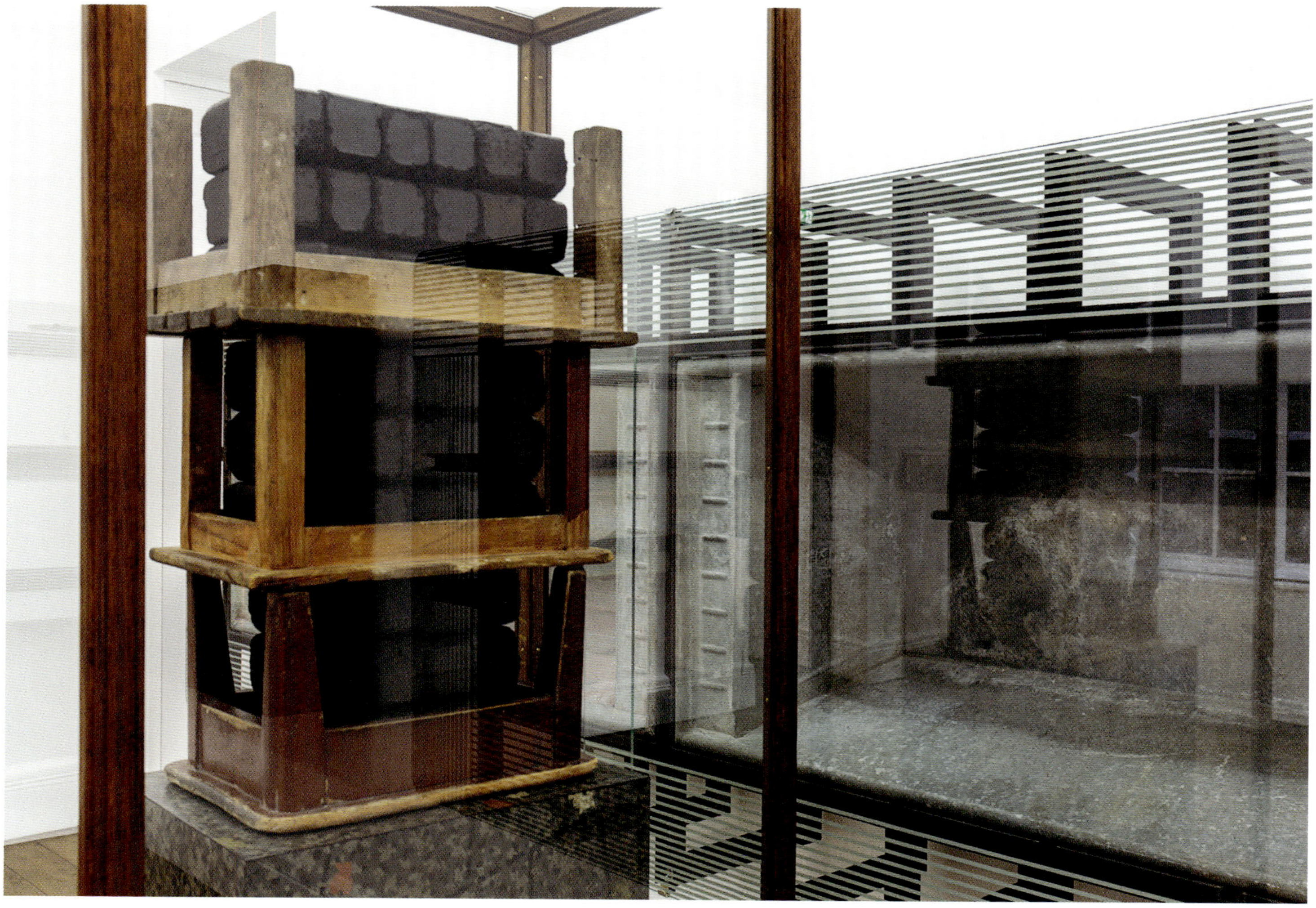

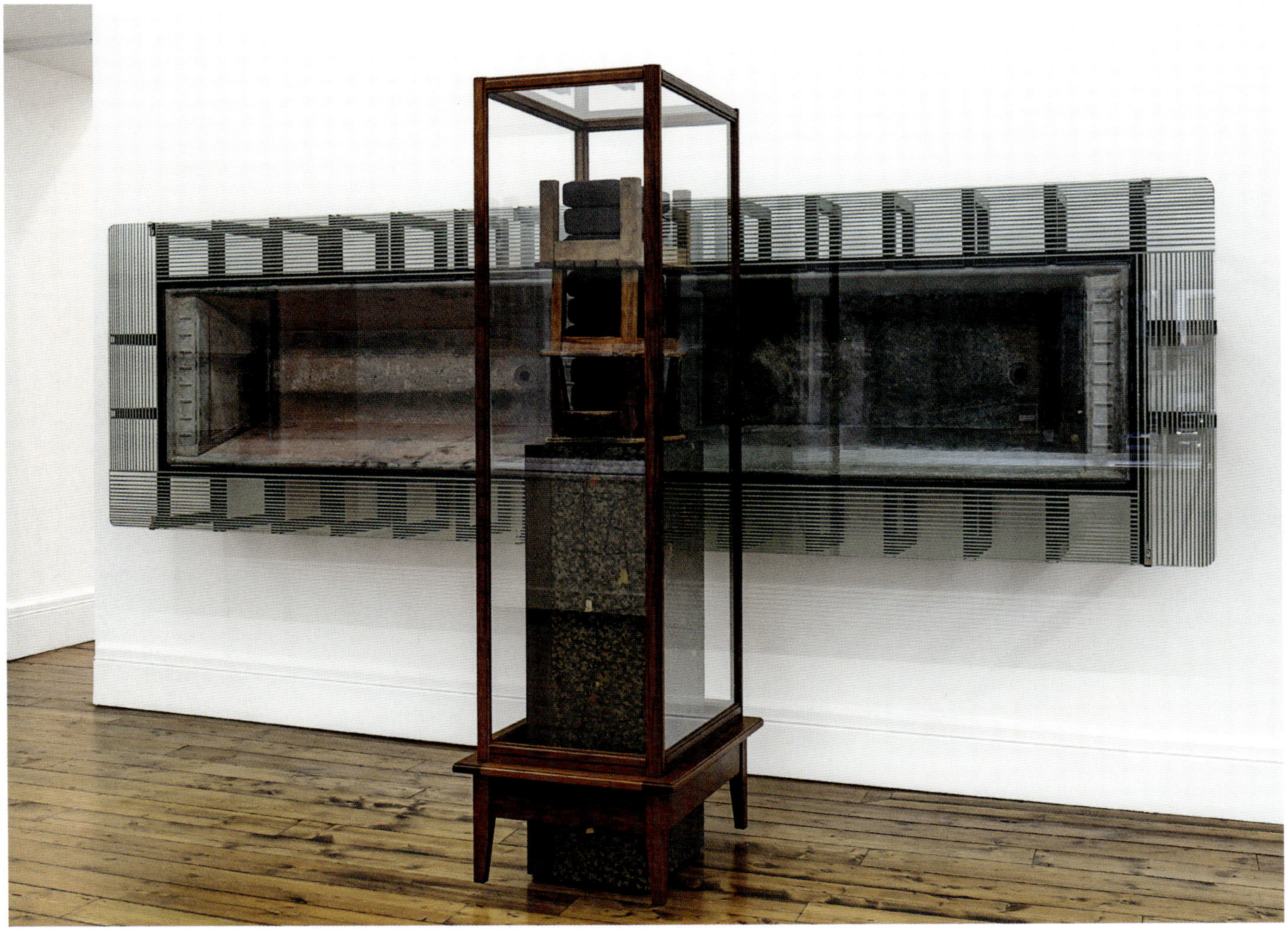

Ahlener Programm / Kleeth, [2019] 2007 / 2019
Links / opposite: Detail

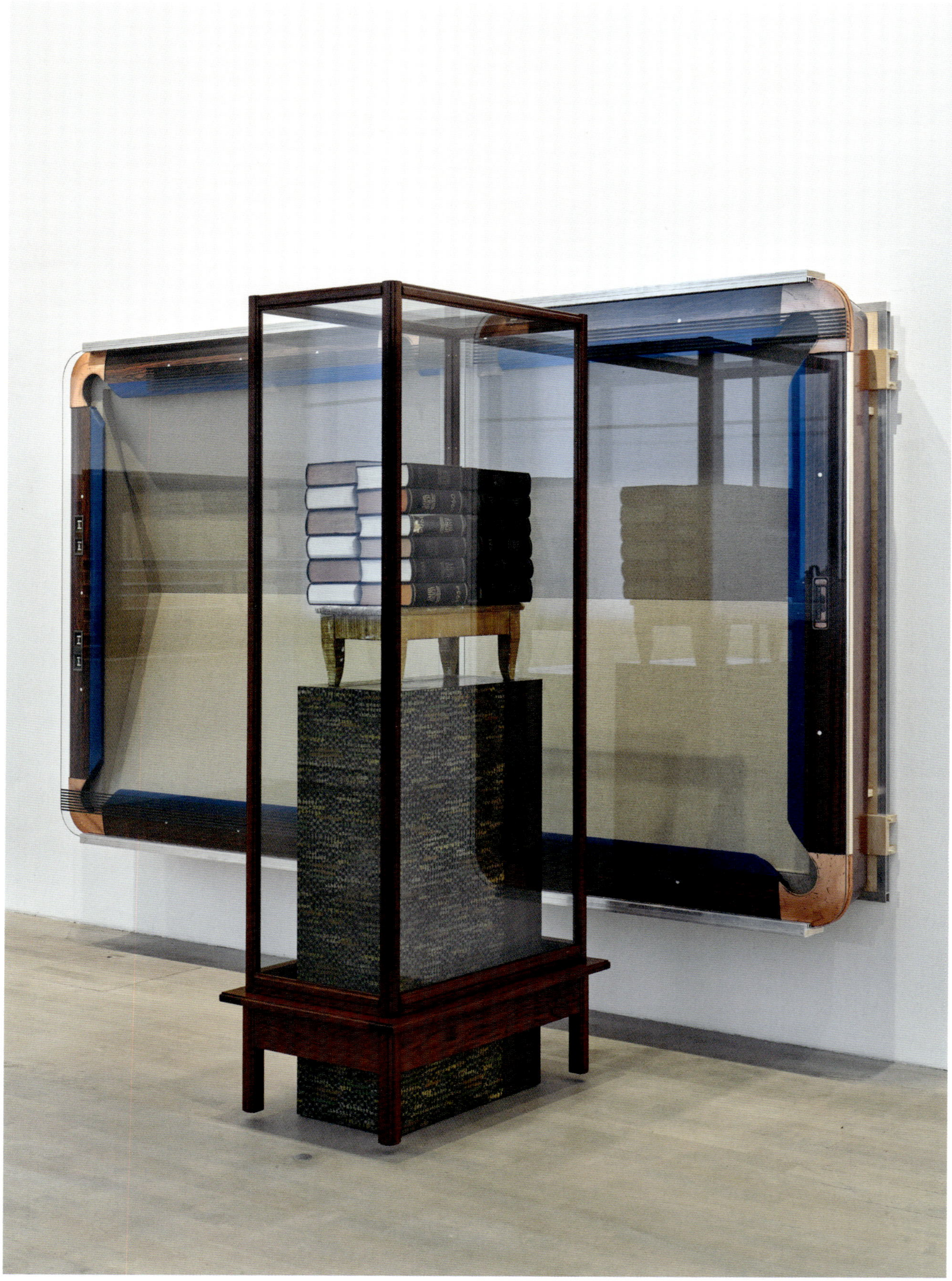

Gelsenkirchener Barock / Altena, [2022] 2013 / 2022
Gelsenkirchener Baroque / Altena

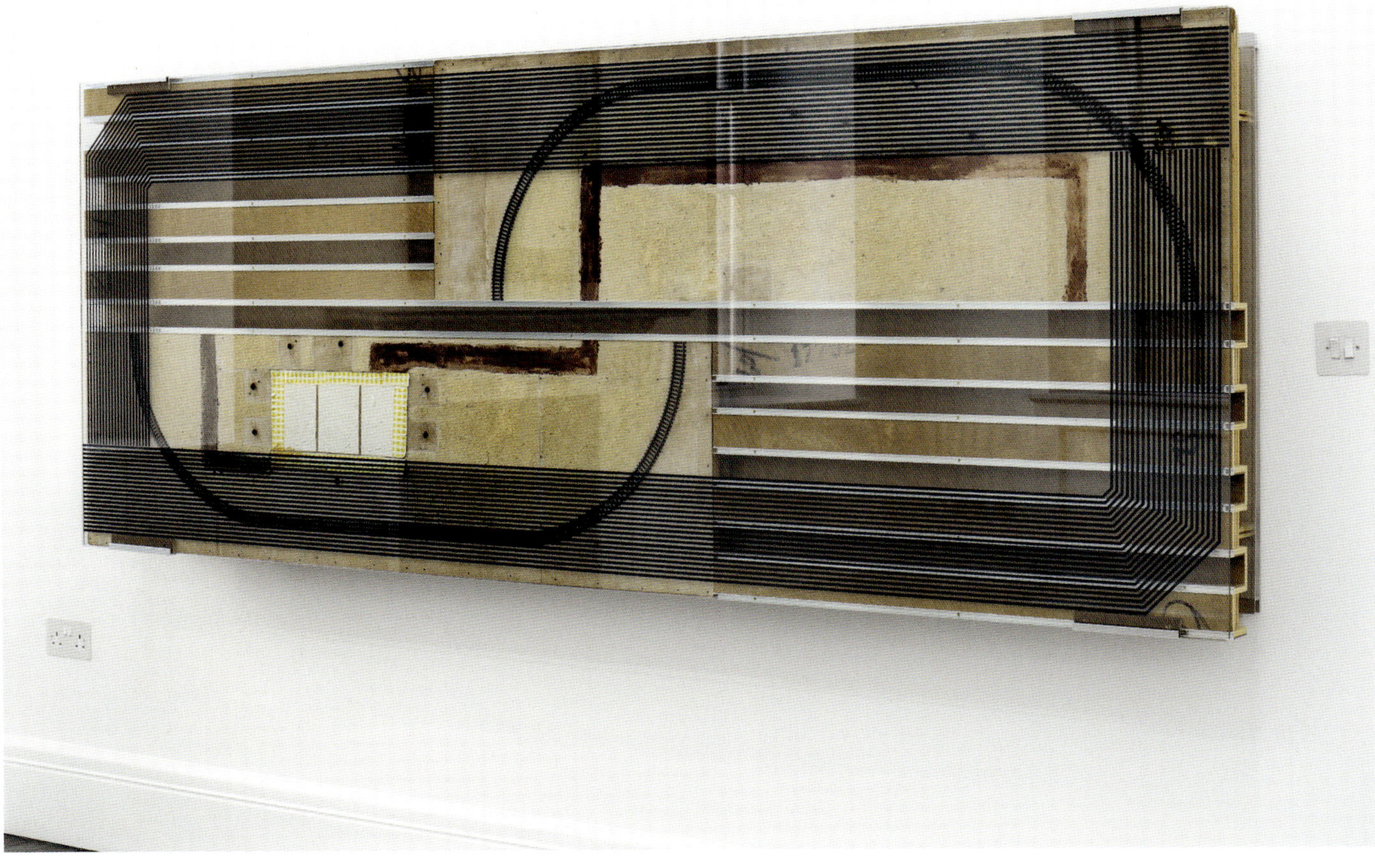

Schuld, [2019] 2015

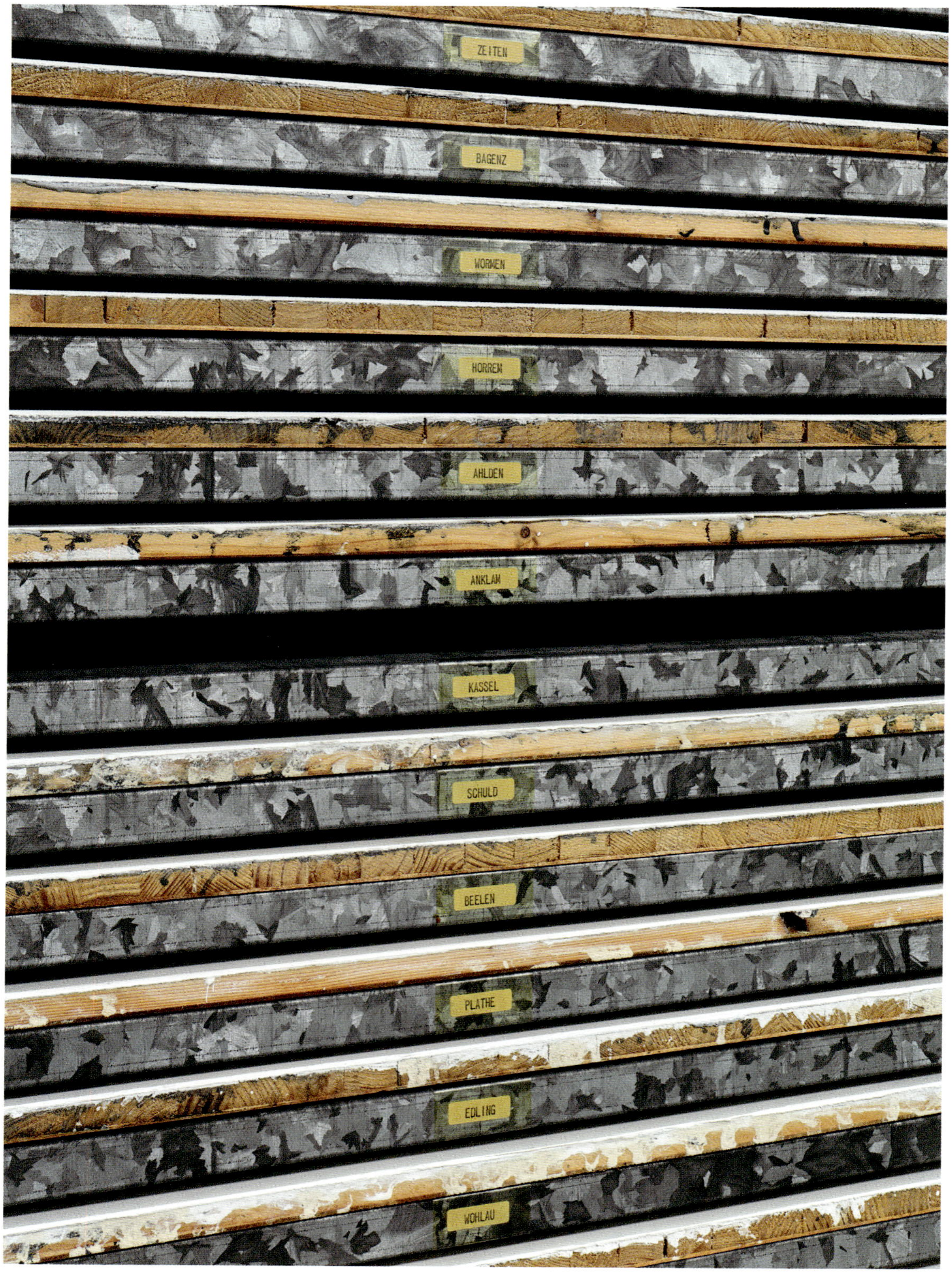

Wartesaal, [1997], [1986] 1979–1982
Waiting Room
Detail

KOLJA REICHERT

Pro Jahrhundert ein Wort

Wie Reinhard Muchas Werke zwischen Objekt und Sprache stehen

One Word per Century

Reinhard Mucha's Works between Object and Language

AURICH
KALKUM
XANTEN (laut lesen)
XANTEN
HUNGEN
KALKUM: rollt zwischen Gaumen und Schneidezähnen wie ein Hustenbonbon.
HUNGEN: stimmloses Keuchen. Ein starrendes Loch.
XANTEN: explodiert zischend wie der plötzlich ausgestoßene Dampf einer Lokomotive. ZOSSEN.
KALKUM: ein 1846 eröffneter Bahnhof zwischen Duisburg und Düsseldorf, der seit 1990 verfällt.
ZOSSEN: ein 1875 eröffneter Bahnhof südlich von Berlin.
XANTEN: ein 1904 eröffneter Bahnhof außerhalb Xantens. Seit 1990 Endbahnhof.
KALKUM: Zwei hochkant hängende Leuchtstofflampen treffen einander auf Höhe eines braunen Rahmens.
ZOSSEN: Zwei um neunzig Grad gekippte Hälften einer Tür sind gegeneinander verschoben, zwei Hälften eines kreisförmigen Ausschnitts zur Welle gestreckt, das Ganze in Filz und Aluminiumstreben gefasst hinter einer Glasscheibe.
XANTEN: braun-beigefarbene Schichten aus Hölzern und Teppichböden hinter Glas, wie eine geologische Bodenprobe.
HUNGEN: ein starrendes Loch.

Worte sind Material. Sie existieren nur, weil es Organe gibt, sie zu sprechen, Medien, um ihre Verwendung über Generationen hinweg stabil zu halten, und Situationen, in denen man sie gebrauchen kann. Sind Worte Objekte? Objekte Worte? In Reinhard Muchas Werk ist beides der Fall. Es koppelt Objekte und Worte und setzt sie nebeneinander

AURICH
KALKUM
XANTEN (read aloud)
XANTEN
HUNGEN
KALKUM: it rolls between the palate and incisors like a cough drop.
HUNGEN: voiceless wheezing. A gaping hole.
XANTEN: it explodes, hissing like the steam emitted suddenly from a locomotive. ZOSSEN.
KALKUM: a train station between Duisburg and Düsseldorf that opened in 1846, dilapidating since 1990.
ZOSSEN: a train station south of Berlin that opened in 1875.
XANTEN: a train station outside Xanten that opened in 1904. Since 1990, the end of the line.
KALKUM: two fluorescent lamps hung upright meet at the level of a brown frame.
ZOSSEN: Two halves of a door turned at ninety degrees are shifted away from each other, two halves of a circular cutout offset to form a wave, the whole is set in felt and aluminum profiles behind a pane of glass.
XANTEN: brown-beige layers of boards and carpet behind glass, like a geological soil sample.
HUNGEN: a gaping hole.

Words are material. They exist only because there are organs to speak them, media to keep their use stable over generations, and situations in which to use them. Are words objects? Or objects words? In the work of Reinhard Mucha, both are the case. It couples objects and words and places them side by side on a track, in arbitrary suggestions of inevitability.

aufs Gleis, in willkürlichen Suggestionen von Zwangsläufigkeit. Seine Werke stehen zwischen Materie und Zeichen. Sie beharren auf ihrer physischen Präsenz und verhalten sich doch wie Worte. Sie zeigen die Art und Weise des Sagens. HUNGEN: Der mit schwarzem Filz geschlossene Holzkasten wird zur Illustration seines Namens. KALKUM: Der hinter Glas starrende Filzraum wölbt sich zum Gaumen. Als würden die Dinge durch Nachsprechen versuchen, die menschliche Sprache zu erlernen, pro Jahrhundert ein Wort. Wie Odradek, die aufrecht gehende Zwirnspule aus Kafkas *Die Sorge des Hausvaters*, die auf die Frage, wo sie wohne, in der Sprache der Bürokratie antwortet: „‚Unbestimmter Wohnsitz', sagt er und lacht; es ist aber nur ein Lachen, wie man es ohne Lungen hervorbringen kann."[1] HUNGEN.

Ohne Objekte hätten wir keine Sprache, ohne Sprache keine Objekte. Muchas Werk erinnert daran, dass menschliche Sinnbildung immer auf beidem beruht. Ohne Griff kein Begriff. Ich würde Werner Esser widersprechen, der schreibt: „Muchas Äußerungen sind ganz dinghaft – machtvoll, doch wortlos."[2] Muchas Werke sind dinghaft, aber auch von großer Wörtlichkeit. Sie enthalten nicht nur regelmäßig Worte – man denke an **Untitled** (SEX) aus dem Jahr 1979, eine Hinterglasmalerei mit drei riesigen roten Buchstaben vor schwarzem Grund hinter einer Glasscheibe, in die ihrerseits 2019 eine von zwei Linien gekreuzte Welle geschliffen wurde. Schon 1977 malte Mucha mit KREFELD-OPPUM den ersten Bahnhofsnamen an eine Wand der Düsseldorfer Kunstakademie. Sie tragen nicht nur konnotationsreiche oder geradezu mitteilsame Worte als Namen (**Die Deutsche Frage / Dornap**, For Philip Nelson 2007; **Illusion der Karriere**, Für W.L., [2007] 1982, S. 199). Muchas Werke treten auch auf wie Worte. Die Spannung, unter die sie ihre Umgebung setzen, die gesteigerte Aufmerksamkeit für jedes Detail, entsteht daraus, dass sie Dinge und Worte zugleich sind, sich zwischen Material und Sprache stemmen, ohne zu versuchen, die unüberbrückbare Lücke zwischen ihnen zu schließen. Mucha überführt Worte und Objekte in Buchstäblichkeiten. Als solche sind sie frei, sich im Streckennetz der Verweise zu bewegen. Sie wirken dabei wie Charaktere eines Bühnenstücks, nehmen den Witz von Schauspieler*innen an.

Reinhard Muchas mit akribischster Sorgfalt gefertigte, sich in zahllose Details verästelnde Schichtungen stellen sich nicht nur zwischen Sprache und Objekt. Sie machen auch ihre Bewegung in der Zeit zum Thema und verteidigen den Rhythmus ihrer eigenen Logistik gegen jede Anforderung von außen (etwa die Illusion einer Karriere). Ein auf einer Messe ausgestelltes Werk kann auch noch mal zurück ins Atelier reisen, weil ein Detail noch nicht ganz stimmt. Zwischen dem

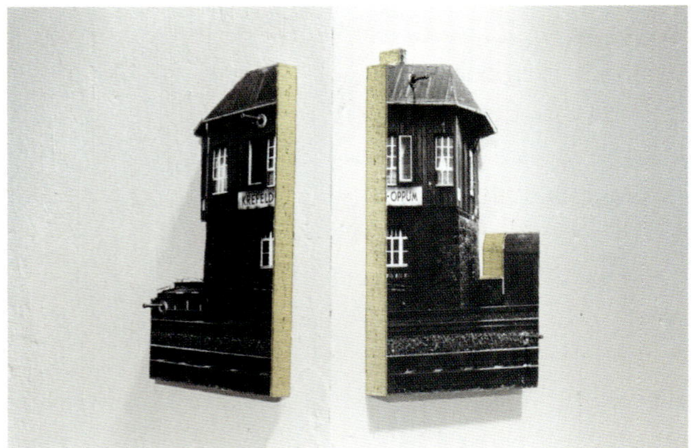

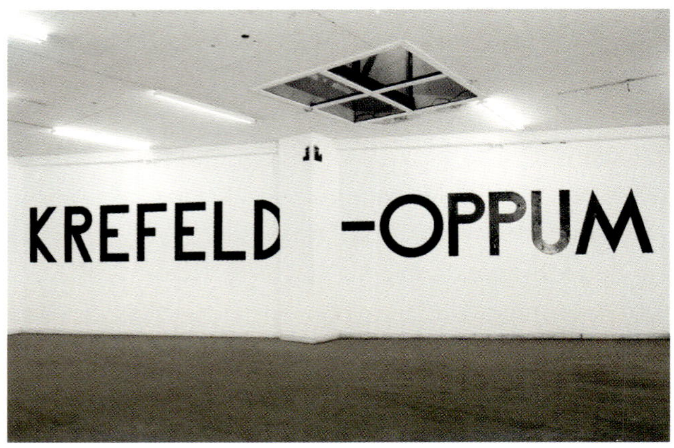

Ohne Titel (KREFELD-OPPUM), Karl-Anton-Straße 16, Staatliche Kunstakademie Düsseldorf, 1977
Untitled (KREFELD-OPPUM), Karl-Anton-Straße 16, Staatliche Kunstakademie Düsseldorf

1 Franz Kafka, Die Sorge des Hausvaters, in: Franz Kafka. Sämtliche Erzählungen, hg. von Paul Raabe, Frankfurt am Main 1982, S. 140.
2 Werner Esser, „Abzw. Erftkanal". Zu einem Werk von Reinhard Mucha, in: Jahrbuch der Staatlichen Kunstsammlungen Baden-Württemberg, 1997, S. 104–121, hier S. 106.

His works are situated between matter and sign. They insist on their physical presence and yet behave like words. They visualize the modalities of speaking. HUNGEN: The wooden box closed with black felt becomes an illustration of its name. KALKUM: The felt space staring out behind glass curves toward the roof of our mouth, as if things were trying to learn human speech by repeating it, one word per century. Like Odradek, the upright walking spool of thread in Kafka's "The Cares of a Family Man," who, when asked where he lives, replies in the language of bureaucracy, "'No fixed abode,' he says and laughs; but it is only the kind of laughter that has no lungs behind it."[1] HUNGEN.

Without objects, we would have no language; without language, we would have no objects. Mucha's work reminds us that the human construction of meaning is always based on both. Without *holding* there is no *concept*, in its Latin sense: *concipere*. I would disagree with Werner Esser who writes, "Mucha's utterances are quite thing-like – powerful, yet wordless."[2] Mucha's works are indeed *thing-like* (i.e., *dinghaft*), but also of great linguisticality. Not only do they regularly contain words (for example, **Untitled** (SEX) from 1979, a reverse glass painting with three huge red letters against a black background behind a pane of glass into which a wave crossed by two lines was etched in 2019. As early as 1977, Mucha painted KREFELD-OPPUM, his first train station name, on a wall of the Düsseldorf Art Academy). His works not only have words as titles that are rich in connotations, or even downright communicative (**Die Deutsche Frage / Dornap** (**The German Question / Dornap**), For Philip Nelson, 2007; **Illusion der Karriere**, Für W. L. (**Illusion of a Career**, For W. L.), [2007] 1982; p. 199). Mucha's works also behave like words. The tension under which they place their surroundings, the heightened attention to every detail, arises from the fact that they are both things and words at the same time, braced between material and language without attempting to close the insurmountable gap between them. Mucha translates words and objects into literalities. As such, they are free to move within a rail network of references. In doing so, they act like characters in a stage play, taking on the quick wit of actors.

Reinhard Mucha's layering, made with the most meticulous care, branching out into countless details, not only positions itself between language and object. It also makes its temporal movement into a theme and defends the rhythm of its own logistics against any external demand (such as the illusion of a career). A work exhibited at an art fair may also find its way back to the studio because a detail is not quite right. Forty years can pass between photographing the departure of a steam locomotive from Leipzig's central station and producing a film edited from the prints. During those years, music has also changed, and a techno track by the duo Kollektiv Turmstrasse revives the wheels of the long-decommissioned train engine (**Leipzig Hbf**, Vier Dekaden Dampf für M. M. K. (**Leipzig Central Station**, Four Decades of Steam for M. M. K.), [2015] 1978). The historical distance enters the works as content and weight, spans them within the framework of history. Mucha's works live less in the beat of freight traffic than in that of the infrastructure that underlies it.

Train stations, locomotives, and signal towers had long been subjects of Mucha's photographs when, in 1981, he moved into his studio in a brick building behind Düsseldorf's central station. When this building later turned out to be the main factory of a Düsseldorf-based manufacturer of railroad cars, built ca. 1908, it also offered itself up as ideal material for Mucha's work. In 1990, Mucha translated the mass of his studio space into the German Pavilion of the Venice Biennale with **Das Deutschlandgerät 1990 (The Germany Device** 1990), [2021], [2002] 1990 (pp. 153–167), and included in the accompanying brochure an excerpt from a book on the history of the railroad, *Die Entwicklungsgeschichte der Revierbahnen seit 1838* (The development of the territorial rail system since 1838), in which the historically significant rerailing equipment known as the "Deutschlandgerät," to which the installation owes its name, also comes into its own. In doing so, Mucha spanned the contingency of individual cases against history and the claim to representation of a nation while its very borders were being redrawn.

From this former factory for railroad and streetcars in the borough of Oberbilk, not only objects in display cases and mounted on walls go out into the world. Sometimes, parts of the building itself are used as material in the works. Thus, in principle, every element of this four-story mid-century historicist brick building is potential material – the occupant of a large waiting room. The railroad is not a metaphor in this work; rather, the work generates itself out of the logic and material of the railroad. It consists of continuous storing, layering, loading, coupling, transporting, and recoupling of the works and their parts, as well as of the words to which they are connected.

ZOSSEN thus becomes a hinge. Between a word, a place, a work… and a book titled ZOSSEN.[3] A track on the left. A track on the right. A track on the left. A train on the right. A train on the left. A train on the right. A train on the left. A train on the right. A train on the left. A track on the right. A track on the left. A track on the right. Bottom left, lower case, italics, sans serif: Zossen. Bottom right, in capital letters with serifs:

1 Franz Kafka, "The Cares of a Family Man," trans. Willa Muir and Edwin Muir, in Franz Kafka, *The Complete Stories*, ed. Nahum N. Glatzer (New York: Schocken, 1971), 427–429, here 428.

2 Werner Esser, "'Abzw Erftkanal.' Zu einem Werk von Reinhard Mucha," *Jahrbuch der Staatlichen Kunstsammlungen in Baden-Württemberg* 34 (1997): 104–121, here 106 [translated].

3 Reinhard Mucha, *Zossen – Ein Ausflug* (Düsseldorf: Richter Verlag, 2018).

Fotografieren der Ausfahrt einer Dampflokomotive aus dem Leipziger Hauptbahnhof und dem Erscheinen eines aus den Abzügen geschnittenen Films können vierzig Jahre liegen. In diesen hat sich dann auch die Musik verändert, und ein Techno-Track vom Kollektiv Turmstrasse belebt die Räder der lange ausrangierten Lokomotive (**Leipzig Hbf**, Vier Dekaden Dampf für M. M. K., [2015] 1978). Der historische Abstand geht als Gehalt und Gewicht in die Werke ein, spannt sie in den Rahmen der Geschichte. Muchas Werke leben weniger in der Taktung des Güterverkehrs als in jener der Infrastruktur, die diesem zugrunde liegt.

Bahnhöfe, Lokomotiven und Stellwerke waren schon lange Sujets von Muchas Fotografien, als er 1981 sein Atelier in einem Backsteinbau hinter dem Düsseldorfer Hauptbahnhof bezog. Als dieser sich später als das um 1908 errichtete Hauptwerk der Düsseldorfer Waggonfabrik entpuppte, empfahl er sich auch selbst als Material für Muchas Werk. 1990 übersetzte Mucha mit **Das Deutschlandgerät 1990**, [2021], [2002], 1990 (S. 153–167) das Volumen seines Atelierraums in den Deutschen Pavillon der Biennale in Venedig und gab ihm in der Begleitbroschüre einen Auszug aus dem eisenbahnhistorischen Buch *Die Entwicklungsgeschichte der Revierbahnen seit 1838* bei, in dem auch das historisch bedeutende Aufgleisungswerkzeug namens „Deutschlandgerät" zu seinem Recht kommt, dem die Rauminstallation ihren Namen verdankt. Damit spannte Mucha die Kontingenz der Einzelfälle gegen die Geschichte und den Repräsentationsanspruch einer Nation, als gerade deren Grenzen neu gezogen wurden.

Von diesem einstigen Werk für Straßenbahnwaggons in Oberbilk gehen nicht nur Vitrinen- und Wandobjekte in die Welt. Mitunter gehen auch Teile des Gebäudes selbst als Material in die Werke ein. Damit ist im Prinzip jedes Element dieses vierstöckigen Gründerzeit-Ziegelbaus potenzielles Material, Insasse eines großen Wartesaals. Die Eisenbahn ist nicht Metapher in diesem Werk, das Werk generiert sich aus Material und Logik der Eisenbahn. Es besteht aus fortlaufendem Lagern, Schichten, Verladen, Ankoppeln, Transportieren, Umkoppeln der Werke und ihrer Teile, aber auch der Worte, mit denen sie verbunden sind.

ZOSSEN wird so zum Scharnier. Zwischen einem Wort, einem Ort, einem Werk. Und einem Buch, das ZOSSEN[3] heißt. Links ein Gleis. Rechts ein Gleis. Links ein Gleis. Rechts ein Zug. Links ein Zug. Rechts ein Zug. Links ein Zug. Rechts ein Zug. Links ein Zug. Rechts ein Gleis. Links ein Gleis. Rechts ein Gleis. Links unten klein, kursiv, serifenlos: Zossen. Rechts unten in Großbuchstaben mit Serifen: KEITUM. Links unten klein, kursiv, serifenlos: Zossen. Rechts unten in Großbuchstaben mit Serifen: WISMAR.

Das eine steht still, das andere fährt vorbei. So wie auch die für Mucha übliche Paarung vertikaler Vitrinenobjekte mit horizontalen Wandobjekten mit je eigenen Titeln (wie **Altona** und **Eiserne Reserve** [beide 2007] im Frankfurter Städel Museum) immer den Eindruck des Vorläufigen hat. So als würden hier zwei Züge aneinander vorbeifahren, nur so langsam, dass man es selbst im Museum nicht merkt.

Links unten klein, kursiv, serifenlos: Zossen. Rechts unten in Großbuchstaben mit Serifen: HAMELN. Am Ende taucht eine Abbildung des Wandobjekts HAMELN auf. Es sieht ZOSSEN sehr ähnlich. Am Streckenrand verharrt der Fotograf, Ausschau haltend, und seine dienstfertige, werturteilsfreie, alles gelten lassende Sachlichkeit gleicht dem jahrhundertalten Bahnhofsgebäude gegenüber.

KASSEL steht auf einem weißen Schild, das auf zwei geriffelten schwarzen Gummistreifen auf einem schlichten Arbeitstisch an einem weißen Quader lehnt, beleuchtet von einer sich von hinten darüber beugenden schmalen Arbeitslampe.

KASSEL: In der aufgeräumten Futura-Schrift deutscher Nachkriegsbahnhöfe gesetzt, strahlt das Wort die bürokratische Feierlichkeit einer Stationsansage aus. Aus der Nähe entpuppt sich das Schild als Malerei: Farbnasen kleben an den rohen Stirnen des Bretts. Der lackige Glanz der weißen Farbe ergibt sich aus immer neuem Bemalen, Abschleifen und Bemalen der Holzplatte. Das Schild stammt nicht aus der industriellen Infrastruktur der Eisenbahn. Es stammt aus dem Künstleratelier, in dem jede Zwecksetzung offen ist und unter allem, was man auf der Welt machen kann, jemand sich ausgerechnet für die Nachbildung eines Bahnhofsschilds entschieden hat.

KASSEL: Es könnte auch SIEGEN dort stehen oder SPEYER, wie als die Installation zum letzten Mal aufgebaut war, vor 25 Jahren in KASSEL (warum Kassel? Fährt die Installation rückwärts?). Es könnte auch KALKUM dort stehen oder XANTEN oder ZOSSEN, ALTONA oder DORNAP, oder jeder andere der 242 Bahnhofsnamen, die auf 242 Tafeln in den elf umstehenden Archivregalen aus Stahlblech liegen. Jede dieser 242 an zwei Metallösen herausziehbaren Tafeln hat Mucha mehrfach bestrichen, abgeschliffen und wieder bestrichen. Jede zeigt einen von 242 Ortsnamen mit sechs Buchstaben, die Mucha in einem 1948 überarbeiteten Eisenbahn-Tarifverzeichnis von 1943 fand. Mit einem Fuß stehen die Bahnhofsnamen noch im sogenannten Deutschen Reich; mit dem anderen in der folgenden Neuaufteilung Europas.

KASSEL. Dieser in sich völlig unsignifikante Arbeitstisch, auf dem alle paar Jahrzehnte mal ein Bahnhofsname zum Stehen kommt, ist das Zentrum von Muchas Werk. Hier treffen die sonst parallel verlaufenden Gleise von Zeigen und Sagen, von Objekt und Sprache, zusammen: im Zeigen einer Malerei, deren buchstabenförmiges Echo der gesellschaftlichen Infrastruktur einen Bahnhof ansagt. Von hier geht die Mehrzahl der Gleise im muchaschen Schienennetz ab. Aus den Fächern der Regale gelangen Bahnhofsnamen für die Dauer einer Ausstellung auf den

3 Reinhard Mucha, Zossen – Ein Ausflug, Düsseldorf 2018.

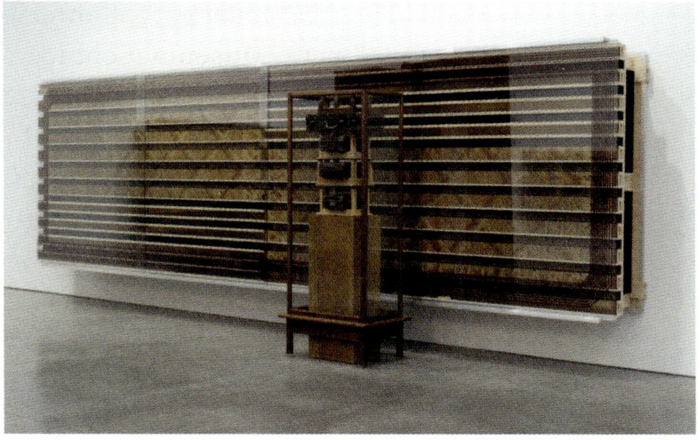

Die Deutsche Frage / Dornap, Für Philip Nelson, 2007
The German Question / Dornap, For Philip Nelson

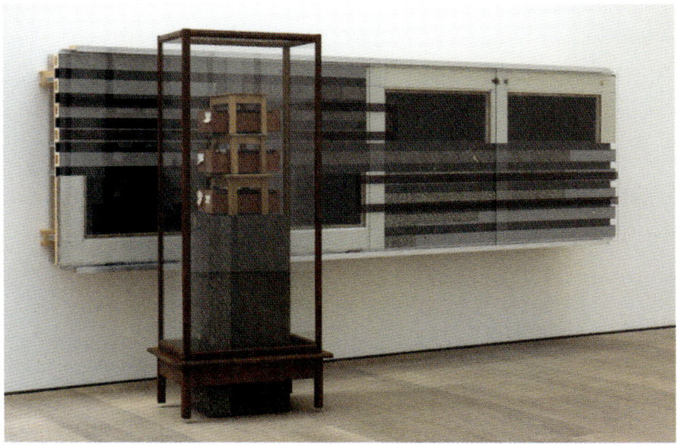

Eiserne Reserve / Altona, 2007
Iron Reserve / Altona
Städel Museum, Frankfurt am Main

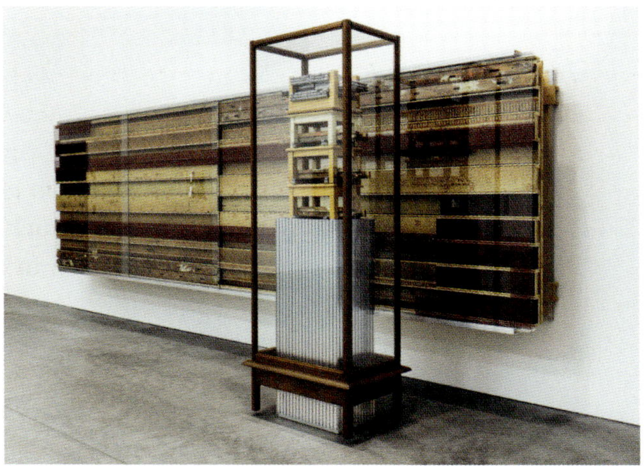

Wege nach Rom / Xanten, 2016
Roads to Rome / Xanten

KEITUM. Bottom left, lower case, italics, sans serif: Zossen. Bottom right, in capital letters with serifs: WISMAR.

One stands still, the other passes by. Similarly, Mucha's usual pairing of vertical display case objects with horizontal wall-mounted objects, each with its own title (such as **Altona** and **Eiserne Reserve** (**Iron Reserve**), both 2007, in the Städel Museum in Frankfurt am Main), always gives the impression of being provisional. As if two trains were passing each other here, only so slowly that it goes unnoticed, even in the museum.

Bottom left, lower case, italics, sans serif: Zossen. Bottom right, in capital letters with serifs: HAMELN. At the end, a picture of the wall object HAMELN appears. It looks very similar to ZOSSEN. At the edge of the track, the photographer pauses, keeping watch, and his officious, unbiased, all-accepting objectivity resembles the century-old station building opposite.

KASSEL is written on a white sign leaning on two black ribbed rubber strips on a simple desk on a white block, illuminated by a narrow desk lamp bending over it from behind.

KASSEL: Set in the tidy Futura typeface of postwar German train stations, the word exudes the bureaucratic solemnity of a station announcement. Up close, the sign reveals itself to be a painting: drips of paint stick to the raw front of the board. The lacquered sheen of the white paint results from ever new layers of paint, sanding and repainting of the wooden panel. The sign was not produced within the railroad's industrial infrastructure. It originated in the artist's studio, where every purpose is open, and of all the things that could be done in the world, someone had chosen, of all things, to replicate a station sign.

KASSEL: It could also read SIEGEN or SPEYER, as when the installation was mounted for the last time, twenty-five years ago in KASSEL. (Why Kassel? Does the installation travel backward in time?) It could also read KALKUM, or XANTEN, or ZOSSEN, ALTONA or DORNAP, or any other of the 242 station names that are written on 242 panels in the eleven surrounding archival shelves of sheet metal. Over and over again, Mucha painted, sanded, and repainted each of these 242 panels, which are pulled out by two metal tabs. Each features one of 242 six-letter place names Mucha found in a railroad fare booklet from 1943 and revised in 1948. Thus, the station names stand with one foot, still, in the so-called German Reich, while with the other foot, they are in the redistributed Europe that followed.

KASSEL. This desk – completely insignificant in and of itself – upon which a station name comes to rest every few decades, is the center of Mucha's work. Here, the otherwise parallel tracks of showing and telling, of object and language, come together: in the showing of a painting whose letter-shaped echo of the social infrastructure announces a train station.

It is also here that the majority of tracks in Mucha's rail network begin. Station names move from the shelves to the

Tisch unter die Lampe. Oder es gehen Bahnhofsnamen auf unbestimmte Dauer als Titel in seine zwischen 40 Zentimetern und sieben Metern breiten Wandobjekte ein. Diese raumgreifende Installation ist der Wartesaal. Sie heißt **Wartesaal**, [1997], [1986] 1979–1982.

In diesen den in sie investierten Aufwand verbergenden bahnhofsschildförmigen Malereien kommen Zeigen und Sagen zusammen, und die eigentümliche Spannung, in die Mucha beide zueinander bringt.

Die Konzentration auf Bahnhofsnamen löst Namen, löst Bezeichnungen aus ihrer vermeintlichen Selbstverständlichkeit, löst sie aus der Individualität des Bezeichneten, macht Städte zur Verfügungsmasse, zu Zugriffspunkten in einem Netz aus Schienen und Begriffen und programmierten Abläufen in der Zeit. So wie die Eisenbahn Gleichförmigkeiten erzeugt, um Unterschiedlichkeiten zu verbinden. Marcel Proust beschied Bahnhöfen, dass sie „nicht eigentlich einen Teil der Stadt bilden, sondern ihre Wesen nur noch insofern enthalten, als sie auf einer Signaltafel ihren Namen tragen“[4]. Mucha treibt diese Entkopplung weiter. Die zusätzliche konzeptuelle Beschränkung auf Namen mit sechs Buchstaben löst die Worte und ihre Klänge noch weiter von den konkreten Lebensrealitäten „vor Ort“, hebt sie in die Abstraktion und suggeriert eine prinzipielle Austauschbarkeit: BREMEN wie KALKUM wie XANTEN wie WULFEN wie SPEYER wie BOCHUM wie ANKLAM.

Das offensive Ausstellen ausgewählter Namen über eine bestimmte Zeit hinweg gibt wiederum jedem einzelnen der 242 Namen seine einzigartige Rolle und Würde zurück: Jeder hat eine mögliche Funktion in dieser bürokratischen Infrastruktur, die selbst funktionslos ist.

Mucha baut die rationale, werturteilsfreie Infrastruktur der Eisenbahn nach, befreit von aller erzählerischen und kulturellen Aufladung. Er baut das Erhabene logistischer Infrastrukturen nach, mitsamt ihrem monströsen Verhältnis von Einzelfall und Gesamtmenge. Er baut sie nach in einem in sich geschlossenen System, in dem Namenstafeln jahrzehntelang auf ihre Ausstellung warten. Und nur ein Bruchteil wird absehbar zu Muchas Lebzeiten drankommen. Seit 1982 gibt es den Wartesaal. Seitdem waren gerade fünf Namen ausgestellt.

BIBLIS. Jedes Wort in diesem Werk, jede Arbeit ist ein Drehkreuz, ein Angelpunkt, von dem aus es in jede Richtung weitergehen kann. Das Werk handelt von Relationen, nicht von Essenzen. Auch wenn die Namen mit essenzialistischer Gravität herniederfallen wie Sachverhalte oder Tatorte. AURICH. WEIMAR. DACHAU. Es rauschen Konnotationen und Assoziationen vorbei, aber diese sind nicht Teil der Arbeit oder irgendeines Ausdrucks. Sie werden von ihr evoziert, aber nicht aus der Arbeit heraus, sondern aufgrund der Überschneidung eines Namens mit den Lebenserfahrungen und Erinnerungen der Betrachter*innen. SCHULD meint nicht eigentlich Schuld, sondern den ehemaligen Bahnhof eines Dorfes im Ahrtal. Was ist, fragt die Arbeit, wenn Schuld das ist: zwei gegeneinander verschobene, an die Wand gehängte Hälften einer Modelleisenbahnplatte, gerahmt von Aluminiumschienen?

Beiläufig wird so auch evoziert, wozu eine Infrastruktur alles diente und dienen kann, die dem Transport von Aprikosen oder Brennstoff so dienstfertig und gleichgültig gegenübersteht wie dem Transport von Vieh wie dem von wie Vieh zusammengepferchten Menschen in den industriell organisierten Tod. Es spricht die Infrastruktur der Logistik. Und die ist langsam. Sie ist sachlich. Sie ist konkret. Sie hat keine Tiefe (der Bedeutung). Nur ein Streckennetz. Und eine Geschichte. Diese Geschichte ist unpersönlich. Aber sie formt Schicksale.

Reinhard Mucha bezeichnet die Eisenbahn als kollektive Biografie. Wobei seine Werke so wenig angereichert sind von den Leben, die diese Biografie prägt, wie es die Eisenbahn selbst ist. Sie verweisen qua Alter ihrer Materialien auf Geschichte, aber sie verbleiben immer im ersten Akt der Handlung, im Aufgleisen.

Reinhard Mucha sieht in der Eisenbahn das Internet des 19. Jahrhunderts: eine Infrastruktur, die alles ans Netz bringt, die Abläufe und Sprache ändert. Wobei das Internet nicht Güter und Menschen bewegt, sondern nur noch Verweise. Hier ist die Abstraktion noch weitergetrieben: Nullen und Einsen sind die Fracht; die Gleise bestehen aus Serverfarmen und Unterseekabeln.

Indem ein Mucha allein all das baut und malt; indem er der von Staaten und Unternehmen unterhaltenen Infrastruktur die Hand des einzelnen Künstlers entgegenstellt; dadurch hält er zum einen Verhältnisse zur Geschichte seit der Industrialisierung offen – nicht in Form von Antworten, sondern von Fragen. Zum anderen führt er in die Infrastruktur der Sprache, in deren Wartesaal Begriffe auf ihren Einsatz warten, mal Sekunden, mal Jahre, und irgendwann überwuchert werden wie alte Gleise, bis sie wieder jemand findet. RHENUS, sagt ein alter Holzbalken in der untersten Zeile der Schichten von KALKUM. RHENUS: der Name einer Logistikfirma. RHEINGOLD, sagt der Nostalgiezug, der im Bahnhof Basel Bad vor Muchas Linse hielt. RHENUS. RHEINGOLD. In seinem Archiv bewahrt Mucha die Werkabbildungen nebeneinander auf.

Die Sprache sei wie eine Stadt, schreibt Wittgenstein: „Ein Gewinkel von Gäßchen und Plätzen, alten und neuen Häusern, und Häusern mit Zubauten aus verschiedenen Zeiten; und dies umgeben von einer Menge neuer Vororte mit geraden und regelmäßigen Straßen und mit einförmigen Häusern.“[5] Mit seiner Verkopplung von Sprache, Ding und Zeit führt Mucha die Sprache als Schienennetz vor.

4 Marcel Proust, Auf der Suche nach der verlorenen Zeit, Band 2, Frankfurt am Main 1979, S. 298.

5 Ludwig Wittgenstein, Philosophische Untersuchungen § 18, in: ders., Werkausgabe Bd. 1, Frankfurt am Main 1997, S. 245.

desk under the lamp for the duration of an exhibition. Or station names enter his wall objects, measuring between 15.75 inches and 23 feet wide, for an indefinite period as titles. This large-scale installation is the waiting room, and the title says as much: **Wartesaal (Waiting Room)**, [1997], [1986] 1979–1982.

In these paintings shaped like station signs, which conceal the effort invested in creating them, showing and telling come together, and the peculiar tension in which Mucha joins the two.

The concentration on station names detaches names, detaches designations from their ostensible implicitness, detaches them from the individuality of the signified, and turns cities into disposable quantities, into access points in a network of rails and terms, and of programmed sequences in time – just as the railroad creates uniformities in order to connect differences. Marcel Proust said of train stations that they "do not constitute, so to speak, a part of the surrounding town but contain the essence of its personality just as on their signboards they bear its [painted] name."[4] Mucha takes this decoupling further. The additional conceptual restriction to names with six letters detaches the words and their sounds even further from the concrete realities of life "on site," lifts them into abstraction, and suggests a fundamental interchangeability: BREMEN like KALKUM like XANTEN like WULFEN like SPEYER like BOCHUM like ANKLAM.

In turn, the pointed exhibition of selected names over a period of time restores to each of the 242 names their unique role and dignity. Each has a possible function in this bureaucratic infrastructure that is itself without function.

Mucha recreates the rational, unbiased infrastructure of the railroad, stripped of any narrative and cultural charge. He recreates the august nature of logistical infrastructures, along with their monstrous relationship between an individual case and the aggregate. He recreates it within a self-contained system where nameplates wait for decades to be displayed. And, conceivably, only a fraction of them will be shown during Mucha's lifetime. The waiting room has existed since 1982. Since then, only five names have been displayed.

BIBLIS. Every word in this work, and every work, is a hub, a pivotal point from which one can continue in any direction. The work is about relations, not essences – even when the names crash down with essentialist gravitas like the facts of a case or at a crime scene. AURICH. WEIMAR. DACHAU. Connotations and associations rush by, but these are not part of the work or of any expression. They are evoked by it, not out of the work, however, but because of the co-incidence of a name with the life experiences and memories of the viewers.

Here, SCHULD is not intended as the German word for *guilt*, but rather the name of the former train station of a village in the Ahr valley. What if, the work asks, "Schuld" were just that: two halves of a model railroad plate, set up against each other, hung on the wall, and framed with aluminum profiles?

Parenthetically, it also evokes what an infrastructure has served and can serve, which is as officious and indifferent to the transport of apricots or fuel as it is to the transport of livestock or people crammed together like cattle transported to their industrially organized death. It is the infrastructure of logistics that speaks. And it is slow. It is matter of fact. It is concrete. It has no depth (of meaning). Only a network of routes. And a story. This story is impersonal. But it shapes destinies.

Reinhard Mucha describes the railroad as a collective biography. Whereby his works contain as little of the lives shaped by this biography as the railroad itself. They refer to history due to the age of their materials, but they always remain stuck in the first act of the plot, in the rerailing.

Reinhard Mucha sees the railroad as the Internet of the nineteenth century: an infrastructure that brings everything on line, that changes processes and language. Whereby the Internet does not transport goods and people, but only references. Here, abstraction is taken even further: zeros and ones are the freight; the tracks consist of server farms and submarine communications cables.

By the fact that Mucha builds and paints all this alone; by the fact that, with the hand of the individual artist, he counteracts the infrastructure maintained by states and corporations; by doing so, he, on the one hand, keeps a relationship to history since the Industrial Age open – not in the form of answers, but rather in that of questions. On the other hand, he leads on into the infrastructure of language, into the waiting room in which terms wait to be used, sometimes seconds, sometimes years – and then, at some point, they become overgrown like old tracks until someone finds them again. RHENUS reads an old wooden beam in the lowest line of the layers of KALKUM. RHENUS: the name of a logistics company. RHEINGOLD reads the nostalgia train that stopped in front of Mucha's lens at the Basel Baden train station. RHENUS. RHEINGOLD. In his archive, Mucha files the illustrations of the works next to each other.

Language is like a city, Wittgenstein writes, "a maze of little streets and squares, of old and new houses, and of houses with additions from various periods; and this surrounded by a multitude of new boroughs with straight regular streets and uniform houses."[5] With his coupling of language, things, and time, Mucha performs language as a rail network. Stations are closed and abandoned, tracks are removed and added,

4 Marcel Proust, *In Search of Lost Time*, vol. 2, *In the Shadow of Young Girls in Flower*, trans. C. K. Scott Moncrieff, ed. William C. Carter (New Haven, CT: Yale University Press, 2015), 241.

5 Ludwig Wittgenstein, *Philosophical Investigations: The English Text of the Third Edition*, trans. G. E. M. Anscombe (Oxford: Basil Blackwell, 1986), Part I, § 18, p. 8.

Bahnhöfe werden stillgelegt, Gleise ab- und angebaut, Ziele und Streckenabschnitte Teil anderer Länder. Auch Worte verändern sich über die Zeit, wenn auch kaum merklich, so langsam wie die Infrastruktur aus Menschen und Dingen, die ihnen Sinn verleiht.

Dabei spiegelt Mucha nicht die Sprache in der Eisenbahn. Er geht konkreter vor, frei von Metaphern. Er bildet Abläufe nach. Nicht auf einer symbolischen Ebene, sondern auf der konkreten des Herstellens und Ausstellens. Jedes Mucha-Werk ist damit unweigerlich auch ein Kommentar auf die Infrastruktur der Kunst; sowohl auf die ihrer Logistik als auch auf die ihrer Sinnerzeugungen; auf die Reisen, die Kunstwerke unternehmen; wie sie verpackt und verladen werden, ausgepackt, aufgehängt, eingepackt, verladen, verschifft, montiert, benannt. Muchas Werke sind nicht nur, wie andere Werke auch, Objekte dieser Verladungen. Sie sind auch äußerst aufmerksame Fahrgäste. Gegen Ende des Buches *Zossen* ist noch einmal das Wandobjekt Zossen, 1996 zu sehen: auf der Kunstmesse art forum in Berlin 1997, die für Mucha Anlass war, den Regionalzug nach Zossen zu nehmen, um den Bahnhof und die ihn durchfahrenden Züge festzuhalten.

Das Deutschlandgerät mag den Eindruck erdrückenden Ernstes erwecken, einer medizinischen Messanlage für einen von historischer Schuld schwer belasteten Staat. Dabei ist auch dieser Name ein Readymade, übernommen vom historischen hydraulischen Aufgleisgerät der Maschinenfabrik Deutschland. Jede Assoziation mit real existierenden Staaten ist Sache der Betrachterin oder des Betrachters. Selbst die Megainstallation **Das Deutschlandgerät**, die die Dimensionen des Künstlerateliers in den Deutschen Pavillon und anschließend ins Ständehaus am Kaiserteich in Düsseldorf übersetzte, zeugt von der vorbehaltlosen, aber nach allen Seiten achtsamen Heiterkeit, mit der Muchas Werk Zeichen und Bezeichnetes in Fahrt versetzt.

Dafür setzt Mucha nicht nur jedes Element als Scharnier für das nächste ein; sondern auch als Spreizeisen, das sich gegen jede mögliche Gerinnung zum System stemmt. Neben den 242 handgemachten Referenzen auf das Infrastruktur-Element des Bahnhofsschilds gibt es auch im **Wartesaal** Readymades: Zwischen den Archivregalen steht als historische Markierung und Referenz auf biedere Häuslichkeit ein Esszimmerschrank, schätzungsweise aus den 1930er-Jahren. Hinter ihm zwei lange, miteinander verbundene Vitrinen mit zwei Geschossen, abwechselnd einsehbar und verschlossen, jedes ausgekleidet mit schwarzem Filz. In jedem Geschoss liegt ein Dachstützträger, entnommen dem Bahnhof Düsseldorf-Gerresheim. Sein Ende hängt in einer kleinen Drahtschaukel. Die Enden des Drahts sind jeweils um die oberen Beinchen eines auf die Stirn gekippten Bronzeabguss einer Fußbank gewickelt. Die unteren Beine der Fußbank liegen auf stützenden Rollen auf.

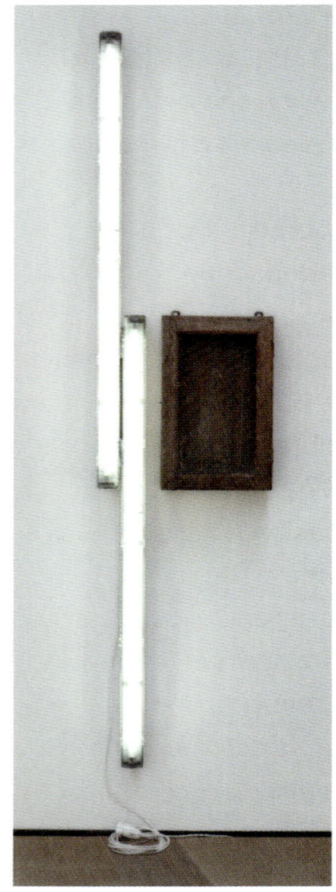

Kalkum, 2004

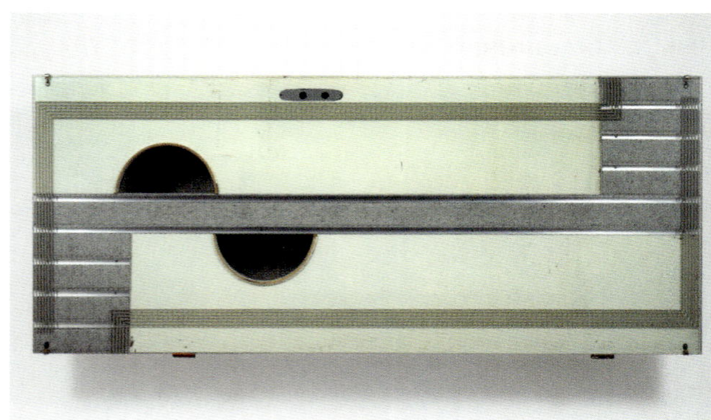

Zossen, 1996
Hirshhorn Museum and Sculpture Garden, Washington, DC

destinations and lengths of track become part of other countries. Words, too, change over time, albeit barely noticeably, as slowly as the infrastructure of people and things that lends them meaning.

Yet Mucha does not mirror the language of the railroad. He takes a more concrete approach, free of metaphors. He recreates processes. Not on a symbolic level, but on the concrete level of producing and exhibiting. Each work by Mucha is thus, inevitably, also a commentary on the infrastructure of art, both that of its logistics and that of its creation of meaning, on the journeys that works of art take, how they are packed and loaded, unpacked, hung, repacked, loaded, shipped, assembled, and named. Mucha's works are not only, like other works, objects of such shipments. They are also extremely attentive passengers. Toward the end of the book *Zossen*, the wall object **Zossen**, 1996, can be seen once again – at the 1997 edition of the art fair Art Forum Berlin, which was the occasion for Mucha to take the regional train to Zossen to document the station and the passing trains.

Das Deutschlandgerät (The Germany Device) may give the impression of oppressive seriousness, a measuring device of surgical precision for a state heavily burdened by historical guilt. Yet this name is also a readymade, taken from the historical hydraulic rerailer of Maschinenfabrik Deutschland. Any association with real existing states is up to the viewer. Even the mega-installation **Das Deutschlandgerät**, which translated the dimensions of the artist's studio into the German Pavilion and subsequently into the parliamentary Ständehaus on the Kaiserteich pond in Düsseldorf, bears witness to the unreserved serenity, yet still attentive in all directions, with which Mucha's work sets the sign and the signified in motion.

To this end, Mucha not only uses each element as a hinge for the next, but also as a bar that resists any possible coagulation into a system. In addition to the 242 handmade references to the infrastructural element of the station sign, there are also readymades in the **Wartesaal**: standing between the archive shelves, as a historical marker and reference to staid domesticity, is a dining room cupboard, presumably from the 1930s. Behind this are two long, interconnected display cases with two levels, alternately transparent and sealed, each lined with black felt. On each level is a roof beam taken from the Düsseldorf-Gerresheim train station. Its end hangs in a small wire sling. The ends of the wire are each wrapped around the upper legs of a bronze cast of a footstool tilted forward. The lower legs of the footstool rest on supporting casters. From the two long display cases, two more display cases curve off in an L-shape in which the arrangement is repeated. The vitrines and cupboard are at right angles to each other. But the whole installation, as in Kassel, is turned slightly against the axes of the room, which in turn gives the vast accumulation of details something transitory.

However, the room itself is not a neutral container. It is also held liable: two old wall-mounted ashtrays from station waiting rooms are affixed to opposite walls. In addition, a ceiling-high room has been built into one corner, as was already the case in Kassel, with strips of narrow wall shelves and tinted glass.

Originally, the archive shelves were on casters, always open for further use elsewhere, ostentatiously temporary. The promise of the eternal provided by a pedestal was replaced by subordination to the requirements of logistics with the impression of the provisional. Thus, in Kassel, Mucha suspended the shelves in steel profiles, which ran around them and held them in place, lifted the rollers into the air, and surrounded the supports with a continuous low plinth of particleboard. In doing so, he did not deprive the work of its transitory pretensions. On the contrary, he prevented it from becoming a mannerism. In Düsseldorf, the plinth remains the same. But who knows what will happen next time? The fact that, with Mucha's work, one must always reckon with a change sustains the tension even when everything remains the same. Which is usually the case.

Mucha's work is a huge apparatus of annotations, in which one footnote follows another, an "excess of showing and exhibiting," as Ingo Schulze puts it.[6] Elements return: the panes of glass that cite the context of their display, i.e., the museum. The line patterns painted or etched into them. Footstools and their casts (**Das Deutschlandgerät**). But these elements are not identical. They have what Wittgenstein calls a "family resemblance": similarities that do not come together to coincide in any unified concept. Just as there are concepts that have no clear contours and only make sense in their application, for example, the concept of language itself.

In the same way, the structure, which is supported by these similar things in Mucha's work, or from which they seem to derive, is always only temporary and provisional. It is an abstraction of concrete details. And it has no function but to emphasize the uniqueness and locality of these details. In a commentary, whose subject-matter is commenting, things and things and words and things and words and words each mutually emphasize their concreteness.

---

6 Ingo Schulze, "Das Deutschlandgerät," in *Tasso im Irrenhaus. Drei Erzählungen* (Munich: dtv, 2021), 29 [translated].

Von den beiden langen Vitrinen biegen zwei weitere Vitrinen L-förmig ab, in denen sich die Anordnung wiederholt. Die Vitrinen und Schränke stehen in rechten Winkeln zueinander. Doch die ganze Installation ist, wie in Kassel, leicht gegen die Raumachsen gedreht, was der gewaltigen Ansammlung an Details wiederum etwas Transitorisches verleiht.

Der Raum selbst aber ist kein neutraler Container. Er ist mit in Haftung genommen: durch zwei alte Wandaschenbecher aus Bahnhofswartesälen, die an gegenüberliegenden Wänden montiert sind. Dazu ist in einer Ecke ein deckenhoher Raum eingebaut, wie es ihn auch schon in Kassel gab, mit Streifen aus schmalen Wandborden und geschwärztem Glas.

Ursprünglich standen die Archivregale auf Rollen, der Weiterverwendung woanders immer offenstehend, ganz ostentativ nur vorübergehend da. Das Ewigkeitsversprechen des Sockels war ersetzt durch die Unterordnung unter die Erfordernisse der Logistik mit dem Eindruck des Provisorischen. In Kassel hängte Mucha die Regale dann in umlaufenden, sie haltenden Stahlrahmen auf, hob die Rollen in die Luft und umgab die Stützen mit einem durchgehenden niedrigen Sockel aus Spanplatten. Damit nahm er der Arbeit ihren transitorischen Anspruch nicht. Im Gegenteil, er verhinderte, dass dieser zur Manier gerann. In Düsseldorf bleibt der Sockel gleich. Doch wer weiß, was beim nächsten Mal passiert? Dass man bei Mucha mit einer Änderung immer rechnen muss, stützt die Spannung auch dann, wenn alles gleich bleibt. Was meistens der Fall ist.

Muchas Werk ist ein riesiger Apparat aus Anmerkungen, in dem sich eine Fußnote an die andere fügt, ein „Exzess des Zeigens und Ausstellens“, wie es bei Ingo Schulze heißt[6]. Elemente kehren wieder: die Glasscheiben, die den Kontext ihres Erscheinens, das Museum, zitieren. Die in sie gemalten oder geätzten Linienmuster. Fußbänkchen und ihre Abgüsse (**Das Deutschlandgerät**). Doch sind diese Elemente nicht identisch. Sie sind, was Wittgenstein „familienähnlich“ nennt: Ähnlichkeiten, die in keinem einheitlichen Begriff zur Deckung kommen. So wie es Begriffe gibt, die keine klaren Konturen haben und nur in ihrer Anwendung Sinn ergeben, zum Beispiel der Begriff der Sprache selbst.

So ist auch die Struktur, der die ähnlichen Dinge in Muchas Werk zuarbeiten oder der sie zu entstammen scheinen, immer nur provisorisch und vorläufig. Sie ist eine Abstraktion konkreter Einzelheiten. Und sie hat keine Funktion, als die Einzigartigkeit und Örtlichkeit dieser Einzelheiten zu betonen. In einem Kommentar, dessen Gegenstand das Kommentieren ist, kehren Dinge und Dinge und Worte und Dinge und Worte und Worte je gegenseitig das Konkrete aneinander hervor.

---

6 Ingo Schulze, Das Deutschlandgerät, in: ders., Tasso im Irrenhaus. Drei Erzählungen, München 2021, S. 29.

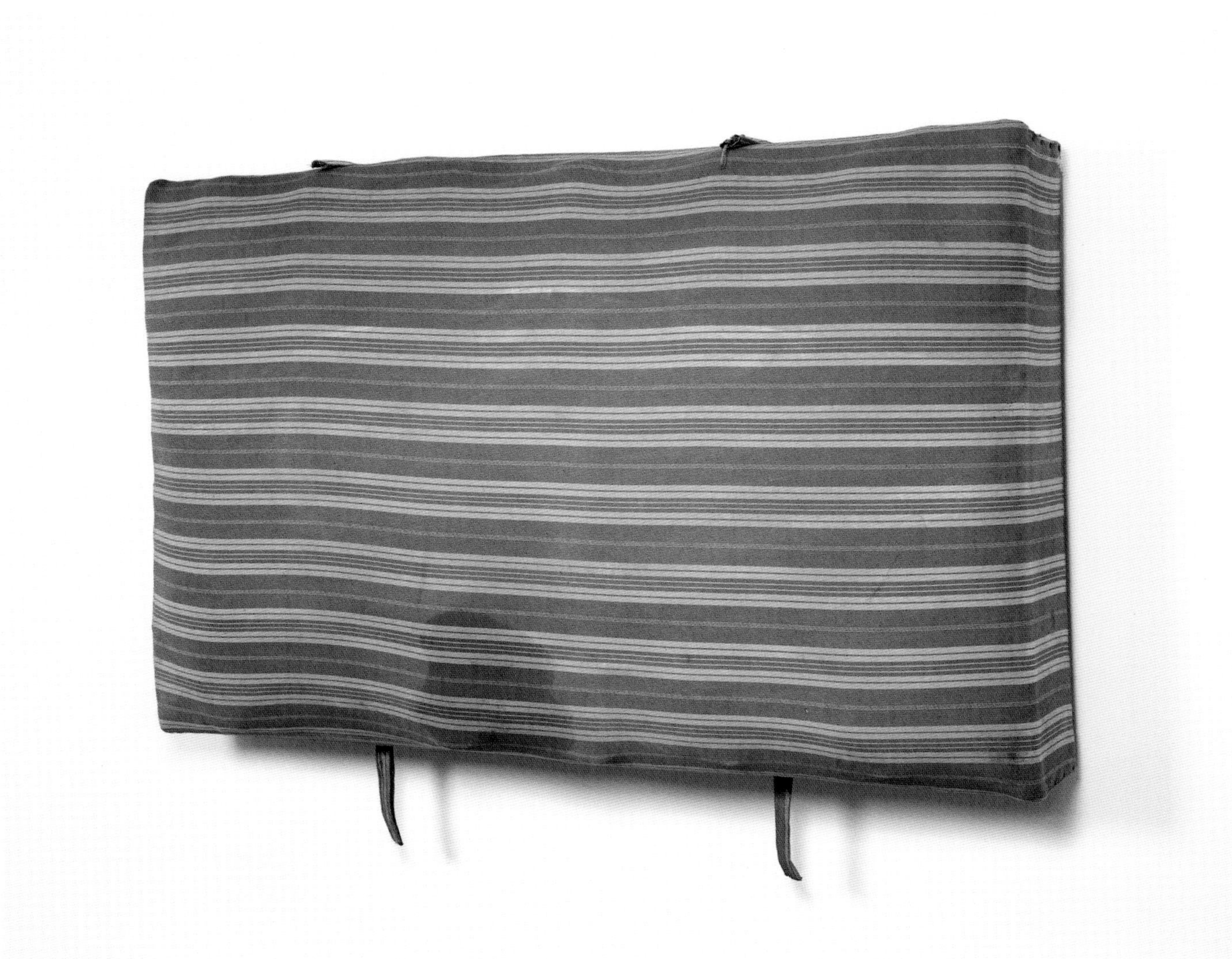

Biblis, 1993

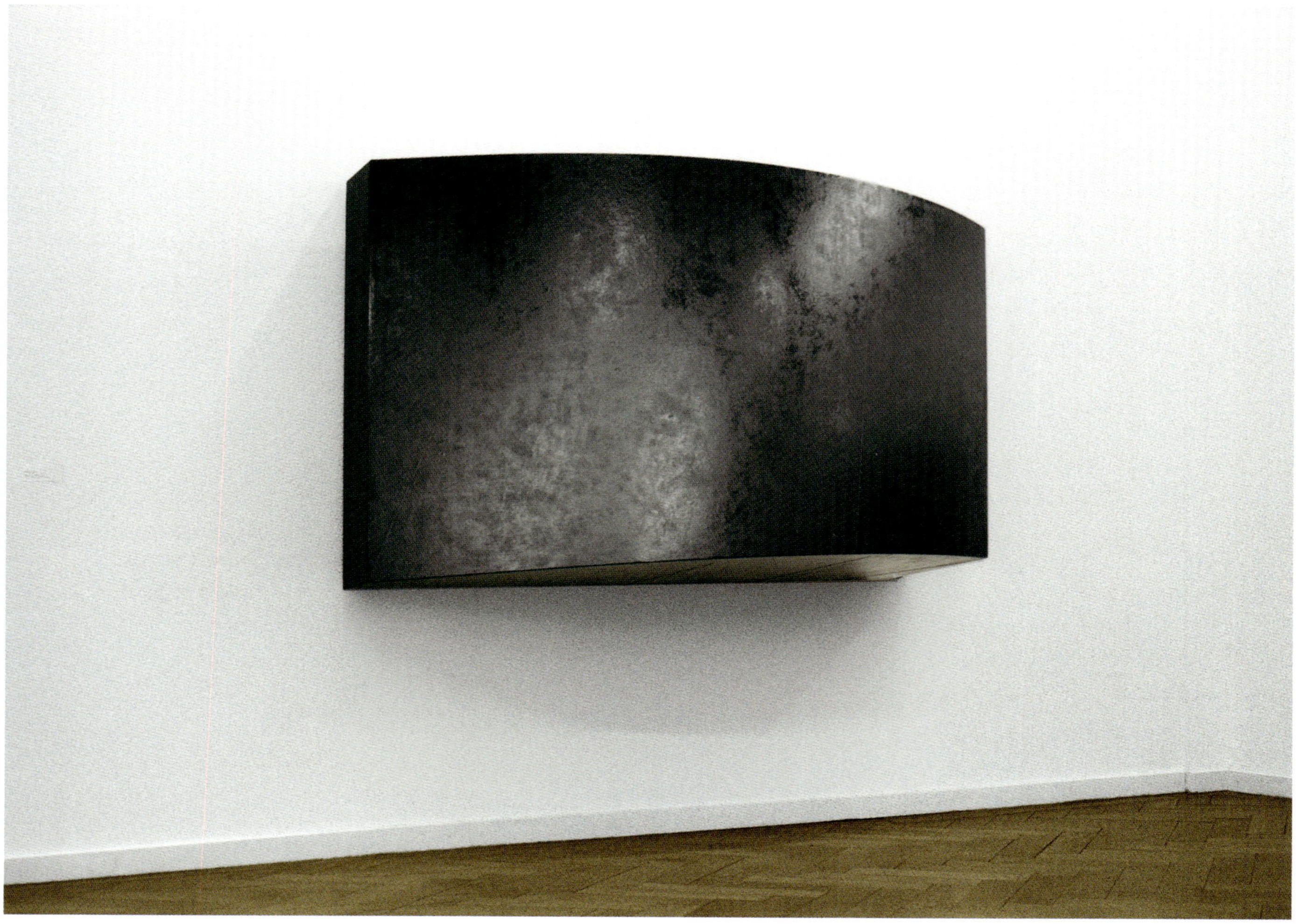

Oberbilker Markt, 1986

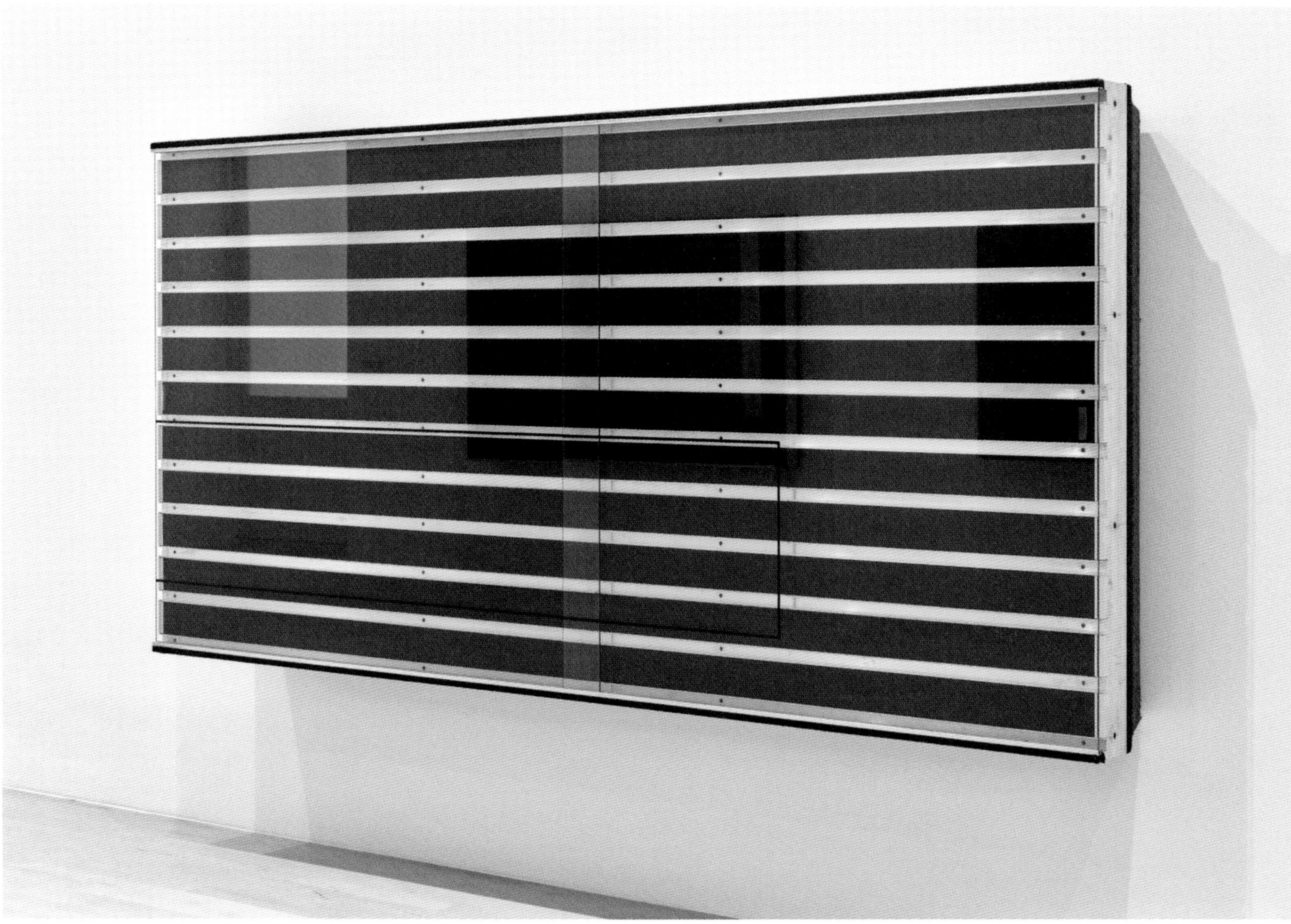

Werstener Kreuz, 1986

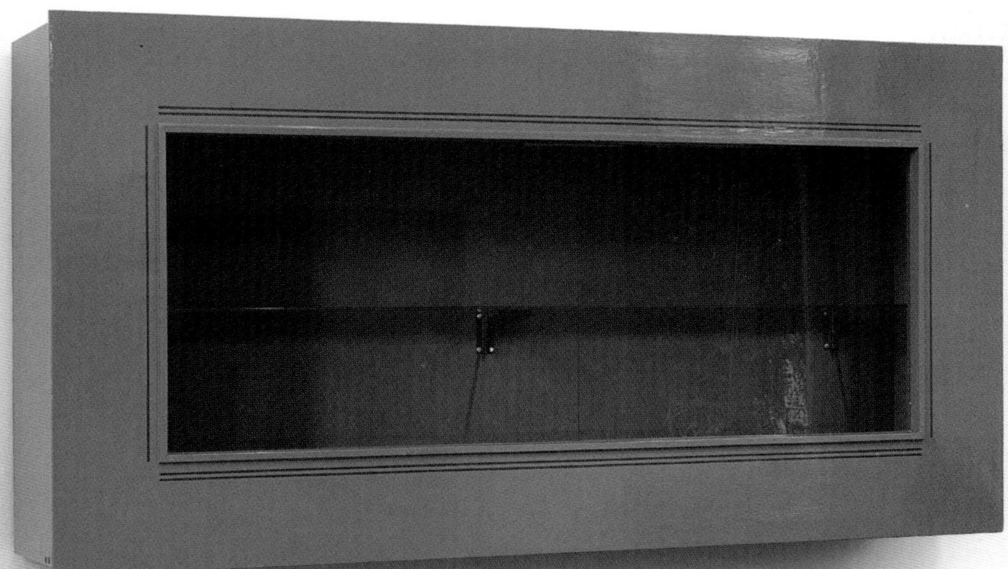

[Bingen] ex **Bottrop**, 1984

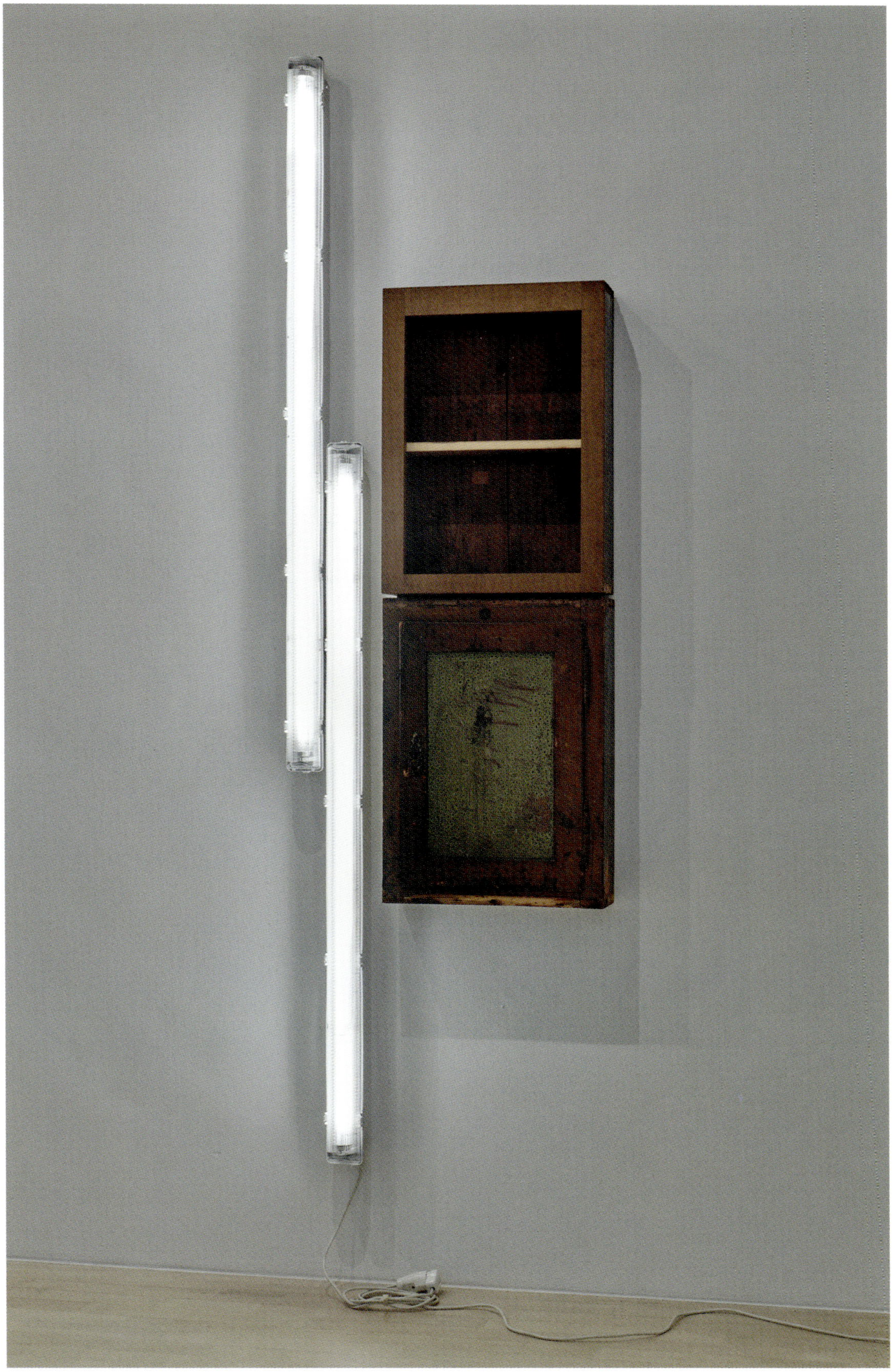

Wismar, 2006

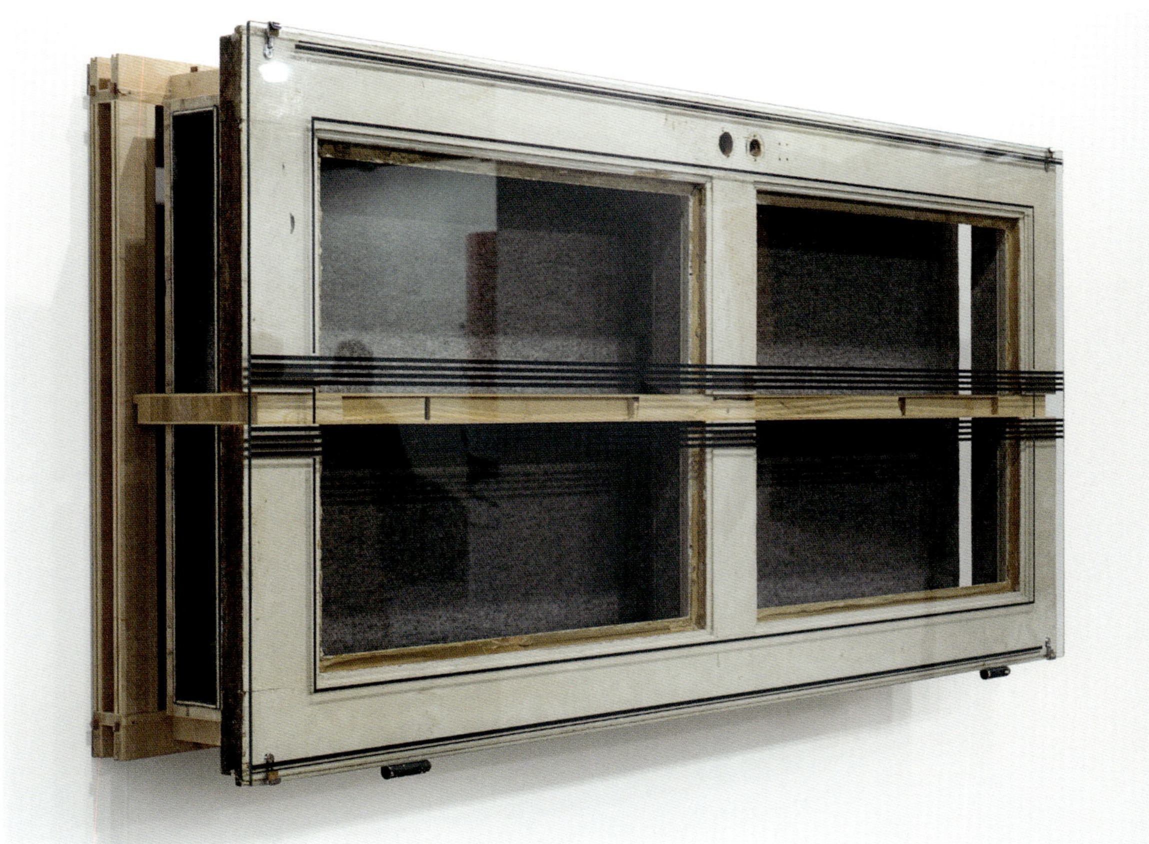

Birken, 2015

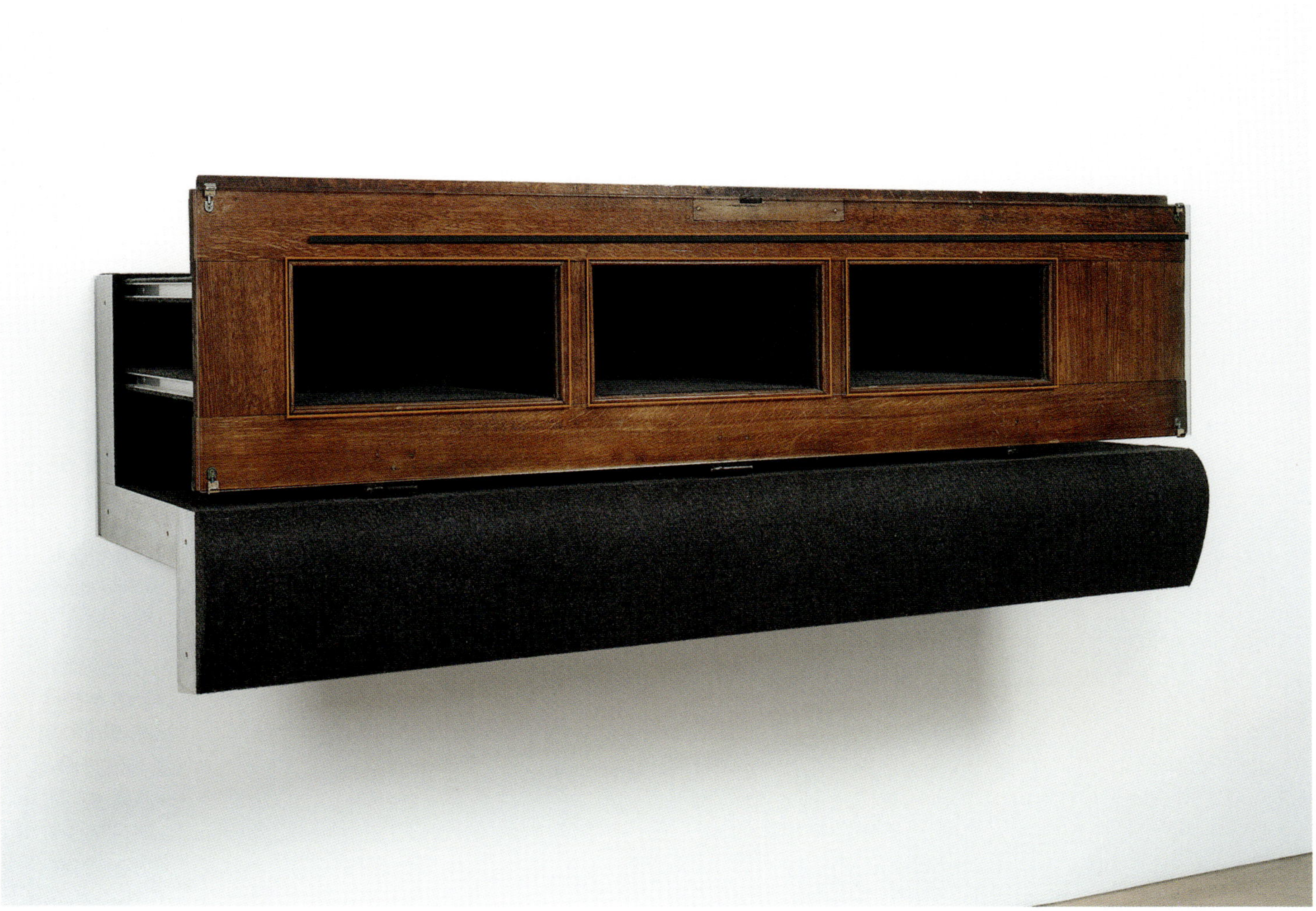

Aachen, 1993

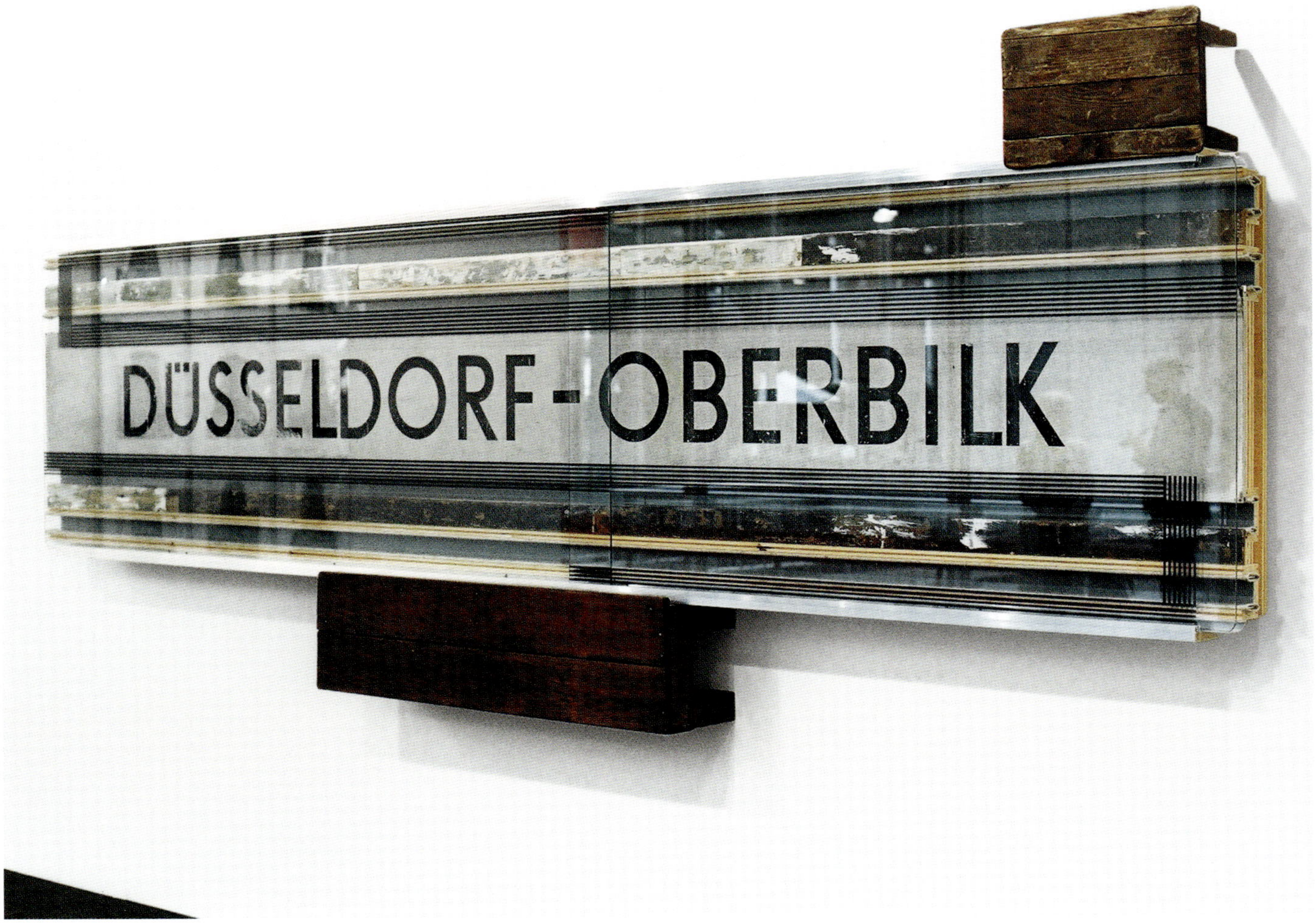

Das Haus auf seinen Schultern, Für Dieter Forte, 2013
The House upon His Shoulders, For Dieter Forte

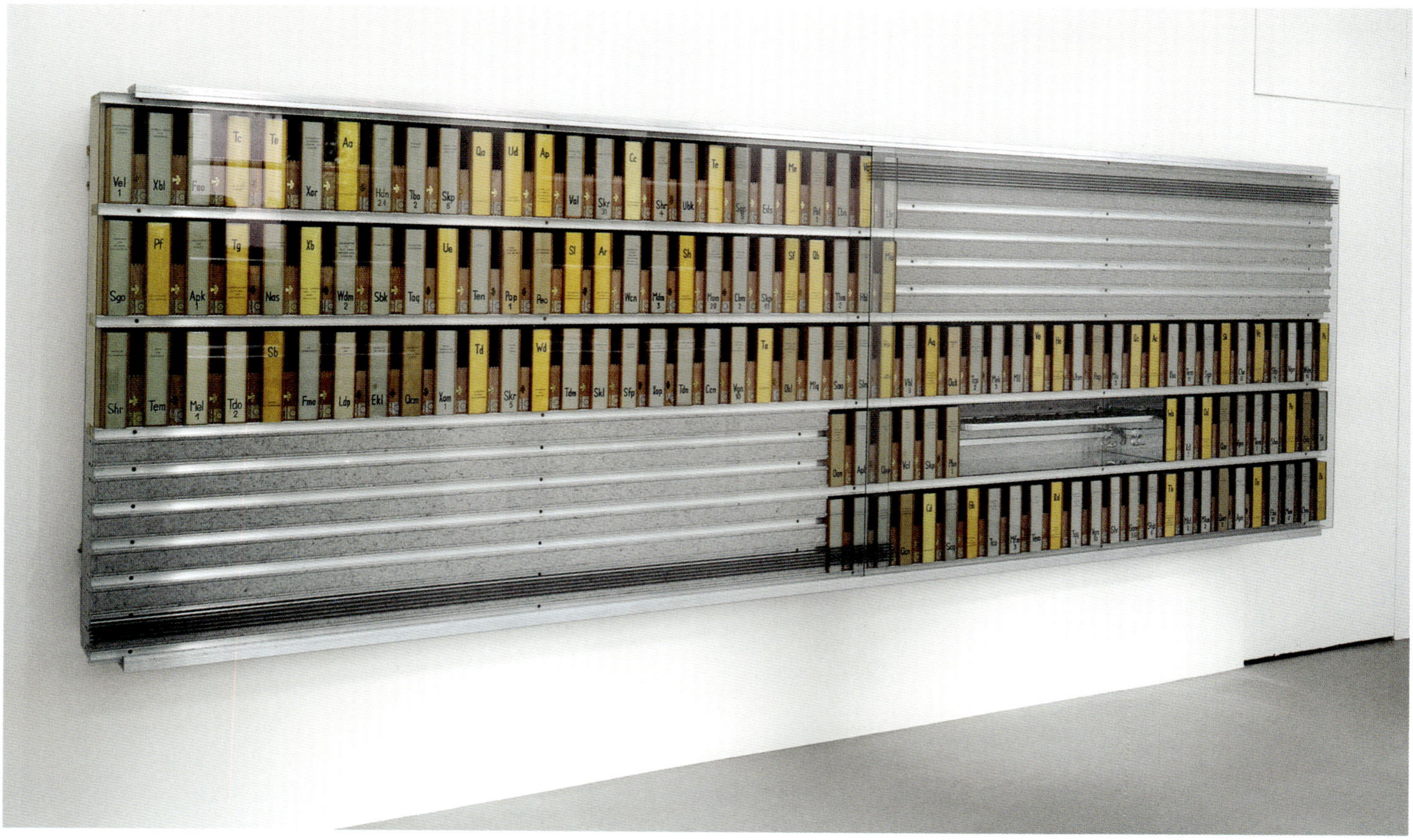

Eisern, [2003] 1980

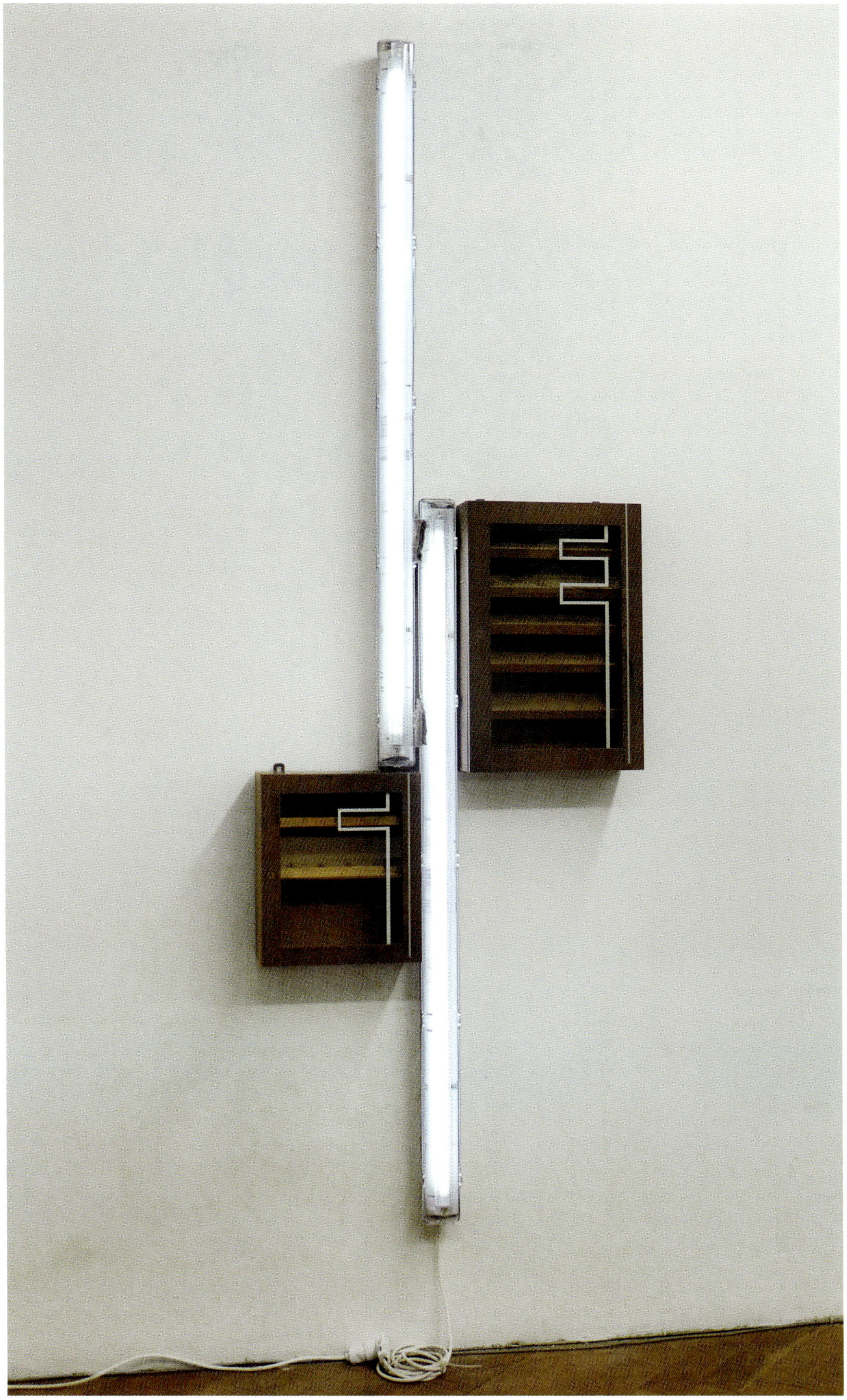

Uelzen, 2014

Ohne Titel (Entwurf einer Wandmalerei für das Arbeitszimmer von Peter Bagel im Gebäude der Druckerei- und Verlagsanstalt August Bagel Düsseldorf - 1978), 1987
Untitled (Draft for a mural in Peter Bagel's private office in the August Bagel printing facility and publishing company in Düsseldorf - 1978)

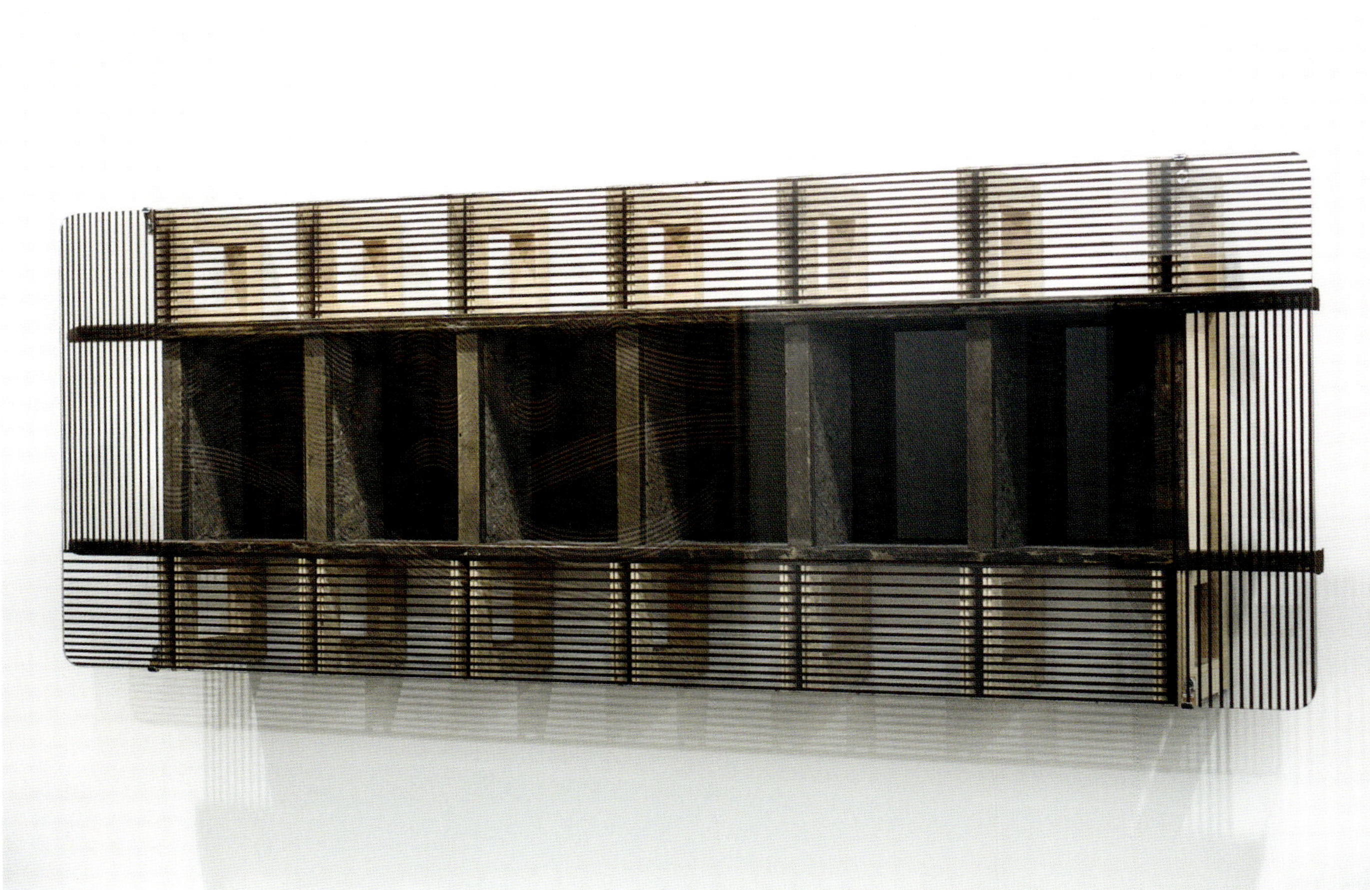

Buchen, 2015

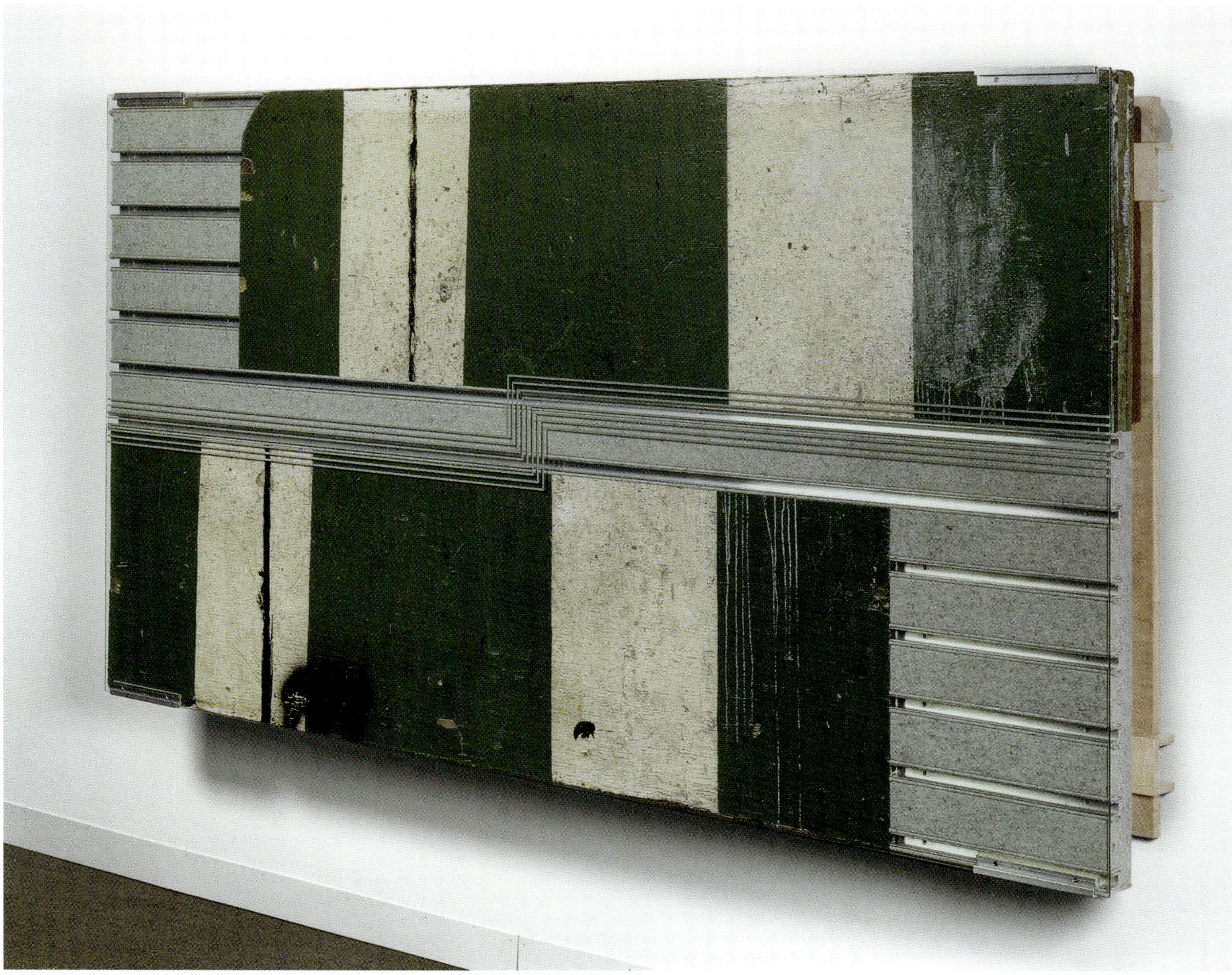

Meppen, 1999

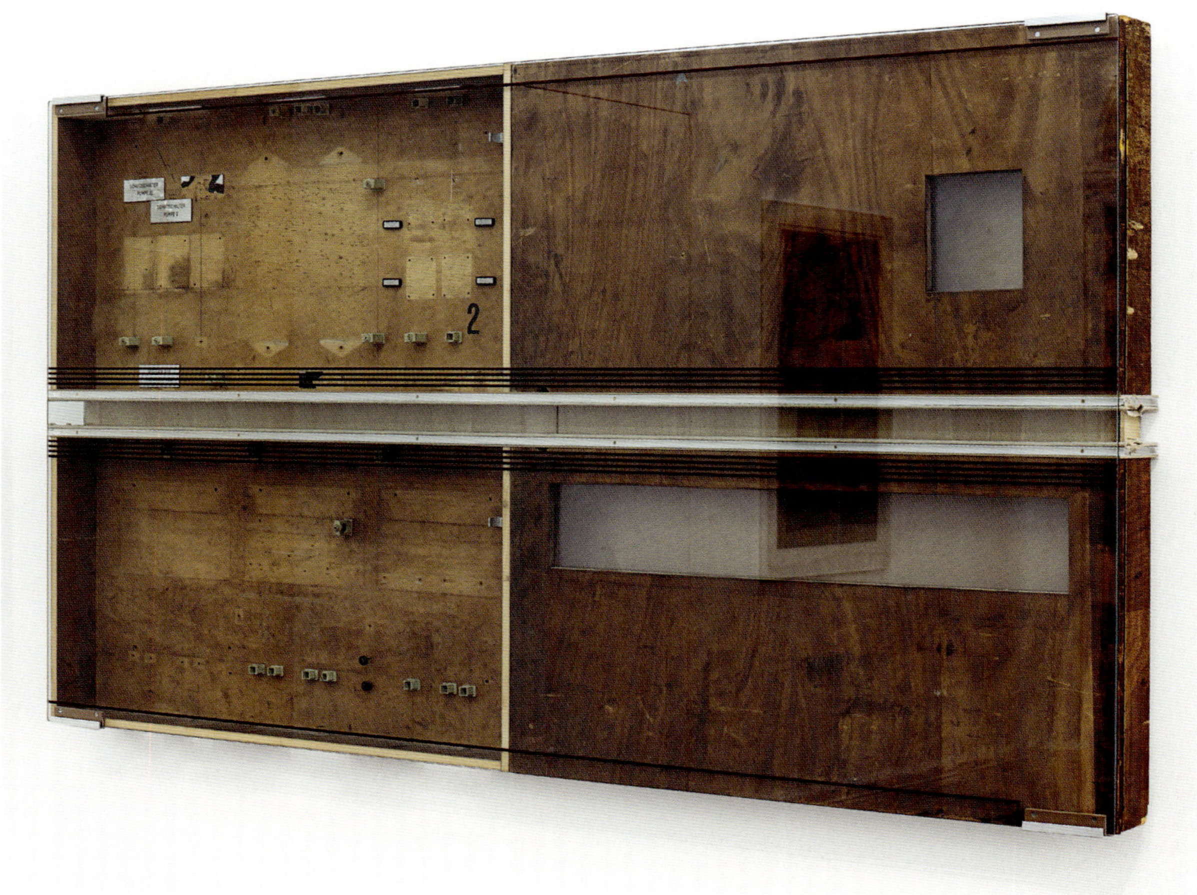

Wissen, 2018

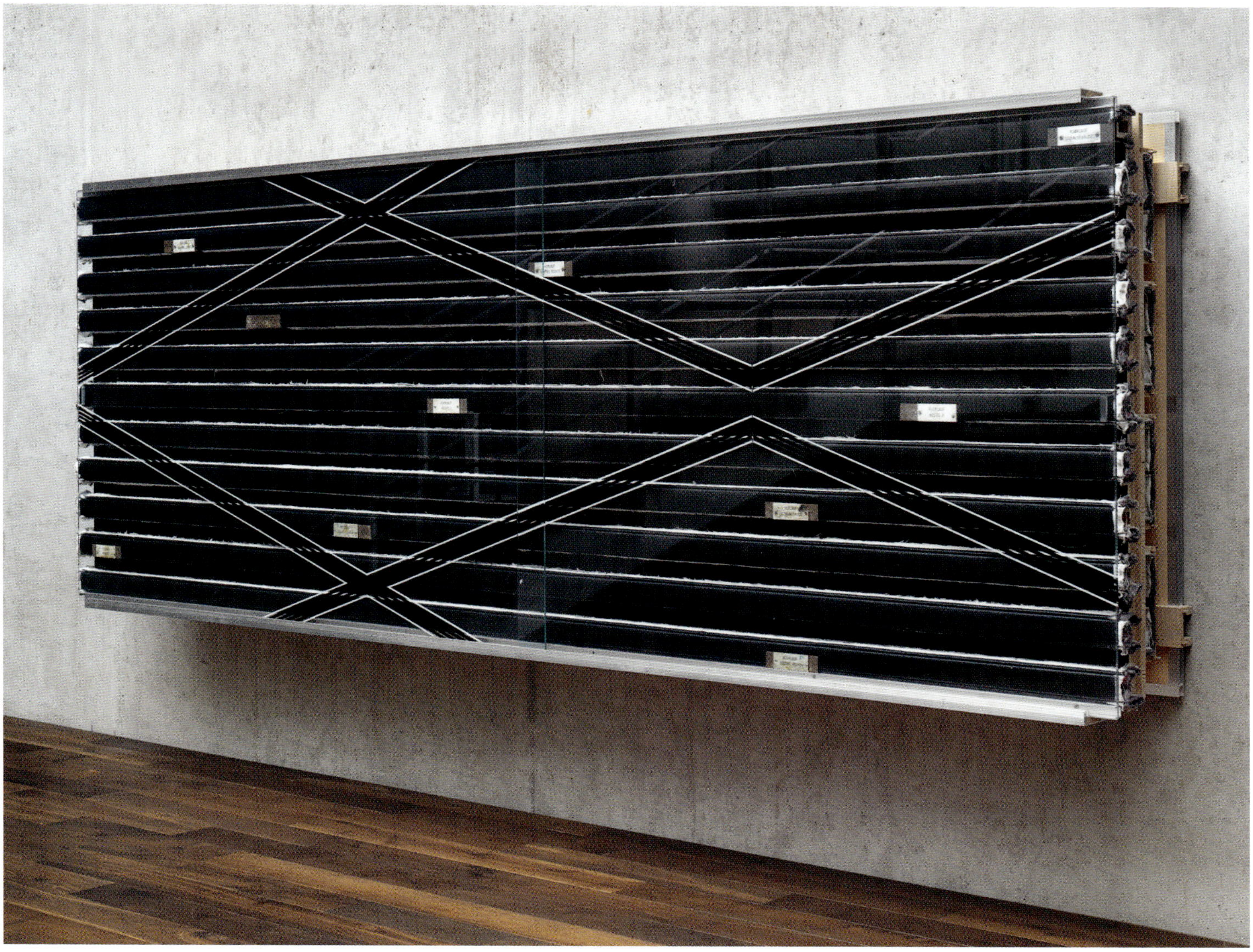

Kudowa, 2005

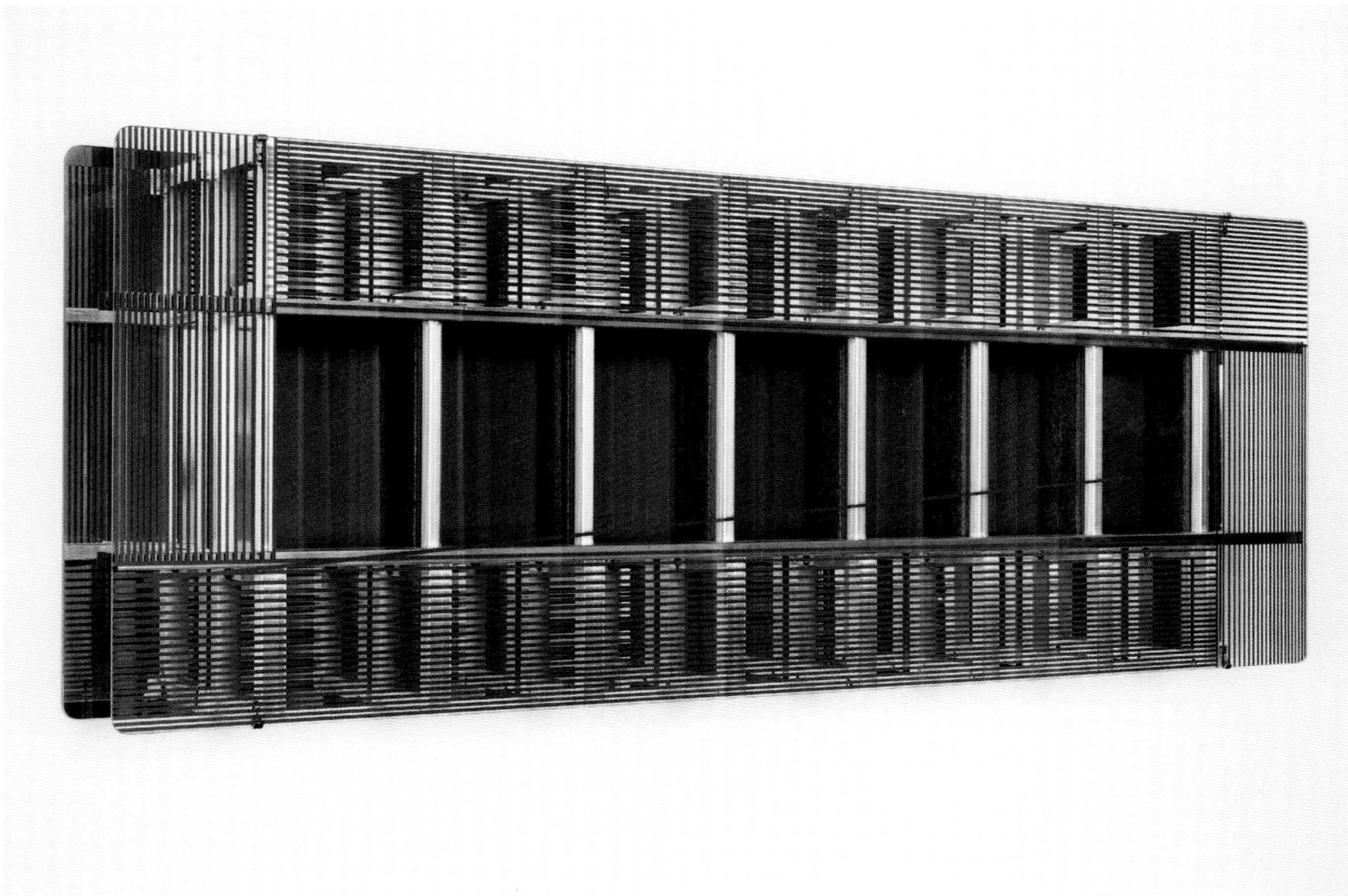

Nemitz, 2016

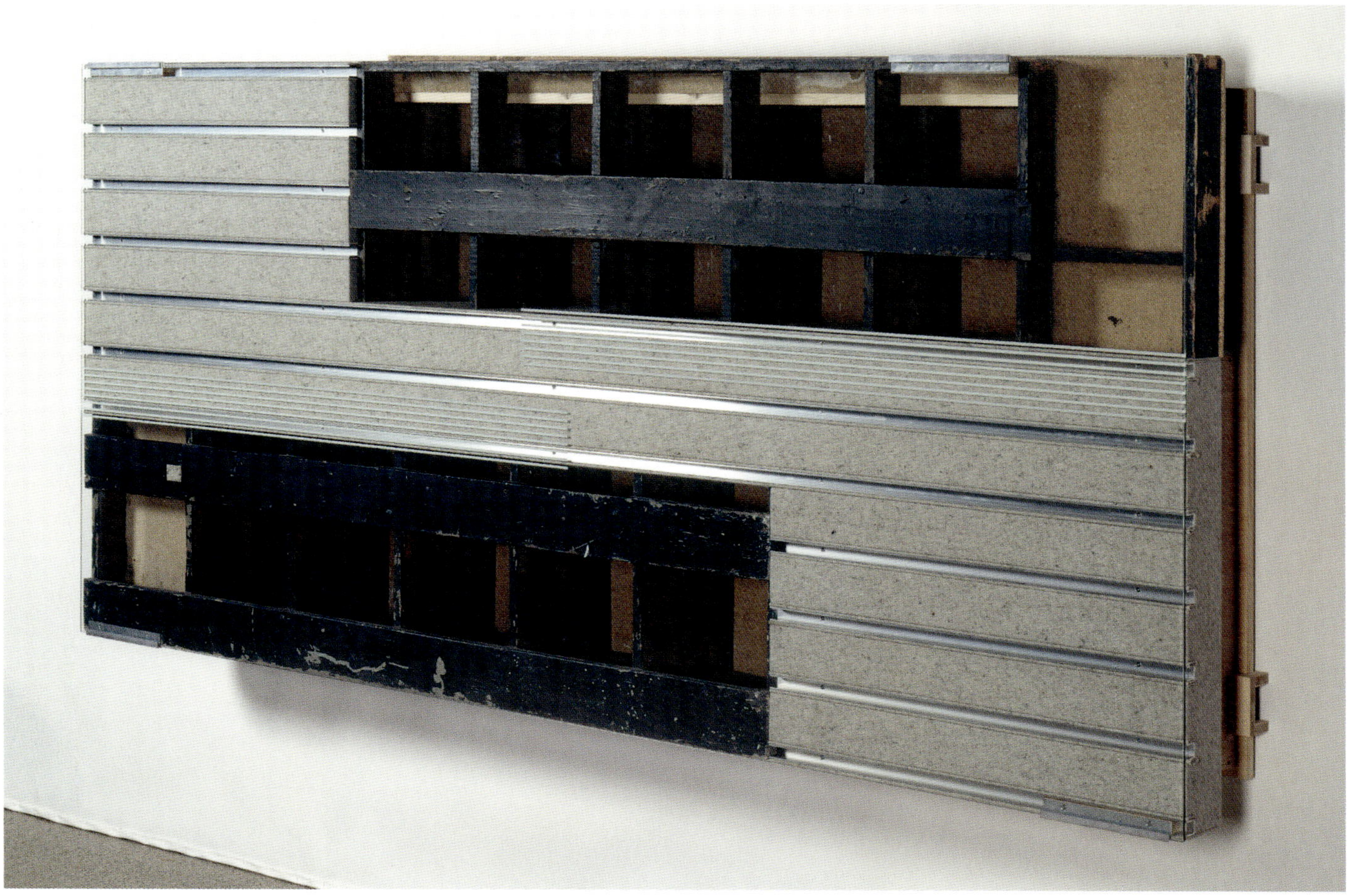

Wartha, 2000

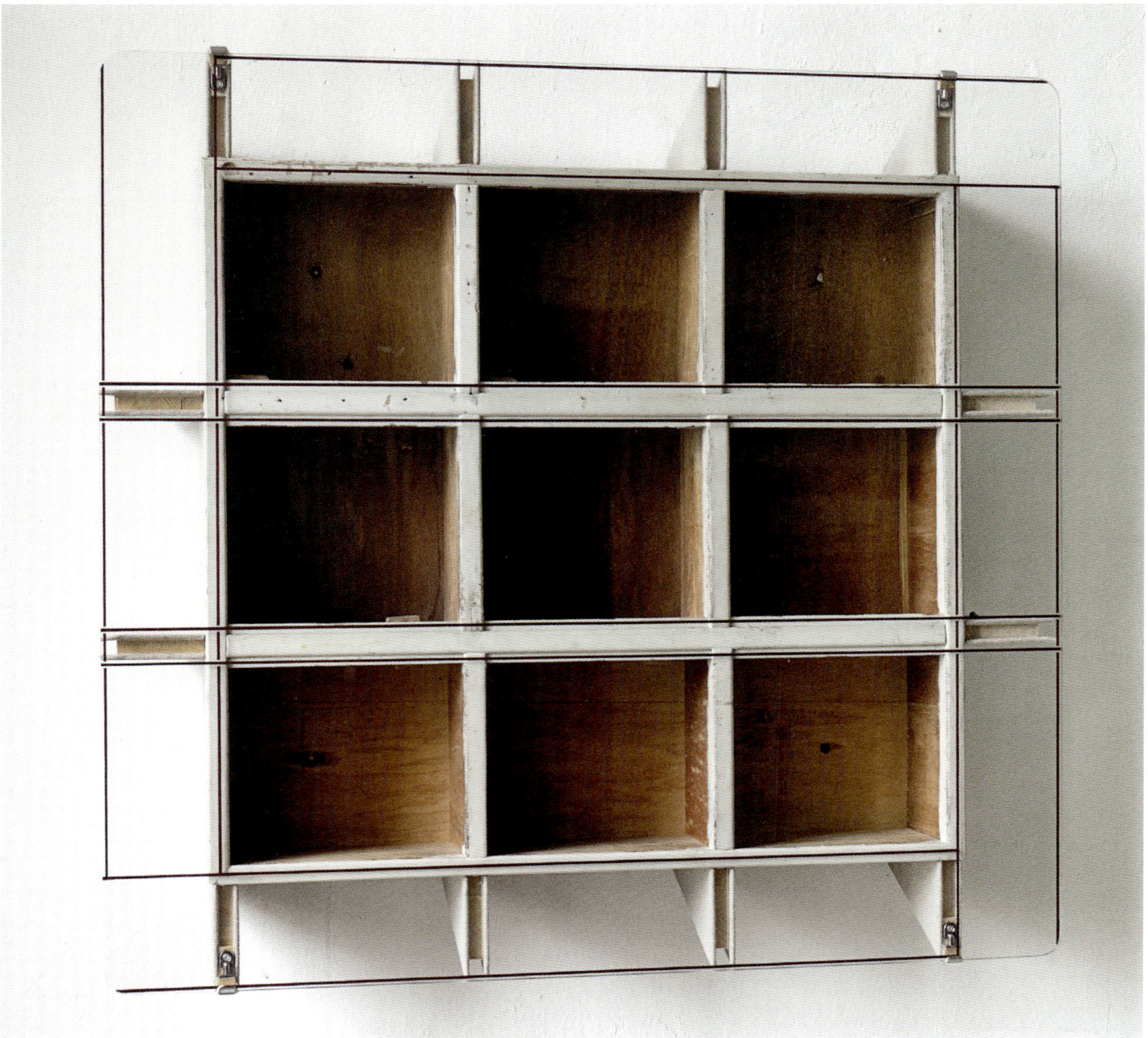

Stelle, 2021

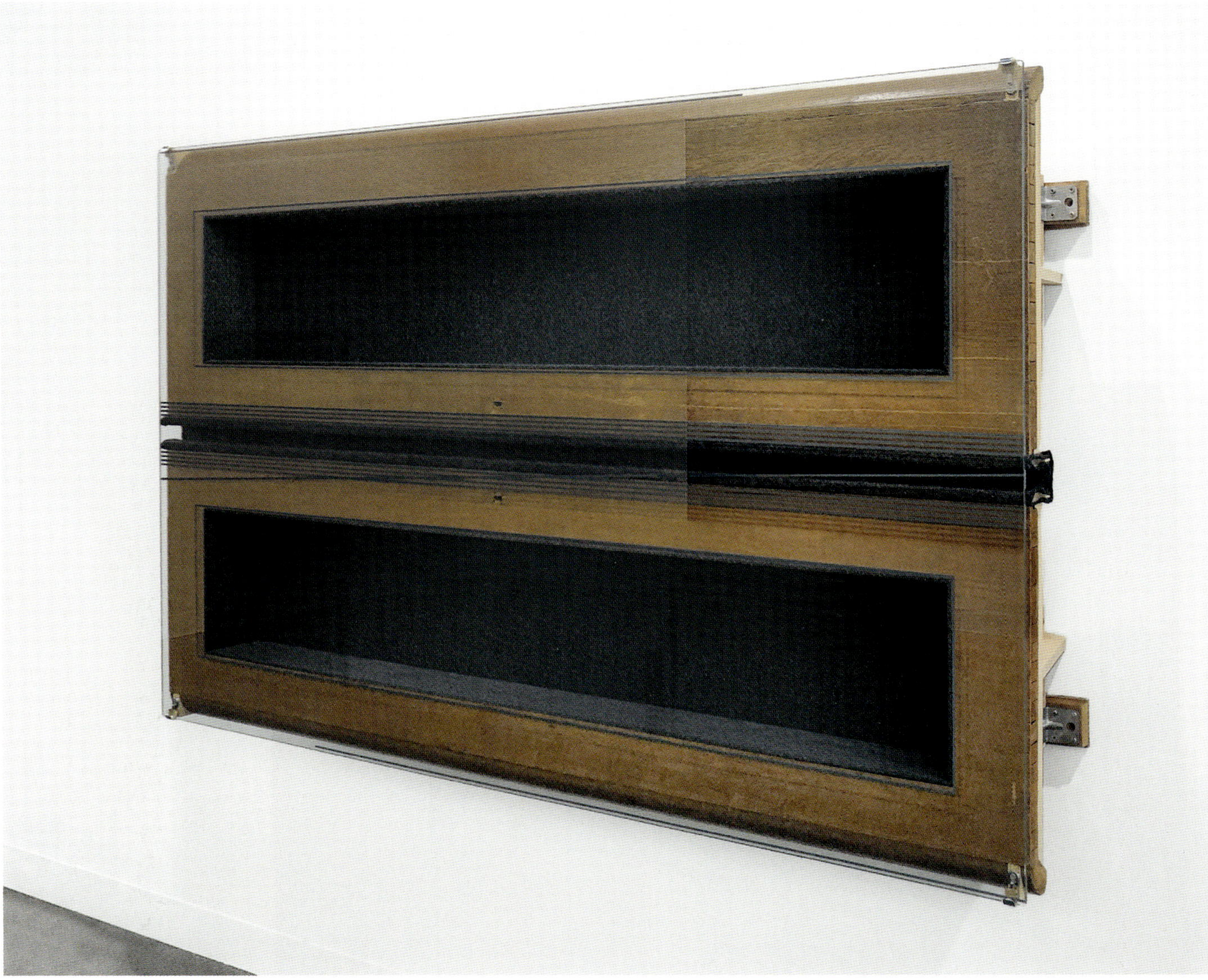

Loccum, 2021

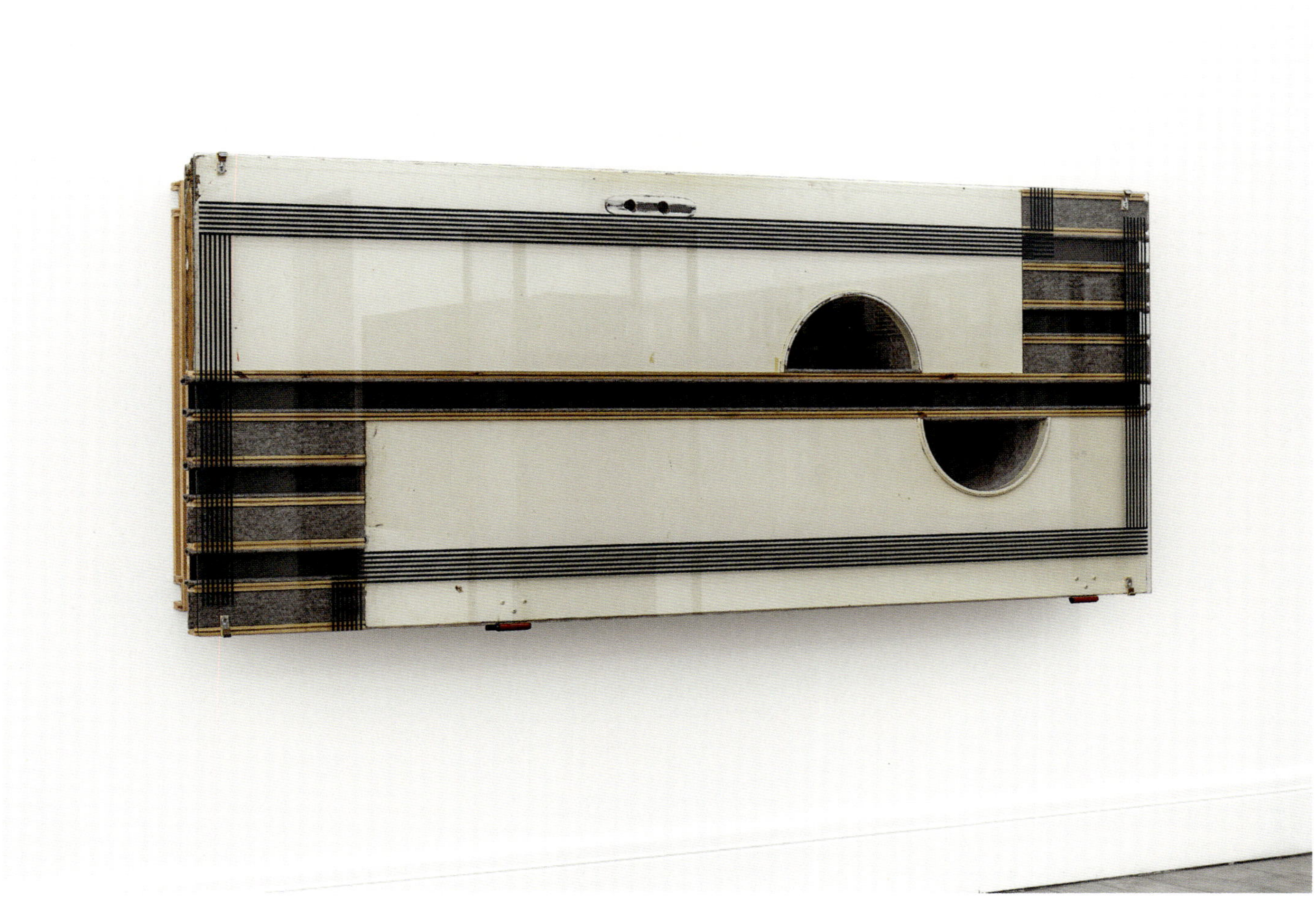

Hameln, 2014

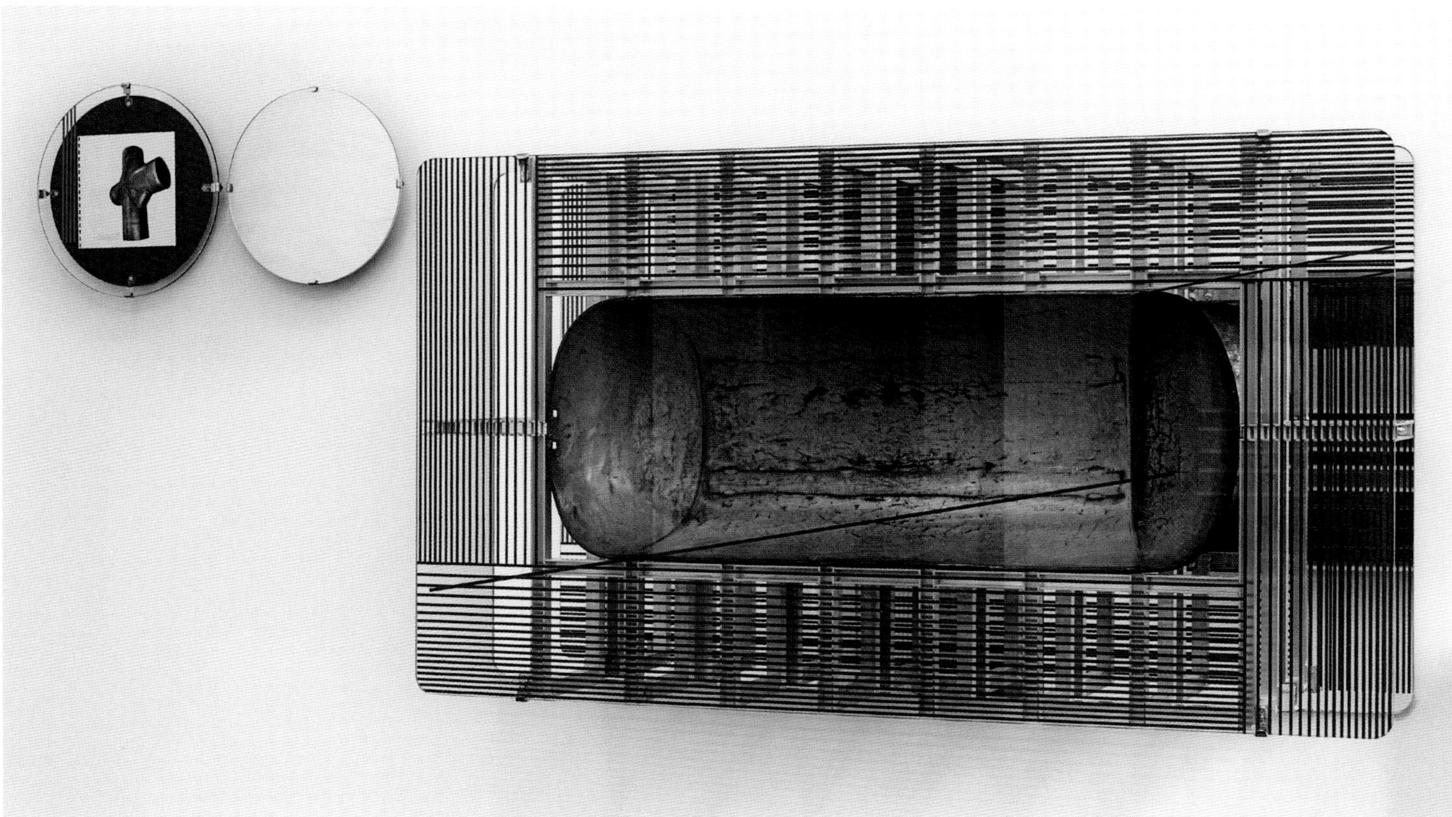

Plauen / Edition 1991 - >>Kreuzstück<<, [2019] 2019 / 2004

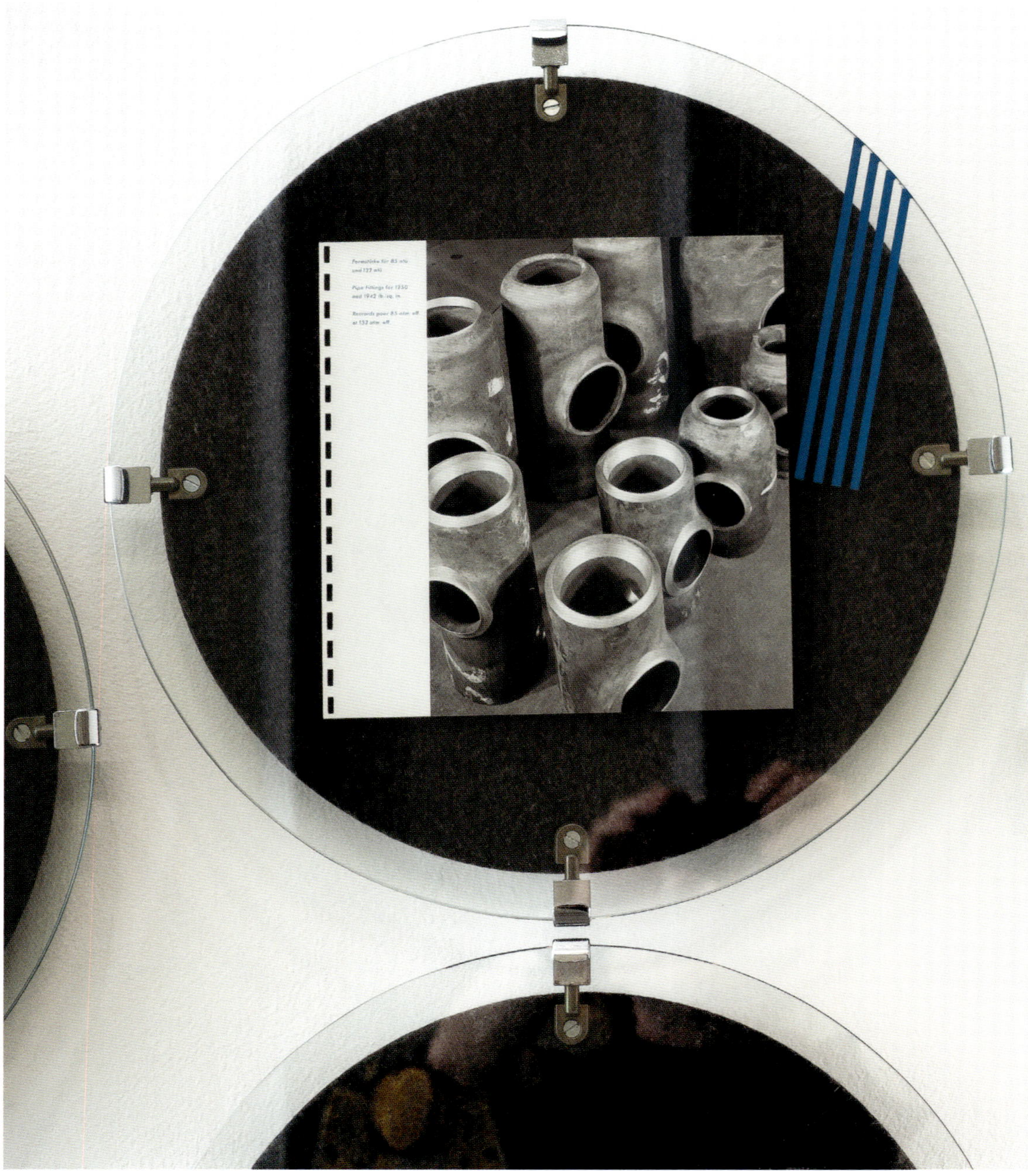

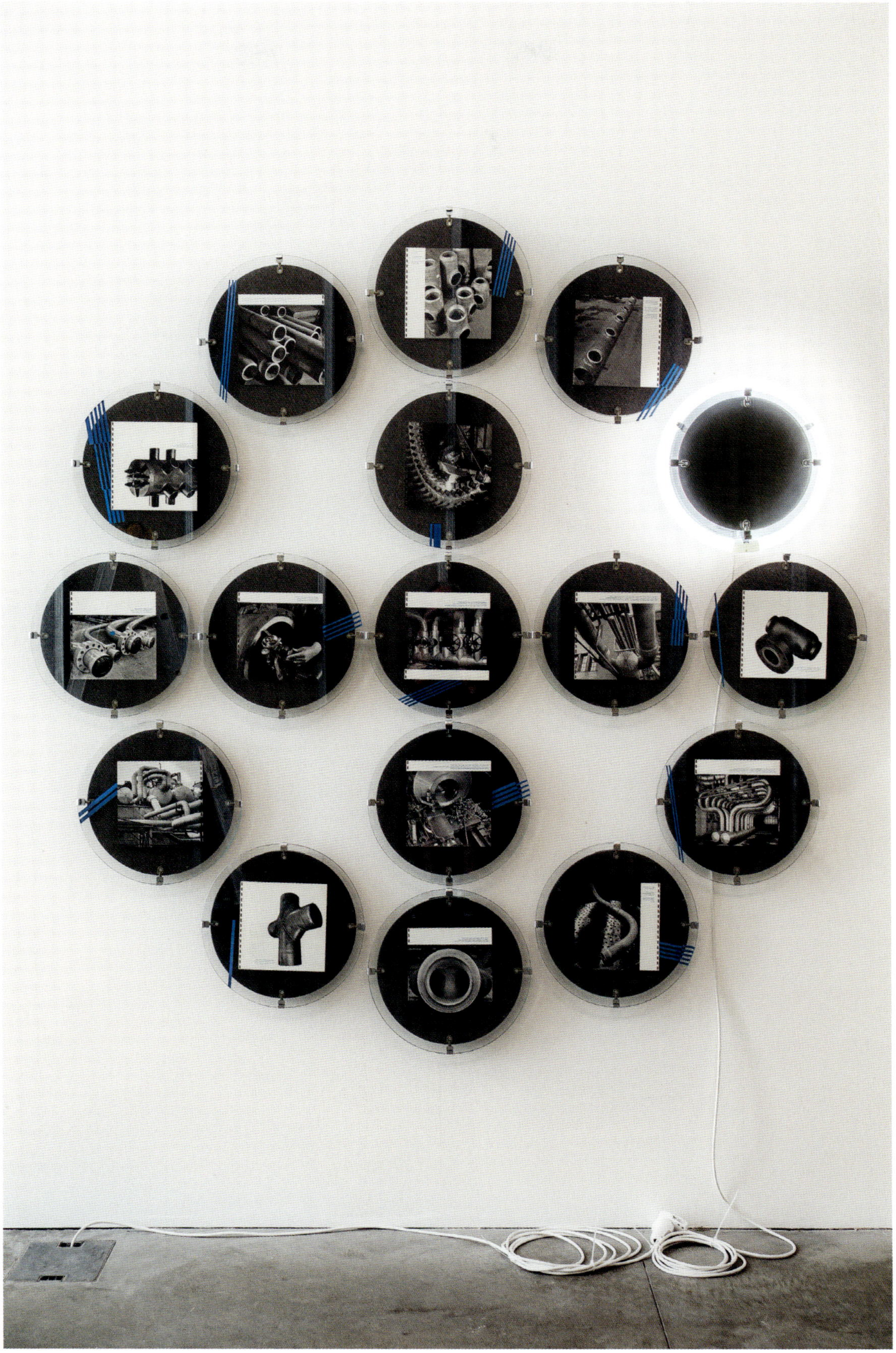

The Wirtschaftswunder, To the People of Pittsburgh **III**, [2016] 1991
Links / opposite: Detail

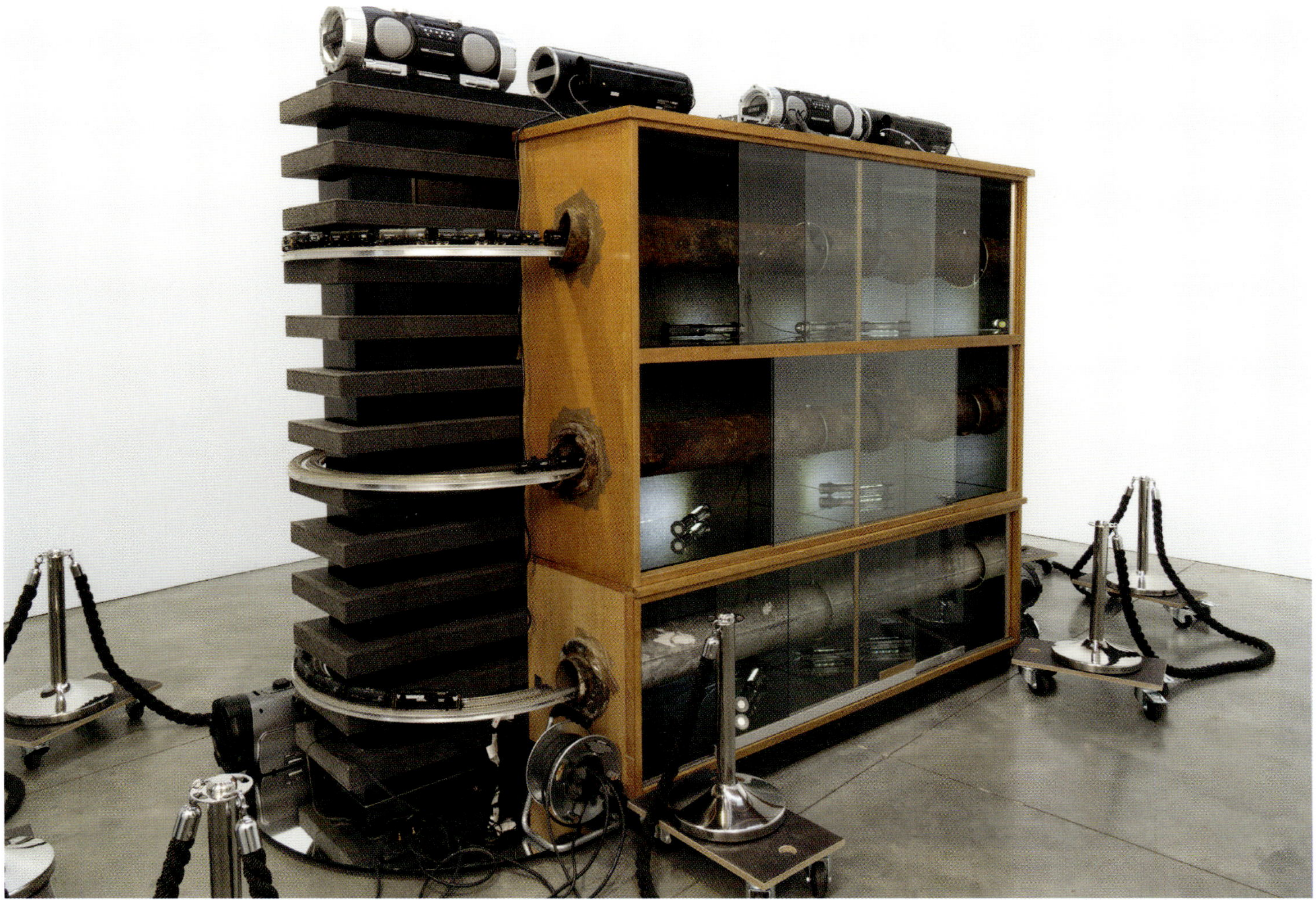

Straight / Edition 1991 – >>Kreuzstück<<, [2013] 2013 / 2004

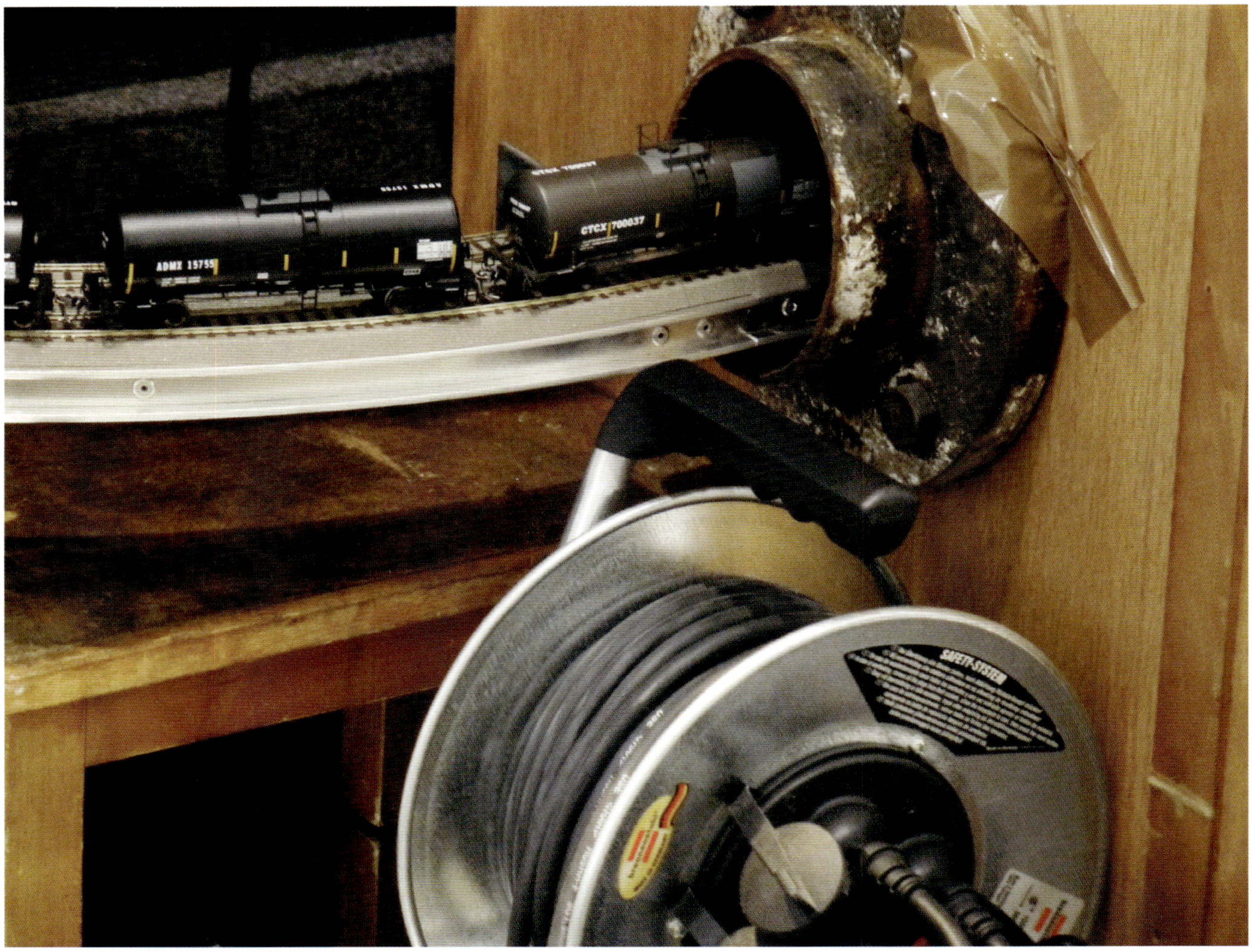
ADMX 15755
CTCX 700037
SAFETY-SYSTEM

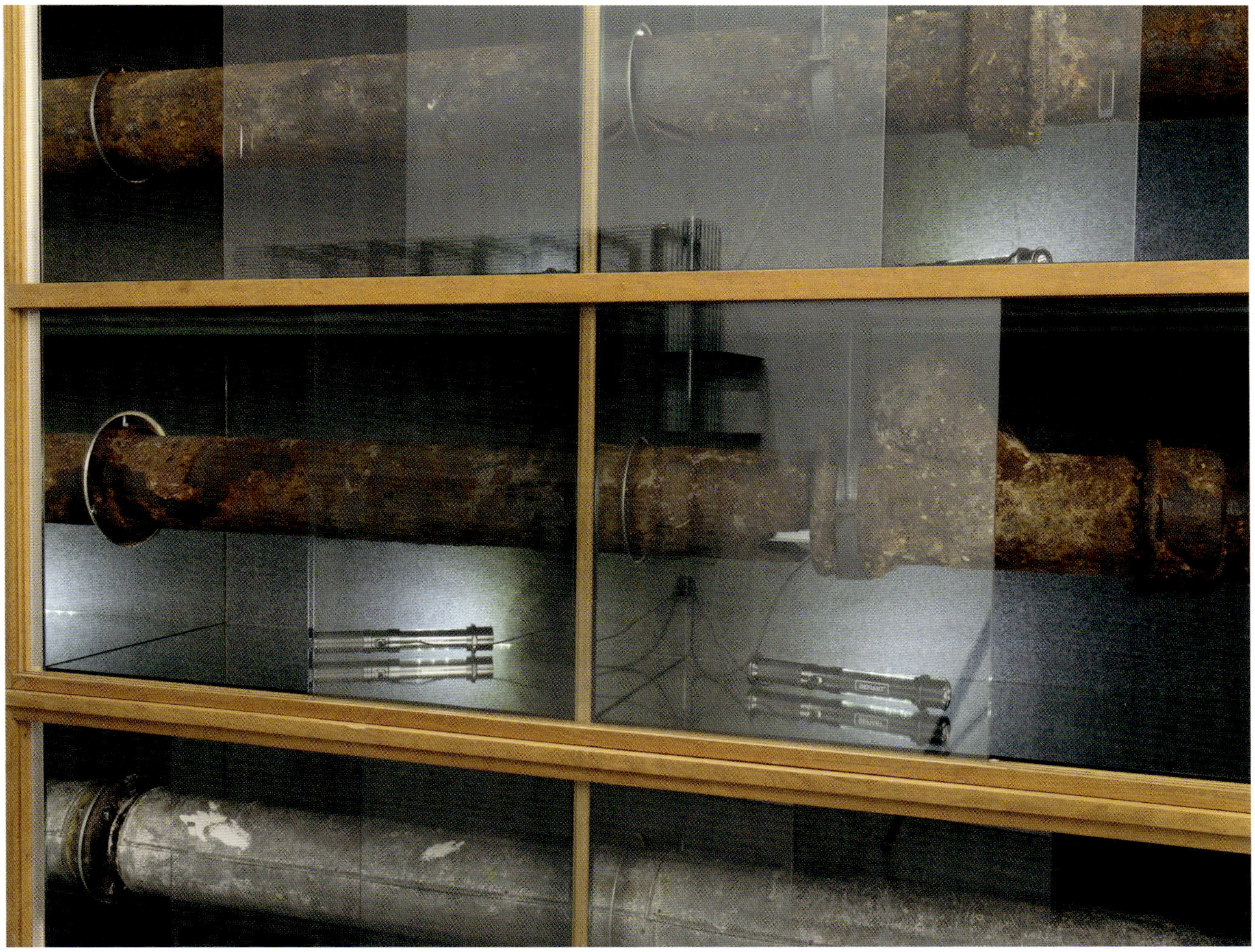

Straight / Edition 1991 – »**Kreuzstück**«, [2013] 2013 / 2004
Details

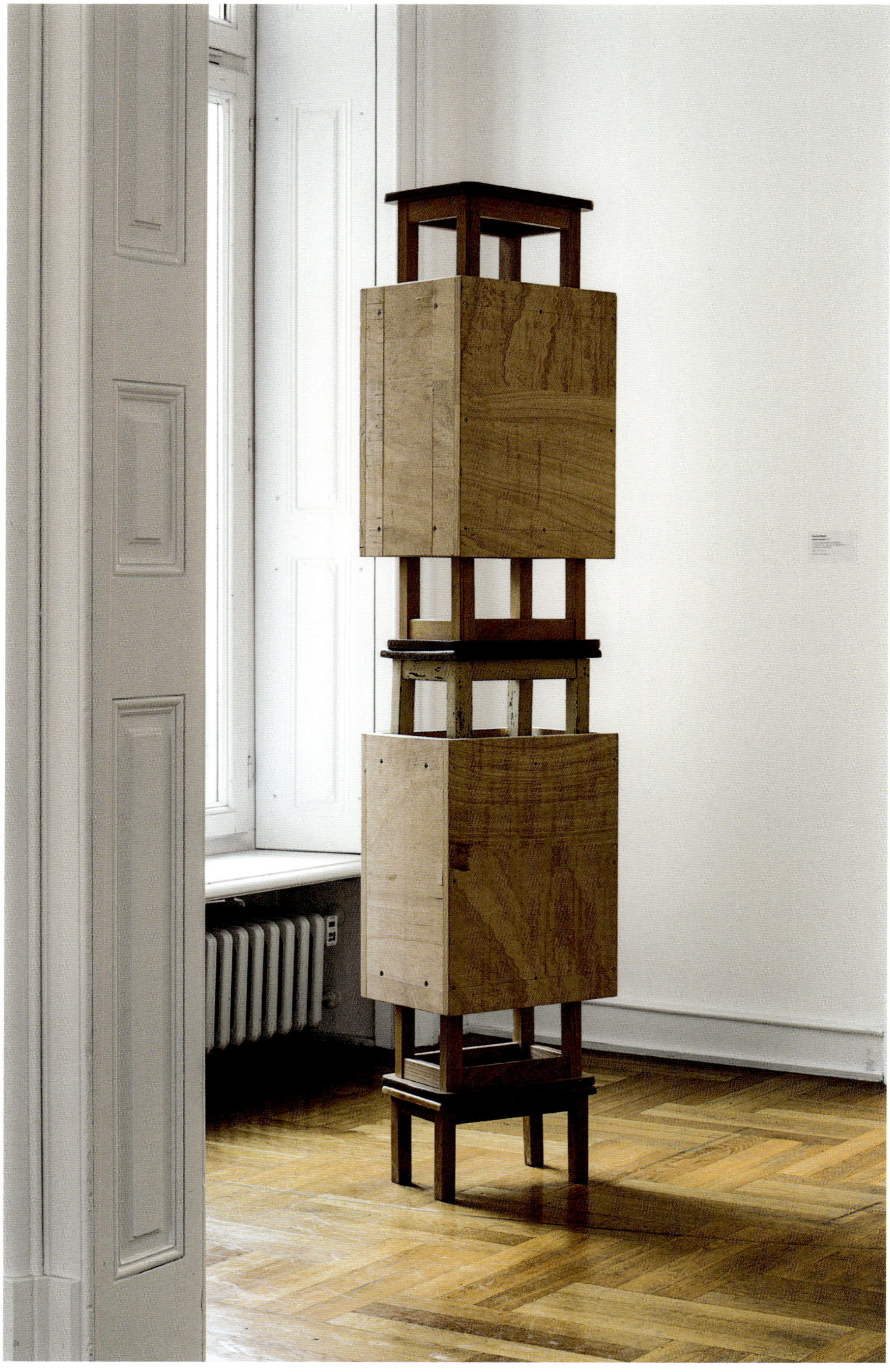

Dritter Versuch, 2015
Third Try

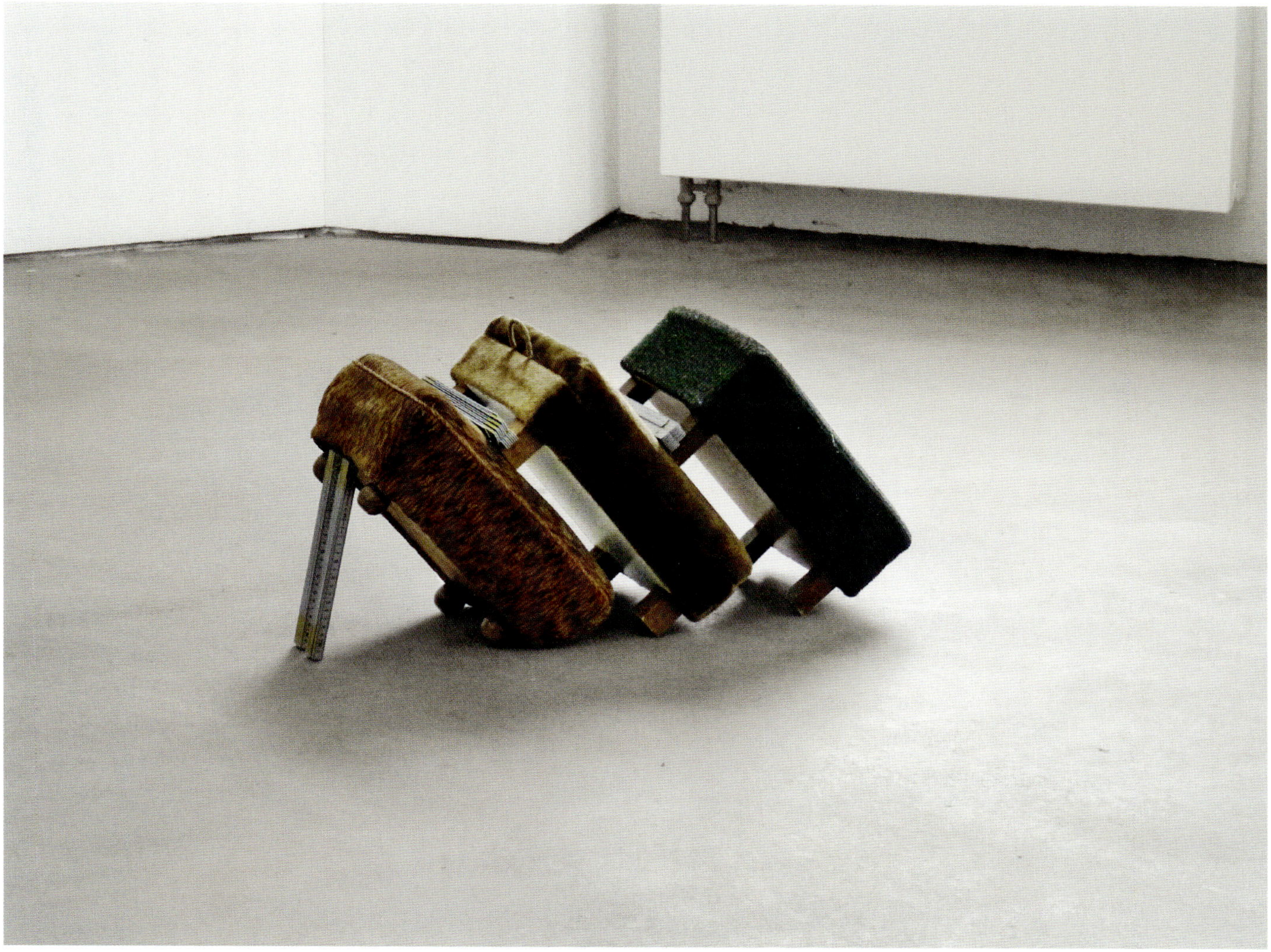

Altbau gegen Neubau, 2014

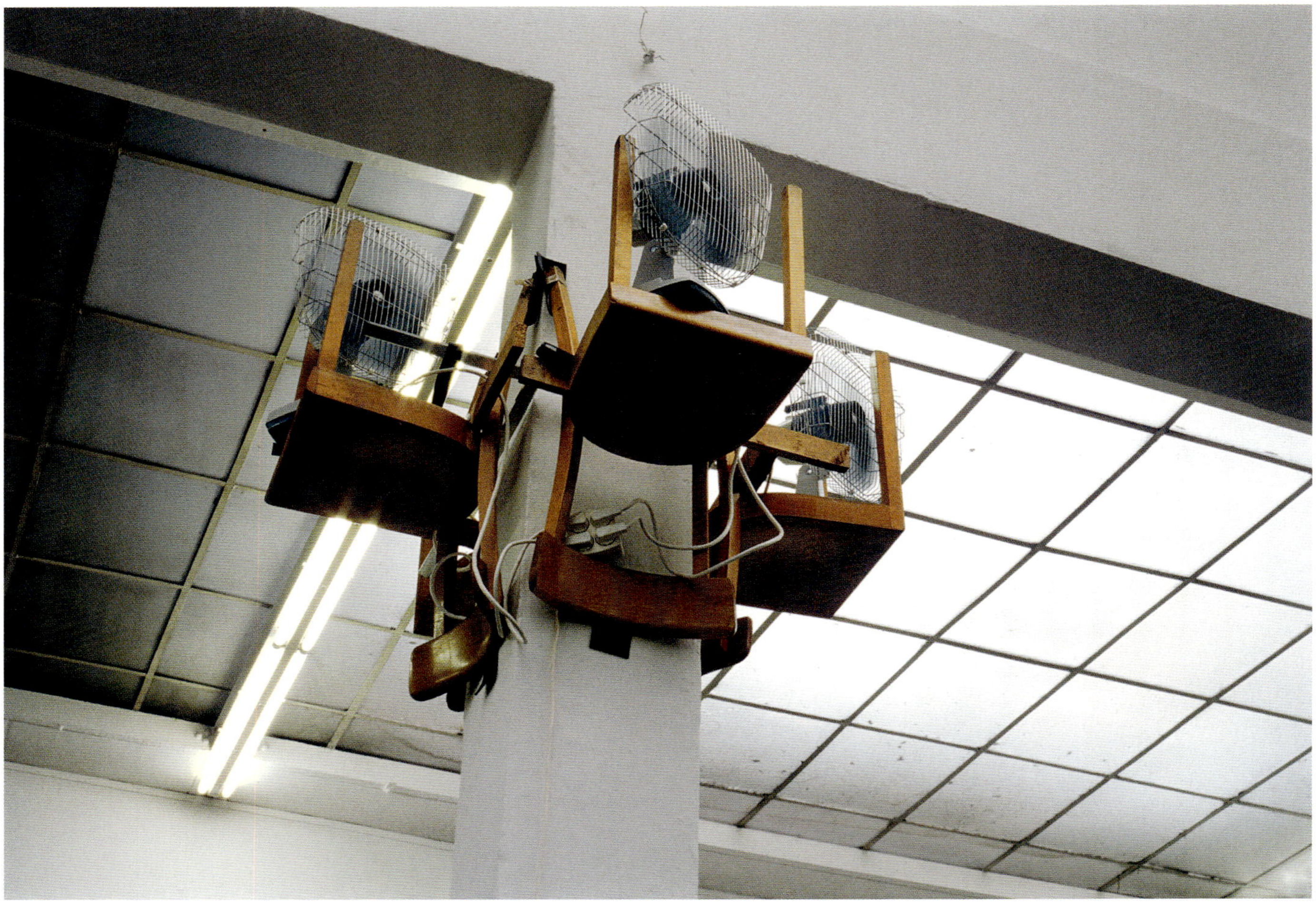

„Wind und zu hohe Türme“, 1982
“Wind and Too-Tall Towers”
Ausstellungsansicht / Installation view: Kunstmuseum Düsseldorf im Ehrenhof, 1982

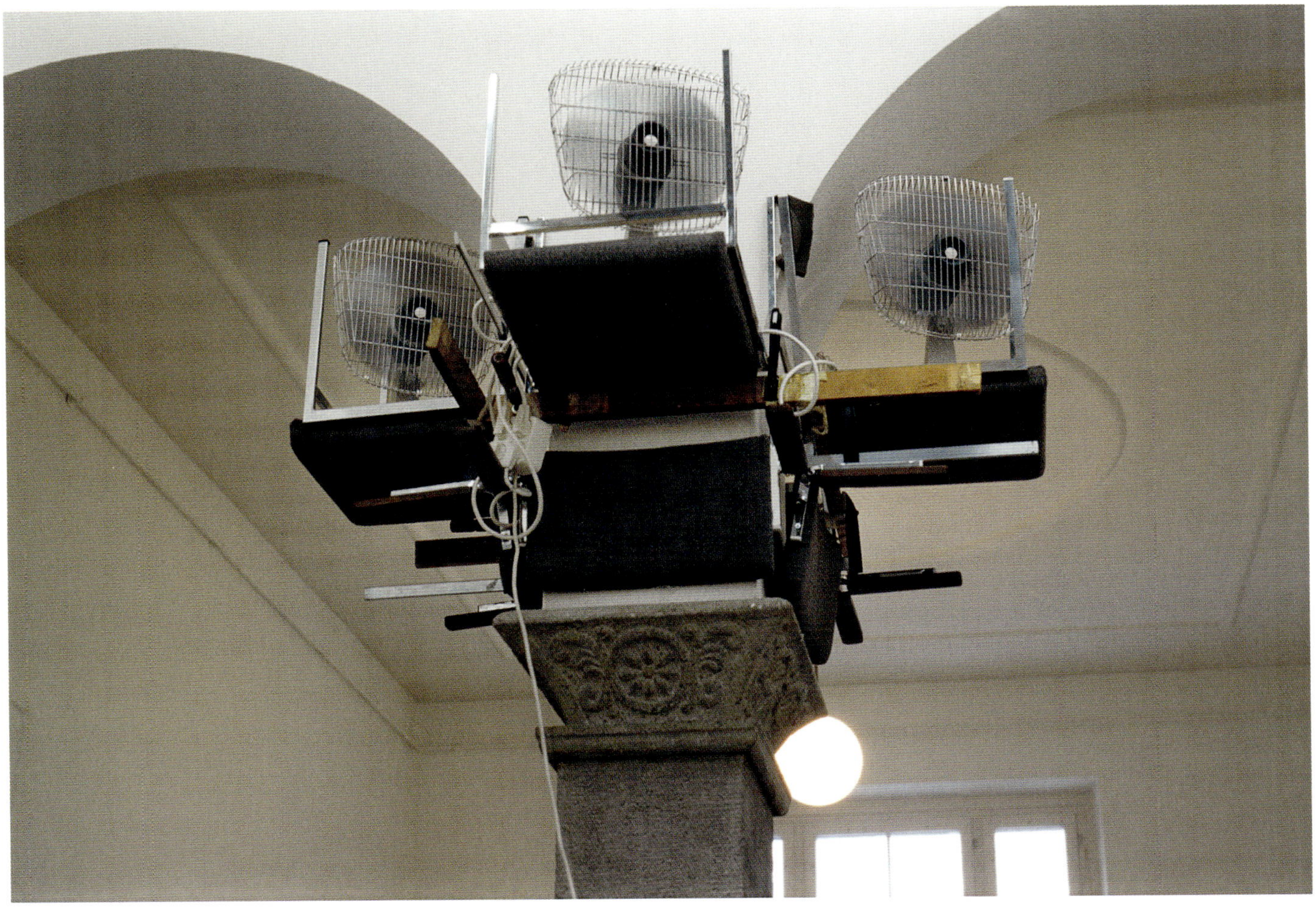

„Wind und zu hohe Türme“, [1983] 1982
“Wind and Too-Tall Towers”
Ausstellungsansicht / Installation view: Kunsthalle Bern, 1987

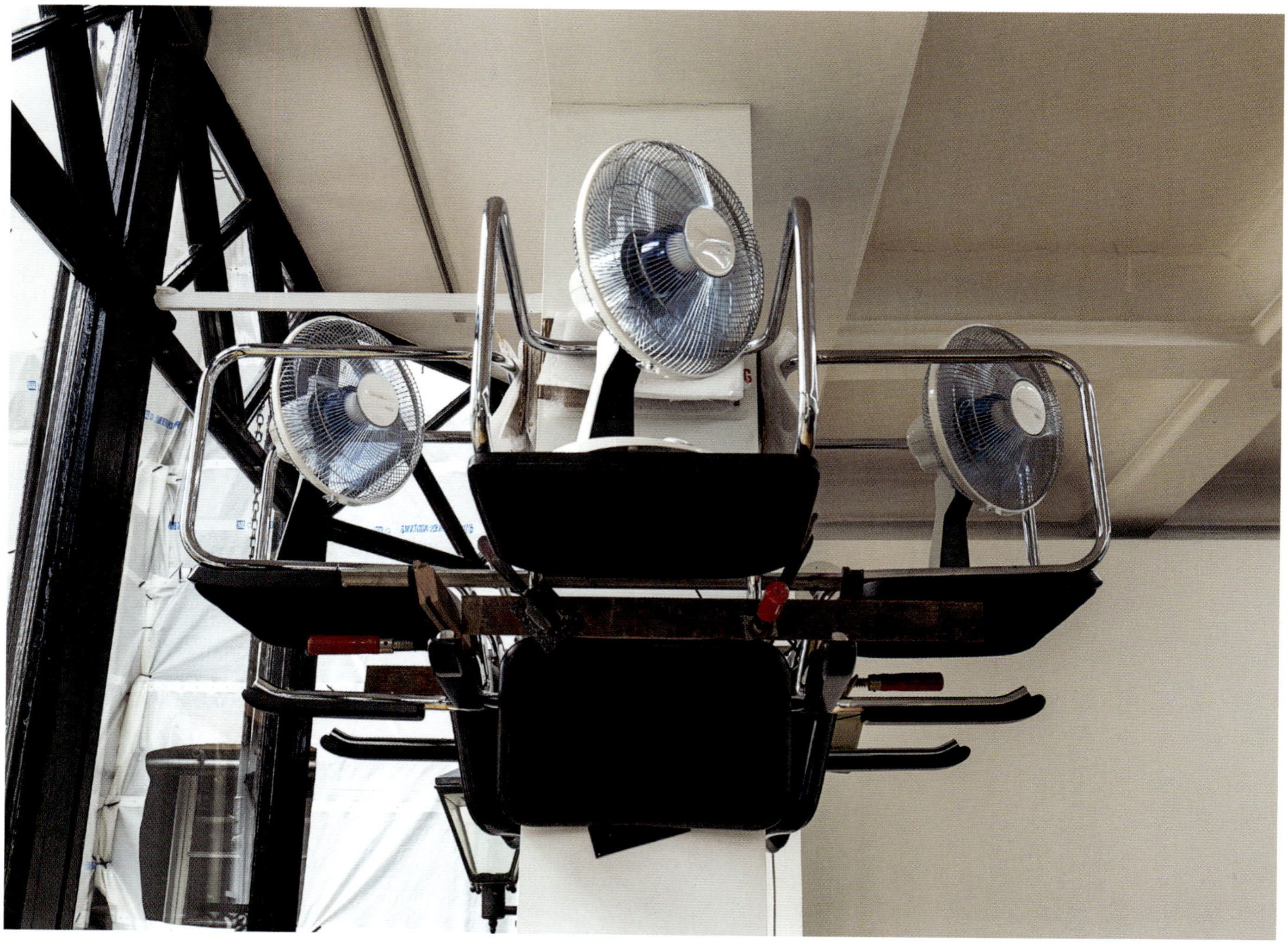

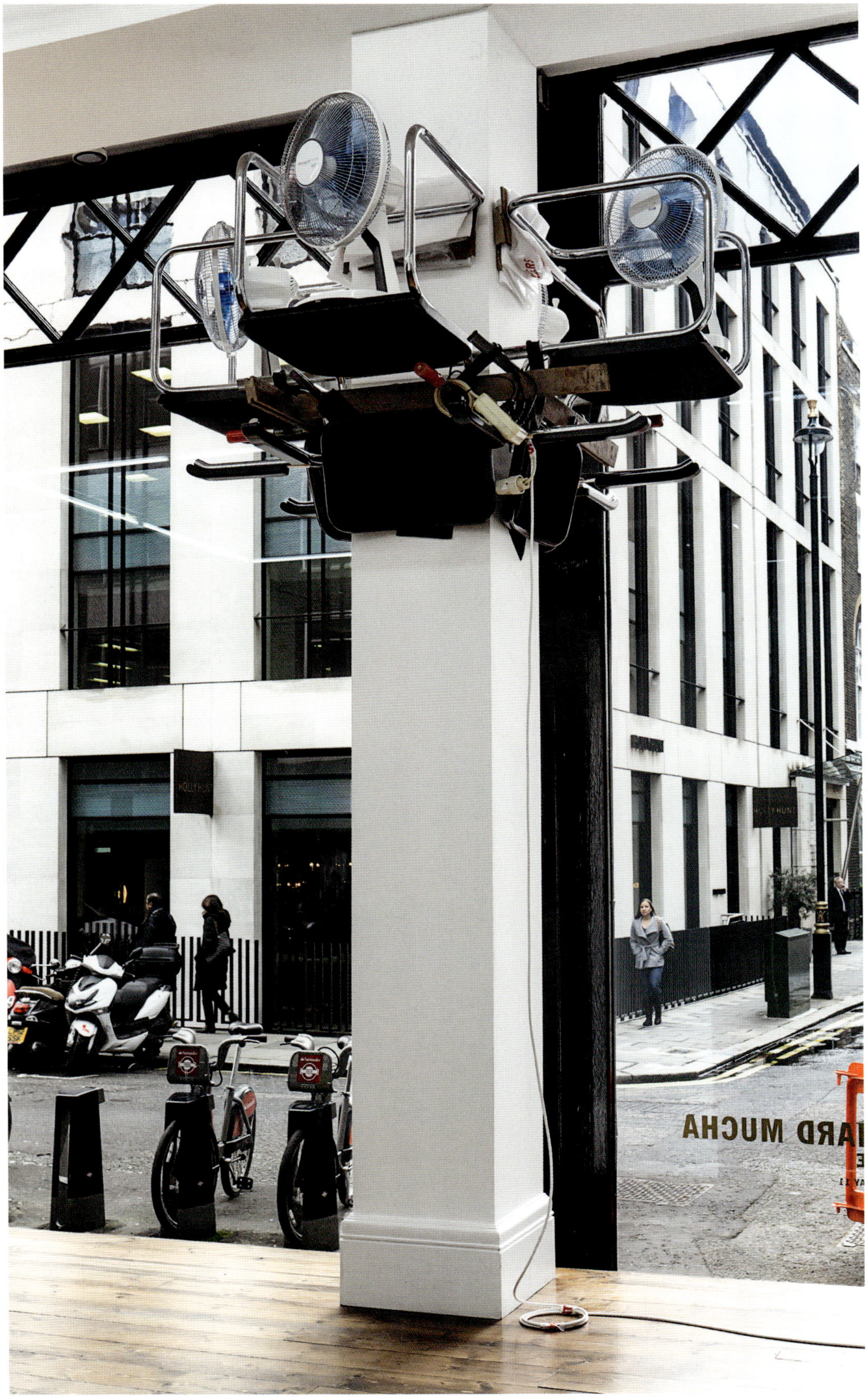

„**Wind und zu hohe Türme**“, Für Marcel Breuer, [2019] 1982
“**Wind and Too-Tall Towers**”, For Marcel Breuer
Ausstellungsansichten / Installation views: Sprüth Magers, London, 2019
Links / opposite: Detail

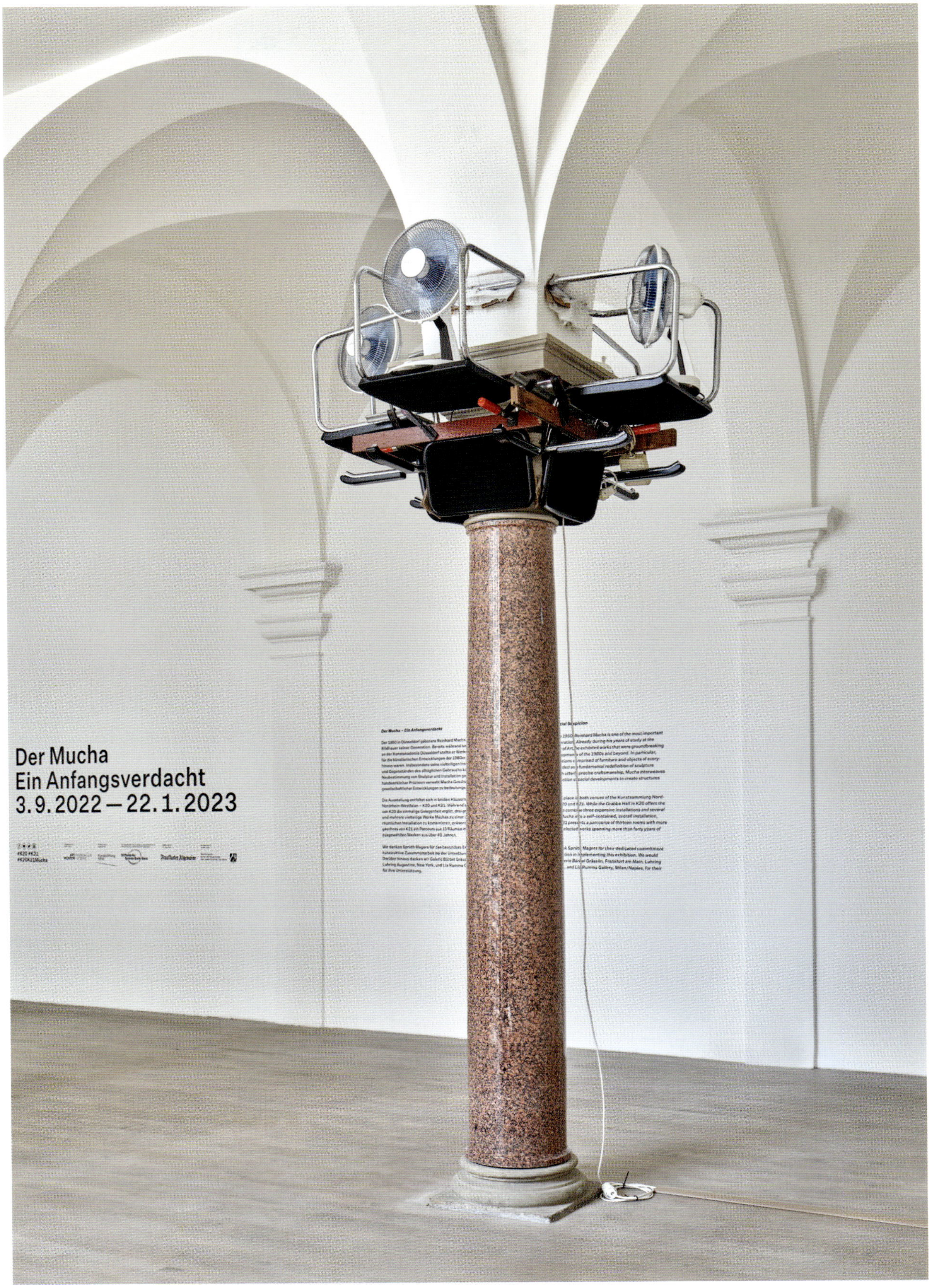

„Wind und zu hohe Türme“, Für Marcel Breuer, [2019] 1982
“Wind and Too-Tall Towers”, For Marcel Breuer
Ausstellungsansicht / Installation view: Kunstsammlung Nordrhein-Westfalen, Düsseldorf, 2022

Anhang

Appendix

Werkliste

Die Werkliste ist in Form und Inhalt der Systematik des Künstlers gemäß aufgebaut und gibt die in der Ausstellung gezeigten Werke in alphabetischer Reihenfolge wieder. Es gehört zu Reinhard Muchas Praxis, einmal vollendete Werke weiterzuentwickeln, sofern Ausstellungssituationen oder andere gegebene Umstände dies aus seiner Sicht erfordern. Größere Überarbeitungen sind in der Werkliste an zusätzlichen Datierungen abzulesen, die in eckigen Klammern eingeschlossen sind.

Die Auflistung der Materialangaben folgt in der Regel der Reihenfolge vom Auge zur Wand. Dementsprechend werden die vordersten Bestandteile der Skulpturen und Installationen zuerst genannt. Zuweilen werden Binnenobjekte definiert. Hierzu wird zunächst das Binnenobjekt in kursivem Schriftschnitt aufgeführt. Es folgen die Materialangaben in gerader Schrift. Abschließend folgt in Klammern eine Definition der Herkunft oder Art des Objekts wiederum in kursiver Schrift. Zum Beispiel *Rahmentür mit Beschlägen* Lackfarbe, Massivholz *(zerteiltes Fundstück)*.

Die Werkliste gibt lediglich den aktuellen, in der Ausstellung gezeigten Zustand der Werke wieder. Im Katalogteil sind zusätzlich einige Werke in ihren früheren Fassungen abgebildet, um die werkbiografisch wichtigen Zwischenschritte zu dokumentieren. Diese sind an der abweichenden Datierung in der Bildunterschrift zu erkennen. Abweichende Materialangaben dieser früheren Zustände wurden nicht erfasst.

 # Hashtag mit Lichtblick im Schmerz I, [2019] 2001

Diptychon
Aluminiumprofile, Alkydharzlackfarbe rückseitig auf Floatglas gemalt, bituminierte Filzpappe mit Ölfarbenaufdruck *(Bodenbelag, Fundmaterial)*, Sperrholz, Floatglas, 4 Archiv-Pigmentprints von digitalen Farbphotographien und digital eingefärbten S/W-Negativen auf Büttenpapier
Je 190 × 145,4 × 11,8 cm

Courtesy Mucha

[194]

 # Hashtag mit Lichtblick im Schmerz II, [2022] 2001

Diptychon
Aluminiumprofile, Alkydharzlackfarbe rückseitig auf Floatglas gemalt, bituminierte Filzpappe mit Ölfarbenaufdruck *(Bodenbelag, Fundmaterial)*, Sperrholz, Floatglas, 4 Archiv-Pigmentprints von digitalen Farbphotographien und digital eingefärbten S/W-Negativen auf Büttenpapier
Je 190 × 145,4 × 11,8 cm

Courtesy Mucha

[195]

 # Hashtag mit Lichtblick im Schmerz III, [2022] 2001

Diptychon
Aluminiumprofile, Alkydharzlackfarbe rückseitig auf Floatglas gemalt, bituminierte Filzpappe mit Ölfarbenaufdruck *(Bodenbelag, Fundmaterial)*, Sperrholz, Floatglas, 4 Archiv-Pigmentprints von digitalen Farbphotographien und digital eingefärbten S/W-Negativen auf Büttenpapier
Je 190 × 145,4 × 11,8 cm

Courtesy Mucha

[196]

['45] – Nothing signed in Forty-five, 2005

Massivholz, Floatglas *(Ausstellungsvitrine)*, bituminierte Filzpappe mit Ölfarbenaufdruck *(Bodenbelag, Fundmaterial)* und Lederpappe auf Tischlerplatte *(Sockel)*, Stoff, Holz *(3 Fußbänke, Fundstücke)*, *3 Zollstöcke*
182,6 × 77 × 52 cm

Privatsammlung, Frankfurt

[226–227]

['78] – Bernd & Hilla in Leipzig, [2019] 1978

Diptychon
Glashalter, Floatglas vorderseitig geätzt, Alkydharzlackfarbe auf Holz, 2 Leuchtkästen, 2 S/W-Großdiapositive, Elektrokabel mit Stecker, Stecker mit Kippschalter
Je 82 × 99,6 × 12,8 cm
Gesamtmaße 82 × 208,4 × 12,8 cm

Courtesy Mucha und Sprüth Magers

[197]

Aachen, 1993

Filz, Glashalter, Bleimennige und Alkydharzlackfarbe rückseitig auf Floatglas gemalt, *Rahmentür mit Beschlägen* Massivholz, Sperrholz *(Fundstück)*, Aluminium, Tischlerplatte
80 × 204 × 67 cm

Collection Michael Ballack

[251]

ABSK – St. Georgens randlose Säule, 2020

HD-Video mit Ton, LCD-Monitor, Aluminiumprofile, Filz, Alkydharzlackfarbe rückseitig auf Floatglas gemalt, Floatglas, Collage mit Archiv-Pigmentprint von digital eingefärbtem S/W-Negativ, Tischlerplatte, Media-Player, Audio-Monitor, elektrisches und elektronisches Zubehör, Kabeltrommel, Tritthocker
194,5 × 200,1 × 35 cm

Sammlung Grässlin, St. Georgen

[191]

« **Aglaia Louise** », 2018

Glashalter, Floatglas vorderseitig geätzt, *Fußbank* Massivholz *(bearbeitetes Fundstück)*, Filz, *1 Paar zertanzte Spitzenschuhe*
23,8 × 38 × 16 cm

Privatsammlung, Düsseldorf

[78]

Ahlener Programm / Kleeth, [2019] 2007 / 2019

2-teiliges Werkensemble
Bodenskulptur
Ahlener Programm, 2007
Massivholz, Floatglas *(Ausstellungsvitrine)*, bituminierte Filzpappe mit Ölfarbenaufdruck *(Bodenbelag, Fundmaterial)* und Lederpappe auf Tischlerplatte *(Sockel)*, Holz, Lackfarbe, PVC-Dekorklebefolie *(3 Fußbänke, Fundstücke)*, *45 gestapelte „UNION"-Braunkohlebriketts*
182,6 × 52 × 77 cm
Wandskulptur
Kleeth, 2019
Glashalter, Alkydharzlackfarbe rückseitig auf Floatglas gemalt, Stahlprofile, *2 Rechteckwannen* verzinktes Stahlblech, Massivholz *(Fundstücke)*, Sperrholz
94,6 × 323,4 × 40,4 cm

Courtesy Mucha und Sprüth Magers

[230–231]

Altbau gegen Neubau, 2014

3 Fußbänke Holz, diverse Polsterstoffe *(Fundstücke)*, *6 Zollstöcke* Aluminium
36 × 75 × 25 cm

Hanten-Schmidt-Collection, Dresden/Köln/Wien

[275]

Baden-Baden / Standard II, [2022] 1984 / 2022

2-teiliges Werkensemble
Baden-Baden, [1984] 1981
Massivholz, Floatglas *(Ausstellungsvitrine)*, Linoleum auf Tischlerplatte, Filzplatte *(Sockel)*, *Keramikwaschbecken (Fundstück)*, *Modell von Konzertflügel und Klavierhocker*, Lackfarben, Holz *(Fundstücke)*, *Klemmlampe* Metall, Kunststoff, Elektrokabel mit Schalter und Stecker *(Fundstück)*, *Fußbank* Stahl, PVC, Holz, Klebeband *(Fundstück)*, *20 Stühle in 3 Stapeln à 5, 8 und 7 Stühle (erworben aus dem Bestand der Stadt Düsseldorf, ehemaliger Kongreßsaal), in-situ Stühlestapel des jeweiligen Ausstellungsinstituts*
Standard II, 2022
HPL-Carrara-Marmorimitat auf Tischlerplatte *(Sockel)*, *Keramikwaschbecken (bearbeitetes Fundstück)*, *Rauchverzehrer mit Lampe* Porzellan, Glühbirne, Elektrokabel mit Stecker *(Fundstück)*
Gesamtmaße variabel

Courtesy Mucha

[43–45]

BBK-SL-KNY-BNVLNYB-MLBFPL, 1990, 1999, 2016, 2020

18-teilig
Massivholz profiliert, gebeizt und lackiert *(Rahmen)*, Floatglas, Alkydharzlackfarbe rückseitig auf Floatglas gemalt, Tischlerplatte furniert, gebeizt und lackiert (Passepartout), Offset auf Kunstdruckpapier, Iris Giclée auf Bütten, Archiv-Pigmentprints von analogen und digitalen Photographien *(Künstlergraphiken)*
Einzelmaße 115,4 × 86,8 × 6,2 cm

Teil 1–6: Kunstsammlung Nordrhein-Westfalen, Düsseldorf
Erworben 2004, vormals Sammlung Ackermans
Teil 7–18: Courtesy Mucha

[126–127]

Bestreikte Dienststelle, [2019] 1992

2 Leuchtstofflampen, Glashalter, Alkydharzlackfarbe rückseitig auf Floatglas gemalt, Massivholzrahmen, Floatglas, Hartfaserplatte, Paketklebeband, Plakat *(Fundstück)*, farbiger Karton mit Klebebandspuren *(Fundstück)*, diverse Papierbögen, Elektrokabel mit Stecker, Tritthocker
Gesamtmaße 188,5 × 157 × 35 cm

Courtesy Mucha und Sprüth Magers

[80]

Biblis, 1993

Baumwollstoff, Holz, Metall *(Matratze, Fundstück)*
130 × 178 × 47 cm

Institut für Auslandsbeziehungen e.V., Stuttgart

[245]

[Bingen] ex **Bottrop**, 1984

Alkydharzlackfarben auf *Türblatt (bearbeitetes Fundstück)* und auf Tischlerplatte, Floatglas, Filz, Floatglasplatte auf Regalwinkeln
85 × 171,7 × 36,5 cm

Sammlung Uli Knecht

[248]

Birken, 2015

Glashalter, Alkydharzlackfarbe rückseitig auf Floatglas gemalt, *Rahmentür mit Beschlägen* Lackfarbe, Massivholz *(zerteiltes Fundstück)*, Industriefilz, Sperrholz, Tischlerplatte
91,7 × 198,3 × 32,6 cm

Courtesy Mucha und Galerie Bärbel Grässlin, Frankfurt am Main

[250]

Blohm + Voss (Ohne Titel – Stuttgart, Schwabstraße 2 – 1980), [2019] 1978

2-teilig
Teil 1
Aluminiumprofile, Alkydharzlackfarbe rückseitig auf Floatglas gemalt, Malleinwand, Massivholz, bituminierte Filzpappe mit Ölfarbenaufdruck *(Bodenbelag, Fundmaterial)*, Spiegelglas, 2-Kanal-Video mit Endlos-Loops aus video-animierten Photographien und 1-Kanal-Audio mit Stereo-Tonspur, 3 SD-Karten, 3 CF-Player, 2 Video-Monitore, 2 Audio-Monitore (aktiv), elektrisches und elektronisches Zubehör, Tischlerplatte
112,2 × 293,6 × 32,4 cm
Teil 2
Alkydharzlackfarbe auf Stahlprofilrahmen, 2 Schrauben mit Dübeln, Floatglas, Vintage Silbergelatine Print *(Relikt einer von Hans-Jürgen Müller beauftragten Rauminstallation)*
16,2 × 30,8 × 4 cm (+ Schrauben und Dübel)

Courtesy Mucha und Sprüth Magers

[214–215]

Buchen, 2015

Glashalter, Floatglas, Alkydharzlackfarbe rückseitig auf Floatglas gemalt, *Holzleiter (Fundstück)*, Industriefilz, Tischlerplatte
77,2 × 208,8 × 27,4 cm

Privatsammlung, Frankfurt

[257]

Das Deutschlandgerät, *Kunstsammlung Nordrhein-Westfalen, K21 Ständehaus, Düsseldorf* **[2021]**, **[2002]**, *XLIV Biennale di Venezia, Deutscher Pavillon, Venedig* **1990**

Mehrteilige skulpturale Rauminstallation
Aufgesockelter Travertinboden, umlaufendes Gesims mit 27 Leuchtstofflampen mit je 2 Haltekonsolen
Galerie 2.1 – nicht zerlegbarer Ausstellungsraum (Rekonstruktion), 2002
4 Wände in Massivbauweise Travertin, Filz, Tischlerplatte, *27 Schaukästen* Aluminiumprofile, Alkydharzlackfarbe rückseitig auf Floatglas gemalt, Filz, Tischlerplatte, Bodendielen *(Atelierboden des Künstlers)*, Klapptisch (Fundstück), 2 Kabeltrommeln mit Kabelanschluß zur Raumdecke
„Menzione d'Onore", 2021
Floatglas, Spiegelglas, graviertes Messingschild, Schatulle, Fußbank (Fundstück) Konferenztisch (Fundstück) mit eingepaßtem Travertinsockel, aufliegendem Schaukasten und filzbezogener Wandkonsole mit Glashaube, *38 Wandvitrinen* Aluminiumprofile, Floatglas vorderseitig geätzt *(erweitert 2002)*, Filz, 38 Bronzeabgüsse, 38 Holzfußbänke (Fundstücke), 38 Stahlrollmaßbänder, Tischlerplatte, 17 Holzfußbänke, Messingwinkel, 3 filzbezogene Sockelelemente, 19 Sockelplatten, *15 Videodateien und 2 Audiodateien* 15 DVD-Player, 15 Röhren-Monitore, 3 CD-Player, 2 Subwoofer, 7 Audio-Monitore, Elektrokabel mit Steckern, Kupplungen und Steckdosenleisten, Kabelbinder, Kabeltrommel, 16 Messingbodentanks *(erweitert 2002)*, *Umschaltung auf ein digitales Video- und Audiosystem* 15 LED-Flachbildschirme, 15 Media-Player, 2 Media-Player (Audio) *(hinzugefügt 2021)*
Zollverein I|II, 2002
Filz, Alkydharzlackfarbe rückseitig auf Floatglas, Acrylharzdispersion auf MDF-Platte
Gesamtmaße (rekonstruierter Plenarsaal des Rheinischen Provinziallandtages von 1880) 2700 × 1700 × 1000 cm

Kunstsammlung Nordrhein-Westfalen, Düsseldorf
Erworben 2004, vormals Sammlung Ackermans

[160–167]

Das Figur-Grund Problem in der Architektur des Barock (für dich allein bleibt nur das Grab), [2022] 1985

2-teilige skulpturale Rauminstallation
Teil 1: *Todeswand, 1985*
36 Leuchtstofflampen, 8 Aluminium-Leitern, 24 Bürotische, Alkydharzlackfarbe rückseitig auf Floatglas gemalt, dunkelbrauner Filzvorhang, Holz, Schraubzwingen, 12 weiß gestrichene Holzsockel, Transporthunt, Packdecke (Filz), Holzklötze und -keile, Klebeband, Schaumstoff, Pappe, Elektrokabel mit Steckern und Kupplungen, Mehrfachsteckdosen, Kabeltrommel,
364 × 469 × 454 cm
Teil 2: *Riesenrad, [2022] 1985*
9 Abgrenzungsständer, 8 Verbindungstaue, 28 Stühle, 14 Aluminium-Leitern, 28 Leuchtstofflampen, Drahtseile, Schaumstoff, Klebeband, 4 Filzläppchen, Elektrokabel mit Steckern und Kupplungen, Mehrfachsteckdosen, Kabeltrommel
780 × 861 × 228 cm

Todeswand: Centre Pompidou Paris, Musée national d'art moderne – Centre de création industrielle
Riesenrad: Courtesy Mucha

[108–114]

Das Haus auf seinen Schultern, Für Dieter Forte, 2013

2 Fußbänke Massivholz *(Fundstücke)*, Aluminiumprofile, Alkydharzlackfarben rückseitig auf Floatglas gemalt, *Bahnhofsschild* Alkydharzlackfarben, Aluminiumblech *(Fundstück)*, *Fußleisten* diverse Lackfarben und Kunstharzspachtel, Massivholz *(Fundstücke)*, Filz, Sperrholz, Tischlerplatte
144,8 × 373,8 × 25,4 cm

Collection Michael Ballack

[253]

„Der Aufstieg“, [2019] 2007

2-teilig
Teil 1
Profilholz, Floatglas *(Ausstellungsvitrine)*, Hartfaserplatte und bituminierte Filzpappe mit Ölfarbenaufdruck *(Bodenbelag, Fundmaterial)* auf Tischlerplatte *(Sockel)*, 2 Holzfußbänke mit Bodengleitern, 508 gestapelte Exemplare des Magazins „Der Aufstieg“ (Nr. 1, Januar 1949 – Nr. 4, April 1983)
182,6 × 52 × 77 cm
Teil 2
2 LCD-Monitore, video-animierte Repros der Titelseiten des Magazins „Der Aufstieg“, Paketklebeband, Stativrohr, Schaumstoff, Wellpappe, Spanplatte *(Sockel)*, 2 Holzfußbänke mit Bodengleitern, Holzfußbank *(Fundstück)*, 2 Media-Player, 2 SD-Karten, Elektrokabel, Kabeltrommel
131,6 × 43 × 42 cm (zuzüglich Kabeltrommel und elektrischem Anschluß)
Gesamtmaße ca. 182,6 × 98 × 104 cm

Privatsammlung

[222–225]

„Der Bau“ – Auszüge aus dem großen Kalender II, [2000] 1999

3-teilig
Befestigungsschrauben, Floatglas, Laser-Farbkopien von Zeichnungen, Aquarellen und Collagen, Tackerklammern, Papier, Museumskarton, Sperrholz, Aluminiumprofile
82 × 296,7 × 9,5 cm
82 × 420 × 9,5 cm
82 × 420 × 9,5 cm

Courtesy Mucha und Sprüth Magers

[139–145]

Dokumente I–IV, Dokument I / Goslar, Dokument II / Lehrte, Dokument III / Oppeln, Dokument IV / Stryck, **Dokument Greven** / Zusatzdokument, 1992

5-teilige Rauminstallation
4 Wandskulpturen
Aluminiumprofile, Alkydharzlackfarbe rückseitig auf Floatglas gemalt, Filz, Profilholzrahmen, *3 Listen der I. G.-Metall Betriebsratswahl 1975 der Rheinstahl Gießerei AG, Gussstahlwerk Oberkassel* S/W-Portraitphotos auf folierten Hartfaserplatten mit Beschriftung *(Fundstücke)*, 4 Feuchtraumlampen, Elektrokabel, Winkelstecker mit Kippschaltern, Verlängerungskabel mit Kupplung und Stecker, Kabelbinder
Je 208 × 340 × 26,5 cm
1 Bodenskulptur
3 verschiedene Fußbänke (Fundstücke), Stahlrollmaßband, Metallwinkel, Messingdraht
Circa 60 × 38 × 28 cm

Staatliche Museen zu Berlin, Nationalgalerie
1996 erworben durch das Land Berlin

[146–151]

Dritter Versuch, 2015

2 Sockel Tischlerplatte *(Fundstücke)*, *5 Fußbänke* PVC, Massivholz, Melaminharz, Lackfarben *(Fundstücke)*
186 × 30 × 41 cm

Courtesy Mucha und Sprüth Magers

[274]

dX-edition, 1997

Glashalter, Alkydharzlackfarbe rückseitig auf Floatglas (Siebdruck), Aluminium, Offsetdruck von 3 S/W-Negativen
100 × 65 × 4,5 cm

Courtesy Mucha

[128]

Edition 1990 – >>Kopfdiktate<<, 2002

Massivholz profiliert, gebeizt und lackiert *(Rahmen)*, Floatglas, Alkydharzlackfarbe rückseitig auf Glas gemalt, Offset auf Kunstdruckkarton kaschiert auf Museumskarton
120,2 × 75,6 × 6,2 cm

Courtesy Mucha

[128]

Edition **Nachtunterkunft**, 2021

Aluminiumprofile, Floatglas, Archiv-Pigmentprint von Photocollage auf Alu-Dibond, Multiplexprofil
183,3 × 130,6 × 6,4 cm

Courtesy Mucha und Sprüth Magers

[193]

Edition **Welt am Sonntag**, 2021

Aluminiumprofile, Floatglas, Archiv-Pigmentprint von Photocollage auf Alu-Dibond, Multiplexprofil
186 × 130,2 × 6,4 cm

Courtesy Mucha und Sprüth Magers

[192]

Eisern, [2003] 1980

Aluminumprofile, Alkydharzlackfarbe rückseitig auf Floatglas gemalt, *142 buchähnliche, beschriftete und mit Standortsignaturen versehene Platzhalter als Bibliotheksdispositive zur Kennzeichnung und Auffindung diverser Fach- und Sachgebiete* Buchensperrholz, laminierter Karton *(Fundstück)*, *137 leere Zigarrenkisten*, Filz, Spiegelglas, *Wandgarderobe* Aluminium *(Fundstück)*, Tischlerplatte
123,6 × 391,5 × 34,4 cm

Private collection, Geneva

[254]

Flak, [1987] 1981

Drehstuhl, Hocker, Sprossenleiter, 2 Küchenstühle, runder Tisch mit Möbelrollen (Holzmöbel, Fundstücke), 2 runde Floatglasscheiben, Filz, 2 runde Holzpodeste
210 × 190 × 110 cm

Hamburger Kunsthalle. Erworben 1995

[38]

Frankfurter Block, [2016], [2014] 2012

13-teiliges Werkensemble
bestehend aus
Edition Seite 63, [1986] 1983
Tondo
2 Glashalter, 2 Floatglasscheiben, *Reprint einer Buchseite* Offsetdruck beidseitig
⌀ 37,8 cm
Easton & Amos, 2014
Jute, Tischlerplatte, Gipskarton, *2 Fußbänke* Holz, Linoleum, Resopal®, Lackfarbe *(Fundstücke)*
109 × 250 × 60 cm
Galerie 4.1 – zerlegbarer Museumsraum, [2016] 2014
Freistehender Raumkubus mit 4 Wänden, Sockelleisten und Durchgangsfutter Massivholzprofile, Gipskartonplatten, 2 Lüftungsgitter, Jute, Tischlerplatten und OSB-Platten auf Holzständerwerk, 64 Leuchtstofflampen, Teppichboden auf Spanplatte
412 × 1414 × 832 cm
Der kluge Knecht (Ohne Titel – Staatliche Kunstakademie – Düsseldorf – 1981), 2002
Aluminiumprofile, Floatglas vorderseitig geätzt, Archiv-Pigmentprint gerahmt, 5 Photokopien gerahmt, Filz, Tischlerplatte, video-animierte Photographien auf DVDs, 2 Video-Monitore, 2 Audio-Monitore, 2 DVD-Player, Tonspur auf CD, CD-Player, Audio-Verstärker, Elektrokabel mit Kupplungen und Stecker, Kabeltrommel, Tritthocker
205,7 × 400,2 × 48,6 cm
Ebnath, 2014
2 Schaukästen Alkydharzlackfarbe auf Massivholz und rückseitig auf Mineralglas gemalt, Aufhängungsbeschläge, Kunststoff *(bearbeitete Fundstücke)*, 2 Leuchtstofflampen mit Dimmer, Industriefilz, Elektrokabel, Winkelstecker mit Kippschalter, Verlängerungskabel mit Kupplung und Stecker, 2 Kabelbinder
285 × 83,1 × 14,8 / 34,1 cm
Ohne Titel (Kopf im Sand – Kunsthalle Bielefeld – entstanden anläßlich der Ausstellung „Ars Viva, Skulpturen und Installationen von Preisträgern des Kulturkreises im Bundesverband der Deutschen Industrie e.V.“ – 1981), [2012] 1982
1 Leerrahmen, 4 Tischvitrinen auf 16 Holzfußbänken, 1 Holzrahmen mit deutsch-englischem Titelschild, 3 Aluminiumrahmen mit leinenfarbigen Passepartouts und 3 Vintage Silbergelatine Prints, 99 Aluminiumrahmen mit leinenfarbigen Passepartouts und S/W-Photokopien von Informations-Coupons, Abstandshalter aus Wellpappe, ca. 600 Briefpostsendungen, 4 Video-Monitore in Hänge-Racks, 6 CF-Player, video-animierte Photographien, 2 Audio-Monitore (aktiv), Audio-Tonspur, elektronische und elektrische Zuleitungs- und Verlängerungskabel, 2 Kabeltrommeln
109,4 × 817,5 × 96,6 cm
[Capriccio] – Wie der tote Hase mit den Bildern verkehrt, 2012
Freistehende Vitrine, 4 Transporthunte, 2 Sockel, *Rollbrett* Holz, Metall, Kunststoffschnur *(Fundstück)*, *2 Handwagen* Holz, Metall *(Fundstücke)*, *2 Fußbänke* Holz, Metallrohr, PVC *(Fundstücke)*, Packdecke der Spedition Hasenkamp
179,4 × 261,5 × 110 cm
Kopf im Sand, [2012] 1981
99 Modellrahmen mit 99 Bleistiftzeichnungen auf S/W-Photokopien von Informations-Coupons Profilholz silber patiniert, Museumsglas, DIN A4-Klarsichthüllen, Museumskarton
&
Der Stahlbaron – Auszüge aus dem großen Kalender, 1989
29 Bilderrahmen mit 50 Gouachen in Klarsichthüllen Massivholz profiliert, Museumsglas, Hartfaserpassepartout, Rostschutzfarben, Bleistift, Stempelfarben auf S/W-Photokopien *(gewidmet „Vertreterkopie für Klaus Renzel“)*
Gesamtmaße (linker Teil)
269,2 × 360,2 × 3,1 cm, (rechter Teil)
269,2 × 1177,8 × 3,1 cm
Kyritz, 2014
Aluminiumprofile, Alkydharzlackfarbe rückseitig auf Floatglas gemalt, bituminierte Filzpappe mit Ölfarbenaufdruck *(Bodenbelag, Fundmaterial)*, Tischlerplatte, Hartfaserplatte, Leinwand, Filz, Sperrholz
133,5 × 32,6 × 38,8 cm
Gewußt wodurch, nicht wissen womit. Gewußt wohin, nicht wissen wobei, [2007] 1983
Diptychon
Aluminiumprofile, Alkydharzlackfarbe rückseitig auf Floatglas gemalt, 4 S/W-Archiv-Pigmentprints auf Büttenpapier, Tischlerplatte, Wellpappe
Je 132 × 192,8 × 28,8 cm
„aus dem Hintergrund müßte Rahn schießen“ II, 2016
Diptychon
Linker Tondo
4 Glashalter, Floatglasscheibe, Aluminiumscheibe, Leuchtstofflampe, Elektrokabel, Winkelstecker mit Kippschalter, 2 Kabelbinder, Verlängerungskabel mit Kupplung und Stecker
⌀ 40 cm × 10 cm
Rechter Tondo
4 Glashalter, 2 Floatglasscheiben, Alkydharzlackfarbe rückseitig auf Floatglas gemalt, *Buchseite* Offsetdruck beidseitig *(Fundstück)*, Filz, Aluminiumscheibe
⌀ 36,5 cm × 4,6 cm
Gesamtmaße 196,5 × 80,5 × 41,5 cm
Seelze, [2014] 2012
Aluminiumprofile, Alkydharzlackfarbe rückseitig auf Floatglas gemalt, Stahlprofile, *Rechteckwanne* verzinktes Stahlblech *(Fundstück)*, Filz, Sperrholz
133,6 × 232,2 × 50,4 cm
Gesamtmaße 412 × 1414 × 832 cm (ausgenommen **Edition Seite 63** und **Easton & Amos**)

Courtesy Mucha, Sprüth Magers und Galerie Bärbel Grässlin, Frankfurt am Main

[96–102]

Gelsenkirchener Barock / Altena, [2022] 2013 / 2022

2-teiliges Werkensemble
Bodenskulptur
Gelsenkirchener Barock, 2013
Massivholz, Floatglas *(Ausstellungsvitrine)*, Lederpappe und bituminierte Filzpappe mit Ölfarbenaufdruck *(Bodenbelag, Fundmaterial)* auf Tischlerplatte *(Sockel)*, Holz, Filzgleiter *(bemalte Fußbank, Fundstück)*, *25 Ausgaben von „Jahrbuch des deutschen Bergbaus“, 4 „UNION“-Braunkohlebriketts*
182,6 × 86,2 × 52,8 cm
Wandskulptur
Altena, 2022
Glashalter, Alkydharzlackfarbe rückseitig auf Floatglas gemalt, *Pool-Billardtisch* Bandenspiegel mit sog. Diamanten, Gummibande, Bandentuch *(Fundstück)*, Malleinwand, Aluminiumprofil, Tischlerplatte
164,6 × 288 × 35,5 cm

[232]

Gewinnung in der Lagerstätte selbst (In-situ-Verfahren), 1991

Farbig gefaßter Profilholzrahmen mit Aufhängungsöse *(Fundstück)*, Floatglas, Passepartout, Ölfarbe, Aquarell und Bleistift auf Zeichenkarton
49,8 × 32,4 × 2,6 cm

Courtesy Mucha

[184]

Hameln, 2014

Glashalter, Alkydharzlackfarbe rückseitig auf Floatglas gemalt, Filz, *Türblatt mit Beschlägen* lackiertes Sperrholz, Massivholz *(zerteiltes Fundstück)*, Tischlerplatte, Wellpappe
96,6 × 238,8 × 29,4 cm

Privatsammlung

[266]

„HÖR ZU“ - Collagen, 1971

Diptychon
Massivholzrahmen profiliert und altsilber patiniert, UV-Schutzglas, Passepartoutkarton, transparente Klebebandstreifen, Zeitschriftenausschnitte (Offsetdruck)
Gesamtmaße 68 × 106,5 × 3,7 cm

Privatsammlung, Düsseldorf

[187]

Illusion der Karriere, Für W. L., [2007] 1982

Aluminiumprofile, Filz, Alkydharzlackfarbe rückseitig auf Floatglas gemalt, Sperr- und Profilholz (Rahmen), Floatglas, Archiv-Pigmentprints von 2 Diapositiven auf Büttenpapier
192,8 × 131,4 × 8,5 cm

Sammlung Deutsche Bank

[199]

Karstadt Sport / **Bullay**, 2016

2-teiliges Werkensemble
Bodenskulptur
Karstadt Sport, 2016
Massivholz, Floatglas *(Ausstellungsvitrine)*, Hartfaserplatte auf Tischlerplatte *(Sockel)*, *5 Tritthocker*, *6 Fußbälle*
182,6 × 81,2 × 52,2 cm
Wandskulptur
Bullay, 2016
Aluminiumprofile, Alkydharzlackfarbe rückseitig auf Floatglas gemalt, bituminierte Filzpappe mit Ölfarbenaufdruck *(Bodenbelag, Fundmaterial)*, *Pool-Billardtisch* Bandenspiegel mit sog. Diamanten, Gummibande, Bandentuch *(zerteiltes Fundstück)*, Holz, Leinwand, Filz, Wattevlies, Tischlerplatte
162,5 × 444 × 51,2 cm

Courtesy Mucha und Lia Rumma Gallery Milan/Naples

[229]

Kopfdiktate, [1990] 1980

Skulpturale Rauminstallation
32 Schaukästen Aluminiumprofile, Floatglas vorderseitig geätzt, Filz, Alkydharzlackfarben auf Holzrahmen gemalt, UV-Schutzglas, 62 Silbergelatine Prints (Prints von Hand des Künstlers und Vintage Prints des Künstlers, z. T. collagiert), Tischlerplatte
Je 72,2 × 128,5 × 13 cm
1 Paar Kinderschuhe (erste Schuhe des Künstlers), 1 Tretroller (Marke „Sieger“, Kinderroller des Künstlers, schwarz lackiert, mit Versicherungskennzeichen „334 HAW HUK VERBAND 1958“), 7 gestapelte Stühle (Dauerleihnahme aus dem Besitz des Landes Nordrhein-Westfalen / Staatliche Kunstakademie Düsseldorf) mit Aufkleber der Fa. Schenker Kunsttransporte (Packed and shipped by Schenker), in-situ Stühlestapel des jeweiligen Ausstellungsinstituts
Gesamtmaße je nach Raumsituation variabel

Kunstsammlung Nordrhein-Westfalen, Düsseldorf
Erworben 2004, vormals Sammlung Ackermans

[50–57]

Kudowa, 2005

Aluminiumprofile, Alkydharzlackfarbe rückseitig auf Floatglas gemalt, gravierte Kunststoff-Schildchen auf Stahlprofilabschnitten *(Fundstücke)*, Alkydharzlackfarbe auf weiß grundierter Malleinwand, Filz, Tischlerplatte
135,3 × 360 × 41,5 cm

Private collection, Geneva

[261]

» L'Étoile du Nord », 2019

Aluminiumprofile, Alkydharzlackfarbe rückseitig auf Floatglas gemalt, Malleinwand, Sperrholz, HDF-Platte, Spiegelglas, *1 Paar zertanzte Spitzenschuhe*
60 × 148 × 22,6 cm

Privatsammlung, Frankfurt

[79]

Loccum, 2021

Glashalter, Alkydharzlackfarbe rückseitig auf Floatglas gemalt, *Schranktüren (bearbeitetes Fundstück)*, Industriefilz, Tischlerplatte, Stahlwinkelverbinder, Profilholzabschnitte, Wellpappe
106,2 × 168,3 × 31,8 cm

Privatsammlung

[265]

Mai '62, [2007] 1981

Massivholz, Floatglas *(Ausstellungsvitrine)*, 2 emaillierte Elektro-Plattenkocher mit Deckeln, 2 Elektrokabel mit Kupplung und Stecker, 2 Wasserkessel (einer davon Spielzeug), Holzplatte *(Fundstück)*, Lederpappe und bituminierte Filzpappe mit Ölfarbenaufdruck *(Bodenbelag, Fundmaterial)* auf Tischlerplatte *(Sockel)*, Aluminiumprofile, Alkydharzlackfarbe rückseitig auf Floatglas gemalt, Lederpappe und bituminierte Filzpappe mit Ölfarbenaufdruck *(Bodenbelag, Fundmaterial)*, Alkydharzlackfarbe rückseitig auf Floatglasstreifen, Tischlerplatte, *Rahmenobjekt* Kunstharzlackfarbe auf Sperrholz, Floatglas, Passepartoutkarton, DB-Streckennetzkarte Mai 1962 *(Künstlerrahmen)*
231 × 116 × 86 cm

Sammlung Viehof / Viehof Collection

[216–217]

Material für Dr. Schwarz, [2019] 1981

Glashalter, Floatglasscheiben, Briefkopien, Massivholz, Floatglas *(Ausstellungsvitrine)*, Hartfaserplatte und bituminierte Filzpappe mit Ölfarbenaufdruck *(Bodenbelag, Fundstück)* auf Tischlerplatte *(Sockel)*, Massiv- und Sperrholz, Bodengleiter *(2 Fußbänke)*, 24 Packungen „Brandt – Der Markenzwieback"
183 × 77 × 49,9 cm

Courtesy Mucha und Sprüth Magers

[219–221]

Meppen, 1999

Aluminiumprofile, Alkydharzlackfarbe rückseitig auf Floatglas gemalt, *Sockelpodest* Lackfarben, Holz *(zerteiltes Fundstück)*, Filz, Tischlerplatte
138,4 × 268,9 × 29,8 cm

Kunstsammlung Nordrhein-Westfalen, Düsseldorf
Erworben 2004, vormals Sammlung Ackermans

[259]

Mucha *Untertage* – *Das Deutschlandgerät, [2002] 1990 / Kölner Straße 170, 2003*, 2014

Floatglas, Passepartout, UV-Schutzglas, Archiv-Pigmentprint von analogen und digitalen Farbphotographien auf Alu-Dibond, Aluklebeband, Kartonleisten
103,7 × 72 × 2 cm

Courtesy Mucha und Sprüth Magers

[188]

Mucha *Untertage* – *Die endgültige Festlegung des Bergregals, 1990 / Kölner Straße 170, 2003*, 2014

Aluminiumprofile, Floatglas, Passepartout, UV-Schutzglas, Archiv-Pigmentprint von analogen und digitalen Farbphotographien auf Alu-Dibond
143,1 × 111,1 × 2 cm

Courtesy Mucha und Galerie Bärbel Grässlin, Frankfurt am Main

[189]

My Home is my Cassel, 1989

Massivholzrahmen altsilber patiniert, UV-Schutzglas, Passepartoutkarton, Bleistift und Tusche auf Papier collagiert auf Versandtasche, Museumskarton
69 × 53 cm

Rüdiger Carl, Frankfurt am Main

[186]

Nemitz, 2016

Glashalter, Alkydharzlackfarbe rückseitig auf Floatglas gemalt, Aluminiumprofile, Aluminiumleiter, Filz, Spiegelglas, Sperrholz
89,8 × 248,2 × 24,6 cm

Courtesy Mucha und Lia Rumma Gallery Milan/Naples

[262]

Oberbilker Markt, 1986

Alkydharzlackfarbe, Malleinwand, Sperrholz, Tischlerplatte
120 × 220 × 48,5 cm

Privatsammlung, Köln

[246]

Ohne Titel (Aprath, Glogau, Witten, Sagard, Lorsch), 1980

5-teilige skulpturale Rauminstallation
5 Stühle, 5 beleuchtete Tischvitrinen, 5 grau lackierte Holzschuber innenseitig mit Filz ausgekleidet, 5 verschiedene, grau lackierte Wandkästen (bearbeitete Fundstücke), 5 Vintage Silbergelatine Prints in Wechselrähmchen
Je Vitrine 160 × 115 × 60 cm
Gesamtmaße je nach Rauminstallation variabel

MKM Museum Küppersmühle für Moderne Kunst, Duisburg
Sammlung Ströher

[58–63]

Ohne Titel (»Astron Taurus« – Kunsthalle Bielefeld – 1981), 1984

2-teilig
Linker Teil
PVC-Titelschild, 2 Alkydharzlackfarben, Holz, Floatglas *(Wandvitrine)*, Aluminium, 8 Silbergelatine Prints auf Barytpapier, Filz
Rechter Teil
Linoleum, Holz *(Wandkonsole)*, 3 „Astron Taurus"-Ventilatoren, Elektrokabel mit Stecker, Mehrfachsteckdose
Gesamtmaße 180 × 360 × 35 cm

Art Collection Alychlo / Marc Coucke (Belgium)

[208]

Ohne Titel (Bonn), 1983

4 Regalwinkel, faserverstärktes Klebeband, 2 Profilholzabschnitte, Alkydharzlackfarbe rückseitig auf Floatglas gemalt, 24 Leuchtstofflampen, Elektrokabel mit 2-fach Kupplung und Steckern, Kabeltrommel, *Türblatt mit Beschlägen* Lackfarbe, Holz *(Fundstück)*
113 × 270 × 31 cm

Herbert Foundation, Ghent

[45, 47]

Ohne Titel („Calor"), [2022] 1986

Video-animierte Photographien und Tonspur, 4 LCD-Monitore, Aluminiumprofile, Spiegelglas, 4 „Calor"-Ventilatoren, Tischlerplatte, 4 Media-Player, Audio-Monitor (aktiv), 4 SD-Speicherkarten, CF-Speicherkarte, Elektrokabel mit Kupplungen und Steckern, 2 Steckdosenleisten, Kabeltrommel
276 × 91 × 131 cm

Courtesy Mucha

[202–203]

Ohne Titel („Der Stickstoff muß ganz runtergefahren werden"), 1989

Hochglanzlackfarbe, Profilholz *(Rahmen)*, UV-Schutzglas, Passepartout, Bleistift und Alkydharzlackfarbe auf Papier, Briefumschlag
47,1 × 57,2 × 2 cm

Sammlung Deutsche Bank

[185]

Ohne Titel (Entwurf einer Wandmalerei für das Arbeitszimmer von Peter Bagel im Gebäude der Druckerei- und Verlagsanstalt August Bagel Düsseldorf - 1978), 1987

Aluminiumprofile, Alkydharzlackfarbe vorderseitig auf Rauchglas gemalt, Titelschild, Filz, Lederimitat-Passepartout, Floatglas, Vintage Silbergelatine Print auf Photokarton, Tischlerplatte
121 × 200,2 × 18,5 cm

Courtesy Mucha und Lia Rumma Gallery Milan/Naples

[256]

Ohne Titel (Gebr. Rodler), [2001] 1980

Aluminiumprofile, Filz über Sperrholz auf Tischlerplatte *(Konsole und Podest)*, Massivholzprofile, Floatglas, Linoleum auf Tischlerplatte *(Ladentheke, Fundstück)*, *2 gerahmte Typoskripte*, *Ausstellungskatalog (2 Exemplare)*, Kunstharzlackfarbe auf Spanplatte *(Sockel)*, *2 Dreirad-Kleintransporter* Alkydharzlackfarbe, Möbelräder und diverse Materialien *(vom Künstler gefertigte Spielzeugmodelle)*, *24 „UNION"-Braunkohlebriketts farbig lackiert*, *Einkaufstüten und Klebeband* Polyethylen mit Werbeaufdrucken, *Zeitungsseiten*, *2 JVC-Farbvideomonitore*, *2 DVDs mit video-animierten Photographien und Tonspur*, *2 Sony-DVD Player*, Kabeltrommel, Adapter, Video- und Elektrokabel mit Kupplung und Stecker, Kabelbinder
191 × 205 × 69 cm

Staatsgalerie Stuttgart, erworben mit Lotto-Mitteln 2001

[205–207]

Ohne Titel (Katalogbeitrag „Wppt" - Für Mahmoud Mohammed - Mucha 1978), 1999

Glashalter, Alkydharzlackfarbe rückseitig auf Floatglas gemalt, Profil- und Sperrholz (Rahmen), UV-Schutzglas, Tackerklammern, Offsetdruckbögen, Alkydharzlackfarbe auf Karton gemalt, Bleistift, Hartfaserplatte
170 × 130 × 7,5 cm

Private collection, Geneva

[213]

Ohne Titel (Wand - Kunst- und Museumsverein - Wuppertal - 1978) / **Ohne Titel** (Isolde Wawrin - Ohne Titel (Objekt) - 1978), [2019] 1985

2-teilig
Teil 1
Aluminiumprofile, Alkydharzlackfarbe rückseitig auf Floatglas gemalt, Linoleum, Filz, Holzrahmen, Floatglas, Silbergelatine Prints, Papier, Bleistift, Buntstift, Katalogseite (Ausschnitt), Alkydharzlackfarbe, Aquarellfarbe, Tischlerplatte
130,5 × 280,3 × 21 cm
Teil 2
Dispersionsfarbe, Massivholz profiliert, Floatglas *(Rahmen)*, Packpapier verleimt, Dispersionsfarbe, Kunstharzlackfarbe *(Isolde Wawrin, Ohne Titel (Objekt), 1978)*
62,8 × 203,8 × 4,9 cm
Gesamtmaße 198 × 280,3 × 21 cm

Courtesy Mucha und Sprüth Magers

[209]

Plauen / Edition 1991 - >>Kreuzstück<<, [2019] 2019 / 2004

2-teilig
Plauen, 2019
Glashalter, Alkydharzlackfarbe rückseitig auf Floatglas gemalt, Aluminiumprofile, *Zinkblechwanne* verzinktes Stahlblech, Massivholz *(Fundstück)*, Spiegelglas, Sperrholz
86,4 × 152,9 × 30,3 cm
Edition 1991 - >>Kreuzstück<<, 2004
Diptychon
Linker Tondo
4 Glashalter, 2 Floatglasscheiben, Alkydharzlackfarbe rückseitig auf Floatglas gemalt, *Buchseite* Offsetdruck beidseitig *(Fundstück)*, Filz
ø 38 cm × 4,6 cm
Rechter Tondo
4 Glashalter, Floatglasscheibe, Aluminiumscheibe
ø 34 cm × 4,6 cm

Privatsammlung

[267]

Potsdamer Platz, [1996] 1979

Glashalter, Alkydharzlackfarbe rückseitig auf Floatglas gemalt, Profil- und Sperrholz (Rahmen), Floatglas, Kunstharzlackfarben auf Karton gemalt, Tischlerplatte, 2 Leuchtstofflampen, Elektrokabel, Stecker mit Adapter, Verlängerungskabel mit 2-fach Kupplung
Gesamtmaße 204 × 234 × 17 cm

Private collection, Geneva

[198]

Schnee von gestern - Auszüge aus dem großen Kalender III, [2020] 1964–1975

430 DIN A4-Blätter und 3 DIN A3-Blätter in Klarsichthüllen in 210 DIN A3-Rahmen und 16 DIN A4-Rahmen
UV-Schutzglas, Zeichnungen, Photographien, Schriftstücke und Gegenstände (Originale und Reproduktionen aus dem Archiv des Künstlers), Museumskarton, Naßklebeband
210 Rahmen je 32,5 × 48,5 cm
16 Rahmen je 32,5 × 24,7 × cm

Courtesy Mucha und Galerie Bärbel Grässlin, Frankfurt am Main

[13–19]

Schuld, [2019] 2015

Aluminiumprofile, Alkydharzlackfarben rückseitig auf Floatglas gemalt, *Modellbahnplatte mit Gleisoval im Maßstab HO* diverse Anstrichfarben und Materialien, Hartfaserplatte, Profilholz *(zerteiltes Fundstück)*, Sperrholz, Tischlerplatte
97,7 × 252,6 × 20,9 cm

Courtesy Mucha und Sprüth Magers

[233]

Souvenir – *Flugzeug*, [2016] 2008, 1981

Profilholzrahmen, Floatglas, Passepartout, Vintage Silbergelatine Print auf PE-Papier, *2 Fußbänke* Holz, Linoleum *(Fundstücke)*, Sperrholz
33 × 45,9 × 19,8 cm

Privatsammlung, Düsseldorf

[37]

Stelle, 2021

Glashalter, Alkydharzlackfarbe rückseitig auf Floatglas gemalt, *Briefkastenanlage (Fundstück)*, Malleinwand, Tischlerplatte
91,8 × 98 × 19 cm

Courtesy Mucha und Galerie Bärbel Grässlin, Frankfurt am Main

[264]

Stockholmer Raum, Für Rafael Moneo, [1998] 1998

5-teiliges Werkensemble
bestehend aus
Eller Bahnhof II, 1998
Wandfarbe, rote Signierkreide, Spanplatte, Fußbank, Filzdecke der Kunstspedition Hasenkamp
110,7 × 217 × 101,5 cm
Krupp II, 1998
Massivholz, Floatglas *(Ausstellungsvitrine)*, Ventilationsgrund auf Tischlerplatte *(Sockel)*, Bronzeabguß *(Fußbank)*, Stahldraht, grüne Gummi-Musterstücke *(Bodenbelag)*, *Aluminium-Zollstöcke*
180 × 77 × 52 cm
Ohne Titel („Pohlschröder" – Ausstellung der Galerie Schellmann & Klüser – München 1982) **II**, 2008
Diptychon
Linker Teil
PVC-Titelschild, Metallbeschläge, Alkydharzlackfarben, Holz, Floatglas *(Wandvitrine)*, Aluminiumblech, Silbergelatine Prints, Holzrahmen, *Katalogseite* Offsetdruck *(Fundstück)*, Filz, Tischlerplatte
200 × 240 × 21,7 cm
Rechter Teil
Wandkonsole Dispersionsfarbe, Filz, Tischlerplatte
132,2 × 111,2 × 48,8 cm
„Der Bau" – Auszüge aus dem großen Kalender I, [1998] 1998
6-teilig
Glashalter, Alkydharzlackfarbe rückseitig auf Floatglas gemalt, Wandfarbe, rote Signierkreide, Spanplatte, Glashalter, Floatglas, Massivholz, S/W- und Farb-Laserkopien von Photographien, Spanplatte
127 × 258 × 21,5 cm
142,7 × 135,7 × 21,1 cm
143 × 260,1 × 21,4 cm
142,5 × 136 × 21,1 cm
143 × 261 × 21,5 cm
126,7 × 258 × 21,2 cm
Galerie 3.0 – zerlegbarer Ausstellungsraum
Wandsystem-Elemente Trockenbauplatten auf Holzständerwerk
Gesamtmaße 1180 × 656 × 400 cm

Museo Nacional Centro de Arte Reina Sofía, Madrid

[119–125]

Straight / Edition 1991 – >>Kreuzstück<<, [2013] 2013 / 2004

2-teiliges Werkensemble
Straight, 2013
10 Abgrenzungsständer, 8 Verbindungstaue, 10 Transporthunte, 6 Ghettoblaster mit Radiosound von New Yorker Lokalsendern, elektrisches und elektronisches Equipment, Steuerungselemente, Transformator, Steckdosenleisten, Kabeltrommel, Spiegelglas, Modellbahnanlage mit 3 Güterzügen mit Kesselwagen (Spur HO), Aluminiumkonstruktion, 2 *Vitrinenschränke* Massivholz, Floatglas *(Fundstücke)*, Filz, 12 Defiant®-Stableuchten, *Grundrohre und Heizungsrohre* Gußeisen, Zinkblech, Mineralwolle, anhaftendes Erdreich *(Fundstücke)*, Stahlaufhängungen, *Zentralelement* Filz und schwarz gefärbtes Glas auf Holzkonstruktion
237,49 × 553,72 × 314,96 cm
Edition 1991 – >>Kreuzstück<<, 2004
Diptychon
Linker Tondo
Glashalter, 2 Floatglasscheiben, Alkydharzlackfarbe rückseitig auf Floatglas gemalt, *Buchseite* Offset beidseitig *(Fundstück)*, Filz
⌀ 38 cm × 4,6 cm
Rechter Tondo
Glashalter, Floatglasscheibe, Aluminiumscheibe, Filz
⌀ 34 cm × 4,6 cm

Courtesy Mucha und Luhring Augustine, New York

[271–273]

The German Leitz-Kultur, 2021

Glashalter, Alkydharzlackfarbe rückseitig auf Floatglas gemalt, Aluminium, Floatglas, Archiv-Pigmentprint von digitaler Farbphotographie, Wellpappe, Mineralwolle, Tischlerplatte
101,2 × 82 × 18 cm

Privatsammlung

[46]

The Wirtschaftswunder, To the People of Pittsburgh **III**, [2016] 1991

17 Tondi
Glashalter, Floatglas, Alkydharzlackfarbe rückseitig auf Floatglas gemalt, *16 Buchseiten* Offsetdruck beidseitig *(Fundstücke)*, Filz, Aluminium, Leuchtstofflampe, Elektrokabel, Winkelstecker mit Kippschalter, 3 Kabelbinder, Verlängerungskabel mit Kupplung und Stecker
16 Tondi je ⌀ 38,5 cm × 4,6 cm
1 Tondo ⌀ 40 cm × 10 cm

Courtesy Mucha und Lia Rumma Gallery Milan/Naples

[268–269]

Two by Four – The Last Concert for Hans Josef M., 1967 / 2003

Aluminiumprofile, Alkydharzlackfarbe rückseitig auf Floatglas gemalt, bituminierte Filzpappe mit Ölfarbenaufdruck *(Bodenbelag, Fundmaterial)* auf Sperrholz, Floatglas, 6 Iris Giclée Prints von analogen Farbphotographien auf Büttenpapier, Tischlerplatte

Kunstmuseum Den Haag, The Hague, The Netherlands

[190]

Uelzen, 2014

2 Schaukästen Alkydharzlackfarbe auf Hartfaserplatte und rückseitig auf Floatglas gemalt, Aufhängungsbeschläge, Holz *(Nachbau von Fundstücken)*, 2 Leuchtstofflampen mit Dimmer, Industriefilz, Elektrokabel, Winkelstecker mit Kippschalter, Verlängerungskabel mit Kupplung und Stecker, 2 Kabelbinder
285 × 83,1 × 14,8 / 34,1 cm

Michael und Eleonore Stoffel Stiftung Sammlung, Köln
Dr. Thomas Kurth, Köln

[255]

Untitled (SEX), [2019] 1979

Glashalter, Floatglas vorderseitig geätzt, Alkydharzlackfarbe, Aluminiumprofile, Alkydharzlackfarbe rückseitig auf Floatglas, Filz, Tischlerplatte
162,6 × 218 × 12,6 cm

Courtesy Mucha und Sprüth Magers

[201–202]

Viermächte-Status / Ohne Titel (Reinhard Mucha – Die Letzten werden die Letzten sein – Nationalgalerie Berlin 1982), [2022] 2007 / 2008

2-teiliges Werkensemble
Bodenskulptur
Viermächte-Status, 2007
Massivholz, Floatglas *(Ausstellungsvitrine)*, bituminierte Filzpappe mit Ölfarbenaufdruck *(Bodenbelag, Fundmaterial)* und Lederpappe auf Tischlerplatte *(Sockel)*, Stahlrohr verchromt, PVC-Kunstlederbezug, Holz, Linoleum *(4 Fußbänke, Fundstücke)*, Antenne, Netzteil, Elektrokabel, Stecker *(4 Transistorradios, Fundstücke)*
196,6 × 77 × 52 cm
Wandskulptur
Ohne Titel (Reinhard Mucha – Die Letzten werden die Letzten sein – Nationalgalerie Berlin 1982), 2008
Aluminiumprofile, Alkydharzlackfarbe rückseitig auf Floatglas gemalt, Malleinwand, Industriefilz, laminierte bituminierte Filzpappe mit Ölfarbenaufdruck *(Bodenbelag, Fundmaterial)*, Tischlerplatte, Spiegelglas, video-animierte Photographien und Tonspur auf CF-Speicherkarten, 3 CF-Player, 3 Farbmonitore, CF-Card-Player (Audio), 2 Audio-Monitore, Video- und Elektrokabel mit Steckern, 4 Vorschaltgeräte, Steckdosenleiste, Kabeltrommel, 2 Transporthunte aus der Installation von 1982
162,8 × 580 × 53,8 cm

Private collection, Geneva

[115–117]

Volltreffer, Für Lawrence Weiner, [2019] 1985

Massivholzrahmen, getöntes Floatglas vorderseitig geätzt, Holzpassepartout, 3 Archiv-Pigmentprints von S/W-Negativen
131 × 71,5 × 5,8 cm

Courtesy Mucha und Sprüth Magers

[211]

Wartesaal, [1997], [1986] 1979–1982

Mehrteilige skulpturale Rauminstallation mit **Berlin**, 1997
Holzpodest, 11 Transportgestelle aus Stahlwinkelprofilen, 11 Stahlblechregale auf Lenkrollen, 242 bemalte Holztafeln (Tafelbilder aus sechsbuchstabigen Bahnhofsnamen in Schwarz auf Weiß) mit je 2 Greiførsen, Spanndraht, 242 Etiketten mit den Bahnhofsnamen mit Schreibmaschine getippt und mit transparentem Klebeband aufgeklebt, Buffetschrank mit Aufsatz (Fundstück), 17 Leuchtstoffröhren mit Sockeln und Anschlusskabeln, Kupplungen und Steckern, Bürotisch, Arbeitsleuchte, Schleiflacksockel, Riffelgummi- und Sperrholzabschnitte, 2 Wandaschenbecher, Bilderrahmen mit Textkopie, 6 beidseitige Vitrinen aus Stahlwinkelprofilen, mit Filz bezogene Glashalter, Floatglas frontseitig geätzt, Filz, hölzerne Bahnsteigdachstützpfeiler (Fundstücke), 24 Fußbänke als Bronzeabguß auf je 2 Lenkrollen, Draht, Fahrradschlauchabschnitte, Riffelgummi- und Sperrholzabschnitte, Bahnsteigschild Gleis 1 (Fundstück), Fundamentstein aus Basaltlava (Fundstück), 2 Filzdecken der Kunstspedition Hasenkamp, Transporthunt, *Rekonstruktion der Raumecke, in-situ mit Ausstellungskammer, Kunstsammlung Nordrhein-Westfalen, K21 Ständehaus, Düsseldorf 2022* Eckverkleidung aus Tischlerplatte, Filz, Alkydharzlackfarbe rückseitig auf Floatglas
Maße je nach Raumsituation variabel
Berlin, 1997
Glashalter, Floatglas frontseitig geätzt, Filz, 2 hölzerne Abfallbehälter (Fundstücke), Aluminiumprofile, Tischlerplatte
91,6 × 230 × 81,8 cm
Gesamtmaße je nach Raumsituation variabel

Courtesy Mucha und Sprüth Magers

[66–77, 234]

Wartha, 2000

Aluminiumprofile, Alkydharzlackfarbe rückseitig auf Floatglas gemalt, *Werkstatt- und Materialregal* Lackfarben, Massivholz, Spanplatte *(zerteiltes Fundstück)*, Filz, Tischlerplatte
126,1 × 275,8 × 36,2 cm

MKM Museum Küppersmühle für Moderne Kunst, Duisburg
Sammlung Ströher

[263]

Werstener Kreuz, 1986

Aluminiumprofile, Alkydharzlackfarbe rückseitig auf Floatglas gemalt, Filz, Tischlerplatte
131 × 270,5 × 35,5 cm

Art Collection Alychlo / Marc Coucke (Belgium)

[247]

„Wind und zu hohe Türme", Für Marcel Breuer, [2019] 1982

4 Stühle (Marcel Breuer), 4 Ventilatoren, 4 Schraubzwingen, 4 Holzlatten, Luftpolsterfolie, Wellpappe, Packklebeband, Tischlerplatte, Elektrokabel mit Steckern und Kupplung, 4-fach Steckdosenleiste
Gesamtmaße je nach Raumsituation variabel

Courtesy Mucha und Sprüth Magers

[278–281]

Wismar, 2006

Wandkasten Holz, Hartfaserplatte, Ölfarbe, Aufhängungsbeschläge *(Fundstück)*, 2 Feuchtraumlampen, Elektrokabel, Winkelstecker mit Kippschalter, 2 Kabelbinder, Verlängerungskabel mit Kupplung und Stecker, Filz
270 × 72,5 × 15,2 cm

Private collection, Geneva

[249]

Wissen, 2018

Aluminiumprofile, Alkydharzlackfarbe rückseitig auf Floatglas gemalt, Malleinwand, Floatglas, *Schaltkasten* Tischlerplatte, Plexiglas, Hartfaserplatte *(zerteiltes und bearbeitetes Fundstück)*
112 × 206,7 × 15,7 cm

Privatsammlung

[260]

Zwei aus einer Klasse, 1986

Glassturz, *Fußbank*, *Vogelnest*, *Klingeldraht*, *Klingeltableau mit Namenszetteln „Berger Drescher" (Fundstücke)*, Wellpappe
47,2 × 37,7 × 27 cm

Privatsammlung, Frankfurt

[210]

List of Works

The form and content of this list of works is structured following the artist's own system of classification and details the works shown in the exhibition in alphabetical order. Part of Reinhard Mucha's artistic practice includes the continued development of works once they have been completed, in as much as he feels it is necessary to adapt them to changes to the site or conditions of exhibition, as well as other altered circumstances. Major revisions are indicated in the list of works by additional dates enclosed in square brackets.

As a rule, the listing of materials roughly follows their order from the eye of the beholder to the wall itself. Accordingly, the anteriormost components of each sculpture and installation are named first. Internal elements are sometimes defined. To this end, such internal elements are printed first in italics. This is followed by a specification of materials in Roman type. Finally, a description follows in parentheses of the element's origin or its type, again in italics. For example: *panel door with fittings* lacquer, solid wood *(split found object)*.

The list only reflects the current state of the works as they are shown in the exhibition. In this publication's catalogue section, some works are additionally illustrated in their earlier versions in order to document the intermediate steps which are important for the biography of each work. These can be recognized by the divergent dates provided in the captions. A divergent listing of the materials used in these earlier versions, however, has not been provided.

 # Hashtag mit Lichtblick im Schmerz I, [2019] 2001
 # Hashtag with Bright Spot in Pain I

Diptych
Aluminum profiles, alkyd enamel painted on reverse of float glass, oil paint print on bituminized felt base *(flooring, found material)*, plywood, float glass, 4 archival pigment prints from digital color photographs and digital colored black-and-white negatives on deckle-edged paper
Each frame 74.8 × 57.24 × 4.65 in.
Overall dimensions 74.8 × 116.85 × 4.65 in.

Courtesy Mucha

[194]

 # Hashtag mit Lichtblick im Schmerz II, [2022] 2001
 # Hashtag with Bright Spot in Pain II

Diptych
Aluminum profiles, alkyd enamel painted on reverse of float glass, oil paint print on bituminized felt base *(flooring, found material)*, plywood, float glass, 4 archival pigment prints from digital color photographs and digital colored black-and-white negatives on deckle-edged paper
Each frame 74.8 × 57.24 × 4.65 in.
Overall dimensions 74.8 × 116.85 × 4.65 in.

Courtesy Mucha

[195]

 # Hashtag mit Lichtblick im Schmerz III, [2022] 2001
 # Hashtag with Bright Spot in Pain III

Diptych
Aluminum profiles, alkyd enamel painted on reverse of float glass, oil paint print on bituminized felt base *(flooring, found material)*, plywood, float glass, 4 archival pigment prints from digital color photographs and digital colored black-and-white negatives on deckle-edged paper
Each frame 74.8 × 57.24 × 4.65 in.
Overall dimensions 74.8 × 116.85 × 4.65 in.

Courtesy Mucha

[196]

['45] – Nothing signed in Forty-five, 2005

Solid wood, float glass *(display case)*, oil paint print on bituminized felt base *(flooring, found material)* and leatherboard on blockboard *(pedestal)*, fabric, wood *(3 footstools, found objects)*, *3 folding carpenter's rulers*
71.89 × 30.31 × 20.47 in.

Private collection, Frankfurt

[226–227]

['78] – Bernd & Hilla in Leipzig, [2019] 1978

Diptych
Metal shoulder clamps, etching on front of float glass, alkyd enamel on wood, 2 light boxes, 2 black-and-white large-format transparencies, electrical cord with male plug and rocker switch
Each 32.28 × 39.21 × 5.04 in.
Overall dimensions 32.28 × 82.05 × 5.04 in.

Courtesy Mucha and Sprüth Magers

[197]

Aachen, 1993

Felt, metal shoulder clamps, red lead and alkyd enamel painted on reverse of float glass, *panel door with fittings* solid wood, plywood *(found object)*, aluminum, blockboard
31.50 × 80.31 × 26.38 in.

Collection Michael Ballack

[251]

ABSK – St. Georgens randlose Säule, 2020
ABSK – St. Georgen's Rimless Column

HD video with sound, LCD monitor, aluminum profiles, felt, alkyd enamel painted on reverse of float glass, float glass, collage with archival pigment print from digital colored black-and-white negative, blockboard, media player, audio monitor, electrical and electronic equipment, cable reel, step stool
76.22 × 78.77 × 13.77 in.

Sammlung Grässlin, St. Georgen

[191]

« **Aglaia Louise** », 2018

Metal shoulder clamps, etching on front of float glass, *footstool* solid wood *(reworked found object)*, felt, *1 pair of worn-out pointe shoes*
9.37 × 14.96 × 6.3 in.

Private collection, Düsseldorf

[78]

Ahlener Programm / Kleeth, [2019] 2007 / 2019

2-part work ensemble
Freestanding sculpture
Ahlener Programm, 2007
Solid wood, float glass *(display case)*, oil paint print on bituminized felt base *(flooring, found material)* and leatherboard on blockboard *(pedestal)*, wood, lacquer, PVC decorative adhesive sheet *(3 footstools, found objects)*, *45 stacked "UNION" lignite briquettes*
71.89 × 20.47 × 30.31 in.
Wall-mounted sculpture
Kleeth, 2019
Metal shoulder clamps, alkyd enamel painted on reverse of float glass, steel profiles, *2 rectangular tubs* galvanized sheet steel, solid wood *(found objects)*, plywood
37.24 × 127.32 × 15.91 in.

Courtesy Mucha and Sprüth Magers

[230–231]

Altbau gegen Neubau, 2014
(Old Building vs. New Building)

3 footstools wood, various upholstery fabrics *(found objects)*, *6 folding carpenter's rulers* aluminum
14.17 × 29.53 × 9.84 in.

Hanten-Schmidt-Collection, Dresden/Köln/Wien

[275]

Baden-Baden / Standard II, [2022] 1984 / 2022

2-part work ensemble
Baden-Baden, [1984] 1981
Solid wood, float glass *(display case)*, linoleum on blockboard, felt panel *(pedestal)*, *ceramic sink (found object)*, *model of a grand piano and a piano stool*, lacquer, wood *(found object)*, *small clamp light* metal, plastic, electrical cord with switch and male plug *(found object)*, *footstool* steel, PVC, wood, adhesive tape *(found object)*, *20 chairs in 3 stacks of 5, 8, and 7 chairs (acquired from the stock of the City of Düsseldorf, former congressional hall), in situ stack of chairs from the exhibiting institution*
Standard II, 2022
HPL board of imitation Carrara marble on blockboard *(pedestal)*, ceramic sink *(reworked found object)*, *smoke consumer with perfume lamp* porcelain, light bulb, electrical cord with male plug *(found object)*
Overall dimensions variable

Courtesy Mucha

[43–45]

BBK-SL-KNY-BNVLNYB-MLBFPL, 1990, 1999, 2016, 2020

18 parts
Stained and varnished profiled solid wood *(frame)*, alkyd enamel painted on reverse of float glass, veneered, stained, and varnished blockboard *(mat)*, float glass, offset print on coated paper, Iris giclée print on deckle-edged paper, archival pigment prints from analogue and digital photographs *by the artist*
Each 45.43 × 34.17 × 2.28/2.44 in.

Parts 1–6: Kunstsammlung Nordrhein-Westfalen, Düsseldorf
Acquired 2004, formerly Sammlung Ackermans
Parts 7–18: Courtesy Mucha

[126–127]

Bestreikte Dienststelle, [2019] 1992
Strikebound Agency

2 fluorescent lamps with dimmer, metal shoulder clamps, alkyd enamel painted on reverse of float glass, solid wood frame, float glass, hardboard, packing tape, poster *(found object)*, colored cardboard with tape tracks *(found object)*, various paper sheets, electrical cord with male plug, step stool
74.21 × 61.81 × 13.78 in.

Courtesy Mucha and Sprüth Magers

[80]

Biblis, 1993

Cotton fabric, wood, metal *(mattress, found object)*
51.18 × 70.08 × 18.50 in.

Institut für Auslandsbeziehungen e.V., Stuttgart

[245]

[Bingen] ex **Bottrop**, 1984

Alkyd enamel on *door leaf (reworked found object)* and blockboard, float glass, felt, float glass pane on shelf brackets
33.46 × 67.60 × 14.37 in.

Sammlung Uli Knecht

[248]

Birken, 2015

Metal shoulder clamps, alkyd enamel painted on reverse of float glass, *panel door with fittings* lacquer, solid wood *(split found object)*, industrial felt, plywood, blockboard
36.10 × 78.07 × 12.83 in.

Courtesy Mucha and Galerie Bärbel Grässlin, Frankfurt am Main

[250]

Blohm + Voss (Ohne Titel – Stuttgart, Schwabstraße 2 – 1980), [2019] 1978

2 parts
Part 1
Aluminum profiles, alkyd enamel painted on reverse of float glass, painting canvas, solid wood, oil paint print on bituminized felt base *(flooring, found material)*, mirror glass, 2-channel video on an infinite loop of video animated photographs and 1-channel audio with stereo soundtrack, 3 SD cards, 3 CF card players, 2 video monitors, 2 audio monitors (active), electrical and electronic equipment, blockboard
44.17 × 115.59 × 12.76 in.
Part 2
Alkyd enamel painted on steel profile frame, 2 screws with anchors, float glass, vintage gelatin silver print *(relic of a site-specific installation commissioned by Hans-Jürgen Müller)*
6.38 × 12.13 × 1.57 in. (+ screws and anchors)

Courtesy Mucha and Sprüth Magers

[214–215]

Buchen, 2015

Metal shoulder clamps, float glass, alkyd enamel painted on reverse of float glass, *wooden ladder (found object)*, industrial felt, blockboard
30.39 × 82.20 × 10.79 in.

Private collection, Frankfurt

[257]

Das Deutschlandgerät, *Kunstsammlung Nordrhein-Westfalen, K21 Ständehaus, Düsseldorf* **[2021]**, **[2002]**, *XLIV Biennale di Venezia, Deutscher Pavillon, Venedig* **1990**
The Germany Device, *Kunstsammlung Nordrhein-Westfalen, K21 Ständehaus, Düsseldorf* **[2021]**, **[2002]**, *XLIV Biennale di Venezia, German Pavilion, Venice* **1990**

Multi-part sculptural room installation
Raised travertine floor, circumferential cornice with 27 fluorescent lamps each with 2 restraint brackets
Gallery 2.1 – non-demountable exhibition space (reconstruction), 2002
4 solid walls travertine, felt, blockboard, *27 display cases* aluminum profiles, alkyd enamel painted on reverse of float glass, felt, blockboard, floorboards *(the artist's studio floor)*, folding table (found object), 2 cable reels with an electrical connection toward the ceiling of the room
"Menzione d'Onore", 2021
Float glass, mirror glass, engraved brass plate, casket, footstool (found object), conference table (found object) with tight-fitting travertine pedestal, display case resting on top, felt-covered console with glass case, *38 wall-mounted vitrines* aluminum profiles, etching on front of float glass *(augmented in 2002)*, felt, 38 bronze casts, 38 wooden footstools (found objects), 38 steel tape measures, blockboard, 17 wooden footstools, brass brackets, 3 felt-covered base elements, 19 base plates, 15 video and 2 audio files, 15 DVD players, 15 CRT monitors, 3 CD players, 2 subwoofers, 7 audio monitors, electrical cord with female and male plugs, power strips, zip ties, cable reel, 16 brass floor outlets *(augmented in 2002), transition to digital video and audio systems* 15 LED flat screens, 15 media players, 2 media players (audio) *(augmented in 2021)*
Zollverein I|II, 2002
Felt, alkyd enamel on reverse of float glass, acrylic resin dispersion on MDF board
Overall dimensions (reconstructed plenary chamber of the Rheinischer Provinziallandtag from 1880)
1062.99 × 669.29 × 393.70 in.

Kunstsammlung Nordrhein-Westfalen, Düsseldorf
Acquired 2004, formerly Sammlung Ackermans

[160–167]

Das Figur-Grund Problem in der Architektur des Barock (für dich allein bleibt nur das Grab), [2022] 1985
The Figure-Ground Problem in Baroque Architecture (for you alone only the grave remains)

2-part sculptural room installation
Part 1: *Wall of death, 1985*
36 fluorescent lamps, 8 aluminum ladders, 24 office desks, alkyd enamel painted on reverse of float glass, dark brown felt curtain, wood, screw clamps, 12 white painted wooden plinths, dolly, moving blanket (felt), wooden blocks and wedges, adhesive tape, foam, cardboard, electrical cords with female and male plugs, power strips, cable reel
Overall dimensions 143.31 × 184.65 × 178.74 in.
Part 2: *Ferris wheel, [2022] 1985*
9 stanchions, 8 ropes, floor anchor plates, 28 chairs, 14 aluminum ladders, 28 fluorescent lamps, wire rope, wire rope clamps, foam, adhesive tape, 4 felt cloths, electrical cords with female and male plugs, power strips, cable reel
Overall dimensions
307.09 × 338.98 × 89.76 in.

Wall of death: Centre Pompidou, Paris, Musée national d'art moderne – Centre de création industrielle
Ferris wheel: Courtesy Mucha

[108–114]

Das Haus auf seinen Schultern, Für Dieter Forte, 2013
The House upon His Shoulders, For Dieter Forte

2 footstools solid wood *(found objects)*, aluminum profiles, alkyd enamel painted on reverse of float glass, *station nameplate* lacquer, sheet aluminum *(found object)*, *baseboards* various lacquers and synthetic resin filler, solid wood *(found objects)*, felt, plywood, blockboard
57.01 × 147.17 × 10.00 in.

Collection Michael Ballack

[253]

„Der Aufstieg“, [2019] 2007
“The Rise”

2 parts
Part 1
Profiled wood, float glass *(display case)*, hard-board and oil paint print on bituminized felt base *(flooring, found material)* on blockboard *(pedestal)*, 2 wooden footstools with floor gliders, 508 stacked copies of the magazine “Der Aufstieg” (no. 1, January 1949 – no. 4, April 1983)
71.89 × 20.47 × 30.31 in.
Part 2
2 LCD monitors, video animated reproductions of the covers of the magazine “Der Aufstieg,” packing tape, mounting pole, foam, corrugated cardboard, particleboard *(pedestal)*, 2 wooden footstools with floor gliders, wooden footstool *(found object)*, 2 media players, 2 SD cards, electrical cords, cable reel
51.81 × 16.93 × 16.54 in.
(plus cable reel and electrical plug)
Overall dimensions approx.
71.89 × 38.58 × 40.94 in.

Private collection

[222–225]

„Der Bau“ – Auszüge aus dem großen Kalender II, [2000] 1999
“The Burrow” – Excerpts from the Big Calendar II

3 parts
Confirmat screws, float glass, color laser prints from drawings, watercolors, and collages, staples, paper, museum board, plywood, aluminum profiles
32.28 × 116.81 × 3.74 in.
32.28 × 165.35 × 3.74 in.
32.28 × 165.35 × 3.74 in.

Courtesy Mucha and Sprüth Magers

[139–145]

Dokumente I – IV, Dokument I / Goslar, Dokument II / Lehrte, Dokument III / Oppeln, Dokument IV / Stryck, **Dokument Greven** / Zusatzdokument, 1992
Documents I – IV, Document I / Goslar, Document II / Lehrte, Document III / Oppeln, Document IV / Stryck, **Document Greven** / Supplemental Document

5-part room installation
4 wall-mounted sculptures
Aluminum profiles, alkyd enamel painted on reverse of float glass, felt, profiled wooden frames, *black-and-white portrait photographs mounted on film laminated hardboard with writing (found objects)*, 4 fluorescent lamps, electrical cord, right-angle plug with rocker switch, extension cord with female and male plugs, zip ties
Each 81.89 × 133.86 × 10.43 in.
(including electrical cord and plug)
1 freestanding sculpture
3 different footstools (found objects), steel tape measure, metal bracket, brass wire
Approx. 23.62 × 14.96 × 11.02 in.

Staatliche Museen zu Berlin, Nationalgalerie
1996 acquired by the state of Berlin

[146–151]

Dritter Versuch, 2015
Third Try

2 pedestals blockboard *(found objects)*, *5 footstools* PVC, solid wood, melamine resin, lacquer *(found objects)*
73.23 × 11.81 × 16.14 in.

Courtesy Mucha and Sprüth Magers

[274]

---

dX-edition, 1997

Metal shoulder clamps, alkyd enamel on reverse of float glass (silkscreen), aluminum, offset print from 3 analogue black-and-white photographs
39.37 × 25.59 × 1.77 in.

Courtesy Mucha

[128]

Edition 1990 – >>Kopfdiktate<<, 2002
Edition 1990 – >>Head Dictations<<

Stained and varnished profiled solid wood *(frame)*, float glass, alkyd enamel painted on reverse of float glass, offset print on fine art paper laminated on museum board
47.32 × 29.76 × 2.44 in.

Courtesy Mucha

[128]

Edition **Nachtunterkunft**, 2021
Edition **Night Shelter**

Aluminum profiles, float glass, archival pigment print from photo collage on Alu-Dibond, Multiplex profile
72.17 × 51.42 × 2.52 in.

Courtesy Mucha and Sprüth Magers

[193]

Edition **Welt am Sonntag**, 2021

Aluminum profiles, float glass, archival pigment print from photo collage on Alu-Dibond, Multiplex profile
73.23 × 51.26 × 2.52 in.

Courtesy Mucha and Sprüth Magers

[192]

Eisern, [2003] 1980

Aluminum profiles, alkyd enamel painted on reverse of float glass, *142 book-like place-holders, labeled and tagged with call numbers like library holdings for cataloguing and retrieving various specialist fields and subject areas* beech plywood, laminated cardboard *(found objects)*, *137 empty cigar boxes*, felt, mirror glass, *wall-mounted coat rack* aluminum *(found object)*, blockboard
48.66 × 154.13 × 13.54 in.

Private collection, Geneva

[254]

Flak, [1987] 1981
Anti-Aircraft Gun

Swivel chair, stool, rung ladder, 2 kitchen chairs, round table with casters (wooden furniture, found objects), 2 round float glass panes, felt, 2 round wooden base plates
82.68 × 74.80 × 43.31 in.

Hamburger Kunsthalle. Acquired 1995

[38]

Frankfurter Block, [2016], [2014] 2012

13-part work ensemble
including
Edition Page 63, [1986] 1983
Tondo
2 metal shoulder clamps, 2 round float glass panes, *reproduction of a book page* offset print recto and verso
ø 14.88 in.
Easton & Amos, 2014
Burlap, blockboard, drywall, *2 footstools* wood, linoleum, Resopal®, lacquer *(found objects)*
42.91 × 98.43 × 23.62 in.
Gallery 4.1 – demountable museum space, [2016] 2014
Freestanding cube with 4 walls, baseboards, and jamb paneling profiled solid wood, drywall, 2 ventilation grilles, burlap, blockboard and OSB sheets on studding, 64 fluorescent lamps, carpet on particleboard
162.20 × 556.69 × 327.56 in.
The Clever Servant (Ohne Titel – Staatliche Kunstakademie – Düsseldorf – 1981), 2002
Aluminum profiles, etching on front of float glass, framed black-and-white laserchrome print, 5 framed photocopies, felt, blockboard, video animated photographs on DVDs, 2 video monitors, 2 audio monitors, 2 DVD players, soundtrack on CD, CD player, audio power amplifier, electrical cord with female and male plugs, cable reel, step stool
80.98 × 157.56 × 19.13 in.
Ebnath, 2014
2 display cases alkyd enamel painted on solid wood and reverse of mineral glass, hanging brackets, plastic *(reworked found objects)*, 2 fluorescent lamps with dimmer, industrial felt, electrical cord, right-angle plug with rocker switch, extension cord with female and male plugs, 2 zip ties
112.20 × 32.72 × 5.83/13.43 in.
Untitled (Head in Sand – Kunsthalle Bielefeld – created for the exhibition "Ars Viva, Sculpture and Installations by Prizewinners Selected by the Cultural Committee of German Business within the Federation of German Industries Reg. Assoc." – 1981), [2012] 1982
1 empty frame, 4 tabletop vitrines on 16 wooden footstools, 1 wooden frame with German and English title label, 3 aluminum frames with linen-colored mats and 3 vintage gelatin silver prints, 99 aluminum frames with linen-colored mats and black-and-white photocopies of promotional coupons, spacers made of corrugated cardboard, approx. 600 items posted through the mail, 4 video monitors in suspended racks, 6 CF card players, video animated photographs, 2 audio monitors (active), soundtrack, electrical and electronic cords and extensions, 2 cable reels
43.07 × 321.85 × 38.03 in.
[Capriccio] – How a Dead Hare Consorts with Pictures, 2012
Freestanding display case, 4 dollies, 2 pedestals, *creeper dolly* wood, metal, plastic wire *(found object)*, *2 handcarts* wood, metal *(found objects)*, *2 footstools* wood, metal tube, PVC *(found objects)*, moving blanket from Hasenkamp shipping company
70.63 × 102.95 × 43.31 in.
Head in Sand, [2012] 1981
99 model picture frames with 99 pencil drawings on black-and-white photocopies of promotional coupons silver patinated profiled wood, museum glass, clear DIN A4 sheet protectors, museum board
&
The Steel Baron – Excerpts from the Big Calendar, 1989
29 picture frames with 50 gouaches in clear DIN A4 sheet protectors profiled solid wood, museum glass, hardboard mat, anti-rust paint, pencil, stamp ink on black-and-white photocopies *(with the dedication "Vertreterkopie* für *Klaus Renzel")*
Overall dimensions
(left part) 105.98 × 141.81 × 1.22 in.,
(right part) 105.98 × 463.70 × 1.22 in.
Kyritz, 2014
Aluminum profiles, alkyd enamel painted on reverse of float glass, oil paint print on bituminized felt base *(flooring, found material)*, blockboard, hardboard, canvas, felt, plywood
52.56 × 12.83 × 15.28 in.
Knowing whereby, not knowing wherewith. Knowing whereto, not knowing whereat, [2007] 1983
Diptych
Aluminum profiles, alkyd enamel painted on reverse of float glass, 4 black-and-white archival pigment prints on deckle-edged paper, blockboard, corrugated cardboard
Each 51.97 × 75.91 × 11.34 in.
"Rahn should shoot from deep", II 2016
Diptych
Left tondo
4 metal shoulder clamps, round float glass pane, aluminum disc, fluorescent lamp, electrical cord, right-angle plug with rocker switch, 2 zip ties, extension cord with female and male plugs
ø 15.75 × 3.94 in.
Right tondo
4 metal shoulder clamps, 2 round float glass panes, alkyd enamel painted on reverse of float glass, *book page* offset print recto and verso *(found object)*, felt, aluminum disc
ø 14.37 × 1.81 in.
Seelze, [2014] 2012
Aluminum profiles, alkyd enamel painted on reverse of float glass, steel profiles, *rectangular tub* galvanized sheet steel *(found object)*, felt, plywood
52.60 × 91.42 × 19.84 in.
Overall dimensions
162.20 × 556.69 × 327.56 in. (excluding **Edition Page 63** and **Easton & Amos**)

Courtesy Mucha, Sprüth Magers, and Galerie Bärbel Grässlin, Frankfurt am Main

[96–102]

Gelsenkirchener Barock / Altena, [2022] 2013 / 2022
Gelsenkirchener Baroque / Altena

2-part work ensemble
Freestanding sculpture
Gelsenkirchener Baroque, 2013
Solid wood, float glass *(display case)*, oil paint print on bituminized felt base *(flooring, found material)* and leatherboard on blockboard *(pedestal)*, wood, felt pads *(painted footstool, found object)*, *25 editions of "Jahrbuch des deutschen Bergbaus," 4 "UNION" lignite briquettes*
71.89 × 33.94 × 20.79 in.
Wall-mounted sculpture
Altena, 2022
Metal shoulder clamps, alkyd enamel painted on reverse of float glass, *pool table* wooden rails with diamond markings, rubber bumpers, billiard cloth *(found object)*, painting canvas, aluminum profiles, blockboard
64.80 × 113.39 × 13.98 in.

Courtesy Mucha

[232]

Gewinnung in der Lagerstätte selbst (In-situ-Verfahren), 1991
Quarrying at the Deposit Itself (on-site operation)

Colored wooden picture molding with hanging ring *(frame, found object)*, float glass, mat, oil, watercolor, and pencil on Bristol paper
19.61 × 12.76 × 1.02 in.

Courtesy Mucha

[184]

Hameln, 2014

Metal shoulder clamps, alkyd enamel painted on reverse of float glass, felt, *door leaf with fittings* painted plywood, solid wood *(split found object)*, blockboard, corrugated cardboard
38.03 × 94.02 × 11.57 in.

Private collection

[266]

„HÖR ZU" – Collagen, 1971
"HÖR ZU" – Collages

Diptych
Profiled solid wood frames with tarnished silver patina, UV protection glass, mat board, transparent adhesive strips, magazine clippings (offset print)
Overall dimensions 26.77 × 41.93 × 1.46 in.

Private collection, Düsseldorf

[187]

Illusion der Karriere, Für W. L., [2007] 1982
Illusion of a Career, For W. L.

Aluminum profiles, felt, alkyd enamel painted on reverse of float glass, plywood and profiled wood *(frame)*, float glass, archival pigment prints from 2 diapositives on deckle-edged paper
75.91 × 51.73 × 3.35 in.

Sammlung Deutsche Bank

[199]

Karstadt Sport / Bullay, 2016

2-part work ensemble
Freestanding sculpture
Karstadt Sport
Solid wood, float glass *(display case)*, hardboard on blockboard *(pedestal)*, *5 step stools*, *6 soccer balls*
71.89 × 31.97 × 20.55 in.
Wall-mounted sculpture
Bullay
Aluminum profiles, alkyd enamel painted on reverse of float glass, oil paint print on bituminized felt base *(flooring, found material)*, *pool table* wooden rails with diamond markings, rubber bumpers, billiard cloth *(split found object)*, wood, canvas, felt, cotton fleece, blockboard
63.98 × 174.80 × 20.16 in.

Courtesy Mucha and Lia Rumma Gallery Milan/Naples

[229]

Kopfdiktate, [1990] 1980
Head Dictations

Sculptural room installation
32 display cases aluminum profiles, etching on front of float glass, felt, alkyd enamel painted on wooden frames, UV protection glass, 62 gelatin silver prints (prints and vintage prints by the artist, partially collaged), blockboard
Each 28.43 × 50.59 × 5.12 in.
1 pair of children's shoes (first shoes belonging to the artist), 1 scooter ("Sieger" brand, artist's childhood scooter, varnished black, insurance plate "334 HAW HUK VERBAND 1958"), 7 stacking chairs (permanent loan from the holdings of the federal state North Rhine-Westphalia / Staatliche Kunstakademie Düsseldorf) with label from the art movers Schenker Kunstransporte ("Packed and Shipped by Schenker"), a variable number of stacking chairs in situ, depending on the exhibiting institution.
Overall dimensions site-specific

Kunstsammlung Nordrhein-Westfalen, Düsseldorf
Acquired 2004, formerly Sammlung Ackermans

[50–57]

Kudowa, 2005

Aluminum profiles, alkyd enamel painted on reverse of float glass, engraved plastic labels on steel profile sections *(found objects)*, alkyd enamel on white primed painting canvas, felt, blockboard
53.27 × 141.73 × 16.34 in.

Private collection, Geneva

[261]

» **L'Étoile du Nord** «, 2019

Aluminum profiles, alkyd enamel painted on reverse of float glass, painting canvas, plywood, Multiplex panel, hardboard, mirror glass, *1 pair of worn-out pointe shoes*
23.62 × 58.27 × 8.90 in.

Private collection, Frankfurt

[79]

Loccum, 2021

Metal shoulder clamps, alkyd enamel painted on reverse of float glass, *wardrobe doors (reworked found object)*, industrial felt, blockboard, steel corner brackets, profiled wood sections, corrugated cardboard
41.81 × 66.26 × 12.52 in.

Private collection

[265]

Mai '62, [2007] 1981

Solid wood, float glass *(display case)*, 2 enameled electric hot plates with covers, 2 electrical cords with female and male plugs, 2 kettles (one in toy size), wooden panel *(found object)*, leatherboard and oil paint print on bituminized felt base *(flooring, found material)* on blockboard *(pedestal)*, aluminum profiles, alkyd enamel painted on reverse of float glass, leatherboard and oil paint print on bituminized felt base *(flooring, found material)*, alkyd enamel on reverse of float glass strips, blockboard, *framed object* synthetic resin on plywood, float glass, mat board,

Deutsche Bundesbahn rail map from May 1962 *(artist's frame)*
90.94 × 45.67 × 33.86 in.

Viehof Collection

[216–217]

Material für Dr. Schwarz, [2019] 1981
Material for Dr. Schwarz

Metal shoulder clamps, float glass panes, copies of letters, solid wood, float glass *(display case)*, hardboard and oil paint print on bituminized felt base *(flooring, found material)* on blockboard *(pedestal)*, solid wood, plywood, floor gliders *(2 footstools)*, 24 boxes of "Brandt – Der Markenzwieback"
72.05 × 30.31 × 19.65 in.

Courtesy Mucha and Sprüth Magers

[219–221]

Meppen, 1999

Aluminum profiles, alkyd enamel painted on reverse of float glass, *pedestal base* lacquer, wood *(split found object)*, felt, blockboard
54.49 × 105.87 × 11.73 in.

Kunstsammlung Nordrhein-Westfalen, Düsseldorf
Acquired 2004, formerly Sammlung Ackermans

[259]

Mucha *Untertage* – *Das Deutschlandgerät, [2002] 1990 / Kölner Straße 170, 2003*, 2014
Mucha *Underground* – *The Germany Device, [2002] 1990 / Kölner Straße 170, 2003*

Float glass, mat, UV protection glass, archival pigment print from analogue and digital color photographs on Alu-Dibond, aluminum adhesive tape, cardboard molding
40.83 × 28.35 × 0.79 in.

Courtesy Mucha and Sprüth Magers

[188]

Mucha *Untertage* – *Die endgültige Festlegung des Bergregals, 1990 / Kölner Straße 170, 2003*, 2014
Mucha *Underground* – *The Final Establishment of Mining Rights, 1990 / Kölner Straße 170, 2003*

Aluminum profiles, float glass, mat, UV protection glass, archival pigment print from analogue and digital color photographs on Alu-Dibond
56.34 × 43.74 × 0.79 in.

Courtesy Mucha and Galerie Bärbel Grässlin, Frankfurt am Main

[189]

My Home is my Cassel, 1989

Wooden picture molding with tarnished silver patina, UV protection glass, mat board, pencil and India ink on paper collaged on Manila envelope, museum board
27.17 × 20.87 in.

Rüdiger Carl, Frankfurt am Main

[186]

Nemitz, 2016

Metal shoulder clamps, alkyd enamel painted on reverse of float glass, aluminum profiles, aluminum ladder, felt, mirror glass, plywood
35.35 × 97.72 × 9.69 in.

Courtesy Mucha and Lia Rumma Gallery Milan/Naples

[262]

Oberbilker Markt, 1986

Alkyd enamel, painting canvas, plywood, blockboard
47.24 × 86.61 × 19.09 in.

Private collection, Cologne

[246]

Ohne Titel (Aprath, Glogau, Witten, Sagard, Lorsch), 1980
Untitled (Aprath, Glogau, Witten, Sagard, Lorsch)

5-part sculptural room installation
5 chairs, 5 lighted tabletop vitrines, 5 gray lacquered wooden slipcases lined with felt, 5 different gray lacquered wall cabinets (reworked found objects), 5 vintage gelatin silver prints in changeable frames
Each vitrine 62.99 × 45.28 × 23.62 in.

MKM Museum Küppersmühle für Moderne Kunst, Duisburg, Sammlung Ströher

[58–63]

Ohne Titel (»Astron Taurus« – Kunsthalle Bielefeld – 1981) 1984
Untitled (»Astron Taurus« – Kunsthalle Bielefeld – 1981)

2 parts
Left part: PVC caption label, alkyd enamel, wood, float glass *(wall-mounted vitrine)*, aluminum, 8 gelatin silver prints on baryta paper, felt
Right part: Linoleum, wood *(console)*, 3 "Astron Taurus" fans, electrical cords with male plugs, power strip
Overall dimensions 70.87 × 141.73 × 13.78 in.

Art Collection Alychlo / Marc Coucke (Belgium)

[208]

Ohne Titel (Bonn), 1983
Untitled (Bonn)

4 shelf brackets, filament tape, 2 profiled wood sections, alkyd enamel painted on reverse of float glass, 24 fluorescent lamps, electrical cords with male plugs and 2 female plugs, cable reel, *door leaf with fittings* lacquer, wood *(found object)*
44.49 × 106.30 × 12.20 in.

Herbert Foundation, Ghent

[45, 47]

Ohne Titel („Calor")
Untitled ("Calor")

Video animated photographs and soundtrack, 4 LCD monitors, aluminum profiles, mirror glass, 4 "Calor" fans, blockboard, 4 media players, audio monitor (active), 4 SD cards, CF memory card, electrical cords with female and male plugs, 2 power strips, cable reel
108.66 × 35.83 × 51.57 in.

Courtesy Mucha

[202–203]

Ohne Titel („Der Stickstoff muß ganz runtergefahren werden"), 1989
Untitled ("The nitrogen must be fully shut down")

High-gloss lacquer, profiled wood *(frame)*, UV protection glass, mat, pencil and alkyd enamel on paper, envelope
18.54 × 22.52 × 0.79 in.

Sammlung Deutsche Bank

[185]

Ohne Titel (Entwurf einer Wandmalerei für das Arbeitszimmer von Peter Bagel im Gebäude der Druckerei- und Verlagsanstalt August Bagel Düsseldorf – 1978), 1987
Untitled (Draft for a mural in Peter Bagel's private office in the August Bagel printers and publishing company in Düsseldorf – 1978)

Aluminum profiles, alkyd enamel painted on front of tinted glass, caption label, felt, imitation leather mat, float glass, vintage gelatin silver print on cardstock, blockboard
47.64 × 78.82 × 7.28 in.

Courtesy Mucha and Lia Rumma Gallery Milan/Naples

[256]

Ohne Titel (Gebr. Rodler), [2001] 1980
Untitled (Rodler Bros.)

Aluminum profiles, felt on plywood on blockboard *(console and pedestal)*, profiled solid wood, float glass, linoleum on blockboard *(store counter, found object), 2 framed typescripts, exhibition catalogue (2 copies)*, alkyd enamel on particleboard *(pedestal), 2 three-wheeled trucks* alkyd enamel, furniture casters and various materials *(toy models made by the artist), 24 painted "UNION" lignite briquettes, shopping bags, and promotional polyethylene tape with company name, newspaper pages, 2 JVC video monitors, 2 DVDs with video animated photographs and 1 soundtrack, 2 Sony DVD players*, cable reel, adapter, video cable and electrical cord with female and male plugs, zip ties
75.20 × 80.71 × 27.17 in.

Staatsgalerie Stuttgart, acquired with lottery funds, 2001

[205–207]

Ohne Titel (Katalogbeitrag „Wppt" – Für Mahmoud Mohammed – Mucha 1978), 1999
Untitled (Katalogbeitrag "Wppt" – Für Mahmoud Mohammed – Mucha 1978)

Metal shoulder clamps, alkyd enamel painted on reverse of float glass, profiled wood and plywood *(frame)*, UV protection glass, staples, offset printing sheets, alkyd enamel painted on cardboard, pencil, hardboard
66.93 × 51.18 × 2.95 in.

Private collection, Geneva

[213]

Ohne Titel (Wand – Kunst- und Museumsverein Wuppertal – 1978) / **Ohne Titel** (Isolde Wawrin – Ohne Titel (Objekt) – 1978), [2019] 1985
Untitled (Wand – Kunst- und Museumsverein Wuppertal – 1978) / **Untitled** (Isolde Wawrin – Ohne Titel (Objekt) – 1978)

2 parts
Part 1
Aluminum profiles, alkyd enamel painted on reverse of float glass, linoleum, felt, wooden frame, float glass, gelatin silver prints, paper, pencil, colored pencil, catalogue page (detail), alkyd enamel, watercolor, blockboard
51.38 × 110.35 × 8.28 in.
Part 2
Dispersion paint, profiled solid wood, float glass *(frame)*, glue-laminated packing paper, dispersion paint, synthetic resin *(Isolde Wawrin, Ohne Titel (Objekt), 1978)*
24.72 × 80.24 × 1.93 in.
Overall dimensions 77.95 × 110.35 × 8.28 in.

Courtesy Mucha and Sprüth Magers

[209]

Plauen / Edition 1991 – >>Kreuzstück<<, [2019] 2019 / 2004

2 parts
Plauen, 2019
Metal shoulder clamps, alkyd enamel painted on reverse of float glass, aluminum profiles, *zinc tub* galvanized sheet steel, solid wood *(found object)*, mirror glass, plywood
34.02 × 60.20 × 11.93 in.
Edition 1991 – >>Kreuzstück<<, 2004
Diptych
Left tondo
4 metal shoulder clamps, 2 round float glass panes, alkyd enamel painted on reverse of float glass, *book page* offset print recto and verso *(found object)*, felt
ø 14.96 × 1.81 in.
Right tondo
4 metal shoulder clamps, round float glass pane, aluminum disc
ø 13.39 × 1.81 in.

Private collection

[267]

Potsdamer Platz, [1996] 1979

Metal shoulder clamps, alkyd enamel painted on reverse of float glass, plywood and profiled wood *(frame)*, float glass, alkyd enamel painted on cardboard, blockboard, 2 fluorescent lamps, electrical cord, 2 male plugs with adapter, extension cords with 2 female plugs
Overall dimensions 80.31 × 92.13 × 6.7 in.

Private collection, Geneva

[198]

Schnee von gestern – Auszüge aus dem großen Kalender III, [2020] 1964–1975
Snows of Yesteryear – Excerpts from the Big Calendar III

430 DIN A4 sheets and 3 DIN A3 sheets in clear sheet protectors in 210 A3 frames and 16 A4 frames, UV protection glass, drawings, photographs, writing, and objects (original copies and reproductions from the artist's archive), museum board, water activated tape
Each 19.09 × 12.8 in. or 9.72 × 12.8 in., respectively

Courtesy Mucha and Galerie Bärbel Grässlin, Frankfurt am Main

[13–19]

Schuld, [2019] 2015

Aluminum profiles, alkyd enamel painted on reverse of float glass, *model railway board with oval track in HO scale* different paints and materials, hardboard, profiled wood *(split found object)*, plywood, blockboard
38.46 × 99.45 × 8.23 in.

Courtesy Mucha and Sprüth Magers

[233]

Souvenir – *Flugzeug*, [2016] 2008, 1981
Souvenir – *Airplane*

Wooden picture molding, float glass, mat, vintage gelatin silver print on RC paper, *2 footstools* wood, linoleum *(found objects)*, plywood
12.99 × 18.07 × 7.80 in.

Private collection, Düsseldorf

[37]

Stelle, 2021

Metal shoulder clamps, alkyd enamel painted on reverse of float glass, *cluster mailboxes (found object)*, painting canvas, blockboard
36.14 × 38.58 × 7.48 in.

Courtesy Mucha and Galerie Bärbel Grässlin, Frankfurt am Main

[264]

Stockholmer Raum, Für Rafael Moneo, [1998] 1998
Stockholm Room, For Rafael Moneo

5-part work ensemble
including
Eller Bahnhof II, 1998
Wall paint, red chalk, particleboard, footstool, felt blanket from art movers Hasenkamp
43.58 × 85.43 × 39.96 in.
Krupp II, 1998
Solid wood, float glass *(display case)*, vapor-permeable primer on blockboard *(pedestal)*, cast brass *(footstool)*, steel wire, green rubber samples *(flooring)*, *aluminum folding carpenter's rulers*
70.87 × 30.31 × 20.47 in.
Untitled ("Pohlschröder" – Ausstellung der Galerie Schellmann & Klüser – München 1982) **II**, 2008
Diptych
Left part
PVC caption label, metal fittings, alkyd enamel, wood, float glass *(wall-mounted vitrine)*, sheet aluminum, gelatin silver prints, wooden frame, *catalogue page* offset print *(found object)*, felt, blockboard
78.74 × 94.49 × 8.54 in.
Right part
Console dispersion paint, felt, blockboard
52.05 × 43.78 × 19.21 in.
"The Burrow". Excerpts from the Big Calendar I, [1998] 1998
6 parts
Metal shoulder clamps, alkyd enamel painted on reverse of float glass, wall paint, red chalk, particleboard, metal shoulder clamps, float glass, solid wood, black-and-white and color laser prints from photographs, particleboard
50 × 101.57 × 8.46 in.
56.18 × 53.43 × 8.31 in.
56.3 × 1024 × 8.43 in.
56.1 × 53.54 × 8.46 in.
56.3 × 102.76 × 8.46 in.
49.88 × 101.57 × 8.35 in.
Gallery 3.0 – demountable exhibition space
Moveable wall elements drywall with studding
Overall dimensions
464.57 × 258.27 × 157.48 in.

Museo Nacional Centro de Arte Reina Sofía, Madrid

[119–125]

Straight / Edition 1991 – >>Kreuzstück<<, [2013] 2013 / 2004

2-part work ensemble
Straight, 2013
10 Stanchions and 8 ropes, 10 dollies, 6 boom boxes with sound from New York local radio stations, electrical and electronic equipment, controls, transformer, power strips, cable reel, mirror glass, model railway with 3 freight trains with tank cars (HO gauge), aluminum framework, *2 glass-fronted cabinets* solid wood, float glass *(found objects)*, felt, 12 Defiant® LED tube lamps, *underground plumbing and heating pipes* cast iron, sheet zinc, mineral wool, encrusted soil *(found objects)*, steel hanging brackets, *central element* felt and black tinted glass on wooden structure
93.5 × 218 × 124 in.
Edition 1991 – >>Kreuzstück<<
Diptych
Left tondo
Metal shoulder clamps, 2 round float glass panes, alkyd enamel painted on reverse of float glass, *book page* offset print recto and verso *(found object)*, felt
ø 14.96 × 1.81 in.
Right tondo
Metal shoulder clamps, round float glass pane, aluminum disc, felt
ø 13.39 × 1.81 in.

Courtesy Mucha and Luhring Augustine, New York

[271–273]

The German Leitz-Kultur, 2021

Metal shoulder clamps, alkyd enamel painted on reverse of float glass, aluminum, float glass, archival pigment print from digital color photograph, corrugated cardboard, mineral wool, blockboard
39.84 × 32.28 × 7.09 in.

Private collection

[46]

The Wirtschaftswunder, To the People of Pittsburgh, **III** [2016] 1991

17 tondi
Metal shoulder clamps, round float glass panes, alkyd enamel painted on reverse of float glass, *16 book pages* offset print recto and verso *(found objects)*, felt, aluminum discs, fluorescent lamp, electrical cord, right-angle plug with rocker switch, 3 zip ties, extension cord with female and male plugs
16 tondi each ⌀ 15.16 × 1.81 in.
1 tondo ⌀ 15.75 × 3.94 in.

Courtesy Mucha and Lia Rumma Gallery Milan/Naples

[268–269]

Two by Four – The Last Concert for Hans Josef M., 1967 / 2003

Aluminum profiles, alkyd enamel painted on reverse of float glass, oil paint print on bituminized felt base *(flooring, found material)* on plywood, float glass, 6 Iris giclée prints from analogue color photographs on deckle-edged paper, blockboard
78.70 × 205.28 × 5.63 in.

Kunstmuseum Den Haag, The Hague, The Netherlands

[190]

Uelzen, 2014

2 display cases alkyd enamel painted on hardboard and reverse of float glass, hanging brackets, wood *(recreation of found objects)*, 2 fluorescent lamps with dimmer, industrial felt, electrical cord, right-angle plug with rocker switch, extension cord with female and male plugs, 2 zip ties
112.20 × 32.72 × 5.83/13.43 in.

Michael und Eleonore Stoffel Stiftung, Cologne
Dr. Thomas Kurth, Cologne

[255]

Untitled (SEX), [2019] 1979

Metal shoulder clamps, etching on front of float glass, alkyd enamel, aluminum profile frame, alkyd enamel on reverse of float glass, felt, blockboard
64.02 × 85.83 × 4.96 in.

Courtesy Mucha and Sprüth Magers

[201–202]

Viermächte-Status / Ohne Titel
(Reinhard Mucha – Die Letzten werden die Letzten sein – Nationalgalerie Berlin 1982), [2022] 2007 / 2008
Four Power Status / Untitled
(Reinhard Mucha – The Last Shall Be Last – Nationalgalerie Berlin 1982)

2-part work ensemble
Freestanding sculpture
Four Power Status, 2007
Solid wood, float glass *(display case)*, oil paint print on bituminized felt base *(flooring, found material)* and leatherboard on blockboard *(pedestal)*, chrome-plated steel tube, synthetic leather cover, wood, linoleum *(4 footstools, found objects)*, antenna, power supply unit, electrical cord, plugs *(4 transistor radios, found objects)*
77.40 × 30.31 × 20.47 in.
Wall-mounted sculpture
Ohne Titel (Reinhard Mucha – Die Letzten werden die Letzten sein – Nationalgalerie Berlin 1982), 2008
Untitled (Reinhard Mucha – The Last Shall Be Last – Nationalgalerie Berlin 1982)
Aluminum profiles, alkyd enamel painted on reverse of float glass, painting canvas, industrial felt, oil paint print on laminated bituminized felt base *(flooring, found object)*, blockboard, mirror glass, video animated photographs and sound track on CF memory cards, 3 CF card players, 3 color monitors, CF card player (audio), 2 audio monitors, video cables and electrical cords with plugs, 4 electrical ballasts, power strip, cable reel, 2 dollies from the installation in Berlin in 1982
78.74 × 228.35 × 21.18 in.

Private collection, Geneva

[115–117]

Volltreffer, Für Lawrence Weiner, [2019] 1985
Direct Hit, For Lawrence Weiner

Solid wood frame, etching on front of tinted float glass, wooden mat board, 3 archival pigment prints from black-and-white negatives
51.57 × 28.15 × 2.28 in.

Courtesy Mucha and Sprüth Magers

[211]

Wartesaal, [1997], [1986] 1979–1982
Waiting Room

Multi-part sculptural room installation including **Berlin**, 1997
Wooden pedestal, 11 transport racks made of steel angle profiles, 11 sheet steel shelves on casters, 242 painted wood panels (panel paintings with six-letter station names in black on white) each with 2 gripping loops, tension wire, 242 labels with station names typed with typewriter and fixed with transparent adhesive tape, dining room cupboard (found object), 17 fluorescent tubes with sockets and electrical cords with female and male plugs, office desk, desk lamp, varnished plinth, ribbed rubber pads, plywood sections, 2 wall-mounted ashtrays, picture frame with copy of a text, 6 two-sided display cases made of steel angle profiles, metal shoulder clamps covered in felt, etching on front of float glass, felt, wooden pillars for a railway platform roof (found objects), 24 footstools as bronze casts each on 2 casters, wire, sections of bicycle inner tubes, ribbed rubber pads, plywood sections, railway platform sign "Gleis 1" (found object), basalt foundation stone (found object), felt blanket from art movers Hasenkamp, dolly, *reconstruction of the room corner, in situ with small exhibition chamber, Kunstsammlung Nordrhein-Westfalen, K21 Ständehaus, Düsseldorf 2022* corner paneling of blockboard, felt, alkyd enamel on reverse of float glass
Dimensions site-specific
Berlin, 1997
Metal shoulder clamps, etching on front of float glass, felt, 2 wooden trash cans (found objects), aluminum profiles, blockboard
36.06 × 90.55 × 32.20 in.
Overall dimensions site-specific

Courtesy Mucha and Sprüth Magers

[66–77, 234]

Wartha, 2000

Aluminum profiles, alkyd enamel painted on reverse of float glass, *workshop and materials shelf* lacquer, solid wood, particleboard *(split found object)*, felt, blockboard
49.65 × 108.58 × 14.25 in.

MKM Museum Küppersmühle für Moderne Kunst, Duisburg, Sammlung Ströher

[263]

Werstener Kreuz, 1986

Aluminum profiles, alkyd enamel painted on reverse of float glass, felt, blockboard
51.57 × 106.50 × 13.98 in.

Art Collection Alychlo / Marc Coucke (Belgium)

[247]

„Wind und zu hohe Türme", Für Marcel Breuer [2019] 1982
"Wind and Too-Tall Towers", For Marcel Breuer

4 chairs (Marcel Breuer), 4 fans, 4 screw clamps, 4 wooden slats, bubble wrap, corrugated cardboard, packing tape, blockboard, electrical cord with female and male plugs, 4-outlet power strip
113.58 × 62.80 × 62.68 in.

Courtesy Mucha and Sprüth Magers

[278–281]

Wismar, 2006

Wall cabinet wood, hardboard, oil, hanging brackets *(found object)*, 2 fluorescent lamps, electrical cord, right-angle plug with rocker switch, 2 zip ties, extension cord with female and male plugs, felt
106.29 × 28.54 × 5.98 in.

Private collection, Geneva

[249]

Wissen, 2018

Aluminum profiles, alkyd enamel painted on reverse of float glass, painting canvas, float glass, *switch box* blockboard, Plexiglas, hardboard *(split and reworked found object)*
44.09 × 81.38 × 6.18 in.

Private collection

[260]

Zwei aus einer Klasse, 1986
Two from One Class

Glass cover, *footstool, bird's nest, bell wire, doorbell panel with names "Berger, Drescher" (found objects)*, corrugated cardboard
18.58 × 14.84 × 10.63 in.

Private collection, Frankfurt

[210]

Sebastian Egenhofer ist nach Stationen an den Universitäten Basel und Zürich seit 2016 Professor für Neueste Kunstgeschichte an der Universität Wien. Seine Veröffentlichungen gelten vor allem der europäischen und US-amerikanischen Moderne und der Gegenwartskunst, u. a. *Abstraktion – Kapitalismus – Subjektivität. Die Wahrheitsfunktion des Werks in der Moderne*, Paderborn/München 2008, und *Produktionsästhetik*, Zürich 2010.

Julian Heynen ist Kurator und Autor für zeitgenössische Kunst. Er war Leiter von Haus Lange, von Haus Esters und vom Kaiser Wilhelm Museum in Krefeld, später künstlerischer Leiter von K21 Kunstsammlung Nordrhein-Westfalen. 2003 und 2005 war er Kommissar des Deutschen Pavillons auf der Biennale di Venezia, 2008 Ko-Kurator der Shanghai Biennale, 2017 Kurator des Georgischen Pavillons auf der Biennale di Venezia. Zurzeit lebt er in Berlin (www.julianheynen.de).

Stefanie Kreuzer, geb. 1966, ist seit 2020 Ausstellungsleiterin und Kuratorin für Gegenwartskunst sowie Kustodin der Sammlung der Moderne am Kunstmuseum Bonn. Ihr wissenschaftliches Volontariat absolvierte sie bei der Kunstsammlung Nordrhein-Westfalen (K21). Ab 2005 war sie Direktorin des NAK Neuer Aachener Kunstverein. Von 2007 bis 2020 war sie als Kustodin der Sammlung Malerei und Skulptur sowie als Hauptkuratorin am Museum Morsbroich in Leverkusen tätig. Sie realisiert thematische Ausstellungen zu aktuellen Themen und Einzelausstellungen (u. a. mit Christopher Williams, Rosemarie Trockel, Paloma Varga Weisz, Francis Alÿs).

Kolja Reichert, geb. 1982, ist Kunstkritiker und Kurator für Diskurs an der Bundeskunsthalle in Bonn. Er war Redakteur von *Spike Art Quarterly*, der *Frankfurter Allgemeinen Zeitung* und der *Frankfurter Allgemeinen Sonntagszeitung*. 2018 erhielt er den Will-Grohmann-Preis der Akademie der Künste in Berlin. Im September 2021 erschien sein Buch *Krypto-Kunst* in der Reihe *Digitale Bildkulturen* im Verlag Klaus Wagenbach und im September 2022 sein Buch *Kann ich das auch? 50 Fragen an die Kunst* bei Klett-Cotta.

Falk Wolf ist Kunsthistoriker. Er studierte an den Universitäten Bonn, Leicester und Basel, wo er im Nationalen Forschungsschwerpunkt „eikones“ über die Mediengeschichte des Fachs Kunstgeschichte promovierte. Seit 2016 ist er Kurator an der Kunstsammlung Nordrhein-Westfalen. Zuvor organisierte er als freier Kunsthistoriker Ausstellungen, war wissenschaftlicher Volontär am Museum Ludwig in Köln und arbeitete als freier Mitarbeiter am Karl Ernst Osthaus-Museum der Stadt Hagen.

Sebastian Egenhofer, after holding positions at the Universities of Basel and Zürich, has been Professor of Contemporary Art History at the University of Vienna since 2016. His publications are primarily dedicated to European and American modernism and movements in contemporary art, for example, *Abstraktion – Kapitalismus – Subjektivität. Die Wahrheitsfunktion des Werks in der Moderne* (Paderborn/Munich, 2008) and *Produktionsästhetik* (Zürich, 2010), translated into English as *Towards an Aesthetics of Production* (Chicago, 2017).

Julian Heynen is a curator and writer specializing in contemporary art. He was Director of Exhibitions of Haus Lange, Haus Esters, and the Kaiser Wilhelm Museum in Krefeld, and later Artistic Director of K21, Kunstsammlung Nordrhein-Westfalen. He was Commissioner of the German Pavilion for the Biennale di Venezia in 2003 and 2005, Co-Curator of the Shanghai Biennale in 2008, and Curator of the Georgian Pavilion for the Biennale di Venezia in 2017. He presently lives in Berlin (www.julianheynen.de).

Stefanie Kreuzer, b. 1966, has been the Director of Exhibitions and Curator for Contemporary Art, as well as Curator of the Collection of Modern Art, at the Kunstmuseum Bonn since 2020. She held a Postdoctoral Research Fellowship at K21, Kunstsammlung Nordrhein-Westfalen. Beginning in 2005, she was Director of NAK Neuer Aachener Kunstverein. From 2007 to 2020, she was Curator of the Collection of Painting and Sculpture and later Chief Curator at the Museum Morsbroich in Leverkusen. She has organized both group exhibitions on contemporary themes and solo exhibitions (e.g., with Christopher Williams, Rosemarie Trockel, Paloma Varga Weisz, and Francis Alÿs).

Kolja Reichert, b. 1982, is an art critic as well as Curator for Discourse at the Bundeskunsthalle in Bonn. He was editor at *Spike Art Quarterly*, the *Frankfurter Allgemeine Zeitung*, and its Sunday edition, the *Frankfurter Allgemeinen Sonntagszeitung*. In 2018, he was awarded the Will Grohmann Prize of the Berlin Academy of Arts. His book *Krypto-Kunst* was published in September 2021 by Verlag Klaus Wagenbach as part of the series "Digitale Bildkulturen" (digital image cultures), and his book *Kann ich das auch? 50 Fragen an die Kunst* was published in September 2022 by Klett-Cotta.

Falk Wolf is an art historian. He studied at the Universities of Bonn, Leicester, and Basel, where he went on to complete a doctoral dissertation on media theories in art history as part of the Swiss National Center of Competence in Research "eikones." Since 2016, he is a curator at K20/K21, Kunstsammlung Nordrhein-Westfalen. Prior to that, he curated exhibitions independently, was an assistant curator at the Museum Ludwig in Cologne, and worked freelance for the Karl Ernst Osthaus-Museum in Hagen.

Leihgeber*innen

Lenders

Art Collection Alychlo / Marc Coucke (Belgium)
Collection Michael Ballack
Rüdiger Carl, Frankfurt am Main
Centre Pompidou, Paris, Musée national d'art moderne – Centre de création industrielle
Sammlung Deutsche Bank
Galerie Bärbel Grässlin, Frankfurt am Main
Sammlung Grässlin, St. Georgen
Hamburger Kunsthalle
Hanten-Schmidt-Collection, Dresden/Köln/Wien
Herbert Foundation, Ghent
Institut für Auslandsbeziehungen e. V., Stuttgart
Sammlung Uli Knecht
Kunstmuseum Den Haag, The Hague, The Netherlands
Luhring Augustine, New York
MKM Museum Küppersmühle für Moderne Kunst, Duisburg, Sammlung Ströher
Museo Nacional Centro de Arte Reina Sofía, Madrid
Lia Rumma Gallery Milan/Naples
Sprüth Magers
Staatliche Museen zu Berlin, Nationalgalerie
Staatsgalerie Stuttgart
Michael und Eleonore Stoffel Stiftung, Sammlung Dr. Thomas Kurth, Köln / Cologne
Sammlung Viehof / Viehof Collection

Sowie Leihgeber*innen, die nicht namentlich genannt werden möchten /
As well as those lenders who wish to remain anonymous.

FOTONACHWEIS / PICTURE CREDITS

Alle Fotografien der Werke von Reinhard Mucha © mucha*Archiv* / All photographs of works by Reinhard Mucha © mucha*Archiv*:
Stefan Altenburger: S./pp. 189, 213, 261, 229, 261
Jochen Arentzen: S./pp. 22, 88 (unten / bottom), 95–100, 160–167, 184, 197, 208–209, 214–217, 219–225, 230, 231, 256, 260, 265–267, 274, 277–279
John Berens Photography: S./pp. 140–144, 146–147, 239 (oben / top), 271–273
Heiner Blum: S./pp. 146–147
Wolfgang Günzel: S./pp. 38, 93–94, 131 (oben / top), 186, 189, 191, 226–227, 239 (Mitte / middle), 248, 254, 259, 263
Florian Kleinefenn: S./pp. 42, 65
Achim Kukulies: S./pp. 13–19, 43, 45, 47, 54–57, 61–62, 69–77, 78, 80, 101–102, 104, 108–113, 115, 117, 121–128, 148–149, 194–196, 202–203, 210, 232, 234, 247, 263, 281
Werner Maschmann: S./pp. 66–67
Anthony d'Offay, London: S./pp. 132, 245, 251
Agostino Osio / Lia Rumma Gallery Milan/ Naples: S./pp. 229, 239 (unten / bottom)
Tomas Riehle: S./pp. 158–159
Martin Url, Frankfurt am Main: S./p. 185
Wolfgang Wesener: S./p. 154
Heiner Wessel: S./pp. 153, 155
Stephen White & Co, London: S./p. 188

Weitere Quellen / Additional Sources:
© Archivio Storico della Biennale di Venezia – ASAC, Fotos / Photos: Giacomelli, S./p. 171
Bildzitat entnommen aus / Image citation from: Rosalind E. Krauss, *Passages in Modern Sculpture* (Cambridge, Massachusetts: MIT Press, 1981), S./p. 251, Foto / Photo: John Weber Gallery, hier / here S./p. 30 (unten / bottom)
Kunstsammlung Nordrhein-Westfalen, Düsseldorf, Schenkung 2013, Archiv Dorothee und Konrad Fischer, ZADIK A 96, VIII, 109a, 0001, 0004: S./p. 29 (unten / bottom)
Kunstmuseen Krefeld – ARTOTHEK: S./p. 180
Bildzitat entnommen aus / Image citation from: Rolf Ostendorf, *Eisenbahn-Knotenpunkt Ruhrgebiet* (Stuttgart: Motorbuch Verlag, 1979), S./p. 259, hier / here S./p. 175

IMPRESSUM / COLOPHON

Diese Publikation erscheint anlässlich der Ausstellung / This catalogue has been published in conjunction with the exhibition Der Mucha – Ein Anfangsverdacht / An Initial Suspicion

Kunstsammlung Nordrhein-Westfalen
Düsseldorf
K20 Grabbeplatz
K21 Ständehaus
3.9.2022–22.1.2023

KATALOG / CATALOGUE

Herausgegeben von / Edited by:
Susanne Gaensheimer, Falk Wolf

Publikationsmanagement Museum / Publication Management, Museum: Cordula Frevel

Projektleitung Verlag / Head of Project, Publisher: Kerstin Ludolph

Projektmanagement Verlag / Project Management, Publisher: Karen Angne

Lektorat / Copyediting:
Iris Seemann (Deutsch / German)
José Enrique Macián (Englisch / English)

Übersetzungen ins Englische / Translations into English: Gérard Goodrow
Fiona Elliott (Julian Heynen)

Layout und Satz Innenseiten / Interior Book Design and Typesetting: Kathrin Roussel und / and Stefan Claudius, Sichtvermerk

Herstellung / Production:
Peter Grassinger, Lucia Ott

Lithografie / Pre-press and Repro:
Reproline Genceller, München / Munich

Druck und Bindung / Printing and Binding:
Printer Trento s.r.l., Trento

Papier / Paper:
Garda Ultramatt, 150 g/m²

Schriften / Typefaces:
Akzidenz Grotesk, Futura, Lyon Text

Printed in Italy

Bibliografische Information der Deutschen Nationalbibliothek
Die Deutsche Nationalbibliothek verzeichnet diese Publikation in der Deutschen Nationalbibliografie; detaillierte bibliografische Daten sind im Internet über http://www.dnb.de abrufbar.

Bibliographic information published by the Deutsche Nationalbibliothek
The Deutsche Nationalbibliothek lists this publication in the Deutsche Nationalbibliografie; detailed bibliographic data are available online at http://www.dnb.de

ISBN Museumsausgabe / Museum Edition:
978-3-941773-65-3
ISBN Verlagsausgabe / Trade Edition:
978-3-7774-3986-0

www.hirmerverlag.de
www.hirmerpublishers.com

AUSSTELLUNG / EXHIBITION

Direktorin / Director: Susanne Gaensheimer

Kurator / Curator: Falk Wolf

Kuratorische Assistenz / Assistent Curator: Catherine Frèrejean, Florentine Muhry

Ausstellungsmanagement / Exhibition Management: Kristina Kreutzwald, Dagmar Kurtz

Registrar / Registrar's Department: Jennifer Buchholz, Katharina Nettekoven

Restaurierung / Conservation:
Lennart Foppe, Rea Grammatikopoulou, Sven Kamp, Daphne Kramer, Nina Quabeck, Jessica Völkert-Lunk

Architektur / Architecture:
Bernd Schliephake, Bernd Strauchmann

Technik und Licht / Lighting and Media:
Thomas Hoppe, Frank Mankel, Ingo Lanninger, Stefan Müller-Stapper, Bernd Schliephake, Daniel Vetter

Bildung / Education: Peter Schüller

Presse- und Öffentlichkeitsarbeit: / Press and Public Relations: Susanne Fernandes Silva

Marketing und Digitales / Marketing and Digital Marketing: Dominica Deinhardt, Meike Lotz-Kowal, Marita Rowlands, Aras San

Dritttmittel / Funding: Isabella Wild

Assistenz der kaufmännischen Leiterin / Assistant to the Commercial Manger: Isabella Wild

Direktionssekretariat / Secretarial Assistents to the Directors: Miriam Pohle, Arpi Sarkissian

Wissenschaft / Curatorial Department: Kathrin Beßen, Catherine Frèrejean, Dorothee Jansen, Doris Krystof, Isabelle Malz, Susanne Meyer-Büser, Vivien Trommer, Katja Winterpagt, Falk Wolf

Bibliothek / Library: Christine Breitschopf Gesa Krauss, Gabriele Lauser

Bildung / Education: Julia Hagenberg Zoe Benien, Irina Bernt, Julia Latzel, Annika Plank, Sarah Schmeller, Peter Schüller

Besucherservice / Visitor Service: Cäcilie Teschner Nikolaos Kessopoulos, Markus Vogt, Michèle Süptitz

Ausstellungsmanagement / Exhibition Management: Stefanie Jansen Kristina Kreutzwald, Dagmar Kurtz

Registrar / Registrar's Department: Katharina Nettekoven Jennifer Buchholz

Restaurierung / Conservation: Nina Quabeck Elena Fernández-Vegue, Lennart Foppe, Rea Grammatikopoulou, Sven Kamp, Daphne Kramer, Anne Skaliks, Jessica Völkert-Lunk

Presse und Öffentlichkeitsarbeit / Press and Public Relations: Susanne Fernandes Silva Milena Ramin

Marketing und Digitales / Marketing and Digital Marketing: Domenica Deinhardt, Meike Lotz-Kowal, Marita Rowlands, Aras San, Maike Teubner

Verwaltung und Personal / Administration and Human Resources: Philipp Leist

Verwaltung / Administration: Klaus-Peter Allenstein, Ingo Lanninger, Frank Mankel, Stefan Müller-Stapper, Daniel Vetter

Buchhaltung / Finances: Caroline Krump Désirée Berendonk, Kerstin Thielo

Vergabe, Einkauf, Recht / Public Procurement, Purchasing, Legal: Christina Rock Claudia Fischer-Jaworsky, Dorothea Heitfeld

Personal / Human Recources: Nadine Cura, Georgia Coutri, Monika Fischer

Vertrieb und Publishing / Sales and Publishing: Cordula Frevel Martin Heyer, Alexia Krauthäuser, Roman Majewski, Marion Vogt

Technik / Technical Department: Bernd Schliephake Andreas Grella, Thomas Hoppe, Birger Labinsch, Jens Meller, Britta Pfeiffer, Oswin Schmidt, Bernd Strauchmann, Zoltan Ternai

Sicherheit / Security: Ramon Karbach Tobias Becker, Dietmar Bütau, Artur Burgner, Dirk Fittkau, Andreas Grund, Philipp Grund, Hans Peter Hönig, Michael Jaschzyk, Nicholas Robert Johnson, Carsten Laaser, Torsten Machtans, Tim Martinitz, Mario Metz, Dominik Nowak, Bülent Özer, Elvis Selim, Katrin Sondermeier, Michael Stanaszek, Jens Wünsche

ArtPartner Relations GmbH
Lilli von Bodman
Anne Clever, Valentina Wolters

Freunde der Kunstsammlung Nordrhein-Westfalen e.V.
Robert Rademacher
Jutta Müller
Bianca Böhm, Linda Inconi-Jansen, Lara Müller

Stiftung Kunstsammlung Nordrhein-Westfalen
Grabbeplatz 5
40213 Düsseldorf
www.kunstsammlung.de

Kunstsammlung Nordrhein-Westfalen

Gefördert durch / Supported by:

ART FOUNDATION MENTOR LUCERNE

Kunststiftung NRW

Die Ausstellungen in der Beletage werden gefördert durch / The exhibitions on the Bel Étage are supported by:

Stiftung der Sparda-Bank West

Medienpartner / Media Partner:

Frankfurter Allgemeine

Gefördert durch / Supported by:

Ministerium für Kultur und Wissenschaft des Landes Nordrhein-Westfalen